陈高华　徐吉军　主编

全彩插图本中国风俗通史丛书
原始社会风俗

宋兆麟　著

上海文艺出版社

《全彩插图本中国风俗通史丛书》
编辑委员会

陈高华　徐吉军　史金波　宋镇豪　宋德金　宋兆麟

陈绍棣　彭　卫　杨振红　张承宗　吴玉贵　方建新

方　健　吕凤棠　陈宝良　林永匡　徐华龙　高洪兴

总 序

《中国风俗通史》由上海文艺出版社2001年出版至今已有十多年的时间,其间承蒙读者的厚爱,多次加印,被学术界推称为中国风俗史研究具有代表性的著作。

众所周知,风俗的内涵极其丰富,涉及物质生活和精神生活诸多层面,历来有关研究著作论述的范围颇有出入。我们与各卷作者经过多次的认真讨论和深入研究,在认真吸取前人成果的基础上,力求有所突破。按其内容和形式,将其分为饮食、服饰穿着、居住与建筑、行旅交通、生育、婚姻、寿诞、卫生保健与养老、丧葬、岁时节日、交际、经济生产、娱乐、宗教信仰等大项,并努力探讨各个时代风俗的基本特征及演变规律。在写作时,力图用洗练和平实的语言,详尽的文献和考古史料,以及丰富多彩的历史图像,对中国古代社会生活和风俗的各个方面作细致入微的整体揭示和准确考证,由于种种原因,存在着一些不如意的地方。

本次修订改版,我们仍按历史断代划分,定为原始社会、夏商、两周、秦汉、魏晋南北朝、隋唐五代、宋、辽金、西夏、元、明、清、民国十三卷,力图更加全面、科学、深入、系统地反映各个时代的风俗特点,同时又呈现不同时期、不同地区、不同民族的风俗差异,将每一段历史时期中最值得探索的热点、最能反映当时社会生活风尚的事例加以发掘和论述,进而从风俗角度对整个中国历史提供一种诠释。

21世纪,是学术大发展的时期,也是一个学术创新的时代,一个读图的时代。如何适应时代的需要,使学术图书走向市场,贴近大众,并让他们更易读懂,并获得快感和美感,是值得我们探索的,也是我们努力的目标。为此,我们与出版方一起对各卷图书的插图进行了大幅度的调整,增加了大量第一手的、精美的、存世罕见的文物历史绘画、书法及碑刻等方面的图片,使丛书的文字与图片相得益彰,更好地展示中国风俗的历史画面。

需要说明的是，由于历史的关系和条件的限制，要在每一卷的相关内容里都配上插图，并非易事。特别是有的朝代距今甚远，如史前时期、夏商时期，距今三四千年以上，不仅史料不足征，探索当时的风俗是一件很困难的事情，要进行图片收集更是难上加难，而这些正是需要读者谅解的。

陈高华　徐吉军

目 录

总序 …… 1

【导　言】

一、什么是原始风俗 …… 2
二、风俗的起源 …… 4
三、原始风俗的演变 …… 5

【第一章　饮　食】

第一节　食物结构 …… 10
　一、饮料 …… 10
　二、粮食 …… 13
　三、肉食 …… 15
　四、蔬菜 …… 19
　五、调味品 …… 21
第二节　食物加工 …… 24
　一、石磨盘 …… 24
　二、杵臼 …… 27
　三、研制树粉 …… 30
　四、研磨器 …… 31
第三节　烹饪技术 …… 34
第四节　炊食用具 …… 45
　一、水具 …… 45
　二、炊具 …… 48

　三、食具 …… 54
　四、舀具 …… 56
　五、酒器 …… 59
　六、刀案 …… 63
第五节　饮食风尚 …… 66
　一、古老的共食 …… 66
　二、奢侈的起源 …… 69
　三、艰苦生活 …… 71

【第二章　穿　着】

第一节　服装 …… 74
　一、头衣 …… 76
　二、体衣 …… 76
　三、足衣 …… 78
第二节　人体装饰 …… 79
　一、头饰 …… 79
　二、发饰 …… 80
　三、耳饰 …… 81
　四、鼻饰与唇饰 …… 83
　五、齿饰 …… 83
　六、绘面 …… 84
　七、文身 …… 86
　八、项饰 …… 87
　九、臂饰 …… 88
　十、指饰 …… 88

十一、腰饰 …………………… 89
　　　十二、尾饰 …………………… 89
　第三节　服饰的起源 …………………… 91
　第四节　服饰的演变和功能 …………… 96
　　　一、实用阶段 …………………… 96
　　　二、实用和审美结合阶段 ……… 97
　　　三、财产与审美结合阶段 ……… 97

【 第三章　居　住 】

　第一节　从穴居到构屋 ………………… 102
　　　一、穴居 ………………………… 102
　　　二、巢居 ………………………… 103
　第二节　住所的种类 …………………… 106
　　　一、土木建筑 …………………… 106
　　　二、窑洞 ………………………… 108
　　　三、杆栏建筑 …………………… 111
　第三节　从用火到取火 ………………… 114
　第四节　炉灶设施 ……………………… 125
　　　一、篝火 ………………………… 125
　　　二、火塘 ………………………… 127
　　　三、三脚架 ……………………… 131
　　　四、贮火罐 ……………………… 133
　　　五、灶的出现 …………………… 136
　第五节　家具 …………………………… 139
　　　一、床榻 ………………………… 139
　　　二、案桌 ………………………… 141
　　　三、箱柜 ………………………… 144

【 第四章　行旅交通 】

　第一节　陆路交通 ……………………… 150
　　　一、人力交通 …………………… 150
　　　二、畜力运输 …………………… 152
　第二节　水路交通 ……………………… 157
　　　一、浮具 ………………………… 157
　　　二、桦皮舟 ……………………… 160
　　　三、皮筏子 ……………………… 161
　　　四、独木舟 ……………………… 162

【 第五章　生　育 】

　第一节　生育观的演变 ………………… 168
　　　一、物生 ………………………… 168
　　　二、感生 ………………………… 171
　　　三、性生 ………………………… 173
　第二节　诞儿风俗 ……………………… 175
　第三节　产翁制 ………………………… 180
　第四节　儿童教育 ……………………… 182
　　　一、教育内容 …………………… 182
　　　二、教育方法 …………………… 183
　　　三、原始教育的特点 …………… 184
　第五节　成年仪式 ……………………… 186

【 第六章　婚　姻 】

　第一节　野合婚 ………………………… 194
　第二节　走访婚 ………………………… 198
　　　一、公房制 ……………………… 198

二、个别偶居的客房 …………… 199
第三节　对偶婚 …………………… 203
第四节　伙婚 ……………………… 209
　　一、一妻多夫制 ………………… 209
　　二、一夫多妻制 ………………… 210
第五节　单偶婚 …………………… 215
　　一、抢婚与抗婚之争 …………… 221
　　二、单偶婚与群婚之争 ………… 221
　　三、母居制与父居制之争 ……… 222
　　四、两种血统之争 ……………… 222
　　五、女神与男神之争 …………… 223

【第七章　丧　葬】

第一节　丧葬种类 ………………… 228
　　一、土葬 ………………………… 228
　　二、火葬 ………………………… 230
　　三、树葬 ………………………… 230
第二节　葬具 ……………………… 233
　　一、陶棺 ………………………… 233
　　二、石棺 ………………………… 234
　　三、木棺 ………………………… 234
第三节　葬式 ……………………… 236
　　一、仰身直肢葬 ………………… 236
　　二、俯身葬 ……………………… 238
　　三、屈肢葬 ……………………… 239
　　四、割肢葬 ……………………… 239
　　五、其他葬式 …………………… 241
第四节　墓地 ……………………… 243
第五节　随葬品 …………………… 248
第六节　迁葬 ……………………… 252

【第八章　攫取经济】

第一节　采集风俗 ………………… 256
　　一、简陋的工具 ………………… 257
　　二、采集对象 …………………… 262
　　三、采集风俗的特点 …………… 267
　　四、采集品加工 ………………… 270
第二节　捕捞风俗 ………………… 273
　　一、叉鱼和射鱼 ………………… 275
　　二、垂钓 ………………………… 278
　　三、筌笱和鱼沪 ………………… 281
　　四、鸬鹚捕鱼 …………………… 284
　　五、网鱼 ………………………… 285
　　六、诱惑法 ……………………… 287
第三节　狩猎风俗 ………………… 290
　　一、标枪和石球 ………………… 290
　　二、射猎 ………………………… 297
　　三、套夹和陷阱 ………………… 301
　　四、动物捕猎 …………………… 304
　　五、鸡哨与鹿笛 ………………… 308
　　六、狩猎的集体性 ……………… 311

【第九章　农牧生产】

第一节　农业生产 ………………… 316
　　一、神农教稼 …………………… 316
　　二、耕作方式的改进 …………… 318
　　三、作物和收藏 ………………… 322
　　四、耦耕 ………………………… 326
第二节　家畜饲养 ………………… 332
　　一、狗 …………………………… 332
　　二、猪 …………………………… 333

三、羊 …………………………… 335
　　四、牛 …………………………… 335
　　五、鸡 …………………………… 336
　　六、驯鹿 ………………………… 336
　　七、马 …………………………… 336
　第三节 游牧部落的出现 ………… 338

【第十章　产品加工业】

　第一节 石器 ……………………… 346
　　一、打制石器 …………………… 346
　　二、磨制石器 …………………… 349
　第二节 木作 ……………………… 351
　　一、木器加工 …………………… 351
　　二、桦皮制作 …………………… 353
　　三、树皮布 ……………………… 355
　第三节 皮作 ……………………… 358
　第四节 纺织 ……………………… 360
　　一、纺纱 ………………………… 360
　　二、织布 ………………………… 362
　第五节 陶作 ……………………… 366
　　一、手工制陶 …………………… 366
　　二、模制法 ……………………… 366
　　三、泥片贴筑法 ………………… 367
　　四、慢轮制陶 …………………… 368
　　五、快轮制陶 …………………… 369
　第六节 玉作 ……………………… 370

【第十一章　信　仰】

　第一节 神秘的鬼神世界 ………… 376
　　一、自然神 ……………………… 376
　　二、图腾与感生信仰 …………… 379
　　三、灵魂信仰 …………………… 381
　　四、祖先崇拜 …………………… 383
　　五、生育神 ……………………… 385
　第二节 沟通人鬼的巫觋 ………… 388
　　一、巫觋 ………………………… 388
　　二、法器与乐器 ………………… 391
　　三、祭司阶层的出现 …………… 393
　第三节 祭祀风俗 ………………… 397
　　一、祭坛 ………………………… 397
　　二、重要的祭祀 ………………… 404
　　三、牺牲与祭器 ………………… 407
　第四节 形形色色的巫术 ………… 413
　　一、巫术的种类 ………………… 413
　　二、考古发现的巫术遗迹 ……… 416

【第十二章　游　艺】

　第一节 记事方式 ………………… 424
　　一、以手足记事 ………………… 425
　　二、刻木结绳记事 ……………… 425
　　三、刻划记事 …………………… 426
　　四、图画文字 …………………… 428
　　五、象形文字 …………………… 430
　第二节 口头文学 ………………… 432
　第三节 音乐舞蹈 ………………… 437
　　一、音乐 ………………………… 437
　　二、舞蹈 ………………………… 446
　第四节 雕刻 ……………………… 452
　　一、木雕 ………………………… 452
　　二、陶雕 ………………………… 453

三、骨雕 ……………………… 455
　　四、石雕 ……………………… 456
　　五、玉雕 ……………………… 457
　　六、蚌雕 ……………………… 459
　　七、牙雕 ……………………… 459
　　八、煤精雕 …………………… 461
第五节　面具 …………………………… 462
第六节　绘画 …………………………… 466
　　一、装饰画 …………………… 467
　　二、岩画 ……………………… 469
第七节　游戏玩具 ……………………… 474
　　一、投掷 ……………………… 475
　　二、射击 ……………………… 475
　　三、球戏 ……………………… 475
　　四、陀螺 ……………………… 476
　　五、攀登 ……………………… 476
　　六、泥塑 ……………………… 477
　　七、响器 ……………………… 477
　　八、拔河 ……………………… 479
　　九、水戏 ……………………… 479

【第十三章　社会组织】

第一节　氏族 …………………………… 482
　　一、前氏族组织 ……………… 482
　　二、母系氏族 ………………… 486
　　三、母系亲族 ………………… 493

第二节　家庭 …………………………… 499
　　一、母系大家庭 ……………… 499
　　二、父系大家庭 ……………… 502
　　三、个体家庭 ………………… 505
第三节　部落 …………………………… 510
　　一、部落 ……………………… 510
　　二、部落联盟 ………………… 512

【结　语】

第一节　原始风俗的特点 ……………… 516
　　一、群体性 …………………… 516
　　二、地域性 …………………… 516
　　三、传承性 …………………… 518
　　四、变异性 …………………… 518
第二节　风俗的传播 …………………… 520
第三节　原始风俗的功能 ……………… 523
　　一、原始风俗有助于两种生产
　　　　的发展 …………………… 523
　　二、维持社会秩序和安定 …… 523
　　三、风俗具有生动的教育功能 …… 524
　　四、有些风俗具有娱乐性，能活跃
　　　　精神生活 ………………… 524
　　五、礼制在原始风俗中孕育 …… 525

后记 ……………………………………… 528

导 言

原始风俗，又称史前风俗、远古风俗。研究原始风俗的目的，就是充分利用人文科学的方法，对史前考古、历史古籍和有关的民族学资料，进行综合研究，探讨原始风俗的起源、风俗事象、性质、特点，总结原始风俗的发展规律，以及原始风俗的历史地位和影响。这是史前史研究的任务，也是民俗学所要回答的问题。

一、什么是原始风俗

在探讨原始风俗之前，首先应该讨论一下原始风俗的内涵。

关于风俗早有一定的说法。《汉书·地理志》："凡民禀五常之性，而有刚柔缓急各声之不同，系水土之风气，故谓之风；好静取舍动静无常，随君上之情欲，故谓之俗。"其中虽然承认"水土之风气"，阐明自然环境对风俗的影响，但更强调"随君上之情欲"，有五常或五教之说，显然这是封建社会的风俗观，如果将其搬到原始时代加以套用，就不合适了。在认识风俗的过程中，有三个概念：

1. 民俗

民俗，顾名思义是人民大众的风俗习惯。《说文》："俗，习也。"《周礼·大司徒》："以俗教民，则民不愉。"郑康成注："俗，谓土地所生习也，愉，谓苟且也。"可知俗为民间的做事方式、生活习惯。不过，在一个社会中出现民间与上层、平民与贵族，是阶级社会后的事，上层守礼，下层遵俗。也就是说，在阶级社会中，人民大众的文化即是民俗，《汉书·地理志》中所说的正是民俗，即下层文化。但是在原始社会的文化并没有上下层之分，当时的民俗，也就是全社会的风俗。

2. 风俗

风俗一词出现较晚，魏晋时阮籍在《乐论》中说："心气和洽，则风俗齐。""造始之教谓之风，习而行之谓之俗。"风俗实为两个词，《汉书》："上之所化为风，下之所化为俗。"上之所化指由上而下的教化，即统治者的教化，说明"风"属于上层社会；下之所化指下层人民所用以自我教化的方式，人人习之，故曰俗。风俗是风俗习惯的简写，它是一时一地的社会生活状况，是在社会生活中处于相同环境和共同心理的人们在长期过程中共同形成的相同的一定模式的生活习惯。每种风俗不仅有一定的仪式、规范，还附有若干传说，随着风俗的盛行，其传说也广为流传，同时，其传说又使该风俗深入人心。有的学者说："凡总括一地域一时代人民生活之一切现象，而以价值意义评判之者，谓之风俗。"[1]说明风俗包括全部社会生活，在原始社会是全民性的，在文明时代也是全民性的，包括上层和下层两部分，其范围比民俗大得多。

3. 礼俗

礼俗是"觉醒的习惯，构成一定之仪式，而流行于一般社会中者，谓之礼俗"。[2]礼是反映统治阶级利益、对人的贪欲有一定制约的行为规范，具体说是以名分、地位、

---

[1] 邓子琴《中国礼俗学纲要》第6页，中国文化出版社1947年版。
[2] 同上。

礼仪、礼器来限定社会各阶级的地位和行为。《史记·礼书》："礼由人起。人生有欲，欲而不得则不能无忿。忿而无度量则争。争则乱，先王恶其乱，故制礼仪以养人之欲……"俗先于礼，礼来自俗，礼中有俗，俗又受制于礼。

不难看出，原始社会的风俗是指当时居民的生产、生活、娱乐、心理、信仰等风俗习惯，是社会生活的方方面面。当时的居民是平等的，其风俗也是全民的，尚无上层与下层的风俗，其风俗是全民的风俗，在这里，风俗和民俗是一样的。

原始风俗的内容和形式，有三大内容：

1. 行为风俗

行为风俗主要指具有风俗特点的各种行为方式，范围十分广泛。如采集、捕捞、狩猎、农耕、畜牧、纺织、制陶、诞生、成年、婚礼、丧礼、岁时、祭祀、占卜、游艺等等。这些风俗的特点都是由人的动作来体现的，看得见，摸得着，故称有形风俗。同时，上述活动一般都借助于一定的工具、用品或道具，这些则是物质文化形态。

2. 语言风俗

语言风俗是以人类的语言为主要手段，配合一定的动作来表现人们的愿望、思想、艺术、信仰，内容丰富，形式多样，如称谓、神话、传说、故事、歌谣、史诗、谜语、说唱、口诀、咒语、巫经、游戏语等。这种风俗有些只用语言表述，有些配以动作，有些是与风俗、仪式综合反映出来的。

3. 心理风俗

心理风俗是以原始信仰和巫术为核心的心理习俗，包括原始思维方式、心理活动、认知能力、释兆、占卜、巫术、祭祀、禁忌等。这种风俗具有神秘性和奇异性。当然，心理风俗多配合一定行为。

原始风俗是中国风俗史的开端，有明显的特殊性。要想了解中国风俗的来龙去脉，必须从熟悉原始风俗开始。

最后应该指出，在以往的民俗研究中，对一般民俗事象、尤其是精神民俗书之又书，比较重视，但对物质民俗则比较忽视，这在国外是不多见的，然而在中国却司空见惯，习以为常了。这不是偶然的：中国从事民俗研究的人，基本队伍是从事文学、民间文学的，也有少数是学历史的，这些学科对物质文化比较生疏，往往敬而远之，有些虽然有志于此，也缺乏专门的训练，搞起来难以得心应手。加上文博界对物质民俗投入力度不够，只满足于一般民俗文物现象陈列，缺乏深入的专门研究，从而使物质民俗研究处于停滞状态，特别是作为民俗重要内容的技术、工艺、生产诸项，就更是一片空白了，这是很可惜的，应该设法改变。本书在写作过程中，专门辟若干章节，对原始生产、技术作了具体描述。

二、风俗的起源

关于风俗的起源，有种种猜想、推论，争论纷纭，莫衷一是。其实，同其他事物的发生一样，原始风俗的产生有两个条件：一是社会发展的需要，这是风俗起源的基本动力；二是具有形成上述风俗的客观条件，二者缺一不可。如最初人类只会使用木棒和石块同野兽搏斗，个人的能力是很有限的，必须把若干个人组合起来，形成一种合力，才能战胜凶猛的野兽，获得必要的食物。这种群体，起初是原始群，母系在其中起着一定的纽带作用，这种群居风俗一直是原始人生存的依赖，只是形式有所变化而已，先后经历了血缘公社、母系氏族、父系氏族等。当时，人们正是依靠群体的力量，使用笨拙的工具，从事狩猎、捕捞和采集，获得衣食之源。这是人类童年的谋食方式，是生存的基本手段。

原始风俗的产生，起初是偶然发生的，是一个个出现的，没有一定模式，但是都是从功利出发的，一旦在实践中得到益处，切实可行，本人就会坚持下去，其他人也会模仿，一传十，十传百，久而久之，就形成约定俗成的社会风俗，变成一种牢固的社会成见，一种巨大的社会力量。

在原始风俗形成、演变过程中，有三大因素起着重要作用：

首先，谋生方式对风俗的形成和发展起着主要作用。人类为了生存，尤其是为了取得衣食之源，最初是攫取自然界提供的天然产品，方式有采集、捕捞和狩猎。随着生产力的提高，又发明了农耕、畜牧，这种生产风俗，是人类生存的根本保证，并且有各种经济类型：狩猎型、捕鱼型、农耕型、畜牧型，同时有自己各自的手工加工风俗，在岁时节日、宗教信仰、游艺上也各有不同。反映在物质生活上，主要是衣食住行上，不同的经济类型有不同的物质文化，当然风俗也各有特色。上述事实表明，任何风俗的形成，都是由生产力发展水平和经济类型决定的，风俗又反映了生产方式和经济类型。

其次，原始信仰是各种风俗的一个源头。在人类童年，生产力极端低下，思维能力有限，对客观世界的风雨雷电、日月出没、天灾人祸、生老病死，都难以理解，也无法抗拒。当时人类把梦境中的感觉视为灵魂在活动，认为与身体可分可合，于是产生有灵信仰。后来，认为人是有灵魂的，推而广之，世上的其他事物也是有灵魂的，故称万物有灵论。其实，当时人的眼界狭小，认知能力很差，接触事物有限，不可能是万物皆灵，只是把与人类有密切关系的事物认为有灵。其中对已故先人特别重视，因为他们生前是家长，死后也会庇护后代，从而出现了对死者的安葬风俗，继而奉之为祖先加以崇拜。接着人类又创造了各种鬼神，人们几乎在鬼神世界中生活，为了预知鬼神态度，又出现了释兆、占卜等风俗。祭祀是对神灵的供奉、祈求，巫术则是对付各种鬼的手段。

人类的主观因素，特别是思维、信仰、爱好对风俗的形成和发展有不可低估的影响。

第三，地理环境对风俗也有重要影响。尽管人类在史前创造了共同的文化，但由于自然环境不同，生存条件的差异，其风俗也是不同的。长江、珠江流域为水乡，流行稻作，北方则流行粟作，说明自然条件对农耕风俗的重要影响。当时为了渡江过河，普遍发明了筏具、船只，但各地因地制宜，就地取材，发明了别具特色的水上交通工具，北方有桦皮船，南方有葫芦船、独木舟，牧区以皮囊、皮船渡河。反映在神灵信仰上也各有不同，海岛居民崇拜海神，山居之民崇拜山神，等等。因此，在各种风俗中都打上了地方性烙印。

还应该看到，中国风俗植根于远古时代，是土生土长的。从远古时代起就在中国本土上孕育，形成了中国的原始风俗，如古老的农耕方式，以血缘为纽带的聚族而居的生活方式，礼制高于神权，这些都具有东方文化的特点，与西方文化大不相同。这是对中国文化西方说的有力驳斥。

三、原始风俗的演变

中国原始社会是极其漫长的，从一百七十万年前云南元谋人算起，到距今四千年前后的夏代初年，相当于考古学的石器时代，前为旧石器时代，后为新石器时代。从风俗演变上看，有三个大的发展阶段。

第一阶段旧石器时代，距今一百七十万年至距今一万年前后。其中又分旧石器时代早期、中期和晚期三个阶段。

这一阶段人类正处于童年，生产力极其低下，只会打制石器，加工木质工具，从事攫取经济——采集、狩猎和捕捞，取得衣食之源。当时的石器、木器、揉皮等加工极其重要，是获得生产工具和衣着的基本手段。食肉衣皮是当时饮食风俗的特点，但最初是生食，后来才发明人工取火。人们多住在天然的洞穴内，或者在树上栖居，后来才有简易的人工住所。人们按季节迁徙，居无定处。当时除木棒、漂浮工具外，还缺乏水上交通工具。社会组织先后有原始群、血缘公社、氏族公社。当时的思维方法简单，到了旧石器时代晚期有了埋葬风俗，有了灵魂信仰。

第二阶段，新石器时代早、中期，距今一万年至五千年前后。其中又分早、中两个发展阶段。这一时期原始风俗有巨大发展。

1. 谋生方式的改变

原来以攫取经济谋生，现在不同了，而是利用生产工具，进行耕作，生产自身所需要的农产品。后来又在草原地区发明了畜牧业。这些都是生产经济。柴尔德认为这是"新石器时代的革命"①。随着农业的出现，出现一系列农业生产、生活的风俗。它不仅极大地发展了生产，也改善了物质生活。

2. 新兴手工业先后出现

原来的手工业是木作、石作、皮作，自从农业出现之后，引起了新兴手工业的先后出现。为了衣着的需要，先后发明麻纺和丝纺；为了饮食的需要，又发明了制陶手工业和酿酒技术；为了装饰发明了玉器；等等。这些手工业实为加工业，对当时的社会生产、改善生活水平有重要作用。

3. 从游居走向定居

游居是与攫取经济相适应的。农耕出现之后，为了照顾农作物，春种秋收，必有一定生产周期，而对土地的利用更需要一定年限，从而实现了定居，农业产品的丰实也为定居提供了物质条件。定居大大地改善了人类的生活环境，对人类繁衍、手工业发展、饲养业的开拓都有积极作用。

4. 氏族组织有重要发展

由于生产的发展、定居和生活条件的改善，人口空前增加，氏族组织数量也大增，这一时期的氏族村落遗址不仅数量多，分布也广泛。当时正处于母系氏族的繁荣时期，实行氏族外婚制，先是走访婚，后来出现了对偶婚。"我们看到的是风俗的统治，是族长所享有的威信、尊敬和权力，这种权力有时是属于妇女的——那时妇女还不像现在这样处于无权的被压迫的地位。"②

5. 原始宗教十分活跃

由于社会生活中妇女受到尊重，在神灵世界中也出现了女神，并且偶像化，这是母系制在信仰中的反映。当时也流行感生信仰，即认为妇女与某种灵物结合才能生育，外国称其为图腾，过去国内多称其为"族徽"。同时也流行自然崇拜、灵魂信仰，以致使丧葬风俗空前繁杂。

第三阶段，新石器时代晚期和金石并用时代，距今五千至四千年左右，以大汶口文化中晚期、龙山文化、良渚文化、石家河文化等为代表。

这一时期虽然仅有一千年，但社会变化巨大，出现了剩余产品和私有制，氏族成员两极分化，出现了阶级萌芽——家长奴隶制，掠夺战争增加，城堡开始出现，建筑大型祭坛，巫觋十分活跃，出现了图画文字，非实用性象征财富和地位的礼器也出现了，这些都是新产生的风俗，标志原始社会开始解体，迎来了文明的曙光。

当时的社会十分动荡，过去人们是为生存而劳作，彼此相安，现在是为了私欲而

---

① 柴尔德《远古文化史》第60页，群联出版社1954年版。
② 《列宁全集》卷二九第432页，人民出版社1972年版。

奔忙，一切都以是否有利于自己的私利为转移。原始的平均主义被打破，财富刺激了人们的贪欲，以及达到贪欲的手段——追求权势、发动掠夺战争。战火此起彼伏，给各氏族、部落带来巨大的损失。斗争各方为了不致在无休止的野蛮厮杀中同归于尽，不得不需要一种强权出现，而在斗争中越战越强的最大部落的首领就自然成了强权的代表，也就是王权。表面看来，王权是凌驾于各个部落之上，貌似公允的第三势力，实际是以此建立以贵族利益为核心的新的社会秩序。他们依靠礼制、宗教力量或军事征伐进行统治。在这里，王权高于一切，其中包括神权。当时的大巫，商代的贞人，均为天帝之臣，也是王的附属。至于礼也重于宗教。《史记·礼书》认为礼制是"人道经纬，万端规矩，无所不贯"，"总一海内，而整齐万物"。上述事实表明，距今四千年前，在中国的土地上，已经出现了很多文明时代的文化因素，原始风俗正面临巨大变化。

过去认为中国古代文明起源于黄河流域，并以此为中心，向四周辐射发展。这是传统史学体系的内容之一。近几十年的考古证实，黄河中下游虽然是中国古代文明的发源地，并且后来一直是中国古代的政治、经济、文化中心，但是就文明起源来说，还有若干地区，包括长江中游的屈家岭和石家河文化、长江下游的良渚文化、辽西的红山文化等。各个文明起源地都有各自的文化特色和风俗习惯，并且互相影响，互相作用，为中国古代文明的形成和发展起了催化作用，分别作出了自己应有的贡献。因此，中国文明的起源是多元的。

第一章

饮 食

原始社会的饮食风俗有明显的特点,主要内容有食物结构、食品加工、烹饪技术、饮食用具和饮食风尚等方面。

【 第一节　食物结构 】

不同的谋食方式，决定着不同的饮食内容。但是，史前时代已经有比较丰富的食物内容，由于谋食方式落后，所获得的产品数量有限，因此当时的饮食是较困难的。现在按饮料、粮食、肉食、菜蔬和调料等内容，分别加以叙述。

一、饮料

史前时代的基本饮料为水，而最早的水源是自然界存在的江河湖泊中的水。为了饮食方便，人类必须在河流两岸活动，并且在水源附近选择住地。无论是旧石器时代的洞穴遗址，还是新石器时代的村落，都是靠近水源的。当然，不会是大河大江两岸居住，而是居住在大河的支流两岸的第二层台地上，洪水袭来不会被淹没，平时汲水比较方便。

随着生产水平的提高，定居生活的发展，人类也人工挖井。《世本》："伯益作井"，"黄帝见百物，始穿井"。从传说上看，挖井由来已久。① 伯益又名益、伯翳。他与禹共同治水，又发明凿井。从考古上看，远在七千年前河姆渡文化已发现了人工水井，在其他文化中也有发现，基本有以下形制：②

一是浅坑水井。在河姆渡遗址有一个浅井，圆坑而有边，直径6米，坑底距地表1.35米，周围有200多根木桩围成井圈。因为当地低洼，又靠近河流，在雨季种植水稻，不会受旱灾威胁；但是在雨季内，河流水浑，吃水就困难，挖井是为了提取清洁的水吃。

二是圆形竖穴井。上海汤庙崧泽文化有一处井，深2米，直径0.7米，井内壁有竹

---

① 黄崇岳《水井起源初探——兼论黄帝穿井》，载《农业考古》1982年第2期。
② 刘诗中《中国古代水井形制初探》，载《农业考古》1991年第3期。

箍支撑。类似井在吴县澄湖也有出土。

三是木筒浅井。在嘉善良渚文化遗址出土一座水井，直径东西0.63米，南北0.45米，以木板围筑。太史淀良渚文化遗址也有类似水井。

四是圆形木构深井。山西陶寺龙山文化出土二水井，口径3米，深15米左右，这是很深的水井。

五是圆形深井。邯郸涧沟龙山文化水井口径2.1米，深7.7米。在洛阳锉李、临汝煤山龙山文化也出土过此类水井。

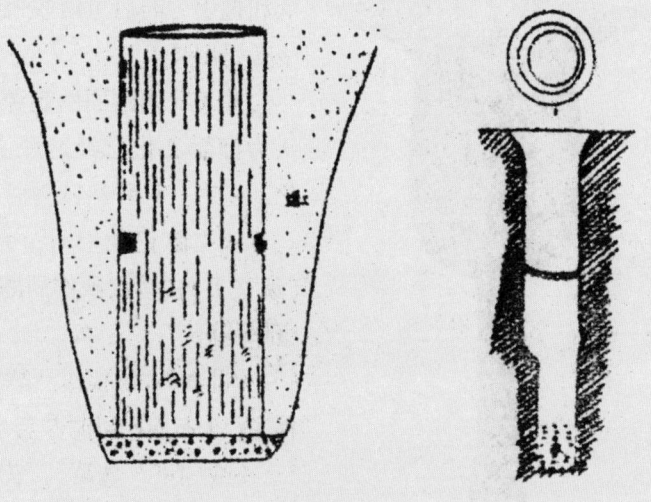

史前的水井

六是方形木构井。汤阴白营龙山文化水井呈正方形，口分两层，东西长5.6米，南北5.8米，深11米，周围为木制井字形架，共有46层木料。在河姆渡遗址第二层也出土一水井，边长2米，深1.35米，有栅栏、苇席，井上可能有井亭建筑。

从上述资料看出，远在七千年前已经有了人工井，当时饮水比较讲究。由于南北地理环境不同，水井已有地域差别，即南浅北深。但不少井已应用木结构井壁，这是凿井术的重大进步，饮用水质也清洁卫生。

饮料是较早的发明，最初是泡某些野生植物为饮料。鄂伦春族过去泡黄芹、亚格达叶子，也用阿丁敖力高陶叶为饮料。在野外狩猎无水喝时，猎人也在桦树下边割一口子，从中吸饮桦树汁液。广西瑶族从山上采一种甜菜，属蔷薇科植物，泡水饮服，认为这比白水好喝。甘蔗汁也是较早的饮料。

在我国远古传说中尚无茶的记录，清人孙壁文在《新义录》中说："本草则曰，神农尝百草，一日而遇七十毒，得茶以解之。"《本草》原书并无"得茶以解之"，这是孙壁文的穿凿附会而已。但是我国是茶的原产地，原始人常常浸泡野生植物根茎叶为饮料，当时以茶叶为浸泡的饮料完全是可能的，陆羽《茶经》："茶之为饮，发于神农氏。"这种推论是可能成立的。茶叶的最初应用，可能当药材治病，久而久之，才变成饮料。

最后应该指出，羊和牛的乳汁也是很古老的饮料，而且是最富营养的饮料，我国各地原始人都饲养了羊，后来又饲养了牛，人们很自然地饮服乳汁。在史前有许多陶杯，有些不仅是容器，还可加热。西北仰韶文化遗址出土的彩陶杯，呈桶状，安有器柄和把手，与后世游牧民族所用的奶桶如出一辙，可能是喝奶用具。①

关于我国酿酒的起源，学术界有不同的看法：一种认为仰韶文化已经能酿酒，一种认为酒起源于龙山文化，还有一种看法认为商代才会酿酒。

从文献记载上看，有不少发明酿酒的传说，例如《说文》："古者仪狄作酒醪，禹尝之而美，遂疏仪狄。杜康作秫酒。"

《世本》："仪狄作酒醪，变五味，少康作秫酒。"张澍补注："夫有虞氏以酒养老，而歧雷方有醪醴，其来远矣。"

《战国策·魏策》："昔者帝女仪狄作酒。"

《周礼·天官》："酒人，女酒三十人。"

从这些传说看出，酒是由黄帝女仪狄发明的，可能为果酒，用粮食酿酒出现较晚，是杜康发明的。在这里可以看到，妇女是酒的发明者，因为妇女从事采集、粮食贮藏、食物加工和哺养婴儿，她们在长期实践中发现，一旦采集品或食物发酵就会散发酒香。事实上，我国古代有不少嚼酒习惯。

我国著名的学者凌纯声认为嚼酒不仅在中国广为流行，也流行于柬埔寨、日本、库页岛等地。嚼酒是发明酒的起点。妇女在采集和收藏食物时，因温高而发酵，使采集食物产生酒香，或者在哺乳婴儿中发现了酿酒方法。②

人类最初的食物是采集品和兽肉，其中的采集品如根、茎、叶、果实最容易变坏或发酵。驯鹿鄂温克人秋天大量采集都苔果，放在桦皮桶内，如遇气温高或收藏数日，桦皮桶内的都苔就发酵了，散发出清香，人们往往把水倒入搅和，饮其汁，据说这就是都苔酒。当地

山东日照出土的龙山文化蛋壳黑陶高柄杯。这个乌黑发亮的杯子，器壁薄如蛋壳，制作十分精湛，反映了黄河下游制陶手工业的高度发展

还有一种"熊醉红豆"，熊最爱吃，吃多了醉倒，这时最好猎熊。猎人也采集"熊醉红豆"，如黄豆大，酸甜，采集后放在桦皮篓内，加盖，三五天即会发酵，酒味更浓，然

---

① 中国历史博物馆《中国古代史参考图录》，载《原始社会》第128页，上海教育出版社1989年版。
② 凌纯声《中国及东亚的嚼酒文化》，载《民族学研究集刊》1957年第4期。

后搀水，为熊醉红豆酒，人们常年饮用。由此推知，最早的酒应该是野生植物酒，而不是粮食酒。

农业兴起以后，粮食成为主食，才有可能以粮食酿酒。刘安《淮南子》卷一七："清泱之美，始于耒耜。"也就是说，粮食酿酒与农业的发展有密切的联系。江统《酒诰》："有饭不尽，委余空桑，郁积成味，久蓄气芳，本出于此，不由奇方。"这是说由剩饭发酵而发明酿酒的情景。作者在四川凉山彝族地区调查时曾搜集到一个故事，内容就是酒是由剩饭变来的，而且是妇女的发明，可证《酒诰》。清人李来章《八排风土记》卷三称过去广东瑶族"远出包裹米饭，虽经时腐败不以为秽，食毕掬涧水饮之"，饭放久了，必然发酵，有酸味，对人类发明酿酒有一定启发。黎族喜吃稀饭，每天煮一陶釜粥，早上吃过留着中午吃，中午吃不完晚上再吃，有些米粥发酵，主妇又置火塘上加热，认为这种有酒味的稀饭更好吃。

在谷物收藏时，尤其史前在地窖内或陶器中存放粮食，由于环境潮湿，难免在粮食中搀入水分，容易使粮食发芽，古代称蘖。《说文》："蘖，牙米也。"注："牙同芽，芽米者，生芽之米也……芽米之谓蘖。"从中也可以酿出酒来。后世人们还以麦芽加米，制成饴，变成酿糖化剂。从考古所发现的大量酒器看，当时也把酒作为一种重要的饮料。

二、粮食

在史前时代，最初的食物是采集和渔猎产品，粮食是近一万年以来才出现的，是农耕兴起后的产物。

黄河流域及其他北方地区，以粟、黍为粮食。粟、黍有坚硬的外壳，必先炒干去壳后才成为小米、黄米，通常煮粥吃，或以甗蒸干饭，这是仰韶文化、红山文化、龙山文化吃粮食的方法，在粥内也搀杂野菜、蔬菜。在哈密五堡古墓内出土小米面饼，说明人们已经做饼吃了。由于粟、黍产量不多，面食未必为主要食品。小米除煮吃外，还有两种用途：一是酿制甜酒和水酒，二是用于祭祀。西安半坡遗址地下有一个陶罐，内盛粟子，上有盖，应该是奠基用的祭品。在该遗址第152号墓内，埋葬一位二四岁的女孩，随葬一个盛有粟的陶钵①。

当时已种植大豆，吃法是先采摘叶子煮吃，二是煮豆吃，史前时代将大豆与小米或黄米一起煮吃，春秋时代粟菽（大豆）成为居民的主要食物。当时对高粱的吃法，先去壳，可煮粥、蒸饭，也可研为面粉烤饼吃。在西南地区有野生大麦，藏族很早就以

---

① 中国科学院考古所等《西安半坡》第125页，文物出版社1963年版。

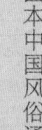

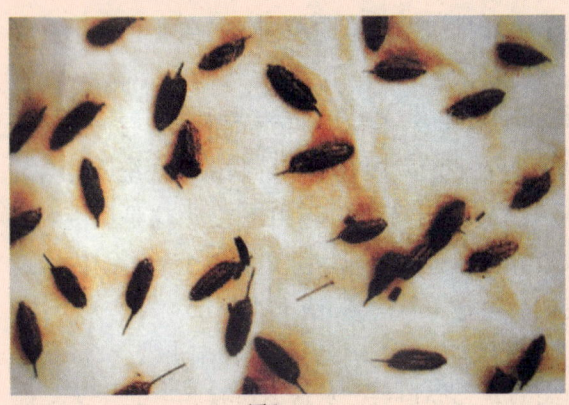

图1

图3

图2

图4

图1 图2　浙江余姚河姆渡新石器文化遗址出土的人工栽培稻谷和陶炊具（灶、釜、甑），它表明这里的原始人是以稻米为主食的，已使用了架釜炊煮的专用灶具

图3　马家窑文化的麦穗图案

图4　史前文化遗址出土的石磨盘和石磨棒，这种石磨盘和石磨棒是我国史前时代三大类食物加工工具之一

野生大麦为食物，并从中培育了青稞。这种食物也要经过炒、去壳，可煮食和做面食。光绪《新修中甸志书稿本》称藏族"居民以青稞炒磨为面，用酥油、盐茶和之，名曰糌粑"。糌粑是炒面，便于贮存、携带，在牧人中十分流行。

长江流域及其以南地区，由于种植水稻，大米成为重要食物。在浙江河姆渡遗址出土的一些陶釜内，常见有烧焦的黑色锅巴，据专家鉴定为大米饭，说明当时以稻米为主食。在湖南八十垱遗址还出土了大米[①]，云南元谋大墩子遗址出土一个火塘，旁边有三个作为炊具的陶罐，内贮有大米，当时以大米为主食是无疑的。在广东石峡文化墓葬内，也常常以大米随葬。大米是富有营养的食物，对提高人类体质、人口增加有相当影响。有的学者指出："如以稻米为主食的民族繁殖力量旺盛。米食民族之所以性早熟，解释为耕种稻米地带是热带或亚热带是不合适的，与同样居住在热带而以芋头为主食，但性并不早熟的波利尼西亚人相比较，马上就清楚了。这是因为在构成米蛋白质的氨基酸中精安酸的比例比麦的含量多得多。另一方面，在构成精子的主要成分核蛋白质的精蛋白中，精氨酸也含的量较多，因而米蛋白比麦蛋白容易形成精子……"[②]从而促进了人口的繁殖。

在河姆渡遗址出土有薏仁米，又称薏珠子，为一年生高大禾本科植物，产于炎热地区，粒大、株少、外壳硬，不易脱落，籽味甘，营养丰富，可煮吃。从粮食种类而言，在我国史前时代已比较丰富，但是出现了地区分工，江南以稻米为主，北方以粟、黍为主，西南则流行大麦、稗子等粮食。[③]

浙江余姚河姆渡新石器文化遗址出土的朱漆木碗，这只漆碗距今至少有六千年的历史

三、肉食

人类自产生以来就是吃肉的，主要是飞禽走兽，起初可能是小动物，后来是较大的野兽，但是还离不开采集品。也就是说，肉食与植物食品都占有重要地位。随着狩

---

① 张文绪、裴安平《澧县梦溪八十垱出土稻谷的研究》，载《文物》1977 年第 1 期。
② 篠田统《中国食物史研究》第 3 页，商业书局 1987 年版。
③ 任式楠《我国新石器——铜器并用时代农作物和其他食用植物遗存》，载《史前研究》1986 年第 3、4 期。

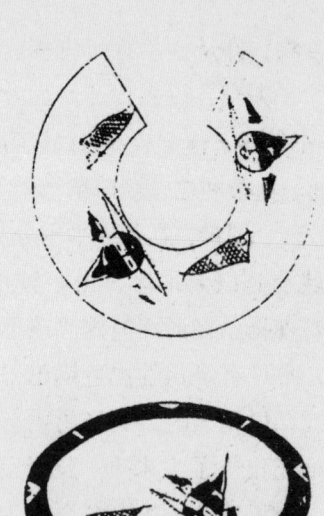

仰韶文化鱼纹彩绘（半坡遗址出土）

猎技术的发展，当狩猎成为主要谋生手段之后，肉食比重也有很大增长。农耕出现以后，农业部落以粮食为主食，肉类减少了，而且肉食的主要来源是渔猎产品，家畜饲养次之，只有后起的畜牧部落才以肉类、乳类为主要食物。

狩猎时代的肉类是多种多样的，野味繁多，北京猿人常常猎取肿骨鹿、梅花鹿、野马、野羊、虎、豹、熊、狼等野兽。

新石器时代以后，除了猎物而外，家畜家禽也成为肉食的重要来源。狗是猎人的助手、卫士，有些氏族未必吃狗肉，至今有些苗族、瑶族、畲族还如此。但是有些氏族则吃狗肉，甚至以狗随葬，如邳县刘林、下王岗都有以狗随葬的风俗。在辽宁敖汉小河沿遗址一个灰坑内埋一狗骨架，发掘者认为这是祭祀遗迹。以狗祭祀，是远古许多部落的习惯，这正是食狗肉的一种反映。当时的鸡、鸡蛋也是重要食物，从民族学资料看，史前人不会单纯杀鸡吃，而是先用于宗教、占卜活动，然后才吃鸡肉、鸡蛋。辽宁东沟后洼遗址出土一件回首滑石鹅，有的学者认为当时已驯养鹅，也是为了增加肉食的目的。

猪是农业部落的重要家畜，在大汶口文化中生前吃猪肉，死后以猪头随葬[①]。当时宰猪的方法可能来自狩猎，不是用刀宰，也不可能用刀宰，而是用木棒打死。《安顺府续志·民俗》："牲畜不宰，多撞击，以火去毛，带血而食之。"作者在海南黎村看到，他们猎到野猪后，点燃篝火，把野猪放在火上反复烧烤，把猪毛烧掉为止，然后以刀

---

① 济南市博物馆等《大汶口》第26页，文物出版社1974年版。

云南沧源新石器时代岩画牵牛图

浙江余姚河姆渡新石器遗址出土的蚕纹象牙雕小盅

刮掉毛,用水冲洗,然后才开膛取出内脏。该族在祭祖时杀猪、宰鸡也采用此法。

水产动物也是肉食来源之一。在宝鸡北首岭仰韶文化出土的陶罐内有鱼骨、鸡骨,说明这是吃鱼的证据。《资治通鉴》卷二〇九:"江南食鱼,河西食肉,一日不可无茶。"这种肉食的地域性,远在史前时代就出现了。

浙江河姆渡遗址地处水乡,不仅稻作发展,鱼类资源也丰富,当时以捕捞鱼、虾、蚌、螺蛳为食。在有一处鱼类遗骸中,可辨认的鱼个体有1570个。食蛙也是江南特点,尉迟枢《南楚新闻》:"百奥人虾蟆为上味,先于釜中置小芋,俟汤沸,投虾蟆,皆抱芋而熟,谓之抱芋羹。"朱彧《萍洲可谈》:"闽浙人食蛙,湖湘人食蛤蚧,大蛙也……广南人食蛇。"作者在黎族地区看到,该族男女老少,皆携鱼篓,在野外见到蛙、蛤蟆、鱼、蚌、螺蛳等,都捉入鱼篓中,回家后则将其与野菜搀和煮汤吃。黎族妇女有一种网耙,木柄修长,在昌化江底捞取螺蛳,然后倒入水桶内,回家煮着吃。在我国沿海、湖泊岸边发现许多贝丘遗址,螺蛳成堆,且凿掉尾尖,应该是大量吃螺蛳的产物。

在北方适于捕捞的地区,史前也发展了捕鱼经济。黑龙江新开流遗址发掘证明,当时原始人捕鱼十分活跃,还发现了十座窖穴,为圆形或椭圆形,直径深为0.6米,窖穴内堆积大量鱼骨、鱼鳞,有鲇鱼、蛙鱼、青鱼、鳖等。说明当地原始居民不仅大量吃鱼,还有科学的贮鱼方法。至今在当地生活的少数民族还在树阴下挖窖穴,一排一排地堆放鲜鱼,腹部朝上,盖以树枝、树叶,夏天能存放三五天,冬天能过冬,可存放七个月之久。

爬虫、昆虫也是远古肉食的重要内容。

首先是蛇。《淮南子·精神训》:"越人得髯蛇以为上肴,中国得而弃之无用。"吃蛇之风在南方民族中普遍流行,其次是鼠类。珞巴族以石板压、绳网捉鼠,或以弓箭射鼠,连毛带内脏切为块状,煮汤吃。拉祜族还把竹鼠晒干,以便贮藏,还以鼠干为订婚礼物。

史前时代已发现蚕。山西夏县西阴村仰韶文化遗址出土半个蚕壳,经过人工切割,当时未必会抽丝,而像四川耳苏人一样,先把蚕壳切割,经过抽打后再以纺轮纺纱。河北正定南杨庄仰韶文化遗址出土一件陶蚕蛹,黄灰色,长2厘米,距今五千四百年。野蜂也是重要食物,一是吃蜂蛹,二是吃蜂蜜。《岭表录异》:"房有蜂子也……岭南人取头足未成者炒食之。""土蜂,江东人亦啖之,又有木蜂,人亦食其子,然则蜜蜂、土蜂、黄蜂俱可吃。"凉山彝族捕捉不少种野蜂,专门吃蜂蛹,吃法简单:一是烧吃,把蜂儿放在火灰上烧熟,拾

石寨山文化的捧鱼俑

而食之;另一种是用油炸吃,此外也可煮菜吃。蚁卵也是一种食物,作者在基诺族、黎族地区看到,他们把蚁巢中的卵取出后,有许多吃法:一种搀在米饭中煮吃或炒吃;一种是煮汤时放进去;还有一种把蜂房切成若干块,以火烤之,这样就把蚁卵烤熟了,再一一把蚁卵吃掉。刘恂《岭表录异》:"交广涧洞,酋长收蚁卵,淘滓令净,卤以为酱。或云其味酷似肉酱,非官客亲友不可得也。"其实蚁酱即来自食蚁卵。此外,蜻蜓、蝗虫、金龟子、天牛、蟋蟀、蟑螂、棕虫等都是原始人的捕食对象。

四、蔬菜

人类除食肉、食粮而外,也离不开菜蔬和果品。但是有关考古遗物甚少。从民族学资料看,人类诞生以来就采摘植物的叶子、果实充饥,这应该是最早的蔬菜。内蒙古根河的驯养鄂温克人,虽然食肉衣皮,但是采集品是很多的,有野葱、野芹菜、韭

菜、黄花、蘑菇、木耳、猴头、红豆、杜斯、山丁子、稠李子等等。鄂伦春族的采集品更多，有柳蒿菜、山芹菜、黄花菜、鸡爪菜、山菠菜、狍耳菜、空心菜、灰菜、韭菜、鸡尾菜、木耳、蘑菇等。

西南原始民族也大量采集菜吃。珞巴族常常采集竹笋、山薯、木耳、蘑菇和各种果实。他们春季大量挖竹笋，去皮，切为片，装入竹筒内，加足水，封住口部，令其酸，夏天五六天就可吃酸笋了，吃不完则晒为笋干。独龙族夏天采集竹笋后，也去皮晒干，浸泡，可煮吃。他们有时把竹笋切碎，放在竹筒内捣碎，封住口部，数日后，也可变为酸笋。既可现吃，也可晒为笋干收藏。块根也是重要的食物。该族挖三种芋类：一种为青山药，块根为白色，一个有十多公斤，可煮吃，或切片晒干贮存；一种是硬壳山药，黄土色，去皮后可煮吃；还有一种黄山药，似红薯，在地下半米深，去皮吃，但有臭味，必经过半小时煮沸才能吃。芋类在台湾、海南岛及长江流域也分布较广，是粮食的重要补充。《昌化县志》卷一《风土》："东坡云海南多荒，所产粳秫不足于食，乃截芋杂米作糜粥以取饱。"

应该说明的是，不少野菜有苦涩味，不能直接吃，必须经过适当加工。西藏僜人挖回野芋后，生吃发麻，不易消化，而且有微毒，必须洗净、切开，在锅内煮一天才适合食用。他们认为野芭蕉也苦涩，必在土中埋七八天，才能食用。苗族喜吃蕨根，但不能直接煮吃。挖来后去泥、洗净，放在杵臼内捣碎为泥，放在水中浸泡，再过滤去渣，在陶器内沉淀，捞出晒干，制成淀粉，这样才能吃。

最早的蔬菜都是野生的，是采集品，人工种植蔬菜是比较晚才出现的。有些原始民族早已从事农耕，但还不会种菜，仍以采集野菜为副食。从考古发现看，我国史前时代已有人工种植的蔬菜，基本有三种：

一是油菜，在西安半坡遗址出土一个陶罐内有白菜和芥菜籽。泰安大地湾遗址也出土有油菜。据专家研究，以上为芸苔属蔬菜，原为野生，称野油菜，经过人工培育，发展为不同的蔬菜，如取根者为蔓菁，取其叶者为油菜、白菜。

一是葫芦，在浙江河姆渡遗址出土的葫芦、葫芦籽，属小葫芦。水田畈遗址出土的葫芦籽属大葫芦。此外在罗家角也出土有葫芦。这些葫芦嫩时可吃，成熟后可做容器。

一种是甜瓜，杭州钱山漾良渚文化遗址出土有甜瓜籽。在葫芦科下有甜瓜属30多种。世界上有两个起源地，我国培养的是薄皮越瓜。汉代以后又引进新品种，即埃塞俄比亚培育的网纹甜瓜，先传入欧洲，后经中亚而入新疆。

此外，钱山漾遗址还出土了蚕豆，过去认为蚕豆原产于里海南岸或非洲北部，但中国良渚文化已有人工栽培，说明中国也是蚕豆起源地之一。

水果也是重要的食品，起初是采集野生的，如珞巴族的水果是野生桃、柑橘、芭蕉、猪油果等。鄂伦春族的水果是稠李子、山丁子、高丽果、山酸梨、山葡萄、都柿、山樱桃、松子、榛子等，随着农业的出现和定居生活的实现，才有水果栽培。人工栽培的水果，有干、鲜两类：

一类是鲜果，在河姆渡、海安青墩、钱山漾、水田畈、广东石峡、钦州独料和宾阴白羊村等史前遗址都出土过桃核，隶蔷薇科樱桃属，多为野生种，后来人工栽培，桃为五果之一。在上海崧泽出土杏、梅，吴江梅堰出土有梅核，可能为栽培果木。北方多种梨。庞文英《文昌杂录》契丹人"取冷水浸良久，冰皆外结，已而敲去，梨已融释"。这是有名的冻梨，所用的酸梨，原为野生，后改家种。枣也是较早的水果之一，在密县峨沟、新郑裴李岗、河姆渡、水田畈史前遗址均出土有枣核。枣原为采集品，四川铜梁张二塘旧石器时代遗址出土有酸枣核，这无疑是采集、食用野枣的结果，到了新石器时代开始种植枣树。在河姆渡、崧泽和青墩等遗址均发现有桑葚孢粉，当时人们已经采摘桑葚充饥，桑叶则用于养蚕，从事丝织生产。在钦州独料遗址出土有橄榄核，这可能是野生的。我国有两种橄榄：白橄榄（青果）和乌橄榄。海南岛五指山盛产野橄榄，黎族多采食之。作者在川滇山区考察时，也看到山上有不少野橄榄树，冬天树上挂有黄澄澄的果实。据赶马的老乡说，这种橄榄可吃，但是其酸无比，吃前必先用水浸泡三五天，这样酸味就消失了。我们曾在山上采了不少橄榄，按老乡说法泡着吃，果然没有酸味。

另一类是干果，在资阳鲤鱼桥、铜梁张二塘等旧石器时代遗址出土有野核桃、胡桃等果核，在裴李岗文化、河姆渡文化出土有山核桃。这些果实为胡桃科胡桃属，有16种之多，生长在温带，过去总认为是汉代张骞从西域带来，可是我国有山核桃野生种，史前遗址又多有出土，说明有栽培的可能性。在资阳旧石器时代遗址出土有栗子，西安半坡遗址出土有松子，磁山、半坡等遗址出土有榛子，河姆渡、峨沟遗址出土有橡子，这些干果虽然为野生的采集品，也是当时的重要食物。

五、调味品

在食物中，还有一种调味品，即调料，也是饮食文化的重要内容，但是，史前时代的许多调味品是采自于自然，很少人工栽培。调味品包括五类：咸、甜、酸、辣、油。

1. 盐

咸味先是盐，《说文》"古者宿沙初作煮海盐"。宿沙又名宿夙，神农时代人。彭大翼《山堂肆考》羽集二卷《煮盐》："宿涉氏始以海水煮乳煎成盐，其色有青、红、白、黑、紫五样。"这种传说流行于沿海地区，当地原始居民在采集海产品的过程中，必然获得海水有咸味的知识，后来在煮海水中发现了盐。不过内地无海盐，原始人却发现了池盐、岩盐和井盐。谢肇淛《滇略》卷九："其（威远）境内英蒙寨有河，汲其水浇火上炼之,即成细盐。"还有一种在炭上烧鸡爪盐。《太平御览》卷八六五引任预《益州记》:"越嶲煮盐,先烧炭,以盐井水泼炭,刮取盐。"四川盐源摩梭人传说:远古有一位姑娘,经常到山脚下牧羊,发现羊常到一个水池里喝水,其他水池的水不喝。姑娘去试了试,原来羊喝的水有咸味。后来转告村人,人们取咸水浇在火炭上,在炭上形成一层白盐。① 由于姑娘发现盐水有功,被人们奉为盐姑娘、盐神。

盐为百味之王,没有盐是难以做菜的。珞巴族从火塘边取一块红烧土,浸于水中,此水味咸,可以煮菜吃。另外把鸡爪谷壳烧为灰烬,放在锅内烤几天,用文火,接着用树叶包起来,扎若干孔。又放在葫芦内,存放二三个月,树叶包就变成硬块,甜咸二味齐全,捣碎可做菜吃。

2. 蜜糖

甜味食品,在史前时代有两种:一种是甘蔗,可能是我国南方热带的甜味来源;另一种是蜜糖,即蜂蜜,这是史前时代的主要糖食品。

西藏珞巴族地区有三种蜂,一种是"达儿",汉意为小蜂,既可取巢采蜜,又可引回家饲养;一种是"达埃",比"达儿"大些,在冬季取蜜,也可引回家饲养;三是崖蜂,体形较大,黑色,在崖上筑巢,产蜜较多,一巢可取50斤,一般在七八月以火攻、爬梯取下蜂巢,切为若干块,以巨石或独木压之,挤出蜜汁,再以竹筛过滤,去掉杂质,用锅蒸一下,与炒面搀和,做成蜜块,可以零吃,也可放在酒和菜中吃。

最早对野蜂的利用,除吃蜂儿外,当然也吃蜂蜜。如凉山地区有一种崖蜂,彝语称"瓦尔吉"。它比家蜂略大,又比黄土蜂小,有蜂毒,一蜂来螫,其他伙伴也蜂拥而上。它们在树上筑巢,呈簸箕状,直径1.5米,厚1米左右。彝人取蜂蜜时,先在地上置一桶,然后以木杆顶穿蜂巢,把木杆下端放入木桶,蜂蜜即沿杆流入桶内。由于采蜜者穿有伪装用的草衣,而且在夜间进行,一般没有多大危险。每巢产蜜少者20公斤,多者达50公斤以上。

3. 酸

酸食有两个来源:一是从植物果实、根块中提炼,最流行的以酸梅代醋。鄂伦春族煮粥时,往往加一些稠李子,粥色鲜艳,酸甜可口。布依族将竹笋、野菜发酵,制成酸菜。水族每家都有几坛酸菜,做菜时加一瓢酸菜汤,作为调味品。谚语称:"三天不吃酸,走路打变弯。"另一种从动物食品中提取,有腌鱼、腌鸟、腌肉、腌虾等。

4. 辣味

---

① 四川省编辑组《四川省纳西族社会历史调查》第213—214页,四川省社会科学院出版社1987年版。

野生辣味食品也不少。鄂伦春族原来不会农耕,也不种菜,但是在饮食中调味品齐全,有野葱、野韭菜、野蒜,都是在采集野菜时挖来的,不是现采现吃,就是晒干贮存起来。我国古代的蒜为小蒜,现在吃的大蒜是后来传入的。葱也分布很广,《水经注》:"葱岭,其山高大,上生葱,故名葱岭。"韭菜也为野生植物,全国各地都有生长。独龙族在火灰中烤粑粑时,事先必在粑粑中搀韭菜,一是味道好吃,二是外出携带保存较久。《史记·货殖列传》:"蜀亦沃野、地饶姜。"看来姜也为中国原产。

5. 油

食油有两大类:一种是动物油,猎人在狩猎时十分注意搜集动物油,留下来煮菜吃。后来又从乳类中提取油脂。门巴族把羊奶放在羊皮口袋内,用冷水浸泡三四十分钟,使其冷却。然后在陶釜内煮沸,温度适宜,接着过滤,倒入酥油桶里,加盖,趁热打酥油,上下抽拉,数以百次计,到活塞上沾有酥油为止。最后抽出活塞,双手摇动桶上端,使酥油成团,取出后置于冷水中,再放在羊皮口袋内,继续搓压,排出水分,就制成酥油了。哈萨克族也用上述方法提取酥油,另外把四分之三酸奶和四分之一甜奶和在一起,煮沸,装入皮囊中,捣一小时左右,上层即浮出酥油。另一种从植物果实提取油脂。

植物油又有两种:一种是野生植物果实,如泸沽湖地区摩梭人采集一种"刺果",这是野生灌木,在河边山脚到处有生长。采来果实后,晒干,外壳就脱落了,内核为椭圆形,将其碾为粉末,蒸熟,然后装在麻袋里,用原始榨油机榨油。他们用的榨油机极简单:一种是把盛有油料的麻袋放在两块石板中间,以人力挤压,即可沿着石板流出油来;另一种榨油机为一个木槽,槽底有一孔。榨油时,把油料口袋放在槽内,上压以石,用力挤压,即可从孔内流出油来。一斤刺果可出三两油。我国史前时代也会应用野生植物果实榨油,具体情形有待寻踪。在浙江钱山漾、水田畈等良渚文化和新疆阿拉沟遗址都出土过芝麻,过去传说是张骞从西域带来的,但不见记载。在云南有野芝麻,当地居民采集野芝麻榨油,说明芝麻原产中国是可信的。在杭州钱山漾、修水跑马岭遗址还出土过花生,欧洲人称花生为"中国坚果"。过去说花生产于南美的巴西、秘鲁,但中国史前已有花生,而且不是孤证,说明中国可能为花生原产地之一,当时以花生为油料也是可能的。

【第二节　食物加工】

人类的食物是多种多样的，史前时代更是这样。不过，即使在史前时代，食物加工也有一个过程。如果说在以狩猎为主要谋生手段的时代，肉类和采集品加工比较简单的话，那么农耕兴起以后农产品加工就比较复杂了。因为农作物果实多有硬壳，这是不能食用的，必须精心去掉外壳，又要保护子粒，有些还要进一步加工为面粉，从而有一系列食物加工工具和技术。从目前的考古发现看出，我国史前时代有三大类食物加工工具：石磨盘、杵臼和研磨器，从民族学资料看，还有一种加工树面的工具。

一、石磨盘

一提起石磨盘，总认为是农业民族的发明，其实，它在旧石器时代晚期就出现了，当时的石磨盘是研磨采集品的工具。如山西下川旧石器时代晚期遗址就出土过石磨盘[1]，距今二万多年。农业发明以后，人类自然会把石磨盘作为粮食加工工具，而且流传甚广。

在新石器时代的石制工具中，大而划之，有三大类：翻耕农具、收割农具和加工谷物工具。据统计新郑裴李岗新石器时代遗址共出土216件石器，其中石磨盘、石磨棒88件，占石器总数的40.1%；密县峨沟遗址出土133件石器，其中石磨盘、石磨棒20件，占石器总数的20%；河北武安磁山遗址出土1321件石器，其中石磨盘、石磨棒137件，占石器总数的10.4%。在其他新石器时代遗址中也有不少发现。这些事实说明，石磨盘、石磨棒数量多，体形大，在当时石器中占有突出地位。[2]

---

[1] 王健等《下川文化——山西下川遗址调查报告》，载《考古学报》1978年第3期。
[2] 吴家安《石器时代的石磨盘》，载《史前研究》1986年第1期。

从全国范围看，石磨盘有几种类型：

一种是有足石磨盘，盘面较大，多为长方形，或者两头圆，或者一头尖一头圆，下面有四个足，制作精美，为远古石磨盘之佼佼者。主要发现于河北磁山、河南峨沟、山东北辛等文化中。

一种是长三角形，体形也较大，但无足，发现地区同上。

一种是马鞍形石磨盘，体形较大，有些长半米许，呈方形或长方形，平面，两头高，中间低，如骑马用的坐鞍。主要发现于东北、内蒙和西北地区。

一种是不规则形石磨盘，其特点没有一定规范，大小不一，取自然石板为之，加工粗糙。主要流行于黄河流域及其以北地区。

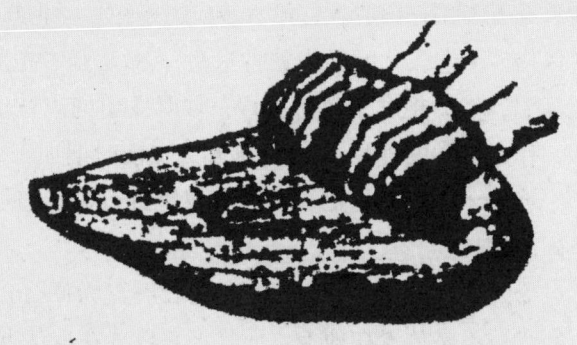

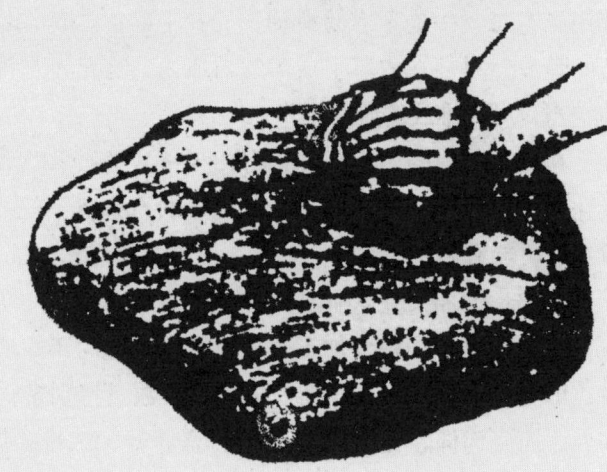

半坡出土的石磨盘

那么石磨盘是怎么使用的呢？过去简单的解释是，把粟、黍放在石磨盘上，然后以石磨棒碾压，即可加工为小米和黄米。事实上并不那么简单。这里不妨看看民族学资料。

云南独龙族、怒族还使用石磨盘加工粮食，但是该族认为粟子皮难脱壳，在研磨前必须有一个烘干阶段，具体有两种方法：一是把粟子放在火塘上方的烘干架上，长期烘烤；另一种是架起石板锅，下边点火，把粟放在石板锅上炒半小时，直到干燥为止，这样再放在石磨盘上研磨两三遍就能去壳留米。这些都是妇女的工作。这种烘干法，在加工稗子、青稞上也是必不可少的。如独龙族认为稗子壳比粟壳还难脱掉，加工前必先用温水浸泡一下，使其软化，接着倒出水分，把烧红的木炭搀入稗子内，上边还盖有红炭，这样稗子壳才裂开，最后放在石磨盘上脱壳。藏族加工青稞的方法也极其复杂：第一步是洗净；第二步晒干；第三步炒青稞，该族有一种双耳夹砂陶罐，专门用来炒青稞。使用时，先把陶罐架在火塘上烧烤，待到炽热时倒进青稞，操作者双手提起陶罐双耳，上下左右摇晃，使青稞在罐内翻动、炒熟；第四步倒在簸箕里，去沙；第五步用杵臼脱皮；第六步研为糌粑。①北方加工糜子也要炒干。罗布桑却丹《蒙古风俗鉴》卷二称糜子为蒙古米，"其做法是，把糜子燥烂，把细沙子放在锅里加火烧成高温，然后把糜子放进去炒，炒时发出的声音也很大，拿出来再用臼去皮，则成炒米，作为日常的食品。"由此推知，史前时期加工粟黍过程中，应包括两个过程：一是晒干或炒干，二是研磨，石磨盘仅是进行第二道加工的工具，第一道加工则使用比较坚固的炊具。

令人不解的是，裴李岗文化的石磨盘为什么会有四个足呢？民族学资料告诉我们，石磨盘并不是放置在地上，而是把它放置在皮革上或竹编的器皿内。独龙族就是这样，其用意有二：一是不容易滑动，放置平稳；二是谷物不会落在地上，便于收拾。有足石磨盘显然是放在皮革上或编织器皿内，有足不易滑动，而且石磨盘与器皿之间有一定空当，可以堆放磨好的小米。

在八千年前的裴李岗文化有相当精致的石磨盘和石磨棒，但是两千年之后的仰韶文化却不见有足石磨盘了，当时出土的石磨盘不仅数量少，而且制作粗糙，形制不一致。这可能有两条原因：

首先，仰韶文化农业比裴李岗文化农业进步，从当时大量使用石刀、陶刀来看，收割量空前增加，粮食加工也繁重多了，这时不仅应用石磨盘、石磨棒，也应用石磨饼，即考古发掘的石盘状器。这种工具数量特别多，如在三门峡朱家沟一次就采集30多件，庙底沟仰韶文化出土2230件盘状器，数目多得惊人。在其他仰韶文化遗址也出土很多盘状器。有人说它是刮削器，但盘状器厚钝，无刃，显然不是刮削器。有人说它是敲砸器，称为"石锤"，但是普遍没有锤击痕迹，所以也不像敲砸器。盘状器多以扁圆砾石制成，一面或两面有磨痕，其他为自然面，当为手握工具，可在石磨盘上、器皿内或皮口袋内研磨粟、黍，可达到石磨盘石磨棒研磨粟黍的同样效果②。据说在河南西部山区，有些农民以鞋底在石板上研磨粟子，也可加工为小米。盘状器显然比鞋底优越得多，说明盘状器是仰韶文化的一种谷物加工工具。

其次，在中原新石器时代晚期，不仅石磨盘、石磨棒明显减少，在质量上也粗糙异常，说明作为研磨工具的石磨盘和石磨棒有衰落之势，这种情况并不意味着粮食加工减少，恰恰相反，考古发掘证实，当时农业有很大发展，产量有增无减，石磨盘的衰落，只说明它已经不是主要的加工工具，它逐渐被淘汰了，代之而起的是新式的加工工具——杵臼的出现，从而引起了谷物加工技术的重大变化。

---

① 西藏社会历史调查组《藏族社会历史调查》（五）第230页，西藏人民出版社1988年版。
② 西安半坡博物馆《姜寨》第80页，文物出版社1988年版。

二、杵臼

石磨盘、石磨棒虽然历史悠久，应用广泛，但是从文献上看，缺乏记载，仅从民族学资料能看到具体情形。石磨盘的缺点是容纳谷物少，容易外溢，碾磨效果差，随着农业的发展，谷物加工的需要，木作和石器加工技术的改进，又发明了新式谷物加工工具——杵臼。

在文献中，有不少发明杵臼的传说：

《周易·系辞》："断木为杵，掘地为臼。"

《世本》："雍父作杵臼。"

《桓谭新论》："宓牺制杵臼之利，后世加巧，借身践踏，而利十倍。"

从上述传说看出，杵臼是伏羲发明的，远在渔猎和采集时代就存在了，杵臼为两种工具，杵为一根木棒或石棒，臼是掘地成坑，后来又发明了石臼。就操作方式而言，杵是由一手或双手握着在臼内舂谷物，俗称手碓，如佤族、哈尼族、彝族、黎族还使用这种手碓。后来将杵安一长柄，以脚踩踏，利用杠杆原理在臼内舂谷物，变成脚碓。《桓谭新论》所说的"借身践踏"，就是指脚碓而言，这已经是比较巧妙的舂米方法，出现是比较晚的。

杵臼是什么时候发明的？这要通过考古资料加以论证。近一二十年考古学家发掘出不少有关杵臼史料。在南宁豹子头遗址出土一件石杵，桂林甑皮岩也出土过石杵，两个遗址距今在一万至九千年左右，说明杵臼由来已久，到新石器时代晚期杵臼相当普及。如河姆渡出土距今七千年之久的一件木杵，长9.2米，杵头8.3厘米，中间柄径五厘米，这是我国目前发现的最早的木杵，其形制与海南黎族的木杵相若。臼是什么样的？目前还不够明确，基本有三种质地。一种是木制的，今已无存。一种是"掘地为臼"，在河姆渡遗址T224一层发现一个钢盔状"柱础"，有的学者认定为"地臼"。类似地臼在其他地方也有发现，如江苏邳县大墩子一处居住面有三个火烧过的土窝，其中有的还放置石杵。河南成皋广武出土一处地臼，直径20厘米，深5厘米，皆经火烧制，周边突出。在湖北宜昌红花套遗址也出土过杵臼，杵已变为灰烬，长1.4米，中宽0.14米。地面有两个地臼，呈锅底状，四周坚硬、光滑，具有地臼特征。另一种是陶臼。如河姆渡遗址出土一种陶盆，硕大，厚重，敞口，小底，口径42厘米，高22厘米，有人认为这就是当时的陶臼。类似陶臼在舟山白泉、杭州钱山漾等良渚文化遗址也有出土。在湖北关庙山屈家岭文化也出土一件陶臼，看来陶臼还是存在的。由于陶质较脆，舂击谷物时，陶臼是否能承受得了？在苏南地区民俗文物中，有一种"窖臼"，就是陶制的臼具，可以舂稻米，可证陶臼是可以舂谷物的。

图1

图2

图1　新石器时代大溪文化折曲纹红陶盘
图2　新石器时代仰韶文化遗址出土的人面鱼纹彩陶盆，其含义与当地居民的崇拜对象有关

有一种比较流行的观点，认定杵臼为长江流域史前居民的发明，杵臼起源于南方。不过，在黄河流域史前时代也有杵臼出土，其年代也早于河姆渡文化。如山东北辛遗址出土一件石杵，就比河姆渡文化的木杵为早。在河北磁县下潘汪仰韶文化遗址出土四件石杵。山西西王村仰韶文化遗址也出土一件石杵，在西安半坡、晋南西阴村仰韶文化、辽宁凌源安杖子和内蒙龙山文化遗址出土过石臼[1]。

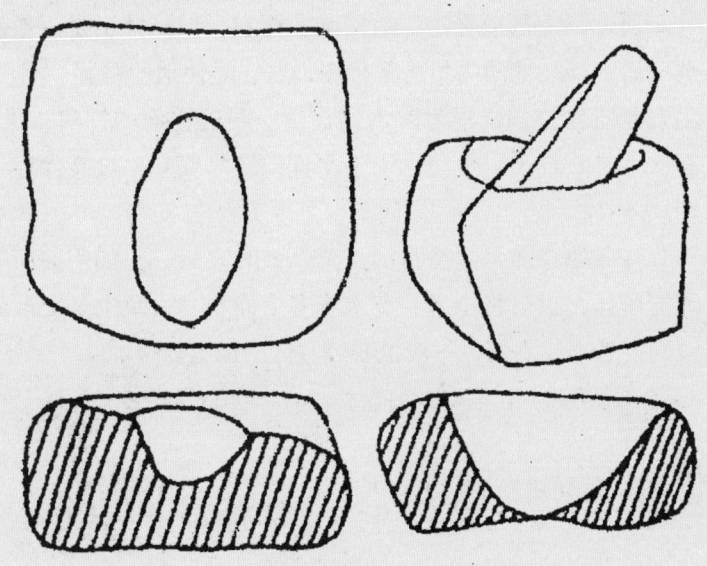

史前的石杵、石臼

不难看出，杵臼在我国南北方都有发现，目前还不能确认起源于一个地方，但是起源于农业部落是肯定的。那么是否有一种地臼呢？土坑、甚至烧制的地穴是否能承受住木杵、石杵的舂击？

海南黎族从事稻作生产，禾穗割下以后，先挂在禾架上晒干，然后以穗的形式，移入仓房保存。每当食用时，先把禾穗取出来，在场院晒干，然后用脚脱粒，或者用木槌敲击下来。稻谷脱下来后，要用簸箕除去杂质，然后放在木臼内舂成米，方法是把木臼置于院内，装上稻谷，然后妇女站于木臼旁，双手握住木杵，一上一下地舂米。为了加快舂米过程，有时几个人同时舂米。在这里，杵臼是木制的，其中的臼较大，由一段独木挖制的，所用工具是铁斧，刨一点，用炭火烧一层，再刨一层，再烧一层，直到砍成木臼为止。

云南拉祜族、佤族、哈尼族基本应用木杵木臼，其中的苦聪人还在地上挖一个土坑，夯实，内垫一张光板皮革，然后把粮食倒入地臼内，以木杵舂米。这种臼装粮食多，便于揭皮子倒粮食。

四川凉山彝族有两种杵臼：一种是小形杵臼，以石挖臼，杵是天然河光石，这是舂面和辣椒的工具，也可舂击盐巴；另一种是木制杵臼，杵以木杆砍制，两头粗中间细，木臼是由一段独木挖制的。

---

[1] 张量、王守仁《杵臼刍议》，载《农业考古》1986年第2期。

通过以上例证看出，地臼确实存在，但是并不是一般意义的掘地为臼，而是在挖地臼后，要在地臼内垫一张兽皮，这样才使地臼坚固、耐用。不过，从民族学资料看，主要是石制杵臼，或者是木制杵臼。我国史前的杵臼，也应该以木杵臼为主要形式，其次才是石杵臼、地臼，由于木杵臼容易腐烂，没有保存下来，这正是新石器时代晚期缺乏谷物加工工具的原因。

杵臼的功能，主要是加工粟、黍和高粱，正如前面所说，粟、黍先要干燥，然后才能脱壳，也可将小米、黄米研磨为面粉。大豆也是史前的食物，其叶可做汤吃，豆粒则要煮吃或煮粥，一般也要经过杵臼加工。

三、研制树粉

在考古发掘中，除了有石磨盘、杵臼、擂钵等食物加工工具外，还有形形色色的敲砸器、砍砸器，盘状器，过去通常把它们列为生产工具，其实它们也是与饮食文化分不开的。如贵州苗族采集许多植物，这些植物有些可直接食用，有些有毒，或者有苦涩味，须经过敲击、泡洗、过滤才能食用。云南独龙族，西藏珞巴族食用的树粉更要经过精细的加工。

过去独龙族以"阿雷"为主食，"阿雷"汉意为董棕树粉。董棕树是一种高大的树木，属于热带或亚热带植物，生长周期较慢，一般要长十年才能使用。其加工过程有四个步骤：

第一步是砍伐树木。

砍伐者手提砍刀，到森林中选择较粗壮的董棕树，先在树根处砍一刀，如果在刀刃上出现白色树浆，就认为应该有董棕粉，具有砍伐价值，从而将根部砍断，把树放倒，进而又从树梢试刀，在哪里出现树浆，就从哪里砍去树头，留下的树干就是提取董棕树粉的原料。但是要晒干，便于加工。

第二步砍削树心。

砍倒董棕树后，再截为若干段，每段树干长七八十厘米，然后把每段树干劈为四半。晒干后，男子取一段树段，以两脚踩住两头，然后用"阔"（砍刀）砍下树心，如果靠近树皮的地方过硬，则用砍刀砍削，最后把树心堆在芭蕉叶上，把树皮丢弃。这里所用的"阔"，是在一个鹤嘴锄式木柄上，横安一块长方形石片，无刃，加工者手握木柄，以其敲击董棕树心。这是一种古老的复合工具，相当于敲砸器。

第三步洗出董棕粉。

在靠近山泉的下方，搭一个竹木架，如工作台，台面以竹篾编成，四周略高，中间偏低且留一小孔。接着把董棕心放在台面中央，但用芭蕉叶把工作台围起来，又从山泉处引来一竹枧，不断往树心上冲水，加工人则用双脚反复踩蹉董棕树心，使其中的淀粉沿中央小孔流下来。在工作台下，中央地上垫两块石头，石头上放一个敞口竹筐，筐较密实，底部与沉淀槽相连。该槽以竹或董棕树皮制成，由几段交叉连接，它们正好接住了流下来的淀粉，其中以第一、二木槽积累下来的淀粉最多。

第四步烘干淀粉。

当停止踩踏、过滤以后，把木槽内的淀粉放在麻布上，紧紧包住，放在平坦处，再压以重石，把其中的水分挤净，淀粉呈块状，以刀切成两半，放在火塘旁边烘干，这样方便于贮藏、食用。①

董棕树粉，可以做饼烤吃，也可与其他粮食混着煮吃。张家宾《滇南北段未定界境内之现状》中称董棕树为"阿秀"："阿秀，树名，高丈余，大如小柱，直径约五六寸。吃法将树砍倒，去其皮，舂如粉，和以水，俟十日糟滥后，以之为粥，或为饵而食之，滋养料也富。"

类似董棕粉式的食物加工，在远古时期也存在过，其加工工具主要是敲砸器，在浙江河姆渡文化中出土不少鹿角鹤嘴锄柄，其上应该安装石质器头，它很可能是敲击工具。另外在仰韶文化出土很多盘状器，圆形敲砸器，石棒，有些可能是揉皮工具，有些可能是采集品的加工工具。

四、研磨器

在我国史前考古中，还常见一种研磨器，过去多定名为擂钵，也有称为过滤器、刻槽器、刻槽盆、沉滤器，其实是一种食物研磨工具。《玉篇》卷六："擂，研物也。"《辞海》："擂，研碎，如擂钵，擂成细末。"擂钵在食物加工中占有重要地位。

考古发现的研磨器，其共同点都是以灰色泥质陶制成的，内壁有刻槽，口部有流，但是形状、大小不一，主要有三种形式：

一种是敞口直筒型。河南淮阳平粮台、临汝煤山、淅川下王岗、湖北京山屈家岭文化都有出土。该类器物较小，容量不大。

一种是盆状型，简称盆状研磨器。郑州大河村、洛阳王湾、矬李、杞县鹿台岗等遗址均有出土。器形较大，容量多，是较大的研磨工具。

一种是钵状型。在临汝煤山、郧县青龙泉文化遗址均有出土。此器较小，容量有限，

---

① 云南民族研究所《独龙族社会历史综合考察报告》第33页，1983年内部刊物。

但出土数量不少。①

这些器物是做什么的呢？目前有两种说法：一种认为是澄滤器，先在其内酿酒，待发酵后，再把酒过滤出来；另一种认为是研磨器，是捣碎矿物或食物的器皿。上述看法是值得研究的。首先，远古时期虽然已经发明了酒，出现了酒器，但是当时的酒属于甜酒或水酒性质，这两种酒都不必要复杂的过滤。甜酒是把粮食酿成酒后，把酒糟与酒水和起来一起吃用，是不过滤的；水酒则是在酿好酒后，往其内加水，使酒与水搅和起来，一般是倒出酒水，或者往其中插一竹竿而饮服，也是不过滤的，所以上述研磨器不是酿酒器具。是否

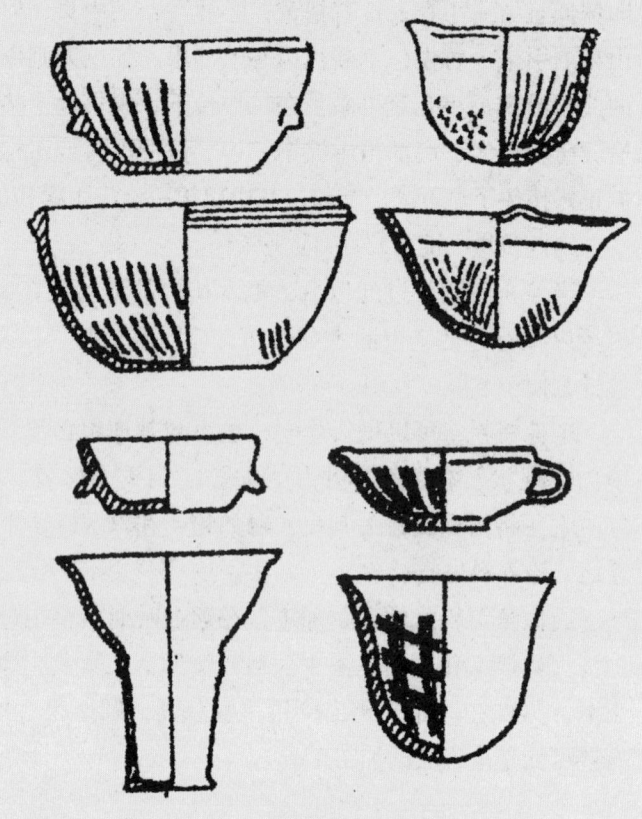

原始研磨器

是研磨器呢？这也要具体分析。因研磨用途很广泛，研磨矿石还是研磨食物，两者分别很大。陶器较脆弱，耐磨性差，用它捣碎或研磨矿石是不可能的，那么，是否是研磨粮食的工具呢？由于有石磨盘、杵臼流行，看来这些器皿也不是研磨粮食的工具，而有其他用途，这一点可从民族学资料上加以说明。

在我国南方、西南民族地区，广泛流行一种研磨食物的工具，因其大小不同，也有不同的名称。大而分之，有三种形式。

一种是陶擂钵，以陶制成，器形较小，与一般饭碗一样大，其内有刻槽，是研磨辣椒、姜、蒜、干鱼的工具。在广东瑶族、海南黎族、广西壮族、瑶族，贵州侗族、苗族、布依族和云南傣族、彝族地区广泛使用。它有点类似杵臼，但很小。

一种是研磨盘，也应用于上述民族地区，在湖南某些民族地区也相当流行。其形状如陶盆，内有很密集的阴纹槽，当妇女粉碎南瓜、芋头和薯类食物时，往往手持上述食物，在盆内研磨，形成瓜泥、芋泥，然后经过水洗、过滤，加工成一定食物，其

---

① 聂新民《浅谈澄滤器》，载《中国考古学研究论集》第210—213页，三秦出版社1987年版。

间不仅在陶盆内研磨，还使淀粉类食物从流口处倒出来。

另一种是研磨缸，这种缸较大，以陶瓷烧制，内也有沟槽。壮族、布依族、苗族、瑶族、侗族在秋收后，把新鲜的芋头、白薯洗干净，在缸内研成芋浆、薯浆，澄清后，把浮水倒掉再以细布过滤，下沉的淀粉可蒸成粉皮，或者以漏扎制成粉条。

在福建、广东还有一种擂茶，所用的工具是茶钵，由擂钵和擂棒组成，均以陶制成，擂钵如盆状，厚重，内壁有沟槽。饮茶时，将茶叶、生米、姜、盐、芝麻放在擂钵内，以擂棒舂碎，煮沸，过滤后即可饮用。在这里，加工方法不是磨而是舂。①

上述擂钵、研磨盆和研磨缸说明，这些工具首先是研磨食物的工具，其次又有沉淀作用，说明是一器两用，具有多种功能。其内的沟槽，既有耐磨作用，又可充当锉菜板。可是，其中有两种方法：一种是研磨法，手握食物在沟槽上反复搓擦，另一是以擂棒在擂钵内舂击。

这些资料对印证考古发现的擂钵有重要借鉴。

那么，远古时期用研磨器加工什么食物呢？主要是芋薯类。我国广大地区都生长芋薯类植物，它们是远古人类最重要的食物之一。起初是采集野生芋薯，如云南拉祜族采集的野薯重达几十公斤。《诸罗县志·民俗》台湾高山族以芋薯为口粮，"饿则生姜嚼水，佐以草木之食，云可支一月，或以煨芋为粮"，后来开始人工种植。不难看出，芋薯是远古和古代的重要食物，除"煨芋为粮"外，也经过研磨、沉淀、过滤而加工为粉状食物，这样会更适合食用，有助于消化。所以，考古所发现的钵状研磨器，盆状研磨器，应称为研磨缸、研磨盆，是一种加工芋薯类食物的加工工具，至于小巧的擂钵，可能是研磨盐巴等调料的工具，因为太小，不会是粮食加工工具。

---

① 陈龙《福建茶艺馆巡礼》，载《农业考古》1991年第2期。

第三节 烹饪技术

烹饪由来已久。《周易》："以木巽火，烹饪也。"大意说顺着风把木柴点燃，进而煮熟食物。所以，烹饪又称烹调，是一种食物熟化方法，后来引申为整个烹饪技术和文化，包括炊具、燃料、食物、调料、烹调方法。

人类已有二三百万年的历史，但是在绝大部分时间内，人类是吃生冷食物的，火食或熟食是很晚才出现的。人类所经历的生食时代，又称茹毛饮血时代，只有人工取火发明之后，才进入火食时代。

一是茹毛饮血的时代。

在我国古代典籍中有不少茹毛饮血生活的记载。

《韩非子·五蠹》："上古之世，人民少而禽兽众……民食果蓏蚌蛤，腥臊恶臭，而伤害腹胃，民多疾病。有圣人作，钻燧取火，以化腥臊，而民说之，使王天下，号曰燧人氏"。

《淮南子·修务训》："古者民茹草饮水，采树木之实……于是神农乃始教民播种五谷，相土地宜燥湿肥垆高下，尝百草之滋味，水泉之甘苦，令民知所避就。当此之时，一日而遇七十毒。"

这些记载虽然十分遥远，但是确实存在过，当时不仅生食，还有过食人之风。

在周口店北京人遗址里，所发现的骨头大部分都有伤痕，其中的压陷和碎骨可能是尖状器等重物打击所致，大而圆的损伤是圆石和木棒打伤的，显然与食人之风有关。还有一种现象，北京人的头骨和其他人体骨骼的数量极不相称，前者多而后者少，头骨又多头盖骨部分，类似水瓢，这是把它们当做盛器而保留下来的。

在古代文献中，不乏食人的记载。《太平寰宇记》卷一六七："僚人专欲吃人，得一人头，即得多妇。"周致中《异域志》卷上："父母死，则召亲戚挝鼓共食其尸肉。"陆次云《峒溪纤志》卷上："遐黎生婺岑以北，椰瓢蔽体，父母过五十则烹而食之。云葬于腹中，谓之得所。"以上均为食人之风的残余。"近代科学已经肯定证明，吃人，包括吞食自己的父母，看来是所有民族在发展过程中都经历过的一个阶段。"①

既然有过食人时代，茹毛饮血就不足怪了。在没有火的条件下，以植物的根块、枝叶和果实充饥，生食是不成问题；对于兽肉也可生吃。《台湾府志·风俗》有些高山族"磊石为穴，高五尺许，内如洞地光洁，木瓦器悉藏其中，鸡犬同处，夜入则以石抵门，煨芋为粮，捕鹿为生，茹毛饮血，不知稼穑，不辨春秋。"贵州苗族喜食生肉，以灰水代盐。侗族的腌牛肉、腌鸟都是生吃的。布依族杀猪炒杂碎时，先拌入盐和调料，然后泼以生猪血，拌而食之。对于水产品生食更为普遍。《文献通考》卷三二八《四裔考五》："僚依山林而居，无酋长版籍……以射生食物为活，虫豸能蠕动者，皆取食。"《中华全国风俗志》下篇卷七：潮安喜吃生鱼，吃前将草鱼"去鳞及腑脏，切为二片，洗净，用干布擦之极干，悬钩上，食时刮成厚二分许之薄片，再用萝卜切成细丝，羊桃切成薄片，沾以酱醋，入口冰融，甘美胜于赏味。"侗族的生鱼片做法，多去鳞，切成片，以醋沾，拌酸菜、黄豆粉、紫菜、薄荷等调料。赫哲族以捕鱼为主要生活来源，吃鱼时，先去皮，放血，切为鱼片，再切为丝，拌以野葱、野辣椒，加盐、醋，没醋以野樱桃汁代之。这些史料说明两点：一是生食是史前时代普遍流行的，至今在不少民族中还有残迹可寻；二是过去认为只有用火才能吃鱼肉，这也是不确切的。

二是使用火之后，发明了各种烹饪方法。

（一）烧烤法

自从人类开始用火之后，就掌握了烧烤法，这是最早出现的烹饪方法。古代称为炙，具体又分为燔、炮、炙等。现在分别叙述。

1. 直烧法

最早的熟化方式，是在没有炊具的情况下进行的，所以只能直接把食物放在火上烧烤，而当时的主要食物是采集品和猎物，也便于烧烤。云南拉祜族、台湾高山族、西藏珞巴族和门巴族，过去在野外挖出野芋头后，拍掉附土，即放在火中烧烤，熟化后取出，剥去皮，就可以吃了。

烧烤肉类也极普遍，有整烧、串烤之分。北京猿人已经利用火烧肉吃，当时既可烧整个兽肉，也可分块烧烤②。比较小的禽兽可以整个烤，如飞禽、鼠、蛇、蛙、兔、野猪等。赵汝适《诸番志》卷下，黎族"遇有事，则用牛、犬、鸡等畜，亦不知烹宰法，牲用箭射死，不去毛，不剖腹，燎以山柴，就佩刀割食。"在大兴安岭居住的鄂伦春族以煮肉为主，但也把兽肉切成条，插在木楔上，放在篝火旁烤食，这是最简易的烤肉串了。新疆哈萨克族也把羊肉串起来，手持木棍在火上烧烤。在嘉峪关出土的魏晋画

---

① 《马克思恩格斯全集》卷一六第556页，人民出版社1964年版。
② 宋兆麟等《中国原始社会史》第55页，文物出版社1983年版。

像砖上,就有烤羊肉串的形象,不难说明这一美食方法可追溯到狩猎时代。其实吃鱼也有串烤法。陈明枢《海南岛志·民俗》:"捕得鱼蛙,则贯以竹片,置炉火中炙而食之,亦有食蛇鼠者。"

烧烤有许多具体方法,广西壮族民间有一种"烧芋窑",他们采集到野芋后,在野外挖一圆坑,直径50厘米,深70厘米左右。朝外留一个门。内壁以泥抹平,上部留碗口大的开口,然后添柴,点火燃烧,待柴尽火熄之后,把芋头从上口投入,密封开口,并把窑壁往里推压,实行封火,过一小时打开,就可取出烤熟的芋头了[①]。此外还有一种熏肉,如哈萨克族把牛羊肉切成块状,拌以调料,然后放在火塘上边的烘干架上,经过长期烟熏火烤,就变成美味可口的熏肉了。

2. 石燔法

石燔法,又名石板烧。在前面已经看到,把食物直接在火上烧烤,尽管熟化过程短,但是对食物浪费多,而且容易烧焦。因此,人类从很遥远的时代起,就在探求一种既可熟化,又不易烧焦的烧烤方法,首先想到的是石板。这样把石板架在火上,可以缓和火势,进行间接烧烤,这是人类最早发明的重要炊具。

在古代文献中,也有一些有关记载。

《礼记·礼运》:"其燔黍捭豚,污尊而杯饮。"郑注:"中古未有釜甑,释米捋肉,加于烧石之上,而食之耳,今北狄犹然。"陈皓注:"燔黍,以黍米加于烧石之上,燔之使熟之。"

谯周《古史考》:"神农之时,民方食谷,释米而加烧石之上而食之。"

《艺文类聚·食物部》:"神农时,民方食谷,释米加烧石上而食之。"

以石板烤食,是很普遍的烧烤方法,后来演变为石锅,所谓石锅,并不是后世锅的形状,而是一个圆形的石板。中国历史博物馆在云南独龙族地区征集一件石锅,是页岩质地,厚2至3厘米,直径30厘米,一面有火烧痕迹,另一面是食物烙烤痕迹。使用时,将石锅架在火塘上,以石三脚支撑。待石锅烧热,可在其上炒粟、黍,也可以烙饼、烤肉。后来进一步调查得知,类似石锅在藏族、门巴族、珞巴族、普米族、怒族、傈僳族、纳西族地区也普遍使用。

这种石燔法,对后世炊事烹饪技术有一定影响。《方言》:"熬,火干也。凡以火而干五谷之类,自山而东,齐楚以往谓之熬。"熬又名䴊,徐锴《说文系传》:"䴊,熬也。臣锴曰谓熬糉也,今俗作燋,或为炒。"具体说,就是炒干粮,包括小米、大米、麦、豆、麻子,都可炒熟,其优点是干燥,容易保存,不会腐烂,便于携带,适合出行,征战时便于食用。《尚书·费誓》说的"我惟征徐戎,峙乃糗粮",表明出征时必携带干粮。

---

① 刘志一《一种原始的食物焙烧方法——打红薯窑》,载《农业考古》1994年第3期。

3. 炮烧法

在石燔法流行的同时，还有一种更简便的间接烧烤方法，即炮烧法。《礼记·礼运》："后圣人作，然后修火之利……以炮以燔，以烹以炙，以为醴酪。"《礼记·内则》郑注："以土涂物，炮而食之。"从我国民族学资料看，有两种炮食方法：一种是包泥土而烧食。如侗族、苗族在野外捕到鸟类后，往往升一堆火，在火上烧鸟吃，有时也取一堆泥巴，用泥把鸟包起来，放在火堆内烤烧，过一个多小时鸟就被烧熟了，去掉泥壳，撕鸟肉而食之。北方有些民族捉到刺猬后，也包一层泥巴，架火烧烤，经过一两个小时，也可把刺猬烧熟，而没有烧焦的地方。这种炮法也适合熟化鱼肉。另一种是用树叶包烧。作者在广西民族调查时也看到以树叶包食物烧烤的方法，如三江侗族把新捕的鱼内脏扒掉，用芭蕉叶或菜叶包几层，放在火中烧，待芭蕉叶烧焦时，鱼也就烤熟了。壮族用荷叶或芭蕉叶包鱼烧烤，也可以把猪肉、鸡包起来，放在篝火或火塘内烧烤。云南彝族多以芭蕉叶、玉米叶、荷叶炮而食之。雍正《云南通志》卷二四："小列米（彝族一支），云州有之。刀耕火种，精于射猎，遇雀鼠则以弩取而烙食之。"

（二）石烹法

石烹法，又名炽石煮食法，它是把烧红的石块投入水中或食物上，令水中的食物熟化的炊事方法。外国有些学者认为中国没有石烹法，其实不然，在中国历史上或民族学资料中，有形形色色的石烹法，是史前烹饪技术的重要内容。

1. 石煮法

在东北、内蒙古鄂温克族、鄂伦春族、赫哲族地区，过去以游猎为生，食肉衣皮，过着迁徙不定的生活。他们吃肉的方法，主要是烧烤法，偶尔也实行煮食。在没有金属炊具的条件下，就采用石烹法。方士济《龙沙纪略》："东北诸部落，未隶版图以前，无釜甑之属，熟物刻木贮水，灼小石，淬水中数十次，瀹而食之。"作者在20世纪60年代初赴大兴安岭调查，对石烹法进行了调查，据鄂伦春族老人讲，石烹法也要一定的用具，通常取一桦皮水桶，盛上水，置于篝火旁边，同时在篝火中烧若干石块，最好是从河滩捡来的河光石，待石块发红时，再用木棍一一夹进桦皮水桶内，由于炽石高温，使桦皮桶内的水沸腾，从而把桶内的兽肉煮熟。所谓石烹法，只能煮六七分熟，这对于猎人已经足够了，因为他们并不喜欢煮熟的食物。有一次我随猎人们到林海雪原中狩猎，晚餐时，升一堆篝火，架起吊锅子，主食是在火灰中烧的烤饼，副食就是狍肉、鹿肉了。当肉煮到六七分熟，猎人就捞出来吃了，一边咬肉，一边用猎刀往下切肉，肉还冒血丝，但是他们吃得很香。我几次夹起兽肉，都咬不动，要求他们再煮一会，他们答应了，但是又几次捞出来，仍然咬不动，难以下咽，当我要求煮烂些时，他们异口同声地说："煮烂了不香，半生不熟好吃呀！"

这种石烹法在国外相当盛行。大洋洲土人煮菜时，即事先烧一堆炽热的石块，然

鄂伦春人的石烹法示意图

后准备一树皮筒,内放一层蔬菜,接着放一层热石块,蒙一张芭蕉叶;再放一层蔬菜,再加一层炽石块,其上依然蒙一层芭蕉叶。菜熟以后,取菜弃石,加以盐水,就变成美味的副食了。

无独有偶。在南方、西南民族地区也流行石煮法。据在广西瑶族地区调查得知,这也是利用炽石煮水,把牛肉煮熟,所不同的是炊具,东北用桦皮桶,南方用牛皮围之。后者与美洲印第安的石煮法相同。在贵州布依族、云南彝族、纳西族、普米族地区也流行石煮法。这些民族认为应用石煮法煮开的水最干净,是敬神的佳品。彝族在敬祖先仪式中,经常烧一些石块,然后投入水盆内,利用这种圣水消毒食物敬献祖先,也可以用此水驱鬼。永宁摩梭人遇有身体不适,腰酸腿痛,就烧一堆石块,然后把烧红的石块丢进独木水缸内,产生蒸气,进而让病人躺在木缸上,接受蒸气浴,病人会很快康复。

在湖北、河南和陕西农村有一种"石子馍",即把面和好,然后把面块放在烧炽的石块上,实为一种石烹法。

2. 胃煮法

这是以胃煮肉的方法。作者在1961年国庆节期间,参加鄂伦春自治旗举行的"双庆"活动,即庆祝建国十二周年与建旗十周年活动,先在旗所在地阿里河镇开大会,第二天到诺敏河北岸举行野餐,各地鄂伦春族代表,以篝火为单位,欢聚在河滩上。人们环火而坐,烤火、喝酒,谈家常,高兴了就起来翩翩起舞。吃的东西都是从林海里带来的兽肉、飞龙、野鸡。一般在篝火上架一个三角架,从顶端吊一个双耳吊锅子,以此煮肉、烧茶。其间我发现一个三脚架上挂一个动物的胃，很大，内贮水。我不解其用，问陪同我的同志："三脚架上吊的是什么？"陪同者说："这是鹿胃，里面盛的是水和兽肉，这是我们民族的古老煮肉方法。"

原来，该族在狩猎捕到鹿时，往往把鹿胃留下，翻个个儿，用水洗净。如果想吃煮肉，则在鹿胃内盛水，放切好的肉块，并利用三脚架把鹿胃吊在火上方。既不可太近，因为这会很快把鹿胃烤焦，又不能太远，这样达不到烤煮的目的。经过一小时烤烧，胃里的水沸腾了，兽肉也烤煮熟了，这时鹿胃也烤得焦黄，也可以食用了。这时把鹿胃取下来，倒出兽肉和肉汤，大家可以食用了。我也和陪同者去品尝，味道真是好极了。据老人介绍，他们也利用犴胃、狍子胃煮过肉吃，但煮肉多少不同。

3. 竹釜

在间接烧烤法中，不仅有石煮法、胃煮法，还有一种竹筒煮食法，古代称竹釜，有关文献记载甚多。

朱彧《可谈》："琼管夷人食动物，凡蝇、蚋、草虫、蚯蚓，尽捕之，入截竹中炊熟，破竹而食。"这里说的"竹中"即竹筒，把各种昆虫装入其中，以竹筒代釜，在火上烧烤，可以把昆虫熟化，然后进食。

《太平御览》卷九六二引《孝经河图》："少室之山，大竹堪为釜甑。"作者在海南岛、西双版纳、广西等地看到不少巨竹，当地少数民族常以竹制背水桶、蒸饭甑子、饭盆、饭盒，看来文献记载的"大竹"是存在的。

范成大《桂海虞衡志·志器》："竹釜，瑶所用，截大竹筒以当铛鼎，食物熟而竹不燔。"这是指以竹筒煮饭，饭熟而竹筒不坏。

陈鼎《滇游记》："腾越少铁，土人以毛竹截断，实米其中，炽火煨之，竹焦而饭已熟，甚香美。"

以上都是以竹釜煮饭的记载。作者在西双版纳、海南岛都吃过竹筒饭。以黎族为例，他们平时并不做竹筒饭，而是在外出劳动，或者在火耕地看护期间，从山里砍来青嫩的竹子，直径7厘米左右，一头留横膈膜，另一端砍为开口，将洗过的米和水倒在竹筒内，然后放在火塘边或篝火旁烧烤，要接近火，又不能直接在火上烧，经过40分钟烤，竹筒接近烧焦，这时可取下来，劈开竹筒，里面就是香喷喷的米饭了。

竹子取材方便，制成竹釜也比较简易，以其煮饭既不会烧焦大米，又有清嫩竹香，因此以竹筒煮饭是较流行的熟食方法。

（三）蒸煮法

蒸煮法是利用贮水炊具，把食物煮或蒸熟的炊事方法。它是在一定历史条件下产

---

① 李露露《黎族的人工取火和用火》，载《中国历史博物馆馆刊》1997年总第27期。

生的。正如前面所述，无论是石煮法还是竹釜法，对炊具的损坏都是比较严重的，消耗时间较多，熟化效果欠佳，因此一般较少应用，而且在采集和渔猎时代，对蒸煮方法的要求也不甚迫切，但是，农业兴起之后，主食发生了根本改变，再运用烧烤法已经不大适应，石烹法也满足不了社会的需要，这时，进一步探索新的炊具和炊事方法已经迫在眉睫。

在以渔猎谋生的漫长历史时期，以采集品和肉类为食品，除有些生食外，以烧烤熟化食物还是可以的，当时蒸煮法不大发达。但是农业出现以后，主食发生了重大变化，即原来以肉类为主食，现在由于猎物的减少，肉类已成为副食，而新生的、大量的谷物则成为主要食物。中国最早出现的粮食，南方为大米，北方为小米、黄米，都是颗粒状的，相当细小，见火易焦，不便在火上直接烧烤，而利用石燔法、竹筒熟化也相当不便，竹子还受地域和季节的限制。因此，必须寻求一种经久耐用的煮食工具，这是发明新式炊具的根本动力。伴随农业而来的还有稳定的定居生活，这就要求人们有一定的汲水、贮水容器，同时粮食的贮存、食用、加工也需要一定的生活器皿。上述社会生活的需要，进一步促进去发明一种新式的炊具、容器。而人们对泥土以及泥土经过火烧以后硬化，具有坚固、防水、耐烧等特点已早有不少认识，从而发明了陶器。这一发明是同农业分不开的。《墨子·尚贤下》："是故昔者舜耕于厉山，陶于河滨，渔于雷泽，反于常阳。"这是对远古时期的农耕部落从事制陶的生动描绘。陶器发明后，根本改变了烹饪技术，普遍应用了煮蒸等技术。

1. 煮

煮食是利用炊具中的沸水将食物煮熟的烹饪方法。

远在陶器产生之前，或者非制陶部落，已经有了一些煮食方法，如石烹法、竹筒煮食，也有些民族利用葫芦熟化食物。西藏珞巴族崩如人，在将达谢粉调成糊状以后，盛在较大的葫芦罐内，同时烧一些河光石，石头烧红之后，一一投入葫芦内，这样可把达谢糊糊熟化，且有拔干作用，人们可去掉石头，取达谢粑粑吃。其实这也是一种石烹法。此外，也有些地方利用温泉煮食物。李思聪《百夷纪略》："市有热池一数亩许，水沸如汤，人不敢近，饥者多以生肉投池，煮而食之。"钱古训《百夷传》也称"者阑有一池，沸如汤，人多投肉熟之"。不过，这些熟食方法多受种种限制，只有陶质炊具的普遍应用，才使煮食经常化、简便化。

我国史前出土的陶炊具，都是夹沙陶，其用意是：夹沙陶不易烧裂，耐高温，由于含沙，陶器传热也快。从种类上看，有陶罐、陶釜、陶鼎、陶鬲等。史前人怎么应用这些陶器煮食呢？

我们在海南曾看到黎族使用陶釜煮饭的情形。该族种植水稻，以大米为主食，他们最古老的炊具是夹沙陶釜，也临时做竹筒饭。妇女煮饭时，先把火塘里的火点燃，在石三脚架上放稳陶釜，先煮水，待水沸腾后，把淘过的大米倒进去，一般是五成米，二成半水。米下锅后，要及时搅拌，不能糊锅底，否则不仅浪费粮食，也会把陶釜烧坏。煮半小时即可停火，或者把陶釜取下来，坐落在火塘边，继续以文火烤着，进一步熟化。这样持续半小时，米饭就熟了。然而，陶釜只能煮稀粥，不能煮干饭，道理很简单，煮粥无损陶釜，煮干饭必然糊锅底，米饭有糊味，而且在盛米饭时，稍不小心，就把陶釜碰坏了，因此用陶炊具煮米饭，只能煮粥或半稀不干的米饭，万万不能煮干饭吃。搅拌工具用木铲、骨铲。

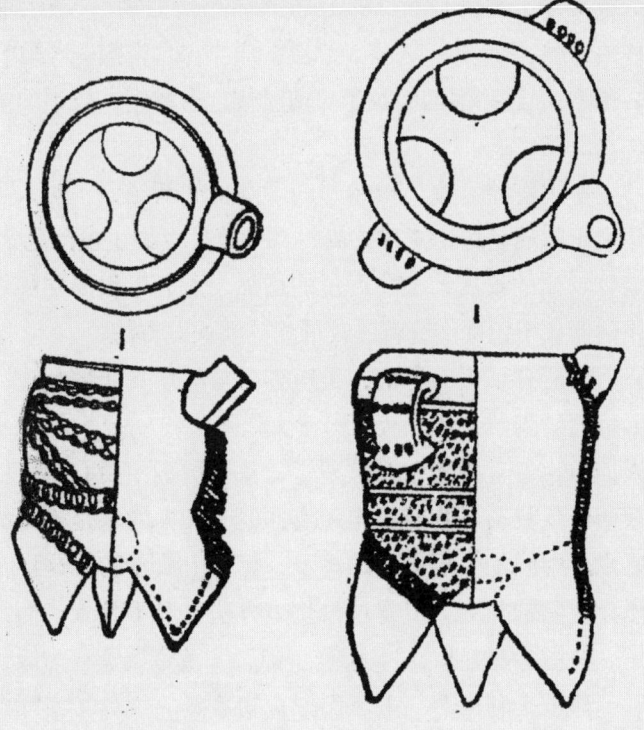

龙山文化的陶鬶

现在让我们具体看看史前时代的煮饭技术吧。在南方发现的浙江河姆渡遗址，出土陶釜等炊具最多，发现的水稻遗迹也相当丰富，有趣的是，在有些陶釜上，常常附有烧焦的锅巴，据研究是米饭的残渣。这是当时以大米饭为主食的特征，而陶釜正是炊煮用具。正如民族学资料所表明的，陶釜只能煮稀饭，不能煮干饭，这是用陶炊具煮饭的局限性。河姆渡文化是分若干期的，该文化早期只有釜没有甑，说明当时只煮粥，吃稀饭。到了河姆渡文化第三期，又出现一种新炊具——甑，它标志蒸干饭的出现。① 一般人认为陶鬲是炊具，但是空足鬲煮水是可以的，煮粥或煮干饭会把空足塞满，又不便于搅动，因此它不适合煮饭，而适合煮水，煮较大块状食物，如芋类、肉类，如果在底部加一种箅子，也叫蒸食物。正因为空足鬲不便煮饭，后世多改为实心鬲，或者鬲足变小，又趋于陶罐、陶釜变化。应该肯定地说，北方煮食小米、黄米，照例是煮粥，而不是煮干饭。有一点应该指出，无论是黎族、独龙族，还是门巴族、珞巴族，他们煮粥时并不单纯煮米饭，其中也搀入一些野菜，甚至加些兽肉。从后世文献

---

① 浙江文管会《浙江河姆渡遗址第二期发掘的主要收获》，载《文物》1980年第8期。

记载推知,粥也有不少种,《左传·昭公七年》:"饘于是,粥于是,以糊余口。"还有一种粥为酏。《周礼·天官·酒正》郑注:"今之粥……酏饮,粥稀者之清也。"贾疏:"即今之薄粥。"这些粥均起源于史前时代,有稀粥、较干的粥、菜粥、肉粥等。

2. 蒸

使用陶器煮食,虽然开创了煮食的新纪元,对人类饮食文化作出了重大贡献,但是由于陶质易坏,煮稀粥尚可,煮菜、煮肉也没问题,但是煮干饭就不适应了。其实,随着农业的发展,粮食产量的增加,人们不仅要吃稀饭,也要吃干饭,那么怎样才能用陶器煮干饭呢?这就要改进炊具和炊煮方法。

陶器煮干饭的毛病,是饭容易与陶炊具底部粘连,当人们揭起锅巴时,很容易把不坚固的陶器弄坏。从河姆渡文化陶釜残片保存大米锅巴看出,当时煮粥也容易粘连,人们不小心就把陶釜弄破裂了,从而留下不少有锅巴的残片。为了解决上述矛盾,必须使陶炊具与食物有一定距离,但是其中的水是不可缺少的。如果在陶釜或陶罐下部盛水,中间加一层有孔的箅子,箅子上放食物,这样在炊具下点火煮饭,同样能达到熟化食物的目的。但是这种炊事方法已经不是煮,而是蒸了,从而发明了蒸干饭的甑子。谯周《古史考》:"黄帝作釜甑","黄帝始蒸谷为饭,烹谷为粥"。

甑子是利用蒸气上流而把食物蒸熟的炊具,实际有两部分:下部仍然是与火接触的罐、釜等炊具,内贮水,当下面升火后,把水煮沸,但是水中并不放米;上部放一个盆或罐状器皿,平底,底部有若干孔,将其架在有蒸气的炊具上,然后盛淘好的米或其他食物,上边加盖,经过一定时间的蒸煮后,其中的生米就做成熟饭了。我们将上部器皿称为甑子。甑子是蒸饭用的,自然是干饭,但不能单独使用。

甑子的最大特点是底部有若干孔眼,便于蒸气流通,这种底称箅。陶炊具无箅煮粥,有箅蒸饭,说明蒸饭必用箅子。《说文》:"箅,蔽也。所以做甑底。"段注:"甑者,蒸饭之器,底有七穿,必以竹席蔽之,米乃不漏。"由此看出,在甑底必放"竹席",称箅架、竹箅,防止米下漏。

蒸煮食物的炊具,不限于一种,还有一种专门的炊具——甗,甗是一种较大的专门蒸食炊具。上部为甑,下部为鬲,上下层之间有一层箅子。上下部多是连在一起的整体器,也有上下分离的。《尔雅·释畜》:"善升甗。"郭璞注:"甗,山形似甑,上大下小。"使用甗蒸饭时,先将陶甗置于火塘之上,鬲内盛水,待水沸腾时,放置箅子,倒米于箅上,加盖,经过一定时间后就能把饭蒸熟了。

据作者在民族地区的观察,蒸食物远远不仅甑甗瓦之属,只要下边有煮水的炊具,上边放置有带孔器底的器皿,就可把食物蒸熟。如海南黎族并没有甑、甗,他们在制陶时,在陶釜内壁中央对称安几个乳丁或棱角,其上放置竹箅,就可以蒸米饭或芋头了。在钱山漾良渚文化出土一件陶鼎,鼎内壁中央有一周突棱,这也是放置箅子的部位，说明也可用陶鼎蒸食物。其实，有些远古陶罐器身很高，又是口大底小，侧视如梯形，如辽宁富河文化、红山文化、小珠山文化和新乐文化①，都以夹沙陶罐为炊具，如果下面贮水，中间安置箅子，上部完全可以蒸食物。

蒸食方法，不仅可蒸米饭，也可蒸芋薯类食物、面食，包括有馅的面食，从而增加了食物种类，扩大了食物来源。由于食物与炊具内沸水有一定距离，蒸法不易烧糊食物，避免了食物的浪费，熟化可以得到易于消化的食物。但是蒸法时间较煮的时间略长，必然浪费较多的燃料，这是蒸法的不足。不过，随着蒸、煮炊具的出现，人们也发明了陶灶。我国原始社会有四种形制的陶灶：一种为盆状或簸箕状，其上架炊具，如北辛文化、半坡仰韶文化、河姆渡文化均有出土，宛如一个火盆架炊具，火力集中，节省燃料。一种是盆形鼎，由盆加三足而为之，如庙底沟遗址有出土。一种为筒状，流行于龙山文化；还有一种是陶釜与筒形灶的连体，也流行于龙山文化。但陶灶分布不广，出土不多，是一种地方性的炊具支撑物，不用于火塘之上②。

从世界范围史前饮食烹饪看，人类先实行烧烤，陶器发明以后，才普遍实行煮食，但是这时已经出现了明显分化：以粮食为主食的民族，不管是食大米还是食小米，都以煮食为主要烹饪形式；有些以面食为主的民族则继续发展了烧烤技术，发展了烘法，这种方法在国外较为流行。煮食水分不易掌握，火候也不好控制，所以必须拌以搅动，防止糊锅底。蒸法却解决了这一矛盾，并且可以烹饪干饭、面食。蒸食是人类饭食水平提高的重要标志。

以上是史前的基本烹饪方法。应该指出，陶器在烹饪史上，具有划时代的意义，开创了中国烹饪技术的新时代。但是它局限于蒸煮而已。中国烹饪技术的最大特点是利用油脂炒炸食物，陶器对此是无能为力的，从而限制了当时烹饪技术的发展，只有金属炊具产生以后才使烹饪技术有高度发展。从考古资料看，远在四千年前已发明了青铜器，但数量少，基本是小件工具、装饰品，不能也不可能代替陶器在烹饪中的地位。商周时期为发达的青铜时代，但是青铜主要应用于武器、礼器和少量生产工具，至于用青铜制作炊具还是较少的，只限于少数贵族。战国以后铁才广泛使用，尽管如此，陶器还是主要的炊食用具。只有到了汉代才普遍使用铁质炊具，引发了中国饮食的又一次革命。

从上述烹饪技术的变化看出，史前饮食技术发生三次革命。

第一次是火的应用带来了熟食生活。在人类不知用火之前，人类是过着茹毛饮血的生食生活，尚不知烹饪技术，这对肠胃是极其有害的。正如《韩非子·五蠹》所说

---

① 杨虎《试论兴隆洼文化及相关问题》，载《中国考古学研究》，文物出版社 1986 年版。
② 高蒙河《先秦陶灶的初步研究》，载《考古》1991 年第 11 期。

"而伤害肠胃，民多疾病"，从而限制了食物的选择，缩短了人的寿命。自从人类学会用火以后，尤其是掌握了人工取火之后，不仅获得了取暖、照明的手段，还使饮食进入火食或熟食阶段。经过熟化的食物，芳香可口，易于消化，提高了营养，《礼含文嘉》："令人无腹饥，有异于禽兽。"并且扩大了食物来源，从而提高了人类的物质生活水平，这是原始饮食生活的第一次革命，在人类文化史上具有划时代的意义。

第二次是陶器的发明使煮食得到普及。人类用火之后，实现了熟食，但是烹饪技术简单，基本为烧烤法，尽管也发明了石烹法、竹筒煮食法，但受到种种限制，不易普及。只有陶器发明和使用以后，相应地普及了煮食方法，这一点尤其适应农业部落的需要。煮食的食物，比较熟化，容易消化，避免了烧糊的损失，扩大了食物的种类，是比较优越的烹饪方式。

这个革命，发生于距今一万年前后陶器的出现，它与农耕的发明几乎同步，并随着农业的发展而普及开来。

第三次是陶甑的发明，促进了人类从煮食向蒸食的过渡，构成史前第三次烹饪技术的革命。

以陶器煮熟食物，是远古时期最流行的熟食方法，但是陶质脆弱，食物容易烧糊烧焦又导致陶器的破损，因而陶器煮食，基本是煮粥、煮汤，不能直接做干饭，这是陶质炊具的局限性。但是人类的烹饪技术并没有止步，在距今七千年前后，又发明了一种新式的炊具陶甑，后来又发明了甗，前者是放在一般炊具上，后者是炊具与甑的合一，它们都不是在陶器上直接煮食物，而是在炊具内沸水上架箅子，利用蒸气熟化食物，这是人类对蒸气的最初开发和应用。这样既保护了炊具，防止食物烧焦，又能蒸干饭，出现史前时代烹饪的第三次革命。

第四节 炊食用具

人们为了饮食，必须经过炊煮，主副食也要用一定的餐具、食具，也就是必须有一套炊食用具。现在按水具、炊具、食具、舀具和刀案等方面，分别介绍。

一、水具

人类可一日无食，不可一日无水。水是人类最重要的饮料，也是进行食物加工、饲养牲畜所不可缺少的。因此人类总是选择在靠近水源附近居住，或河边高地上，或泉水、湖水旁边，而且有一系列汲水、贮水和饮水用具。

（一）汲水工具

人类曾经有过一个时期，没有任何汲水工具，而是以嘴直接在水面喝水，或者用双手往嘴里捞水喝。进而利用天然的树叶、果壳、动物头壳汲水，后来才发明一定的人工汲水工具。

首先是竹筒。道光《普洱府志》卷一〇："以竹筒取水。"黎族、傣族、布依族、佤族、克木人、独龙族皆以竹筒汲水。作者在黎族地区看到，该族以粗壮的楠竹为料，下端削平，以竹隔膜为底，上削为斜口状，便于汲水、倒水，在腰部拴一对藤耳。

其次是木水桶。其中有两种形式，一种用树皮缝制的水桶，如布依族、鄂伦春等民族都有，较为轻便，经久耐用。另一种是木料围筑的，如藏族的木水桶。

第三是葫芦。黎族的葫芦汲水器有两种：一种是大圆葫芦，上部开口，既是汲水具，又可抱着游水；另一种是长形葫芦，在上头一侧开口，有篾编外罩。

第四是皮口袋。皮口袋流行于游牧民族地区，也有两种：一种是皮口袋，软质，包括羊或猪尿泡在内；另一种是硬胎桶，如蒙古族、哈萨克族所用的皮水桶。

此外是以陶器汲水。朝鲜族、高山族喜欢头顶陶罐汲水，傣族则利用扁担挑两个陶罐。

从我国史前情况看，汲水工具有两种：一种是陶罐，另一种是小口尖底瓶，后者是一种很巧妙的汲水工具[①]。

尖底瓶出土地点很多，如半坡、姜寨、北首岭、元君庙、史家、庙底沟、大河村、王湾、大地湾等都有出土，形状是小口、突腹、尖底，偏上有双耳，重心在耳上。使用时，一提绳，重心前倾，口朝下，便于汲水，水半满时，重心下垂，瓶立，又进水使瓶满，这时重心又在上部，易倾斜，出水，可倒出。其使用方法如同古之欹器。《荀子·宥坐》："虚则欹，中则正，满则覆。"因此有人称其为欹器。

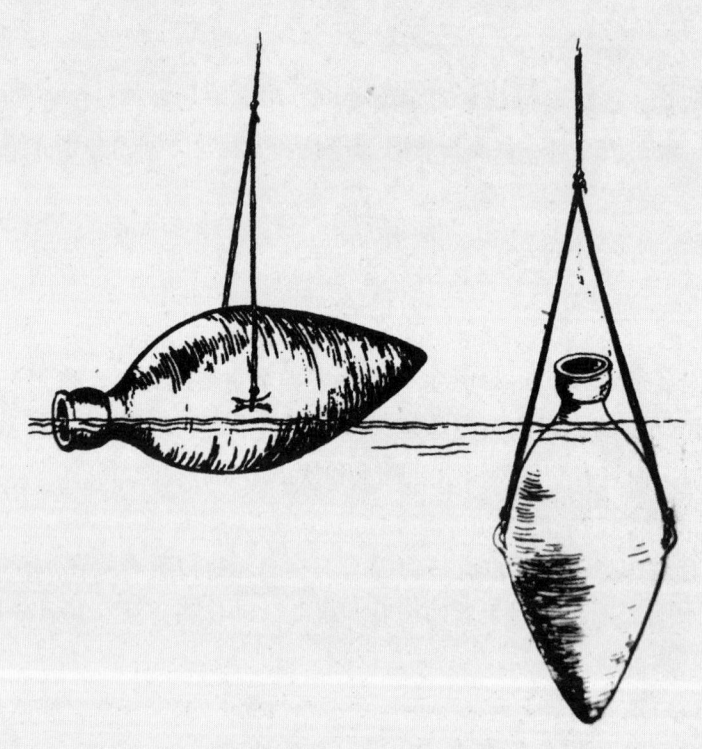

仰韶文化的小口尖底陶瓶

以上汲水工具基本上是从江河和泉中汲水，在井中取水则利用陶罐，《淮南子·氾论训》："抱甄而汲，民劳而利薄。"《周易·兼义下》："改邑不改井。"疏《正义》曰："古者穿地取水，以罐引汲。"在浙江河姆渡遗址出土的水井中就发现有陶罐，当为以绳拴罐，从井中汲水所用。

[①] 黄崇岳、孙霄《原始器灌农业与欹器考》，载《农业考古》1994年第1期。

（二）贮水工具

在较原始民族中，用什么汲水，就用什么贮水，尚无专门的贮水工具，用完水再拿着汲水工具去汲水。作者在海南黎村看到，他们有三种贮水工具：一种是长竹筒，汲水之后，斜立于房内；一种是葫芦，置于灶旁；还有一种较大的蛙瓮，贮水量多，且稳定，也置于灶旁。该瓮上有四耳，皆蛙状，故名蛙瓮。傣族把陶罐挑到竹楼上之后，即放在晒台上存放，水用完了再去河边挑水。佤族、哈尼族都以竹筒贮水。

随着定居生活的发展和对水用量的扩大，也出现了专门的贮水工具，在我国民族学资料中有三种：一种是独木水槽，如普米族、摩梭人挖独木为水槽，该族洗澡也用此水槽，热水是用石烹法加温的；另一种是石水槽，如藏族就凿石为槽贮水；此外是大型陶瓮贮水。我国史前的专门贮水工具应该是陶瓮、尖底瓶和大陶罐。

史前时期鞋形承座容器

（三）煮水器具

原始的煮水器具，也用竹筒。西藏僜人、门巴族、珞巴族取一节竹筒，上下均保留竹隔膜，但上部凿一孔以注水，然后把竹筒放在文火上烧烤，不久竹筒烤焦，但没有烧穿，水却烧开了。这样烧一次水，毁一个竹筒。使用陶器的民族则用陶器煮水，如陶罐、陶壶等。不过有些民族是不烧开水吃的，往往以酒代水，如珞巴族。黎族则吃生水不喝开水。从史前考古看，在炊具中，除了较大的陶罐、陶釜、陶鬲为炊食用具外，有不少小型炊具如小陶罐、小陶釜、小陶鬲，不像是煮食用的，很可能是煮水器皿。

饮水用具则是陶碗，讲究一点是陶杯、陶钵，葫芦瓢、竹筒依然是饮水用具，只是不能保留下来。出行则用背水壶，如大汶口文化的背水壶，结构美观，适于背带，是出行时携带的水具。在宝鸡北首岭遗址出土一件彩陶船形壶，上有两耳，也是一种随身携带的水器[①]。

[①] 宋兆麟等《中国原始社会史》第382页，文物出版社1983年版。

二、炊具

炊具是煮蒸食物的器皿。最初的炊具，是利用石板烤烙食物，或者以竹筒煮饭。这在民族学资料中屡见不鲜。云南独龙族采集一块薄石板，打成圆形或方形，架在石三脚上，点火烙饼，这就是他们的石锅了。这种石锅也流行于怒族、傈僳族、藏族、纳西族地区。以竹筒煮饭也是常见的，如黎族、佤族、傣族、哈尼族都使用，古书上称为"竹釜"。但是这些炊具取材有限、容量不大，使用不便，很难普及开来。只有陶器产生之后，才引起史前炊事的重大变革。

任何一种生产工具或生活器皿的发明，都是一种社会需要的产物，又是与其产生有关系的技术条件已经具备所分不开的，也就是说，社会经济生活的需要是陶器产生的动力。

首先，在采集和渔猎经济时期，食物的基本品种是采集品和鱼肉，一般采集品是可随采随吃的，谈不上熟食，但是鱼肉类和某些采集品则要熟化才适于食用。最早的熟食方法很多，一种是直接把食物放在火上烤，如烤肉、烤鱼等；一种是在食物外边包一层泥或树叶进行烧烤。当农业出现以后，人类的物质生活发生了根本的变化，以肉食为主改为粮食为主，熟食方法也随之改变。原来是以烧烤为主的，解放前有些鄂温克族和鄂伦春族就保留了许多这种熟食方法。粮食成为主食以后，用火直接烧烤就不适应了，因为无论是黄河流域出产的粟黍，还是长江流域出产的稻米，都是颗粒状的淀粉性质，极不耐火烧，因此必须改为煮食方法才能便于食用，也能节约粮食。以西安半坡遗址为例，该遗址共发掘出50多万件陶器和陶片，其中除少量生产工具外，绝大部分为

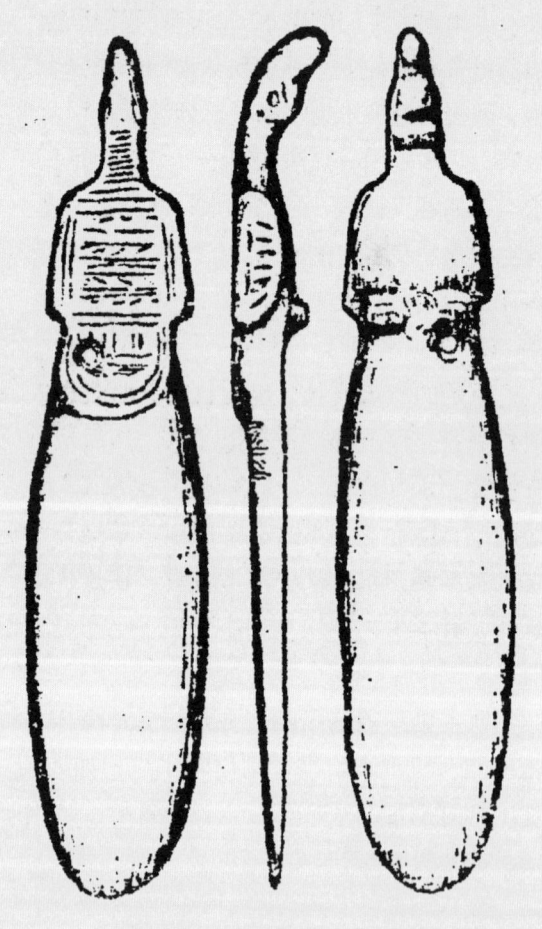

河姆渡出土的象牙匕

生活用品,有炊具、储藏器、食器、水器等。如果按用途进一步分类,仅炊具就有陶罐、陶釜、陶甑、陶鼎等。其中的陶罐一项就有23型45式,所占陶器、陶片数量也居首位,说明炊具是陶器的主要成分。从陶质上分析,该遗址的夹沙陶占全部陶器数量的60%以上①。这些夹沙陶器基本都是炊器,可见炊器的突出地位。民族学也提供了同样的佐证,如云南西双版纳傣族早已进入阶级社会,普遍使用铁器,但是一般农民购买不起铁锅,还用陶罐、陶釜炊煮食物。傣族称陶器为"其",意为锅。这一事实说明,陶器起初是以炊具的性质出现的,故名,后来一直沿用这一名称。这种称谓在佤族、彝族、苗族、水族、壮族中也很流行。

其次,农业生产不仅改变了主食结构,人们为了照料农作物,也使人们定居下来。因为农业有强烈的季节性,农作物从种到收有一个过程,人们必须相对地定居下来。定居地点尽管也要考虑水源,但是现在饮水就不如游居方便了,它使住地与水源有较远的距离,也要贮存一定的水,在这种情况下也需要较多的汲水和贮水容器,促进陶器的产生。

此外,在采集和狩猎时期,人类是不重视贮存食物,也没有这个可能。《白虎通·道德论·号》:"饥即求食,饱则弃余。"过着一种漫无计划的生活。农业生产有一定的收获季节,这些农产品数量多,关系一年的生计,所以要精心保存,这也要求有较多的贮存容器。

以上分析说明,农业生产的产生和发展,无论是从饮食方法、汲水,还是从贮藏上说,都迫切需要一种大量的、多功用的陶器的出现。《世本》"昆吾作陶","神农耕而作陶",这些记载都说明农业与陶器的发明有极其密切的历史联系。"经济上的需要曾经是,而且愈来愈是对自然界的认识进展的主要动力"②。陶器的起源就是社会经济生活需要的产物。

不难看出,在人类童年时期炊煮方法并不占有主要地位,但是农业出现以后,随着炊煮方法的推广,原始的炊煮用具就日益暴露了它的局限性,甚至影响了人类的物质生活。其中的问题不在炊煮本身,而是原始炊具已经不能适应新时代对它的要求了。从而产生了更新的炊煮方法,另一方面又积极去探索一种新的炊食用具,以代替原来的木、竹或皮质的炊具,这是陶器产生的根本原因。同时随着定居生活的实现,生产和生活资料的增加,也日益要求有大量的水器、容器和食器,这也加速了陶器的产生。

社会生活的需要仅仅是陶器产生的社会原因,这种任务能否成为现实,或者什么

---

① 西安半坡博物馆《西安半坡》第105—135页,文物出版社1963年版。
② 柴尔德《远古文化史》第54页,群联书店1954年版。

时候实现，还要看当时是否具备必要的技术条件，"只有当它所能借以得到解决的那些物质条件已经存在或至少已在形成过程中的时候，才会发生的"①。制作陶器除了一般的生产技术外，特别需要掌握以下知识，"就在它能把一块黏土作成自己所想作的任何形式，然后用火烧（即加热到600℃）来使那形式为永久的"②。具体说有两点：一是认识和掌握黏土及其可塑性；二是认识和掌握陶坯经过火烧能够硬化，具有耐火和耐水性，适于炊煮。

上述知识是怎样得来的呢？学术界也有不少说法，一种说法认为是涂泥的篮子（盛水）经过火烧而获得的，具体说来，当时粮食贮存在一种大型的编筐内，为使编筐内部平滑，涂以泥巴，外部为防火也要涂泥土。这种器皿一旦落入火中，木质部分就烧尽了，黏土则硬化了，人类正是在多次火灾中发明了陶器。这种说法是自相矛盾的，既然在筐上涂泥是为了"耐火"，那么涂泥之前就掌握了黏土的耐火性，何必又在多次火灾中才能发现呢？人类的生产实践是一切认识的基本来源，其中对于制陶术的认识也是在生产、生活实践中取得的。

人类从童年开始，无论采集和渔猎都与泥土接触，如挖掘植物块根、观察野兽足迹、在河边捕鱼、修筑住所，等等，都经常接触泥土，这种现象不知在人们面前重复了多少次，人们经过反复观察、摸索，日积月累，才渐渐认识到黏土是疏松的，如果加入适当的水则具有黏性。当外力作用时又能改变黏土的形状，经过日晒或火烧则使其形状固定化，土质也变得坚硬了。而且能够贮水、耐火烧烤。考古学资料说明，在旧石器时代初期人类已经能选择石料，加工石器，当时人类开始认识到黏土有可塑性是不成问题的。《礼记·内则》郑玄注："以土涂生物，炮而食之。"这是陶器出现前，人类掌握黏土可塑且运用于熟食的遗迹。

人类对火的认识也有一个过程。人类对火的认识主要是在生产和生活的实践中获得的，如人们在长期用火、保存火种和取火的过程中，无时无刻不与火打交道，其中篝火旁的泥土经火烧变得坚硬；以火围攻野兽时草木会化为灰烬；烧烤食物后剥落下来的泥壳也具有坚硬的性质，这些实践使人们逐步认识了火的性能，包括火与泥土的关系。考古学资料说明，在旧石器时代晚期人类已经掌握了其他制陶知识，如捷克斯洛伐克的多尔尼—维斯托尼采遗址就发掘出2200多个焙烧过的黏土块，其中还有残破的动物形象，这些动物形象不单是由黄土做成的，还搀有兽骨粉末，是捏塑成型后加工烧烤，有些黏土块至今还遗留有手印痕迹③。这是人类掌握火和黏土性能的最好见证。

---

① 《马克思恩格斯选集》卷四第505页，人民出版社1972年版。
② 《马克思恩格斯选集》卷二第83页，人民出版社1972年版。
③ 博里斯科夫斯基《苏联旧石器时代住宅建筑的研究》，载《考古》1960年第6期。

不过，起初获得的有关知识，是一个个的具体现象，经过长期、反复的实践，人类才将泥土、水和火诸因素有机地联系起来，认识了它们之间的关系，然后又经过不断探索才形成一套制陶知识和技术。这种认识的获得，在人类制陶史上具有决定性的意义，是人类掌握制陶术的飞跃，人类一旦掌握了这种知识和技术，即成为强大的物质力量，为发明陶器提供了必要的技术条件。

应该说，火的应用是熟食的开始，但是真正的熟食是从陶器的应用而推广开来的。如史前时代的陶罐、陶鼎、陶釜、陶甑、陶灶、陶鬲等均用于炊煮，在河姆渡文化的某些陶釜内底上还留有大米锅巴，说明陶釜是煮饭的炊具。由于陶器炊煮食物必须要保持有一定水量，否则会糊锅底。因此，当时不宜做干饭，无论是南方的大米，还是

仰韶文化陶灶

北方的小米，一般都煮成半干不稀的饭，当然也有把米做成干饭的情况，这就是利用陶甑蒸饭。《古史考》："黄帝始蒸谷为饭，烹谷为粥。"炊煮方法的多样化和普及，大大地改善了食品营养、饮食卫生，这些食物较以前的烧烤更容易消化，从而改善了物质生活水平，也有益于健康。

制陶手工业的兴起，不仅提供了大量的贮藏、汲水、饮食用具，也提供了新式耐久的炊具，由于史前各地饮食不同，在炊具形式上也有很大差异，如南方以陶釜为主，黄河流域以陶鼎、陶罐为主，山东大汶口文化以陶鼎为主，龙山文化则以陶鬲为主。现在选择几种主要炊具加以说明：

陶罐

陶罐为敛口、鼓腹、平底器皿，皆夹砂，通常为炊具。该具是多功能的：贮水、炊煮均可。为北方诸文化共同的炊具。直接炊煮，可以煮粥、煮菜，架上陶甑可以蒸干饭。

陶釜

陶釜与陶罐相似，但是底部有别，陶釜为圆底，陶罐为平底。陶釜是远古极流行的炊具。

在神话传说中有有关陶釜发明的内容。《事物纪原》卷八引《古史考》："黄帝始造釜甑，火食之道成矣。"王瑾《广黄帝行纪》中的《轩辕黄帝传》："帝作灶以著经始，令铸釜造甑，及蒸饭而烹粥，以易茹毛饮血之弊。"从中看出，陶釜为黄帝发明。

其次，陶釜作为炊具，架在火塘上，比较平稳，受火面积大，炊煮时间长，是比较好的炊具，所以十分普遍。但是陶釜必须用陶支子和石三脚架起来才能炊煮，这是它的局限性。后来人们在陶釜和陶罐下安个固定的三足，代替了陶支子和石三脚，就演变为鼎了。良渚文化用鼎而不用釜，这是炊具自身发展的结果。

河姆渡文化的陶釜

陶鼎

陶鼎是炊具之一，即在陶罐或陶釜下安三个足，就形成了鼎。在裴李岗文化已经出现了陶鼎，长江下游崧泽文化也有陶鼎，西安半坡仰韶文化也出土陶鼎，但是数量很少。在安徽宿松黄鳝嘴遗址出土的陶鼎，就是在陶罐、陶釜、陶壶下安三足，能看出鼎的来源是在原来炊具下安三足，从而淘汰了陶支子①。

陶鬲

陶鬲也为三足炊具，如鼎，但足内空。《说文》："鬲，鼎属也。"《尔雅·释器》："鼎款足者谓之鬲。"款足即空足。陶鬲主要流行于龙山文化，是当时的炊具之一。怎么应用陶鬲炊煮呢？用其煮水是不成问题的；以其煮粥，是不行的，由于三足内空，既不利搅拌，又容易沉底，产生焦糊现象；同样原因，以鬲煮干饭也不可能；但可以煮较大块状的肉类。陶鬲虽然接触火面积大，炊煮快，然而空足很不便于炊煮，后来空足日趋缩小，甚至取消了空足，这就更适合炊煮了。

陶甑

以上陶罐、陶釜、陶鼎、陶鬲都可炊煮，如煮大米、小米，也可搀菜煮粥，但不适合煮干饭，这样会糊锅底，浪费粮食，在剥取锅巴时，容易把炊具弄坏。河姆渡遗

---

① 安徽省文物考古所《宿松黄鳝嘴新石器时代遗址》，载《考古学报》1987年第4期。

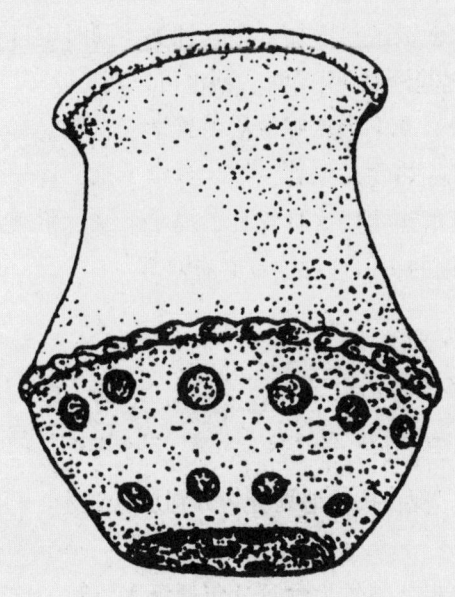

龙山文化陶甑
（河南郑州出土）

址有些陶釜底部有锅巴，且破裂，可能是把陶釜烧糊造成的。所以一般炊煮陶器适合煮粥，而不便煮干饭。陈铭枢《海南岛志·民俗》："黎人喜食粥而鲜食饭……烂熟后必冲冷水，每粥一锅，冲水多至三四倍。"黎族所以吃粥而不吃干饭，与其用陶釜是分不开的，做干饭则用陶甑。

为了煮干饭必须解决一个问题，即用炊具底部贮水而把食物架于水面，利用蒸气把食物蒸熟，于是发明了甑具。谯周《古史考》："黄帝时有釜甑，饮食之首始备。""黄帝始蒸谷为饭，烹谷为粥。"陶甑如盆，但底部有孔。《周礼·考工记·陶人》："甑……七孔。"《说文》："蒸，火气上行也。"将其放在炊具上，盛米加盖，即可蒸食物。在裴李岗文化、仰韶文化和大汶口文化已普遍用甑，实际上有三种甑子：

一种是原来盛食具底部穿孔形成的陶甑，如姜寨、巩县里沟遗址的甑子。但不能单独使用，必将其架在煮水的炊具上，底部另置竹箅，防止米粒漏掉。在其中放置洗过的米后加盖，就可以蒸干饭了。

一种是在原来炊煮器的腰部，横置一箅，下贮水，上置米，加盖后也可蒸食物。有些较高而口大底小的陶罐炊具，就可以如此使用。为此必须有比较挺实的箅子，这一点在考古中也有不少发现，如磁县下潘汪遗址出土1件，蒙城尉迟寺遗址出土2件，滕县西康留遗址出土3件，皖北芮县埂堆大汶口文化出土的1件，口径10厘米，底径9.5厘米，高2.4厘米，其上有六孔。这些陶箅都是炊具内的加层，以利蒸煮食物。杭州钱山漾良渚文化出土的陶鼎，内部有一周空棱，这圈棱就是支撑箅子用的，在黎族、壮族地区均有类似陶器，内加竹算可以蒸饭①。由此可知，一般炊煮器皿加算也能蒸食物。

陶甗

甗是一种较大的蒸煮器，《仪礼·少牢馈食礼》郑玄注："甗如甑，一孔。"一孔指甑中隔层，为原甑之孔由多孔变一孔，蒸食物时必加算。在龙山文化时期普遍用甗，它有两种形式：一种是甑与鬲合做在一起，另一种甑与鬲是活的，可分开，但使用时必合在一起使用。

---

① 浙江省文管会《吴兴钱山漾遗址第一、二次发掘报告》，载《考古学报》1960年第2期。

蒸具的发明是炊煮技术的一大进步，可以煮干饭了，增加了主食种类，同时也可以烹饪其他副食。《诗经·桧匪》"谁能烹鱼，溉之釜鬵"，说明甗、甑也可以蒸鱼吃了。

在炊煮过程中，加热的陶器是很烫手的，怎么拿下火塘呢？从民族学资料看，有几种方法：一种是双手拿一块湿的麻布或树皮等隔热物品垫着，把炊具拿下来，置于地上或器座上，这是比较简易的方法。一种是以木钩钩住炊具双耳，提拿下来。黎族有很多木钩，有的用于挂物品，有的是提拿炊具用的，但这种炊具必有双耳。

三、食具

食具指盛食物的器皿，种类繁多，质地繁杂。现在按质地划分，分别加以叙述。

竹器

在南方盛产竹子的地区，人类从很早的古代起就制竹为食具，包括汲水竹筒、竹釜、竹盆、竹碗、竹勺以及竹编的食具。周致中《异域志》卷上："以巨竹夹而烧食，人头为食器。"在其他古书上也常常提到竹筒为釜的记录。范成大《桂海虞衡志·志器》："竹釜，瑶人所用，截大竹筒以当铛鼎，食物熟而竹不燔。"《中华全国风俗志》下篇卷

史前的陶支子

中："瑶人截大竹筒以当铛鼎，食物熟而竹不燃，亦异制也。"竹盆是较大的，可以盛主、副食，供众人食用，竹碗较小，是个人的食具。西南民族出门劳作时则携带竹根挖制的竹饭盒，子母口盖，两侧有耳，可以背在肩上。因此，竹制食具占有重要地位，并对制陶有一定影响，南方有些仿竹陶器就是实证。

葫芦器

我国是葫芦的起源地，嫩葫芦可吃，成熟葫芦可做器皿，如汲水壶、水瓢、水碗、葫芦盆等，亚腰葫芦可做酒瓶。在姜寨等仰韶文化遗址出土不少葫芦瓶，就是在葫芦器皿影响下制作的陶瓶①。

树皮器

无论在南方还是在北方，都有以树皮制作生活器皿的民族，其中尤以北方的桦皮文化最负盛名。鄂温克族、鄂伦春族、哈萨克族将夏天的桦皮扒下来，经过压平、水煮、剪裁，以兽筋缝成桦皮篓、桦皮碗、桦皮盆、桦皮盒等生活用品。桦皮器皿对制陶也有一定影响，如兴隆洼文化、新开流文化有些陶杯就是仿桦皮筒制造的②，在某些陶罐上则饰以桦皮器皿纹饰。

木器

木制生活器皿是很多的，这一点可从民族学中看出来，木桶、木盆、木碗、木勺，应有尽有，而且在生活器皿中占有重要地位，但是很难在考古中发现。河姆渡遗址出土四件木筒，中空，形如一节竹筒，其中有一件外边绕一藤篾，这可能是一种木杯，下边安底。在该遗址还出土一件木胎漆器，这是我国目前所发现的最古老的漆器。据作者在凉山彝族地区调查，木器容易腐烂，为了防止这一弊病，该族往往在木器上涂生漆，进而绘有花纹，发展为漆器，漆器加工包括砍木胎、整形、绘彩、上漆等过程，制成杯、勺、碗、盆等器型，这种原始制漆在苗族、傣族地区也较流行，除木胎外，还有竹胎、皮胎漆器。

陶器

陶器是史前重要的生活器皿，除了前面所述的炊具、汲水器外，还有大量食具，以西安半坡仰韶文化为例，其中的尖底瓶、盂为水器；罐为炊具；盆、钵、碗则为食具。陶盆应是盛主、副食用具，钵、碗则是个人的盛主、副食的器皿。

在饮食用的陶器中，有两件器物应该侧重介绍一下：

一是泡菜坛的出现。在秦安大地湾仰韶文化遗址出土一件陶罐，盘状口，细长颈，鼓腹，有圆钮状盖。口沿外沿高，内沿低，为双口沿，便于贮水加盖，该器高18.6厘米，形制与泡菜坛相同。在青海柳湾也出土一件类似器物，高28厘米，盘状口，鼓腹、平底、双耳，也有双口沿。这两件器物说明，远在五千至四千二百年之间，我国西北地区居民已经发明了泡菜坛，可以腌制泡菜吃了。③

---

① 西安半坡博物馆等《姜寨》第306页，文物出版社1988年版。
② 杨虎等《黑龙江古代文化初论》，载《中国考古学会第一次年会论文集》，1979年。
③ 李仰松《我国新石器时代的泡菜罐和封闭式陶瓶》，载《史前研究辑刊》1988年。

另一种是中柱盂。上海青浦泉山良渚文化出土一件，称中柱器，口径9厘米，高4.8厘米，碟形，中有一柱，汤阴白营龙山文化出土一件。有人说这是盛水器，在柱上放食物，防虫鼠之害，故名中柱盂，但是器物太小，难以防鼠，所以不是盛食物器皿，而是一种器盖，其中的中柱只是一个把手而已。汤阴白营出土的中柱盂，实为箅具，是甑食的用具之一①。

四、舀具

炊具、饮食器皿有了，人们又怎么把食物送到食器中呢？也就是说，舀具是什么样子？这也是应该说明的。

在极其漫长的历史时期内，人类并没有专门的舀具，而是以手抓食物吃。《礼记·士虞礼》郑玄注："古者饭用手。"贾疏："伯黍母以箸，故知古者用手。"以手抓饭，源远流长。李京《云南志略》僚人"无匕匙，手抟饭而食之。"在近代某些少数民族中，仍然吃手抓饭，如傣族、哈尼族、独龙族、珞巴族等。用手抓饭，必须先洗手，如珞巴族吃饭时，以竹篾盆盛饭，每个人都持一个竹笋皮制作的方形饭碗，由主妇分食，一人一份，但每个家庭成员都先把手洗干净，然后抓自己碗中的饭吃。古代也讲究洗手。《礼记·曲礼（上）》："共饭不泽手。"郑注："为汗不洁也"，"礼饭以手"。孔疏："古之礼饭，不用箸，但用手，既与人共饭，手宜洁净，不得临食始接手乃食，恐为人秽也。"从民族学资料看，手抓饭应该是干饭，或者是吃肉，吃粥、吃菜汤非用餐具不可。康熙《台湾府志》卷七：高山族"粥则环向锅前，用柳瓢吸食，饭则各以手团之而食"。

史前用什么舀具呢？仅从考古上看说不明白，但是民族学保留了较丰富的舀具资料，基本有三种形式。

一种是饭铲，铲头为长方形，似铲，有短柄，以骨、木、竹为之，用于煮粥时搅拌，也可舀食。黎族喜吃粥，在用陶釜煮粥时，必以木铲不停地搅动，防止糊锅底。除木铲外，也以鹿或水牛肩胛骨为铲，但要砍去脊，这样骨铲就平了。这种舀具虽不精良，但各民族都普遍使用，缺其不可。

一种是勺，勺也为舀具，头部内凹，有一长柄，其柄较现代汤勺柄长。可舀粥、汤、酒等食物和饮料。最初的勺，可能是天然的蚌壳、人头壳、椰子壳等，后来才经过人工制作，有木、椰、竹等质地。《西昌县志》卷一二彝族"器用简单，食无箸，凡

---

① 宋豫秦《中柱盂功能的民族志类比》，载《中原文物》1991年第4期。

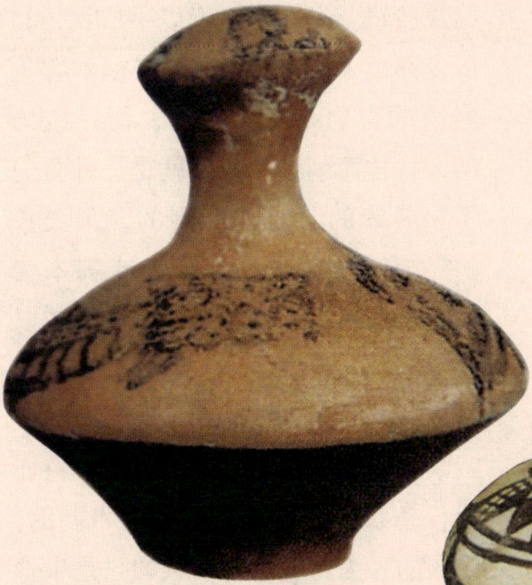

图1

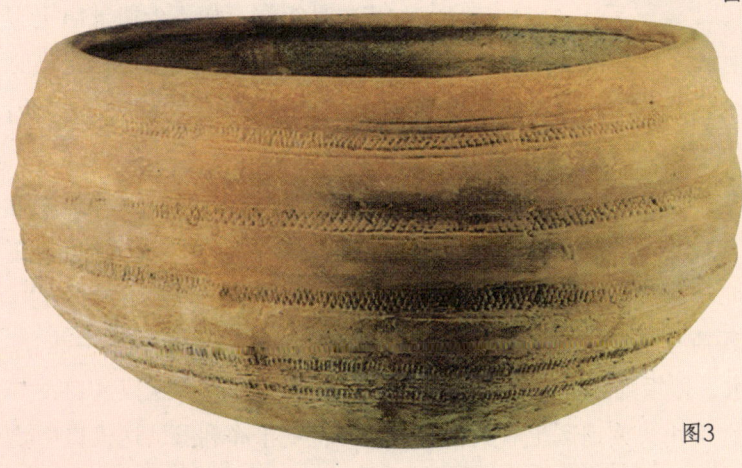

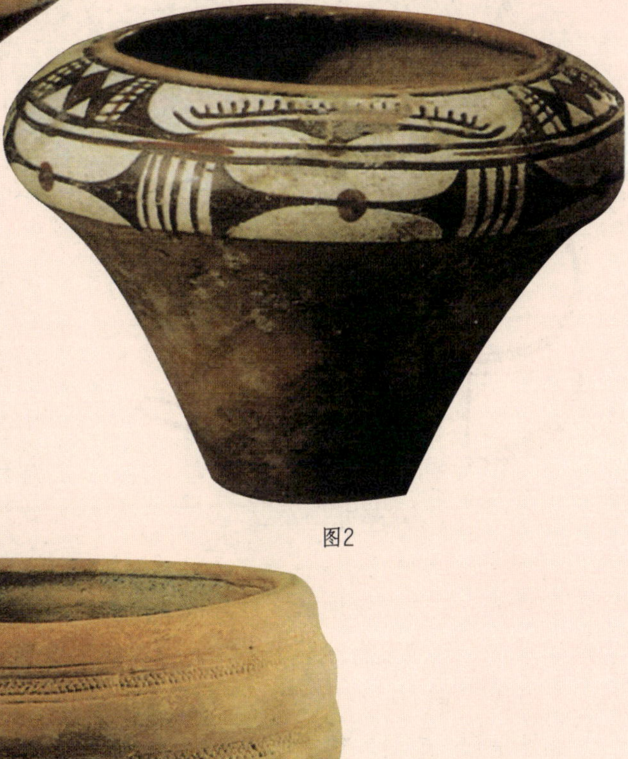

图2

图3

图1　新石器时代仰韶文化遗址出土的鸟鱼纹彩陶细颈瓶
图2　新石器时代仰韶文化遗址出土的白衣彩陶钵
图3　湖南澧县出土的大溪文化刻化栉纹红陶釜

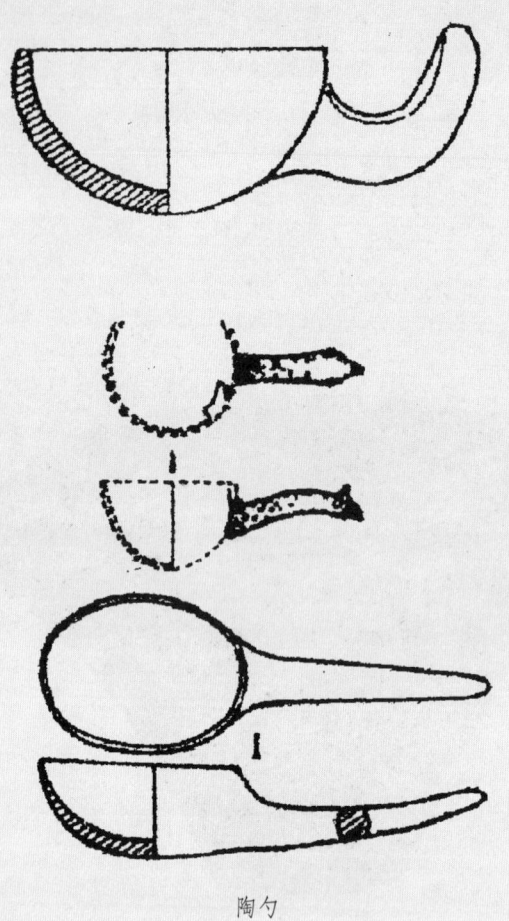
陶勺

肉块莜饼芋子之类，皆以手取食，和莜麦亦以手攫食，食汤用长柄木匙"。傣族的竹勺是取一节竹，留一枝为柄，将竹筒削为斜口，就是一件竹勺了。黎族的勺是椰壳制的，张庆长《黎岐纪闻》："器用椰壳，或刳木为之，炊煮熟，以木勺或釜取食，或以手捻成团而食之，无外间碗箸。"也有用葫芦为舀具者。

还有一种匕，是舀饭工具，特征为长条状，如纳西族的匕为木制的，傣族的匕为竹制的，黎族的匕是牛骨制的。

通过上述分析看出，原始舀具有不少种类，在考古中也发现不少。

首先是陶勺。如在峨沟北岗、龙岗寺、巩县瓦窑嘴、吴江梅偃、草鞋山、姚官庄、广汉三星堆等史前遗址都有陶勺出土，有的还放置在陶罐等炊具内。当为舀汤菜工具。

其次是饭铲，如不少遗址出土不少小形骨铲，过去笼统地认定是骨耜、骨锄，其实也不尽然，有些应该是饭铲，当时也应用木铲，可惜没有保存下来，但骨饭铲还是不少的。该铲是搅粥、盛饭用的，因为是平板状，难以舀液体食物。

此外是匕，有骨、象牙质之分。不过，就形制划分，所谓匕有两种：一种是尖刃之匕，应该是匕首，用于吃肉；另一种是宽刃，长条状，古代称枇。《说文》："匕，亦所以用匕取饭。"段注："匕即今之饭匙也。"用匕吃饭，也有一定规矩，尤其注重卫生。《文献通考》卷三二九《四裔考五》："性好洁，数人供饭一盘，中植一匕，置杯中其旁，少长共匕而食。探匕于水，抄饭哺许，搏之盘，令圆净，始加之匕上，跃以入口，盖不欲污匕妨他人。"作者在滇川民族地区也看到，以匕盛饭，要干净利落，送入口中要迅速，切不可沾口边，否则让人耻笑。

此外，还有一个筷子问题，筷子古称箸，木制为筴，竹制为箸。最初仅是两根木或竹棍而已，用以搅拌稀粥、煮菜，吃菜必用筴。《礼记·曲礼》："羹之有菜者也筴，无菜者不用箸。"吃饭一般不用箸。《礼记·曲礼》:"饭黍毋以箸。"古代不少民族也先用匕后用箸。明人郭子章《黔记·诸夷》仲家"饮食匙而不用箸"。清代以后筷子才在布依族地区流行开来,但也仅限于捞菜、吃粥,干饭则流行抓饭。

五、酒器

既然史前时代已经会酿酒,饮酒之风很流行,那么用什么酒器呢?这一点有一个发展过程。

最初是没有专门酒器的,当时食器、酒器合而为一。当时酿酒普遍使用炊食用具,如陶瓮、陶罐就是酿酒容器,而饮酒用陶碗、陶钵、陶瓶等,这一点在仰韶文化反映尤其明显。青海柳湾墓地有一种小口突腹陶壶为随葬品,数目很大,少者几件、十几件,多者几十件,最多者达九十多件①。这种器物,既不适合炊煮,又不是一般容器,应该是一种酒器,生前以其酿酒,死后也以其随葬,说明柳湾人有浓厚的饮酒之风,但当时还没有专门的饮酒器皿,而是以陶碗、陶钵进酒。由此可知,酒器虽然是饮酒的物证,然而最初并没有专门的酒器。说明酒的起源早于酒器的出现。

当时对酒器要求不甚迫切,是有一定原因的。首先,据民族学调查,最初的酒应该是甜酒性质,酒和酒糟是混而食之,如同吃粥一样,而当时的主食就是稀粥,所以用碗、钵之类器皿饮酒是不足怪的。其次,由于当时生活水平很低,制陶术落后,也缺乏制作专门酒器的技术条件。

当水酒流行之后,人们弃糟饮酒,就引起了酒器的出现,除了仍然使用食器饮酒外,还有两种用具令人注意:一是吸酒管,二是角杯的使用。

在唐代诗人白居易的诗篇里,经常将酒和藤联系起来加以讴歌,例如《春至》:"闲拈蕉叶题诗咏,闷取藤枝引酒尝。"

人们不禁要问,饮酒时为什么要"取藤枝"呢?一般有两种解释:一种认为是以藤酿制的酒,另一种看法认为藤枝是一种饮酒工具,《大明一统志·重庆府》:"引藤在忠州南四里,山出引藤,可以吸酒"。说明这种饮酒的藤枝又称引藤。引藤又称钩藤,在古代文献中屡见不鲜。在《方舆胜览》卷六一《咸淳府》条中有这样的记载:"引藤山在龙渠县东15里,山出引藤枝,俗用以取酒。"清人陈淏子在《秘传花镜》卷四里也说:"钩藤产自梁州,今秦、楚、江南、江西皆有。叶细长而青,其茎间有刺,俨若

---

① 青海省文管会等《青海乐都柳湾原始社会墓地反映出的主要问题》,载《考古》1976年第6期。

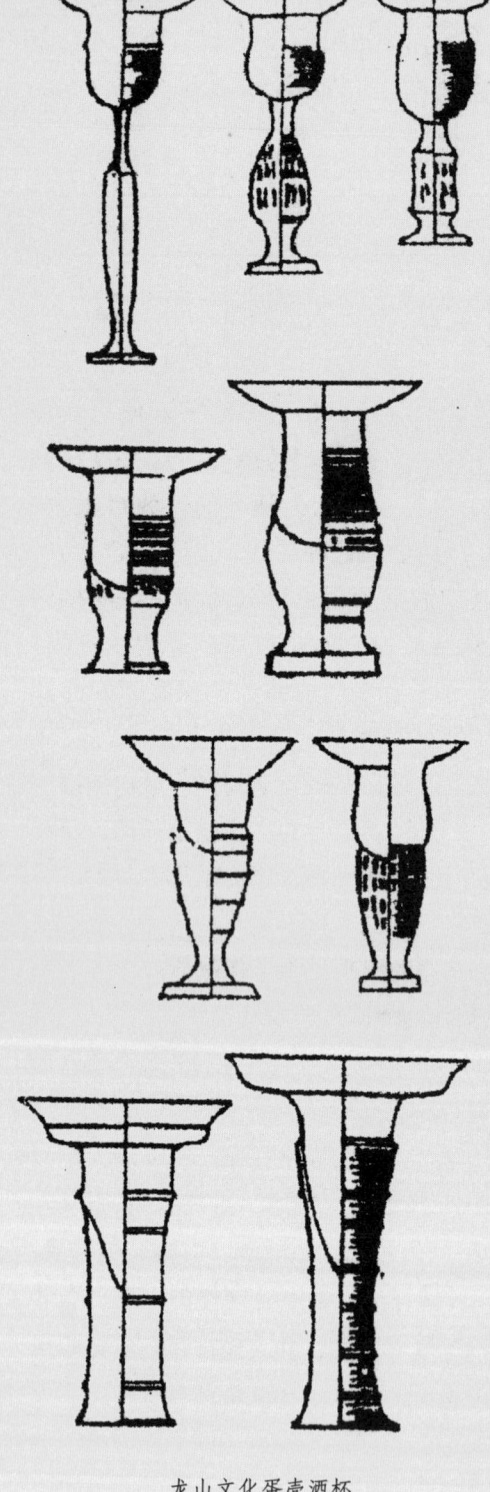

龙山文化蛋壳酒杯

钩钩,对节而生,其色紫赤,卷曲而坚利。长一二丈,大如指,中空。用致酒瓮封口,插入取酒,以气吸之,涓涓不绝。"

由此看出,引藤、钩藤并不是酿酒原料,而是一种吸酒工具。据植物学研究,钩藤属茜草科,常绿攀援灌木,小枝,四方形。叶对生,椭圆形。通常在叶腋处生着由花序柄变成的弯钩两枚,故名钩藤。产于我国广大地区。当地有些民族割取藤枝做成吸酒管。所谓钩藤酒就是从这吸酒工具而得名的。其实,吸酒工具不限于藤枝。清人高士奇《绝塞杂记》之四:"芦酒味醉人亦醉。"注:"以荻管吸于瓶中。"芦、荻皆中空,同样具有藤枝的吮吸效果。吴振棫《黔语》:"以细竹筒插瓷腹,众客环而咂之。"此外,还有用蕨茎、鹅毛管做吸酒管的。

利用导管饮酒,关键在于咂。因为酒和其他液体一样,有常处水平状态的性质,它能从高处向低处流动。但是饮酒时,饮者都环坐在酒瓮周围,人的头部大大高于瓮内酒的水平面,在这种情况下,酒是不会自动流出的,只能由饮者用劲咂,才能把酒吸上来。这就是咂酒的由来。最初的咂酒方法,是受饮水方法启发的,并不用藤枝等导管,而是用嘴直接咂。

从有关史料看,咂酒是集体饮酒的形式,一般是在地上放一酒坛,坛口插一藤或竹管,众人环坛而坐,依次轮流饮酒。在《琼黎一览·宴会饮食》的画面上,一侧有两个人在击锣,一人敲鼓而舞,另一侧有一人正在张弓劲射一只奔鹿,广场中央有五个人围着两个酒坛咂酒。画上有一段文字说明:"择空地置酒数坛,宰所蓄牛羊

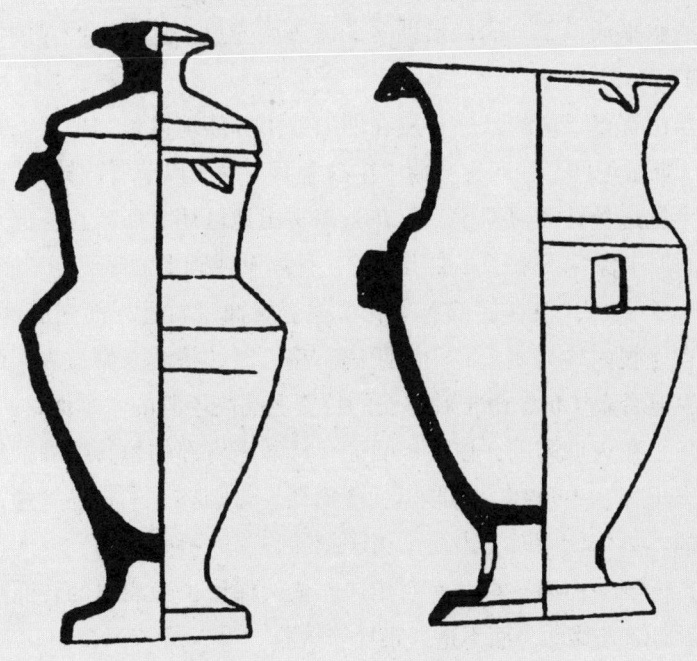

山东临沂出土的龙山文化蛋壳黑陶盖杯

猪鸡鸭之类而烹之,男女席地杂坐,饮以竹竿,就坛而吸,互相嬉闹。"呷酒时,也有在一个酒坛里插几个导管的现象。

由此看出,呷酒是一种原始的集体饮酒方法[①]。当然,呷酒虽然是古代的饮酒方法,由于历史发展不平衡,在不少民族地区还保留着。《百夷传》:"酒或以杯,或用筒。"注曰:"假若干酿酒,则渍以水一满瓮,插筒于中,立标检验其盏数,人各以次举筒呷之。"[②] 其他民族也流行呷酒,高山族、彝族、黎族、羌族、摩梭人以空心竹竿,傣族以蕨竿,仡佬族以藤竿,苗族以芦竿。作者在海南黎村看到,该族在陶壶内插藤或若干竹竿,竹竿下端劈为若干股,编成枣核状漏孔。吸酒时,众人环壶而坐,依次呷酒。当人呷竿时,酒入而糟在外,使竹竿畅通,否则糟会堵住吸竿。

随着时间的推移,酿酒技术和饮酒器皿的改进,上述古老的饮酒方法也逐渐退出历史舞台,但是,呷酒对后来饮酒习惯有许多影响,在有些民族中仍然保留了利用导管倒酒的方法。在川滇交界纳西族、普米族和藏族地区,以竹管呷酒日益消失了,但是竹管依旧在使用,然而不是饮者直接呷酒,而是由主妇用竹或藤管把水酒呷上来,然后注入较小的酒壶里,再用酒壶向各个酒碗里斟酒。这种导管,由于出酒口已被压

---

① 宋兆麟《钩藤与呷酒》,载《中国烹饪》1985年第6期。
② 江应樑《百夷传校注》第74页,云南人民出版社1980年版。

低于酒瓮内的酒水平面以下,酒能借助咂劲流进酒壶里。这是人们对酒性认识和酒器改时的重要进步。

咂酒对酒器也有重要影响。这一点在四川凉山彝族地区最为明显。过去彝族也饮咂酒。田汝诚《炎徼纪闻》卷四称彝族"作酒盎而不缩,以节管啐饮之"。现在广大彝族地区已经看不见这种饮酒习惯了,仅在云南文山地区还有所残存。但是咂酒工具却在凉山彝族的酒器中保存下来了。如当地有一种扁平或圆形酒壶,叫"撒勒博",其顶部有一个把手,无壶口,仅在底部有一孔,往壶腹插一竹管,而在肩部也插一竹管,以上两个竹管在壶腹内均与壶壁有一定距离。盛酒时,将酒壶倒过来,由底部孔眼倒入酒,装满酒后把酒壶扶正,由于底部安的竹管上端高于酒的水平面,所以流不出来。饮酒时,人们环坐在火塘周围,依次传酒壶,从酒壶肩部的竹管咂酒,彝族的酒器种类甚多,还有鹰爪杯、牛角杯、鸽形杯、羚角杯、猪脚杯、羊脚杯等等,这些酒杯都是供饮白酒用的。集体饮酒时,由两个男子招待,一人提壶敬酒,一人持杯依次向客人敬酒。饮毕,再倒一杯酒,自左而右传递,依然保留了咂酒时的转圈形式,只是酒具可以移动,酒器随人移动,而不是人跟导管饮酒。

一种是角杯,利用兽角饮酒风俗由来已久。《礼记·礼器》:"宗庙之祭,尊者举觯,卑者举角。"注曰:"四升曰角。"最初的角杯应该是牛羊角。范成大《桂海虞衡志·志器》:"牛角杯,海旁人截牛角,令平,以饮酒,亦古兕觥遗意。"广西、贵州苗族至今还使用牛角敬酒,少女边歌边举牛角,向客人敬酒,称牛角酒。凉山彝族以羊角、犀牛角为酒杯,纳西族、普米族以水牛角为杯,藏族则用巨大的牦牛角杯。青铜文化兴起后,又流行青铜角杯,成为重要的礼器。

在我国史前时代已经出现了专门酒器。《韩非子·十过》:"尧禅天下,虞舜受之,作为食器,斩山木而财之,削锯修之迹,流漆墨其上,输之于宫,以为食器。"在浙江河姆渡遗址出土一件瓜棱形圈足木质漆碗,即以木为胎,外涂生漆,这是目前我国发现的最早漆器,可能是比较早的酒器。到了新石器时代晚期开始出现大量酒器,以陶为主,也有木制酒器。

山东地区史前酒器相当发达,出现较早。在北辛文化中已有高足杯。大汶口文化酒器就更多了。泰安大汶口遗址发掘133座墓,出土陶器1015件,其中陶杯171件,高

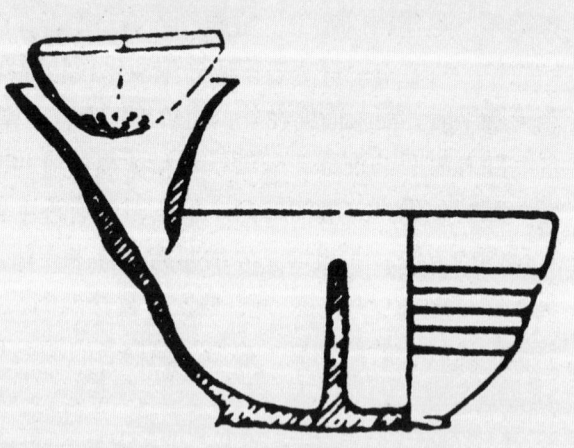

漏斗形流滤酒器示意图(良渚文化)

足杯93件,占杯总数的54.4%①。邹县野店大汶口文化遗址出土陶器600件,其中觚形杯62件,高柄杯47件,镂孔杯39件,共148件,占陶器总数的24.66%。当时还有陶盉、陶鬹、陶尊,也是专门的酒器。到了龙山文化时期,酒器有进一步发展,山东大范庄发掘26座墓,出土陶器725件,其中酒器有644件。莒县陵阳河龙山文化有45座墓,出土酒器663件,占陶器总数的45%。其中还有蛋壳陶。姚官庄出土酒器也甚多②。《后汉书·东夷传》:"东夷率皆土著,喜饮酒歌舞。"说明从大汶口文化至东夷,当地都好饮酒,酒器十分发达。《礼记·月令》"陶器必良",就是说,盛酒之具必须精良,一是防漏,二是讲究排场。所以当时的酒器是陶器中的精华。

在中原地区酒器也很发达,如湖北京山屈家岭文化流行陶酒杯,良渚文化有滤酒器、双鼻壶、贯耳壶、三足盉、带足鬹、带流匜、带把杯等,具有地方特色。山西陶寺龙山文化遗址还出土木制酒器,如木觚、木杯,这是饮酒器皿,木斗则为舀酒器。

六、刀案

在加工蔬菜和主食时,还需要刀具和案具,这方面也有不少考古发现。

远古工具都具多功能特点,如收割用的石刀,既可以割庄稼,又能切食物,当时专门的切菜刀还没有充分发展。在辽宁小河沿、上海马桥等遗址出土一种有柄石刀,类似后世的菜刀,还有一种小型靴形石刀、骨柄石刀据研究也是切菜的刀具③。

那么刀在什么地方切菜?主食又在何处加工?起初是没有切菜的案板,只是利用天然的石板、兽皮,这在民族学资料中屡见不鲜。鄂伦春族猎人在兽皮口袋上和面,然后把饼埋在火灰中烤。藏族马帮则在皮衣襟上和糌粑。定居的鄂伦春族使用一种长方形菜板,内凹,可在其上切菜、和面,不能掉在地上。在常州圩墩遗址出土一件木板,长38厘米,宽18厘米,厚5厘米,一侧有槽,与鄂伦春族的切菜板相似④。其实当时的竹编器皿如簸箕、竹席也是食物制作场所。作者在四川凉山曾观看彝族祭司驱鬼仪式,其中就有杀羊、煮荞粑粑等,这些食物的和面和切割都是在一个圆形簸箕内进行的,煮熟以后也捞到该器中,先向鬼神献食,然后大家环坐而分食。

---

① 济南市博物馆《大汶口》第59~94页,文物出版社1974年版。
② 山东省文物考古所《山东姚官庄遗址发掘报告》,载《文物资料丛刊》(五),文物出版社1981年版。
③ 金关丈夫、国分直一《台湾史前时代靴形石器考》,载《农业考古》1991年第3期。
④ 中国社科院考古所山西队《1978~1990年山西襄汾陶寺墓地发掘简报》,载《考古》1983年第1期。

我国史前所用的切菜板，除常州圩墩出土的一件平板外，到了龙山文化又有改进，出了木俎。如山西陶寺龙山文化墓地就出土不少木俎，台面呈长方形，原木为之，有四足，各木料以榫卯相接，俎长50至70厘米，宽30至40厘米，高15至25厘米。木俎是远古时期切肉的案板，是烹饪的工作台，后来演变为祭器。陶寺出土的一件木俎上，放置一把V形石刀，还有猪排、猪蹄，说明这是切肉案板，又是为死者祭献的设施①。当时有没有桌、凳，从民族学资料看：一要求不迫切，因为当时环火而食，席地而坐，一般是不需要坐具的；二是已经有一些坐具，如黎族用独木墩为坐具，也利用天然的树杈制三足独木凳、狗凳等，供在庭院制作手工用品时坐用。同时也有一些案具，多以竹编，少者用木制成。在陶寺遗址还发现木案，呈长方形，长90至120厘米，宽25至40厘米，高10至18厘米，有四足，案面、支脚皆施彩绘。这是当时最先进的案具了。然而，当时案具不一定很普遍，只限于氏族显贵而已。

在环火而食，席地而坐的情况下，进食皆要低头，很不方便，为了解决这一问题，当时的饮食器皿有三点变化：一是加高足，如大溪文化的圈足盘、豆、杯等，这一点在大汶口文化、龙山文化也普遍存在；二是加足，如流行鼎、豆、鬲，像北辛文化还有三足盆、三足钵等；三是器座的流行，而且各地有不同形制的器座。

黄河流域也流行器座，在老官台文化已应用器座，如渭南北刘出土的器座为支圈形，特点是亚腰、矮肩、胎厚、圆唇、口沿外高内低，适合支撑炊具。在磁山、峨沟等裴李岗文化中也应用器座，但数量较少。到了仰韶文化开始多了，庙底沟文化的器座通体矮扁，稳定性强，径大于高，外为素面或彩陶，也有镂空者。龙山文化的器座，除沿用仰韶文化已流行的形制外，又出现了豆形、柱形、空柱锥形。由于中原地区平底器为主，不大需要器座，因此其器座数量远较长江流域为少。但是山东地区器座较发达，如北辛文化的器座呈亚腰形，高大于径，大汶口文化的器座为亚腰式、折沿钟式，多镂孔，有特色，是中国史前器座中的佼佼者。

在内蒙敖汉旗小河沿南台地出土一件器座，亚腰状，上下口径相若，口沿为折角，与陶尊套用。不过，内蒙地区器座很少，有些以旧陶器口沿改制，如包头就有出土，另外在炊食用具中，还有一种陶器座，这是专门支架炊食用具的，各地都有发现。②

在长江中游地区器座出土较多，年代也早。如彭头山文化出土的器座，为夹沙红褐陶，胎较厚，呈方形棱台状，内空，外饰绳纹。在皂市遗址下层出土一种托盘形器座，共150多件，其特点是形体较大，有深浅两种。大溪文化的器座呈多样化，有折线式器底、鼓形器座、大喇叭口形器座、小喇叭口形器座、亚腰形器座。屈家岭文化

---

① 高炜《陶寺龙山文化木器的初步研究》，载《中国考古学研究》，文物出版社1986年版。
② 高蒙河《史前器座初探》，载《考古》1993年第1期。

的器座为亚腰形。长江中游龙山文化的器座也有多种形制，有亚腰形；高把豆形，该器束腰、盘口浅，底外撇，高大于径，外饰绳纹；曲腹筒形器座，高大于径，外有篮纹，附加堆纹、镂孔；亚腰喇叭形器座瘦高，底大于口，多镂孔，较美观。不难看出，长江中游地区器座出现很早，且呈多样性。在长江下游的器座较少，但河姆渡文化、崧泽文化已经使用器座支垫炊食用具。这是因为当地炊具多为圆底器，不易放置，因此以器座支放。在旅顺、三里桥也有以旧陶器口沿为器座的。西北地区则缺乏器座。

在广东深圳大黄沙、咸头岭等遗址出土 40 多件器座，为亚腰形，瘦高，多绳纹、划纹和弦纹装饰。在西樵山、和平子顶山、封开凤寨和香港深湾等遗址也出土有器座，呈瘦高状，稳定性较差。

以上都是整体形的器座，另外还有一种由两三件组成的器座，如同陶支子一样。如福建平潭壳丘头遗址，出土 19 件所谓陶支子，夹沙陶，有红、灰或黄诸色，呈圆柱形，底大且平，稳定性强，顶部有蘑菇形、圆弧形、斜顶形和平顶形四种，类似陶支子，这些器物很低矮，器高 9.2 至 9.4 厘米，以其支撑陶釜，釜底还要低下，所留空间就很小了，其中生火就不可能了，所以它不是陶支子，不是架置炊具生火的设备，而是一种器座，可称为器支座[①]。

器座是炊食用具发展的产物，是与物质生活水平的提高联系着，凡是物质生活丰富的地方器座也较发展，反之器座也较少。

---

① 福建省博物馆《福建平潭壳丘头遗址发掘简报》，载《考古》1991 年第 7 期。

【第五节　饮食风尚】

原始饮食，就其饮食形式而言，长期以来是氏族共食，到了原始社会晚期才发生重大变化，开始个体家庭消费，出现了贫富分化，少数氏族显贵、部落首领、祭司已经过着高人一等的生活，还滋长了奢侈习俗。

一、古老的共食

饮食是维持人类生命的根本保证。《汉书·食货志》："人情，一日不再食则饥。"民以食为天，人类必须按时进食，保证吸取起码的营养，才能维持自己的体力和生命，保证物质生产和人类自身的繁衍。

人类起初是实行共食的，即以一定的血缘组织形式进餐，这是在一定历史条件下形成的，它是由人类社会的组织形式决定的。

人类的社会组织最初是原始群，是一种松散的集体，可能母系血缘起一定作用。《管子·君臣》："兽处群居，以力相争。"《新语·道基》："野居穴处，未有室屋，则与禽兽同域。"原始群以一定的集体力量，同自然界作斗争，《商君书·画策》："昔者，昊英之世，以伐木杀兽，人民少而木兽多。"《白虎通·道德论·号》："饥则求食，饱则弃余，茹毛饮血，而衣皮革。"当时共同劳动，通过采集、渔猎而求食，共同消费。这是共食之始。后来又经过了血缘公社、母系氏族和父系家庭公社，这些社会组织都是比较固定的社会细胞，既是生产单位，又是消费单位，必然实行共食。

不久前摩梭人还保留了较多的母系制，如母系氏族，基本生活单位为母系大家族，实行共居制，集体生产，共同消费，男不娶，女不嫁，过着走婚生活。大家族的消费是由女家长主持的，她先做好饭菜，就餐时，全家族的人按性别坐成两排，都面对火塘，然后由女家长主持分配食物，每人可得到一份饭、一份菜，如果吃肉，则给

第一章　饮食

摩梭人母系家庭共食

每人一块腊肉。在这里,平均分配是基本原则,但也不是绝对的,也可因年龄、体质状况而有所差异①。独龙族、拉祜族、珞巴族还保留了父系大家庭的形式,也是共同劳动,共同消费,每个家庭公社都有一个主火塘,供炊事之用,然后由主妇分食。饭菜按人分配,饮酒也是如此②。如珞巴族父系家庭公社住在长屋内,每对夫妻住一间,但在主妇处共食,有酒则放在走廊处,以葫芦盛酒,众人围葫芦蹲坐,共用一碗,先倒一碗由家长喝,不尽则倒回葫芦内,接着盛第二碗,给第二个人喝,直到每人喝一碗酒为止。这种平均饮酒在其他民族地区也相当流行。《海南岛志·民俗》:"酒坛置于当中,旁亦置冷水一钵,酒不满者,以水满之,别以一尺许之小竹管透入坛中,轮递俯吸,由长而幼,吸毕再注之以水。"黎族的酒坛以陶、葫芦为之,这是共食水酒的象征。

现在看看考古资料。仰韶文化半坡类型生产力还比较低下,当时流行集体合葬墓,在土坑墓中,埋葬死者不少,但随葬品很少,而且是一些简单的工具和生活用品,多为实用品,各墓之间差别不大,十个、几十个人合葬墓也不例外③。这些事实说明,第一,当时生产力水平低,产品不多,不能有更多的产品随葬。第二,生产工具比较珍

---

① 宋兆麟《钻木取火及其历史意义》,载《中国历史博物馆馆刊》1991年总第19期。
② 宋兆麟《陶器的起源和制陶术的发展》,载《平准学刊》1989年第5辑(上)。
③ 宋兆麟《生育神与性巫术研究》第165页,文物出版社1990年版。

贵，基本留给活人使用，不轻易埋入墓中。第三，各墓差别不大，无富有者。可见当时尚维系母系氏族的共食制。到了新石器时代晚期，共食组织相对变小，流行父系家庭公社。在屈家岭文化曾发现一口大陶釜，直径近一米①，而且有很宽的口沿，足可以放置陶碗。应该是父系家庭公社的共食性炊具。

共食之风，是氏族生活的原则，普列汉诺夫说："分肉的习惯就类似一种互相保险，不如此，狩猎部落的生存将是完全不可能的。"② 这既是生产品不足的产物，也是保证氏族全体成员生存的基础。但是，到了父系家庭公社晚期，共食遇到了挑战，原因来自两个方面。

一方面，由于生产力的提高，物质生活也随之改善，饮食较过去有很多改善，还出现了剩余，这样就没必要维持绝对的平均主义共食制，否则倒束缚了人们的生产积极性。

另一方面，随着父系家庭公社人口的增加，规模的扩大，再维持共食制从操作上看已经很困难了，而各个单偶家庭的出现，已经为分食制提供了方便条件。

上面所述的共食，是共劳共食，进而出现了共劳分食，即父系家庭公社依然维持共同劳动，但是产品已经分给各个父系小家庭了，由他们各自分配，如独龙族就有这种情况，从而动摇了古老的共食制。后来，当父系家庭公社解体之后，个体家庭像雨后春笋，遍地破土而出。这时的个体家庭，既是独立的生产单位，也是独立的生活单位，实行自劳自食，从而彻底取代了共食制。龙山文化时期，公共的大房子不见了，流行小房子，一家一灶，正是自劳自食的生活单位。

不过，自劳自食不是绝对的，在节日、宗教祭祀、婚丧期间，人们仍旧重温昔日共食的美梦。这一点在民族学资料中是不胜枚举的。

鄂伦春族以父系小家庭为生产、生活单位，但是在举行"棍"（氏族）会议期间，必须实行共食，每人分一块兽肉烤吃。

独龙族在祭祀祖先时，必须剽牛祭祀，然后把牛肉切成块，煮熟，按人数分配，每人得一份肉食。

高山族在秋收之后，要祭谢神灵，必杀牲献祭，然后实行共食，分肉吃、咂酒喝，重温旧日的共食习俗。

彝族在结婚、送葬期间，家支亲友来聚，也实行共食，把牛羊肉切成块，称为"坨坨肉"，同时煮荞粑粑，每人分一块肉和一块粑粑。其实该族某户杀羊或宰猪，都

---

① 宋兆麟《生育神与性巫术研究》，第167页，文物出版社1990年版。
② 颜间等《宝鸡新石器时代人骨的研究报告》，载《古脊椎动物与古人类》1960年第2卷第1期。

煮成坨坨肉，村人来聚，以一餐吃尽为快。

由此看出，共食在宗教、节庆、婚丧等仪式中长期保存下来。饮酒也是这样，并不是天天饮酒、吃肉，但是到了重要活动期间才狂饮不止，这是一种古老的风俗，是间隔性的调剂生活，从而改善了人们的物质生活，也是对过去共食生活的眷恋。

二、奢侈的起源

在人类的童年蒙昧时代，由于生产力低下，人类只能以一定的血缘组织生存，而社会发展的动力是人们为生存而斗争，当时人与人、部落与部落之间是平等的，没有强制的依附关系，人们的物质生活也处于相同的水平线上，这大概就是新石器时代以前的社会状况。

当社会发展到出现剩余财产之后，这些财产就具有了巨大的魅力，刺激了人们的贪欲，也开始追求能够谋取上述财产的手段，如公职、权势，在大汶口文化中晚期、龙山文化早期、屈家岭文化、良渚文化早期，已经产生私有财产和贫富分化，在一个地区的部落中出现了中心部落。到了龙山文化晚期、良渚文化晚期、齐家文化时期，物质生活内容十分丰富，甚至出现了奢侈的生活，主要有以下方面：

首先是肉食族的出现。

在我国新石器时代中期以前，氏族内部的物质生活还是平等的，实行共食，人死后随葬品也很少，仅仅是一点生活用品，也就是说氏族成员间还没有财产差别，但是新石器中期开始，虽然多数氏族成员还过着简陋、贫寒的生活，但极少数人不仅能够温饱，还能满足肉饱。这一点在泰安大汶口墓地反映尤其明显，其中有45座墓随葬猪头或猪下颌骨；在胶县三里河、曲阜西夏侯、邳县刘林均有这情形；邹县野店还有两座墓以整猪随葬。陶寺龙山文化墓地有14座墓随葬猪下颌骨，有一座墓随葬30多副猪下颌骨。

乍看起来，这些猪头、猪下颌骨很简单，其实具有重要社会意义。它是整个猪的象征符号，随葬猪头、猪下颌骨就象征为死者随葬猪，表明死者生前占有较多的猪这种动产，既然占有猪，就可享用猪，既可吃猪肉，又以猪头随葬。到了齐家文化时期，贫富分化加剧，家长奴隶制有较大发展，征战空前增加，为了自卫和战争的需要，在中心部落间又出现了城堡，王权也应运而生。

以龙山文化为例，目前已发现30多个城堡，如寿光城、平粮台、王城岗等。城堡的布局以宫室、宗庙等大型建筑为中心，有城区、沟渠、卫戍等防御设施，体现了王权的出现。每座城堡是一个中心，周围有数以十计的部落。如城子崖龙山城，面积20

多万平方米,在25公里方圆内,有40多处部落遗址,形成都城、邑和部落三级网络。城堡是政治、军事中心,是氏族贵族的住地,以强制的手段,统治着邑和部落,征敛人力、物力,使城堡成为当地社会财富的强制聚敛地。城堡中的主人已经过着奢侈的物质生活,变成统治者的消费中心。这一点,引起了原始饮食生活的巨大变化。

当时饮食生活的特点是:绝大多数人还过着比较贫困的生活,但是极少数人已经有死后随葬品。这些人就成为食肉族。第二,这些猪头、猪下颌骨是从哪来的呢?有两种可能:一种是自养的,自养自葬,顺理成章;另一种是纳贡的。过去凉山曲诺阶层杀猪时,必送给主子黑彝猪头或半个猪头,表示依附关系,而黑彝也以收到最多猪头为光荣。考古所发现的猪头也不排除这种可能。

其次是酗酒之风的兴起。

史前时代的饮酒,起初与主食一样,也是平均分配的,当时流行咂酒就是这个原因。私有制出现后,饮酒也发生分化。如珞巴族主人喝头道最好的水酒,不限其量,家奴则喝三道次酒,而且限量。在考古中也发现饮酒不均的事实。柳湾马厂文化有318座墓,其中的564号墓随葬陶器95件,而酒壶占大宗。陵阳河第25号墓,随葬大量酒器,有储酒的大口尊、瓮,有注酒的盉,有饮酒的单耳杯,其中高级酒杯多达30多件[①]。其他遗址也出过不少精美的蛋壳陶酒杯[②]。由此看出,当时的贵族们已经滋长一种酗酒之风,这也是与一般社会生活不同的。

酗酒是一种奢侈。《大戴礼记·少问》第七十六孔子在总结三代兴亡时,认为"禹崩十有七世,乃有末孙桀即位。桀不率先公之明德,乃荒耽于酒,淫泆于乐,德昏乱政……乃有商履代兴"。酒本来是一种美食,但是消耗粮食严重,黎族、珞巴族、独龙族每年要将三分之一的粮食用于酿酒,这在远古也是如此。尤其是贵族的酗酒,上行下效,对社会酗酒起了推波助澜的作用。

此外,进餐方式也趋于讲究。

当时一般人还环火而食、席地而坐,少数贵族已经有比较讲究的餐具,出现了木案。如陶寺墓地出土不少木案,其上摆设精美的陶器、彩绘木器。陶寺地区的贵族已不满足于本地出产的生活用品。还有东方大汶口文化的精美陶器、东南良渚文化的玉器、南方屈家岭文化的陶器,以及陕西龙山文化的生活用品,不管它是怎么来的,掠夺贡纳还是交换的,都反映了主人在物质生活上的奢侈心理。如果说精美的陶器、装饰品是非实用性的,象征财富观念的体现物,人人都可追求、积累,但是作为礼制物化形式的礼器如玉器,就是一种政治地位的标志了,而不是一般意义上的财产标志。

---

① 王树明《考古发现中的陶缸与我国古代的酿酒》,载《海岱考古》,山东大学出版社1989年第1辑。
② 杜金鹏《陶爵——中国古代酒器研究之一》,载《考古》1990年第6期。

因此良渚文化的玉器不是任何人都可以追求的，而是具有崇高社会地位的人才能占有和使用。

还有一点应该指出，当时贵族家庭已经使用家内奴隶，其中有些女奴已经专门从事炊事活动，侍候主人的饮食，这也是原始社会晚期所特有的现象，是饮食文化的一种变化。

总而言之，到了原始社会晚期，人们在饮食上已经发生贫富分化，不同阶层的人有不同的食谱[①]。贵族以荤食为特色，酒足饭饱；贫民百姓则以素食为特点，有些人则常常受到饥饿的威胁。

三、艰苦生活

我们说原始社会已经有了丰富多彩的饮食文化，主要指原始社会晚期说的，基本反映在几个文明起源地，如黄河中下游、辽河流域、长江中下游，当时饮食文化已达到相当高的水平，不同阶层有不同的食谱，出现了少数食肉族，但是其他广大地区还相当落后，就是在中原地区，许多氏族成员还过着艰苦的生活，不妨举几个例证。

宝鸡北首岭仰韶文化墓地，有47个死者，其中男子43人，女子4人，死者年龄在20至47岁之间，多死于30岁左右，可知当时人寿命很短，除死于血族复仇外，是同低下的饮食生活水平分不开的。

华县元君庙仰韶文化墓地有194个死者，其中死于15岁以下者37人，占总死亡人数的19%；死于20至40岁者106人，占总死亡人数的54%；死于40至45岁者25人，占总死亡人数的12%。在这里死者主要为青壮年，寿命甚短。[②]

渭南史家村墓地有665个死者，年轻死者占4.9%；中年死者占92%；老年死者占3.1%。[③]

兰州土谷台半山——马厂墓地，有84座墓，埋葬109人，其中儿童51人，占47%；成年人21人，占19.3%；无年老死者。

海安青墩墓地有98座墓，埋葬106人，其中儿童16人，占17%；青壮年68人，占69%；其他为老人。

从上述例证看出：第一，当时儿童死亡率很高，这同难产、居住条件低劣、母乳不足和缺乏医药知识有很大关系，使不少儿童夭折。第二，当时人的牙齿、下颌骨都

---

① 蔡莲珍、仇士华《碳十三测定和古代食谱研究》，载《考古》1984年第10期。
② 北京大学历史系考古教研室《元君庙仰韶墓地》，文物出版社1983年第10期。
③ 西安半坡博物馆等《陕西渭南史家新石器时代遗址》，载《考古》1978年第1期。

比较粗壮、发达，牙面平整，有些有洞，说明当时的食物很粗糙，磨损严重，这同饮食不足、充饥食物粗劣有密切关系，这也是寿命短的原因之一。第三，青壮年死亡率高，可能有两个原因：一是物质生产低下，饮食比较匮乏；二是青壮年为战士，当时血族复仇不断，青壮年往往卷入其中，成为氏族或部落间战争的牺牲品。

总之，当时物质生活虽然有一定水平，但不能理想化。"这种黄金时代过去从来没有过，生存的困难，同自然斗争的困难，使原始人受到十分沉重的压抑"[①]。

[①] 《列宁全集》卷五第89页，人民出版社1959年版。

第二章
穿 着

　　服饰是重要的物质生活形式,是护身和审美相结合的产物。其内容包括衣服、文身和装饰品等。

【第一节　服　装】

在传说时代，已经发明了衣服。《周易·系辞》："黄帝尧舜垂衣裳而天下治。"《世本》又说："伯余制衣裳"，"胡曹作衣"。

关于衣服的起源，是一个复杂的问题，众说纷纭，莫衷一是。有人说是为了御寒，有人说是羞耻观念的支配，也有人说是为了美观和装饰自己。

从社会发展史上看，人类刚刚摆脱动物界以后，仍然是赤身裸体的，不知衣饰为何物。当时人们也缺乏羞耻感，只有父权制和嫉妒观念兴起以后，羞耻心理才得到发展。《白虎通义》："太古之时，衣皮苇，能覆前而不能覆后。"黄叔璥《台湾使槎录》卷五称台湾高山族"男子以布尺余遮前，后体毕露。"就是一个例证，它是由群婚向对偶婚发展时才出现的。

在原始社会早期，也不存在审美观念，因为生产力极端低下，采集和渔猎品很少，人们经常挣扎在死亡线上，根本没有美化自己的欲望，也缺乏装饰自己的能力。随着生产力的发展，生活的初步改善，人类思维能力的进步，才有了审美要求，并且引起了衣服的改进。所以，审美观念虽然不是发明衣服的原因，它在改进和发展衣服方面却起着积极的作用。

衣服的起源，根本原因是实用的目的，但是人类分布极其广泛，各地气候、地理环境不同，不同地区的原始居民在发明衣服方面，也有一些特殊的原因。在寒带和温带地区，人类为了防寒、保护身体，很早就披兽皮了，当然，御寒在热带是不存在的。然而，当地也有些护体措施，尽力保护自己的身体。通常是在身体上涂抹油脂和黏土，披盖树叶、树皮，在身上绘些花纹等。上衣发明较早，裤子出现较晚。有裳无裤是原始体衣的特点，但有袴，即套裤。《说文》："袴，胫衣也。"套裤有裤脚，没有裤裆。当在袴上安有裤裆，就变成裤子了，即发明了裤子。此外，还有一点值得注意，人类为了狩猎的目的，往往把自己打扮成猎物的形象，如戴兽角、兽头帽子、穿某些动物的皮毛，把自己伪装成野兽，以便靠近狩猎目标，提高狩猎效果，这与衣饰的发明也有

第二章　穿着

密切的关系。

远在一两万年前的山顶洞遗址里,已经出土骨针,在四川资阳黄鳝溪出土有骨锥,这些工具标志缝纫技术已有相当水平。我国独龙族就用竹针缝衣服,鄂伦春族使用天然的狍角锥,这些工具比人类磨制的骨锥、骨针原始得多。所以,以针、锥缝制衣服决不是从山顶洞人开始的,大约在旧石器中期我们的祖先已经摆脱了赤体露身的状态,过着食肉衣皮的生活了。

到了新石器时代,骨针、骨锥大量使用,纺轮也很流行,在河姆渡遗址还发现了原始织机的部件。西安半坡等遗址发现不少印有布纹的陶片或陶钵,吴县草鞋山遗址还有葛布出土,这说明当时除穿着兽皮而外,已经大量穿戴麻葛衣服,衣料来源是多种多样的。

事实上,原始衣料不限于麻、葛和兽皮,还有用其他植物加工成的各种形式的衣料,这一点在民族学资料中是显而易见的。

衣料基本分两大类:一种是植物类,有草叶、树叶、树皮以及植物加工品,一种是动物类,有兽皮、毛、鸟羽等。

衣服的样式,可分几大类说明:

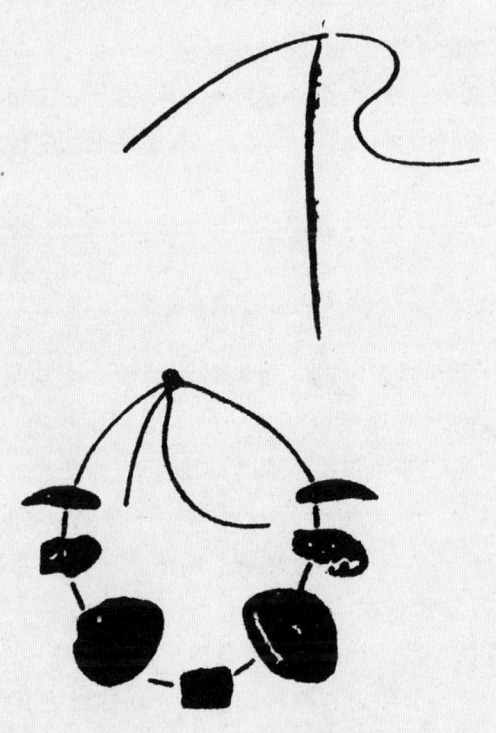

北京周口店龙骨山山顶洞出土
山顶洞人的骨针及装饰品

一、头衣

头衣又称冠帽。帽子是保护头部的衣着，为了防日晒，或者防风寒，往往取一片树叶遮挡，久而久之，上述遮挡物就规范化了，变成了帽子。

最早的帽子是以植物编织的，《黔书》卷上称苗族"少年缚楮皮于额，婚乃去之"，其中的楮皮就是树皮布。景泰《云南图经志书》卷六称阿昌族"男子顶髻戴竹鍪，以毛熊皮缘之上，以猪牙雉尾为顶饰，衣无领袖"。《云南志略·诸夷风俗》称僚人以"桦皮为冠"。高山族、藏族以藤编制帽子。兽皮帽也由来已久，即先以一块兽皮盖在头上，进而有一定形式的帽子。《峒溪纤志》卷上称"苗族以射猎为业，衣用虎皮，以虎尾插首为饰"。鄂伦春族等则戴狍脑帽。《中华全国风俗志》下篇卷一"索伦、达呼尔，以狍头为帽，双耳挺然，披狍服，黄毳蒙茸"。上述帽冠的功能，不仅仅是防寒，也具有伪装作用，以便更有效地接近野兽，伺机捕杀。南方诸民族喜欢饰雉尾，白马藏人插白尾翎，该族还有一个传说，远古时期他们被打败，失散在山中，为了便于集中军队，才插雉尾。

头服还有一种头巾，即以一块兽皮或布料包扎头部或脖子，其实这种饰物简单易行，应该是比帽子还古老的头衣。

从考古上看，史前头衣形象不多，在宝鸡北首岭出土一件仰韶文化陶塑人头，戴有平顶帽。在内蒙古赤峰红山文化的女神像上，有戴扇形帽的形象。

二、体衣

衣服的式样，是由简到繁发展的，最初极为简陋，男女无别，一般是披一件完整的兽皮。在贵州和云南北部彝族地区有一种羊皮鞋，是由一块整羊皮做的，保留了羊的外形，前后有足当钮扣，没有衣领、衣袖，夏天正穿，冬天反穿。纳西族背后的羊披肩也很简单，是一块方形羊皮，以绳拴在身上。在此基础上发展为披毡，周去非《岭外代答》卷三："昼则披，夜则卧，晴雨寒暑，未始离身。"这是远古披兽皮的遗风。

后来，人类把兽皮中央剪一个洞，或者在兽皮一端剪成一个凹口，形成最早的衣服，称套头衣。斜披背后，由左肩右腋抄向胸前，而拴结之，下身亦仅以麻布一块，围于臀股前后，遮盖而已。

衣服按上、下身分别穿戴是比较晚的，但是背心、袖子和套裤出现较早。1988 年在玉门出土一件彩陶人，高 20 厘米，头顶中空，着上衣，下为不连裆的裤子，当为套

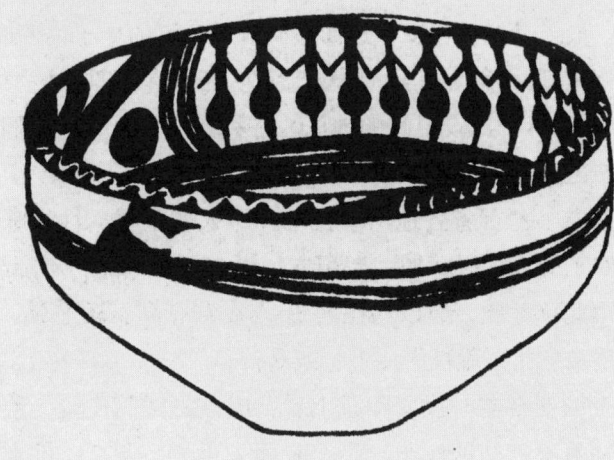

原始人的体衣

1. 贯口衫（甘肃辛店彩陶纹饰）
2. 圆球形下裳（1995年青海省同德县出土彩陶盆）

裤性质。东北不少民族都流行套裤、套袖。当人们将套袖和背心，套裤和遮羞布缝合起来，就出现了上衣和下衣。

在天气炎热的地区和温带的北方夏季，人们都穿着简便的裙子。最早的裙子就是一块方布，把下身围起来。我国南方的傣族、黎族、壮族的筒裙就是类似的衣服，其他民族的百褶裙就比较讲究了。

黎族妇女穿对襟无领上衣，上衣有一块五角形遮胸布。热天仅戴遮胸布，下穿筒裙，长不过膝。男子穿对襟无领无钮上衣，下挂两块吊裙。其中的遮胸布和吊裙是比较晚起的服饰。

后来，人类"从原来居住的总是一样炎热的地带，迁移到比较冷的，在一年中分成冬夏两季的地带后，就产生了新的需要，需要有住房和衣服来抵御寒冷和潮湿"。①因此，寒冷地区的居民穿着都比较讲究，多着皮衣。在我国北方的通古斯诸民族都穿各种皮衣，《异域志》卷上："国号大金，其国人皆鱼鹿之皮为衣。"

三、足衣

足衣指脚上的衣着。

人类经历过赤足时期。在比较寒冷的地区鞋子种类很多，起源也早，目的是保护脚不被冻伤和受创。最早是包扎兽皮，进而才制成适合脚的样子，变成了鞋。

从质地上划分，有几种鞋。一种是草鞋，《左传·僖公四年》："共其资粮屝。"注曰："屝，草履。"草鞋流行于比较温暖的地区。一种是木鞋，又称木履，便于在泥泞中使用，也流行于温热之地，百越民族都喜穿木履，后来传入日本。另一种是皮鞋，《中华全国风俗志》下篇卷一："吉省各地产乌拉草……入冬不枯，性温暖能御寒避湿，东人常取以铺卧榻，农工等人均以荐履。履用方尺牛皮屈曲成之，不加缘缀，覆及足背，冬胥著以操作，因用此草荐履，故以乌拉名履。"皮鞋有高、矮之分，前者为靴，后者为鞋。为了使皮鞋暖和，北方流行内加毛毡或乌拉草。

从甘肃玉门出土的新石器时代彩陶靴上看，应该是矮筒皮靴，绘有彩。在玉门等地还出土彩陶人，穿着不连裆的裤子，足上有翘头靴子，还有一件半身人形罐，也穿有皮靴。

西北出土的史前陶靴

---

① 《马克思恩格斯选集》卷四第515页，人民出版社1972年版。

【 第二节　人体装饰 】

所谓人体装饰是指用一定的物质资料，通过技术手段在人体上造成一定形态或附着一定的装饰物，以便反映人们的爱好、感情和风尚，引起人们的审美感情。人体装饰就是诱惑异性，加强两性联系的手段。

人体装饰种类繁多，形态各异。广义地说，包括衣服、文身、涂身和各种装饰物。这里是说的人体装饰品，主要有四类：临时性的涂身，人体变形及其附加物，永久变形与绘身结合（文身），身体上悬挂和佩戴的装饰物，具体又可按身体上不同部位的装饰，分为若干类；其中包括头饰、发饰、耳饰、鼻饰、唇饰、牙饰、胡饰、项饰、乳饰、臂饰、指饰、腰饰、性饰等等。

一、头饰

头饰常以头骨变形反映出来。即利用一定工具在幼儿时将其头骨变成扁形、圆形。我国大汶口文化即把头的后枕部压扁，属于变形头中比较简单的枕型。《魏书·东夷传》："儿生便以石压其头，欲其褊，今辰韩人皆褊头。"《晋书·四夷传》："初生子，便以石押其头使扁。"《新唐书·西域上》："产子以木压首。"满族也有此风。《满洲源流考》："国朝旧俗，儿生数月，置卧具，令儿仰寝其中，久而脑骨自平，头形似扁，斯乃习而自然，无足为奇。"这种风俗也影响东北其他民族。《中华全国风俗志》下篇卷，赫哲族"婴儿初生，枕以硬枕，务平其后脑骨，以硬起欠美观，习俗然也。"据作者在东北地区的调查，满族是把婴儿放在一长方形木板上，铺褥子，但枕头是硬的，并以三道布条拴牢，力求身直，将来个高挺直，具有武士体魄，但头骨则变扁，这一点在山东大汶口文化早有流行。

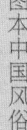

二、发饰

发饰是人类最主要的装饰形式，由于各氏族、各民族发型不同，往往是人们区别氏族或民族的重要依据。可惜原始发饰史料极少，只能从民族学资料中看到形形色色的发型。各民族对头发都比较重视，为了使头发光泽和便于束发，还涂有各种油脂，如榆皮油、松膏等，景泰《云南图经志书》卷四傣族"妇女以松膏泽发，搓之成缕，下垂若马鬃然"。

从考古学和民族学分析，有多种发型：

（一）披发

披发是指把头发留下，自然下披。南方越人有披发文身风俗。《汉书·匈奴传赞》匈奴"被发左衽"。《淮南子·齐俗训》"胡貊匈奴之国，纵体施发，箕踞反言"。《后汉书·西羌传》："被发复面。"近代独龙族"男女均系散发，前垂齐眉，后披齐肩，左右盖耳，稍长则以刀裁去"。[①]

（二）编发

编发是把留下的长发梳成辫子。甘肃大通舞蹈盆上的妇女形象，皆编发辫，说明编发由来已久。石寨山文化中的昆明人也编发。《三国志·魏书》卷三〇引《魏略·西戎传》氐人"皆编发"。编法也有两种：一种是从后下垂成辫子，在内蒙古出土一件红山文化女神像上，就有一条后垂的辫子；另一种为盘发，即把辫子盘在头顶，过去出土一件红山文化陶质女神像，就是盘发模样。

（三）结发

结发是指将头发打成结，其中又分几种：

打结。傣族"皆当顶上为一髻，以青布为通身裤"。近代傣族也打结，号称月亮头。过去壮族、高山族、水族也有这种发饰。

椎髻。又称梳髻，且束带。《汉书·陆贾传》颜师古注："椎髻者，一撮之髻，其形如椎。"在仰韶文化彩陶、石寨山铜器上发现有椎髻形象。

螺髻。《元江州志》："妇女花布衫，以青布绳辫发数绺……盘旋如螺髻。"明代水族也兴此发，在贵州三都石刻上就有螺髻形象。

（四）髡发

髡发是将头颅顶部中央剃光，为圆状，周围披发。这种头发在古代东胡中较流行。《后汉书·乌桓传》："父子男女相对踞蹲，以髡头为轻便，妇人至嫁时乃养发分为髻。"

[①]《永昌府文征》卷三〇。

（五）束发

束发是把长发留下，以麻束之，但不编辫。《淮南子·齐俗训》："三苗髽发。"高诱注："三苗之国在彭蠡，洞庭之野，髽，以枲束发也。"红山文化盛行玉发箍，也为固发工具。

此外还有剃头，起源较晚。

为了整理头发，原始社会已有理发用具：

一种是发针，指插在头发上的针类工具，如有些修长、精美的骨针，不仅是实用的缝纫工具，也是一种固发工具。一种是笄，又称簪，起初以木、竹、骨、角为之，后以玉、铜为之。形式多样，用以固发，并逐渐加大装饰意义。一种是梳子，常使用的理发工具。起初以五指为梳，后来把五根木棍并列编为木梳，再进一步的形式是以木板制成有齿木梳。大汶口文化已出土象牙梳，其柄部还有图案，这说明梳具已很进步。古代称梳为枥，这种工具是梳头工具，后来也用于拢头，进而作为财富的象征。

三、耳饰

耳饰指在耳唇上穿孔，插或挂有一定饰物，基本有四种形式：

一种是耳塞，古代称瑱、珥。《说文》："瑱，以玉充耳。""珥，瑱也。"它是在耳唇上穿孔，将耳塞插入。

在新石器时代考古中也发现不少耳塞，质地各异。常州圩墩遗址出土一种滑轮状骨器，实为骨耳珥，① 大连郭家村遗址出土不少扣状陶器，实为陶耳珥，沈阳新乐遗址出土若干煤精耳珥，此外在张陵山、北京上宅等遗址也有耳珥出土。

一种是耳环，即将木、草、骨制耳环，穿入耳孔中为饰。这一点有两方面的考古证据：一是当时穿耳，如甘肃礼县仰韶文化出土的陶人像上，两耳皆穿孔，其他地区也有类似发现，说明穿耳风俗已有数千年的历史；另一种是耳环的出土，如齐家文化就出土过铜耳环。从民族学上看，各民族戴耳环风俗不同，如凉山彝族妇女两耳皆佩环，而男子仅左耳佩环。

一种是玉玦。耳环有断裂开口才能戴在耳孔上，这对于木、草、纤维类耳环是可行的，铜耳环也可，但是完整的玉环就戴不上去了，因此人们又在玉环上锯一开口，这样就可以戴在耳朵上了。在红山文化、河姆渡文化、良渚文化都出土有玉玦，当是耳饰之一。

一种是耳坠，即先在耳孔上系绳，绳套上挂以饰物，考古出土的佩饰中就有一些耳坠。

此外，在寒冷的北方，还有一种护耳饰物。《中华全国风俗志》下篇卷一黑龙江"冬雪外出，耳轮辄以皮囊之，否则冻欲死"。

---

① 《圩墩新石器时代遗址发掘简报》，载《考古》1978年第4期。

第二章 穿着

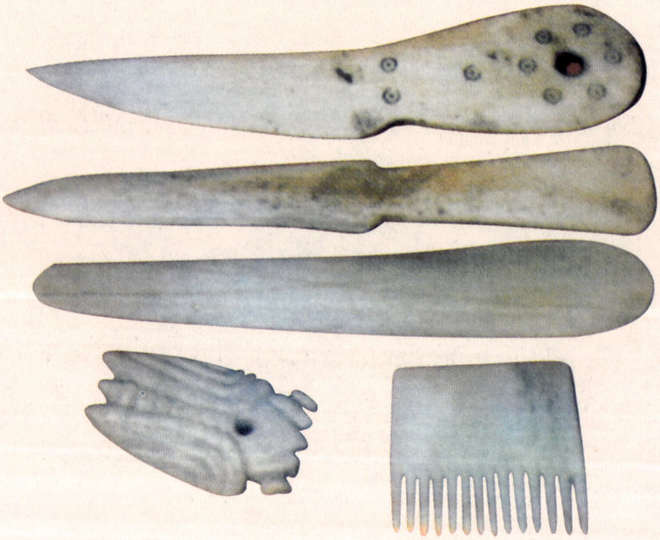

图1

图2

图3

图1 青海贵南县尕马台齐家文化遗址出土的七角星纹铜镜
图2 原始社会时期的骨制生活用具
图3 仰韶文化遗址出土的人形彩陶罐

四、鼻饰与唇饰

这种装饰有两种：一种是环状，穿系在鼻中隔处，一种是柱状，插在鼻腔上。前者又称鼻环，后者又称鼻塞。

在山东省尹家城岳石文化中就发现过我国最早的鼻环，有趣的是，在黄河上游的玉门火烧沟四坝文化遗址中，在一个人骨架的鼻骨下发现一件青铜鼻环，这说明在黄河上下游都有这种装饰，后来消失了，但是远在唐代西南地区还保留这种习惯。《蛮书》卷四："穿鼻蛮部落，以径尺金环穿鼻中隔，下垂过颐，若是君长，即以丝绳系其环，使人牵起乃行。其次者以花头金钉两枚，从鼻两边穿令透出鼻孔中。"说明穿鼻族既有鼻环，也有鼻塞。吴振臣《宁古塔纪略》载，赫哲姑娘鼻子上穿一环，环上又垂下白色银片，直到唇部，以为美观。

追溯上述风俗的起源，有些出于成年仪式的标志，如澳大利亚毛利人；有些则是妇女的特别风俗。江苏海州民间为小儿过满月时，不仅上锁，戴项圈，上耳坠之俗，还在鼻梁上穿一个环，称鼻枸，一直戴到新婚之夜止，由新娘取下来。[①] 据说小孩戴了鼻枸，相当牛拴了牛鼻环，等于把小孩的魂拴住了，会好养活。

唇饰也较流行，最简单的方法是往唇部抹红色，这是口红的来源。史前时代已善于利用红颜料装点额部，以其抹唇部也是可能的。比较复杂的唇饰是变形饰物。阿拉斯加的印第安人在下唇中心戴上木片，西非乍得妇女则在唇上安木片，如碟状。南美博托库多人，小孩七八岁时，即在下唇穿孔，装入木塞，使孔不断扩大，更换饰物。

五、齿饰

原始人也喜欢在牙齿上进行装饰，具体有三种：

一是染齿。

染齿也是一种固定的装饰。但是有两种情况：一种是因吃某种食物所形成的；另一种是有意染制的。

在我国南方的壮族、傣族、佤族、景颇族、布朗族、布依族等民族中，多喜吃槟榔，久而久之就把牙齿吃黑了。沈怀远《南越志》："久食令人齿黑，故南中有雕题黑齿之俗。"以上是因食物引起的染齿。

---

① 刘兆元《海州民俗志》第13页，江苏文艺出版社1991年版。

还有一种有目的的染齿。康熙《诸罗县志》卷八："男女以涩草或芭蕉花擦齿令黑。"谢肇淛《滇略》卷九："多以酸石榴皮及药染齿使黑。"朱孟震《西南夷风土记》傣族："无贵贱，皆穿耳徒跣，以草染齿成黑色。"相传以茜草染齿，但这种草可染红，而不黑。一般常用的方法，是用烟锅灰，把酸香木（秧青）或竹子烧了，以金属板在烟上熏黑，然后以手抹牙齿。

二是凿齿。

《山海经·大荒南经》："有人曰凿齿。"《山海经·海外经》郭璞注："凿齿，亦人也。"但是《淮南子·本经训》高诱注则称："凿齿，兽名。"康熙《诸罗县志》卷八："女有夫，断其旁二齿，以别处子。"《中华全国风俗志》上篇卷一〇引《旧云南通志》昭通土人"居多木棚，击齿乃娶。"注："男子十五六岁击去左右两齿乃娶"。

在考古中，如大汶口文化以及南方某些遗址都发现一些拔牙尸骨，说明凿齿确有其人。在山东大汶口、兖州王因、邹县野店、茌平岗庄、胶县三里河、江苏邳县大墩子、常州圩墩、上海崧泽、福建昙石山、广东佛山河宕和增城金兰寺、河南淅川、湖北七里河等处，均有拔牙之俗。一般是拔掉一对上颌侧门齿为主，年龄在十四五岁。这种拔牙风俗可能首先起源于山东地区，后来遍及山东、苏北，以后又扩大到长江、岭南和黄河流域。

拔牙是一个人成年的标志，"以别处子"，同时也是开始过婚姻生活的开始，所以拔牙也是招引异性的手段。如果未成年或不拔牙，尚不能生育，自然会"妨害夫家"。对于一个欲成年的人来说，拔牙是一种严峻的考验，也是一个人勇敢的标志。装饰的目的是取悦于异性，拔牙装饰就有这种作用。

再是口腔含球。

在我国发现拔牙风俗的地区，也发现一种口颊含球的习惯，如在王因、野店、大墩子等地均有发现，一般是在口颊内置一石球。由于臼齿颊面与石球反复磨擦，影响齿冠、齿根生长，有的齿列挤向舌侧。这种风俗仅限于妇女之中。

六、绘面

绘面是原始的重要装饰之一，目前已有多起发现。宝鸡北首岭出土一件陶塑人面，其胡须、眉毛皆绘黑色。青海柳湾出土一件人首陶壶和一个两性人陶壶，其面颊上均有绘面。甘肃鸳鸯池遗址出土三件彩陶人面，在两颊上也有绘面形象。甘肃广汉出土两件人形器盖上，面部和身躯上均有绘身形象。甘肃临洮出土一件人头形陶勺，人脸上也有绘面风俗。此外在青海民和山城遗址出土一件陶罐，其上有一浮雕人面，在两颊和嘴唇上也有绘面。由此看出，在甘肃、青海广大地区，史前曾流行绘面风俗。有趣的是，在云南麻栗坡岩画上有一个舞者，其面部也有绘面花纹。

绘面是怎么兴起的呢？最初是护身，防虫咬，抵御严寒。《后汉书·东夷列传》："女子养豕，食其肉，衣其皮。冬以豕膏涂身，以御风寒。""原始人最初之所以用黏土油脂或植物汁液来涂身体，是因为这是有益的。"① 后来加入婚恋、巫术的成分。贵州麻江饶家人传说，其祖先甚丑，找不到配偶，后来以柴灰抹面，又以麻线拔掉一些面毛，引起小伙子追求，从而发明了涂面、打眉毛。② 台江苗族在婚礼嬉戏中常常涂面，作为迷惑异性的手段。蒙古族在闹房时，主持人必须以墨涂面。达斡尔族视正月十六为"抹黑节"，姑娘以涂面为美，象征丰收。藏族有一种于涂舞，舞者必绘身，仿虎形，狂欢而舞。海南黎族以血涂面驱鬼，舞者身上也画虎纹。山东齐河县三月三为神节，小孩受惊吓，必剪纸人焚，而小儿必涂黑脸，不让鬼神辨认。河南大巴山小儿夭折，葬前必以锅底灰涂小儿面，然后砍尸埋葬，不让其认识归家之路，以上事实说明，绘面具有多种功能。

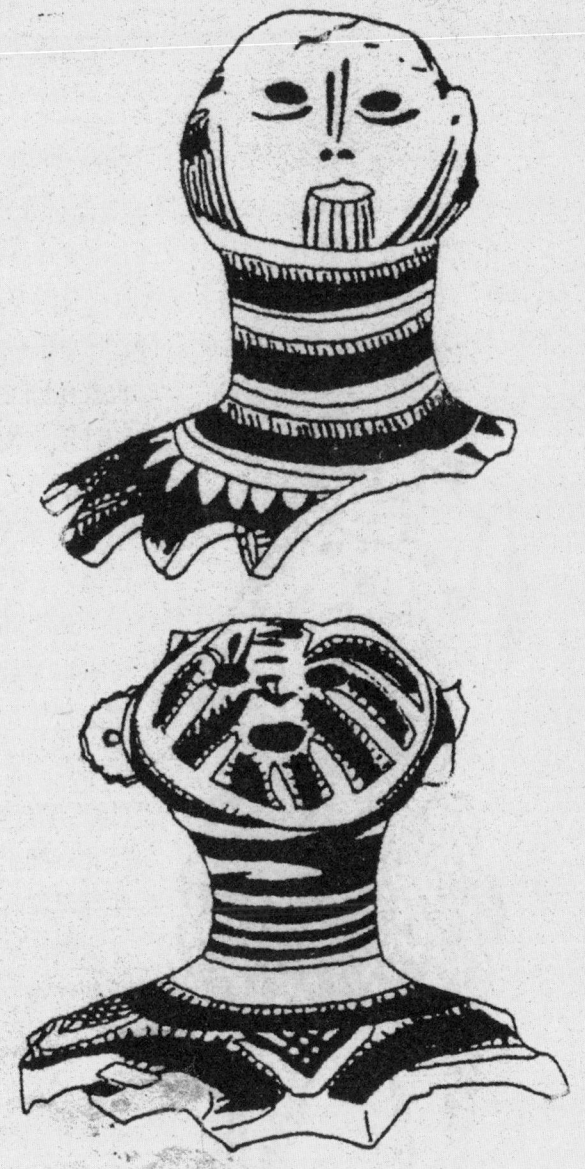

龙山文化的陶罂

有人说先有绘身，后有衣服，看法有些绝对化，尽管绘身能够起一定护身作用，但它不能代替衣服，从这种意义上说，绘面仅仅是一种实用性的装饰形式。所以过分夸大绘面的作用是不对的，更不会有一个只绘身而不穿衣服的时代。

---

① 普列汉诺夫《论艺术》第116页，三联书店1961年版。
② 杨鹃国《论原始宗教对民俗的影响》，载《贵州民族研究》1988年第1期。

七、文身

文身是原始装饰形式之一，而且是一种固定的装饰，它是以针刺成一定花纹图案，然后涂以锅底灰或其他颜色，皮肤愈合后即生出来永不退色的文身形象。

在我国古代文献中，有不少文身风俗的记载。例如《史记·赵世家》："剪发文身，错臂左衽，欧越之民也。"《汉书》卷六四："夫越方外之地，砠发文身之人也。"《汉书·地理志》："文身断发，以避蛟龙之害。"《岭外代答》卷一〇"海南黎女以绣面为饰……其绣面也犹中州之笄也。女年及笄，置酒会亲旧，女伴自施针笔，为极细花卉飞蛾之形。"朱仕玠《小琉球漫志》排湾人"文身命之祖父，忍痛刺之，云不敢背祖也"。至今在黎族、高山族、独龙族、彝族、傣族、德昂族、佤族、布朗族、克木人中还有文身风俗。

从上述记载看，有两点比较明确：一是在我国自古以来就有文身习惯，从未中断，二是这些文身多流行于东南、南方和西南地区。从考古发现上看，在南方、西南都有文身资料发现，但在北方也有迹可寻。有人认为仰韶文化的人面纹即出于文面。①西北彩陶上，也有文身形象。最有价值的是，在一件红山文化女神像腰部也有文身，背后为牛角形文身图案，可知在北方原始居民中也有文身风俗。起初的文身，可能是在氏族成员成年时在他们身上刺有一定标志，以别婚姻关系，同时文身也有避邪作用。事实上，在原始氏族中间存在着一套决定两性间相互关系的复杂的规矩。如为了避免婚配的错误，就在达到性成熟时期的人的皮肤上作出相当的记号。在氏族时代，通婚的根本原则是氏族外婚制，禁止氏族内婚，正因为这样，每个氏族以自己的图案文身，这样同样的文身男女禁止性交，而不同文身的男女可以性交，所以文身又具有吸引氏族配偶的作用。

古代黎族的文身

---

① 刘敦愿《再论半坡人面形彩陶花纹》，载《考古通讯》1957年第5期。

八、项饰

项饰,又称胸饰,指在脖子上悬挂的饰物。由于脖子最易于挂饰物,部位又明显,所以这种装饰品起源较早,始见于旧石器时代晚期。山顶洞人不仅以石珠、海蚶壳为装饰品,也以兽牙、鱼骨和骨管装饰自己。"这些东西最初只是作为勇敢、灵巧和有力的标记,只是到了后来,也正是由于它们是勇敢、灵巧和有力的标记,所以开始引起审美的感觉,归入装饰品的范围。"①

河姆渡人以虎牙、熊牙、鱼骨珠、玉斧、玉珠、玦等作为项链。姜寨在一个少女的项链上,仅骨珠就有8721枚,此外还有石珠,石管蚌壳、兽牙等。元君庙420号墓中,有一个女孩随葬1147件骨珠。马家窑文化半山类型的花寨23号墓主人也是一个女性,仅随葬骨珠就有448件。大溪文化以蚌珠为项链,有的人有几百枚蚌珠。说明当时佩戴项链是很普遍的。

我国的民族学资料也能举出许多。乾隆重修《凤山县志》卷三:"或串海螺壳、树实,红白相间,长数十围,系于颈或手腕,间以为观美,番妇更甚。"贵州侗族、水族、苗族的银项圈,轻者一二十两,重者达百余两,作为炫耀财富的手段。徐家干《苗疆闻见录》"喜饰银器,无论男妇戴用耳环项圈,妇女并戴手钏,官幼妇女有戴手钏五六对者,其项圈之重或宽多至百两,炫富争妍,自成风气。"

胸饰是悬挂在胸部的装饰品,由于它也要系在脖子上,也可列为项饰,但因其绳带较长,饰物位于胸部,所以又可称胸饰。青海贵南朵马台墓地25号墓,出土一件所谓铜镜,直径9厘米,厚0.4厘米,表面磨光,背部有钮,饰有七角星。过去认为它是铜镜,但是有些难圆之说:一是镜面是平的,此物面部略凸,二是镜边有二孔,当系拴挂用,其背上的钮也是如此,三是镜发现于死者胸,因此可见它是一种胸部的装饰品。这种胸部挂饰在藏族、纳西族等民族中相当普遍。

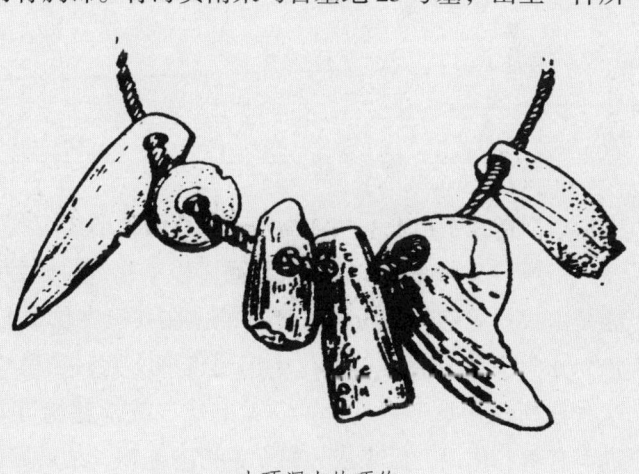

山顶洞人的项饰

---

① 普列汉诺夫《论艺术》第125页,三联书店1962年版。

九、臂饰

臂饰指在手臂的装饰物，基本有两类。

一类是手镯，即在手腕上佩戴的环饰。最早的手镯是有机质制成的，如草、木制的。独龙族的手镯是木制的。苦聪人的手镯是藤编的。《南诏野史》卷下："苦葱……所佩环手箍自幼至老不释，死以殉。"我国史前留下来的手镯有陶、石、玉质，如仰韶文化、龙山文化多用陶镯，大溪文化出土有石和象牙镯，良渚文化流行玉镯。

一种是臂环，又称护臂。其中又分为两种形式：一种是环状，一种是筒状。前者称臂环，后者称臂筒。大汶口文化就发现过臂环，如泰安大汶口10号墓主为一个老妇人，有大量财产随葬，其中装饰品就有象牙梳、玉臂环、玉指环、石项链等。云南景洪发现过石臂环。如甘肃鸳鸯池曾发现多种护臂，一种是石制的，另一种是由骨片和沙粒组成的，目的是包在小臂上，作为战争时的防护装备。四川凉山彝族有一种漆护臂，也具有上述作用。后来才出现了专门性的装饰品——臂钏，如傣族、佤族、布朗族的臂钏是银制的，有若干圈所组成，这些都是妇女佩戴的。

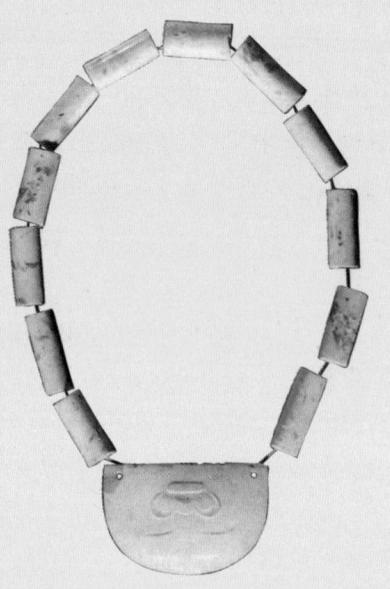

良渚文化遗址出土的玉项链

十、指饰

指饰指在手指上的装饰物，一般有两种形式。

指环，又称戒指。因古代订婚多以戒指为订婚信物，又称"约指"。这种装饰品可能是由拉弓射箭用的扳指演变来的。在齐家文化中已出土了青铜戒指，另外在仰韶文化、龙山文化、大汶口文化中出土许多小陶环，其中大部分应该是作为戒指佩戴的。这种戒指也用草、木、骨等材料制成。戒指起初可能是为了实用，即为了拉弓射箭，进而有避邪作用，后来成为男女定情的礼物，结婚用戒指，可能是较晚产生的。

染指甲

人类也比较注意装饰指甲，但最初并不是留长指甲，而是在岩石或石器上将指甲锉平整，防止在劳动中遭受损坏，便于操作，有些民族则把指甲染红。

十一、腰饰

腰饰是指在腰部的装饰，主要有腰带和腰箍两种。

先谈腰箍，又称围腰、藤圈，我国许多民族都有这种装饰，《南诏野史》卷下："猡人男束发披毡，女短裙露腹，缠红藤，腰系沙罗布，裙上短，男女同耕。"《续云南通志》卷一六二佤族"妇女红黑藤缠腰数十围"，景颇族腰间除系有色或红色腰带外，还有黑色藤圈和稻秆编的腰围，腿的下胫有绣花的护腿和小藤圈。康熙《台湾府志》卷："男女约十四五岁时，编藤围腰，束之使小。"

这种腰箍以草、竹、藤等制成，有些还染有红、黑、黄颜色，一般直径40厘米左右，将几十根围腰套在腰部。独龙族为了防止数以十计的藤圈散乱，还在这些藤圈上套若干个铜环，其直径17厘米，传说过去是用木、陶制的，由此分析，我国新石器时代出土的某些陶环可能就是用于上述目的。

再谈谈腰饰。

腰带起源甚早，以兽皮、树皮和树枝制成，后来才有布带、丝带、皮带。古代称皮带为鞶，一般以结扎系，后来在一头割一孔，另一端拴一木别棍，这就是最原始的皮带扣了。后来别棍改为树钩，金属钩，逐渐发展为带钩，有玉石、青铜、铁等质地。过去传说带钩是随赵武灵王引进胡服骑射时带来的，其实不然，《淮南子·说林》："满堂之士，视钩各异。"远在商代甚至原始社会就发现过带钩，史前也出土过带钩。

十二、尾饰

尾饰也是人体装饰形式之一。

首先见诸于考古资料。如青海大通舞蹈盆上的跳舞者，皆有尾饰，内蒙阴山岩画上也有尾饰[①]，云南晋宁石寨山出土的铜器上，不少人都有尾饰，四川西昌出土的汉砖上，也有尾饰形象。

其次，见诸文献记载，《说文》"古人或饰系尾，西南夷亦然。"《后汉书·南蛮传》盘瓠之后："衣服制裁，皆有尾形。"《后汉书·西南夷传》："种人皆刻画其身，像龙纹，衣着尾。"《南中志·永昌郡》："衣后著十尾。"《太平御览》引《扶南土俗传》："拘利东有蒲罗

---

① 盖山林《阴山人形岩画尾饰试析》，载《中央民族学院院刊》1984年第1期。

中人，人皆有尾，长五六寸，其俗食人。"同书卷七八七《四夷部》又称"吴时康泰为中郎，表上《扶南土俗传》曰拘利正东行，极崎头海边，有居人，人皆有尾五六寸，名蒲罗中国，其欲食人。"《广韵》卷五："濮绍，南极诸夷，尾长数寸，巢居山林。"

佩尾饰与辫饰的原始人
（青海大通县出土彩陶盆纹饰局部）

此外，民族学中也有类似资料，如浙江、福建地区畲族保留的祖图，其中的盘瓠就有尾巴。白族妇女在坎肩后边、衣后就拖有一幅布，形如尾。四川木里俄亚纳西族妇女，除上着衣下穿裙外，头部顶一圆形银饰，后边下垂一布幅，直垂到地，在这块布上，还点缀若干银片和饰件。凉山彝族、盐源摩梭人在送葬仪式过程中，必戴一根牦牛尾巴，跳牦牛尾巴舞。据说他们是古代牦牛羌后裔，还保留以牦牛尾装饰自己的习俗。

尾饰可能起源于一种护身方法，或者对某种动物的一种崇拜。

第三节　服饰的起源

关于装饰的起源，有种种说法，如护身说、爱美说、巫术说、劳动说、吸引异性说。在这些说法中，都能从历史学、民族学和考古学资料中找到证明，说明其起源不是单一的，而是多元化的，但是从历史上说，又有先后之分，人体装饰最初起源于实用，即保护身体，如涂身、穿兽皮、佩戴兽牙以便实用，后来才增加了其他意义，包括审美观念、巫术信仰、吸引异性等。

在大量的人体装饰品中，有许多装饰品与生产劳动有密切的关系，如山顶洞人项链上佩戴的兽牙，本是一种多功能的工具，包括采集、缝纫等功能。有些原始人佩戴针管，内贮针、锥，也是为了便于制作衣服。台湾高山族过去以猎鹿称著，为此必须善于奔跑，因此该族特别重视小孩的奔跑能力，要求少年体型瘦小，康熙《台湾府志·风俗》："男女约十四五岁时编藤围腰，束之使小。"这种腰箍在云南独龙族、怒族、景颇族、阿昌族地区也相当流行。西藏藏族妇女腰带上挂一个钩饰，乍看起来是一种带扣，实际是一种生产工具，过去妇女挤牛奶时，牛一走动即将奶桶翻倒，为了防止奶桶倾倒，妇女就在腰带上拴一钩，将奶桶提梁钩住，久而久之，上述钩就变成一种装饰品了。以上事实表明，生产工具、生产劳动是人体装饰的来源之一。

护身也是人体装饰的来源之一，如寒带居民必须以兽皮为衣，或者涂猪油护身。《后汉书·东夷列传》古代挹娄："好养豕，食其肉，衣其皮。冬以豕膏涂身，以御风寒。"有些民族深感披头散发不利劳动，或"断发文身"，或挽髻于顶，或以油脂涂发。乾隆重修《凤山县志》卷三高山族"用鹿豕脂润发"。这种发饰便于盘卷，劳动方便，此俗在蒙古族、藏族中甚为流行。东北满族、汉族还以榆皮水涂发，也是同样作用。《康藏民族杂写》藏族"用酥油以代脂粉，为保护其面色之故，少女及妇人，每于颊上涂以蜂蜜"[1]。不难看出，许多人体装饰是为了保护身体。

---

[1]《康藏研究月刊》1949年第26期。

第二章 穿着

穿兽皮装的原始人

宗教信仰也是影响人体装饰的重要因素。例如文身是与图腾、氏族外婚制标记、成年仪式有密切关系的，同时作为神灵象征或具有巫术意义的文身图案也有避邪作用。云南永宁摩梭人在麻布裙子上缝一条红线，该族认为此线是他们祖先到永宁的迁移路线，人们死后也要把灵魂送到祖居地——青藏高原去，与祖先团聚，否则变成可怜的野鬼，因此生前必牢记自己氏族的迁移路线，同时也把这条红线作为自己氏族的标记。当地小孩多在颈上佩戴一枚獐牙，牙内贮麝香，认为它可以保护小孩，有避邪作用，其实麝香能防虫蛇之害，有一定药物作用。鄂伦春族的小孩摇车上多挂熊鼻子，认为这样能使小孩呼吸畅通，不会窒息。藏族首饰则有路标作用，《西藏志·衣冠》："右手带砗磲圈，宽约二寸，名同箍，乃小时带者，至磨断方已。无论贫富必带之，云死后不迷路。"可知有些装饰品与宗教信仰有一定渊源关系。

从上述分析看出，人体装饰起初来源于实用，或者为了生产劳动，或者为了保护身体，或者为了宗教目的，后来才有审美和财富的价值。不过，审美观念也不是很晚才出现的，人类最早的装饰美可能是从生产工具的造型开始的，如整齐的石斧，圆圆的石球，对称的箭头，既是为了工具好用，又为了工具造型美观，进而才用小工具、蚌壳、骨管装饰身体。

人体装饰的出现，尽管起源于实用，但是后来增添了审美成分，这种审美观念，有些是自我欣赏，借以提高自己，但是更重要的是为别人看，特别是吸引异性，这一点可以从不少装饰艺术中看出端倪。

首先人们注意显示和装饰自己的性器官。"男性美和女性美的标准里，性的特征很早就成为一个很重要的成分。这是事实上无可避免的。"[1]具体装饰性器的方法很多，"一是在性器官上黥墨，二是加上饰物，三是服饰上在这一部分添些特点，用意所在，有时貌似遮掩，事实上却在引人注意。拿衣服之美来替身体之美，也是很早就出现的一个原则，并且我们知道，到了文明社会里，更有成为一种天经地义的趋势"[2]。大洋洲有的土人男子，喜欢用一种细长的葫芦套在生殖器上，长约50厘米，名曰保护生殖器，实际是突出自己的性具，以博得女性的爱慕。云南红河哈尼族妇女在穿裙子时，在衣裙之间必须露体，前露腹，后出臂，她们认为这种服饰是最美的，男人尤其留心。叶车人"姑娘们穿短裤，露着健美的大腿，不穿内衣，微露酥胸，中老年妇女则敞着胸怀，她们把女性最具魅力的部分都展示出来，以便吸引异性"。广西、贵州、云南和四川民族地区有一种共同的现象，他们判断一个姑娘的价值，并不在其眉清目秀，身体苗条，而是看姑娘发育是否成熟，臀部、乳房是否丰满。如果一个姑娘很漂亮，但乳房不发达，同样没有人喜欢，特别不敢与她结婚，因为担心她不会生孩子，即使生了孩子，也担心喂养不好，这样必然危及家庭的存在和发展。所以，作为姑娘的性器和第二特征十分发达，是女性美的精华，对男子有巨大的魅力。

在民族地区也有装饰男子性器的风俗。如湖南土家族跳"毛谷斯"舞时，必着草衣，在下身拴一个两米长的草把，象征男子性器，跳舞时还不断摔打这根草把。

在考古工作中也发现不少突出阳器的人物形象，也是此类装饰的反映。

男子对自己的胡须也精心修饰。南方不少民族男子喜欢拔掉胡子，使自己永葆青春，西北地区有些民族的男子喜欢蓄胡子，认为胡子是健壮、有力的象征，由此观之，胡子是男子的重要装饰。"我们只能把它当做一个纯粹的性的点缀品，可以和许多雄性动物在头部所生的毛羽互相比较。"[3]

妇女对脸上的毫毛也注意修整。特别在婚礼前夕，必须"开脸"和"打眉毛"。贵

---

[1] 霭理士《性心理学》第66页，三联书店1988年版。
[2] 同上书，第67页。
[3] 霭理士《性心理学》第71页，三联书店1988年版。

突出阳具人像岩画

州麻江饶家人有一个生动的传说：古时候，饶家女祖先阿令婆年轻时，长得牛高马大，浓眉大眼，头面茸毛丛生，模样凶恶。小伙子们都很害怕，避着她。阿令婆苦恼极了。一天她独自静坐溪边发愁，无意中发现自己模样吓人，蓬头垢面，于是便以柴灰涂面，用麻线把眉毛搓少，将茸毛搓去。第二天当她面目清秀地出现在小伙子面前时，小伙子都被她的美貌惊呆了，当即求婚者络绎不绝。阿令婆终于找到了归宿。①这个传说表明，妇女"打眉毛"，是为了美化自己，最终是为了吸引男人。

文身是远古人类比较普遍的人体装饰，在我国考古工作中已经有不少实物发现，文献也不少。康熙《渚罗县志》卷八："世相继，否则已焉。虽痛楚，忍创而刺之，不敢背祖也。"海南省黎族认为文身是支系或氏族的标志，以利氏族团结和氏族外婚制，因此成年前夕必进行文身和文面。此外，独龙族、傣族、彝族也有文身。这种装饰无疑是氏族和成年的标志，以别婚姻关系，同时文身也有避邪作用。在氏族时代通婚的根本原则是氏族外婚制，禁止氏族内婚制。正因为这样，每个氏族都以自己的图腾文身，这样同样文身的男女禁止婚姻往来，而不同文身的男女可以自由交往，因此文身也具有吸引异性的作用。

在原始人看来，损伤身体某一部分，也是一种美。以拔牙为例，远在五六千年前的山东大汶口文化已有类似考古资料，说明古代越人、濮人皆有拔牙风俗，近代有些民族仍有此俗。

---

① 杨鹍国《论原始宗教对民俗的影响》，载《贵州民族研究》1988年第1期。

从民间传说看，拔牙是成年前或婚前举行的，是成年的标志之一，"以别处子"。同时，拔牙也是婚配的条件，"恐妨害夫家也"，从这种意义上说拔牙也有吸引异性的功能。"凡是使战士显得恐怖和敏捷的东西，通常都是女人喜欢的。装饰的目的是取悦于异性。"①自己的牙齿拔掉为美，佩戴敌人的牙齿也为美，且是勇敢的象征。《寰宇记》卷一六九儋州"俗呼山岭为黎，人居其间号曰生黎，杀行人取齿牙贯之于项，以炫骁勇。"

此外，身体上的各种佩饰，如耳环、项圈、手镯、臂镯、腰箍、脚环、鼻塞、帽子、盖头等等，一是美观，二是吸引异性，三也是财富，也可以吸引异性。褚人获《坚瓠四集》引李冗《独异志》："宇宙初开之时，只女娲兄妹二人，在昆仑山，而天下未有人民，议以为夫妇，又自羞耻，兄与妹上昆仑咒曰：'天若遣我二人为夫妻，两烟悉合。若不，使烟散。'于是烟头悉合。其妹来就，兄乃结草为扇以障其面。今人娶妇，用内外方巾花髻为扇，像其事也。"这种障面、盖头的来源传说证实，有些装饰品来源于两性婚配。《北史·室韦》："俗爱赤珠，为妇人饰，穿挂于颈，以多为贵。"古代藏族妇女把男人送的戒指佩戴在发箍上，以多为荣。《马可·波罗游记》："所有的这些装饰品，她们都戴在颈项上或身体其他部位。凡赠品的数目显得最多的女子，就被视为最受男子注目的人，因此最受求婚男子的尊敬。在出嫁的那一天，她将这些赠品陈列出来，她的男人把这些看成是他们的偶像，是她能取悦于男人的证据。"②作者在四川木里县境内调查时也看到了上述风俗。

通过以上对人体装饰的主要形式——性装饰、发须、文身、佩饰的分析看出，尽管其形式各异，但是功能是多种多样的，其中包括以人体装饰美化自己，从而博得异性的爱慕、追求，这是男女结合所不可缺少的条件和媒介。

---

① 《普列汉诺夫美学选集》第1集第454页，人民出版社1983年版。
② 《马可·波罗游记》第149页，福建科学出版社1981年版。

【第四节 服饰的演变和功能】

在人类早期发展史上，生产的提高，经济关系的改变，精神文化的发展，为装饰艺术的发展提供了物质基础和技术条件，"审美趣味总是随着生产力的发展而发展的，因此，不论在这里和那里，审美趣味的状况总可以成为生产力状况的准确的标志"[1]。因此，伴随生产力的发展，装饰品也获得了发展，出现若干发展的阶段性。从考古学和民族学资料分析，远古人体装饰基本经历了三个发展阶段：

一、实用阶段

实用性装饰，是人类最原始的装饰，也是后来一切装饰发展的起点，此时的装饰品与实用是结合的，种类不多，形式简单。如人身上佩戴一把手斧或尖木棒，这就是最早的装饰形式，项链上挂几只可以钻孔的兽角，头发上插一只骨针、骨锥、骨匕，既是装饰，又能实用，在头上是装饰品，取下来就能缝纫和吃东西。"北美洲西部的红种人喜爱的装饰，就是灰熊的爪子。这个事实清楚地表明，原始的狩猎装饰是狩猎技巧的标记，正如人头壳是战斗胜利的证明。"[2] 其中的熊爪，就具有实用性，可以挖掘植物，剥取兽皮。我国有许多少数民族，把自己猎获过的野兽头、角和爪等挂在门楣上，或者令人醒目的中柱上，有熊头、鹿头、野猪头、山羊头、豹头等等；少者几个，多者几十个，个别有数百个，这种装饰，也同样以兽牙形式佩戴在项链上。这些装饰的实用价值是比较大的，据我们调查，其装饰目的有三：一是对猎人自己战果的纪念，事实上，一串串猎物就是他狩猎技巧和勇敢的记录。二是让后代看了有教育意义，激励年轻人继承长辈的

---

[1] 普列汉诺夫《论艺术》第 11 页，三联书店 1961 年版。
[2] 普列汉诺夫《论艺术》，三联书店 1961 年版。

业绩,更好地从事狩猎。三是具有避邪作用,能吓退鬼和动物的进犯。

实用性装饰,在远古是很多的,但由于有些没有保存下来,后来又失去了实用性,强调审美和财产观念,但它确是装饰起源阶段,后来才日益退居次要地位。

二、实用和审美结合阶段

在前一阶段,原始人以野兽的牙、角、爪、皮等装饰自己,这些装饰品是实用的,也是对自己勇敢善猎的纪念。"这些东西最初只是作为勇敢、灵巧和有力的标记而佩戴的,只是到了后来,也正是由于它们是勇敢、灵巧和有力的标记,所以开始引起审美的感觉,归入装饰品的范围。"①但是,从实用到审美并不是截然分开的,而是有一个过渡阶段,其特点既保留了实用性,又具有审美的含义。

从考古资料看,在旧石器时代晚期已出现蚌珠之类的装饰品,这显然不是实用的,而具有审美的性质,这说明当时审美观念就已产生,到了新石器时代又有进一步发展。但是,有些装饰还保留使用价值,如大汶口文化的獐牙钩形器,既是一种佩戴装饰,又是巫师的法具,从其形制、图案分析,恰恰具有以上两种特点。高山族男子腰上佩有藤箍,从实用上看,是缠腰减肥,力求健身,便于奔跑,同时又在腰箍上涂彩,兼有审美内容。

三、财产与审美结合阶段

远古装饰品的发展,先后经历了实用、审美阶段,"后来,所有制的标志是以装饰的样式出现的"②。也就是说,随着剩余产品和私有制的出现,财产观念也在装饰品上打上了私有制的烙印,这一阶段装饰品的特征是财产与审美的统一。

这时的装饰品不仅仅工艺进步,图案精美,也重视装饰品的价值,特别是玉器、金器和银器装饰品的出现,它们"并不是技巧,而是财富。那些富有的人,由于自己的虚荣心,一定力求给那当时愈来愈成为他的财产——至少在某些地方是如此——妇女戴上尽量多的金属装饰品"③。如我国是从新石器时代晚期出现动产——牲畜私有

---

① 普列汉诺夫《论艺术》第128页,三联书店1961年版。
② 《普列汉诺夫哲学著作选集》(一)第453页,人民出版社1983年版。
③ 普列汉诺夫《论艺术》第121页,人民出版社1985年版。

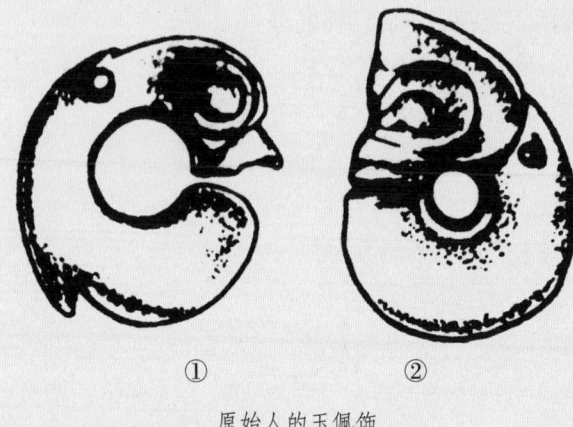

原始人的玉佩饰
1. 青玉鸟形佩饰（内蒙古巴林右旗出土）
2. 青玉兽形佩饰（辽宁建平县遗址发现）

的，同时也出现了精美的装饰品为私人所随葬，如大汶口墓地133座墓中，半数都是随葬装饰品，成串的玉、石、骨、角质的管珠项饰、头饰、玉笄、骨笄、臂环、指环、象牙梳和各种坠饰。其中凡是随葬猪头较多的人，装饰品数量也多，并且有许多精品。良渚文化的装饰品以玉制品为主，有珠、管、坠、玦、璜、瑗、镯、璧、琮等，生前佩戴，死后也随葬。寺墩有一座墓，随葬玉璧5件、玉琮2件，玉珠、管、坠18件。除玉器外，牲畜的私有在装饰品中也有反映，河北中山王墓出土的女俑中有牛角形象，这是主人占有较多牛的反映。贵州雷山地区的苗族，每家不管有几个姑娘，家长都要替她们准备一套银器装饰品，包括银梳、银项圈、银牛角、银挂饰、手镯、等等十几种，共重150多两，其中的银牛角插在头顶上，每逢节日、婚娶等活动，就用这些银饰把姑娘打扮得花枝招展。其目的有三：一是夸耀本家的财富，二是炫耀姑娘的美丽，招人爱慕，三是展示姑娘心灵手巧，她们不仅有银饰，还披挂许多珍贵的服饰。当大女儿出嫁时，也要把这些服饰陪嫁，但婚礼过后，再把银饰送回娘家，由二女儿穿戴；二女儿出嫁后，又转交给小女儿；等小女儿出嫁以后，这些银饰要全部交给娘家，由父亲把银牛角留给儿子继承，其他银饰由几个女儿平均分配。

除了名贵的玉器装饰外，其他装饰也讲究质量和数量了，《北史·室韦》："俗爱赤珠，为妇人饰，穿挂于颈，以多为贵。"这种"以多为贵"正是占有较多财产的私有欲望。云南怒江傈僳族的项饰有玛瑙、海贝、银坠等，其中讲究一点的价值一两头牛。

生产力的发展，尤其是金属冶炼技术的发明，不断扩大装饰品原料的新来源，引起了装饰的改变。"金属的加工给装饰史上的新时代奠定了基础，金属装饰品逐渐地排除了狩猎所获得的装饰品，男子和妇女开始以金属圈环套在自己的四肢和脖子上。那些从前插在嘴唇、鼻子或耳朵上的羽毛、小棍和草秆，现在则被金属做成的戒指和耳环代替了。"[①] 如齐家文化就发现了我国最早的铜指环和铜镜。这种现象在民族学资料中更屡见不鲜了。非洲有些部落妇女手和脚上戴许多沉重的铁环，因为铁刚刚被发现，是珍贵的财产，故以铁环为贵，为美。云南哈尼族寨门上，必须挂两种东西：一种是

---

① 普列汉诺夫《论艺术》第119页，三联书店1961年版。

木刻的男女雕像，象征人口繁衍，人丁兴旺；另一种必须挂一个铁匠的形象，认为铁匠最有力，代表财力发达。该族也用银子装饰自己，如在帽子上镶有很多银泡，脚、臂上戴银环，其耳坠越大越好，象征财产众多。俄亚纳西族头上有一根发带，带上有许多银戒指，以多为富。

上述事实证明，玉质和金属装饰品，已经成为财产的象征，在装饰品中占有重要地位。普列汉诺夫指出："事实上，从动物装饰到植物装饰的过渡，是文化史上的最大进步——从狩猎生活到农业生活的过渡——的象征。"① 同样，从石器过渡到青铜时代，也具有同样的意义，特别是大量金属装饰品的出现，是原始社会向奴隶社会过渡的象征。

最后，具体分析一下装饰品的社会功能，归纳起来，有几点：

第一，氏族成年的标志。

中外各民族的绘身，基本上都是在成年前夕，往往作为训练和考验少年的手段。但一进行文身就标志成年了，可以从事社交和婚娶活动。

这里还有一个问题，即拔牙问题，有人认为最初可能是取得婚姻资格的仪式有关，从民族学资料分析，人类历史上并没有一个婚姻资格仪式，但却普遍有一个成年仪式，我们认为拔牙在十四五岁举行，正是成年仪式时对青年的考验，通过拔牙训练其勇敢、忍耐和不怕苦的精神，使其成为一个合格的氏族成员。当然，成年以后，也就为婚配提供了可能。拔牙是成年仪式中对当事人的考验："考验是长久而严肃的，有时简直就是真正的受刑，不让睡觉，不给东西吃，鞭笞，杖击，棍棒击头，拔光头发，敲掉牙齿，黥身，割礼，再割礼，放血，毒虫咬，烟熏，用钩子刺进身体钩着吊起来，火烤，等等。这些仪式的次要动机，无疑是查明新行成年礼的人的勇敢和耐性，考验他们的丈夫气，看他们是不是能够忍受痛苦和保守秘密。"②

第二，维护氏族外婚制的手段。

在氏族群婚存在的情况下，维持氏族外婚制是一个根本原则，而且要杜绝氏族内婚发生，有些民族规定同氏族男女不能开玩笑，不能唱情歌，不能在一个公房，不能坐在一处，等等，都是防止氏族内婚的保证，与外氏族的异性交往就没有任何禁令了，可是怎么区别上述差别呢？氏族图腾文身就是最好的标志。"在原始民族中间存在着一套决定两性间相互关系的复杂的规矩。要是破坏了这些规矩，就要进行严格的追究。为了避免可能的错误，就在达到性成熟时期的人的皮肤上作出相当的记号。"③

---

① 普列汉诺夫《论艺术》第149页，三联书店1961年版。
② 列维·布留尔《原始思维》第344页，商务印书馆1981年版。
③ 普列汉诺夫《论艺术》第115页，三联书店1961年版。

各氏族的文身图案都是不同的，在族外婚的条件下，男子只要看到女子的文身图案即能确定可否通婚，这在群婚时代极为重要，所以多数传说产生于此。

当然，装饰品不仅便于每个人区别通婚范围，经过装饰过的人，还能使人形象化，有助于吸引异性。蒙古族小伙子判断姑娘是否心灵手巧，主要看姑娘胸前的"哈布特格"，傣族小伙看姑娘是否勤劳聪明，主要看她背的背包，等等。这说明衣服、装饰品，是姑娘聪明、智慧的反映，而姑娘也把自己的杰作作为送给意中人的信物，同样，小伙子也把自己的工艺品送给姑娘们。所以，装饰品的好坏，能在男女间加速其选择，在两性间还多有装饰品的相赠，有助于婚姻关系的往来，对人类自身的生产是有意义的。

第三，文身也是显示功绩的手段。

泰雅族男子在馘首以后，要在颈部刺纹，获得武器之后，在腹部刺纹，猎获较多人头者在胸部刺纹。而女子善纺织或有新的纺织图案，也要在脸上绘有一定纹样。有些赛夏族男子猎两个人头，在胸部刺横纹，猎三个人头在胸部刺横纹加纵纹图样。这是勇敢、丰功的象征，也具有美的意义，招引妇女的爱慕。《太平寰宇记》卷一六九"俗呼岭为黎，人居其间，号曰生黎，杀行人，取齿牙，贯于之颈，以衔骁勇"。毛利人把文身视为等级、特殊集团的标志，这说明文身已成为维护阶级的手段，显然距文身的原始功能已越走越远了。

第三章
居 住

　　在人类历史的长河中，住所是人们赖以生存的物质条件之一，而且在衣食住行中，住所是较早的，有些民族可以没有衣服，但是不能没有住所，因为住所不仅是人们休息之所，也是繁衍、集会场所，又是防御野兽侵袭，保护火种和进行炊事的场所。可见住所在人类历史上起过重要的作用。同时，人们围绕住所形成许多有趣的风俗习惯。

【 第一节　从穴居到构屋 】

从考古发掘上看，人类最早的住所是利用天然洞穴，或者是树洞，但后者已无存，仅山洞保留下来，形成远古人类的文化遗址。最早的住所有两种形式：洞穴和巢居。

一、穴居

古代文献中有许多穴居的记载。张华《博物志》："南越巢居，北朔穴居。"《隋书·南蛮传》南蛮"随山洞而居，古先所谓百越是也。其俗断发文身"。《太平御览》卷七八引项峻《始学篇》："恒古皆穴处，有圣人教之巢居，号大巢氏，今南方人巢居，北方人

云南沧源岩画中的岩洞居

穴处，古之遗俗也。"北京周口店、山顶洞遗址就是早期穴居的见证。在我国南方和西南亚地区，由于是喀斯特地形，天然岩洞较多，因此穴居习惯延续很久，江西万年仙人洞、广西桂林甑皮岩、来宾龙洞岩、广东翁源吊珠岩洞、海丰牛母洞、云南老鹰山、四川巫山青石洞、金牛山人遗址等均属此类。不久前独龙族、苗族、土家族还有穴居的风俗。《中华全国风俗志》下篇卷九"察哈尔部蒙民多穴居野处，俗谓土窑，形式方圆互异，穴外葺藁为盖，穴内铺毡以居"。

二、巢居

巢居也很流行，《韩非子·五蠹》："构木为巢。"起先是在树上临时栖息，进而在树上搭巢为屋。《魏书》卷一〇一："依树积木以居其上。"独龙族有一种树屋，搭树为屋。《太平御览》卷七八八东谢蛮"散居山洞间，依树屋而居"，可能与独龙族的树屋相似。为了上下方便，还在树干上砍若干缺口，或者安有独木梯、绳梯，前者在纳西族、藏族、羌族和独龙族地区相当普遍。道光《四川通志》卷一九一："直木为梯土作楼。"可知梯子的历史很古老。在西南地区有一种土碉房，分三层，每层之间都以独木梯上下，当是巢居时梯子的遗风。

云南沧源岩画中的巢居

天然住所的利用，是人类征服自然能力极其有限的结果，它受到客观条件的限制。

随着生产力的发展，人类从旧石器时代晚期开始，住所就有很大变化：一方面人们在条件允许的地方依旧过着穴居巢处的生活，另一方面出现了最早的人工住所。在哈尔滨阎家岗遗址发现两座用动物骨骼垒成的椭圆形居址，据专家研究认为是一万多年前猎人的临时性宿营地，这是我国发现最早的人工住所。

从民族学资料分析，最早、最简单的人工住所是风篱式的。我们在泸沽湖周围看到三种原始住所，在农业生产季节，当地比较重视看庄稼，为此在地里建筑一些简陋

摩梭人野外风篱建筑

的住宅，大体归纳为三种形式：

第一种是石或土风篱，又称"活计"，通常以土块围筑一个圆形土墙，留一门。墙高1米左右，中央升一篝火，内部可坐一两个人，室内呈圆形，直径1.5米左右，门多向阳。这种建筑在山上也有，是以石块筑成的，供牧羊人休息之用。

第二种为"机括"，汉意为窝棚，它是在"活计的基础上，外埋四根柱子，柱头有杈，横搭两根梁，两梁之间盖上松枝，形成有盖的小房子，它不仅能挡住寒风，夏天也能防雨水。内部面积与第一种风篱相同，个别也有大些的"。

第三种称"尼札意"，它是杆栏式建筑，一般在地上埋四根柱子，在一人多高的地上，搭有横木，横木上铺地板（木柱），东或南方敞开为门，其他三面扎有树枝等，顶部又以树枝为盖。上层住人，下层贮柴火，是秋天看庄稼使用的。

我们认为，其中头两种住所是最简易的，可能是最古老的人工住所形式。

鄂伦春族的桦皮帐篷

在风篱住所的基础上，又发展为人字形的窝棚，即用两排木杆，将顶部连结起来，外面盖上树皮或树枝，前后留门，也可以后边封死前面留门。我国近代的看瓜窝棚，就是这种原始住所的遗风。

由于人们最初是游居而生，经常改变住地，人工住所很简单，易建易移，便于迁居，我国东北某些民族就有此种住所。

鄂伦春人的仙人柱是一种圆锥形简易住所。它是由二三十根桦木杆搭成的，南面留门，周围覆盖桦树皮或兽皮，上边留孔，供通风、出烟。赫哲族的"撮罗安口"也是尖顶圆棚子，与"仙人柱"一模一样，在北美洲称为天幕。蒙古族的蒙古包、藏族的"牛厂"，都是在上述圆锥形建筑的基础上发展起来的。谢国安在《康藏高原的顶部—羌塘》一文中，称藏族"一切器物，都用皮、毛、骨、角造成，连支撑帐幕的竿子，都是用牛皮做的：将野牦牛的皮子剥下，割取沿背脊的一条，端直平放在沙子上，待太阳晒干，便硬直如铁，用以代替木柱"。该族的帐幕，大者称"札"，可容百人，小者为"那仓"，也可容几十人[①]。不难看出，这些住所简单、轻便、建筑容易，迁移方便，适合渔猎和游牧生活的需要。

[①] 谢国安《康藏高原的顶部—羌塘》，载《康藏研究月刊》1945年第3期。

【第二节　住所的种类】

随着农耕的起源和发展，为了照顾农作物生产，维护土地的垦种，人类开始较为稳定的定居生活，住所固定化了，出现了聚落，建筑形式也发生重大变化，出现了地域性住所。从考古资料看，基本有四种住所。

一、土木建筑

从新石器时代中期开始，我们的先人已有了半穴居式的房子，开始营造村落，如武安磁山、密县莪沟、西乡李家村、秦安大地湾，都发现了不规则的圆形房子，穴壁较浅，

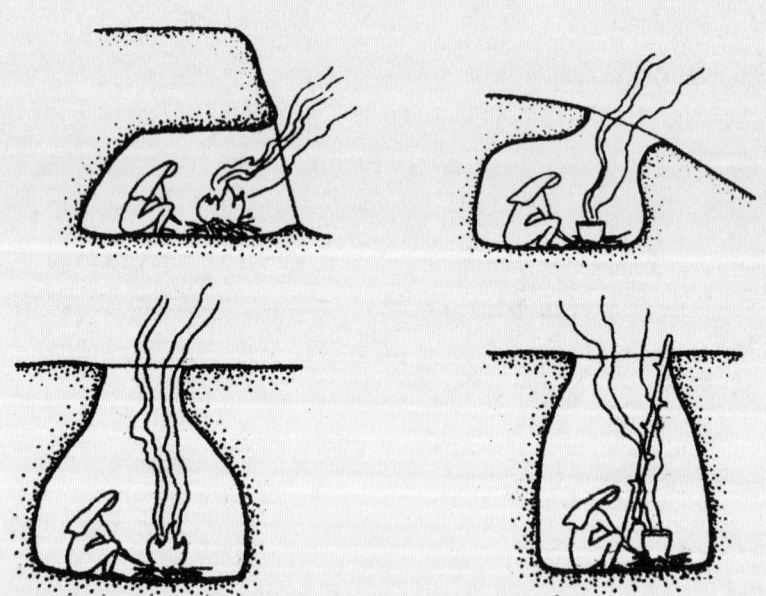

仰韶文化的穴居生活

地面直径 3 米左右，平均面积八九平方米，室内有灰烬或灶，房址周围有柱洞，复原可为蘑菇状窝棚，属于土木结构建筑。到了仰韶文化早期、大汶口文化早期、大溪文化、河姆渡文化，住所有不少发展。以仰韶文化为例，已发现当时的房子基址 100 多处，平面可分为圆形和方形两种，绝大多数规则，呈正圆形或正方形，以半穴居式居多。房内面积，圆屋有小、中型之分，方屋有小、中、大型之分。屋内墙壁即穴壁，光滑平整，墙壁面及居住面多数抹以草泥，有的并经烧烤，借以防潮。屋内均有灶坑设置，均置于门内中部，小房屋内的灶坑小而浅，有的仅有灶面。大房屋内均设大型连通灶。复原起来的房屋外形，有四角攒尖式、蒙古包式及两面坡式等。有的房屋还有门棚设施。

方形房子通常是挖一个深约半米的浅穴，面积 20 平方米左右，房正面有一门道，有斜坡或台阶，室内有火塘，有的火塘边上嵌一陶罐，供保存火种使用。房子中央有一根或四根立柱，房顶为四面坡式，比较矮小。从武功出土的房屋或陶钮看，顶部有一天窗，说明当时已经注意采光和通风。

仰韶文化的早期房屋建筑，多半为穴居，下部空间是取土形成，上部空间是构筑而成；中期居住面上升到地面，围护结构系构筑而成。晚期多分式建筑，大空间房子也隔开使用。郑州大河村还发现一座四间的房子，有墙，上为人字形房顶，与近代农村土房相似。

龙山文化除有方形房屋外，还有大量的半穴居房子，地表为白灰面，中间或一侧有一火

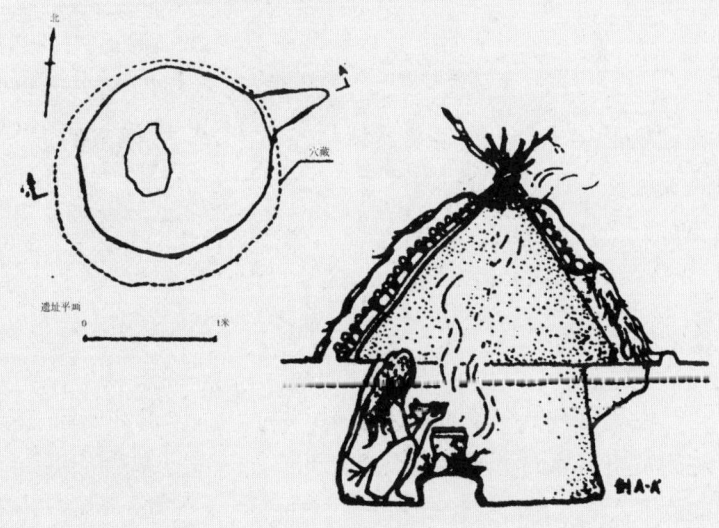

圆形平面半穴居：洛阳涧西孙旗屯穴居复原

塘，有的地面还有火床。近年来在郑州大河村仰韶向龙山文化过渡的房址中，发现了白灰面。经鉴定为石灰；汤阴白营龙山文化遗址中，也发现了白灰面。由此说明，白灰面是用石灰涂抹而成的，具有防湿、清洁和美观的作用。

上述穴居或半穴居房屋，在我国古代北方和东北地区的一些民族中普遍流行，如挹娄、勿吉、靺鞨、女真等。《金史·本纪》称赫哲族"旧俗无室庐，负山水坎地，梁木其上，复以土；夏则随水草以居，冬则入处其中，迁徙不常"。后来才发明人工地窖子，该族称"胡如布"。这种房子是往地下挖一两米深的穴，方圆不一，大小依人口多少而定，中央有火塘。坑顶用一两根粗木为梁，其上搭椽子，

河姆渡文化的木榫卯

支起楔形架子，上铺箔条或树枝，培15至20厘米的土。在南面留门。西藏昌都卡若文化流行平顶房子。

二、窑洞

生活在黄土高原的原始居民，由于世代生活在气候干燥、雨量较少之地，能充分利用黄土高原的土质特点，即黄土垂直性强，不易倒塌，洞穴内冬暖夏凉，在穴居的启发下发明了窑洞式住所。

我国什么时候有窑洞，文献上多有记录。《诗经·大雅》中有"陶复陶穴"。《孟

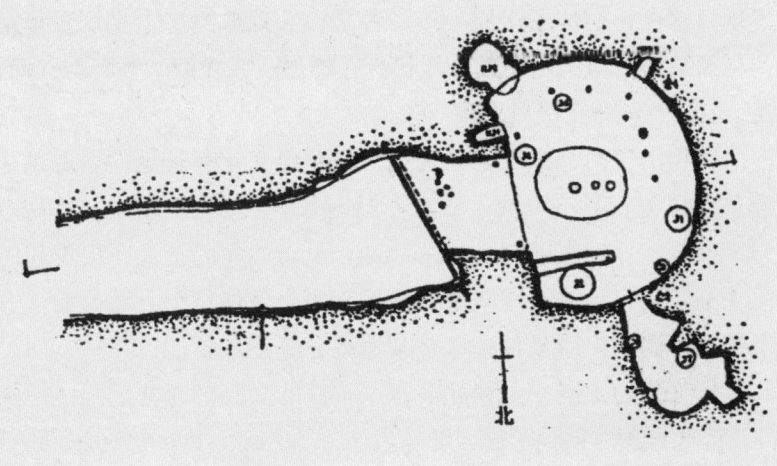

宁夏海原菜园村原始窑洞复原

子·滕文公下》："当尧之时，水逆行，泛滥于中国，蛇龙居之，民无所定，下者为巢，上者为营窟。"所谓"营窟"，就是挖窑洞。这段传说指尧舜时代已有窑洞。从考古资料看，这种住所最早也起源于北方黄土高原，在宁夏、山西、陕西、河南、内蒙等地的仰韶文化和龙山文化中都有发现。如宁夏海原县菜园村曾发现不少窑洞，屋顶为穹隆式，距今四千年之久。此外，在山西襄汾陶寺、交城瓦窑村、文水卜崄、汾阳峪道河、太谷白燕等山坡或丘陵地带的龙山文化遗址中均有窑洞遗迹。

窑洞基本上有两种：一是在黄土崖壁斜向挖掘营造；二是在平地上斜掘坡道或台阶，或掏洞而成。有关窑洞的形式结构和建筑特点，从发现的大量资料看，基本上有两种形式，一为今俗称的地阴窑，其建筑形式即从平地下掘斜坡台阶，一主窑或多室并带壁龛的窑洞房子。双室的形状呈"吕"字形。在太谷白燕和汾河下游襄汾陶寺等遗址,就曾发现过这种窑洞房子多座。第二种是在坡地或断崖上掏洞置单室或双室。其建筑特征,洞顶结构,均作拱形或穹隆状,有不加工或在壁、顶、地面涂白灰(石灰)面或抹细泥,其建筑结构都极其坚硬。

由此看出,我国窑洞起源于仰韶文化,在龙山文化有长足的发展,并为后世所保留。这种建筑所以流行,一方面进入新石器时代之后,当时居民迫切需要一种住所,过去是住于天然洞穴,现在随着人口的增加,分布面积的扩大,仅仅利用天然洞穴就不适应了。于是开始人为地挖掘洞室,这里有两个条件是十分重要的,一方面是黄土高原提供了挖掘窑洞的土质条件,这是其他地方所不具备的,另一方面,随着新石器时代制石、木作工艺的发展,尤其是耒耜、石锄的兴起,为营造洞室提供了有利工具和技术条件,因此窑洞才得到了充分的发展。

原始窑洞复原:陕西武功赵家来村史前院落复原

三、杆栏建筑

在我国长江、珠江流域,地势低洼,气候炎热,雨量过多,蛇虫繁滋,人们为了克服上述困难,在巢居的基础上发明了高脚建筑——杆栏。各民族对其称呼不一,有"高栏"、"葛栏"、"阁栏"、"麻栏"、"杆栏"诸称。最早记述"杆栏"的是《魏书·僚传》卷一〇一:"僚者,盖南蛮之别种,自汉中达于邛筰川洞之间,所在皆有,种类甚多,蔽居山谷……依树积木以居其上,名曰杆栏。杆栏大小,随其人口而定。"自此之后,有不少史书都有记载。其中以宋人范成大《桂海虞衡志·蛮志》最详最为具体:"民居檐房分为两侧,谓之麻阑。上以自处,下蓄牛豕。棚上编竹为栈,但有一牛皮为茵席,牛豕之秽,升闻栈罅,彼习惯之。亦以其地多虎狼,不尔则人畜俱不安。深广民居,亦多如此。"(黎)"居处架木两重,上以自居,下以畜牧。"李京《云南志略》傣族"风土下湿上热,多起竹楼,居濒江,一日十浴。"邝露《赤雅》卷上:"缉茅索绹,伐木驾楹,人栖其上,牛羊犬豕畜其下,谓之麻栏。"这类记录不胜枚举。

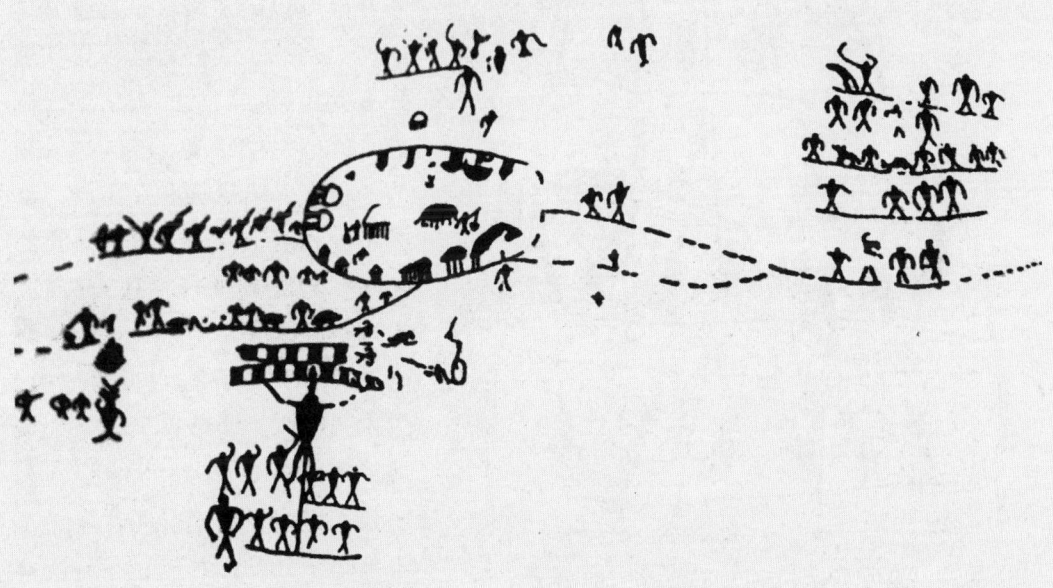

云南沧源岩画中的杆栏建筑和村落

那么,最早的杆栏是何时何地出现的呢?这只能由考古资料来回答。
在河姆渡遗址第四层出土数以千计的木构件,据发掘报道,至少有三排(栋)建筑，一般是下部打木桩，形成架空的房基，桩上为横木，铺有木板，即居住面。其上为立柱，有大小梁。在草鞋山遗址也发现了五六十根木桩，三四十块木板。木柱埋在地下，底部垫有竹板，起柱基作用，防止木桩下沉。地表以上桩高1.5米，其上有芦席、篾席和茅草，这些是覆盖房顶用的。由此看出，河姆渡氏族聚落，地处我国南方，雨水较多，气候潮湿，人们为了防潮便采用了有别于北方的建筑形式，以地下打桩而立木柱，在柱上架屋的方法营造聚落。河姆渡遗址发掘出土木建筑构件一千多件，根据它们的排列情况，可能是三栋大型杆栏式木构建筑。这三栋建筑物中可能住着三个母系家族，它们共同组成一个母系氏族。这里可能是一个氏族的居址。此外在浙江吴兴钱山漾、江苏丹阳香草河，吴县草鞋山、吴江梅堰等地，都发现了原始社会的杆栏建筑遗址。

杆栏建筑的特点，是以竖立的木桩为底架，桩下多有石基。在木桩上铺梁搭木板或竹板，其上建长脊短檐房屋，房顶覆盖茅草。上边住人，下边养牲畜。上楼用木梯。杆栏建筑主要流行于长江及其以南地区，是百越文化的特点之一，并且延续很久。近代有些民族如壮族、布依族、侗族、瑶族、德昂族、傣族、景颇族、佤族、哈尼族和高山族，都在不同程度上保留了杆栏建筑的遗风。独龙族的杆栏建筑分竹、木两类，都是在地上打桩，高两至三米，桩上并排木板为地板，以木板或木桩为墙，顶部为人字坡，覆以茅草。房呈长方形，大小依人口多少而定，用竹篾隔若干单间，分设火塘。

在黎族和高山族地区，还有一种船形房屋。黎族的船形房屋是以竹木作支架，用藤条捆扎，无梁，屋顶为拱状，外覆茅草。

巴丹沙漠岩画上的帐篷

船形房屋呈长形，两头开门；门上房檐外伸，其下可舂米、谈天；开门，门旁开窗户；下室内有数层台阶，也可存放农具、柴草。船形屋无窗户，内部也不打隔段，地板以竹铺地，门内设一火塘，供炊事和取暖使用。这种船形屋可能与他们过去的船居生活有关。

北方多穴居，南方多杆栏建筑，这是两种不同的建筑结构系统。两种建筑系统的形成，与两地气候、环境和建筑材料不同分不开。

第三节　从用火到取火

火是一种自然现象，是物质燃烧时产生的热和光。火山的爆发，天空中带正电与带负电的云团相遇，所发生的电闪雷鸣，空中的电与地下的电相逢引起的枯木燃烧，原始森林中树枝互相摩擦，以及煤、石油、天然气等易燃物质在达到一定温度时的自燃，都能产生火，这种野火远在人类诞生以前就存在于地球之上了。

起初，人类对火是恐惧的，往往敬而远之。认识来源于实践，经过长期接触，反复实践，人类才认识到火不仅是咆哮无常的吃人怪物，火也是温暖的，被焚烧的兽肉芳香可口，从此人类开始利用自然界的野火，以便取暖、熟食、照明和抵御野兽的袭击。我国一千七百万年前的云南元谋人，五六十万年前后的陕西蓝田人、北京人，都留下不少使用和保存火种的遗迹。有的地方灰烬达6米厚，说明是长期用火的结果，其中还有不少用火烧过的石块，这些石块可能是架烧猎物用的；或者用许多石块把火围起来，便于保存火种；有些石块也许是制作石器的产物。独龙族制造石器前就把大石块烧热，然后以冷水泼之，石裂后，从中选择石器原料。

北京人所用的火，可能是从天然火中取来的，并且掌握了一系列保存火种的方法，使其长期不灭。《太平御览》卷七八引《壬子年拾遗记》"燧明国有大树名燧，有鸟啄树，粲然火出"。这是啄木鸟取来的火。苗族传说火在天上，后来掉在地上，为苗族所引用。佤族、哈尼族和拉祜族传说火是雷电引起的，人们从中取来了火种。羌族是祖先从天上取来的火种。珞巴族传说天地间有一块石头，从石中冒火，人先取用自然火种，后来才以竹石摩擦取火，进而以石与白石相击取火。不难看出，人类最初取用的自然火，保存火种是至关重要的，这是用火的前提。

随着狩猎、捕鱼的发展，人类沿河流移动，到处迁徙，特别是由于熟食的普及，用火范围的扩大，再去寻找野火就很不方便了。传递和保存火种更加艰难，这对人类的生活有严重的影响。因此，人类迫切地需要发明一种简易的取火方法，这就是发明人工取火的重要动力。

北京人取暖

　　任何一种科学的发明,一是必须有强烈的社会需要;二是要具备一定的物质技术条件。人类在征服自然的斗争中,既要用手去采摘野果充饥,也用武器与野兽搏斗。这样就要经常打制石器,砍伐木棒。人类从中发现,当两块石头猛烈相击时能发生耀眼的火花,这种现象在傍晚、阴天和洞穴内是显而易见的。可惜这些火星微弱,存在时间极短,在刹那之间它又像流星似的消失了。但是,这一发现标志人类智力的增长,为人工取火准备了一定的技术条件。从中国猿人到旧石器时代中期,人类又经过了数十万年的生活实践，由于制造工具技术的进步，用火和贮火经验的积累，也进一步促成人类学会了人工取火的技术。恩格斯曾经指出："摩擦生热，在实践上是史前的人就已经知道了，他们也许在十万年前就发现了摩擦取火，而且在更早以前就用摩擦来使冻冷的肢体温暖。"[①]人类在制造工具、生产斗争和日常生活中，经常不断地同摩擦现象相接触，特别是制造工具更是如此。《艺文类聚》引《尸子·君治》："燧人上观辰星，下察五木，以为火也。"也是把取火同木相联系的，人类正是在生产实践中发明了人工取火。从考古上看，远在早期莫斯特遗址中就有了"钻火杆"的发现[②]，它从考古学方面有力地印证了恩格斯的科学论断，摩擦取火的历史是很悠久的。

根据取火工具、方法不同，大体可分为摩擦、打击、钻木和压击等四种取火方法。

燧人氏钻木取火

1. 摩擦取火

在云南佤族地区，有一个人类起源的传说，其中叙述佤族最初不会用火，后来才

---

① 《马克思恩格斯全集》卷二〇第448页，人民出版社1972年版。
② 奥克莱《石器时代文化》第82页，科学出版社1959年版。

在地上拾到了火。佤族称火神为"灰阿撒",该词又兼有雷神之意,雷神既管打雷,又管生火,可知佤族最初用的天然火是同雷有密切关系的。有一次,他们在携带火种迁徙的过程中,途中火种突然熄灭了,于是派人找雷神解救,乞求火种。第一次派猫头鹰去,但是他空手而归,连天然火都没取回来;第二次派去萤火虫,他把火取回来,连他的身躯都是亮晶晶的,可惜他没有学会取火的方法;第三次去的是蚂蚱,他很快就学会了摩擦取火方法,并且一直保留到解放前夕。西盟佤族的取火工具,是由两件木质工具组成的,一件是去皮的圆木棒,长 75 厘米,直径 8.7 至 8.8 厘米,在较粗的一端,劈为十字形开口,各以木楔卡住,开口宽 1—1.5 厘米,长 15 厘米,在开口靠近木楔的地方,砍一个长方形豁口,长 5 厘米,宽 1.5 厘米,深 1 厘米,其下开口处置火草。另一件是木棍,三棱或四棱形,长 80 厘米,厚 3 厘米。取火时,用足踩住前者,然后把后者置于上述豁口处,由两手握住,前后拉动,因为摩擦生热促使空气中的碳、氢或者两者化合物与氧接触,又因热而发生火星,伴随木屑落到开口内的火草上,从而使火燃起来。孟连县腊雷区佤族还有两种极特殊的摩擦取火方法,一种是取来"广来草"(薄棒),晒干后揉细,然后放在葫芦外面,以木棒在上面摩擦,直到把"广来草"揉出火来,才加以引燃。另一种是在水牛或黄牛角上凿一个缺口,然后取一藤条,在牛角缺口处来回拉动,待生热发出火花时,再以火草引燃;后一种只是用具有所不同。与佤族毗邻的景颇族、拉祜族、苗族和芒人也用摩擦方法取火。

拉祜族用两块竹板摩擦取火,被摩擦者长 64 厘米,宽 7.5 厘米,厚 17 厘米,在竹板一侧的中央部位,砍一个三角形豁口,宽 2 厘米,深 1.5 厘米。摩擦者也是一个长方形竹板,长 86 厘米,宽 6 厘米,厚 1.5 厘米。取火方法与佤族大同小异,火草置于豁口下,多以芭蕉根纤维或者"迷支"草叶茎制成,平时采集,烤干后放在小竹筒内,用以防潮。摩擦时必须全神贯注,技术熟练者在五分钟内即可取出火来,但生疏者要三个小时才能取出火来。云南芒人用竹片摩擦取火,方法与拉祜族相同,要把火草放在下边的竹片缺口处,并用左手接住,另外用右手握住另一块竹片,沿着上述竹片的缺口进行摩擦,到一定时候火草即冒出黑烟,这时要迅速地把火草放在干草内吹燃,从而生出火来,可见芒人的取火方法较拉祜族取火简便,又省时间,是一种较为进步的取火方法。广西义宁瑶族在《传歌》中有"竹王造火在世上,还有铜王来造钱"。苗族在退火殃仪式中,把全村的火都熄灭,仪式毕,必取一根干竹,将其劈为两段,用一根倒扣在板凳上,以另一根在前者上摩擦,其下置火草,从而取出新火来,分给各户,据说这是神火,不容易发生火灾,这说明瑶、苗等族也以竹子摩擦取火。我国古代有不少摩擦取火的记载,《庄子·外物篇》:"木与木相摩则然。"

2. 钻木取火

钻木取火方法,在我国黎族、高山族、汉族、彝族、拉祜族地区都存在。黎族的

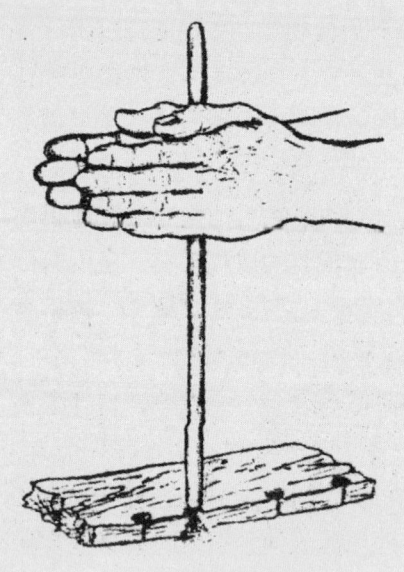
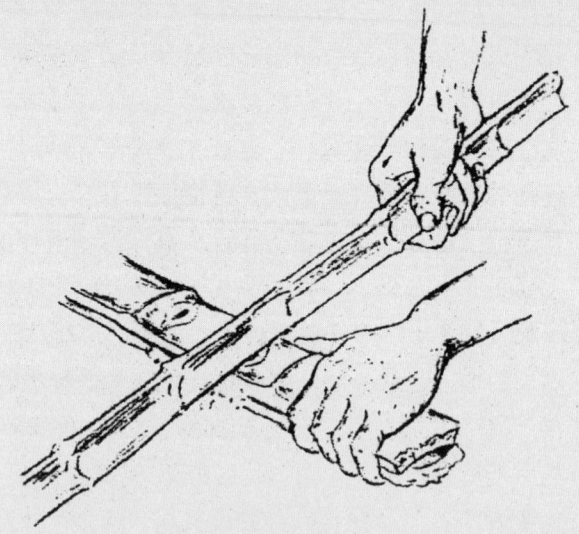

黎族钻木取火　　　　　　　　拉祜族竹锯取火

取火工具是用山麻木做的，取火工具也由两部分组成：一是钻木板，长73.4厘米，宽4.6厘米，厚2.5厘米，为长方形木板。在该板的一侧，挖有5个小穴，穴口径1.3厘米，深1厘米。每个穴又有一上沟槽直达底部，该槽宽0.4厘米，深4.6厘米，沟槽下部置火草，以受火星。二是钻木杆，长54厘米，直径1.4厘米，下端呈尖状，正好能插入上述小穴内。如果是一人取火，则由两足将木板踩住，使其固定，再把钻火杆插入穴中，用双手掌捻动钻木杆，向下用力。由于钻火杆头与穴壁发生摩擦，既生热又脱落下木屑，火星点燃木屑，沿沟槽落在火草上，这时再进一步引燃，从而取出火来①。黎族也用二人取火，或者一人按住木板，一人捻动钻火杆，或者一人踩住木板，两人都以手掌捻转钻火杆，一个在上，一个在下，依次向下捻动，下边的捻到底部后，再从上部捻起，依此类推，使钻火杆不停地在穴中运动，这种办法省力、迅速。这还是手钻的性质。但是黎族也有在钻火杆上缠两条绳子，一上一下，分别由一人握绳头左右拉动，以此带动钻火杆捻动，以绳子取代手掌，如此往下用力，其取火速度甚快，这是向弓钻过渡的形式之一。这种取火方式，与清代揭子喧在《璇玑遗述》所记载的相似，称"如榆则取心，一段为钻，柳则取心方尺为盘，中凿眼，钻头大，旁开寸许，用绳力牵如车，钻则火星飞爆出窦，薄落成火矣"。

我国古代曾盛行钻木取火，《韩非子·五蠹》："有圣人作钻燧取火以化腥臊，而民悦之，使王天下，号曰燧人氏。"《白虎通》引《礼含义嘉》："燧人始钻木取火，炮生而

---

① 张寿祺《海南岛黎族人民古代的取火工具》，载《文物》1960年第6期。

熟。令人无腹疾，有异于禽兽。"可见，钻木取火是我国古代最早发明的取火方法之一。当然取火并不是一两个"圣人"所能实现的，而是积累了数十万年的经验，集中了人类集体的智慧才发明的，燧人氏只是人类对发明人工取火的先辈们所塑造的代表形象而已。由于钻木取火经常使用，因此成为男子经常携带在身的工具。

钻木取火除在中国各民族中普遍使用外，外国许多民族也用之。肯尼亚吉库尤人"用一根长长的硬木，在一块木质较软的木头的洞眼里摩擦到发热，再放在一堆专门生火的干树皮中央，然后用扇扇或用嘴吹出火焰。一个技术熟练的孩子，不到一分钟就能生起火来"①。此外在古印度人、墨西哥人、爱斯基摩人、塔斯马尼亚人和东南亚某些民族也普遍采用钻木取火方法。

3. 压击取火

我国云南景颇族、佤族、哈尼族、布朗族和傣族还有一种压击取火方法，取火工具比较简易。以景颇族的压火工具为例，共有两个机件，一是压击筒，牛角制成，圆柱形，长9.5厘米，径2.5厘米，一端向内有孔，该孔径1厘米，深7厘米，杆长9厘米，深0.4厘米，是放置火草的地方。另一端为柄，长3.5厘米，宽2.9厘米，厚2厘米。为了携带方便，还用棉布做一个口袋，长12厘米，宽8厘米，口部穿有绳套，供系在腰带上。袋内除放有取火工具外，也放有引火的艾绒。

这种取火工具最简单的是用天然生长

鄂伦春族的石轮取火

傣族压火方法

---

① 柴尔德《远古文化史》第45页，群众出版社1954年版。

的竹节为压击筒，压击杆是木质的，国外也有这种工具，把空气压入一根竹管以生热。讲究一点的，则用硬木或牛角制成，先砍雏形，然后利用弓钻穿孔，最后进行表面磨光，傣族的压击取火工具就是这样制成的。

取火时，左手横握压击筒，孔口朝上，以右手握住压击杆，由于事先在杆端置有火绒，这时先将压击杆稍微插于孔内，内部有四五厘米空腔，然后用右手掌猛击木柄，接着拔出压击杆，一般一次就能取出火来，火绒燃烧，否则再击两三次。这种取火原理，也属于摩擦的性质，但是，它是利用快速摩擦方式，利用空气压缩，使膛内气体缩小，加速其运动，而杆头同膛壁发生多方面快速摩擦，由机械能变为热能，促使空气中的炭、氢和氧相遇，又因高温而发生火星，将杆端的火绒燃烧。

压击取火不受天气、时间的限制，成本又低，所以一直为某些少数民族所使用。那么，这种压击取火是否是原始的取火方法呢？从我国民族地区的情况看，压击取火迟于摩擦取火，又比火镰古老，有的民族正是使用压击取火以后，才淘汰了摩擦取火。而火镰的传入，又动摇了压击取火的地位。从压击取火工具看来，它的压击筒最初是天然竹筒，压击杆又是木质的，这些在原始社会后期也是人类所能掌握的，它很可能是在钻孔技术和钻木取火的基础上发展起来的取火方法，因此，它应该是较原始的取火方法。

4. 打击取火

打击取火也是古老的取火方式。有人说人们借助燧石取火，在没有铁以前几乎是不可能的。这种说法是站不住脚的，因为许多事实说明，人们在没有发明铁器以前就利用铁矿石与燧石相击取火了。解放以前，我国有些少数民族也保留这种取火方法，如广西壮族自治区靖西县有些壮族就采集一种铁矿石和燧石相击取火，其方法是左手握住火石，大拇指与火石间夹有火草，右手握有铁矿石，然后甩动右臂，使铁矿石同火石碰撞，这种碰撞是"集中于一个瞬间和一个地方的摩擦"[1]。碰撞时激烈的摩擦，形成高温，而打击下来的铁矿石屑又易于氧化，产生火星，将火草引燃。这种现象在古代打制石器的过程中，是经常发生的，因为两石块相击时，往往使机械能转变为热能，使空气中的碳、氢和氧发生燃烧现象，在燧石和铁矿石相击时便是如此，从而导致人类发明了打击取火的取火方法。这种取火方法过去在广西柳江瑶族地区、贵州某些苗族地区和内蒙某些地区也残存着，鄂温克族则"用两块石头击打出火星，用桦树皮纤维引火"[2]。苗族传说，其祖先智莱"见只野鸡立在石头上，他便拾起铁石击野鸡，谁想击在崖石微缝处，于是石缝发出火星来，火星引燃崖上的艾草"，于是发明了打击取

---

[1] 《马克思恩格斯全集》卷二〇第448页，人民出版社1972年版。
[2] 内蒙组《内蒙古自治区额尔古纳使用驯鹿的鄂温克人的社会情况》第8—21页，内刊。

火。纳西族传说有一次打雷，从天上降下一块火石，与地上的火石相击出火，人们模仿之，就以红石（铁矿石）和白石（火石）相击取火。但是，铁矿分布是有限的，它远不如树木广泛，在古代采集铁矿石也较困难，所以铁矿石和燧石打击取火的方法不甚普遍，在传播上受到一定限制。

铁器产生以后，铁矿石才为火镰所代替，出现了新的取火工具——火镰。火镰小巧、轻便，适于携带，不受时间和环境的限制，在我国及亚洲大部分地区都很流行。与打击法取火一样，火镰取火主要是铁有坚硬和易于氧化的特点，在打击生热的情况下，铁屑脱落，一者因碰撞而升温，二者铁屑又与氧气发生火星，从而将燧石上的艾绒点燃。有人推测火镰可能产生于春秋时期，但文献记载较晚。

上述取火方法有很多共同点：第一，这些取火工具都是由两部分构成的，取火时一个固定，一个快速运动，二者由机械摩擦而产生热能，其温度达到一定高度时，使空气中的碳、氧或碳氢化合物燃烧，出现火星。在谭峭的《化书》中讲得很精辟："动静相摩，所以生火也。"这是摩擦生火的共同特点。第二，这些火星十分微小，为了迅速燃烧，必须有易燃物为媒介，如艾绒，芭蕉根纤维等，这样在吹风输氧的条件下，星星之火才能变成熊熊的火焰。

在这些取火方法中，虽然可以具体分为打击、钻木、锯木和压击等方式，但是都是因摩擦而生火，所以又总称为摩擦取火。事实上，后来的火镰，近代用的火柴和打火机，也是根据摩擦取火的原理发明的，只是所用的原料和引燃物有所改进罢了。

从民族地区残存下来的取火工具来看，这些取火工具有简有繁，方法有别，也证明它们不是同时代的产物。正如前面所述，打击法是最原始的，摩擦取火次之，钻木取火更次之。一般摩擦取火，两件工具接触面积较大，方法简陋，散热快，取火慢，这是比较古老的取火方法，钻木取火就不同了，它是在摩擦和钻木技术发展的基础上发明的。与摩擦取火比较，钻木取火使摩擦集中于一点，即钻火杆在钻火板的小穴中捻动，这样接触面甚小，用力集中，压力相对增大，散热也比较慢，因此钻木取火比一般摩擦取火省力、迅速，工具考究、简便。所以它是各种原始摩擦取火方法中比较进步的。在它产生以前，人类取火技术当有一个发生发展的过程。钻木取火延续的时间也最长久。

随着生产力的提高，特别是青铜工艺的发展，我国取火技术也改进了，先后出现了阳燧取火和火镰取火，前者是利用凹面铜镜下聚光的原理取火，后者是继承了打击法的原理而发展起来的。使用火柴则是近代的事了。

各民族、各地区的取火方法是不同的，这是由人们的生产经验，取材和技术水平不同来决定的。同时也可以看出，民族间取火方法的交流也是大量存在的，就是同一民族取火方法也因时而异。我国商代仍然使用钻木取火，取火木料随季节而变化，因此商代有五火之说①，周代沿袭其制。云南景颇族每年春耕时，要举行隆重的播种祭礼活动，其仪式之一，就是利用木或竹子相互摩擦取火，然后进行火耕，他们认为只有用这种古老的方法取出来的火，农业才能获得丰收。

在史前时代，人类不仅把火视为熟食、取暖的手段，火也是一种神，即火神。佤族称雷神为"普冷"，汉意为火神；蒙古族视火为神；更多的民族认为火神为火母、火姑娘、火祖母、火婆婆等等。汉族古代也视火焰为神，甲骨文中的火神即火焰状。《说文》火"毁也，南方之行炎而上，象形"。后来才把火神人格化，认为赤帝祝融为火神。既然火有灵性，人们取火时必有一定仪式。云南阿细人在腊月二十七日举行取火仪式，全村男子赤裸上身，集中在杉树下，由一位男子主祭，他要赤裸全身，腰扎草裙，头戴棕皮帽，手拿一根坚木棍，用皮带拴住木棍，下边放一堆火草，主持人跨坐在枯草上，以树皮旋转木棍，如同钻木取火一样，经摩擦枯木发热，进而出现火星，落在枯草上，从而升起火来。取出新火后，各户都引燃一根火把，带回家中，将熄灭的旧火点燃。景颇族遇到火灾，认为是火塘里的火不好，应该更换，于是有一系列送旧火、迎新火仪式。巫师做一个木水槽，盛上水，又在槽上挖一个洞，各户都带一个火把，均放在洞内。巫师把一条干鱼放在木槽内，让干鱼从洞往下漏，鱼头朝上为吉，象征火鬼已经走了。两个巫师一个举着火把，一个持矛作驱鬼状，把旧火或火鬼赶走，全村人都随之高呼，作驱鬼状。然后巫师又以两片竹子摩擦取火，火起来之后，各户又用火把点燃，带回家中，把已经熄灭的火塘点燃，这就是干净的新火。

这些例证说明，古代的改火，不仅是人工取火方式多样性的反映，也是同火神信仰分不开的。火是神灵，火塘也有灵性，不少民族认为火塘中的火是万年火，是不熄的火，必须从祖房分出来，迁徙时则要带着火种，把火塘的火弄灭了是不吉，必然带来灾难。

摩擦取火的发明，是人类征服自然的第一个伟大胜利，是从必然王国向自由王国前进的重要一步，使火在人类社会生活中具有更积极的作用。

首先，使熟食更

用火烤肉

---

① 丁山《中国古代神话与宗教》第193页，科学出版社1961年版。

加普遍化。

人类曾有过一个生食的时代，无论是中国的寒食节，还是外国的冷食节，都是对生食时代的回忆。自从人类掌握用火之后，就以熟食取代了生食，不过，由于取用天然火比较困难，保存火种又艰难，这在使用上有很大局限。由于人工取火的发明，人类无论在定居期间，或者迁徙漂泊之中，都能随时随地进行人工取火，进行熟食，是"半消化"了的食物，这样就缩短了消化过程，增进了健康，减少了疾病，促进了脑的发展，延长了寿命。当然，火在熟食方面的作用，决不限于熟化食物，对扩大食物种类和来源也有重要作用，而且经过火加工的食物还便于保存，如赫哲族的鱼干、肉干均放在火塘上方熏烤，否则就会腐烂，该族还用火加工鱼松，也是一种适合贮存的食物。

其次是照明。

由于火具有明亮的特点，可在黑暗中给人类以光明，延长了白昼。为人类争得了较多的生产或生活时间，可在黑夜里从事某些生产和从事食品加工等劳动。当时照明的方法有两种：一种是利用篝火，一种利用松明、竹竿等照明，在宁夏菜园新石器时代遗址发掘不少史前时代的窑洞，洞内挖有小龛，龛内就插有松明，说明史前居民已经有了照明用的松明。但是，火在照明上的作用还不止于此，火也是人类的重要信号，可以传达某些信息。非洲布须曼人狩猎时，总是升起一小股烟火，借此通知氏族成员前来搬运，于是妇女儿童看见火光就前来搬运兽皮、兽肉。无独有偶，西南纳西族遇到敌人来袭时，就在山头上点燃篝火，

用火照明

各个村落互相通报，以便及时防御敌人。

我国古代的烽火台，就是远古时期以火把报警的发展。而更多的民族则以火炭传递通知，以火炭象征火急。以上说明火在生产、军事上都有一定作用。

另外是取暖。

火是人类所需热能的重要来源，自从使用火之后，即以火取暖。有些落后民族都以篝火、火塘取暖。据民族学调查得知，几乎一切原始民族，都利用篝火或火塘取暖，度过严寒之夜。我们无论在大兴安岭目睹鄂伦春族在林海雪原中狩猎，还是在西南高寒山区目睹马帮或猎人出猎，他们在夜间宿营时，都要在宿营地点燃一堆篝火，人们环坐烤火，进行野餐，食毕，则不断往篝火上添加木柴，有时甚至砍一根直径达40厘米的大树，放在篝火上，保证一夜都燃烧不熄。临睡前，人们还脱去上衣，在篝火前烤胸和背，认为这样能舒筋活血，睡眠安稳。至于住所内的火塘更是人们环火而眠的中心了。因此，火塘是远古人类取暖的基本形式，从这种意义上说，火是被，火为衣。

由于火在取暖中的广泛使用，就使人类获得一种新的征服严寒的武器，它可以使人类度过无数个寒夜，也可以使人类征服较大的生存空间；一方面是可以移居到高寒山区居住，另一方面可以向寒带迁移，使人类分布地域不断扩大，如在寒冷地带，旧石器时代晚期就多起来，说明"人类从原来的居住地区扩展到地球的大部分"[①]。从而使人类能征服冰雪和寒冷，开拓了人类生活的新天地。

此外，火也是从事生产活动的重要手段。

[①] 马克思《摩尔根〈古代社会〉一书摘要》，人民出版社1965年版。

【第四节　炉灶设施】

人类发明用火,进行火食之后,必须有一定的炊事场所,即从事烧火和炊事的地方,这是史前饮食的加工场所,也是进餐的地方。从考古上看,史前的炊事设施有一个发展过程:第一阶段为篝火,没有固定的火塘、灶,仅仅生一堆火而已,人们环火而食;第二阶段是火塘的出现,伴随而来的是三脚架的应用,先是石三脚架,后改为陶支子;第三阶段是灶的出现,而三脚架逐渐退出历史舞台。

一、篝火

在漫长的旧石器时代,一直到中石器时代,人类都没有定居,而是实行游居,即按季节性迁徙,或住于洞穴,或住于树上,也搭建一些临时性的窝棚等简易住所。当时用火的方式也是比较简单的。

当时人类的住所,无论是洞穴还是人工搭建的窝棚,既是遮风雨、防严寒的设施,也是生火的地方,从这种意义上说,住所也是保护火种的设施[①]。

由于当时的住所是利用天然洞穴,我国旧石器时代的住所多半是利用洞穴,或者居住于悬崖下,如北京猿人、山顶洞人、柳湾白莲洞、桂林甑皮岩等等。这些考古发现,与古史传说不谋而合。《墨子·辞过》:"古之民,未知为宫室时,就陵阜而居,穴而处……"或者是临时搭建物,加上当时居无定处,经常迁徙,在住所内的烧火设施也极简单,不经过任何加工,仅在住所内中心或一隅,生一堆火,并不断往其中添柴,使火不能熄火,永远燃烧,除非迁徙他处为止。在民族学资料中保留不少围篝火而食的情形。

　郑婕女士根据《西安半坡》报告复原。

余庆远《维西闻见录》摩梭人"卧无衾茵,夜则攒薪置火,各携席稿,袒裸环睡,反侧而烘其背,虽盛夏亦然"。

道光《云南通志》引《恩乐县志》苦聪"无床褥,环火而眠"。

在近代民族地区也保留一些环火而食的资料。作者在几十年前曾赴大兴安岭征集民族文物,当地的鄂伦春族、驯鹿鄂温克族以狩猎为生,按季节变换猎场,随之而来的是经常变换住地,他们的住所也很简陋,称为"仙人柱"、"摄罗子",实际是一种圆锥形的帐篷,该族选择好背风、朝阳,接近水源和猎场的住地后,先砍20来根木杆,高2米,直径6至10厘米,然后架为圆锥状,上尖下圆,住地直径3至4米,接着在外边围一圈桦树皮或兽皮,朝阳方向留一门,顶部露天,作为通烟口。在"仙人柱"内部,正、左和右三面铺以杂草、兽皮,是家人住的地方,但是每个人都有自己特定的住处,不能紊乱。在三个铺位中间,生一堆篝火,燃料是从山林中砍伐来的,炊煮时用死树干枝,这样火燃旺盛,浓烟少,入夜则放一个大柴,但多用火烬埋上。这种篝火是在平地燃起的,没有火塘,不用三脚架,灰烬积累多了,就用桦皮簸箕倒出去。篝火是炊事用的,又是取暖用的。每晚临睡前,篝火熊熊,猎人脱掉上衣,将腹、背烤一遍,认为这样可以解除一天的疲劳,睡眠安稳,而且不容易得风湿症。当然,篝火也是"仙人柱"内照明的光源,是保存火种的场所。整个篝火的看护、使用,都是由老年妇女负责的,甚至认为他们的火神就是一位失明的老妇,这是妇女用火、保火在信仰上的反映。

鄂伦春族以肉食为主,熟食方法主要是烧烤肉吃,也煮肉,过去利用石烹法和胃煮法,后来用吊锅子煮肉,所谓吊锅子为浅腹铁锅,两侧有环。使用时在篝火上方搭一个木三脚架,1米多高,从顶部直垂一绳索,吊着两个木把手,正好钩住铁锅上的两环,但木把手在锅内,而不在锅外,这样位于篝火上方的吊锅子,只受火燃烧,而不会把木把手烧坏。在考古发掘中,曾出土过内耳陶器,如江西博物馆就收藏一件内耳陶器,属春秋时代,日本出土内耳陶器更多。这种炊具可能就是吊在篝火上炊煮的,内耳可能与木钩或绳索相连结。吊锅子能煮肉,也可煮粥。该族也吃面食,即在皮口袋上和面,搓成饼状,放在火灰内烤,不久就烤熟了,这是真正的烧饼。作者在泸沽湖调查期间,看到摩梭人在田野搭一个简易的风篱,其中的取暖设施也是平地升火,看庄稼人环火取暖[①]。

在旧石器时代洞穴内所发现的灰烬遗址,基本都是上述篝火所形成的。在新石器时代还有类似篝火遗迹,如姜寨遗址有22个平面式灶,它是在房屋地面修整后,以硬物划一圆形、椭圆形、瓢形,即划圈为灶,不挖坑,不修灶,在平地上生篝火,其中

---

① 宋兆麟《永宁纳西族的住俗——兼论仰韶文化大房子的用途》,《考古》1964年第8期。

又分圆形篝火15个，椭圆形篝火5个，瓢形篝火一个，还有一个不规则形篝火遗址，长116厘米，宽76厘米。

在住所内生篝火，尽管是简便的炊事、取暖方式，但是篝火烟多，没有通烟口，住所内浓烟滚滚，对起居十分不便。所以从很古的时候起，人类就注意把住所内的烟排除去。如鄂伦春族的仙人柱顶部不覆盖，留有出烟口。其他民族也如此，如四川摩梭人房顶以木瓦覆盖，必揭开两块木板瓦作出烟口。凉山彝族的木板房本身就四处漏风，有助于出烟。这一点在考古发掘中也能看出端倪。如以西安半坡仰韶文化为例，无论是半穴居式房屋，还是地上建房，在房顶部都有一天窗设施，其作用有三：一是有利采光，阳光可从天窗处照进来，室内明亮；二是通烟，火塘的烟可从天窗出去，起排烟作用；三是由于开天窗，使门与天窗对应，空气对流，不仅有助于排烟，还有较多的氧气，有助于火塘燃烧。

通过以上对篝火的资料分析看出，它有几种功能：一是取暖，人们环火而坐，而眠，是人们战胜寒冷的手段；二是熟食，人们围火烧烤食物，是熟食的必备设施；三是照明，尤其在黑暗或昏暗的洞穴内生活，没有阳光，寸步难行，但有熊熊篝火，就给人带来了光明，可在火旁、洞内从事生产或生活操作；此外，无论是取自天然火，还是人工取火，都是较困难的，保存火种就是重大活动了，维持篝火不熄，就是保存了火种。

二、火塘

火塘是一种人工修筑的、圆坑形的生火设施，特点是位于住室中央，敞口，并配以石三脚或陶支子，进行炊事活动。

在我国新石器时代已经从事农耕，实现了定居生活，有了人工房屋，屋内都有一定数量的火塘，试举几例。

西安半坡仰韶文化村落遗址，共出土89个火塘，其中有42个保存完好，发掘者把它们分为浅圆盆形、圆角长形、圆竖坑形、瓢形和连通灶形等形式，实际上原来都是圆形或椭圆形火塘，由于年深日久才变成各种形状。这些火塘的位置，一般位于住室中央，对着门口，以便通风。

临潼姜寨遗址也是一个氏族聚落，该遗址出土259个火塘，包括浅坑、方形、瓢形、深坑、不规则形多种，还发现两个台式火塘，即在地面砌高，在其上升火。这些

---

① 西安半坡博物馆等《西安半坡》第34—36页，文物出版社1963年版。

西藏卡若文化的火塘

火塘口与门基本一致，火塘多有灰砂陶罐、陶钵等炊食用具。在第 74 号房基内，有一连结的火塘，具有一定特色[①]。

昌都卡诺遗址也发掘不少房址，保留完好的火塘，有一座人字顶半穴式房子，中心为火塘，深锅状，直径 46 厘米，深 26 厘米，火塘周围有一圈石块，底部有一大砾石，这是用石头砌的圆形火塘。第 26 号房子为窝棚式，房屋中心有一堆灰烬，直径 40 厘米，地面坚硬，应该是一个较大的火塘。

以上考古所发现的火塘，只是远古生火的设施遗址，已经残缺不全，那么原来是

---

① 西安半坡博物馆等《姜寨》第 35—38 页，文物出版社 1988 年版。

什么样式呢？又是怎么使用火塘呢？仅凭考古资料难以说明问题，现在借助民族学资料中的火塘"活化石"，进行对比研究。

我国民族学资料中的火塘，基本有三种形式：

第一种为平地火塘。

这种火塘在室内正中或近内侧生火为火塘，一般不进行任何加工，但是放三块石头为三脚架，流行于鄂伦春族、鄂温克族、藏族地区，基本为猎人、牧人的炊煮设施。其优点不用任何加工，在地上生火，通风好、火焰高，适合烧烤食物，但火不集中，容易失火。它与游居生活相适应。

二是凹坑火塘。

这种火塘的特点是敞口、挖穴为之，并立三脚石。《噶玛兰厅志》卷五高山族"炊以三块石为灶"。《黎歧纪闻》生黎"地下挖窟，列三石，置釜席地炊煮"。《徐霞客游记》壮族"以方板三尺铺竹架之中，置灰爇火，以块石支锅"。作者在云南傣族、哈尼族、拉祜族、佤族、彝族、普米族、傈僳族、四川西番人地区都看到这种火塘，多位于房屋中心或一侧，上敞口，下挖坑，坑边立三块石头，其上架锅炊煮，下添柴生火。其优点是挖穴为塘，便于贮火、防火，火势集中，炊煮效率高，这是炊事设备的一大进步，也是与定居生活相适应的。

三是平台火塘。

这种火塘是在室内一平台上修建的，水平位置升高。流行于丽江、木里纳西族和永宁摩梭人地区。以摩梭人为例，在其正房中间的房间内，有两个火塘：一个在右边，为下火塘，即在地面修火塘；另一个在左边修一平台，与两侧的木床平齐，称上火塘。两个火塘都为方形，边缘以石砌成，火塘底部埋金属和盛粮食的陶罐，摩梭人认为火塘是房子的心脏①。第一次生火时，早晨主人请一位妇女背一桶水从前门入，把水倒进锅内，另一男子从后门入，举着火把，将火塘内的柴草点燃，祭司达巴从火塘里取出火把，在室内四处烧烤，并持一碗水不断泼撒，以火和水打扫房屋，驱除恶鬼，最后达巴讲洪水故事，祝家庭美满，取一点酒，洒向火塘，祭祀灶神和祖先②。

通过这些民族学资料看出，史前出土的火塘，是炊事中心，又有取暖、照明和保存火种的作用。我国新石器时代早期的火塘，多设于门口附近，优点是挡风寒，便于燃烧，缺点是不设在住所中心，取暖不均，当风向、气压正常时，烟火内充、排烟困难，同时火焰距房顶较近，容易失火。晚期火塘向室内退，多设在住所中心，房顶多设烟口，解决了排烟问题。

---

① 宋兆麟《永宁纳西族的住俗——兼论仰韶文化大房子的用途》，载《考古》1964年第8期。
② 四川省编辑组《四川省纳西族社会历史调查》第180—184页，内部刊物，1987年。

无论火塘还是篝火，所用燃料基本为木柴，或拾干柴，或砍枯木，不断添加。《中华全国风俗志》下篇卷一〇："瑶僚睡无床褥，冬夜以三叉木支阔板，燃火炙背，板焦则易。名曰'骨浪'。"游牧民族则以畜粪为燃料。同书卷九"内蒙牧畜既多，粪糊到处多有，蒙人取为薪材，而以牛粪之火力为强"。

有一个问题，怎样解释考古发现的二连灶、三连灶呢？这也是比较复杂的问题，先看看民族学中的火塘数目吧。

从我国民族学资料分析，各种家庭的火塘数目并不一致，大体有以下几种情形[①]：

多火塘制

多火塘指在一座住所内有多个火塘，其中又有两种：一种是摩梭人的母系家庭，在正室内有两个火塘：上火塘和下火塘，后者又称大火塘或主火塘。《盐源县志·民俗》："就西平地为大火塘，尽以爨，夜则妇女环耳寝，火塘中立石如鼎足，曰锅庄，莫敢偶触，谓鬼神所依也。"这是炊事场所，就餐时，全家坐于下火塘两侧，妇女居左，男子居右，老人在里，其他人以辈分和年龄往外排坐。每人面前有两个饭碗和一双筷子，由主妇女家长主持分食，通常给每人盛一碗饭，一碗菜，如果吃肉，则分给每个人一块腊肉。在主室两侧，还有两间房子，左间为老年男子住处，有一个取暖的火塘，但不进行炊事活动。右间有灶，是加工猪饲料的场所。另一种是父系大家庭，通行长屋建筑，内分若干房间，除父母所在的房间有一个主火塘外，每对夫妻都有一个房间，内有一个小火塘。如独龙族、德昂族、景颇族、基诺族就保留上述多火塘制。如果还保留共食风俗，全家人则到主火塘进餐，其他小火塘为取暖、照明场所；如果共食已消失，各个火塘都成为个体家庭的炊事场所，也就是说，长屋内有几个火塘，就象征有几个单偶家庭。

三火塘制

西双版纳地区的克木人，住在竹楼内，上层住人，下养牲畜。楼上有三个火塘：一个是家庭的炊事中心，又是全体成员聚会、就餐的地方；一处是父母取暖的火塘，附近则是老人的住处，这是敬老的反映；还有一个鬼火塘，是供奉祖先亡灵的地方，生者要炊事、取暖，因此专门为祖先修一个火塘，不过，平时并不启用，只有在祭祖时才生火。这种火塘是祖先崇拜的产物。

双火塘制

一处住所内有两个火塘的也不少，但性质不同，德昂族人口多，在长屋设两个火塘：一个加工主食，一个加工副食。景颇族则一个火塘为炊事场所，另一个火塘为取暖场所。有些哈尼族，在住宅内有两个大火塘，一个为男火塘，一个为女火塘。当子娶妻后，在

[①]《考古》编辑部《考古学集刊》第2集，中国社会科学出版社1982年版。

原来房子外又搭一小房子，房顶是活动的，可拆下来，但是只供儿子度蜜月使用，时间一过，父母就把小房子顶盖拿掉，儿子一看房子没顶，只能迁入正房居住，夫妻分开。一旦小房子加盖，儿子和儿媳又可去小房子内同居，因此小房子内无火塘。

一火塘制

个体家庭流行的地区，普遍实行单一火塘制，以凉山彝族为例，该族房屋简陋，一进屋为客厅，地上有一个火塘，人们在此炊事、取暖，入夜则按性别分睡于火塘两侧，客人来了，也按性别睡在火塘边。

这些民族学资料对说明考古资料有重要启发。在西安半坡、临潼姜寨仰韶文化遗址出土过二连火塘。兰州青岗岔半山遗址有一处房址，方形，其内有二连火塘，还有三连火塘。但房屋并不太大，说明是为了炊事才扩大火塘的，也许一个加工主食，一个加工副食。在河南淅川下王岗遗址出土一座长屋，长达100多米，有32个单间，每个房间都有一个火塘，这种长屋可能居住一个父系家庭公社，含有若干对夫妻，但是每个单间的火塘是炊事单位，还是取暖场所，有待进一步研究。在河南郑州大河村遗址还出土一座房子，原来为方形建筑，后来又在一侧附建有二间小房子。这是一个父系家庭的住宅，后来随着人口的增加，原来住房不够用了，则在原住房旁边又建间小房子，供子女及其配偶居住，由于当地冬天寒冷，平时夜间也较凉，所以这些房子都以火塘取暖、照明，至于是共食还是分食，还难以确认。

三、三脚架

在火塘流行的时代，由于没有支撑炊具的设施，那么陶炊具如何放在火塘上呢？从民族学资料看，最初是没有支撑陶炊具的设施的，而是把陶罐、陶釜放在火塘的热灰上，一方面热灰本身温度高，可把炊具内的水和食物煮沸，因此这种炊具圆底更方便些，不仅放置稳定，圆底下接触热灰面积大；另一方面上述炊具多置于火塘一侧，这样靠近内侧有木柴燃烧，可从一侧烧烤炊具，进一步加快了烧煮过程。当然最早流行圆底炊具，不仅仅是出于便于在热灰上炊煮，还与陶器起源于内模——以葫芦为内模制陶有关，如云南彝族就以葫芦为内模制陶，西藏藏族、新疆维吾尔族还保留模制方法制陶残余。

将炊具直接放在火塘上炊煮，有许多不便，如炊具不能放在火焰上烧，这样炊煮时间较长；炊具受火不均，容易使食物夹生。因此如果将炊具架设起来，置于火塘正中，就改变了上述弊病，大大提高了炊煮效率，于是发明了三脚架，使其成为火塘的重要组成部分。

三脚架经历了石三脚、陶支子和后来兴起的金属三脚架等三个过程，其中前两种形式是史前时代最流行的炊煮设施。

石三脚是把三块石头架在火塘上，呈品字形布局，其上架陶炊具，下边添柴烧火。

山东章邱小荆山遗址，距今八千年前后，该遗址出土数百件石三脚，在F1、F11、F14还出土三组完整的石三脚，均在火塘之上，处于三脚鼎立状态。石多埋于火塘下，上为三个支架。当时的炊具为陶釜、陶罐，说明石三脚是支撑陶炊具用的。考古学家在发掘浙江河姆渡遗址时，也出土不少较大的石块，多一侧被火烧，说明也是一种石三脚架。

民族学资料中的石三脚就丰富多了：

台湾高山族在火塘内常用石三脚，也有利用陶支子的。《彰化县志·风俗志》："载三足于地，捆木扣于上以炊，或支以三石块，若鼎峙然。木扣，陶土为之，圆底缩口，微有唇起以承甑。"所谓木扣即陶釜等炊具。

黎族也普遍使用石三脚，张庆长《黎岐纪闻》："生黎栏在后，前留空地，地下掘窟，列三石，置釜，席地炊煮，惟于栏上寝处。"作者在海南调查时看到许多三脚灶，靠里边的两石称"座石"，长条形，三分之一埋于地下，靠外边的一石为圆形平底，可以根据炊具大小前后移动，故称"走石"。

纳西族也以三脚石支锅。正德《云南志》卷一一："房内四面皆施床榻，中置火炉，高与床齐。"所谓火炉即火塘，据作者调查得知，纳西族火塘略高，依然用三脚石架锅，后来才传入铁三脚架。

凉山彝族在室内挖穴为火塘，安三石为锅庄，以架炊具。这三个石是固定的，其中里边一石代表祖先，左石象征男人，右石象征女人，平时睡眠、就餐时即按男女性别分开。

由此看出，石支脚曾普遍流行，但是为什么考古发掘很少见石三脚，而多陶支子呢？可能有几种原因：一是石三脚是早期支撑炊具的设备，后来为陶支子所取代；二是在考古发掘中，对石三脚重视不够，即使有所发现，也当一般石头丢弃了，因此考古发现石三脚较少。至于民族地区多为石三脚，一是制陶手工业已衰落，人们已不爱做陶支子了；二是取石方便，尤其现代各民族普遍用铁炊具，以石三脚更牢固些。所以民族地区保留石三脚较多。

新石器时代中期以后，开始流行陶支子，这些陶支子及其上架置的陶炊具，是当时主要的炊事设备。过去考古出土陶支子甚多[①]，但是由于认识的原因，定名不一，有人称陶支子、釜支子、支座、支垫、支脚，还有人认为是角状器、陶杵、陶祖。现在让我们看看考古发现的陶支子吧。

河北磁山文化出土不少陶支子，夹砂红褐陶，素面无文，像倒置的马靴，顶部平坦。在一个石盘上，放置一个陶盂和陶支子，说明这种陶支子是支撑平底炊具的，下面燃柴

---

① 严文明《中国古代的陶支脚》，载《考古》1982年第6期。

烧火。与磁山文化同时的裴李岗文化没有陶支子，但有陶鼎，说明鼎足已取代了陶支子。

山东北辛文化的陶支子为歪头形，顶部倾斜，有刻纹或镂空装饰，以猪嘴形居多。大汶口文化陶支子形状更多，有猪嘴形、馒头形、圆柱形，其中的馒头形可能仿自石支脚，具有稳重的特点，陶支子上多刻纹、凸饰和镂空装饰。胶东邱家庄遗址出土的陶支子为竖直形，中穿孔，为塔形，或呈歪角形，适合支撑陶釜。

长江中游大溪文化有三种陶支子：一种是直猪嘴形，实心，上细下粗，顶面为猪嘴状；一种为弯猪嘴状，多实心、底座大，顶端小且有一定倾斜，也为猪嘴状；另一种为猪头状，空心，下宽为喇叭口状，上为猪头状。一般高20厘米左右。大溪文化一二期出土陶支子甚多，到第三期减少了，陶鼎开始出现。

长江下游河姆渡文化开始有陶支子，与石三脚并存，为方形或柱形，但呈歪头状，实心，当时的炊具是陶釜和陶甗。杭州水田畈遗址的陶支子同上，但颈部略长。

此外在福建、台湾、广东也出土不少陶支子。

从以上陶支子看出：

第一，陶支子有若干特点：以夹砂陶制成，具有耐燃性，这是由用于炊事决定的；一般都底大顶小，坐落平稳，适合架置炊具；陶支子或有耳，或有把手，或有孔，利于移动；陶支子有平头、斜头之分，所置炊具也不一样，前者适合支持平底罐，后者适合支持圆底釜。

第二，陶支子起源于新石器时代中期，但不是某地发生的，而是多元的，如磁山文化流行倒靴形支子；北辛文化流行猪嘴形陶支子；邱家庄流行尖塔形陶支子；河姆渡文化流行歪头桩状陶支子；大溪文化流行角形、圆头塔形陶支子，等等。说明各地都发明了自己的陶支子，后来各地又互有影响，像台湾、福建地区的陶支子就缺乏自己的特点，应该是从外地传入的。

此外，陶支子有一定局限性。当然，陶支子比石三脚优越，它不仅下部有较大的空间，接触火焰面积大，通风效果好，还可移动；炊具小，陶支子可内缩，炊具大，三个陶支子可分散些。这种灵活性是陶支子的优点。不过，陶炊具与三个陶支子组合，也是比较麻烦的事，因此到了新石器时代晚期，三足类炊具大量出现，如鼎、鬲等，其中的三足取代了陶支子，使陶支子趋于减少。

四、贮火罐

自从人类发明用火之后，就精心保护着火种，使其永不熄灭，随时可以使用。因此，在谈到人类用火时，必须追溯保存火种的历史。

保存火种的方法，是一年从始至终，都让其燃烧，永不熄灭。光绪《定安县志·民俗》:"……屋内四时聚薪壅火，冬则靠以辟寒，夏则炕其禾谷。"南非赫雪罗人住在小圆棚子内，每个氏族有若干这种住宅，但氏族内有永远燃烧的火种，传说是祖先留下来的。由为首的妇女和她的女儿照管。具体保火方法有二：一是在炊事和照明之时，火焰大些，入夜则火焰小，有时甚至没有火焰，把燃烧的火炭埋于灶内的灰土中，次日天明再把火炭扒出来，重新引为大火焰。1981年我从四川木里俄亚返回宁蒗时，曾在野鸡梁子山下休息，赶马人即以火镰取火，晚餐过后，他们砍倒一棵碗口粗的大树，把树干放在火中引燃，我们即环其而眠。据调查，他们有两个用意：一是保存火种；二是浓烟使虎豹见而远之。

值得注意的是，在仰韶文化和丹东后洼文化某些火塘底部的火塘壁上，还嵌有一个夹砂陶罐，口斜朝上[①]，它就是保存火种用的，优点是牢固、防风吹；又避雨淋，克服了一般用火塘保存火种的缺点。考古学家指出，在这种陶罐内还保留有灰烬，这是保存火种的有力证据。同时，这种陶器为夹砂陶，也适于保存火种，具体方法可能是在不用火时，把火炭置于其中，用灰烬掩盖，用火时再取出火炭引火。它是后世所用的火盆的先河。

火塘保存火种的方法具有稳定、安全和实用等特点，因此在中外各民族中普遍采用。但是，这种方法与空气接触面过大，燃烧快，保存火种不宜耐久，其次，又易为雨水浸湿，故必须有一定遮盖物，如洞穴、住宅等，而人类住所正兼有保存火种的作用。

所谓活动的保存火种工具，是可以随身携带的保存火种工具，如火把、松明等。鄂伦春族用一种"布好套"贮火，这是桦树上长的菌类，俗名桦树包子，一般长18厘米，宽厚15厘米，安有一木柄，长56厘米，该物外硬内疏，便于保存火种，可贮火一天时间，它与西西里牧人用伞形植物茎贮火相似。据拉法格的研究，古代是由妇女保存火种，传递时也由她们带走，"这个火是被神圣地保存着，当它一旦熄灭，这就意味着全家灭亡——""熄灭的火"和"熄灭的氏族"在希腊人中是同义语，古代罗马人也认为自己的命运是同火联系在一起的[②]。当陶器发明之后，人们也用陶器作为保存和传递火种的工具，如壮族的陶火盆、苗族的火笼、满族的泥火盆等等。贵州从江苗族到冬天，人们习惯用竹笼提一个"肖非坯"，即小火笼，内贮木梢和糯米草，供烤火和传递火种之用。活人用火笼，死人也葬火笼，即当老人死后，必为其随葬牛角、猪蹄，作为给死者送牲畜的象征，同时，还拿一个火笼，送到村外，对死者说："今后你路过

---

① 《西安半坡》第23、34页。
② 拉法格《宗教与资本》第48—60页，三联书店1961年版。

这里，可用它烤火、吃鼓脏，引火种。"由此可见，在远古陶器中，也一定有保存火种的工具，如河姆渡文化所发现的贮火尊就是一例。

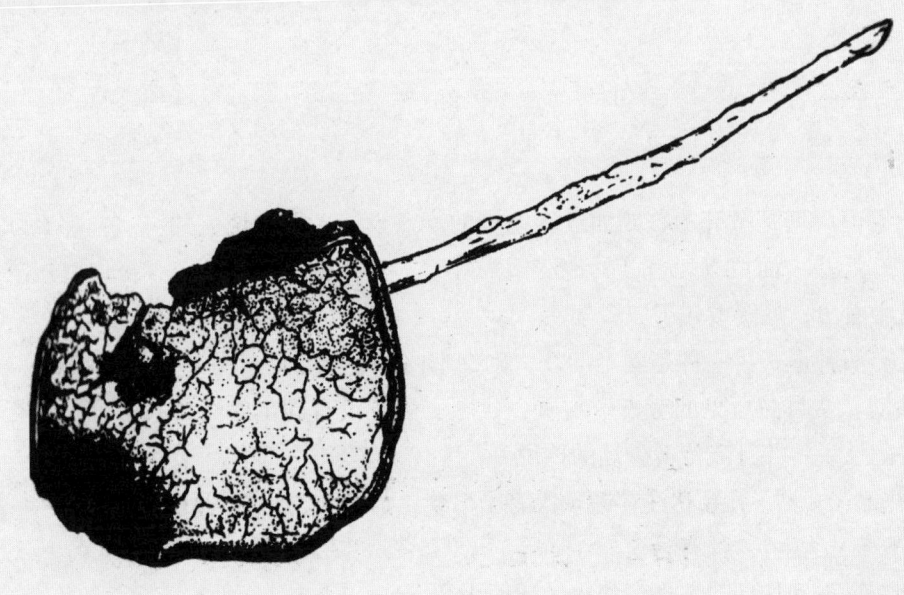

鄂伦春族的贮火工具

古代火种的保存工作，可能主要是由妇女承担的。拉法格说："由摩擦辛辛苦苦地取得的火的保存之责在原始民族中间落在妇女身上。当游牧群改换驻地时，妇女就把布满灰烬的烧焦的木头放在夹板里带走。"① 甚至人们把火塘、灶神神化时，也赐于女性，如鄂伦春族认为火神是一位老年妇女。《礼记·礼器》："灶者，老妇之祭。"郑玄注："老妇，先炊者也。"《史记·封禅书》张守节正义："先炊，古炊母之神也。"《庄子·达生》司马彪注："灶神著赤衣，状如美女。"《酉阳杂俎·诺皋记上》"灶神名隗，状如美女。"妇女所以是火种和灶的保护者，这是由两性自然分工所决定的，男子经常出没森林，奔忙于江河两岸，进行渔猎活动，让他们保护住所内的火种当然是不可能的，妇女则是住所的主人，她们的基本工作是炊事、纺织、抚育孩子，即便在住所附近进行采集、制陶和农耕，也距住所不远，因此使妇女和火结下了天然联系，保存火种自然落到妇女们的肩上。不过男子虽然不是火塘保存火种的主人，但在传递火种方面也很重要。如独龙族、拉祜族迁徙时，就由男性家长举着火把或火种，到新的住地后又重新燃起新的篝火。蒙古族出猎时，必带一少年，称"火弟弟"，专门负责看火，分配猎

① 拉法格《宗教与资本》第 48—60 页，三联书店 1961 年版。

物时照例有他一份，说明男子也是火种的积极保护者。特别是到了父权制时期，"父亲排挤了母亲，成为房屋及其炉灶的主人"。① 因此灶神的形象也父权化了，这是母系制向父系制过渡在保存火种上的反映。

五、灶的出现

如果说火塘是敞开的、四面没有遮挡的炊煮设施，形如烧火的坑穴，那么灶就进步多了。灶是一面留有灶口，其他三面为灶壁，上有较收敛的灶口，可以直接支撑炊具，从中看出，灶壁取代了三脚架。

灶有两种形式：一种是固定的灶，砌在室内，不能移动；另一种是陶制的，较小，可以搬动。从目前所见的考古资料看，我国史前还没有固定的灶台，但是已经有可以移动的陶灶了，并且流传不少灶的传说。

《礼记·礼器》孔颖达注："颛顼氏有子曰黎，为祝融，祀以为灶神。"

《庄子·达生》："灶有髻。"

《淮南子·氾论训》："炎帝作火，死而为灶。"

陆德明《经典释文》引司马彪："髻，灶神，著赤衣，状如美女。"

这些传说告诉我们：第一，灶发明很早，远在神农时代就有了，说炎帝死而为灶，也传说黎或祝融为灶神，灶神为灶之神化，由此推之，灶出现极为古老；第二，灶神为女性，"著赤衣"、"灶有髻"、"状如美女"，把灶神女性化，说明妇女对灶的发明、管理有过重要贡献。灶是怎样出现的呢？首先应该看到，火塘虽有取暖、炊事、照明和保存火种的功能，但就炊煮而言，火势比较分散，室内浓烟多，同时消耗燃料多，而且容易失火，一旦失火，房屋尽毁，威胁人们的生存，所以人们一直在寻找进一步控制火的方法，解决火塘的缺陷。其次，人们在使用火塘的实践中发现，三脚架、陶支子不仅有架置炊具的作用，也在一定程度上控制了火势，既能防火，又可使火焰集中，一旦把三脚架空档围起来，留下灶口和上部出烟口，就变成灶了。这一点，可以从海南黎族从火塘向灶过渡中看出发展脉络。

黎族房屋有一个变化过程，火塘也发生了相应变化。

第一阶段为穴居。《太平寰宇记》卷一六九《岭南道十三》："琼州……风俗……有夷人，无城廓，殊异居……号生黎，巢居洞深，性好酒……熟以竹筒吸之。"在巢穴居住条件下，人们只能在洞穴内点一堆篝火，大家围火而居，近火取暖，就火而食。

---

① 拉法格《宗教与资本》，三联书店1961年版。

龙山文化的陶灶

第二阶段为船形屋。张庆长《黎歧纪闻》:"居室形似覆舟,编茅为之,或被以葵叶,或藤叶,随所便也。门倚脊而开,穴其旁以为牖。屋内架木为栏,横铺竹木,上居男妇,下畜鸡豚。熟黎屋内通用栏,厨灶寝处并在其上;生黎栏在后,前留宅地,地下挖窟,列三石,置釜,席地炊煮,惟于栏上寝处。"这种船形屋,实为杆栏建筑,只是房顶如覆舟。上层住人,选一处铺土或垫石为火塘,架石三脚,席地炊煮。

第三阶段为金字屋。该房为人字或金字顶,四面为墙,留窗与门,形制与汉族民居大同小异。该房所用的炊煮设施,除沿用火塘和三脚架外,已经出现了马蹄灶和台灶。前者是以泥土把火塘左右后三面围筑起来,正面为灶口,形如马蹄状,故曰马蹄灶。其上不用三脚架,可以直接架置炊具陶釜等。该灶的优点,不用三脚架,以灶壁代之,既节省柴火,又使火焰集中,炊煮快,灰烬不会外溢,便于防火,这是向灶的过渡形态,后来在汉族影响下,又出现了台灶[①]。台灶以砖砌成,正方形,上有灶口,可置锅,一侧

[①] 刘耀荃《海南岛黎族的住宅建筑》第25—100页,广东民研所内部刊印,1982年。

有烟囱，正面留灶门，这是比较典型的灶。同时还出现一种可以移动的陶灶。

从黎族的炊煮设施看出，从火塘向灶发展有一个过程，分若干阶段。这些资料对印证考古资料有一定借鉴。

到目前为止，我国还没有发现史前时代的固定灶，但是发现了可以移动的陶灶，南北方陶灶形制也不一样，河姆渡遗址出土一种簸箕式陶灶，火门往上翘，呈流状，深腹厚壁，椭圆形圈足略外撇。外腹壁两侧各安一半环形耳。内腹壁两侧及后壁各横安一粗乳丁，以支陶釜①。临潼姜寨三期出土三件陶灶，为圆筒状，其中有一件高17厘米，口径31厘米，可以支撑陶罐等炊具。陕县庙底沟仰韶文化和洛阳王湾仰韶文化出土的陶灶为深腹盆状，一侧有灶口，上面架陶釜，下面添柴点火②。

以上为移动式的小灶，可以搬动。人们在升火时，可能在户外进行，火着起来以后才搬到室内，因为这时烟已经少了，尽管如此，陶灶多有出烟孔，这样通风好，火苗旺，有利于炊煮，也不至于窝烟。

---

① 浙江省文管会《河姆渡遗址第一期发掘报告》，载《考古学报》1978年第1期。
② 宋兆麟等《中国原始社会史》第360页，文物出版社1983年版。

第五节　家　具

在一般学者的心目中，家具的起源是相当晚的，事实并非如此，有不少家具起源甚早，只因木质家具容易腐烂，难以在考古中发现而已。众所周知，各民族历史的发展是不平衡的，但又有文化上的共性。我们可以通过后进民族现存的家具去认识先进民族的历史家具，用"活体"去解释"死化石"。本文拟运用民族学资料，探讨中国原始家具的发生及其形态。

一、床榻

人类最初是住在天然住所内的。《礼记·礼运》："昔者先王未有宫室，冬则营窟，夏则橧巢。"无论是穴居野处，还是树上巢居，都是最原始的居住形式，目的是抵挡风雨和严寒。当人类到地面居住之后，必然遇到一个新问题，怎样才能在潮湿的地面上居住呢？特别是在严冬季节里，还有一个取暖防寒问题。当时有两种方法：一是利用火，如在室内架起篝火，或者挖有火塘。《炎徼纪闻》卷四苗族"夜卧，必团炉眉火，不施衾枕"。道光《云南通志》引《恩乐县志》拉祜族"无床褥，环火而眠"。这种取暖、防潮方法，在我国许多民族中都有，也是远古时期曾经普遍流行的方法，如仰韶文化、龙山文化的居民也用火塘防潮、防寒。另一方面是在睡处放置铺盖物，这一点可以从民族学中得到证实。鄂伦春族的住所为天幕式的"撮罗子"，以若干木杆搭成，外围以兽皮。地面呈圆形，中间升篝火，借以取暖、照明和炊事，除门外，其他三面都为住处，各有专名，但地面不做任何加工，仅铺以桦树皮、兽皮而已。他们在林海雪原猎宿时，必升一堆篝火。临睡前以火烤背，然后钻到狍皮睡袋里，进入梦乡。彝族则以松毛铺地。全部铺盖仅仅是一件披毡，睡觉时蒙上头和上身，下身是裸露在外的。海南岛黎族则铺以牛皮。《岭外代答》卷一〇："栅上编竹为栈，不施椅桌床榻，惟一牛皮为裯席，寝食于斯……"

随着相对定居的出现，住所比较固定，抗风防雨设备增强，对居住地面也开始修整。如仰韶文化普遍在火塘周围铺以草拌泥、红烧土，后来还出现了白灰面，这种修整既美观，又隔潮，再铺以兽皮就相当舒适了。据专家研究，仰韶文化火塘附近的红烧土是炙地的遗迹，即先把地烤热，然后在其上睡眠，不久前内蒙民间还有类似炙地而居的习惯[①]。龙山文化时期出现了半穴居式住所，当时家庭规模甚小，气候也更寒冷，居住方面除有白灰面外，还出现了火床[②]。在江南普遍流行杆栏式建筑，上层住人，下层关养牲畜，在居住面上铺有竹席。河姆渡文化已知用竹席，为了炊事，已用可以移动的陶灶，显然也有取暖的功能。

在史前考古中，目前还没有发现过床榻，床榻是什么时间出现的呢？床的出现较榻为晚，先有榻，后有床。《释名》卷六："狭长而卑，曰榻，言其体榻然近地也。"榻为无顶无框的小床。这种床是较早的，至迟在商代已有之，因为甲骨文中已有床字，写成爿形，即在两排木脚上安一床板，已具有床的基本特征。1957年河南信阳长台关楚墓出土的木竹床，长225厘米，宽136厘米，高42.5厘米，由床足、床身和穿栏组成，制作精细，豪华异常，已应用榫、卯、钉、绑札、胶合等技术，这是相当进步的床，在此之前，床应该有一个产生、发展的过程，所以床的起源可追溯到原始社会末期是可能的。

应该指出，由于气候和地理环境的关系，床榻在南方出现较早，也相当流行。《庄子·盗跖》："暮栖木上。"其中的"木"，与其说是树上，莫如说最早的床。民族学为此提供佐证，如黎族住在船形房内，每座村寨还有一栋或若干栋公房，是青年男女聚会的地方，公房内还搭有简单的竹床，以防潮湿。事实上，广义而言，南方的杆栏式建筑其楼板就起床榻的作用，下边的楼柱只是床榻的足罢了。苗族称杆栏为"高脚楼"，正揭示了这一原理。北方出现床要晚些，因为除防潮外，冬天还有一个防寒的问题，这是木床在北方发展缓慢的原因，但是却出现另一种住具——炕。明人张自亚《正字通·炕》："北方暖床为炕。"这一风俗在我国东北地区尤甚。《新唐书·高丽传》："冬月皆作长炕，下燃温火。"

与床榻有密切关系的是枕，中国古代常把枕床联系起来。《吕氏春秋·顺民》"身不安枕席，口不甘厚味。"古诗《孔雀东南飞》："结发共枕席，黄泉共为友。"在人类社会初期并无枕，仅用胳膊垫头而眠。《论语·述而》："曲肱而枕之。"说明睡觉需要枕头，后来制作各种枕头，如哈尼族以构树皮为枕，傣族以竹筒为枕，有的竹枕以木为长方

[①]《中国古代建筑技术史》第230页，科学出版社。
[②] 梁思永《龙山文化——中国文明的史前期之一》，载《考古学报》卷七。

骨架，外编以竹篾，其形象与信阳长台关战国楚墓出土的竹枕如出一辙。鄂伦春族以桦皮为枕。傣族有一种折叠木枕，是以一块整木挖制而成，平放为两板，可以坐；支起为枕，可为卧具，这是相当进步的木枕①。有趣的是，在湖北黄冈螺蛳山屈家岭文化遗址出土一件石枕，这是目前发现的最早的枕头了。

在床榻类中还有一种小儿所用的床。北方流行摇篮、摇车。《龙沙纪略》："鄂伦春族妇女皆勇决善战，容至腰数矢，上马获雉兔作炙以饲，载儿于筐，裂布悬顶上，射则转筐于背，旋而便捷，儿也不惊。"南方则流行绳床，即在两树间吊一网兜，其中可放小儿，其优点是防止野兽侵害，有安全感，地上可适当熏烟，能够驱走蚊虫。这种绳床是很古老的，因为远古时期妇女就以网兜背孩，休息时把网兜横拴在树上，这就是最早的绳床。文献中所谓的绳床，始于唐代，流行于僧人中间。《资治通鉴》引程大昌《演繁露》："绳床以板为之，人坐其上，其广前可容膝，后有靠背，左右有托手，可以搁臂，其上四足着地。"由此看出，这是一种扶手靠背椅，可称木绳椅。与古绳床大不同。

床上多铺席，浙江河姆渡文化遗址出土有苇席，以二经二纬编制；草鞋山遗址下层也出土苇席，篾席；钱山漾发现有竹席。

二、案桌

人类最初是没有案桌的，而且这种家具出现甚晚，从中国考古资料看，商周时期才比较流行。不过各种史料表明，所谓案、桌等类家具，最初的功能都是供食物加工或者进食使用的，后来才有待客和书写的功能。那么先看看人类最初是怎么进餐的。

最初是席地而坐的，餐具都放置在地上，食具也多来源于自然物，如葫芦、椰子壳、人头壳、竹筒、兽角、蚌壳等，葫芦在其中占有重要地位，并在葫芦器皿的启发下，发明了陶器。赵汝适《诸蕃志》卷下黎族"以土为釜，瓠匏为器"。这些器皿十分低矮，起初都放在地上，但食用不便，后来陶器多加高足。

当时为了加工食物，也需要一定的铺垫物，如垫皮革以揉面，垫树皮以切肉、菜等。藏族以皮袍揉面，鄂伦春族以兽皮口袋、桦树皮和面，拉祜族以芭蕉叶晒野薯粉，等等。所以最早的案应该是石板、树墩、树皮、兽皮。《安定县志》黎族"饮食以牛皮为槽"，进而才出现了木制的菜板。过去在江苏常州圩墩新石器时代遗址，曾出十一件木制菜板，呈长方形，四周有槽。无独有偶，鄂伦春族也使用一种类似的切菜板，也

---

① 陈增弼《一件工巧的宋代折叠木枕》，载《文物》1990年第7期。

呈长方形，四周也有槽，两种菜板皆以一块木料刨制而成。

为什么要制造有槽的菜板呢？就此我们曾询问了鄂伦春族老人，他们说："这是我们在住地或行猎时用的，都是放在地上剁肉、切菜，如果在平板上切，容易掉在地上，有槽就不会掉到地上了，而且有槽木板不易干裂。"据我们调查，这种案板具有多种用途。除上述功能外，也可盛肉、菜和其他食品。该族不会制陶，但能缝制各种桦树皮碗、盆等，这些食具一般也放在案板上。

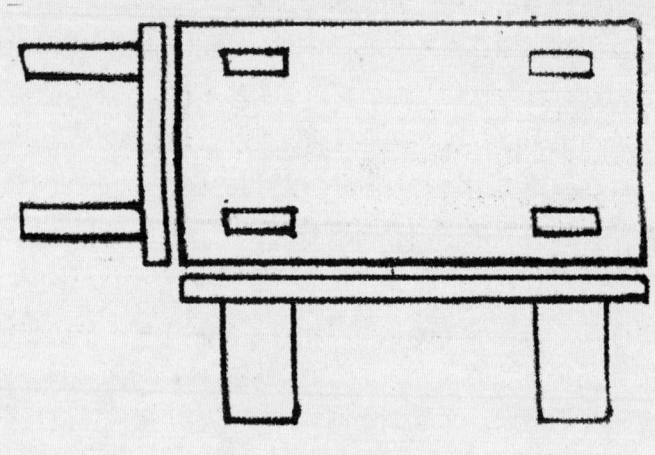
陶寺龙山文化的木案

由此看出，上述木案板，实际是古代的案或称案板，这种家具在纳西族、普米族、藏族等地区也屡见不鲜，它与战国的案（无足案）是同一类型的家具，是最古老的案，即无足案。这种家具既可在地上使用，如切菜、加工、盛食具，也可以自由移动使用，是灵活性较强的家具。后来的食案则是在其下加四足所形成的。凉山彝族在50年代初，尚处于奴隶社会阶段，房子较简陋，掘地为火塘，无炕无床。《西昌县志》卷一〇：彝族"盛酒以瓮，或猪包，盛杂物以革囊中"。他们仅有一种家具，即桌子，有长方形、圆形两种，下安四足或三足，足高仅10厘米左右，讲究一点的外部施漆，绘有牛头、耕牛等图案，供安置食器、酒器，一般可摆六七套或九套食器。但桌子不普遍，仅限于奴隶主、土司之家，一般家庭不用桌案，因此食器、酒器多安高足。这种桌实为有足食案，如同北方的炕桌、矮桌。

史前时期已有食案，如常州圩墩出土的木质切菜板。另外，从当时的食具也可看出端倪。在湖北京山屈家岭遗址曾出土一件大陶锅，口沿甚宽，而且平直，足可以放置陶碗、陶钵等食器，这样使食具高度大大增加，便于人们蹲坐饮食。在陕西客省庄二期文化曾出土一个穿孔陶盘，也是一种圆案或食物加工工具。商周时期的陶质和铜质食具、酒器也多有高足，可使食具的水平位置升高，便于就餐使用。在陕西仰韶文化还出土一种圆形陶盘，周边有突起的口沿，中间有四等分的刻度，可能是制陶的轮盘，实际也是一种圆形案，是制陶的工作台。由此推断，当时有案是无疑的。安阳妇好墓出土一件妇好三联甗，上为甑，下为鬲，上下一体，但鬲体为长方形，其上三孔

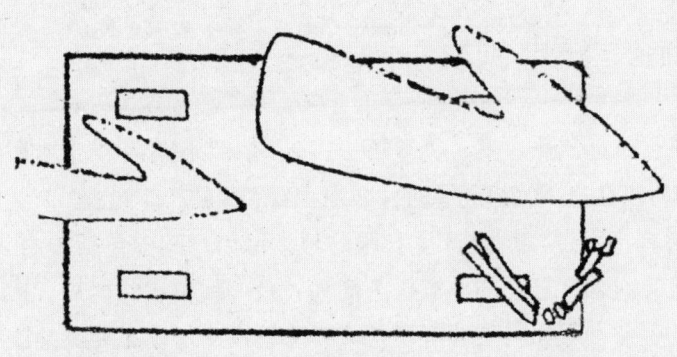

陶寺龙山文化的石刀和案

置有三甗外，四周有宽敞的案台，也可当食案使用[①]。最为重要的是山西陶寺龙山文化墓地遗址，曾出土不少木家具，如第3105号墓出土一件木俎，长方形，四足，其上还有石刀和猪蹄骨，与后世出土的漆俎、陶俎如出一辙。该遗址不仅出土有木俎，还有木几、木案。在山东临朐县西朱封龙山文化遗址还出土一件长足案，长1米，宽80厘米，其上施纹。

从商周时期到战国时期的食案分析，基本有两种形式，一种是长方形，一种是圆形，它们应该有自己的源头，圆形案当来自陶器，长方形案与无足案有关。而且各民族都喜欢自己的案具，如傣族流行圆形案，彝族、纳西族、鄂温克族则流行长方形案。这两种案一直保存下来，对后来案桌有重要影响。

坐具又是怎样发生的呢？我们知道人们在室内多坐于火塘的周围，席地而坐，臀下多垫以树皮、松毛、兽皮和杂草，目的是防潮、舒适和防脏，这是产生坐具的社会需要。不过远古时期人们经常迁徙，漂泊不定，并没有固定的坐具，当时也制作不了坐具。自从相对定居以后，特别是有了食案之类家具以后，由于食具、酒具水平位置相对升高，人们的坐位也需要相对提高，于是开始讲究坐具了。首先出现了筵席，多以芦苇、竹篾编制，这种家具在史前时代就出现了，并一直沿袭下来。《周礼·春官·司几筵》郑玄注："铺陈曰筵，籍之曰席。"孙诒让曰："筵长席短，筵铺陈于下，席在上，为人所坐籍。"即先铺筵，后加席，人就跪坐在席上，两膝并拢，臀部坐在脚后跟上，称"蹲踞"、"踞坐"。不过一旦用案，坐具也就产生了，海南黎族进行炊事已有一种案板，接着必有凳，他们有圆木凳、藤编圆凳等多种。西双版纳傣族就餐时已用案，再席地而坐就有些不适应了，于是普遍用坐具，最简单的是砍一节粗竹筒，横置于地，供人坐用，但竹筒不稳，又将筒砍为长方四棱形，这样既稳定，上部平坦又利于坐。较讲究的是以木料制成鼓状凳，凳面以竹编成。傣族的竹枕头，既是卧具，也是坐具。纳西族在砍伐树木时，专门留一截树干，且有意留三根枝杈，翻置面下，正是一个三足木凳，说明坐具是从板凳开始的。

[①] 《殷墟妇好墓》120页，科学出版社。

三、箱柜

　　箱柜是家具中最古老的成员，远比床、案、凳等历史古老，因为储存和携带衣服是人类最早的生活需要之一，所以在追溯箱柜起源时，必须看看衣服的产生过程。

　　关于衣服的起源有种种解释，不过实用是产生衣服的根本原因，其中包括护身、防寒，以及后来的遮盖、审美等观念。最初的衣服极为简易，是一块兽皮、树皮、树叶等，现采现穿，并无积蓄。后来衣服原料来源有所扩大，除兽皮、树皮布外，又产生了纺织品，衣着种类增加，出现了寒暑之别，如鄂伦春族以食肉衣皮为特色，冬天穿带毛的皮衣，夏季穿脱毛的皮衣，从而就有一个随季节变化而改换服装的问题，接着也有一个收藏的问题，那么用什么家具储存衣物呢？从民族学资料看，基本有两类：一类是固定的，如洞穴、树洞等，宁夏菜园遗址出土不少史前窟洞，洞内有不少小窟，其中就装有骨针等物；另一类是活动容器，以渔猎为生的鄂伦春族、鄂温克族和赫哲族来说，基本有两种家具：一种是大型的鹿皮口袋，呈长方形，两侧有皮条，供拴扎和挂在马背上，这种口袋可盛衣服、粮食和干菜。另一种是桦树皮缝制的，其中有"阿达玛拉"，即桦皮箱，长方形，扁平状，子母盖；"卡米"为桦皮篓，呈高筒状，也有盖，类似竹筒；"奥纱"为针线盒，扁圆状，也有盖；"毛力春"为帽盒，尖盖、圆形。说明在猎牧民中间也有了简单的箱类家具。

　　在远古时期以树枝、竹篾编制的筐篮，也是最早的储藏家具，由于竹编物容易腐烂，不易在考古中发现。在杭州钱山漾良渚文化遗址出土不少竹编的席、篮、篓、箩、簸箕等，多为一经一纬或二经二纬编成，也有人字纹、十字纹。在甘肃出土一件史前陶质篮筐模型，足证当时确有筐篮存在。凉山彝族的家具有皮口袋和柳条编的圆筐两种，后者是储存衣物的，有时也装粮食，但必在圆筐外糊以草拌泥，防止粮食外漏。不过筐篮仅仅是一般储藏容器，还不是专门的家具，后来为了便于储存、防止灰尘，多在筐篮上加盖，并适当扩大，专门储藏衣服、首饰，于是出现了最早的箱子，即竹筒。

　　竹筒原为小型竹盒，是盛饭用的。《礼记·曲礼上》："凡以弓剑苞苴笥问人者。"郑玄注："革笥，盛饭食者，圆曰箪，方曰笥"。后来又扩大为衣箱，呈长方形，有子母口盖，这种家具在湖南马王堆汉墓曾有出土，是当时最重要的家具之一，并一直在南方诸民族中沿用着，如傣族、布依族、侗族就以竹筒为基本箱柜。普米族、藏族、纳西族、傈僳族也使用同样的竹箱。它所以有较顽强的生命力，是因为竹筒有不少优点，首先是取材方便，有利于制作，一般老人、篾工都能完成。其次，竹筒轻便耐用，搬动自如，为居民喜用之物。三是通风干燥，不易虫蛀，这些优点使竹筒有较强的生命力，能够在城乡长期保存下来。

自从青铜器工具出现，特别是铁工具广泛应用之后，也出现了木制衣箱，如曾侯乙墓就出土5件二十八宿图案衣箱，长82.8厘米，宽47厘米，高44.8厘米，分箱体与箱盖两部分，从形制上看，它是模仿竹筒制作的。

从上述事实看出，远古家具有自己的特点。首先是家具矮小，由于当时住宅简陋，对家具要求不高，席地而坐，所用家具、饮食器皿也很简单，多置于地表。《中山传信录》卷六"室中皆席地坐，无椅桌之用，饮食诸具皆矮小，以便用"。其次，原始家具简易、结实耐用。此时的家具基本上是用有机物质制成的，不是竹编，就是树皮、兽皮缝的，结构简单，使用自如，即使是木制的，也多由一块木料砍制而成，或者由几块木料组合而成，也有这些优点。游牧民族家具虽然简单，但有自己的特点，即简便、轻巧、适于搬动，如胡床就是一个突出的例证，且为农业民族所接受。可是牧民也有较大的箱子，也由皮、木制成，放在专门车上运输，称为"箱车"。此外，原始家具有多种功能，最初的家具与工具一样，都是多功能的，如床是睡眠之所，也是最早的坐具。《北盟录》："女真俗环屋为土床，炕火其下，寝食起居其上。"床的这种功能，直到近代还如此，床也是待客的场所。食案既是食物加工工具，又是放置食物、酒器、食器的地方。箱子可以盛衣物，也可盛粮食、干菜，后来也可盛书籍。作者在四川普米族家中看见一种以独木挖制的长形木槽，形如柜，平常可以储水、谷物或者衣物，妇女难产时，则在木槽内盛水和草药，以石煎法，往水里丢炽石，使水升温，产生蒸气，然后把产妇架于木槽上，认为这样能防止难产。这个例证说明，原始家具的功能是多方面的。

在人类的童年时代是没有家具的，它的产生是有一定历史背景的。一方面是社会生活的发展对家具有一定的需要，这是产生家具的社会动力。

最初人类迁徙无定，茹毛饮血，根本谈不上家具，如储存衣物、食物，加工食物，放置食具、酒器，方便起居等等，都要求有一些简单适用的家具，包括床榻、箱柜、案、凳等等。后来随着北方火炕的推广和流行也促进了北方家具的变化，出现了炕柜、炕桌、炕屏风，这些家具是与南方家具不尽相同的。值得注意的是，家具产生也不限于物质生活的提高，因为人类在谋求自己生存之外，还创造一个精神世界——鬼神世界，他们以虔诚的态度，模仿人间的生活模式，向鬼神献供，而这种献供本身，所需要的供品、设备是比较讲究的，西周时期的青铜案，本是一种案台，就是一种祭祀用的礼器，它是最早出现的案，后来才发展成为一般的案。我国西南有不少民族把供品放在火塘旁的石头上，称锅庄，进而在火塘边置小木案，后来又改为一小木柜，专司供神和放置供品，但是一般家庭起居并不用上述家具，说明宗教信仰对家具的产生和发展有一定的促进作用。

任何新生事物的出现，仅仅有社会需要还是不够的。还要看当时是否已经具备发明上述事物的物质技术条件。事实说明，在新石器时代已有锋利的石斧、石楔、石锛、石凿，后来还出现了铜质工具，当时木工、编织和树皮工艺也有长足的发展，为原始家具的制作提供了可能。不过，史前家具是相当原始、粗陋的，主要是编织的箱子、食案，树皮缝制的箱、盒，以及木制的案板等，复合式家具较少。商周以后，对家具的需求日趋强烈。加上木工技术的改进，出现了床、几、箱、柜，案也有相当改进，后来还传入了胡床，这些家具的先后出现，与当时铁器的推广，专门木工工具的出现，木器加工工艺的提高，有密切关系。但是有一点应该指出，即使铁器普遍使用之后，人们还不能很快就掌握破板技术，如云南佤族在制木臼时，往往先以铁斧在独木上刨一坑，又在坑内烧火，烧一层，刨一层，最后才能制成木臼，据说他们过去制作独木舟也是利用类似方法。摩梭人本已使用铁器，但不用锯，其破板技术全靠铁斧，或者将大树断为几截，把树干刨成木板，或以若干把斧子为楔，将树一一劈为木板，这种楔树方法远在史前时代就出现了①，是一种古老的破板法。这种方法制作的木板较厚，表面不平，有斧砍楔劈痕迹，用它制作的家具相当粗糙。

　　由此看出，古代家具的发展是相当缓慢的，从史前时代产生到唐代家具定型，几乎经过了两三千年的发展过程。这是由社会经济水平和科学技术水平不高决定的，此外，与传统习惯也有一定关系，也就是说，人们习惯了某种起居生活，是不轻易放弃自己已有的家具和习惯的。50年代初，一向以游猎为生的鄂伦春族迁入定居村落，住进了砖瓦住宅，但是该族的一些老人却彻夜难眠，问他们为什么，他们说担心房顶塌了压死人，或者感到房屋不风凉，也感到木箱太重不易搬动，等等，依然使用传统的桦皮家具、古老的菜板。总之，一切都没有旧帐篷和旧家具好。西南从事游牧的民族，长期环火而眠，让他们在楼房内居住，也左一个不舒服，右一个不适应，到了晚上他们只好从床上移居于地上，升起炭火，围火而饮，环火而眠。他们认为床太小了，束缚了人的手脚，只有平坦的地面，才能给他们以宽阔的起居场地。

　　这些例证说明，家具的发展，不仅取决于生产力发展水平和社会生活条件，也受到上层建筑因素——审美观念、宗教信仰和传统习惯的影响。

　　关于被褥的发明，是较晚起的。起初以洞穴，树洞和人工住所御寒，当然火也是战胜严寒的武器。《炎徼纪闻》卷四古代苗族"夜卧，必团炉厝火，不施衾枕"。这种现象是很普遍的。鄂伦春族睡前必以火烤腹背，然后才能入睡。河北有些穷人，过去无被褥，晚上睡觉前，先在地上烧一堆火，把地烧热，然后将火扫于一边，卧于热地上，俗称"炙地眠"。火炕可能是在类似风俗基础上发明的，被子也是寒带居住者首创，起初用草为被，西番人有一句谚语"西番人被褥燕麦草"。据说该族在夜里睡眠，往往钻

---

① 杨鸿勋《石斧石楔辨——兼及石锛与扁石铲》，载《考古与文物》1982年第1期。

入燕麦草中。兽皮也是一种被褥,既可铺地,又可盖身。狩猎民族有一种毛朝内的睡袋,呈筒状,一头缝死,一头开口,人钻进去后把开口扎住,可以在冰天雪地里睡觉。《中华全国风俗志》下篇卷一:"呼伦贝尔布特哈兴安各域诸部落,每以狍皮置为囊,野处露宿,全身入囊,不畏风雪。"有些西南游牧民族以披毡为被,日穿夜盖。南方民族则以楮树皮制成树皮布,缝为被,如黎族、傣族、哈尼族就是这样。

第四章
行旅交通

　　人类自童年时代起,为了生产、迁徙和婚配,就在地球的空间上移动,最初活动在热带和温带,自从发明人工取火以后,也向寒冷的地区挺进,使人类分布地区空前扩大。由于出现了交通,形成种种行旅风俗。

在比较原始的民族中可以看到，当人们出行时，无论是攫取动植物，还是讦徒、征战，原始人都是疑虑重重，预感到会遇到种种不测，对前程没有取胜的把握，因此必请求神示，出现预兆和占卜等迷信，以此作出行的判断，吉利则行，凶恶则止。可惜，我们对史前的上述迷信已捉不到踪影，只能从民族学资料中加以推测。有些民族认为出行必然会遇到许多鬼，鬼常常找行人的麻烦，或跌崖，或被洪水冲走，躲避的办法是进行占卜。独龙族狩猎前，还塑造若干动物，然后放在大树下，以弩击兽，中者预示狩猎丰收，不中则狩猎失利，由此决定出猎与否。在出行过程中，也要注意判别方向，以一定方式做出路标，尤其在茫茫林海中进行，必须在树上砍一缺口，插一树枝，以此标志行进方向，这样归来时不会迷路。

行旅有不同的方式和风俗，这是根据地理环境划分的，有陆路风俗和水路风俗。

第四章　行旅交通

【 第一节　陆路交通 】

陆路交通是指原始人在陆地上的交通活动，基本有两大类：人力和畜力。

一、人力交通

原始人在极其漫长的历史时期内，没有任何交通工具，都是徒步行走的。最古老的辅助交通工具是木棍，它不仅是采集和狩猎工具，也是人们行走时的拐杖和背扛物品的工具。《礼记·曲礼上》："谋于长者，必操几杖以从之。"木杖就是由棍棒发展来的。

载重物品，一般是头顶、手提和肩挑。我国山顶洞人 102 号女性头骨的变形，只限于前额，且有一凹槽，可能是带索勒刻所致。我国西南古代流行悬棺葬的民族也有类似头骨变形，显然是以前额负物的反映。解放前我国的瑶族、基诺族、高山族、哈尼族和苗族均用头载物，其中有两种形式：一种是以头顶直接顶物，如红山文化妇女、石寨山文化贮备器上就有以头顶筐篮的形象。朝鲜族为了顶物，在头顶上往往放一布或草圈，称之"顶圈"，既可保护头部，又利用其置物。另一种是利用头顶枷或带索负物。朱辅《溪蛮丛笑》载古代五溪蛮"负物不用肩，用为半枷之状，箝其顶以布带或皮，系之额上，名'背笼'"。闵叙《粤述》："瑶人……负载者悬着背上，绳系额，偻而趋，上下如飞。"刘赞臣《西南野人归流记》载，门巴族以藤系物，再把绳勒在前额，"以头顶之而行"。云南哈尼族把背绳套在头顶，他们认为劲大。清代阜和番人也用同样方法背布疋。尽管各族背物方法有异，但是必须有背绳，绳头拴木环，曲木或挂钩。

手提物品，有直接提拿和采用绳索、木棍等工具间接提拿等方式。背包、网兜是人们必不可少的携带工具。云南佤族男人身上有两件物不可缺少：一件是长刀，一件是背包。这些工具起初以兽皮缝制，进而用树条、树皮和其他纤维制成篮筐，以此搬运物品。葫芦本为天然产物，后为人类栽培，除可食用外，可大量制成器物，人们外出时多以葫芦盛水。

在背负过程中，多有辅助工具，主要是绳索，即以绳系物，然后背在后背，多用来背柴草、粮食。《中华全国风俗志》下篇卷六："至金川夷人，辄用皮条，长数尺，作活套，束物系背，仍手持其端，劳顿时，背就蹲石，手松其套，可小息。"《中华全国风俗志》下篇卷六："黔楚苗瑶及西藏夷人，携带货物，或缠缚头顶，或系绊脊膂，头不得转动，身不得屈伸，肩挑手挽，劳苦尤甚。"为了休息，多持一木杖，人停下来时以木杖支物。但是直接背物容易磨伤皮肤，必用一定容器，有桶、口袋、篮、筐等。

为了保护肩，且利用支力，多用背架。《峒溪纤志》卷中："诸苗负物，不以肩，用木为半枷之状，箝其项系带于额，背笼以行。"在《苗

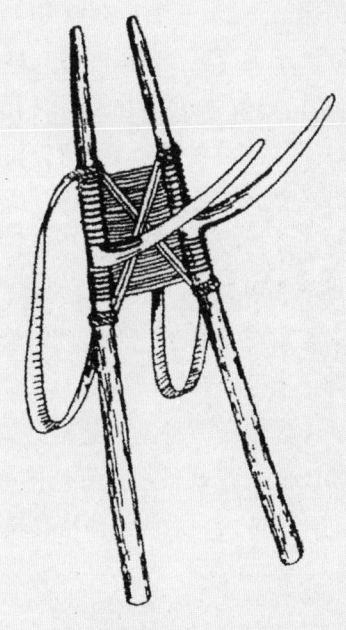

朝鲜族的背架

原始人抬木头

民风俗图册》上就有高坡苗以背架负物的形象。纳西族除用背架外，还有背肩。三峡土家族善于负背篓，附有两件工具：一是牛披肩，二是拐杖，途中休息时则以拐杖支撑背篓。《滇游记》："担负货物，项戴半木枷，徒走亦不暂脱……彼载木枷者，殆可负重，以便工作耳。"其实这种背架多有支撑设备。

嘉庆《临安府志》卷一八哈尼族"力善背负，而不善肩挑，凡运薪米数斤，皆之于背，束物胸前及额，伛偻而行"。藏族背具尤多，梅心如《西康》称："其负重器具有五：背篓、甲背子、扛架软索篓、包藤。"不过，藏族喜欢用绳系木桶汲水，而不用背架，但要以绳索系于肩部。朝鲜族称支架为"支盖"，由两根一米许的木棍搭成，中间为靠背，木棍上有背带。

挑也是一种人力运输方式，多流行于平原地区，如傣族挑水用扁担和陶罐，贵州各民族也喜欢挑担，有低挑、高挑之分，货物距地面近为低挑，货物距地面较高为高挑，如沙人、水族则流行高挑。

二、畜力运输

人类使用畜力是较早的，在猎人中已驯育一种鹿，又名驯鹿，用以驮物。据研究，在新石器时代已饲养驯鹿，至今在我国鄂温克族中还饲养着，驮运猎物和骑用。鄂伦春一词就是使用驯鹿人的意思。《东三省政略》："复有山中鄂伦春所使者，彼名曰沃利恩，俗称四不像子。角有数岐像鹿，蹄分两瓣似牛，身长色灰似驴，其头则似鹿非鹿，似牛非牛，宽额而长喙，毛甚丰，能负重百余勋，鄂伦春人驯畜力，用时以木击树，闻声即来，饲以苔，用毕则纵之使去，即游山中。"猎人不仅用鹿负物，还用犬拉爬犁，这一习俗旧时在赫哲族中间十分流行，称为"使犬部"。《中华全国风俗志》下篇卷一："吉林有似车无轮，似榻无足，状类于犁者，土人呼之曰扒犁，满语曰法喇，乃取木之性软者，削两辕，前半翅起，后半贴地，上支四短柱，柱周银回筐，覆以板引以绳，载重则驾牛马，载人则覆席如毳，驶行冰雪中，速逾于车，驾犬者谓之狗爬犁。"

牛也是重要交通工具，主要是驮运、拉车。在云南傣族、白族、纳西族地区还把牛编成一组，组成牛帮，由头牛牵头，用以驮粮。在《么些图卷》上就有牛帮的形象，西双版纳傣族的牛帮，还有特殊的头饰。西藏则组织牦牛运输队。牛也是挽拉的动力，所用工具是牛拖，后来才有车。

1972年在广西桂平石咀河修堤坝时，挖出一件美丽的铜鼓，鼓面有四只青蛙，在两青蛙之间有一牛拖，该组塑像长8厘米，两侧为两条辕木，前端用一曲轭连接，套在牛的颈上，后边有一栏架，其上放一敞口筐篓。辕木前高后低，后边着地，由牛牵引,在地上划行。牛背上还骑一人,双腿跨过辕木,伸向牛腹两侧,双手握着牛角,作驾驭状。在其他地方发现的牛拖,牛背上没骑人,而是站立一只乌鸦,显得格外安静,考古学家蒋廷瑜先生认为这是汉代岭南使用牛橇的反映,该具称牛拖为宜,橇应该是另一种形制的交通工具。

不难看出,牛拖是一种由牛牵引的运输工具,似车而无轮,像爬犁而一头着地,它究竟是什么形制,在民族学资料中能找到答案。

1992至1995年,作者在海南岛从事热带雨林与黎族文化调查,先后跑了20多个村落。该族主体是百越的后裔,由于久居孤岛,与外界联系较少,至今还保留许多越人的原始文化,这是在其他百越后裔地区所看不到的,如钻木取火、骨刀、泥片贴筑法制陶等等,最有趣的是在黎族地区还在使用古老的牛拖。

黎族的牛拖十分简单,通常是先砍伐两根木辕,长4至5米,然后将其并列,间距80厘米左右。在两辕前端,横安一曲轭,多以粗野麻绳、牛皮绳或曲木为之,在辕的后方偏上一点的地方横安一木乘,即木格,与牛轭平行。这就是一架完整的牛拖了。使用时,将辕头的牛轭架在牛肩上,这样牛拖前高而后低,即拖后端落在地上,当牛前行时,拖则划地而行,在地面上留下两条类似车道沟的划印。

黎族所用的牛拖,主要是载货用,用它拉木料、竹子,也可在上置一筐,运输粮食。在行进中,赶牛者也可骑在牛背上,但很少有人坐在牛拖上。

牛拖在云南地区称牛拉架,如哈尼族的牛拉架,为长方形木框,无轮,以绳索挽拉。

百越和黎族牛所牵引的工具到底叫什么名称呢?这也是应该推敲的。所谓橇,实际是一种泥中行驶的交通工具,并不是牛拉的拖,原因如下:

第一,橇当为泥行工具。《史记·夏本纪》:"陆行乘车,水行乘船,泥行乘橇,山行乘檋。"这种泥行工具,显然与铜鼓上的牛挽工具和黎族的牛拖不同。

第二,从形制上看两者也不一样。《史记·夏本纪》集解孟康曰:"橇形如箕,适行

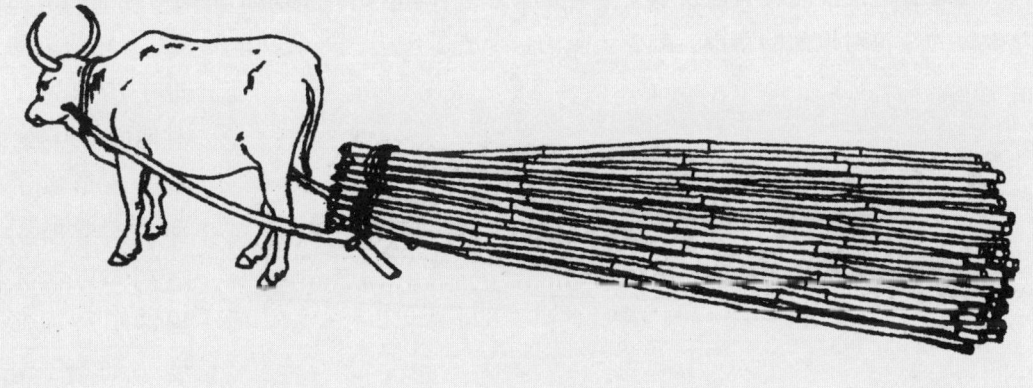

黎族的牛拖

泥上。"正义:"樶形如船而短小,两头翘起,人曲一脚,泥上适进,用拾泥上之物。"从行文中看出,樶是一种船形物,两头翘起,使其不致陷入泥潭中,这与牛拖不同。

第三,操作方法不同,樶是人力推动的,"人曲一脚,泥上适行",其作用是"拾泥上之物",是一种采集工具,这一点在民俗中也有保留。1991年作者在深圳民俗村东方花园小住期间,正面向大海,每天早晨潮水退后,都有不少渔民下海拾蟹、鱼、虾,所用工具就是樶,其形制是一块方形木板,两头上翘,前方有一横木架,供人手握。当行驶时,两手扶把手,脚踏木板,行一段,拾些海物,接着又一脚踏木板,行一段,又拾海物,如此不断工作。这种木板,实际就是樶,而操作方法也是"人曲一脚"。黎族所用的牛拖则与此相差千里。

此外,牛拖是陆地上的交通工具,而樶是一种泥地上的交通工具,类似雪城的滑雪板、冰上的冰车。

由此观之,所谓樶与拖,是两种交通工具,无论是形制、使用地域,还是操作、功能,都是不同的,而铜鼓上的牛挽交通工具,是牛拖,不是牛樶,事实上,樶是不用畜力或牛挽拉的。但是樶、牛拖,以及南方的木轮牛车,都是南方诸民族在交通用具上的卓越创造,为中国文化史作出了积极贡献。

关于车的发明,古代传说不少。《古史考》:"黄帝作车,至少昊始驾牛。"《世本》:"奚仲作车。"《山海经》:"奚仲生吉光,是始以木为车。"这些传说都把车的发明追溯到黄帝时期,这是可能的,有待考古发掘的证实。从民俗资料分析,我国的车制有若干类型,适合不同地区的使用,其中南方的车就与北方车不同,它的轮子较小,是由一块木板制的,车轴与车轮是固定的,适合在水乡使用。北京大车,草原的勒勒车,轮子都很大,车体较笨重,这些车型应该有不同的来源,以南方的牛拖而言,如果在牛拖下边安一轴二轮,它就变成车了。百越民族恰恰是根据水乡的自然环境,因地制宜,发明了有南方特色的车,它在台湾、海南岛、广西、云南等百越后裔民族中都有流行。

不难看出,车的发明在技术史上有重要意义,如果说牛拖是把重物对地面的滑动摩擦改为拖辕对地面的摩擦,减少了阻力,节省了动力,那么,车辆又以车轮的滚动进一步减少了对地面的摩擦,进一步节省了动力,增加了运载量,大大提高了行驶速度。如《淮南子·氾论训》:

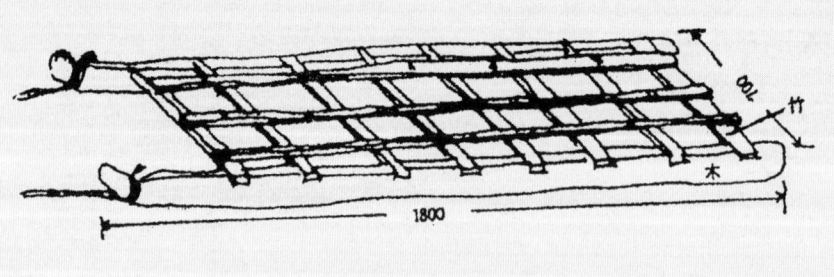

哈尼族的牛拉架

"为之剡轮建舆，驾马服牛，民以致远而不劳。"这在促进社会生产的发展、各地文化交流上有积极的贡献。

人类最初搬运较重的物品，往往把圆木柱垫

朝鲜族的牛拖架

在重物之下，随其滚动而移动，但是这种办法阻力大，垫木要多，如果再以垫木为轴，两头安上轮子就方便多了，因此最初的车轮和轴是固定的，轴与车辕之间有一个滑动的槽，于是人类发明了车。从黎族的牛车演变过程看出，车的产生经过了三个阶段。

第一个阶段是用一根较大的树杈在地上拖东西，即前边一人握住两个树杈（这两个杈就是后来的车辕），在后边树杈交点上放置重物，杈尖在地上划行。这种搬运方法着地面积小，划为深沟，阻力较大。在广西桂平出土的铜鼓上有一个牛橇，动力是水牛，粗角大嘴，四肢平直，牛脖子上套一稍弯的木轭，两侧拖着辕木，前高后低，尾部有一框架，上放一大篓筐。这是由上述木杈拖物发展来的。东北耕地时有一种拖车，以及冰床等交通工具，也是利用类似原理发明的，它们对车的发明有一定启发。

第二阶段是以两长木为辕，前为牛轭，后为固定方架，该架为井杆式架，即车厢，两辕着地，牛挽之而行。

第三阶段是在上述井字型木框上安二木轮就变成车了。该车轮由一块整木挖制，在黎族、高山族、壮族、傣族、侗族等地区都较流行，如在《琼州海黎图》、高山族皮画上都有此形象。不过该车轮较小，后有车厢，人可坐在车厢上赶车。高山族皮画上的车，与黎族牛车相似，也是南方型车。

在谈到车制时，南方的木轮车并不是讨论车制起源的重点，因为车的最早起源在北方，特别是草原地带。那里的居民经常变换草场，路途遥远，迫切需要一种搬运工具，当地大量的畜力又为车制的发明提供了物质条件，所以当地较早发明了车辆。从内蒙、新疆发现的岩画上，就有许多车的形象，这是考古上的证据。北方草原以大轮车为主，又名勒勒车，蒙古族有衣箱车、货车、水车等等。每户迁移，其车队长长的，非常壮观。达斡尔族以制大勒勒车著名。勒勒车，又名罗罗车、牛车、哈尔沁车，多以桦木制成，双轮甚大，轻便易行，由一牛牵引，常常几辆成串行走，一人可驾几车。当地还有一种桦皮车。

最早的车是人力挽拉的，后来才改用畜力。谯周《古史考》："黄帝作车，至少昊始驾牛。"不过，起初畜牛驾车并不用套索，因为当时仿犁架式，用单辕，前横一衡，即一横杠，两牛架衡而行，故曰抬杠拉车。云南路南豆黑村彝族还保留一辕车，由肩轭挽拉，肩轭中间与车辕相连，两侧有两个木桩，供二牛牵引。后来的战车则要站立而驱之。《吕氏春秋·慎大览贵因篇》："如秦者，立而至，有车也，适越者，坐而至，有舟也。"由于利用车轮转动而行，减少了车与地面的摩擦力，运转方便，载货较多，可以长途运输，在古代交通史上占有重要地位，对社会的发展和文化交流有重大的促进作用。

马行走快、灵活，也是重要的交通用畜，首先是用于骑乘。据学者研究，中国马是由"普氏野马"发展来的，由西南地区驯育成功。西南马又称笮马，长鬃、体小，身短，适合山区，耐劳性强。刘昆《南中杂说》："滇中之马，质小而蹄健，上高山覆危径，虽数十里而不知喘汗，以生长山谷也。"骑马必备鞍、镫等设备，最初的鞍是一块垫布或垫皮，后来才有木、铁制的鞍架，其中又分骑鞍、驮鞍。

马鞍有南北之别。南鞍称"蛮鞍"，《桂海虞衡志·志器》："蛮鞍，西南诸藩所作，不用鞯，但空垂两木镫。镫之状刻如小凫，藏足指其中，恐人榛棘伤足也。后秋锹木如大钱，垒垒贯数百，状如中国骡驴秋。"北方的鞍子则以木、铁、皮制成，下垂环状马镫。

传统看法认为马镫是晚出的，是金属出现后才有的，其实不尽然，众所周知，骑马所以要镫，不仅在于防"伤足"，更重要的是便于上马和奔跑时的安全。因此，骑马必用镫，当然最原始的马镫并不是用金属制作的，远在金属出现以前就有各种马镫了。据作者在西南地区的考察，最原始的马镫是一根绳套，进而改为两根绳下端栓一横木，这些马镫形制在藏族、纳西族、彝族和普米族地区都有保留。傣族的马镫又别具一格，是以藤条编成的圈环。彝族的马镫是木制的，正如上文所说的"木镫"。在《南诏图卷》、凉山博什瓦黑岩画上都有上述木马镫形象。后来才出现金属马镫，不久前，凉山彝族还应用上述马镫，傣族则使用藤马镫。

【第二节　水路交通】

水路交通工具很多，主要有以下诸种：

一、浮具

洪水传说是世界性的神话题材，不管其母题如何划分，有一点是共同的，即在洪水中求生的人们，总是借助于某种漂浮工具而达到生存的彼岸的，在诸多救生工具中，又以葫芦为大宗。

闻一多先生对49个洪水故事进行分析，认为当时的救生工具有葫芦、瓜、臼、木桶、床、鼓、舟等，其中自然物最多，占57.2%，在7种工具总数的35件中，葫芦占17件，居救生工具之首。其实，还有两种因素应该考虑进去：一是瓜在东南亚地区与葫芦同义，因此葫芦在救生工具中的比例还要大得多。二是在上述救生工具中的臼、木桶、床、舟，都是晚起的工具和用具，洪水传说时代尚不存在，这是应该排除在外的。由此可知，洪水传说时代的救生工具，主要是葫芦、瓜。

为了探索葫芦在洪水时代的作用，有必要在文献中找到证据支持。在浩如烟海的古籍中，有不少关于葫芦的记录。葫芦古称匏、瓠、壶，后来又称壶芦。葫芦不仅是食物，成熟后可制作容器，由于它体积大重量轻，防湿性强，浮力大，因此

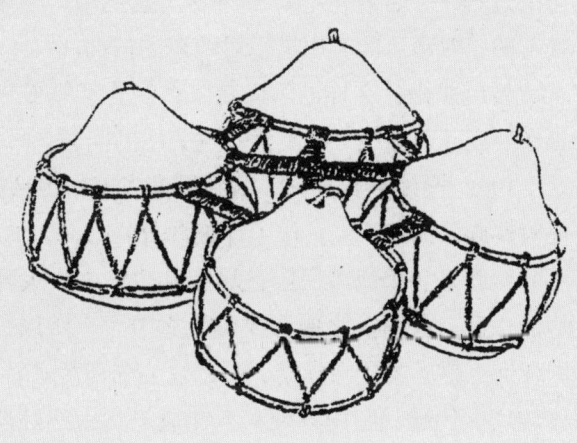

汉族的葫芦船

从远古的时候起就作为人类飘洋过海的水上交通工具——浮具。《物原》:"燧人以匏济水。"燧人是发明人工取火的英雄,按历史发展脉络推断,他生存于渔猎时代,农耕尚未发明,当时采集野生葫芦为济水工具,完全是合乎逻辑的。

从文献上看,葫芦在先秦时期首先是重要的水上工具:

《诗经·匏有苦叶》:"匏有苦叶,济有深涉。"

《国语·晋语》:"夫苦匏不材,于人共济而已。"

《庄子·逍遥游》:"今子有五石之瓠,何不虑以为大樽,而浮乎江湖。"释文:"樽如酒器,缚之于身,浮于江湖,可以自渡。"

《鹖冠子·学问篇》鹖冠子曰:"中河失船,一壶千金,贵贱无常,时使物然。"陆佃注曰:"壶,瓠也,佩之可以济涉,南人谓之腰舟。"

《通雅·杂用》:"若今所谓腰舟。"

陈世俊《番俗图》有一幅渡溪图场面,有人拉着牛尾巴过河,有人夹着一个大葫芦过河,配以诗文:"腰掖葫芦浮水,挽竹筏冲流竞渡如驰。"这是台湾土著民族以葫芦为舟的情况。

在《琼州海黎图》上也有一个以葫芦为舟过河的场面,说明海南省黎族也使用葫芦做腰舟。

从上述事实看出,在我国曾流行一种轻巧的葫芦船,又称腰舟,可见葫芦是古代较流行的交通工具,洪水传说中以葫芦为救生工具是可信的,有大量的文献、图像为证。

有一种说法认为葫芦是由葫芦生人信仰衍生出来的,葫芦并不能载人,其实不然。正如文献所述,葫芦虽然不能大如船,里边不能坐人,但是如果人能抱一个大葫芦,或者腰部拴一串小葫芦,同样能增加人的浮力,帮助人战胜江河险阻。葫芦的这种实用性,是最早被人类发现的,可以以其为食物,以其为用具,以其为浮具。在长期应用的过程中,也发现葫芦多子、寓意生殖,于是产生葫芦生人信仰,这种信仰应该是晚起的,对葫芦的实用早于对葫芦的信仰。

葫芦船是什么样的?又是怎么制作和驾驶的?文献并没有具体说明,那么民间是否还使用葫芦船呢?这是我一直关注的问题。

1992至1995年期间,我在海南省五指山从事一个热带雨林与黎族文化的课题,顺便对黎族以葫芦为浮具作了详细调查。

黎族是一个海岛民族,尽管其主体来自大陆的越人,但也有从周围迁来的其他岛屿的居民,久而久之融合在黎族之中了。所以黎族同海洋打交道甚多,同时,海南岛内江河纵横,黎族在捕捞、狩猎、农耕等生产活动中,也常常遇到江河的阻隔。因此,该族从古代起就利用各种水上交通工具,战胜江河,谋取生存。他们所用的水上交通工具起初就是葫芦,后来才有独木舟、竹筏、木板船等。

台湾土著民族也使用葫芦船。云南西双版纳傣族除使用圆形葫芦过江外，还把若干细腰葫芦串拴起来，扎在腰部，也能帮助人顺利过江。哀牢山下的札杜江地区的彝族过江或捕鱼时，要在腰部拴一或几个葫芦，前者较大，以网套罩之，后者较小，用绳串起来，可以增加浮力。

广东沿海客家人在下海捕鱼时，往往要把葫芦系在小孩背上，一旦小孩落水，葫芦会把小孩漂起来，为大人前往抢救提供方便。

湖北清江流域的土家族在雨季也常常以圆形葫芦为浮具，外边包以竹篾，下有圈足，形状与黎族的葫芦船相同。

山东长岛地区的人捞海参时，通常把四个大葫芦拴在一起，扎成方形葫芦船，下垂一绳，拴在捞参者的腰上。捞参者沉入海底取参，又借助葫芦的浮力露出海面换气。

河南民间也用葫芦船。住在黄河南岸的农民，有些要到北岸种地，这些农民就是抱着葫芦过黄河的。山西北岸的农民也利用葫芦为浮具，当地的旅馆多以葫芦为幌子，认为葫芦是救生的象征。

上述事实说明，以葫芦为游渡工具并不是神话，而是客观存在的事实，并且一直在民间使用着。葫芦是水上交通工具，可以帮助人渡江过河。作者在山东长岛调查时，当地渔民告诉我，过去青年人到其他小岛上串门，往往抱着葫芦游水，从一个岛到另一个岛，最后可游到辽东半岛。过去朝鲜称船工为瓠公，因为起初人们也腰拴葫芦过海，改用船只后，船公依然携带葫芦，作为救生工具，故称为瓠公。

人类在水上使用的交通工具，最早并不是船，而是漂浮工具。因为当时生产力极端低下，尚不会制作独木舟、竹筏，而是利用一些浮力很大的物体为水上工具，葫芦就是最早为人类所应用的漂浮工具。那么，葫芦的栽培历史是否与洪水传说时代相符呢？这要作具体的分析。

葫芦是一种古老的野生植物，人类在攫取经济时代就采集嫩葫芦为食物，或者采集成熟的葫芦为容器，当然也以其为漂浮工具，洪水时代所用的葫芦应该是野生葫芦，当时农耕尚未发明，农业发明之后，野生葫芦又培育为人工栽培植物。过去有的学者把葫芦想象为起源于南亚某个具体国家，经过漂洋过海才传到世界各地。不过，这种观点并没有得到考古学的证实，相反，在亚、非和美洲都发现过古老的葫芦。如埃及古墓中出土的葫芦，为公元前三千五百年至三千三百年的产物。我国浙江余姚河姆渡新石器时代遗址出土有人工栽培的葫芦皮、葫芦籽，这说明我国是最早培植葫芦的国家之一。游修龄教授认为，葫芦是在我国南方部落培养成功的。从现有的资料分析，如同水稻的起源是多元一样，葫芦也不会起源于一地，而是在不少地方栽培的。

根据现代植物学家的分类，葫芦共有五种，这一点在明代李时珍《本草纲目》中记录最详细："壶芦俗作葫芦，长如越瓜，首尾如一者为瓠。瓠之一头有腹而长柄者为悬瓠，无柄而圆大形扁者为匏，匏之有短柄大腹者为壶，壶之细腰者为蒲壶。"

从作者所见到的葫芦船看，基本有两种类型：一种是壶，有短柄大腹者，即大圆葫芦，这是作腰舟的主要形态，多单独使用，抱着或夹着使用。另一种是蒲户，即细腰、亚腰葫芦，由于这种葫芦较小，常常把若干个细腰葫芦串系在一起，拴在腰部，这是腰舟的真正来历。① 傣族的腰舟就是由许多小葫芦串起来的。

二、桦皮舟

鄂伦春族的桦皮船，既是水上交通工具，又是捕鱼和狩猎工具，平时可坐一二人。船桨称"苏克"，以樟松制成，长170厘米。该船顺水时速为每小时25公里，逆水而行为时速每小时10公里，一般能使用两三年。与鄂伦春族同源的鄂温克族也有桦皮船。在每个鄂温克族的村落里，一般都有一两个制桦皮船的能手，他们在夏天扒下桦皮，经过压平、刮削和缝制等步骤，制成轻盈的桦皮船。过去每户都有一只，平时停放在河边，谁用都可以，作为交通和狩猎、捕鱼工具。借船时，要在原地插一根木棍，主人可沿着所指方向把船寻找回来。② 赫哲族称桦皮船为"维虎"，又称"快马子"，它以松木为肋骨，外包桦皮。船较长，圆底，两头尖，可乘二三人。《职贡图》上恰喀拉也使用桦皮船。

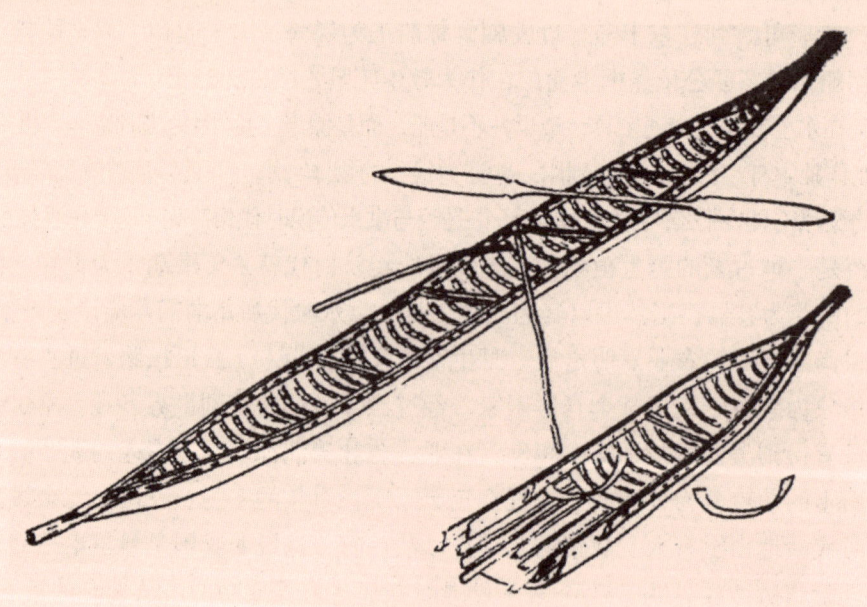

鄂伦春族的桦皮船

① 宋兆麟《从葫芦到独木舟》，载《武汉水运工程学院学报》1982年第4期。
② 赵复兴《鄂伦春族的游猎文化》第180页，内蒙古人民出版社1991年版。

外国也流行桦皮船，火地人仅用一块大桦皮，包扎两头，中间为舱，可容十人。火地人制作树皮船的方法极原始，过去以骨制的刮剥器、贝壳尖刀剥取树皮，并且用贝壳刮净，展平，保持树皮有一定湿度，用火烤制，力求柔软，最后用巨石压制。他们的树皮船也有木骨架，外包树皮，以骨针引穿鲸须或藤条，把各个树皮缝合在一起。后来随着木工工具的进步，才流行制作独木舟。

三、皮筏子

游牧民族利用皮囊过渡。过河前夕，当事人把衣物拴在头上，然后在腹部或胸前系一羊皮囊，下水后手挠脚划，借助浮具可以轻松地过河。这种羊皮囊是经过特殊制作的：杀羊时，不破皮，骨、肉从脖子掏出，然后翻皮熟制，最后将脖子、四肢、生殖器等处扎紧，以一脚处充气，形成羊皮囊。当人们过河时，把羊皮囊压在腹部，拴牢，然后游到河的彼岸。

这种羊皮囊浮具也不是最早的动物性浮具，它来源于动物浮水本身。《大金国志》卷三〇九女真"济江河，不用舟楫，浮马而渡"。《珲春副都统延吉厅概况·风俗篇》："满族善骑，上下崖壁如飞，渡江不用舟楫，浮马而渡。"以牛游渡也相当流行，如布依族、瑶族过河就驱牛下河，人牵牛尾而渡。《番俗图》上就有高山族抓住牛尾过河的形象。

皮囊船，又称皮筏子，它为筏子之一种，在我国古代文献中有许多记载。《北史·附国传》："附国有水阔为百余丈，并南流，用皮为舟而济。"《新唐书·东女国传》："其王所居名康延川，中有弱水南流，用牛皮为船以渡。"直到清代还有类似记载。张九钺《陶园诗集·洛中行》："以大羊空其腹密缝之，浸以麻油，令水不透。"

以上记载说明，古代曾广泛使用皮船，但仔细推敲，在这些记载中实际有两种皮船：一种是由整个羊皮制成的，不费一针一线，即前面所谈的羊皮囊，另一种是较大的皮船，它是以树木为船架，外包以牛羊皮，这就是"缝革为船"。

从文献记载看出，我国古代氐羌、室韦、东女国、嗢子族、蒙古族和满族都曾使用过皮船。近代的纳西族、普米族、藏族、羌族依然使用着。《中华全国风俗志》下篇卷九："番之造舟以木，制框以牛皮张其表，以血及石灰涂之，水不能入。"可知皮船是少数民族的伟大贡献。《陔余丛考》卷一三："以革为舟夜渡，是牛皮为船，由来久矣，皆出于番俗也。"

据我们在云南省宁蒗县金沙江畔、四川省木里县冲天河地区的调查，当地摩梭人、西番人普遍使用皮船，做法如下：

首先，在宰羊时，先把羊头割下，留下颈部，同时去掉四个羊蹄。剥皮时，严禁开膛，也不能弄破羊皮，而是将羊颈悬于树上，先割开颈部，进而把皮往下翻拉。拉一段，以皮刀割一下，扒到前蹄时，将蹄割去。后蹄也如此，最后把羊皮完整地扒下来，正如文献所说"以大羊空其腹"。

其次，是把毛朝内的羊皮泡在水里，热天泡两三天，冬天泡七八天，等皮板和羊毛开始发酵后取出，晾干，以铁刮刀将表面的羊毛和内里的肉丝、脂肪刮掉，再进行揉制，但是必须反复抹酥油，使皮子光滑可鉴，既结实，又防水。如同汉族将皮子"浸以麻油，令水不透"一样。

再次，仅留一只后腿为充气和排气孔，把其他三个羊腿、颈部和生殖器部分扎紧，从而制成羊皮囊。这种羊皮囊既可单独浮水用，也可编成羊皮筏子。

拴绑羊皮筏子时，先将羊皮放在水里浸泡，使羊皮，尤其是充气孔柔软，然后把若干皮囊吹鼓。同时，由另外一人从树林里砍回若干树棍，一般长170厘米，直径约三四厘米，刮掉小枝和树叶，把这些树棍捆成长方形木架，其中纵7根，横6根。把木架平放在河边，在上边拴4个、6个或8个皮囊，数量多少依载人载货量而定，但是通常都以双数递增，如2驮货物以拴8个皮囊为宜。

拴毕，将皮筏子翻过来，置于水中，即木架在上，皮囊在下，人或货物就在木架上。

皮筏子一般不用船桨，而是在木骨架两头各拴一长绳，分别由站在两岸的船夫牵引，当船驶向东方时，站在东岸的人紧急收绳，站在西岸的人不断放绳，如果乘此船回西岸，则由站在西岸的人紧收绳，站在东岸的人速放绳。如此往返，一去一来，轻快如飞。

船桨是船的推动工具，在舵未出现之前，桨又是控制方向的工具。最简单的桨是一个木片，后来才有柄。在浙江河姆渡遗址已出土有木桨，后来的良渚文化也出土过木桨，河姆渡文化还出土过陶船模型，说明长江流域是我国舟楫的发源地。

四、独木舟

独木舟是一种很古老的水上交通工具，起源于史前时代。

在我国的古籍中，有关独木舟的记载甚多，《溪蛮丛笑》称宋代"蛮地多楠，有极大者，刳以为舟"，说明当时少数民族以楠木制造独木舟。《岭外代答》卷六记载更详："广西江行小舟，皆刳木为之。有面阔六七尺者，虽全成无罅，贸桦柚之劳，钉厌之费，然质厚迟钝，忽遇大风浪，则不能翔，多至沉溺。"文中不仅记载了独木舟的大小、尺寸，还对它的优缺点进行了分析。

不久前，在我国许多地区还有使用独木舟。

首先是江南地区还保留独木舟，如苗、瑶、侗、壮皆有独木舟。《峒溪纤志》卷中："蛮地多楠木，刳以为舟，有绝大者。"

畲族传说他们的祖先就坐在独木舟上，渡过大海，来到中国南方居住，至今该族还使用独木舟。

其次，在西南地区也有许多独木舟，如藏族、纳西族、傣族、普米族、羌族、怒族均有之。以川滇摩梭人为例，他们称独木船为猪槽船，并且流行一种生动的传说，认为他们是在一场洪水以后，一位老妈妈乘坐猪槽子，脱离了危险，生育了后代。

藏族的牛皮船

他们在制造独木舟前，要到深山老林里选择大树，以杉、松为主，直径在1至1.5米者，当场砍倒，去掉树头，并且经过一段日晒后运到湖边。方法是以牲畜牵引，或者利用山坡滚滑下来，再以铁锛刨削，烧一次刨一次，最后砍成独木舟。该族有三种独木舟：一种是由一棵树制成，体小、扁而上翘，一般长3米、宽80公分，可载二三人，由一人划动；一种是在上述独木舟的基础上，再加两侧船帮，使独木舟扩大，可坐三五人；还有一种是把两个独木舟并连在一起，中间以木楔加固，涂以蜂蜡，防止进水，由4人划桨，可载20人左右。

傣族的独木舟长达二三十米，宽仅80公分，只作划龙船比赛。

我国北方的蒙古族，东北的少数民族地方广泛使用独木舟，赫哲族的独木舟，以杨木加工而成，长4米多，圆底尖头，前方上翘，供一人乘坐。接近汉族地区的鄂伦春族也有独木船。《黑龙江外记》卷四："威呼，独木船也，长3丈余，阔客膝，头尖尾锐，载数人，水不及舷尝寸许，而中流荡漾，驰如竹箭，此真刳木为舟也。遇河水暴涨，则联二为一，以济车马。"

关于独木舟的制造，是相当久远的，摩尔根认为："燧石器和石器的出现早于陶器，发现这些石器的用途需要很长的时间，它们给人类带来了独木舟、木制器皿，最后在

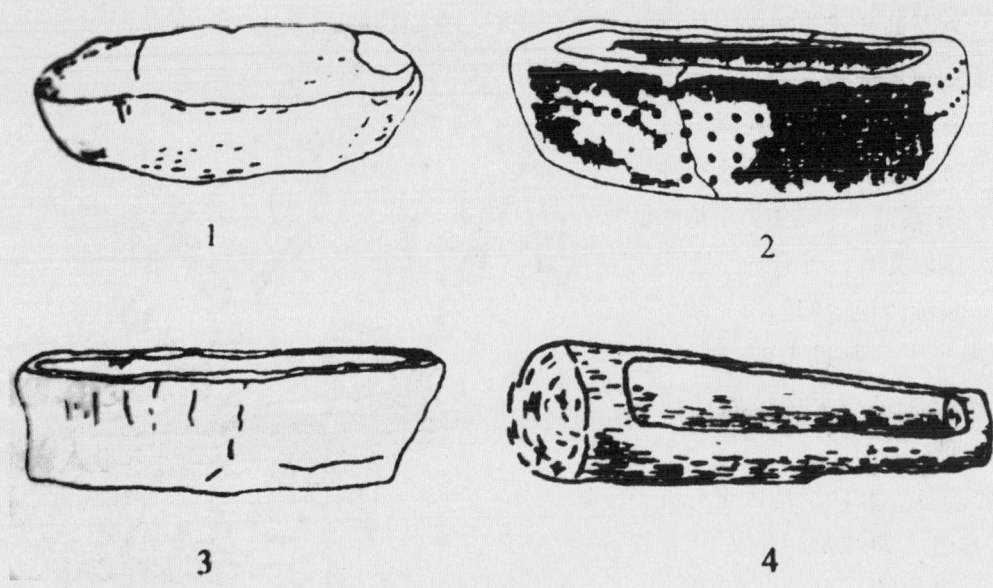

新石器时代的陶舟和独木舟

1.陶舟（线图）：新石器时代，距今约六千年。原件于1979年在辽宁丹东市三家子店后洼出土，全长13厘米，最大宽6.6厘米。

2.陶舟（线图）：新石器时代，^{14}C测定距今五千八百九十五年。原件于1973年在湖北红花套出土。

3.陶舟（线图）：新石器时代，距今约四千年。原件于1973年在辽宁大连市郭家村出土。口沿长17.8厘米，宽8厘米。

4.独木舟棺（线图）：新石器时代。原件于1974—1978年在青海省乐都县柳湾齐家文化墓群出土，共出土180多具。

建筑房屋方面带来了木材和木板。"① 恩格斯进一步指出："火和石斧通常已经使人能够制造独木舟。"②

怎么理解恩格斯的话呢？在澳大利亚人中间，就以火和石斧制作独木舟，方法是选择一根粗壮的树干，然后从一面加工，先在其上烧火，把木头烧掉一层，然后再以石斧刮刨一层。这样经过一烧一刮等反复加工，最后就制成了独木舟。在我国民族学资料中，虽然已看不到利用火和石斧加工独木舟的具体情形，但在佤族制作木臼时，就采用同样的方法。也是取一段粗壮的树干，立在地上，先以石斧或铁斧刨一个凹坑，然后在坑内放柴火焚烧，燃烧一定程度再把火取出来，以斧子刨削。其所以如此，是因为经过焚烧的木头比较疏松，容易加工，所以当他们刮削到生木头以后，再利用火

---

① 摩尔根《古代社会》上册第13页，商务印书馆1977年版。
② 《马克思恩格斯选集》卷四第19页，人民出版社1972年版。

焚烧使木料软化。《周易·系辞》:"刳木为舟,剡木为楫。"即是用火石斧制作独木舟的真实记录。

在上古传说中,有不少发明舟楫的记载。《周易·系辞》:"黄帝作舟楫。"《墨子·非儒》:"巧倕作舟。"《世本》:"共鼓货狄作舟。"不过,人类是在"见窾木浮而知为舟"的认识基础上,加上对火和石斧的应用,才发明了独木舟。所以,独木舟不是船的起点,而是船的一种改进。在我国浙江河姆渡遗址已经出土过陶舟和木桨,陕西宝鸡北首岭发现一件彩陶壶,形如船,其上有展开的网纹,这是当时用船撒网捕鱼的物证。在吴兴钱山漾遗址出土一件木桨,是青刚木制作的,翼呈长条形,长96.5厘米,宽19厘米,柄长87厘米,正中有脊。当时用什么形制的船已经不得而知,但是独木舟很笨重,船舱窄小,载货有限,随着后来金属工具的出现,木工技术的发展,独木舟才为木板船所代替。

第五章
生 育

原始的生育风俗，我们从考古遗迹中很难找到翔实的答案，但是民族学资料却相当丰富，展示了远古生育观念的变化，包括诞儿风俗、产翁制、育儿方法和成年仪式。

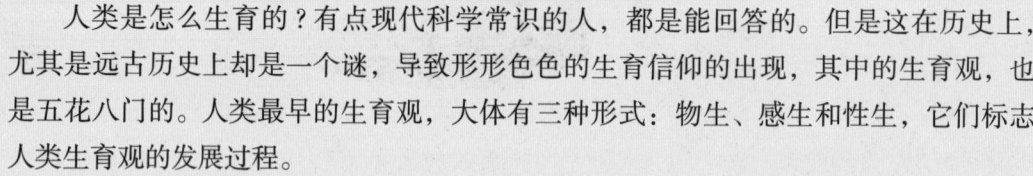

第一节　生育观的演变

人类是怎么生育的？有点现代科学常识的人，都是能回答的。但是这在历史上，尤其是远古历史上却是一个谜，导致形形色色的生育信仰的出现，其中的生育观，也是五花八门的。人类最早的生育观，大体有三种形式：物生、感生和性生，它们标志人类生育观的发展过程。

一、物生

人是从哪来的？万物是从哪来的？这是自人类有思维以来就想到的问题，也是人类对自己和客观事物之源的追寻。这种观念萌芽极为久远，但是久思而不得其解，完全为神秘的幕纱所笼罩着。人类最初想到的就是大自然、日月、山川、草木、禽兽，既然大地能生长树木，森林能出没禽兽，自然也能生出人类。从目前学术资料上看，很难找到考古资料方面自然生人的线索，但是民俗学资料中却有许多，它告诉人们，人是由自然界生出来的，具体是由某种自然物如动物、植物或无生物生育的，但是各地的解释并不相同。

物生，又称化生，指人和万物都是自然物生的。表面上看，是诸神造人，实际是为自然物所生，人为自然之子。

天地生人

在原始信仰中，把天地视为人类的来源。南方流行的盘古神话，就发源于天地。《释史》卷一引《五运历年记》："元气蒙鸿，萌芽兹始，遂分天地，肇始乾坤，启阴感阳，分布元气，乃孕中和，是为人也，首生盘古，垂死化身……"云南白族传说人是太阳变来的，也是天生人的性质。纳西族认为天地交合，生育了人类，在东巴象形文字中的"地"字，就有大地或地母生人的形象。西藏珞巴族传说天地婚配，生了人类，天为男人，地为女人或女子性器。广西壮族的始祖布洛陀也是由天地所生。

石头生人

汉族传说大禹就是从石头中生出来的。《淮南子·修务训》："禹生于石。"其妻涂山氏化为石，又生启。《汉书·武帝纪》颜师古注引《淮南子》："禹跳石，误中鼓，涂山氏往，见禹方作熊，惭而去。至嵩高山下，化为石，方生启。禹曰：'归我子！'石破北方而生启。"这是一个古老的石头生人神话。云南佤族传说人是从"司岗里"出来的，"司岗里"就是一个洞穴。土家族、高山族也有类似传说。高山族泰雅人传说，远古有一座大山，其上有一巨石，后来石头裂开了，生出两兄妹，两人婚后生育了后代。凉山耳苏人（藏族一支）传说东海有一白石，石中生出耳苏人，至今耳苏人还供奉白石。

水生人

不少民族认为自己是水中生来的。云南哈尼族相传，其祖先是在水中孕育的，经过七十七万年才变成人。彝族有一部史诗《六祖史诗》："人祖来自水，我祖水中生。"拉祜族传说先有天地，后来地上长出树、草，有了飞禽野兽，但是没有人类。不久，树上的露水落在地上，掉在树根上，变成了拉祜族。纳西族传说先有天地日月，但是阴阳混沌，黑白不分，后来出现了海洋，又从海洋中升起山峰。东巴经称："大海做变化，生出人类祖先。"

植物生人

独龙族传说远古时只有森林，后来大树变成男人，天神把女儿嫁给了男人，才有了独龙族。德昂族传说原来没有人，风一吹，从树上掉下102片树叶，这些树叶变成了人，有男有女，男女婚配生育了人类。苗族传说把枫树砍倒后，树根做鼓，树尖变鸡，树叶变燕，树皮变蜻蜓，木片变蜜蜂，又从树中生一位女人妹榜妹留，她与水泡"游方"（恋爱），才怀孕生十二个蛋，孵出人来。

动物生人

贵州侗族传说人类由龟孵卵才出现的。云南布朗族人认为人是由犀牛脑浆变的。傣族传说世界上最早出现的是水

人与动物交合

第五章 生育

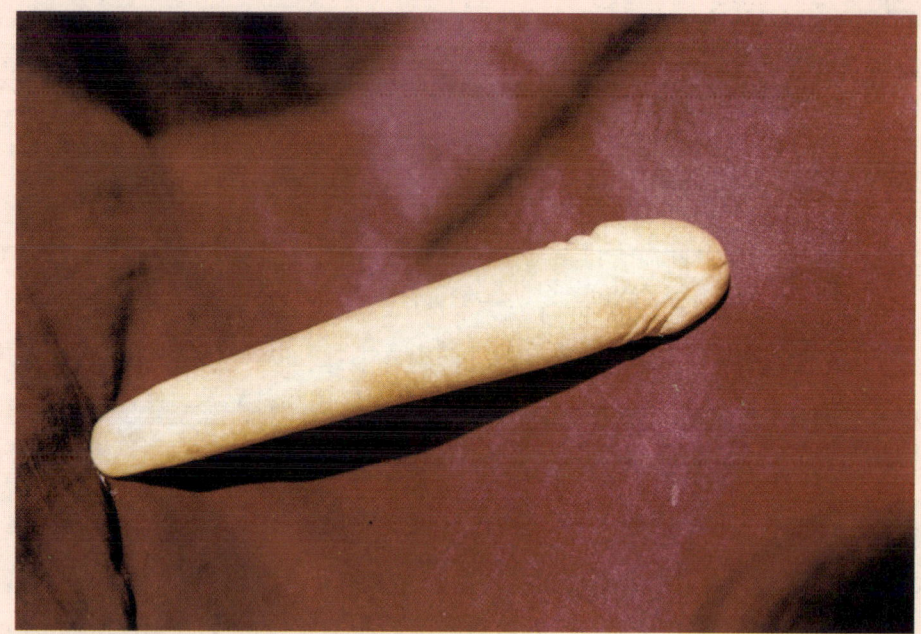

图1

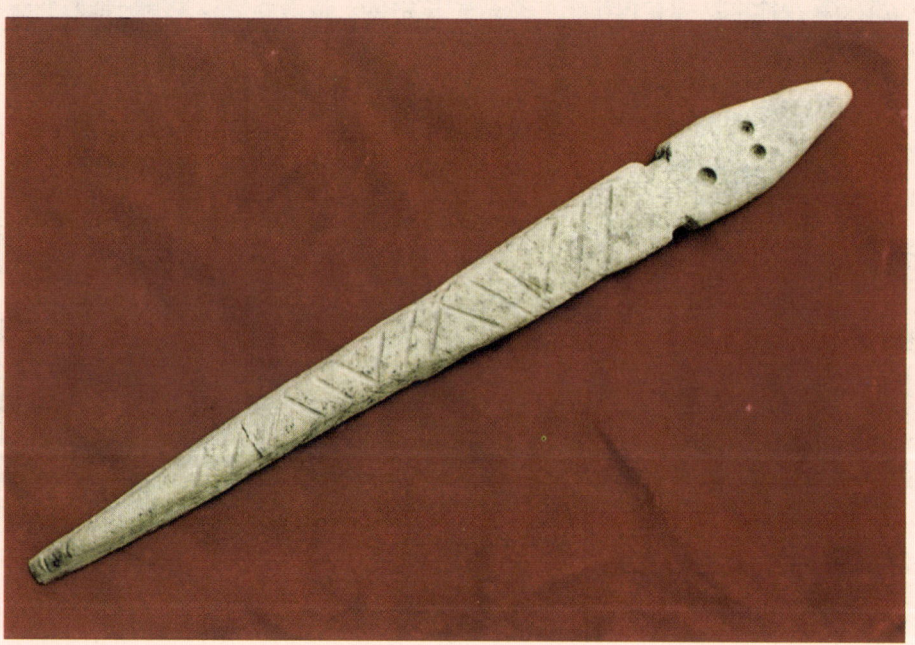

图2

图1　史前遗址出土的石祖，它表现了原始人对阳具的狂热崇拜，是生育信仰的生动反映
图2　小河沿文化出土的神偶

牛、鹞子，水牛活三年就死了，临终生三个蛋，由鹞子孵蛋，其中一个蛋生一个葫芦，葫芦里又生出傣族祖先。

自然生人或自然物生人，是人类把自然界视为人类之根，认为是某种自然物生育了人类，它可能是把人类的起源信仰和生育信仰结合在一起了。在这里，人在生育中的作用还不明确，即使知母，也是模糊的，不确定的。物生人是对自然的神化，也是对自然的人化，应该说是自然崇拜的产物，是生育信仰的滥觞。当然，这种物生人，自然生人，仅仅是从民族传说和原始宗教信仰资料推测的。

二、感生

自然生人是一种极简单的生育观，后来发生了变化，即人是母亲生育的，但是不是由女性自己完成的，而是受一种神灵感应而怀孕生育的。这种生育观的出现，不是偶然的，有一定的历史原因。

一方面是妇女地位和作用的提高。

大约在一万多年前，生态环境转暖，采集和渔猎有很大发展，出现不少发明，如人工取火、带索镖枪、弓箭等，物质生活有不少改进，人们的住地也扩大了，能够征服寒冷的地带。为了进行有效的生产，组织社会生活，人类已抛弃了过去狭小的血缘公社，开始组织母系氏族。氏族是以母亲血缘为纽带的，而且母系是惟一的纽带。祖母、母亲成为氏族的中心，这些妇女是采集的主力，也参与渔猎，在经济上具有举足轻重的作用，而男子出没森林。当时的家务也是社会性的，无论炊事，看护火种，管理子女，保护住所，都是妇女的工作。更为重要的是，妇女又是生儿育女的载体，血缘是由母亲传至她的女儿。由于这些原因，人们已确切地相信，人是由人生育的，是母亲生育的，而她们的配偶，是外氏族人，除了在一定时间与妇女交合而外，几乎没有任何联系，因此他们在生育中的作用还被埋没，也不可能为子女所知。正如《庄子·盗跖篇》所述："神农之世，卧则居居，起则于于，民知其母，不知其父，与麋鹿共处，耕而食，织而衣，无有相害之心。"从而把妇女作为生育的一个重要来源。

另一方面是原始信仰的变化。

妇女能生育子女，这是事实，但是妇女怎样才能生育呢？当初并不把它想象为男女交合的产物，而是同一种自然神感应而生。

人类在崇拜自然的过程中，发现某些自然物与自己有一种特别亲切的关系，或者对自己威胁很大，带来灾难，于是对这些自然物加以特殊崇拜，即把某种动植物或无生物视为人类的另一种源头，即生殖感生物，外国称为图腾，中国习惯称为族徽和族标。

感生由两种事物结合而生育人类：一方是妇女，另一方面是某种感生物，多半是动物、植物，也有一些无生物，这些事物对妇女产生一种感应，妇女才怀孕生育。具体划分，有三种情形。

一种是人与动物感应型。

受动物感应而生育的事例很多。傣族传说远古时期有两个姑娘，看见一群水牛在园地里吃椰子和甘蔗，姑娘到园内吃了水牛吃剩的椰子，事后怀孕，生子叫阿拉武，他就是西双版纳傣族的祖先。白族有一个勒墨支系，始祖为阿布贴、阿约贴兄妹，生了五个女儿，她们分别与五种动物交合，除毛毛虫将五姑娘咬死外，其他四个姑娘都生育后代，发展为熊、虎、蛇和飞鼠等四个氏族。四川凉山彝族传说女始祖蒲英伊么在树下织布，有一只神鹰俯冲飞翔时滴下三滴血，其中一滴正落在蒲英伊么的裙子上，事后怀孕，生子支呷阿鲁。

与动物感应有关的，是卵生人，如商族始祖简狄吞鸟卵。秦人也有同类信仰，《史记·秦本纪》："秦之先，帝颛顼之苗裔孙曰女脩，女织，玄鸟陨卵，女脩吞之，生子大业。"此外苗族、满族、彝族都有受鸟卵感应而生人的传说。

其二是人受植物感应而生人。

这类感生指妇女吃了某种植物果实或受感于某种植物而生育。《吴越春秋·越王无余外传》："禹父鲧者，帝颛顼之后，娶于有莘氏之女，名曰女嬉。年壮未孳，嬉于砥山，得薏苡而吞之，意若为人所感，因而妊孕，剖胁而产高密。"这是吃了薏苡而生子。夜郎始祖则受感于竹而生子。《后汉书·西南夷列传》："夜郎者，初有女子浣于遁水，有三节大竹流入足间，闻其中有号声，剖竹视之，得一男儿，归而养之。及长，有才武，自立为夜郎侯，以竹为姓。

其三是人与无生物感应生人。

这类感生神物也不少，如女节与大星、女登与神龙、庆都与赤龙、华胥踏大人迹、姜嫄见巨人迹等，都感应而生子。

从上述诸例看出，感生生育的特点有三，一是强调妇女为生育的主体，如同土地长庄稼一样。二是妇女受感于某种自然物、动植物或无生物。三是感应的方式不是交合，而是接触或吞食，引起妇女怀孕，并且生下伟大的英雄和君王。过去作者曾作过这样的概括："当时一方面崇拜图腾，另一方面崇拜妇女，而且只有两者结合才能生育后代。男子的作用是排斥在外的。这就是母系氏族社会的生育观。因此当时普遍流行图腾和女神信仰。"① 图腾未必带有普遍性，可改为感生灵物更确切些。

感生的进步在于，它已经摆脱了自然人生阶段，认识到人在生育中的作用，即妇

---

① 宋兆麟《原始的生育信仰——兼论图腾和石祖崇拜》，《史前研究》1983年创刊号。

女因受某种自然物感化而生人,把人的生命从纯粹自然产物向人类自身繁衍的伟大过渡,承认妇女是孕育新生命的母体,这是生育观的一个飞跃。

在这个历史阶段,由于妇女感生,在生育信仰上有明显特点:一是对女性祖先格外崇拜,如女娲、西王母等,都是这一时代的产物,考古发现的女神是上述信仰的铁证。在民俗中也保留很多同类资料。锦州地区有一种孕妇状剪纸,供小儿玩,或贴在窗户上,是一种吉祥图案,又是祈子神偶,当地群众称其为"媳妇人","媳妇神",实为生育女神。二是崇拜女阴。因为当时流行感觉动作思维,只注意与生育有关的事象,如鼓腹、阴门等,无法观察到男人在生育中的作用,所以当时除崇拜女神外也信仰女阴。最初的女阴崇拜,就是对女阴本身形象的崇拜,如《道德经》:"谷神不死,是谓玄牝。玄牝之门,是谓天地之根。"河北淇县云蒙山有一山洞,每年三月三庙会,求育妇女必祭洞求子。门外石刻:"天开去窍授名贤,地涌灵泉在里边。"云南剑川的阿央白、个旧的阴女石、盐源的打儿窝、四川凉山喜德的摸儿洞,都是女阴崇拜物。后来发展为象征性的女阴符号,如贝、月、莲花、葫芦、蛙、女性三角等都是。三是对感生灵物的崇拜。这些都是感生阶段的生育信仰。

三、性生

性生是指通过男女两性交合而生育。明人张介宾《景岳全书·子嗣类》:"男女构精,万物化生,此造化自然之理也。"陈自明《妇人全良方》:"男女构精,万物化生,天地阴阳之形气存焉。"这种生育观,把生育归结于两方:一方为妇女,她们是生育的母体;另一方是男子,他们取代感生物或图腾,通过与妇女性交,才怀孕生育。婴儿是男女结合才出现的。男子在生育中起着主导作用。这是对物生、感生的否定,是对人,尤其是男人在生育中作用认识的新突破。不过,这是从经验中认识到的,至于男女交合为什么怀孕,还处于男精女血的经验认识上,还不是真正科学的认识。因此,即使有了性生观念,还使生育信仰残存下来,只是变化了形式。

那么,性生是怎么出现的呢?这是有深刻的社会根源的。首先,大约从五六千年前开始,我国社会开始发生不少变化,耜耕农业有较大发展,家畜饲养业也相当活跃,出现了专门从事制陶、制玉的手工业,从而使男子成为主要生产领域的主人,当时的氏族首领、祭司和军事头人开始利用职务之便,化公为私,积累私人财产,当然是私人占有动产。这时男人已不满足于原来的对偶婚,凭借男子的财产和权力,开始把女性战俘和贫困妇女收为妻子,后来又推行男娶女嫁,建立了父系家庭。父权制的崛起,使对偶婚让位于一夫一妻制,母系制让位于父权制。这是性生观念出现的社会基础。

其次，在母系制和对偶婚条件下，子女知其母不知其父，而在父系家庭内已出现了父亲，他不仅是生产的主力，也是家庭的核心，可支配妻子、孩子，同时，人们对生育观念也有新的认识，明确了男女性交导致生育，于是认识到妇女孕育并不是神灵的感化，而是男子与妇女交合的结果。第三，在母系制下，图腾信仰是很流行的，现在随着母系制的瓦解，附着在其上的女神、女阴、感生信仰也退出了历史舞台，代之而起的是男女两性结合而育的生育观念。

当时生育信仰有两个特点：一是男神取代女神，所谓男神就是男性祖先信仰的兴起，无论是家庭、家族，还是氏族、部落，都有自己的男性祖先，并且有隆重的祭祖仪式。二是男根崇拜取代女阴信仰。

当婚后不育时，必须去祭神求子，而且多半是妇女的责任，但是此时男子也要参加求子，这在母系制时代是不可思议的。我们在普米族地区看到，为了求子所施行的治病巫术，既是对妇女，也可对男子。该族祭司汉归为妇女治疗不育症时，认为妇女不育是鬼魂附体，事先需要雕一女像，腹部放一鸡蛋，头上贴妇女头发，把木雕鬼埋于房内地下。治鬼时，一名汉归击鼓诵经，另一名汉归持刀跳舞，突然止步说："女神有旨，不孕鬼藏于你家，快挖出撵走。"另一汉归把木雕鬼像挖出来，示给人看，然后丢于村外林中。鬼去人愈，妇女就怀孕了。有些不孕症，不是妇女，而是男子淫乱所致，所以要为男子驱走淫鬼。如男子阳痿、遗精，请汉归用泥塑十二个淫鬼，涂以彩绘，头上贴妇人头发，摆上水果、丝线、手镯等供品，由汉归念驱淫鬼经，念毕，汉归拿面鬼在患者身上擦一下，让患者往面鬼上吐唾沫，并在深深的黑夜把面鬼丢掉，这样男子病就好了，可以同妻子交合生子。① 从这些事实看，在性生阶段，尽管习惯上把不孕归咎于妇女，但是有时也在男子身上找病源，并为男子治疗不育症。

---

① 杨学政《藏族、纳西族、普米族的藏传佛教》第64—66页，云南人民出版社1994年版。

第二节　诞儿风俗

在人类的绝大部分历史长河中，人类并不认识自身的构造，也并不知晓性交与生育子女的关系。起初人类先知道母与子的关系，进而知道兄弟姐妹的关系，这就是"知其母不知其父"的时代。《商君书·开塞》曰："天地设而为义。"《广雅·释亲》曰："腜，胎也。"可知高禖是一位孕育形象的女神，而各民族的高禖神也不一样，因为其始祖不同。

为什么妇女能生子呢？原始初民认为有一种图腾与妇女接触，所以图腾使妇女生育子女，这是人类较早的怀孕学说。我国的古代感生神话、图腾信仰就是上述信仰的产物。再有就是灵魂信仰。远在仰韶文化时期，人们就有灵魂信仰。小儿死后放在大瓮棺内，但瓮棺必有孔，供灵魂沿孔而出，去寻找新母亲。西藏珞巴族遇到小孩死亡，必将尸体的双手摆成弯曲状，双手放在两腮附近，两腿向上弯曲，如投胎状，祈求小孩重新投胎。在图腾感应说和小孩灵魂投胎中，有两点比较明确：一为母亲是生育的主体，二是由图腾或婴灵进入母体才能怀孕。不受孕则用神秘原因来解释，这正是母系制时代的怀孕观念。

父权制兴起后，怀孕观念也跟着改变了。人类意识到夫妻结合才能怀孕。《周易·系辞》曰："天地絪缊，万物化醇，男女构精，万物化生。"但是，在具体解释怀孕时，又有不同的说法。一为二气说。《论衡·物势》："犹夫妇合气，子则自生也。非当时欲得生子，情欲动而言，合而生子矣。"台湾高山族排湾人认为，男女有相同的液体，两者结合即可怀孕。二为精血说。《妇人大全良方、胎教门、受形篇》云："男女之合，二精交畅，阴血先至，阳精后冲，血开裹精，精入为骨，而男形成矣，阳精先入，阴血后参，精开裹血，血入居后，而女形成矣。"四川木里纳西族则认为男子为骨，女子为血，骨血结合才能怀孕。从上述诸说看出，父权制以后的孕育观，尽管承认男女结合，但是与科学观念还相差甚远，不过已含有若干科学因素。

孕妇产子，有一定地点，一般不能在别人家生孩子，但是也有个别例外，如果在娘家生了孩子，男家必以银制男像换回来。称为"人换人"。侗族、门巴族妇女也有在娘家分娩的，谚语说"一女来一女去"。蒙古族妇女生产必单独搭帐篷。《元史·祭祀志》："凡妇妊娠，将及月辰，则移居于外毡房，若生男，赐百官，及弥月，复归内室。"鄂伦春族妇女欲产，也在住地单独搭一座"仙人柱"，供她分娩时使用。

在原始诞生风俗中，有一种催生习俗。我国少数民族也有不少催生的习惯。京族产妇难产时，一是请"降生童"催生，画符，然后焚为灰，让产妇服下。一是用一根绳子拴住猪的一腿，猪挣扎不已，可以顺产，然后杀猪祭神。拉祜族则把扫帚放在产妇的背上，让她俯卧而生。永宁摩梭人则在产妇腹上放一条丈夫或朋友的裤子，反复搓动，边搓边说："孩子

中国民间产子剪纸

快出来，你爸爸在等你。"普米族用独木槽盛水，另外烧炽石投入水中，并加药物，当水热时，将产妇架在木槽上，用蒸气熏她的阴户，据说可以催生。在柯尔克孜族，遇到难产，要在帐篷上方拴一条绳子，地下铺一块毡子，令产妇站在毡子上，以手拉绳，其他妇女用力压其腹，将孩子催促下来。藏族催生多祝祷神保佑，也把房内外的罐子、箱子、门等打开，认为这样产妇就能顺利生产，或在山上找一鸟窝，放一个鸡蛋，念咒后把鸡蛋丢掉，认为婴儿就是鸡蛋，鸡蛋离开鸡窝，婴儿就可以降生了。

产妇临产时，心里恐惧，负担沉重，又缺乏科学知识，往往想方设法避凶趋吉，通常在产房供子孙娘娘、催生娘娘。山东民间还拜灶神，又焚一张"催生娘娘"甲马。南方民间则在产房烧红蜡烛，彻夜不灭，以避邪。此外还有各种禁忌。藏族产前还要驱鬼，由老妇用铁铲铲一点灰，上撒茶叶、酥油、糌粑，在产妇头上转几圈，又围之转三圈，边走边说，作驱鬼状，最后把灰烬送往户外。白族产妇则跪在床前草地上，双手扒住床沿，使劲生产，当婴儿降生，则取洞房里早保存的剪子剪断脐带。佤族先在房梁上挂一绳圈，产妇抓住绳圈，跪着分娩，传说这是妇女从黄鼠生崽学来的。

脐带必须切割，一般用剪刀。四川纳西族用石刀或陶片，佤族以竹片切脐带。这是对远古使用石器切割脐带的记忆。切时必留一段，然后盘起，以棉花或布包好，防止透风、进水，三五天干后即脱落下来，形成脐眼。《琼崖岛民族志》："满月后托人带往远处抛弃，以大都市最热闹之地为最妙，据云此脐带经多人践踏，则此儿胆志均

大。"布朗族则把脐带缝在婴儿的帽子里，具有避邪作用。佤族把脐带盛在竹筒里，埋在野外。

对胎盘的处理更为精心，胎盘又名胎衣、人胞、胞衣、紫河车。自古以来认为生产不洁，具体反映在胎衣上，民间认为胎衣为婴儿的一部分，二者互为感应，弄不好会危及小儿；同时胎衣又不洁，自然将其埋掉，否则会带来危害。

少数民族对胎盘的处理也十分独特。如哈尼族要在院外升一堆火，把胎盘烧成灰，盛在竹筒内收藏。傣族认为胎盘代表小孩，能替代婴儿死，因此必须盛在竹筒内，埋于竹楼下，或者埋入森林中，今后婴儿就不会生病了。

为了保护妇婴健康，防止"踩断奶"，并且具有避邪目的，必在产房门楣上悬挂一定标志。这一点在各民族中都不尽相同。

我们在云南彝族、纳西族、普米族也看到产门外多吊钢锯、弓箭、渔网，认为可防止鬼入产房。满族产房门外，生男孩挂一木制弓箭，生女孩挂一宽5寸、长5寸的红布或蓝布条，禁止外人进入。壮族在门上挂一把刀，或者插一根柚树枝，据说这是产房的标记，也有避邪作用。傣族生子后，在竹楼上挂红布，如果生人闯入，要举行赔礼仪式"拴线"。该族认为小孩的灵魂在手上，男孩在右手，女孩在左手，拴线赔礼时，男孩拴右手，女孩拴左手，据说这样就把小孩的灵魂拴住了，不致生病、夭折。哈尼族孕妇生子以后，在门楣上挂红沧刺，认为该树有避邪作用，并将笋衣（笋叶）剪成人形，挂在产床上，也可护婴。如果有生人误入产房，主人家必把红火炭放在水碗中，使水沸腾，误入之人用手指蘸水，向小孩弹几下，认为此举可避掉邪气。白族婴儿一出世，如果是女孩，把甑底糊上红纸挂在大门右上方，若是男孩则在上述物件上附加一个清水瓶，瓶内插一双筷子，并在门槛外洒三道弧形的白灰线，这样一般人就不进入了。但是亲友或个别不速之客总有第一个踏进产房者，白族称其为"踩生人"，男子为"踩生汉"，女子为"踩生婆"，传说婴儿长大后肤色、性格都如踩生人。佤族妇女生子女以后，在房外挂上刺棵，意思是不让鬼怪入内，危害婴儿。黎族在产房门楣上挂荔树枝，称"挂青叶"，旁人看到就不进房内了。有的家门上，挂一个天然树根制的木龙，认为第一个来的人，会带来好运。但是一般人一看见木龙就不进屋了，敢于进屋的人，多半是熟人、亲友。

通过以上事实看出生育习俗普遍存在着产房标志。"挂红"主要有三个原因：一是为妇女产育的标志。二是为避邪物，防止鬼神或其他不洁物入内。三为告诫生人或命硬的人不能擅自进入，否则会"踩断奶"，而多福的人第一个进入产房，则能带来好运。这些标志实际是一种巫术手段，借以求吉祛邪，为母子带来福音。

小儿的衣服要冷暖适中，不可过偏，从民族学资料看，多穿成年人的旧衣服，流行儿童装饰品。婴儿装饰也有不少信仰因素，这可以从几个方面说起：

一种是改变人体局部器官的装饰，如睡扁头。此是古代东北少数民族的风俗，后来在满族中保留下来。《满洲源流考》："国朝旧俗，儿生数月，置卧具，令儿仰寝其中，久而脑骨自平，头形似扁，斯习乃而自然，无足为异。"这种习俗在东北、内蒙古等汉族地区也有之，均以硬枕为之，儿身下有一木板，将儿捆于板上，久之头扁而身直，勇士之状，是一种人体美，此习可能起源于远古的军事民主时代。民间流行的穿耳、文身、缠足，也是作为信仰存在过。

一种是佩戴性质的人体装饰。给女儿戴红头绳是很流行的头饰形式，云南宁蒗县彝族生女儿后，必在女儿头上盘几圈红头绳，不断更新，认为这种装饰物可去邪气，带来幸福。鄂西土家族则在生女时在院内栽一牡丹，然后每年卖牡丹根为药材，并把钱串起来，过去作为富贵的象征，挂在颈部，后来改为嫁妆。该族还为子女戴一种"瓦盖头"，即五彩小帽，顶似瓦盖，有祈富贵之意。东北为小儿缠猪精，猪精是猪头骨中的一小骨头，以红线穿系，拴在小儿手腕上，可压惊避邪。

在装饰信仰中，还有一种奇异的涂身形式。《中华全国风俗志》下篇卷一〇："猓猡小儿初生也，浴以冷水，又以牛屎灌其头，俗传能长大小儿胆量，使之临事不恐云。"该族对农家肥有一种特殊信念，他们为女孩"换裙子"时，也是站在垃圾堆上举行仪式，这可能有借助牛羊胆之意。

在我国民间人生礼仪中，并不是所有婴儿生下来就有生存的权利，至少有些婴儿是被杀死的，俗称"溺女婴"，事实上不限于女婴，也包括男婴在内。李元纲《厚德录》："往往临产以器贮水，终产儿即溺水，谓之洗儿。"有的地方也称淹儿。《中华全国风俗志》上篇卷九《广西》："广西风俗……生子不举，溺之于水，名曰'淹儿'。"至于社会原因，过去多归咎于歧视女婴，但不限于此，这里既有经济原因，男尊女卑观念，也有宗教信仰因素，还有与非婚生子女有关。

非血缘性杀婴

翻开我国史书，不难发现有一种杀首子或弃长子的风俗，这是耐人深思的。《史记·夏本纪》："禹曰：'予辛壬娶涂山，癸甲生启，予不子。'"司马贞《索引》："岂有辛壬娶妻，经二日生子，不经之甚。"说明这是禹妻带来的，不是禹的血统，所以要弃首子。

《史记·周本纪》："以为不祥，弃之隘巷，马牛过者皆辟不践，徙置之林中，适会山林多人，迁之，而弃渠中冰上，飞鸟以其翼荐之，姜嫄以为神，遂收养长大之。初欲弃之，因名曰弃。"弃本为被遗弃的首子，几经磨难，最后被奉为神才被保护下来，成为周人始祖。

《墨子·节葬下》："昔者越之东有輆沐之国者，其长子生则解而食之，谓之'宜弟'。"这是最残酷的吃首子。

《汉书·元后传》："羌胡尚杀首子，以荡正世。"颜师古注："言妇初来所生之子，或他姓。"这是指新娘怀带来的非婚生子,不是父亲血统,为"他姓",故杀之。

杀首子等溺婴,是在一定历史条件下出现的。在母系氏族时期,血统按母系计算,子女知其母不知其父,是不承认父亲血缘的,当时只要是母亲生育的子女,不管其生父是谁,都是合风俗的子女,属于氏族成员,当时不存在婚生与非婚生子问题。川滇泸沽湖摩梭人实行母系制,流行"阿注"(性朋友),子女随母不随父,在这里没有婚生与非婚生子女之别,没有也不可能有溺婴事件。当母系制向父系制过渡以后,家庭婚姻发生了根本变化,男子地位高于女子,他们是生产力的主力,是私有财产的占有者,因此实行以男子为中心的男娶女嫁,建立一夫一妻制,这时子女出自父亲,还是出自他人,就是大问题了,它不仅关系家庭和家庭财产的命运,还涉及父系血统的纯洁性。"力图明确规定父亲关系和继承人的合法性的结果,便产生了一夫一妻制。"① 伴随而来的子女也分为两类:子女出自父母亲生,为婚生子、公生子;子女出自父亲以外的男人,为非婚生子、私生子。前者在家庭、社会上享有正常的权利和义务,有继承权和世袭权;后者则没有上述权利,受家庭、社会的歧视,甚至被杀。

信仰性杀婴

杀婴的原因不限于血缘关系,因为有些被杀的婴儿,并不是私生子,而是婚生子,但是却被杀害了,这是受某种宗教信仰驱使的,它的历史较久,为数较多,其中又有几种情形:

一种是多胎婴儿。有些民族认为一胞多子不祥,必杀之。《风俗通义》:"不举并生三子,俗说生子至于三,似六畜,言其妨父母,故不举之。"也有的书解释说:"三"似音丧,有妨双亲,故杀之。在有些民族信仰中,双胞胎也不吉祥。《续修台湾府志》卷一四:"一产二男为不祥,将所产子缚于树梢,至死并转居他处。"

不难看出,对双胞胎的溺婴,出于对多胞的不理解,认为它有妨父母,或者出于其他原因,才发生溺婴事件。这当然是宗教信仰的产物。

一种是畸形胎儿。古代对畸形胎儿、四肢不全婴儿有种种迷信。《外台秘要》卷三五:"儿初生,额上有旋毛早贵,妨父母。""儿初生目视不已数动者大非佳人。""儿初生自开目者不成人。""儿初生头四破者不成人。"这些迷信是导致杀溺婴儿的重要原因。

一种是犯忌婴儿。民间最讲究天时地利人和,相应地出现不少禁忌,生孩子也不例外。如认为打雷时生子不祥,甚至在雷声下交合而怀孕都不行。《礼记·月令》:"雷将发声,有不戒其容止者,生子不备,必有凶灾。"《论衡·四讳》:"讳举五月五日子,以为五月五日子杀父与母。"故必溺五月所生子女。这是因为,民间把五月视为毒月,五日为毒日,五月五端五节活动的核心是防五毒,当然,此时生子不祥,因此杀婴。

---

① 马克思《摩尔根〈古代社会〉一书摘要》第12页,人民出版社1969年版。

【第三节　产翁制】

一般地说，哺乳是由婴儿的母亲承担的，这是公认的生育习俗。但是在历史上，也有由男子坐月子的，而产妇则到田间劳动，人们称这种制度为产翁制，或男子坐褥。

产翁制在文献中多有记载：

周去非《岭外代答》卷一〇引房千里《异物志》："獠妇生子即出，夫惫卧，如乳妇，不谨其妻则病，谨乃无苦。"

《太平广记》卷四八三引尉迟枢《南楚新闻》："南方有獠，妇生子便起。其夫卧床褥，饮食皆如乳妇，稍不卫护，其孕妇疾皆生焉。其妻反无所苦，炊爨樵苏自若……越俗，其妻或诞子，终三日，便澡身于溪河。返，具糜以饷婿拥衾抱雏，坐于寝榻，称为产翁。"

李京《云南志略》："妇女产子，洗后裹以襁褓，产妇立起工作，产妇之夫则抱子卧床四十日，卧床期间受诸亲友贺。行为如此者，据云，妻任大劳，夫当代其受苦也。"

正德《云南志》卷八：傣族"妇人勤蚕绩，各耕作而略无小暇，产子即浴于江，归付其夫"。雍正《顺宁府志》卷九：傣族"生子三日，贵者浴于家，贱者浴于河，妇人以子授夫，已仍执爨、上街，力田理事，至老非疾笃，不敢少休"。

《台湾纪略·风俗》：高山族"凡耕作皆妇人，夫反在家待哺"。

李宗昉《黔记》："郎慈苗，在威宁州属，其俗更异。女人产子，必夫守房，不逾门户，弥月乃出。产妇则出入耕作，措饭食以供夫乳儿外，日无暇刻。"

产翁制在国外也有流行。南美洲火地岛印第安人中的雅干族，妇女嫁后还在家居住，并在娘家生头一个孩子，这时她的丈夫要到岳父家居住，留在茅房中静坐数日，不外出劳动，由朋友、亲戚提供食物。等男子有了家业，妻子才移居丈夫家，结束了"不落夫家"的生活。南美洲亚马逊河和俄利诺河流域的印第安人，基本保留母系制，但已有对偶婚，当妻子生小孩以后，丈夫要躺在床上，装成产妇的样子，受到家人的特殊照顾。亚马逊河西北部的威陀陀部落，妇女临盆时必到森林中，小儿出生后即交给丈夫，她自己却到田间劳作，只有晚上才哺乳小儿。丈夫却在吊床上休息，遵守禁忌，还受到亲友祝贺。产翁制不仅流行于美洲，也流行于欧洲，如法国与西班牙交界的巴斯克人，妇女生了小儿，丈夫要躺在床上，佯作欲产的样子，家人也去照顾他，四邻向他祝贺，他的妻子却忙于家务。

产翁制的起因，有两方面的原因。首先是父权制与母系制斗争的产物。在母系制和氏族群婚时代，没有由父亲母亲组成的个体家庭，当时实行走访婚，子女由母亲及其氏族哺育，"知其母不知其父"，父亲是不介入妇女生育的，当然不会出现产翁制。到了母系制晚期，出现了对偶家庭，产生了父子关系，但由于男子寄人篱下，对女方氏族依附性强，也难以出现与妻子抗争的风俗，包括产翁制在内。一旦单偶婚和父权制出现之后，夫妻之间的关系就不同往常了。这时男子在生产、生活中都有举足轻重的作用，妻子是他的附庸，子女是他的财产、继承人。不过，刚刚建立的单偶婚和父权制并不牢固，妇女利用逃婚、哭嫁、不落夫家等方式对抗父权制，这些行为都影响子女的血统纯洁性，因此父权制采取许多压抑母系制复辟的措施来维护自己的权利。如妇女以生子女者自居，男子也介入生育子女。法国学者沙尔·费勒尔引用拉法格的话说："装产的习惯，是男子用来夺取妇女的财产和她的品级之欺骗手段中之一种。因为女人的生小孩子，就是在家庭中享得特权的原因。男子所以要装产，因为他要使人相信，他是生小孩子的人。"他补充说道："这种行动的方法，供给了男子做他承认父权之用，为男子表现出来，他对于小孩子之权，也同于母亲对于小孩子之权一样，在家庭进化的方向中，做了母系制过渡到父权制度的阶梯。"[①] 由此观之，产翁制起源于父权制与母系制的斗争，这也就决定了它与父权制同时产生的。其次，从上述所引的资料中看出，产翁制并不是超信仰的，事实上它已经成为一种信仰或禁忌，才使人们做出令人反常的产育风俗来。既然是信仰，必然人人信守，否则是冒犯神灵，"不谨其妻则病"。所以，不能说产翁制与原始信仰无关。

苗族产翁

---

① 《家庭进化论》第139页，大东书局1930年版。

【 第四节　儿童教育 】

当小孩离开母腹，逐渐长大以后，就开始了童年生活，并步步接近成年。从民族学资料看，这一时期不仅要从物质上为儿童提供健康成长的条件，还要对儿童进行严格教育，为其将来成年准备条件。

儿童时代是人生智力发展的关键时期，据教育学家研究，人的智力大约有5%是在4岁以前获得的，30%是在4岁至8岁之间获得的，20%是在8岁至17岁之间获得的。所以对未成年人的教育，是人生教育的基础，这一点是从原始社会就开始了的。

一、教育内容

原始教育的内容，具有明显的实用性，因此有以下诸内容：

一种是生产知识。生产是人类生存的基本谋生手段，在儿童教育中也充满了生产知识的灌输。如教授拉弓射箭、农耕、纺织、制陶等等。以四川凉山的耳苏人为例，为了培养和检阅每个人的射箭技术，该族有一种节庆——"处力术"，汉意为射箭节，时间在每年三月一日。

节日前夕，各户按人口计算，出若干粮食，一般是一筒（二斤），没出生的胎儿也缴纳一份，然后由村子统一安排，由酿酒能手造酒。

节日那天清早，人人都盛装来到村外广场，前面插两块木板，其上画人形，作为射箭的靶子。弓箭是自制的，每个男子都有一套弓箭，参加的人是男子，包括13岁少年。比赛时，先预赛，每人三箭，根据中箭数目排出名次，然后正式比赛。也是每人射三箭，射时多蹲式，且有舞蹈动作，最后向优胜者敬酒。最后还有一个"鼓特姆"活动，即许多人聚在一起，讨论当年如何狩猎，何时耕作。

对于女孩则教以家务劳动知识。《中华全国风俗志》下篇卷一〇："藏民小儿长成，教以吹火、汲水、制餐物，采薪炭，及家政之一部分。渐长，则令监视家畜，此平民之受教育者也。"

二是风俗道德规范。

氏族生活是依靠传统的风俗习惯维持的，这是当时的基本道德规范，人人都要遵守，包括氏族利益高于个人利益，极力维护血缘纽带，尊老爱幼，团结互助，吃苦善战，等等。这些道德规范保留在民谣、诗歌、传说之中。如纳西族在各种庆典、宗教活动中，东巴都要诵《创世记》。白族也是这样，他们认为"老人不讲古，少年错了谱"。湖南土家族在跳茅谷斯舞时，必由头人、祭司诵《迁徙记》，既是讲述历史，又是氏族风俗教育。

三是吃苦耐劳和军事知识。

氏族成员既是生产能手，又是一名战士，因此从小就要求每个人吃苦耐劳，善于战斗，这样才能成为合格的战士。《中华全国风俗志》下篇卷一〇："倮罗小儿之初生，也浴以冷水，又以牛尿灌其头，俗传能长大小儿胆量，使之临事不恐云。"凉山彝族对少男的训练是要他勇敢，能吃苦，使刀弄棒，善于骑射。对于女孩，则教她节俭持家，能纺织、做饭，待人接物大方。蒙古族是一个游牧民族，儿童教育的内容是骑射。彭大雅《黑鞑事略》："其骑射，则孩时绳束以板，络之马上，随母出入。三岁以索维之鞍，俾手有所执，从众驰骋，四五岁挟小弓短矢。及长也，四时业田猎。"

四是性教育。

性生活是人的基本需要，又是关系氏族利益的大事。因此性教育是儿童教育的内容之一。其中包括血缘内部不能发生性关系，未成年人不能过性生活，成年后怎么介入性生活。云南永胜他鲁人（彝族一支）结婚前有一种群婚，号称"住棚子"。姑娘长大后，家长为其在房外搭一个棚子，供她居住，也可接待男朋友，过走访婚生活，而且以男朋友多为荣，否则被人看不起。

二、教育方法

教育儿童的老师，首先是儿童的父母及其他亲人。当然，在母系氏族时代以母亲、舅舅为首任老师，因为母亲、舅舅与子女接触最多，威信最高，在子女心目中，母亲是自己的楷模，是学习的榜样。进入父权制以后，父亲、爷爷才起重要作用。

在教育方法上，有以下几种：一是老人、氏族长、家长的口传，也包括祭司在宗教场合所讲述的历史、氏族风俗。二是成年人的身教。成年人是儿童的楷模，他们的一言一行都给儿童以影响。三是文化活动，如唱歌、跳舞等。四是游戏。玩具和游戏是教育儿童的手段,也是知识传承的一种渠道。托尔斯泰有一句名言:"游戏是真正动作的模拟,艺术也是一样。"①

三、原始教育的特点

第一个特点是抓得早,重视少儿教育。

由于当时人手缺乏,生产力低下,原始社会的儿童很早就介入了生产活动,所以对儿童的教育也是提早进行的。澳洲妇女跳一种采集植物根子的舞蹈,儿童观看以后,"由于儿童所特有的模仿的冲动,就把她的母亲的动作再现出来"②。鄂伦春族的小孩三四岁就开始学习采集,练习射技;八九岁已经能参加一些狩猎活动;十二三岁已经与成年人无异。

另一个特点是寓教育于游戏之中。所谓儿童,从1岁到12岁,又可分几个时期,包括乳儿期(1岁)、婴儿期(1至3岁),幼儿期(3至6岁),孩儿期(6至12岁)。在这个时期,儿童基本是玩耍,尤其在原始社会,没有学校,只能在成年人的看护和带领下,从事各种游戏,通过游戏,增长知识,陶冶性情,扩大视野。其中的玩具是儿童的朋友,是认识世界、提高自己生存能力的手段,因此,玩具是儿童的伙伴,是"无字的教科书"。

作者在民族地区看到,当鄂伦春族一岁小孩在摇篮生活时,母亲就在摇篮上挂骨片、彩布,让乳儿辨颜色、听声响。两三岁即让婴儿玩木雕鹿偶,玩过家家,这时的游戏已有一定的动作,具有一定的模仿能力。进入幼儿期则增加活动性,如男孩吹鹿笛,学鹿鸣,女孩则搓筋线,学纺织技术等等。这些游戏是成年人生活的缩

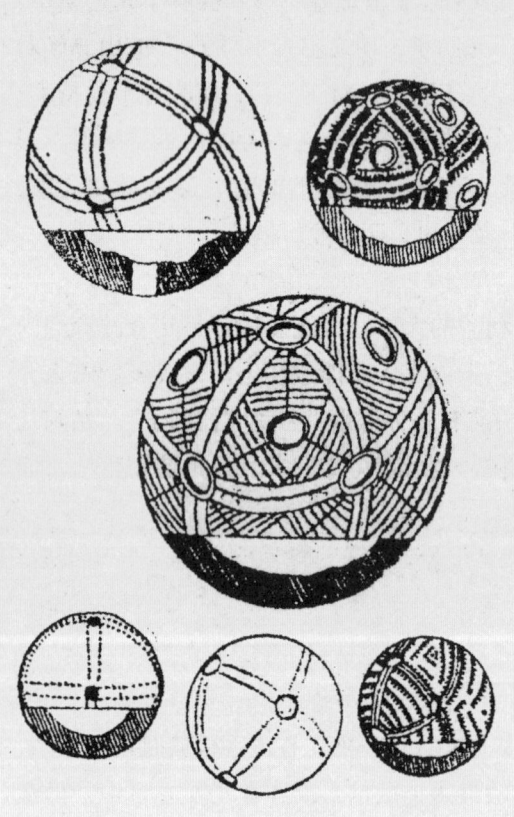

屈家岭文化的陶响球

---

① 《列·尼·托尔斯泰全集》卷三〇第54页,国家文学出版社1951年俄文版。
② 普列汉诺夫《论艺术》第78页,三联书店1961年版。

影。儿童借助上述玩具、游戏，可以长知识、练体力，提高思维能力。游戏的特点是趣味性强，不强制，儿童喜闻乐见，随意性强，没有一定的功利目的，多为集体活动，增强人与人的交往能力。

寓教育于游戏之中，在原始社会也是流行的，这一点可从当时出土大量玩具得到证实，如出土的石球、陶球、陶弹丸、陀螺、骨哨等等，都是玩具、游戏的物证。

还有一个特点，原始儿童教育没有固定的时间和场所，也就是没有文明时代的日制式学校。整个社会就是一座学校，当然这个社会十分狭小，基本是氏族聚落。尽管没有学校，但是教育儿童是氏族成员的义务，而且是社会性的教育。虽然没有固定的教育时间，但是氏族节日、成年仪式、宗教活动等，则是集中教育儿童的盛会，这些场所也是最生动的教育课堂。

此外，正如前面所说，儿童教育与生产实践紧密结合，也是原始教育的特点之一。

【第五节 成年仪式】

当一个人进入成熟阶段的时候,必须举行一个成年仪式,在学术上又称成丁礼、启蒙教育,我国彝族称换裙子,汉族称冠礼,等等。

成年与未成年人是有严格区分的,他们不仅在生理上有重要区别,在社会地位和享有的社会权利以及应尽的社会义务上也不同。我国土家族称未成年的姑娘为"毛姑娘"、"小姑娘",成年之后就称"媳妇家"了,其重要区别在于给成年姑娘开脸、画眉。非洲黑人认为一个人未举行成年仪式,永远是一个毛孩子,性别不明显,受社会歧视,举行成年仪式后才成为一个完整的人,异性才喜欢。傣族也把人生命分为四个阶段,其中认为未成年人没有灵魂,生前不能像成年人享有各种权利和义务,死后也不能埋在家庭墓地上。以上事实表明:未成年和成年之间是有严格界限的。所以,一个人到了成年的时候,是一生中最重要的时期,从此,他才成为氏族的正式成员,有权参加社会、婚配和生产劳动,这对氏族来说,也是吸收和接受新成员的机会,因此要举行隆重的仪式——成年礼。

拉法格指出,在举行成年仪式前夕,为了使青少年在精神、体质和社会经历上经受考验,必须进行一定的训练:"青年人参加战士和猎人的队伍都要举行仪式,这种仪式将使这个光荣的阶层的参加者吃点苦头和带给他们各种的残废(使受伤、切割、拔去牙齿等等),这种仪式的目的在承认他们配得战士的称号之前考验青年人的坚忍和勇敢。"[①]

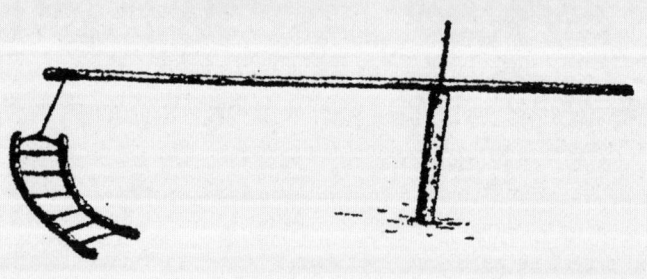

赫哲族的冰磨玩具

在举行成年仪式前夕或过

---

① 拉法格《宗教和资本》第28页,三联书店1964年版。

程中，氏族首领要给成年人讲述氏族的历史、道德规范或习俗，为了训练他们，还形成一些特殊的仪式，如拔牙、切割、隔离、绝食、烟熏、火烤、伤体、穿耳、文身、殴打、咬头皮、穿鼻梁、猎头等活动，并且更改服饰和发饰。我国纳西族的穿裙子礼和穿裤子礼，彝族的穿裤子礼，古代汉族"男子二十冠而字"，女子十五"许嫁、笄而字"，都是改变服装、发式的反映。改变服饰和发式，就是区别男女，标志成年。《礼记·乐记》："婚姻冠笄，所以别男女也。"以此才能通婚，后来进入阶级社会早婚盛行，但仍然要伪装成成年人，才能婚娶。《太平御览》："男子幼娶必冠，女子幼嫁必笄。"都是成年仪式的遗风。

中外民族学资料中都保留许多成年仪式的内容。

布须曼人举行成年仪式时，由巫师主持，在男孩额头上刻有部落的记号，实行一个月的隔离生活，跳大羚羊舞，禁吃某些食物。

肯尼亚吉库尤人，男孩到12岁、女孩到15岁举行成年仪式，这时要在他们身上绘画，举行宴会，饮酒欢舞，其中男孩要进行割礼，然而"男孩子不能流露出害怕或痛苦的表示"，"一时间血直喷到土地上，这象征身体隶属于土地了"。①

澳大利亚土人在举行成年仪式时，把一束鲜苔贴在生殖器周围和腋下，为的是赋予他们以成年人的模样。

红山文化着靴陶人残像

我国的成年礼资料也相当丰富。

独龙族少年到十二三岁开始文面，他们称"画面"，说明先绘面，后来才文面，后一种方法是姑娘洗过脸，直仰于地，由一位成年妇女以竹或树枝蘸锅烟水在脸上绘出

---

① 默里·布朗《肯雅塔》第10页，上海人民出版社1976年版。

图案，然后，一手拿一个长有硬刺的老荆棘，对准图案，另一手持木棒打击荆棘，刺毕再以锅烟揉一遍，愈合后即长出青蓝色纹样。在独龙河中上游人几乎在全脸都文，下游仅文下颌部位。

台湾高山族成年须在十六七岁以上，如太么人以获得人头为必需条件。成年后有特殊表号或装饰，如黥面、文身、缺齿、束发等。成年之权利为：一是有能力者，得参与一社之会议；二是能结婚；三是得嚼槟榔子。

黎族成年时，必给姑娘开面，由一位妇女执行，以绳索把面部的汗毛拔掉。

俄亚纳西族地区有成年仪式，称更服礼，即改变服装。因性别不同而有不同的名称，男子称"才花给"，即穿裤子仪式，女子称"石花给"，即穿裙子仪式。举行成年仪式的时间在每年农历十二月二十七日至二十九日。男女均在13岁时举行，其具体时间根据属相和占卜决定。更服礼的地点选择在主室内的中柱附近举行，少男少女都要脚踩粮袋和猪膘，象征粮食充足，家庭富裕。此外男子要手持武器，女子手持纺织工具。

在主持者的指挥下，少男少女要向祖先、老人和亲友叩头。主持人要为其脱掉长衫，穿上上衣和裙或裤，并且改变发饰。男子戴帽子，女子辫发。家长手捧哈达，轻轻地搭在成年人身上，这时由巫师东巴念经，其大意为：现在新的一年即将来临，正月也快到了，在这喜庆的日子里，某某快13岁了，标志他的少年时代的结束，成年时代的开始。这是一生中的大事，穿上裙子（或裤子）以后，你要好好劳动，成为一个出色的犁手（或纺纱能手）。在村落危急时要勇于挺身而出，过几年讨个妻子（或丈夫），多多生儿育女，过上幸福的生活。

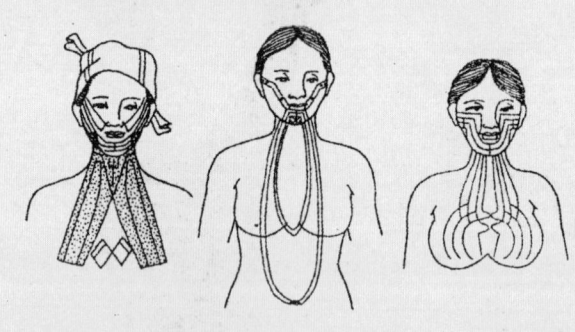
黎族各支系纹面样式

俄亚纳西族在要到13岁时举行成年仪式，是因为当地以十二属相记年，记岁数。从出生到12岁为一周期，因此十二岁是人生的重要转折点。在遥远的氏族社会，生产力低下的氏族群体很需要新成员的增加，因此把13岁确认成年的起点，要举行成年仪式。

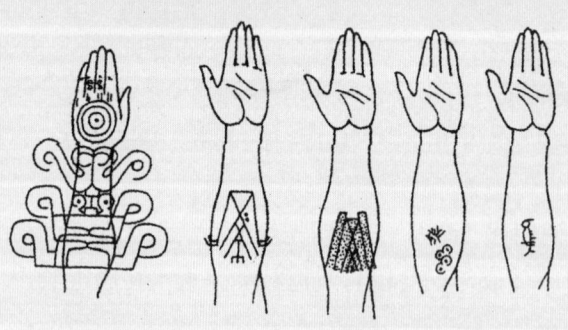
黎族各支系手臂纹样式

凡是举行过成年仪式的人，不

仅表面上着成年人的服饰,他们在家庭中也被列入成年人的队伍,男子要逐渐参加各种劳动,掌握一定的农牧和手工业知识,了解各种道德规范和风俗习惯,女子也要参加农业劳动,纺纱织布,开始参与管理某些家务劳动,学会接待亲友。此外,他们也开始与异性交往,经过两三年的实践,有些人还建立了安达即性朋友关系。

以上成年礼,是民族学资料,那么在考古发掘中,是否有成年礼的遗存呢?回答是肯定的。

我国古代的越人分布在江南广大地区。《逸周书·王会解篇》:"伊尹正四方令,正南瓯。"瓯即越,伊尹于商都说瓯人在正南方,当在今长江以南。《吕氏春秋·恃君篇》:"扬汉之南,百越之际。"颜师古《汉书·地理志注》:"自交趾至会稽七八千里,百粤杂处,各有种姓。"可知越人分布在长江以南广大地区,包括江苏、浙江、福建、广东、广西、贵州和云南等省。

摩梭人女子穿裙子仪式

古代越人源远流长,支系很多,各地发展不平衡,在古代江苏地区称大越,春秋时建立吴国。在浙江地区称东瓯或于越,春秋时建立越国,这是当时越人最进步的两支。在广东称南越,在海南岛和广西称骆越,在云南称滇越、腾越等等,故称百越。后来,越人又有僚人、俚人和夷濮诸称。

在越人历史上,曾经普遍有拔牙风俗,这可以从历史文献、考古和民族学等方面得到证实。

从历史文献上看,古代越人及其后裔普遍流行拔牙风俗。

张华《博物志》:"荆州极西南界至蜀,诸民曰僚子。妇人妊娠,七月而产,临水产儿……既长,皆拔去上齿各一,以为身饰。"

《旧唐书·南蛮传》:"尾濮在云南徼外千五百里。有文面濮,俗镂面,以青涅之。赤面濮,裸身而折齿。"《新唐书·南蛮传》也有关于类似记载:"又有乌武僚……故自凿齿。"

《太平御览》卷七九岭南洞人"去其两齿为饰",同书卷七七川西南"夷僚生子,长则拔去上下牙各一,以为身饰"。同书又称:"有俚人,皆为乌浒,女既嫁,便缺去前齿。"邕州"悉是雕题凿齿,画面文身",钦州"又有僚子,巢居海曲,每岁一移,椎发凿齿"。

《续资治通鉴长编》载熙宁八年(1075),熊本疏称南平僚:"夷人居栏栅,妇人衣通裙,所获首及多凿齿。"

李京《云南志略》:"土獠蛮,叙州南乌蒙北皆是,男子十四五则左右击去两齿,然后婚娶……人死则以棺木盛之,置于千仞颠崖之上,以先坠者为吉。"

田汝成《行边纪闻》:"仡佬,一曰僚,其种有五……殣死有棺而不葬,置之崖穴间,高者绝地千尺,或临大河,不施蔽盖……父母死,则子妇各折其二齿投之棺中,云以赠永诀也。"

从考古学上看,在古代越人的广大居住地区也发现了一些拔牙遗迹,举例说明。

在广东石峡文化遗址曾发现一些拔牙遗骨,距今约五千年左右。

在福建昙石山遗址的第13墓中,墓主人是一个男子,上颌骨缺两侧门齿,齿槽萎缩,后凹入较深,为拔牙所致。[①]

在四川珙县发现有十具僰人遗骨,除一具为小孩外,其他均无上下门齿,有明显的拔牙痕迹。[②]

目前所发现的有关考古资料虽然很少,但是它却是从地下找到了古代越人流行拔牙风俗的物证。

拔牙是如何进行的,有几种方法,这是探讨拔牙风俗的重要内容之一。为了说明拔牙的方法,仅凭零碎的考古学资料是不够的,必须借助于活生生的民族学资料,参照有关历史文献,才能进行分析比较。

有关拔牙的民族学资料,在我国现代民族中保存甚少,而且残缺不全,但是也有残迹可寻,主要在台湾省高山族和贵州省仡佬族地区还保留一些拔牙遗风。

台湾省高山族的拔牙风俗,在当地各个支系中,也有一定差异,日月潭附近的邵部族,不论男女都拔掉上颌骨的两个犬齿,其中属于爱哭的女孩,也要拔掉下颌骨的两个犬齿。拔牙的年龄,一般在8岁至13岁之间,也有的在12至13岁、17岁至18

[①] 韩康信等《闽侯县昙石山遗址的人骨》,载《考古学报》1976年第1期。
[②] 《四川珙县僰人悬棺及岩画调查记》,载《文物资料丛刊》1978年第2期。

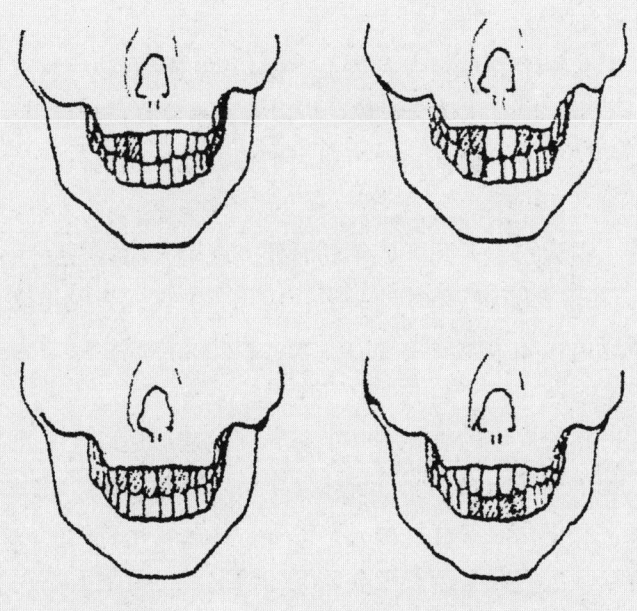

大汶口文化的打牙部位

岁进行。

仪式是在每年正月初三的黄昏时节举行。事先在家门前建筑一所小房子，供拔牙少年居住。拔牙时，由主持仪式的人捧着火塘灰，向祖先祈祷，求得祖先保佑。通常由三个人进行拔牙，各有一定分工，一个用黑布把被拔牙者的眼睛蒙住，并且紧紧抱住头部，不能动摇，一人搂住手足，防止因疼痛而挣扎，一人主持拔牙。他用左手将上颌骨犬齿露出来，右手持锤，猛击犬齿，将犬齿敲断，然后用左手把牙拾起来，埋在主人家的房柱下，留下的齿根仍然留在牙床里，但是流血不止，这时要用火塘灰涂抹牙床，起止血作用。然后，主持者带领孩子到河边漱口，嘴里咬一个事先准备好的小木片，大小如犬齿那么大，目的是防止其他牙齿倾斜。

拔牙以后，所有拔牙的孩子都住在专门供他们居住的小房子——男女公所之内，男女分开，其他社会成员也共同庆祝，进行聚食。①

高山族中的布嫩、太么等支系中，也是在小孩七八岁至13岁期间拔牙，"把左右两枚门齿拔出，或者将侧门齿各拔去一枚，也有拔去侧前齿和犬齿的"。一般由父母执行，皆先用两块木板夹住要拔掉的牙齿，以锤子慢慢敲打木板，使牙根活动，接着在一根长十七八厘米长的木棍上拴一个绳套，用绳套拴住牙齿，然后猛拉而出，拔下来的牙齿埋在房檐下，牙槽内涂以煤烟，以便止血。②

仡佬族是我国最古老的民族之一，古代与壮、侗、水、布依等族通称僚。现有两万多人，主要分布在贵州省西部和广西壮族自治区隆林各族自治县。

仡佬族拔牙仅限于妇女，男子不拔牙。一般是打掉上颌骨的犬齿一两枚。在有些民族风俗画中还保存一些拔牙形象，如《黔苗图说》中绘有拔牙是在室外屋前举行的，由老年妇女执行，其他妇女围观助兴。《西南少数民族风俗画》二十五中，也是众人围

---

① 《日月潭邵族的宗教》，载《考古人类学刊》1957年第9—10期。
② 徐子为等《今日台湾》上册第100页，中国科学图书仪器公司1945年版。

观,由老年妇女拔牙,这是与高山族有明显区别的。

从文献上看,仡佬族通常是"妻女年十五六敲去右边上一齿。以竹围五寸、长三寸,裹锡,穿之两耳,名筒环"。①不难看出,仡佬族拔掉牙齿以后,是放置在竹筒里,作为耳饰垂在耳上,这种耳坠呈圆桶状,故称筒环,在西双版纳傣族地区还流行这种耳饰。

原始人对成年与否是很重视的,因为一个人到了成年的时候,就个人而言是一生中的转折点,从此结束孩童时代,正式成为氏族公社的一员,故称有关仪式为成年仪式。就氏族而言,是接受和吸收新成员,标志氏族力量的强大,因此又称成年仪式为入社仪式。

在这些民族学资料中,尽管各民族的成年的时间有一定差异,但是却是以性成熟开始的。从生理变化的观点分析,少年到了十二三岁,身体发生巨大变化,如生长出再生毛,女孩开始有月经,声音发生变化,性器官发育成熟等等,如此变化自然使原始人感到是人生中的一个重要转折。其次,在生产力极端低下的情况下,要求人们在年龄较小的时候就介入社会劳动。当时人口稀少,死亡率高,受群婚的影响,也使成年人上限提前,这样在原始民族中成年仪式多发生在十几岁,即性成熟和成年是一致的。

成年必须举行成年仪式,这是很隆重的活动。"青年人参加战士和猎人的队伍,都要举行仪式。这种仪式将使这个光荣的阶段的参加者吃点苦头和带给他们各种的残废(使受伤、切割、拔去牙齿等等),这种仪式的目的在承认他们取得战士的称号之前考验青年人的坚忍和勇敢。"②当时不限于拔牙、切割,还有文身、绝食、隔离、火烤、穿耳鼻、猎头等,并且传授历史知识,生产技术和风俗习惯,改变服装。因此,成年仪式是对青年进行的一种社会性教育,是维护和巩固氏族制度的重要手段,而拔牙正是成年仪式的一种产物。

最后应该指出,拔牙是某些氏族或部落所特有的,因此拔牙也就成为这些氏族部落的特征。

《淮南子·本经训》:"尧乃使羿珠凿齿于畴华之野。"《山海经·海外南经》:"昆仑圩在其东,圩四方,羿与凿齿战于华寿之野,羿射杀之。在昆仑圩东,羿持弓矢,凿齿持匠(一曰戈)。"其中的凿齿就是以拔牙为特征的,用其特征称其部落,如同"打牙仡佬"名称一样。然而,既然唐尧已命羿杀了凿齿,为什么到夏代还有一个凿齿呢?而且都是使羿战胜凿齿呢?这是不奇怪的,因为凿齿不是指具体哪个人,而是指凿齿部落,该部落仍然存在,它们就是东夷的重要一支。

---

① 朱辅《溪蛮丛笑》。
② 《宗教与资本》,三联书店1963年版。

第六章
婚 姻

婚姻，又称嫁娶、婚媾，男姻为娶，女嫁为婚。《尔雅·释亲》："婿之父为姻，妇之父为婚……妇之父母，婿之父母相谓为婚姻。"婚姻是人际关系的基本形式，而且有什么形式的婚姻，就有什么样的社会组织形式，它是家庭的基础，而家庭又是社会的基本细胞，是人类生存的单位。

原始婚姻最复杂，富于变化，主要有五种形式。

【第一节　野合婚】

人类最原始的婚姻是什么样子呢？笼统地说是群婚，但是群婚可分为若干阶段。

在人类的发展史上，群婚起码应该分为三个大的发展阶段。首先是人类童年时代的杂交群婚。当时的人类还生活在从猿到人的原生地，人类社会尚在形成之中，婚配无任何约束。《吕氏春秋·恃君览》："昔太古尝无君矣，其民聚生群处，知母而不知父。无亲戚兄弟夫妻男女之别，无上下长幼之道……"故称杂交婚。第二个阶段是血缘群婚。"一俟原始群体为了生计必须分成小集团，它就不得不分成血缘家族，仍实行杂交，血缘家族是第一个'社会组织形式'。"① 所谓血缘家族并不是现代意义上的家族，它是人类由原生地散布开来后，必然只能依母系血缘关系结合成的血缘集体，可称血缘公社，这样的血缘集体既是一个生产、生活单位，也是一个内婚的集团。第三阶段是氏族群婚。

杂交婚已经是遥远的历史，难知其详，但是血缘婚还有蛛丝马迹可寻的，它的突出表现是野合形式。

在我国的考古学报告中，有不少野合图。如1987年在新疆呼图壁县康家石门子发现一处岩画，面积有一百二十多平方米，刻有男女人物百多人，人物大者过于真人，小者只有一二十厘米。人像有男有女，或站或卧，或衣或裸，不少男像，清楚显示了生殖器及睾丸，甚至表现了交媾等形象。在广西南宁明花山、龙州沉香角均有野合图，前者是两个对站拥抱人，左男右女，女为孕育状；后者是男上女下，卧于床上。

在越南陶盛出土的铜缸盖上，有四组男女野合图。在云南晋宁石寨山铜饰上铸有男女野合像。云南江川李家山一件铜器上，也有男女野合形象。另外，在四川成都发现的汉代画像砖上，也有不同内容的男女野合形象。其中有一块画像砖，背景是一片桑林，一位妇女至此采桑，筐丢于一边，衣服挂在树上，与一男子作交合动作，一男

 马克思《摩尔根〈古代社会〉一书摘要》第20页，人民出版社1965年版。

孩在男子背后助推，小孩后边站立一男子，作交合准备。另外，在宁夏贺兰山岩画、内蒙古阴山岩画上也有不少野合图，这是当时流行野合婚的反映。

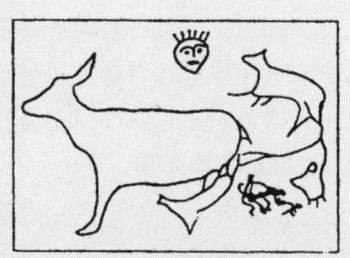

北方交合岩画

文献中也有野合婚的记载。

传说夏代的大禹就有过野合生涯。《天问》："禹之力献功，降省下土方。焉得彼涂山女，而通之于台桑。"王逸注："言禹治水，道娶涂山氏之女，而通夫妇之道于台桑之地。""台桑"即桑台，指社坛附近的桑林，这是典型的野合。

周代祭婚姻生育之神——高禖时，多在河边、山林供有高禖石像，每年农历阳春二月举行隆重的仪式，男女可以自由性交。《周礼·媒氏》："仲春之月，令会男女，于是时也，奔者不禁。"《诗经·郑风》："溱与洧，浏其清矣，士与女，殷其盈矣，女曰观乎，士曰既且，且径观乎，洧之外，洵汙且乐，惟士与女伊其相谑，赠之以芍药。"朱熹《集传》称："此诗淫奔者自叙之解。"其实朱熹的看法是对的。淫奔就是"野合"，在古代是极其流行的。《初学记》卷一五引《五经通义》："郑国有溱洧之水，男女聚会，讴歌相感。"《史记·孔子世家》讲孔子母野合而生孔丘。《正义》："男子过六十四岁而婚姻，谓之野合。"《索隐》："一老　少，不合礼仪，谓之野合。"《后汉书·鲜卑传》："以春季月大会，浇乐水上，饮宴毕，然后婚配。"同书记载，古代西南地区的尾濮"男女长，各随宜野合，无有嫁娶，犹知识母，不复别父"。《太平寰宇记·南仪州》："每月中旬，年少女儿吹笙，相君明月下，以相调弄号，日夜以为娱，二更后匹耦两两相携，随处野合,至晚方散。"

民族学中也有不少类似资料。

陕西临潼骊山有一座人祖庙,供奉女娲,每年举行两次祭祀:一次在农历三月三日,要拜人祖,游古迹,洗桃花水;另一次在农历六月十五日,也拜人祖,游女娲遗迹,到温泉涤肤洗心。据我们调查,骊山庙会又称"单子会",不育的妇女往往趁庙会之时,夹着床罩,怀里藏着布娃娃,到骊山拜女神,夜宿林中。附近各村男子在晚饭后也多上山,遇到合适的人即可同居。次日清晨,这些妇女回村时,只能低头走路,不可回顾,否则会"冲喜"。

在淮阳人祖庙会上,还有一种"野合"遗风。传说过去在人祖庙会上,有些来朝祖进香者,为了祈求生育,不仅祈求人祖保护,实行"拴娃娃"巫术,而且求育者遇到一见钟情的人,夜里可在僻静处偶居,彼此一般不能拒绝,次日天明则告别离去。这种"野合"是比较隐蔽的,但是"担花篮"舞蹈中却有一个男女交媾的情节:跳舞者在达到高潮时,要背擦背,肩挨肩,使身后的黑纱飘带相互绞合,如伏羲女娲交尾一样。这是节日期间"野合"在舞蹈中的反映。

两广瑶族也流行野合婚。《八排风土记》卷三瑶族:"成婚不告,野合,先配后祖。"

广东连南瑶族从除夕至正月初三"放牛出栏"。其间成年男女无论婚否,均可自由交往,发生性关系,不受习俗约束。

在贵州苗族中也有此风俗。《百苗图》一三"花苗":"每岁孟春,择平壤之所为月场,未婚男子吹笙,女子振响铃,歌舞戏谑,以终日,暮则约所爱者而归,遂私焉。"徐家干《苗疆闻见录》:"男女始娶不须媒妁,女年及笄,行歌于野,遇有年幼男子,互相唱和,彼此心悦则先为野合而即随之以奔……"贵州榕江丙汪苗族男女青年在三月三挖蕨菜的季节,纷纷相约上山,一边挖蕨菜,一边对歌;同时砍枌树,扎七或九个茅草人,插在地上,中央高,两边低,这就是茅人坡,互相对歌。然后各寻自己的情人,再往树丛中谈情说爱,甚至发生性关系,而且一个人可与几个异性交朋友。①

布依族在三月三时也有野合之风,乾隆《南笼府志》:"每年三月初三宰猪、牛祭山,各寨分肉,男妇饮酒,食黄糯米饭……犹汉族呼为过年。"其间可以谈情说爱,也可"躲山"野合。

《古今图书集成》卷一五一四《云南总部·永宁府部》:普米族"婚配野合"。我们在永宁地区调查时还得知,不久前,每逢春天采火草(纺织原料)时,普米族男女还成对成双地上山野合。

四川木里俄亚有一个"米华登格",意为妇女节,从农历十二月底至三月初,由已

---

① 《月亮山地区民族调查》第405页,贵州出版社1983年6月版。

婚未育的妇女主持，煮酒做菜，在村中广场点燃篝火，男女对歌、跳舞。午夜，老人和少年离去，青壮年男女则谈情说爱，建立"安达"（性朋友）关系，然后到野外同居。

在节日里进行野合，几乎遍布全世界，在各民族中均有存在。这种风俗来源于更加遥远的时期，证明人类的确存在过乱婚，并且一直保留在后来的节日或宗教仪式中。节日中的野合，实际来自远古的野合式的婚姻生活。如美拉尼西亚所罗门群岛的土人，那儿的年轻人只能到森林里发生性关系，决不能在村内过婚姻生活。在斐济群岛，新喀里多尼亚群岛，新几内亚的某些部落以及印度的冈德人和南美的乌伊托托人的部落，甚至禁忌夫妻在住宅内发生性关系，而要到森林去相会。这些风俗与我国某些民族在山林野合是一样的。说明野合婚发生于遥远的乱婚时代，并保留到氏族社会初期，即最早的走访婚也是采取野合的形式，甚至在文明时代的若干民族的节日中还残存着上述野合遗风。也就是说，野合曾经是远古时代的正常婚配方式，当时的婚姻是以走访婚或拜访婚的形式出现的，具有群体对群体的特点，同居则是在野外进行的，其中有很多属于血缘婚性质。

最初的血缘婚，也实行杂交，后来才实行同一年龄级内的血缘通婚。最初的年龄级是一个笼统概念，大体分老、中、青三级，是根据年龄和生理条件划的。同一年龄级内主要是同辈分的人，但也包括不同辈分但年龄相近的人。当时的行辈观念可能还很模糊。到了血缘公社晚期，母系血缘的行辈观念才开始形成，同时排斥同胞兄弟姊妹互相通婚，但堂兄弟姊妹还继续通婚。血缘群婚在人类发展史上经历了以百万年计的漫长的时期，是由杂乱的性关系到氏族外婚制的必不可少的过渡阶段，它本身也经历了一个从低级到高级的发展过程。

【第二节 走访婚】

随着生产力的发展,特别是农业和定居的出现,人类开始营建固定的住宅,同时,妇女在经济和社会地位中也处于主导地位,她们成为氏族外婚制的中心,因此,出现了从女方居住的婚配形式,有了一定的婚配住所。

供氏族外婚制使用的房屋,应该归氏族集体所有,供本氏族妇女与她们的配偶集体使用。在我国民族学资料中还能看到有关风俗,有两种形式:公房制和个别拜访的客房。

一、公房制

云南阿细人传说他们原来的氏族按性别分开居住,妇女住在"黑依德",即女人睡处,男人住在"若依德",即男人睡处。其中"黑依德"又是消费的中心,入夜后妇女在此过夜,招待外氏族的男子。本氏族的男子一般前往外氏族的"黑依德"过夜,老少则留住在本氏族的"若依德"内。父权制出现后,上述住俗改变了,但是在青少年中还保留下来。阿细人每个村落都有两座公房,位于广场的两侧,一座是女公房,一座是男公房,周围是其他住宅。按着阿细人的习惯,十三四岁的少年,白天随父母劳动、生活,晚上按性别分别云集在男女公房里。实际上,由于男子都去外村女公房过夜,男公房是空闲的。但是,

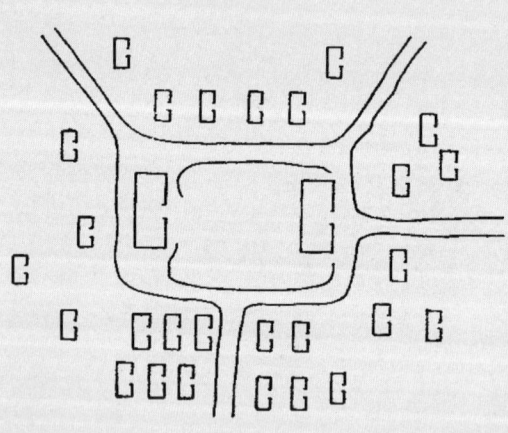

阿细人公房和村落平面图

女公房则夜夜满座，一者有本村女青年居住，二者也包括她们的男朋友。公房面积较大，东西宽五米，南北长十多米，面积达七十多平方米。房屋中间设有火塘，供取暖和照明，周围以木板为床。

傈僳族原来每个氏族也有男女公房，随着氏族的解体，庞大的公房消失了，出现了一些小形公房，或者以寡妇、鳏夫家为临时性公房。

海南黎族称公房为"布隆闺"，汉意为"无火塘的房子"。内分兄弟公房和姊妹公房，这说明它是一种公共建筑，又是一处不使用火塘的男女去处，即走访婚住所。据作者在黎族调查，上述较大的公房已经消失了，变成各家各户的小公房，也分性别建筑，结婚之前青年人基本过着一种夜合晨离的走访婚生活。

公房制也见于历史文献。周去非《岭外代答》卷一〇记载："婿有就亲，女家于所居五里外，结草屋百余间与居，谓之入寮。"从房间数量上看，不是个别人结婚，而是集体的走访婚。《苗俗记》："女十三四，构竹楼野外处之，苗童趋歌其上，情稔则合。黑苗谓之马郎房，童人谓之麻栏，僚人谓之杆栏。"说明公房在古代是很流行的。

《台湾使槎录》卷五："男女未婚，女家另起小屋，曰'笼仔'，曰'公廨'，女住'笼仔'，男住'公廨'。"这两种建筑也是公房性质的。这种公房制是适应氏族外婚制的发生而出现的，目的是将氏族男女成员分开，既有助于杜绝氏族内婚现象的发生，又为本氏族妇女与外氏族男子婚配提供一种固定的场所。公房的形式可能是每个氏族有两种大房子，这种房子在仰韶文化也有发现。

二、个别偶居的客房

随着公房制的消失，开始出现一些供一对配偶居住的简单房间，这是伴随氏族外婚制由集体拜访发展到个别拜访而发生的。永宁摩梭人的客房是一个活生生的例证。

当地摩梭人的少年到13岁的时候，要在正月初一举行成年仪式，少女称穿裙子，少男称穿裤子，从此他们就是社会的正式成员了，参加社会生产活动，进行社会交往，也开始过婚姻生活。彼此互称"肖波"，指同居的朋友、性朋友。当地的普米族称"阿注"。"阿注"婚包括两种形式，一种是所谓"阿注"异居，也就是女方居住的拜访婚，一种是"阿注"同居。两者的根本区别是，前者是指配偶双方仅仅在夜间结合：是一种单纯的性生活关系，生产和衣食方面是分开的，属于氏族外婚制的性质；后者是男子不仅夜间在女方居住，白天也生产、生活在一起，具有对偶婚的性质。这里侧重叙述一下"阿注"走访婚。

一个人何时过婚姻生活，不是母亲的决定而是自己做主，一般根据身体发育和性成熟程度而定,少数人从十四五岁开始,多数人从十七八岁开始,但是母亲要主动为女儿准备一间客房,供她与男朋友居住。

"阿注"走访婚的建立比较简单,没有任何手续和仪式,只要男女在劳动、集会、娱乐等场合相逢,彼此谈得投机,就可以决定建立"阿注"关系。当天晚上男子即可拜访女子,开始过婚姻生活,第二天黎明时分,男子辞别女方,仍然回到母亲身边劳动和饮食,晚上仍然去女方住宿。

在"阿注"生活刚刚开始的时候,除了母亲、姊妹引进和介绍的男子外,其他来访者起初都尽力避人耳目,因而男子事先要与女子约定时间、地点,或者以敲门、丢石子为暗号,由女方出来迎接。经过一段秘密阶段以后,如果双方愿意维持下去,男子就携带行李,公开住到女方家,并且同女子的母亲、舅舅和姊妹相识,不过,配偶双方照例分开生产和消费。

走访婚建立容易,解除也很简单,如发生双方感情不和,有一方迁徙他乡,一方有新的相识或双方性生活失调,一方有病或母亲姊妹反对等原因,都能引起"阿注"关系的解除。其中当事人具有决定性的作用。如果是双方提出离异,只要她对男方说一声"今晚你不要来了",就等于下了逐客令,这是比较体面的方式。有时女方把男子的行李放在门外,或者让他吃闭门羹,男子只能乖乖地离去。男子想解除"阿注"关系也很容易,他可以公开说明自己不来的理由,把行李搬走。

对于过走访婚生活的青年人来说,离异是经常的、普遍的现象,他们没有忧伤,没有痛苦,旧的"阿注"关系的解除,就孕育着新的"阿注"关系的开始。

阿注婚有以下几个特点:

第一,通婚有一定范围。原来实行氏族外婚制,后来实行"衣杜"外婚制,基本保留了母系氏族外婚制的特点。

摩梭男女在路上交阿注

第二，走访婚的基础，主要是性生活的需要。但是，每个人的外貌美丑、年龄大小、健康与否、能力大小、居住远近，对建立或结识多少"阿注"是有一定影响的。互相赠送礼物是早就发生了，但以经济因素左右婚姻关系是很晚才出现的。

第三，走访婚很不稳定，尤其在青年时期。每个人在17至27岁之间，婚姻关系变化无常，几乎一两个月就几易"阿注"，其间有十几个、几十个"阿注"是平常现象。

第四，缺乏独占和嫉妒心理。某一男子可以与几个女子婚配，他是属于这些女子的，这些女子也可以同其他男子结交"阿注"，她们是属于这些男子的。谁也不能独占谁，彼此并不嫉妒，有一句谚语"我的阿注是你的阿注，你的阿注也是我的阿注"，当时"性的共有制是对两性而存在的"①。

第五，走访婚以女子为主体。由于走访婚是性生活一种临时性的结合，就出现了主体和客体的关系。因为妇女在社会上占有重要地位，世系按母系计算，妇女自然成为上述婚姻的主体，她有专门的客房，住在氏族内部，男子是客人，是随前者居住的，也就是实行妻方居住制，这对妇女是有利的。

第六，子女随母方。摩梭人的"衣杜"按母系血缘计算："阿注"双方没有共同的经济，彼此经常离异，加上白天双方不在一起生活，只是夜间的偶合，子女与生父是缺乏联系的。所以，子女随母亲，由母亲"衣杜"抚养，子女知其母，不知其父。在摩梭人的称谓制度中，没有父亲一词。

上述阿注婚并不是孤立的现象，在其他民族中也有发现。

四川省盐源县左所区长柏公社桥满地区的普米族，婚前有一种"住加"制度，汉意为亲密的朋友。一般是甲村的小伙子晚上到乙村寻找女朋友，如果老人不反对，男子即可留在女方居住，与女子发生"住加"关系。第二天天刚亮，男子就匆匆而去，过后男子还可以来访。但是在父权制的约束下，这种"住加"制度是在秘密状况下进行的，要避免女子怀孕，否则将引起婚事纠纷。"住加"制度也是从女方居住的，男子夜赴晨归，与永宁地区的走访婚和肖波制度一模一样。

四川木里县俄亚村纳西族，有一种"安达"制度，即朋友的意思，男女通过绩麻线、娱乐等方式，建立安达关系，入夜后在村旁的山洞、庄房内过夜，次日天明再各自回家。

在内蒙阿拉善旗，有些蒙古族流行"指物为婚"的习惯，少年成年后，老人将姑娘嫁给一种器物，以马鞍或火钳为丈夫，事后姑娘就开始与男子交往，但是她们仍然住在家里，男子进行走访，所生子女归女方抚养。这也是走访婚的反映。

青海省互助县土族的"戴天头"仪式，也是指物为婚的一种形式，但是这个物被

---

① 《马克思恩格斯全集》卷三五第449页，人民出版社1971年版。

固定化了，必须将姑娘给天，做天的妻子，从此她可以招待男人，所生子女归己有，由女方抚养。通婚双方也是从母居的走访婚形式。

走访婚是什么性质的婚姻呢？它比对偶婚和一夫一妻制古老，这是毫无疑问的。在母系氏族时期实行族外婚，即指一个母系氏族的所有成员必须与外氏族的成员通婚，内部严禁通婚。但是母系制氏族外婚制是一个总的通婚原则，两个氏族如何具体婚配，这是一个比较复杂的问题。

从现在的民族学资料看，母系氏族外婚制有一个发生、发展和消亡的过程，其中可以分为不同阶段。先是氏族群婚，即前面所说的野合婚，进而才有对偶婚。但是在野合婚与对偶婚之间，有一种走访婚，这是母系氏族时期最流行的婚配形式，从中才孕育和发展为对偶婚。

最后应指出，过去为上述走访婚起了不少不够确切的名字。起初我们使用了"阿注异居"一词，现在看来用词不当。因为阿注或肖波关系，是一种婚姻关系，女子住在自己的母系亲族内部，男子夜间去拜访。夜里来宿，黎明即去，彼此是通过夜间同居的形式来实现婚配目的。看来他们是做到了同居生活，并非异居两处，所以用阿注异居来描述走访婚生活是不正确的，也是与婚姻生活本身的特点相违背的。肖波关系的根本特征是男子天天到女方走访，所以命名为女方居住的走访婚，简称为走婚。

还有一种命名称"望门居"。这也是一种十分混乱的定名。婚姻是男女之间发生性生活关系的一种形式。只望其门，不进行走访，怎么能实现偶居的目的呢？显然是不可能的。至于说通婚双方能望门而居，也是片面的看法。在母系氏族社会，通常是一个氏族聚居一地，两个通婚氏族的住地是有一定距离的，彼此望村是可以的，望门就不可能了。同时，"望门居"没有指出婚姻所处的时代，是从母居还是从父居？是夜间偶居还是固定在一方生活？所以"望门居"是不能成立的。女方居住的走访婚，不仅带有浓厚的母系氏族社会的时代特色，也说明婚姻是通过男子到女方拜访的方式实现的，彼此还没有共同的经济生活。这对理解母系氏族外婚制的形式有重要帮助。

在某些论著中，往往以"男子出嫁"来概括母系氏族社会的婚姻形式，事实并不尽然。在母系氏族外婚制的条件下，对偶婚是男子出嫁的，但是外婚制的主要形式是走婚。走婚是男子与女子在夜间的结合，一到白天两人就分开生产和消费了，不存在男子出嫁问题。到了母系氏族晚期，伴随对偶婚的出现，男子才嫁到女方，既在那里过婚姻生活，又在那里参与生产劳动，共同消费，如同父权制下的女子出嫁一样，这就是妻方居住的对偶婚，是一种晚起的婚姻形态。因此笼统说母系氏族社会是男子出嫁是不合适的，当时的主要婚姻形式是走婚。

【 第三节　对偶婚 】

什么是对偶婚呢？对偶婚是一对男女在或长或短的时间内的比较固定的偶居，是可以轻易离异的个体婚，男女平等，共同组成对偶家庭。这时，"妇女不仅是其丈夫的主妻，她也是他的伴侣，是为他安排伙食的主妇……他们共同照料子女"。① 可见，对偶婚已经不是以往群婚时的单纯的性生活关系，男子还参加女方氏族的生产活动，一起消费，共养子女。但是世系仍然按母系计算，子女属于母系，然后出现了父子关系。恩格斯指出："对偶婚给家庭添加了一个新的因素，除了生身的母亲以外，它又确定了确实的生身的父亲，而且这个生身的父亲，大概比今天的许多父亲还要确实一些。"②

对偶婚有两大特点：第一，是一个男子与一个女子发生较固定的关系，这是前所没有的，也是对偶婚与群婚的重大区别。第二，男女平等，没有歧视妇女的现象，这是对偶家庭与一夫一妻制家庭相区别的特点。我国云南永宁摩梭人的肖波同居，普米族的阿注同居即属于对偶家庭的性质，云南有些拉祜族、佤族和布朗族也保留有对偶家庭。如拉祜族的母系家庭公社实行女娶男嫁，青年在自由交往中相识，然后由公社办理婚事，将新郎娶进来。入赘的男子，要带上衣服、毡子和砍刀、锄头等生产工具，他过门以后就跟随妻家居住。每对夫妻及其子女都有一间隔开的房间。

恩格斯认为："某种或长或短时期内的成对配偶制，在群婚制度下，或者更早的时候，就已经发生了。"③ 事实上，一男一女在一定时间内的同居，可以说自有人类社会以来就出现了。无论是血缘婚还是氏族群婚，虽然是一群男子与一群女子互为夫妻关系，但是在两性同居问题上，还是一男一女的结合，有些人则保持或长或短的偶居关系。这种同居并不排除当事人与其他异性发生性关系。因此，形成了"一个男子在许多妻

---

① 《古代社会》第491页，三联书店1957年版。
② 《马克思恩格斯选集》卷四第50页，人民出版社1972年版。
③ 同上书，第41页。

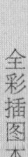

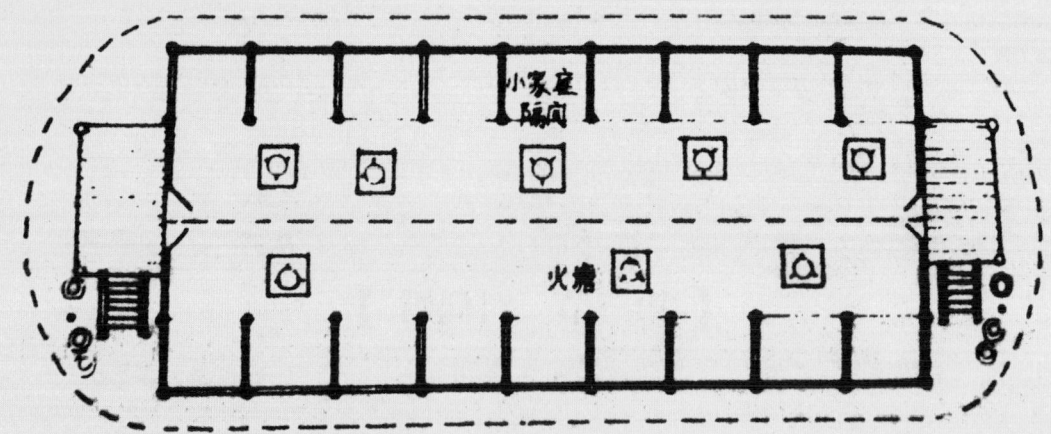

基诺族的父系大家庭长屋

子中有一个主妻（还不能称为爱妻），而他对于这个女子来说也是她的许多丈夫中的一个主夫"①。

在我国古代文献中，有不少对偶婚的记载，举几例说明。

《战国策·秦策》："姚贾对秦王曰：'太公望，齐之逐夫。'"

《史记·滑稽列传》："淳于髡者，齐之赘婿也。"

唐代也流行男子出嫁，称"接脚婿"。

宋代对男子出嫁给予法律认可，也写婚书，称其为"舍居婿"、"入舍女婿"。

明清时期的有关记载也不少，但生活在阶级社会内，入赘男子地位低下，有的任人摆布，甚至杀害。

民族学资料中，也有不少对偶婚例子。

《三国志·魏志》：高句丽"其俗，作婚姻，言语已定，女家作小屋于大屋后，名婿屋，婿暮至女家户外，自名跪拜，乞得就女宿，如是者再三，女父母乃听便就小屋中宿，停顿钱帛、至生子已长大，乃将妇归家"。

台湾土著居民的对偶婚也由来已久。陈第《东番记》："女闻纳宿，未明径去，不见女父母……迨产子女，始往婿家迎婿，如迎亲。婿始见父母，遂家其家，养女父母终身，其本父母不得子也，故生女倍男，为女可继嗣，男不足著代故也。"从中看出，这是先行走婚，后改为对偶婚。近代民族调查也得到了同类资料。太么人"行家族联合制，头目公选，从母系女尊男卑，结婚自由，但男必须为赘婿，不以离婚为非"。②

---

① 《马克思恩格斯选集》卷四第 41 页，人民出版社 1972 年版。
② 林惠祥《台湾番族之原始文化》第 10 页，商务印书馆 1931 年版。

李昉《黔记》卷三:"花苗在贵州大定安顺遵义属……惟婚娶必男至女家成亲,越宿而归。"

在湖南某些汉族地区,也有类似风俗:"女子成年不出嫁,只招赘男子上门,成婚时由女家备酒宴客,宣布正式结婚,生下儿女,应属于女方,他们的财产,只有他们的女儿有继承权,生下男孩将来长大成人,也是像父亲一样,被别家招婿。""同时结婚以后,男女都可以自由去爱上别的男人或女人,数目是一个或两个,那男子称为'伙计公',女人称为'伙计婆'。"①

凉山藏族"无子女者,得赘婿承嗣",男子"入室即易姓名,事妻父母为父母,言行有不适意时,妻得随意殴詈之,妻父母更无论矣"。②

川滇泸沽湖的摩梭人有一种阿注同居,即阿注或阿肖在一起居住,关系稳定,其特点如下:

首先,同居出于双方自愿。由于彼此都有过走婚的经历,他们是在既有一定感情,又需要彼此关照的基础上建立的同居关系,同居后一般相处和睦。

第二,男女地位平等。阿肖同居无论入居何方,都不需要办酒宴客,重金聘娶,没有买卖婚的成分。因此,各自保持了自己的独立性,彼此也保持了走婚时互相尊重的传统。

第三,从年龄上看,同居时多已中年,都有较丰富的生活经验,又要求有安定的生活环境,因而无论是与一方亲族相处,或是单独组织小家庭,双方都较稳定。

第四,女方在过同居生活前所生的子女,不论是母方居住,还是随母到男方,或是母至男方子女留在舅家方,都是所在家庭的平等一员。

阿肖同居关系,具有对偶婚的性质,因为:

首先,阿肖同居一经建立,就结束了配偶各随母亲生活的局面,父母子女共同生活的新现象就出现了。从此,抚育下一代不再是母系亲族单方面的责任,父亲也承担起照顾子女的职责。他们不再是为了赡养自己的甥儿女奔忙,而是为维持自己的家室劳碌了。父子关系的密切,大大促进了对偶家庭的巩固和发展。

尽管阿肖同居的夫妻双方劳动、生活在一起,有了共同的经济生活,但是大部分对偶家庭还不是一个独立的经济单位,而是依附于一方的家族。正如恩格斯指出的:"这种对偶家庭,本身还很脆弱,还很不稳定,不能使人需要有或者只是愿意有自己的家庭经济,因此它根本没有使早期传下来的共产制家庭经济解体。"③

---

① 王世祯《中国各省婚俗》第43页,星光出版社1970年版。
② 任乃强《西康扎记》第27页,民众书局1932年版。
③ 《马克思恩格斯选集》卷四第43页,人民出版社1972年版。

在这里，生产资料的衣杜所有制并未因阿肖同居的出现而改变。相反，此种婚姻形式正是为了引入本户所缺乏的男劳力或女劳力，以满足集体劳动、共同消费的需要。阿肖同居多数仅仅作为原衣杜的组成部分而存在。

其次，阿肖同居的双方在同居前多已相互走婚或与其他人有走婚的经历，在组成对偶家庭时许多妇女已是儿女成行了。阿肖同居的目的在于增加劳动力，或接进一位女继承人延绵后代，并不要求一位童贞女。所以，已生子女的妇女是更受欢迎和尊重的。而且，由于双方同居前过惯了自由的走婚生活，同居后也缺乏相互独占。不仅男子普遍有外遇，女子也接待临时的阿肖，有些甚至可以得到男方母亲的掩护。这些都是对偶家庭与一夫一妻制迥然不同之处。

第三，非婚生子和婚生子，亲生子和非亲生子，这些父权制下的观念，在永宁摩梭人中还没有产生。人人都有自己的母亲，母亲把她的血缘等级传给子女，这就足够子女立足社会了。在泸沽湖周围，还没有私生子一词。姊妹之间的子女是共有的，也没有子女私有的观念。这与母亲亲族的财产公有制正相适应。事实上，这里对偶家庭和父系家庭是少数，只各占10%左右。而且这些人也多经历过走婚，因而子女绝大多数是非婚所生，在这里婚生子反倒是少数。

无论是哪种类型的阿肖同居，都可以根据丈夫或妻子一方的愿望任意离异。入居一方只需带上自己的衣物，如是女居男方并生有孩子，则再带上自己的子女。这里的传统，夫妇离异时子女只属于母亲一方。这些都表明，阿肖同居是从走婚脱胎而来，群婚时的许多习俗仍然存在。

以上三方面，可以归结为三句话：

一是阿肖同居有共同的经济生活，但多半仍然依附于一方的家族，缺乏独立的经济基础。

二是同居前、同居后都没有相互独占的观念。

三是可以任意离异，子女与过去一样只属于母亲。

阿肖同居属于对偶家庭的范畴：

1. 对偶家庭是母系氏族晚期的婚姻形态，母系氏族的繁荣期主要的婚姻形态是走婚。由母系血缘纽带联系起来的人们在一起生产和消费。婚姻生活则与经济生活分离，配偶之间没有经济联系，是一种朋友般的临时偶居。只有到母系氏族晚期，丈夫才进入妻子的经济单位，突破了母系血缘的一统天下，父亲和丈夫才开始在母系家庭中取得一个立足点，由此为父权制的发展打进一个楔子，再往后就是父权制下一夫一妻制的盛行了。

2. 对偶家庭经历了漫长的过程，但在各民族中发展并不平衡。有些民族向一夫一妻制过渡较快，有些则一直延续到文明时期。但是，把对偶家庭的上限定在蒙昧与野蛮时代之交,似乎早了一点。即使到野蛮时代的早期,走婚仍占主导地位,并在其中发展了对偶婚,到母系氏族晚期,才建立了对偶家庭。过去认为易洛魁人的对偶家庭就处于母系氏族的繁荣期,从上面提及的他们的对偶家庭中父权增长的情况可以判断,那不会是母系氏族繁荣期的景象,而是表明母系氏族已走向晚期了。

3. 对偶家庭从各方面都是一种过渡的形态。婚姻形态介于群婚与一夫一妻制之间,经济生活尚依附于一方亲族。但从此夫妻有了共同的利害关系,有利于促进个体经济的发展,使对偶家庭在羽毛丰满时摆脱母系家庭的束缚。而在个体经济中占据主导地位的男子,就可以在此基础上建立以自己为中心的父权制家庭。

总之,永宁摩梭人的对偶家庭与其他民族中的对偶家庭一样,是从氏族群婚向一夫一妻制过渡的中间环节,它初步具备了单偶家庭的形式。但它又保持着男女地位基本平等,缺乏独占性和容易离异等特征,这些又与一夫一妻制有区别的。

对偶婚是母系氏族社会晚期的一种婚姻形态,是氏族群婚向一夫一妻制过渡的中间环节。自从对偶婚产生之后,母系氏族才逐步能转变为母系家庭公社。

由于对偶家庭本身很脆弱,并且很不稳定,所以还不能使对偶家庭有自己的经济,因此,它没有使原来的母系家庭公社的经济解体。这种对偶家庭还依附于公社而存在。摩尔根认为"对偶家族是一种特殊的极其奇异的家族制度,通常几个这样的家族居住于一个住宅之中,形成一个共同大家族,在其日常生活中实行共产主义的原则"①。有的译本称为"共同的家屋"。②恩格斯称其为"共产制家庭经济"。它是一个经济单位。从血缘关系上说,母系血缘还起主要的作用,世系从母系计算。但是,在共同家族中不包括家族中妇女的兄弟,而包括她们丈夫,因此父系血缘关系已经渗透到内部来了。说明母系家庭公社是从母系氏族向父权制过渡的产物。

从群婚向对偶婚的过渡,主要归功于广大妇女。首先,随着生产力的提高,原始经济的发展,人口密度的增大,氏族间来往的频繁,群婚已经失去了原始的朴素性质,许多男子的来访,对一个肩负重担的妇女来说,是一个沉重的负担,尤其对子女多、家务重的成年妇女,因此愈来愈使妇女感到屈辱和难堪了,因此"妇女也就迫切地要求取得保持贞操,暂时地或长久地只同一个男子结婚的权利作为解救的办法"③。从当时妇女所处的社会地位上看,她们也有条件实现自己的愿望,同时,随着氏族群婚的发展,不断扩大禁止血缘近亲通婚的范围,不许通婚的类别愈来愈多,原来就有的一男一女的成对配偶制也获得了发展,于是出现了对偶婚。

---

① 《古代社会》第三册第790页,商务印书馆1971年版。
② 《古代社会》下册第459页,商务印书馆1977年版。
③ 《马克思恩格斯选集》卷四第48页,人民出版社1972年版。

尽管对偶婚为一种原始的婚姻形式，但这种形式对后来有一定影响，出现几种与其有关的婚俗：

一种是力役型。缺乏劳动力之家，往往利用对偶婚的形式，实行招赘制，以补劳动人手的缺乏。一般男子入赘，必冠以女姓，因此在对偶婚制度下，兄弟不同姓者大有人在。

一种为招夫型。指寡妇招夫，家庭以妻子为主，丈夫往往比较贫困，到妻家后改从妻姓。

第四节 伙 婚

伙婚，又称搭伙婚，即以一个男子或女子为主，娶几个女子或几个男子所组成的婚姻关系。外国通称普那鲁亚。其实其内涵相当复杂，有早晚之分。

一、一妻多夫制

在我国古籍中，有不少一妻多夫制的记载，试举例说明。

《淮南子·氾论训》："昔苍吾绕娶妻而美让其兄……孟卯妻其妻，有五子焉。"

《周书·异域传》："呎哒国……在于阗之西……兄弟共娶一妻，夫无兄弟者，其妻戴一角帽，若有兄弟者，依其多少之数，各加帽角焉。"

《隋书·西域传》："挹怛国……兄弟同妻，妇人有一夫者冠一角帽，兄弟多者依其数为角。"

《新唐书》卷二二二下："名蔑……其人短小，兄弟共娶一妻，妇总发为角，辨夫之多少。"

兄弟共妻在我国一些少数民族中也存在过，在国外也有不少例证。

在印度南部有些部落中，"容许一夫多妻或一妻多夫，或者两者都容许。通常当一个居住地的妇女人口过剩，则实行一夫多妻。但是如果拥有数个妻子有助于使一个男子生活得更舒适和获得更多的财富，也实行一夫多妻"。"一妻多夫制在那些女性稀少的居住地存在。依鲁拉尔人实行一妻多夫，女人可以自由地挑选她的情人们。高原姆杜瓦尔人也容许一妻多夫，但是禁止兄弟共妻的一妻多夫。"①

（一）兄弟共妻

---

① 《南印度部落民的婚姻和家庭》，载《民族译丛》1983年第5期。

藏族的六兄弟一妻家庭

这是一妻多夫制的主要类型,为数最多,指兄弟共娶一妻。《巴塘县志》:"其婚姻历以多夫之制,兄弟五六人共娶一妻,名曰共妻。"《理塘县志稿》:"又有多夫之制,二三男子共娶一妻。"《康定概况》:"一妇数夫,是习惯例。"

(二)父子共妻

这类一妻多夫制,一般是男子婚后丧偶,儿子又已进入婚龄,为了家产不致分散,便于应付差役,经父子双方同意,可以由儿子出面娶妻,然后父亲入伙,形成父子共妻关系。在这种家庭中,父子各有居室,妻子单住一室。父子可轮流到妻子处同居。所生子女称父亲为爷爷,称儿子为父亲。还有一种情况,是父亲丧偶时,儿子尚幼,与继母为姊弟关系,儿子长大成年后,也加入与继母的婚姻关系,形成父子共妻关系。

(三)朋友共妻

这也是一种一妻多夫制。男主人有病或因故长期在外,家里没有劳动人手,生活十分困难,经男主人同意后,妻子又娶一男子进家,作为丈夫,成为家庭一员。但是一般不举行婚礼,不担任家长,多从前夫姓。[①]

二、一夫多妻制

关于一夫多妻制,过去多看得简单,认为是阶级萌芽后的产物,认为"一夫多妻制,显然是奴隶制度的产物,只有占据特殊地位的人物才能办到"。[②] 的确,在一夫多妻制中有一种带有奴隶制烙印的类型,而且这种类型在阶级社会中相当流行,但是在

---

① 《中国少数民族婚姻家庭》第 200 页,妇女出版社 1985 年版。
② 《马克思恩格斯选集》卷四第 56 页,人民出版社 1974 年版。

更早的历史阶段,还有其他类型的一夫多妻制。所以,为了正确阐明一夫多妻制的性质和起源,首先必须弄清一夫多妻制的类型。

(一)母女型

这是一夫多妻中最古老而又特殊的一种类型,即诸妻为母女关系,基本有两种形式:

一种是男子中年丧偶,事后续娶一妻,该妻若携有一个已达婚龄的女儿,本身又未出嫁,只要母女都同意,继父可与女儿发生性关系,并且长期过着夫妻生活,生儿育女。名义上是父亲与母亲为夫妻关系,实际上是一男娶母女两人为妻,形成母女共夫的一夫多妻制。与此同时,还有一种情况,即母亲与继父结婚时,所携女儿年龄还小,她可称继父为阿哥,待女儿长大成人,母亲即把妻子的位置让给女儿,父与女形成配偶关系。但是母亲还是继父的妻子,只是主妻的地位让给女儿了,其结果变成母女共夫的一夫多妻制。

另一种是女子丧偶,留有幼子、幼女,家中缺少劳动人手,生产、生活都十分困难。母亲为了生存下去,招入一夫。后来继父又与女儿发生实际的夫妻关系,该女又不外嫁,在家生儿育女,也形成母女共夫家庭。

在母女共夫家庭中,母女与丈夫互称夫妻,但母女关系不变,母亲生的子女称母亲为妈妈,称生母之女为阿妈,女儿所生的子女,称生母之母为姥姥,家庭由母亲管理,女儿与丈夫从事农业劳动。

(二)姊妹型

这种一夫多妻制最大的特点是诸妻为姊妹关系,其中又有两种形式:

一种是以女子为中心的,几姊妹共娶一个或两个丈夫。

另一种是以男子为中心的娶妻型,即几姊妹共嫁给几兄弟。古代汉族的嫁娣制就是这类性质,其特征是以男子为核心,实行男娶女嫁,彩礼较多,世系按父系计算,子女从父姓,夫妻欠平等,但诸妻之间较融洽。

还有一种顺缘婚,即姊死后妹续嫁。过去认为这是一夫多妻或姊妹共夫,其实不够确切。顺缘婚由来已久,《左传·隐公三年》:卫庄公"又娶于陈,曰厉妫。生孝伯,早死。其娣戴妫生桓公,庄姜以为己子"。事实上,顺缘婚也有两种:一种是男娶女,女死,男又娶妻妹;另一种是某男入赘妻家,妻死,某男又被妻妹招为夫。这种婚姻的目的,一是企图永结两姓之好,二是便于照顾亡妻之子女,因续为妻子者为亡者之妹,子女不会受虐待。有人说顺缘婚为姊妹共夫,笼统而言,可以这样认为,但是事实上姊妹并不是在同一个时间内都是丈夫的妻子,因此它不具有一夫多妻制的性质,也不是姊妹型的一夫多妻制。其实,它仅仅是一夫一妻制,只是男子在丧偶后,又从妻子家娶妻。

(三）平妻型

平妻型，也是一夫多妻的类型之一，它指丈夫有几个妻子，各妻自立门户，彼此平等，故有"平妻"、"平处"之称，也称为"两头大"。相传古代彝族就如此，"妻妾不妒忌"，① 应是平妻性质。这种婚姻主要是丈夫占有较多财产，且有一定社会势力，把占有较多妻子、子女作为其财产之一，从中进行剥削。这种婚姻在我国一些少数民族地区均有过，俄亚纳西族没有这种婚姻形式。

（四）妻妾型

这种类型是一个丈夫娶若干妻子，特点是夫妻不平等，妻妾也不平等，妾受重重压迫，处于家庭的最底层。《释名》："妾，接也，以贱见接幸也。"《汇苑》："妾者，接也，言得接见君子而不得为伉俪也。"妻妾型起源也较早，是随着父权制的产生而出现的，如我国大汶口文化、龙山文化、良渚文化和齐家文化等均出现了丈夫与妻妾合葬的现象。到阶级社会时期，这种婚姻有较大的发展，成为一夫多妻制的主要类型。蔡邕《独断》："诸侯一娶九女，像九州，一妻八妾。"钱古训《百夷传》："酋长妻数十，婢数百。"《元史类编》卷四二《大理》："百夷头目有妻可盈百，婢可数百，民间亦有数十妻妾者。"

与妻妾型有关的，还有一种转房制，往往也形成一夫多妻制。如果丈夫早逝，其妻不能外嫁，必转嫁给死者的兄弟、堂兄弟，甚至转嫁给死者的父子辈。从文献记载上看，在古代不少民族中都流行过。《史记·匈奴传》："兄弟死，皆娶其妻妻之。"《后汉书·东夷列传》："兄死妻嫂。"《后汉书·西羌传》："兄亡则纳厘嫂。"《后汉书·乌桓传》："妻后母，报寡嫂。"《北史·稽胡传》："兄弟死皆纳其妻。"《北史·附国传》："妻其群母及嫂。"《北史·突厥传》："父、兄、伯、叔死，子、弟及侄等妻其后母、世叔母、嫂，唯尊者不得下淫。"《北史·宕昌传》："父、子、伯叔、兄、弟死者，即以继母、世叔母、及嫂、弟妻等为妻。"《新唐书·吐谷浑》："父死，妻庶母，兄死，妻嫂。"《新唐书·党项传》："党项，汉西羌别种……妻其庶母、伯叔母、兄嫂、子弟妇，惟不娶同姓。"这种转房制，一是确立父权的统治，二是把妻妾视为财产，任意为所有者摆布，因此才有转房制。在这种情况下，本氏族的男子与外氏族不同辈分的女子配偶，是族外婚所允许的。反之，外族的女子与本氏族的不同辈分的父子、叔伯等通婚也是有的。它并不违反氏族外婚制原则。从这种意义上说，转房制有其群婚的渊源。

一妻多夫制和一夫多妻制，是什么性质的婚姻呢？它是否起源于群婚？过去学术界是有争论的。有人认为是"较原始的婚姻遗迹"，也有人认为"决不是什么原始的遗迹"。其实，上述多偶制由来已久，类型复杂，有不同的源流。恩格斯对此抱着十分慎

---

① 李京《云南志略》附录《诸夷风俗》。

重的态度,认为"还需要作进一步的研究"①。因此,我们在这里进行一些具体讨论,看看多偶婚的性质及其起源。

第一,多偶婚总是与群婚共存的,是互为补充的。

在俄亚村能明显地看出,纳西族的多偶婚并不是婚姻生活的全部内容,而是整个婚姻生活的一部分,除此之外,还有一种群婚形式——安达婚。这种情况并不限俄亚一村,也不限于纳西一族,附近的卡瓦村摩梭人、纳窝村普米族等也是如此。因而,我们不能以偏概全,抓其一而忘其二,既要看到当地的一妻多夫制和一夫多妻制,又要看到与多偶制并存的安达制,两者是互相依存的,这样才能全面理解共夫制与共妻制的性质。

这种多偶制都是通过结婚仪式建立的,一律组成伙婚家庭,安达婚则仅仅停留在单纯的婚姻生活上,可以生儿育女,但不组成家庭。所以两者是不同的婚姻形式。在家庭结构上,是由兄弟与他们的妻子、子女,或者是由几姊妹与她们的丈夫、子女组成的,共同占有财产,分工劳动,集体消费。家庭是一个物质生产的单位,也是人的自身生产单位,但是所有子女并不一定都出自母亲的丈夫,也可能来源外部的骨血。换言之,家庭成员的婚姻生活并不限于在家庭内部,它远远超出了夫妻之间。除了丈夫或妻子而外,每个人都有自己的意中人——安达,安达的数量远较妻子或丈夫数量多。在这里,妻子或丈夫仅仅是他们或她们的主要配偶。从这种意义上说,上述多偶婚或共夫共妻制还保留着对偶婚的性质。事实上,在多偶家庭中,兄弟或姊妹可能是妻子或丈夫的交偶对象,也可能不是,或者不全是。尤其在结婚后至妻子到夫家的初期,夫妻双方并不发生性关系,而是依旧找安达,过走婚生活,年龄稍大后,才逐渐过婚姻生活。不过,由于兄弟或姊妹之间年龄相差悬殊,年龄小者也很少介入夫妻生活。

由此看出,共夫与共妻的多偶制,是通过婚礼和家庭关系固定下来的群婚遗存,其中的共妻、共夫具有多偶性,属群婚的性质,但是通过婚娶形式加以固定,却是较晚起的东西。至于它与安达婚相结合,就更拖着一个群婚的尾巴了。由此看来,确定一妻多夫制或一夫多妻制的性质,不仅要看到有形的夫妻关系,还要看到夫妻之外的安达婚。所以,共夫共妻制都超越了家庭的围墙,与更多的异性交往,从而使多偶制与群婚变成一对孪生姊妹,这是多偶制群婚性质的反映。

第二,伙婚制是在走婚的基础上发展起来的。

群婚在人类历史上曾经存在过极其漫长的时期。初期是血缘群婚,进而是氏族群婚,最后经过对偶婚向一夫一妻制过渡,从而才结束了群婚的历史。然而,上述各阶

---

① 《马克思恩格斯选集》卷四第56页,人民出版社版。

段并不是泾渭分明的，彼此都有一个互相消长的过程。

所谓氏族群婚或氏族外婚制，仅指大的通婚范围，即禁止氏族内部通婚，实行氏族间的婚配。马克思认为："当氏族产生时，一群兄弟有共同的妻子，而一群姊妹有共同的丈夫，氏族极力排除兄弟姊妹间的婚姻关系，禁止在氏族内通婚。"①

在氏族外婚制的主要形态——走婚情况下，配偶双方自由结合，没有任何手续，也不举行任何仪式，它们不是原来意义的群婚。但是，自从对偶婚出现以后，出现了嫁娶形式，即出现女娶男嫁或男子上门的夫妻关系。

俄亚纳西族的婚俗是丰富的，也是古今搀杂的，把不同时代的婚俗都保存下来了。其中的安达婚是氏族群婚的形态，节日野合是更古老的群婚，甚至有血缘群婚遗存。当地的一夫多妻制则是母系制向父权制过渡的产物。兄弟共妻与姊妹共夫，既有群婚和对偶婚的特点，又有一夫一妻制的特点，而更接近于对偶婚形态。因此，俄亚纳西族的共妻制和共夫制，是一种过渡形态，是氏族群婚向一夫一妻制、母系制向父权制过渡的产物。由于当地男女平等，母父系并存，两性都有维护世系的权利和义务，加上生产力低下，要求有较大的家庭规模，拥有较多劳动力，因此才出现了几种多偶制共存的现象。所以多偶制或共妻共夫制是在特殊的历史条件下形成的。众所周知，在历史上无论是母系制占绝对优势或父权制占绝对优势的时代，都不会也不可能使上述共妻制和共夫制并存。只有在母系制还没退出自己的历史舞台、父权制尚未成熟之际，两者基本处于势均力敌的局面下，才能有兄弟共妻和姊妹共夫制互相共存的形势。在俄亚纳西族中，男女均可担任家长，儿女都可支撑门户，男娶女或女娶男具有同等意义，性的共有制是对两性而存在的，在生育崇拜中既信奉女神又信仰男神，这些社会现象都是与多偶的过渡性质相一致的。

应该说明，在共妻制和共夫制诸类型中，其起源并不是同步的，而是有着不尽相同的历史背景，其性质也是不一样的，这就是简单的结论。

---

① 《摩尔根〈古代社会〉一书摘要》第80页，人民出版社1988年版。

【 第五节 单偶婚 】

对偶婚是在妇女居生产领域的优先地位而建立的,但是这种地位随着生产的发展而动摇了。特别是随着耜耕的推广,犁耕的出现,冶金技术的发明,快轮制陶手工业的发展,和家畜、畜牧业的扩大,男子在农业、畜牧业和手工业中日益居于主导地位,他们不仅是生产的主要承担者,也是经济命脉的主宰,并且开始掌握越来越多的财产,有了私有欲望,并传之后世。男子们的这种愿望和行为,只是局限于他们所生存的年代,一旦他丧失生活的能力,他所创造和经营的财富就落入他人之手,或者由他妻子的母系氏族所有,或者由本氏族的姊妹、甥女继承。因为当时虽然有男嫁女娶的对偶婚,母系氏族还充满着活力,世系是按母系计算的,财产也由氏族集体继承,并不由自己的子女继承。在这种情况下,男子"产生了利用这个增强了的地位来改变传统的继承制度使之有利于子女的意图"①,而这种"希望把财富传给子女的想法导致把世系由女系过渡到男系时,这时便第一次奠定了父权的坚固基础"②。在这种情况下,出现两种趋势:

一种是男子拒绝出嫁,改变从妻居为从夫居,娶妻生子,同时把姊妹嫁出去,这样自然父子相承,建立以父系血缘为纽带的父系家庭公社。

一种是男子虽然出嫁,但他凭借自己的经济地位,改变母方的家庭公社结构,在下代实行男娶女嫁,这样就维持了父子继承关系,破坏了母系继承制。在云南武定彝族地区,上门必改变姓氏,子女更不在话下。近半个世纪以来,男人不干了,提出"三代还宗",即入赘者只能两代人随女姓,第三代就改从父姓了。

无论是哪种方式,都能进一步维护父子继承关系,摒弃母女继承制度,以父系血缘取代母系血缘,这种转变,就是对偶婚向一夫一妻制的过渡。不难看出"一夫一妻

---

① 恩格斯《家庭私有制和国家的起源》第52页,人民出版社1960年版。
② 《摩尔根〈古代社会〉一书摘要》第38页,人民出版社1965年版。

制的产生是由于大量财富集中于一人之手,并且是男子之手,而且这种财富必须传给这一男子的女儿、儿子,而不是传给其他任何人的子女,为此,就需要妻子方面的一夫一妻制,而不是丈夫的一夫一妻制,所以这种妻子方面的一夫一妻制根本没有妨碍丈夫的公开的或秘密的多偶制"[①]。

从考古资料看,到仰韶文化中期之前,尚无一夫一妻制史料,但后来出现了夫妻合葬墓,不过,民族学资料说明,先有一夫一妻制,其时的夫妻死后依然归葬于母系氏族墓地,如黎族就是这样,不知经过多少年代,夫妻才合葬在一起。尽管如此,夫妻在同一墓地也不同穴而葬。在马家窑文化中曾发现夫妻分葬的习惯,如青海大通上孙家寨墓268为一个成年男子墓,随葬有陶壶的口和颈部,墓369为一成年女性墓,随葬上述陶壶的腹和底部,一件彩陶壶分而葬之,说明两位死者有极密切的血缘关系,不是兄妹也是夫妻,生前共饮一壶酒,死后也共喝一壶酒,是一种经济关系的反映。

男娶女嫁起初是曾被认为很离奇的,氏族不欢迎其男子娶妻,外氏族也不肯把女子嫁出去,因而娶妻是从个别人开始的,是逐步发展起来的。

最早的娶妻形式,是抢婚。它可能起源于母系氏族社会末期,由于血族复仇,战争不断,胜利者往往把男俘杀掉,而留下少数妇女,这些人既可编入本氏族,又可与本氏族男子通婚。在此基础上,出现了以掠夺妻子为目的抢婚风俗。我国的婚字从女从昏,是在夜间举行的。《白虎通》:"嫁娶婚姻者何也?昏时行礼,故谓之婚也。"

抢婚有两种形式,一种是真抢,为此不惜发动战争。如居住在南美和北美平原地区的某些印第安人,为了掠夺妻子,经常发动战争,成群结伙出发,到外部落杀男夺女,占以为妻,这是当地结婚的重要途径。我国古代的师婚、夺婚、劫婚、抢婚,也是这种性质。《帝王世纪》夏桀"多求美女,以充后宫"。《古本竹书纪

拉祜族结婚吃酒

[①]《家庭私有制和国家的起源》第73页,人民出版社1960年版。

年》:"夏桀伐岷山,进女于桀二人,曰琬,曰琰,桀受二人……而弃其元妃于洛。"这说明直到夏代还保留有抢婚风俗。另一种是假抢,佯战婚,一般是先议定,后以抢婚形式完婚。这种现象在各族中都或多或少保存着。田雯《黔书》卷上宋家苗"妇人笄而短襟。将嫁,男家往迎,女家率亲戚篓击之,谓之夺亲"。曹树翘《滇南杂志》记述云南有些民族"将嫁女

摩梭人结婚抹酥油仪式

三日前,执斧入山砍带叶松,于门外结屋,坐女其中。旁列米渐数十缸,集亲友执瓢、杓,列械环卫。婿及亲族新衣黑面,乘马持械,鼓吹至女家,械而斗。婿直入松屋中夹妇乘马,疾驱走。父母持械,勺米渐洗婿,大呼亲友,同逐女,不及,怒而归。新妇在途中故作坠马状三,新婿夹之马上,则亲族皆大喜……新婿入门,诸弟拖搏妇扑跌,人拾一巾一扇乃退"。这段描述十分生动,不久前还保留在彝族、纳西族和傈僳族的婚礼中。

抢婚在婚礼中有许多遗迹,如假战、藏女子、哭嫁,在夜间举行婚礼,穿黑衣坐黑色车,等等。广东连山地区的壮族,在婚礼中必须打伞,还要把新妇走过的足迹掩埋,这里有两种用意:一是出于宗教的信仰,防止鬼神作祟跟踪而来;二是出于抢婚心理,掩埋新娘足迹,防止女方追击时发现。

抢婚不限于男抢女的一种形式。在云南金平地区居住的瑶族,也流行女抢男的特殊婚礼。这种抢婚可能是比较古老的抢婚形式,一般是与对偶婚紧密联系的。

娶妻的另一种形式,是买卖婚,这是在氏族内部出现两极分化,有产者利用自己的财产和地位,购得外氏族的女子为妻。买卖婚就是要想娶进妻子,必须付出一笔代价,或者金钱,或者粮、布、牲畜和首饰等财产。这笔财产等于女方的经济损失,或者相当于女子的身价钱。这些财产又称彩礼,其数量多少依姑娘的年龄、容貌、能力和生育能力而定。《广西通志》卷二七八:"河池县瑶,婚姻以牛为礼,一头至三四头,以贫富为差。"独龙族也以牛为彩礼,多达二三十头。凉山彝族除牛羊外,还有奴隶陪嫁。

买卖婚的聘金不限于一次交齐,可几代交毕。它也在婚礼中也渗透到每个情节中来。《岭表纪蛮》:"榴江瑶民结婚,婿戚踵妇家迎妇,妇戚闭门拒之,良久,婿戚以银

币自门隙纳入，门虽启，妇仍闭入卧室中。婿戚再敲门，登楼捣楼板，妇不应，再纳银币自门隙入，室门乃启，妇仍佯避他处。久之，婿戚力穷技尽，从归婿家门，行结婚礼。"这段记录说明，瑞族除交彩礼外，还要在婚礼中交银币，以经济手段去改变妇女从母居，实行从夫居的婚姻生活。

由于买卖的制约，妇女就沦为被奴役的地位，变成一种财产，我国古文字中的"妇"字，即为妻子，具有"金币所藏"之意。"妃"字，为男子之所配，其字取自"帛匹"。这说明妻子是买来的财产。富人能娶妻，而穷人就支付不了彩礼了，他们只能以劳役的形式支付彩礼，上门当女婿，若干年后再将妻子接回，实行从夫居。这种服役婚是半赘婚，是在买卖婚支配下的对偶婚残余。此外，穷苦人还有一种对付买卖婚的办法，通称交换婚。有两种形式：一种是双方父母各以其女交换子妇，它是在氏族外婚制的交表婚基础上出现的，既省了彩礼，又加强两氏族、两家庭的友好。《说文》："媾，重婚也。"段注"重婚者，重叠交互为婚也"。另一种是两个寻偶的男子，互换其姊妹为妻子。

无论是抢婚还是买卖婚，起初都是少数人实行的，当绝大多数人实行嫁娶后，才普遍实行一夫一妻制。这些人的通婚原则，基本还保留了氏族外婚制，其中有些世代通婚的氏族，依然互相通婚，于是形成姑舅表婚。这种婚姻起源于氏族群婚，经过对偶婚阶段，到了父系氏族社会有长足的发展，具体有三种形式：

一是交错姑舅表婚。

这种婚姻是舅家和姑家都应该将女儿优先嫁给对方的儿子，世代联姻。我国许多民族都有这种习惯。

二是单线舅表婚。

这种婚姻是姑家的儿子理应娶舅父的女儿为妻，舅家的姑娘，世代嫁给姑家。如独龙族的"安克安拉"制，永宁摩梭人的"不周尼周"制。在这里，不能血倒流，即舅父的儿子不能娶姑家的女儿。

三是单线姑表婚。

这种婚姻是舅家的儿子有优先娶姑家的女儿为妻。这种婚姻也是单方婚媾，不能血倒流。我国也有一些民族保留此俗。《黔记》卷三："爷头苗在古州下游……姑之女必适舅之子。"侗族为了保护姑表婚制度，在习惯法中规定："用12颗耙钉钉入大树树干里，凡反对结姑表亲的姑娘，要能从树干上徒手拔出全部耙钉，才能获得自由。"① 既然拔不动，就要向舅父交出"耙钉钱"，或者交"外甥女钱"。

结婚仪式远在对偶婚阶段就产生了，但形式简单，这种状况一直保留到父权制初

---

① 吴治德《侗歌初探》，载《贵州民族研究》1983年第1期。

青海乐都柳湾马家窑文化遗址出土的堆塑两性人像彩陶壶。从雕塑人像来看，应是男像，但其面部粗犷，耳、目、口等五官较大，乳房较小，体躯魁梧，在上肢关节出涂黑，以示强健有力，更为重要的是，其生殖器既为男性，又像女性，说明它是一种"两性同体"形象，有学者称之为两性同体崇拜

期,如我国有些瑶族、拉祜族的婚礼都比较简单。随着父权的发展,私有制的扩大,结婚仪式才日益复杂化。到了我国的周代,形成所谓六礼,《仪礼》:"婚有六礼,纳采,问名,纳吉,纳征,请期,亲迎。"其中的纳采就是说媒、合婚,问名是请庚,纳吉是取女子的生辰八字,纳征是交纳彩礼,请期是确定迎娶的日期,亲迎是接新娘。以上六礼实际都发端于一夫一妻制的出现,或者来源于对偶婚时代。不过,即使在近代民俗学所保留的资料中,婚礼中的许多节仪还有浓厚的古风,反映了对偶婚与一夫一妻制之间的斗争。如哭嫁、不落夫家、泼水、占床头、压床、验婚、闹房、抓脸等等,都有曲折的争斗过程。

应该指出,一夫一妻制只是对妇女而言的。恩格斯指出:"正是奴隶制与一夫一妻制的并存,正是完全受男子支配的年轻美貌的女奴隶的存在,使一夫一妻制从一开始就具有了它的特殊的性质,使它成了只是对妇女而不是对男子的一夫一妻制。"[①]中外许多民族资料都说明,有些男子实行多妻制。

从现有资料看,一夫多妻制有不少类型,如姊妹共娶一夫,妻妾共夫等等,前者已在前面谈过,它是普那路亚婚的范畴,后者才是有产者的婚姻。起初,是父系公社族长,氏族显贵多妻,如大洋洲的初布兰人本来为母系制,但首领为兄传弟,或父传子,实行外婚制,流行多妻,其下有多少氏族,首领就有多少个妻子。非洲坦桑尼亚的尼亚枯沙族在3000个男子中,未婚者占34%,单偶婚者37%,一夫多妻者占29%。诸妻各立门户,分别哺乳,实际是有许多小家庭。我国彝族、珞巴族也流行一夫多妻制,各妻分住,有多少妻子就有多少个体家庭,而丈夫是至高无上的主人。

在各民族中保留的转房制,又称收继婚,它也必然形成一夫多妻制。比较流行的形式是兄死弟娶其嫂,或者父死,子收其庶母,这种婚姻完全将妇女置于被任意摆布的财产地位,在家族内互相转让。

一夫多妻制所以流行,是基于私有制的发展。在私有制制度下,妇女与牛马猪羊一样,也被视为一种财产,谁占有较多妻子,谁就占有较多财产,而多妻又是主人富有的象征。一旦占有多妻,这些妻子不仅能从事农耕、放牧、纺织等生产,也能获得子嗣,发展人口。这是多妻制流行的主要原因。所以,有产者多实行一夫多妻制,有些氏族成员由于妻子不育或者只生女不生男,也有再娶的现象,这也是一夫多妻制的一个来源。

一夫一妻制是通过一定的结婚仪式而建立的比较牢固的婚姻关系,由于它是一男一女的结合,又称单偶婚、个体婚。这种婚姻与对偶婚有明显的区别,主要是对偶缺乏独占性,婚姻关系比较松弛,一夫一妻制具有独占性,两性关系稳定,有着经济的

---

① 《家庭私有制和国家的起源》第60—73页,人民出版社1960年版。

强制性,这是一夫一妻制的重要特点,其次,一夫一妻制普遍实行从夫居,妻子受丈夫支配,子女从父,有些民族女子还为丈夫殉葬。《中华全国风俗志》上篇卷一〇云南德宏有的民族"闺门严,妇人既嫁婿,有言其妇外窥者,父母亲戚,掘地缚而埋之,以为辱宗。夫死不嫁,自称鬼妻"。

单偶婚是在群婚基础上发展来的,两者又有一系列斗争,主要反映在以下方面:

一、抢婚与抗婚之争

正如前面所说,最早的妻子来源,如同家奴一样,是通过掠夺得来的,并且形成一种抢婚之风,《周易·屯卦》:"匪寇婚媾。"《说文》:"婚礼,娶妇以昏时,故曰婚。"在夜间进行婚礼,正是来自抢婚的时间,因为夜间便于偷袭。我国的彝族、傈僳族、纳西族、普米族、傣族、黎族、蒙古族、鄂温克族、苗族、瑶族、独龙族、布朗族等均有抢婚遗俗。有抢婚,就有抗婚,各民族的哭嫁风俗,就是抗婚的基本形式,有些民族还编成哭嫁歌。另一种形式是逃婚。

普米族审新娘仪式

二、单偶婚与群婚之争

一夫一妻制的目的,是要求夫妻关系单一化,不能留恋群婚,但是群婚却一直存在着,尤其在单偶婚初期,一般都是先群婚,后结婚,形成一半群婚一半单偶婚的特点。《百夷传》也称百夷"不重处女","其通媒匹配者甚罕"。《黔记》卷三记载贵州荔波有些苗族,"未婚者其帕稍长,每仲冬男女相聚歌舞,所欢者而奔之,及生子后方归母家,名曰回亲,始用媒妁通聘"。又载:"西苗……在贵阳平越二府,新娶必别寝私通,孕产后乃同室。"藏族过去"不愿意娶保持童贞的处女，相反的，倒要娶那些从前和许多异性发生过肉体关系的女子"①。《云南志略》附录《诸夷风俗》称元代彝族"凡娶妇，必先与大奚婆通，次则诸房兄弟，毕，舞之，谓之和睦。后方与其夫成婚，昆弟有一人，不如此者，则为不义，反相为恶"。说明单偶婚常拖着群婚的尾巴。

三、母居制与父居制之争

母居制是母系氏族社会的重要特点，一切成员都是按母系血缘维系的，并且从母居住，就是互为婚配的男子也要从妻居。这一特点我们在永宁摩梭人地区看得一清二楚。父权制则从根本上改变了母居制，普遍实行父居制。但是这两种居住制并不能泾渭分明，而是有一个过渡形式，这就是不落夫家的流行。我国许多民族有不落夫家的风俗，即结婚后又回住娘家，少者一两年，多者达数年之久，其间可以过群婚生活。壮族称不落夫家为"钉"，像钉在娘家一样。有的生子也不归夫家。《云南志略》称彝族"子生十岁不见父"。这些都影响父权制的建立，因此男子对此进行了许多斗争，如布依族的戴天头仪式，侗族的接纺车仪式，苗族的煮饭仪式，都是尽快结束妇女不落夫家的规定。

四、两种血统之争

在母系氏族时期，世系以母系计算，子女知其母不知其父，在实际生活中，尚无父系血缘关系。但是单偶婚以后，就出现了父子、祖父与孙子等父系血缘关系，而且坚决排斥非婚生子女，即私生子女问题，从而出现了两种血缘关系的斗争。如拉祜族的母系家庭公社内部，妇女依旧按母系命名，但娶进来的丈夫则要实行父子连名制。四川盐源县的普米族，男子对不落夫家的妻子先迁就，一旦定居夫家，他们就要进行审新娘仪式，不仅清算她与异性的交往，还要查清所怀胎儿的生父是谁，从而做出惩处。苗族对私生子的生父要处以罚款，即交纳三十把禾，并给女子的兄弟一头牛，苗话称"西岭母务正"，汉意是"把私生子赶出去"。与此同时，男子对自己的子女却极为关切，如摩梭人的阿肖婚中已出现认子仪式，有些民族的产翁制则是通过男子模仿妇女哺乳的形式，确定自己与子女的血缘关系。但是，有些

① 《马可波罗游记》第140页，福建科技出版社1981年版。

民族在女儿出嫁后,则与男方平分子女。《峒溪纤志》卷上侗族"生女还之母家,曰一女来一女去"。

五、女神与男神之争

母系制向父权制的过渡,也反映在神权斗争上,如处于母系制向父权制过渡的永宁摩梭人,既崇拜女神干木山,又开始出现男神崇拜。这种信仰在普米族、藏族、苗族、壮族中都有残迹可寻。

以上仅仅是母系制与父权制斗争的几个方面,还不是它的全部。在这场漫长的斗争过程中,男子凭借自己占有的私有财产、社会权利和宗教上的帮助,利用抢婚、彩礼、上门服役、产翁、杀奸夫、审新娘、戴假壳和扼死私生子等手段,对母系制发动了一次又一次的攻势,建立和巩固了一夫一妻制和父系家庭,尽管妇女也进行了针锋相对的斗争,如不落夫家、哭嫁、逃婚、回门等方式,竭力延长对偶婚和母系制,但是,这些努力都是没能阻拦父权制和单偶婚的发展。

红山文化石雕男神像

第六章 婚姻

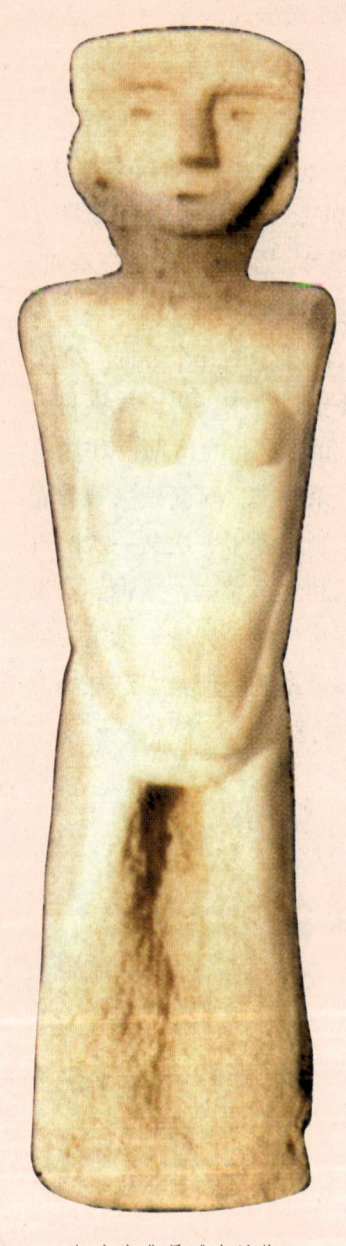

红山文化骨雕女神像

第七章
丧 葬

在生育制度中，我们从一个人投胎、出生到成年都进行了论述，现在看看一个人死后的丧葬仪式。

原始人是相信人既有肉体又有灵魂的，而且后者长存。恩格斯指出："既然灵魂在人死时离开肉体而继续活着，那末就没有任何理由去设想它本身还会死亡，这样就产生了灵魂不死的观念。"① 在人死灵魂尚存的条件下，就出现了一个如何对待灵魂的问题，从而出现了一套送魂和安葬仪式活动。

灵魂要送到祖先居住过的地方，如摩梭人的达巴在送魂仪式中，就替死者指明寻找祖先居留过地方及其路线，各个氏族的送魂路线也不一样，这些路线正是这些氏族迁入云南时所走过的道路。摩梭人向死者灵魂告别时还举行一定仪式，送骨灰的人要手持火镰，假装取火柴的样子，并且向骨灰袋低声说："你去拾柴，我去打水，晚上好做饭。"语毕，他丢掉火镰拔腿就跑，归途是不能回顾的，以免死者的鬼魂跟回来。广西隆林苗族要在尸体面部蒙一块红布，不让其认回家的路，手足也要捆住。

鄂伦春族向死者告别时，由萨满做一草人，草人身上拴几根线，由萨满和死者的子女各拉一根线，这时萨满一边祷告，一边拉线，以拉断为目的，最后把草人丢开，说这样灵魂就跟随草人走了。赫哲族向死者的灵魂告别仪式是把死者用过的被褥按原样放在炕上，白天收起，设桌子及供品，认为死者仍然回家吃、住。景颇族送鬼魂之后，还要举行验证，方法是由占卜者选择一位老年妇女，让她把祭鬼用的木刀以背身之势丢到鬼门之外，刀落地后刃向外象征灵魂朝外走，刀刃朝内就没有走。人们对灵魂如此送别，既是对死者的虔诚，也是对活人的保护，因为灵魂不走会扰乱生者。

---

① 《马克思恩格斯选集》卷四第 219—220 页，人民出版社 1972 年版。

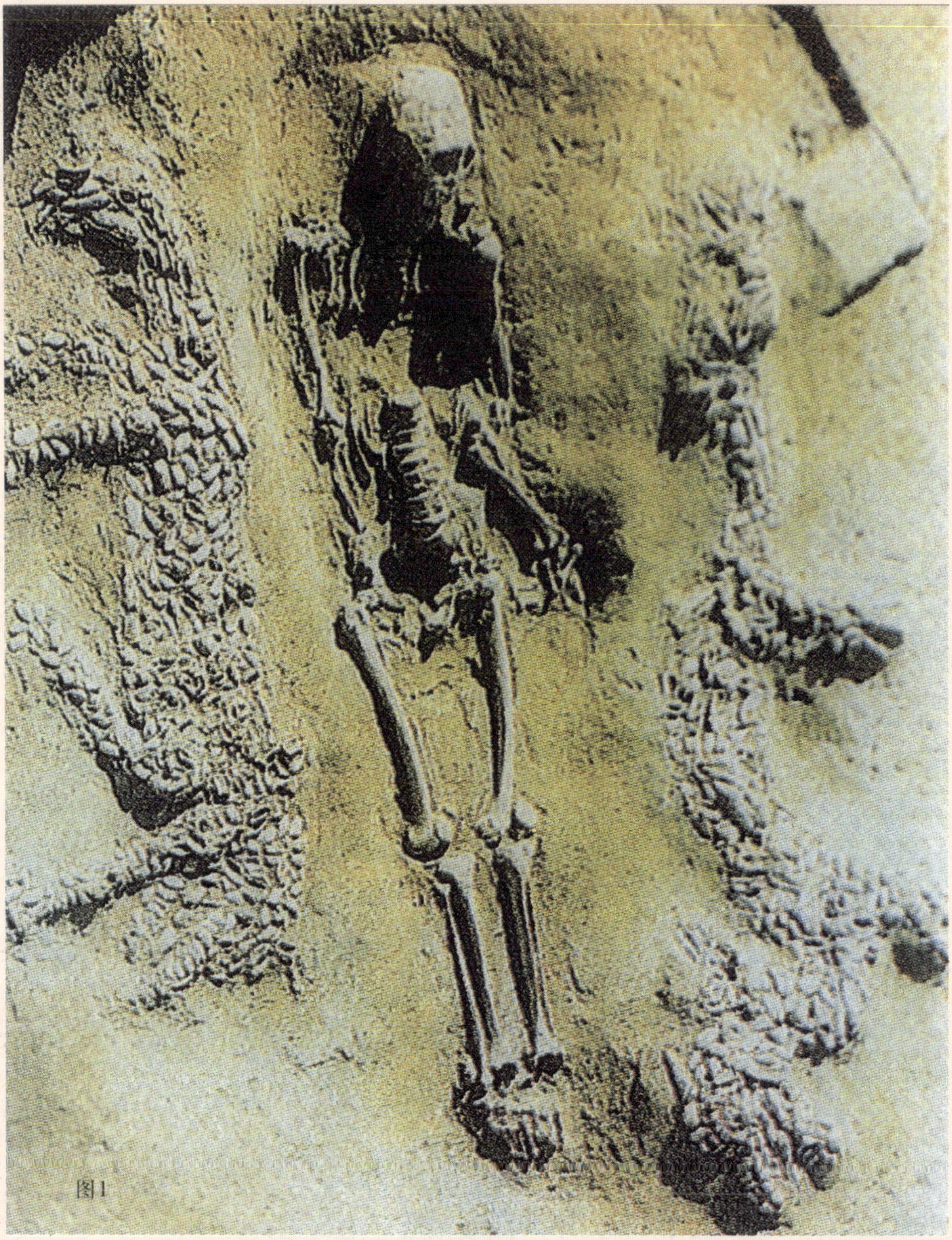

图1

河南濮阳仰韶文化早期墓葬出土的贝壳堆塑的龙虎图,它也许在于表现墓主人生前的地位和权力,仰或表现墓主人有降龙伏虎的力量

第一节　丧葬种类

丧葬有许多方式，有水葬、火葬、树葬、天葬、悬棺葬、土葬等等，现在分别进行介绍。

一、土葬

土葬指死后以土掩埋而葬的形式。其中也分许多具体方法，最简单的是平地土葬墓，即将尸体置于野外平地上，放好随葬品，然后以土或石掩埋。

原始人丧葬风俗想象图

如马家浜、崧泽、薛家岗文化均有发现。《周易·系辞》:"古之葬者,厚衣之以薪,葬之中野,不封不树,丧期无数。"就是这种情形。这是比较原始的埋葬方法。其次是洞穴土葬墓,即在山洞里进行土葬,如山顶洞人、桂林甑皮岩、依兰倭肯哈达等遗址均有发现。第三种是土坑墓,我国新石器时代基本流行此种葬俗,其中又分长方形和方形两种。其中还有带木棺木椁的土葬,柳湾还有带墓道及封门的土葬形式,即木坑呈方形,室内有垫板、木棺、尸体及随葬品,墓道与墓室之间有三排木棍封门,这种墓室无疑仿

苗族的洗骨葬

自住宅形式。此外,石棺葬、瓮棺葬也归入类。

墓穴的选择,并不是没有根据的,或者以死者间的血缘排列,如长幼之分,男女有别。或者以占卜而定,如傣族、黎族皆以滚鸡蛋占卜,鸡蛋到何处停止就在何处挖穴。《马关县志》卷二苗族"其择地法,不以罗针定方位,以木棒一条,拼力向空中抛掷,就棒横落横葬,斜落斜葬。并言于五六年间,须翻尸一次,否则能化虎以害生人"。

头向也很讲究,如仰韶文化头向西或西北,大溪文化头向北,大汶口文化头向北或东北,庙底沟早期龙山文化头向南,等等。有人认为头向是指过去故乡所在的方位。这种情况是有的,如有些瑶族认为,人从哪里迁来,头就朝向那里,贵州有的苗族相反,认为人从哪里迁来,足就指向那里,两者的标志是截然不同的。

不过应该说明,头向是一个复杂的问题,不能一概而论。如傣族、黎族、壮族和部分瑶族,在选择墓穴和方位时,是以鸡蛋占卜来决定的,各个墓向是不一致的。有些民族有固

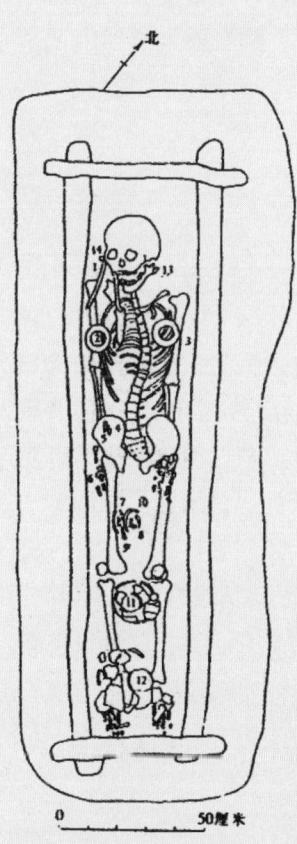

诸城呈子遗址
井字形木椁

定的方向，但是解释不一，布朗族头向日落的方向，赫哲族相信西方为大，头必向西，独龙族则面朝太阳出来的东方，等等。由此可知，头向是因民族、地区和信仰而定的，就是同一个布朗族，各个地区的墓向也不一致，因此对墓向不能作单一的解释。

　　土葬墓均有标志，或堆土为坟，或立石为记。《隋书·北狄传》突厥人死后，在坟上"图画死者形仪及其生时所经战阵之状"。景颇族在坟上还盖一座三米多高的圆锥草棚，棚顶放一木刻人像，用木炭、红土、畜血绘彩，注有死者性别、年龄和简历。在坟的周围还挖一个环形深沟。上述草棚可能是景颇族的远古住房，沟渠是村寨的围栏。墓上的标记，各个民族并不相同，黎族、壮族、芒人在坟山立两块石板，甘肃皋兰地砚人骨架附近也有一两块石板，也可能是一种墓地标志。傣族则在坟上撑雨伞。

　　在土葬墓中，发现不少二次葬，即先葬别处，后来又集中迁于一处，有些陶棺也属于二次葬。追究其原因，肯定是复杂的，不能用一个模式套用。普米族先火葬，后二次葬。贵州安顺苗族遇到人死后，先吊于门后，然后以席包扎，由人背出去，前有一人执棒打鬼、开路，选择高处置之，谓之："坑骨"，最后才土葬。有些壮族、苗族家有病人，认为是已故亲长尸骨不洁，有鬼附之，必挖棺洗骨，接着盛入陶棺内，实行二次葬，也有人称其为洗骨葬。

二、火葬

　　火葬在远古时期发现不多，过去仅在甘肃临洮寺洼山发现过一个火葬罐，内贮骨灰，随葬有陶器六件。但是在同一个墓地上却有大量的土葬。据研究者指出寺洼山火葬与氐羌有关。《荀子·大略》："氐羌之虏也，不忧其系累也，而忧其不焚也。"这种遗风在氐羌诸后裔中还相当流行，认为只有火葬，亡灵才能回到故乡，与已故者团聚，可在另一世界生活，否则成为孤魂，无处安身。如羌族、藏族、纳西族、普米族、彝族等均有此俗。当地的普米族也实行火葬，然后把骨灰放在骨灰罐内，罐底必钻孔，要举行隆重的第二次葬仪式，杀羊祭祖，故称杀羊送魂仪式。该族传说二次葬是因为舅甥出远门，舅死，外甥把其火化，过许多年后，又将舅舅遗骨运回来，发明了二次葬，这种风俗起源于游居时代（渔猎、火耕），而人又有一种与祖先合葬的风俗，自然形成了二次葬。

三、树葬

　　树葬就是把死者葬在树上，其名称甚多，有木葬、挂葬、空葬、悬空葬、风

鄂伦春族的树葬

葬、天葬等等。我国历史上的室韦、契丹、近代的鄂伦春族、鄂温克族、赫哲族均有此俗。

树葬又分若干种形式，一种是将尸体捆在或挂在树上，《大清统一志》卷三九四：天苗"死不葬，以藤蔓束之树间"。《龙沙记略》："东北边有风葬之俗，人死，以刍裹尸，悬深山大树间，将腐，解其悬尸于地，以碎石逐体薄掩之，如其形然。"这可能是比较简单的树葬方法。进而才有树架式、树屋式、地架式等方法。树架式是在一棵树的若干树枝上搭横木，其上置尸体。我国东北地区的几个渔猎民族多行此葬法。树屋式是以若干树为基础，上搭小屋，屋内置尸体。如西藏墨脱县的珞巴族就是流行这种葬法。地架式是不用天然树枝，而是以人工栽插竹木为架以承尸体。《北史·室韦》："……部落共为大朋，人死则置其上，居丧三年，年唯四哭。"解放前后鄂伦春、鄂温克、赫哲、台湾的平埔人也用此葬法。以上树葬的发展系列，反映了各民族生产水平的提高和葬俗的改进。

树葬的起因问题，众说纷纭，有人认为是与森林有关，有人说起源于巢居，这些都是有道理的，森林提供了树葬的条件，而巢居则提供了树居的动力，人们正是模仿活人的居住方式来安排死人的住处的。

【第二节 葬 具】

在处理尸体上，必用葬具。远在旧石器时代，发现一种"居室葬"，当时人类住于洞穴，死后也常常葬于洞穴内，这种风俗到新石器时代极少，并出现了葬具。从质地划分，有三种葬具。

一、陶棺

陶棺，又称瓮棺，多以陶瓮、陶罐和陶钵等组成。以仰韶文化为例，其相组合有鼎与豆形器，两个尖底瓶，直筒罐与尖底瓶，陶缸与器盖，陶瓮与陶钵，等等。陶棺葬在各地都有发现，如长江、黄河流域，台湾、两广、云南、甘青等地均有，据不完全统计，共有80处史前遗址出土过陶棺，有1000多座，其中仰韶文化陶棺占700多

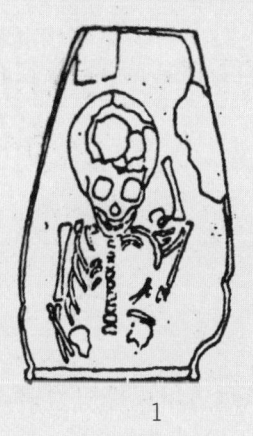
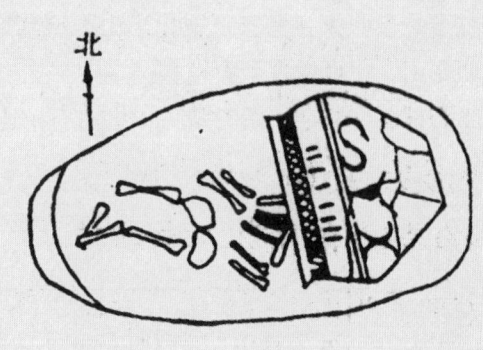

瓮棺葬

1. 陕西岐山王家咀 W_1（庙底沟类型）
2. 河南郑州大河村 W_{11}（第三期）

座①，陶棺组合50多种。上述陶棺，多数是取自生活用品，个别也有专门制作的，如在河南西部仰韶文化有一种"伊川缸"。此棺体形较大，口沿处有倒钩式泥突，有些棺盖上也有泥突，便于拴绳。

陶棺的共性是体型较小，因为它是小孩的葬具，多埋于住处附近，表明对小孩的关切，也说明未成年的人死后还不能进入公共墓地。不过，陶棺也是二次葬的葬具，也就是说可以盛殓成年人的遗骨。在河南汝州市洪山庙仰韶文化遗址发现一处合葬墓，坑内有136个陶棺，排列有序，以陶缸和陶盖组合而成。棺内多放置头骨、盆骨和肢骨，男、女、老、少都有。在棺盖和底部留孔，显然是灵魂出入之所，可知当时已有灵魂信仰。

在陶棺上常常饰以彩绘，如西安半坡仰韶文化陶棺绘有人面鱼纹，实由小孩头与鱼图案组成，鱼是多产的，它可能象征繁殖力。在汝州市洪山庙出土的陶棺上，多绘有动物、植物、日月、男根等形象，还出土泥塑男根，也具有一定的巫术意义，尤其在几座青年妇女的陶棺绘制的男根形象，当为男性或丈夫的象征，可能反映了当时已有夫妻关系的观念，也有祈求繁育的愿望。②

二、石棺

石棺起源于洞穴葬，但就我国考古资料分析，人工砌成的石棺是从新石器时代开始的，数量不多。陕西华县元君庙发现一座墓，长方形，长2.8米，宽2.1米，穴内有三层台，二层台人骨架周围，堆积三四层砾石，形成一种石棺，有一些随葬品。死者为一男性老人，是二次葬墓。可以推断，墓主人是一位德高望重的人，有一定社会地位，或者是一位长老。

在甘肃景泰张家台马家窑文化半山类型墓地，发现11座石棺墓，以石板砌成。在陕北神卯龙山文化也发现了石棺墓。

由于石板制作复杂，费时费力，史前石棺比较少见。

三、木棺

以树皮包尸是很古老的，也容易得多。通古斯语各民族远古就以桦皮为棺。从考

---

① 许宏《略论我国史前时期瓮棺葬》，载《考古》1989年第4期。
② 袁广阔《洪山庙一号墓男性生殖器图像试析》，载《文物》1995年第4期。

古上看，在宝鸡北首岭个别墓内，已用树皮或木板垫尸或盖尸。西安半坡第152号墓已经利用木桩和木板埋葬女孩，当为木棺的雏形。

在山东史前文化盛行木棺，大汶口文化遗址有三种木棺：一种是在墓坑上盖原木，仅有棺盖；一种是有底、壁、盖；另一种是底为枕木，顶和四壁由原木垒成。在诸城呈子大汶口墓地也是如此，木棺有井字形木椁、长方形和简易形木棺三种。山东龙山文化已出现棺椁制度，临朐朱封龙山文化有两座大墓，如M202为一棺一椁，椁以原木为之。棺由木板制成。M203为重椁一棺，也相当奢华。两者可能为氏族显贵的墓葬。

甘青地区也流行木棺，乐都柳湾发掘马家窑半山类型墓地257座，普遍使用木棺，有单人墓、合葬墓、成年墓、

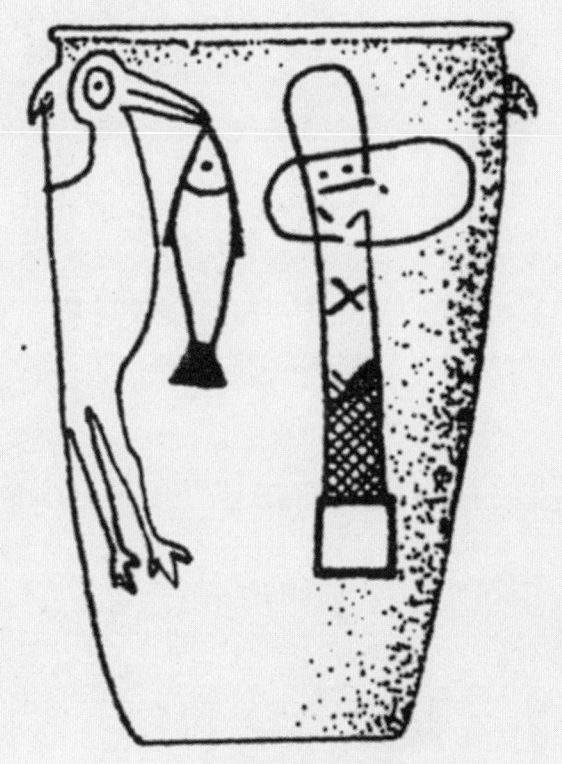

仰韶文化鹳鱼石斧图

儿童墓多种。木料为松柏质地，通常把原木一剖为二，制成木板，利用穿榫法组成棺木。木棺有两种形制：一种是梯形木棺，一头大，一头小，由原木或木板围拼而成，长2米，宽0.5米左右；另一种为吊头木棺，形制如上，但两壁木板外伸，在柳湾马厂类型墓葬，也大量使用木棺，有长方形木棺、吊头木棺两种。此外，还有独木棺。

在长江下游的良渚文化中，也发现了木棺、漆棺。在东南和西南地区还有一种船棺葬。就葬具而论，也是一种木棺性质，但因其形制如船，故单独加以叙述。在西北齐家文化中，发现许多以独木挖制的舟形木棺，有人说它是我国最早的船棺葬。不过，这里有两个问题：一是有些民族为便于加工，往往在独木上挖穴以便纳尸，本身并没有以船为棺的意思，如瑶族、黎族均有这种现象，这类木棺应称独木棺，而不是船棺葬。

在各种葬具中可以看到，它们都有一定来源，或者来自御寒的衣服，如以树皮、兽皮裹尸，或者来自房屋，如洞穴土葬、船棺葬等等就是，椁和墓室就是模仿房子来的，是供死人住的地方。贵州丛江苗族在棺椁入墓穴前夕，先杀牲祭祀，把肉煮熟抬往墓地，举行共食，称"开道"，意为死者贺新屋。该族对横死者，到了一定时期要进行迁葬，称"肖哉"，即整理房屋的意思。

第三节 葬 式

葬式指尸体安葬的形式，各民族因信仰不同，其葬式也千差万别，各有各的起源，就是同一种葬式中，也有其不同的传说和起源。因此比较错综复杂。现在归纳起来，有以下几种常见的葬式。

一、仰身直肢葬

仰身直肢葬，就是人的身体伸直，上肢靠身体，下肢并拢伸直，面部向上。这种葬式通行于远古时代，是各地比较流行的葬式。其中也有二次葬，尤其是仰韶文化二次集体葬相当流行。为什么实行二次葬呢？原因是很多的，有的可能是与游动的经济有关系。如赫哲族以渔猎为生，迁居甚多，往往发生二次葬。侗族是同辈人或同龄人死后，先停葬于村外，他们全部死完才一块入葬。壮族家有病人，必拾死者之骨，刷干净，不能用手摸，用木棍夹起来再埋葬。高山族"人死结采于门，所有器皿衣服，与生人均分，死者所应得之分，同其尸埋于床下，三日后会集同社，将死者取出，灌以酒，然后深葬，葬不用棺椁，移居仍取出再埋"[①]。这说明二次葬是有许多原因的，但二次葬都是对一次葬的否定，或洗骨，或防腐，或去病等等。广东连南瑶族根据不同情况，坐葬用缸，卧葬用棺，拾骨由儿子进行，称"起身"，洗骨后，如同坐着姿势把遗骨从足到头放置缸里，头骨在顶部。杀鸡时将血滴在头骨上，儿子还把手指刺伤，在头骨上滴血，表示生者与死者有骨肉或血的关系。在仰韶文化所发现的遗骨头部，往往涂有红色赤铁矿粉末，这可能亦表示生者与死者的血肉之情。九龙苗族人死行土葬，"待棺木烂后，又备衣棺将骨殖复葬，名翻尸，

---

① 林谦光《台湾纪略》，载《风俗》。

浙江余杭汇观山良渚文化"玉敛葬"

直翻至无骨而止"①。在二次葬中，一律改变了仰卧直卧或其他葬式，而改为简单的拾骨葬，或盛于陶罐内，或有秩序地堆入墓坑内，畲族以火耕称著，待迁居时，均取出骨骼而行。在这情况下，人死在哪里，暂时埋在哪里，到一定时期再迁葬到氏族住地附近。仰韶文化可能有这种情况。有些可能与宗教信仰有关，"因为他们有一种信仰，认为血肉是属于人世间的，必等到血肉腐朽之后，才能作正式的最后埋葬，这时候死者才能进入灵魂世界"②。此外，还有一个原因，也许是比较普遍的原因，即许多民族都有把死者送到原来故乡的愿望，如送魂就是一种普遍的现象，当然，也有些原始人把遗骨迁葬到原来的公共墓地去，仰韶文化的许多迁葬都具有这种成分。

二、俯身葬

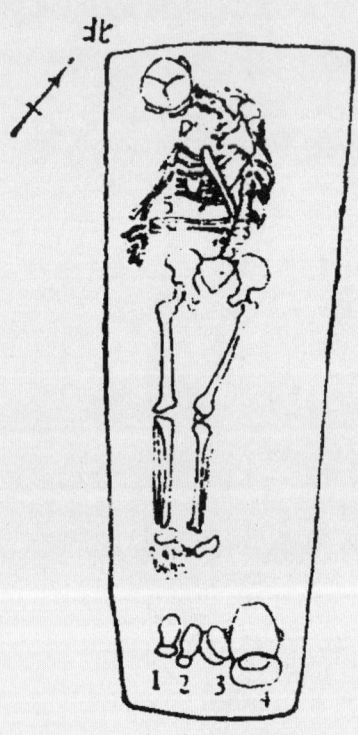

秦魏家齐家文化墓葬俯身
直肢葬平面图

俯身葬与仰卧直肢葬相近而面向相反，即死者的面朝下，扑倒直肢。在江苏圩墩和草鞋山等地均有发现，而且俯身葬比例较大。另外在青海贵南县朵马台遗址也发现多座俯身葬墓，有一次葬和二次葬两种。在西南地区的大溪文化中也发现不少俯身葬。

关于俯身葬的起因，一直是考古的一个未解之谜。从民族学资料看，倒有些线索，陆次云《峒溪纤志》："西苗同俗，死则俯身侧葬，云为死者避压也。"这种解释可能是存在的，即俯身葬便于防压。但是在海南岛黎族地区却有另一种解释，当地遇到凶死或不正常死亡者，皆畏惧之极，抬尸送葬时，必转多少弯路，使凶死者的亡灵迷途忘返，埋葬时必俯身，不让他看到天和路，并压一块巨石，有的甚至往尸体上钉一木橛，防止死者回来。如果家里有人久病不愈，则认为是凶死者作怪，必将尸体挖出来，继续按上述方法埋葬。

---

① 梅心如《西康》第304页，中正书局1934年版。
② 夏鼐《临洮寺洼山发掘记》，载《中国考古学报》1949年第4册。

三、屈肢葬

屈肢葬指埋葬时使尸体屈肢的形式，一般分为仰身屈肢和侧身屈肢。这种葬式在甘青地区的马家窑文化和半山文化，长江流域的大溪文化和辽河地区的小河沿文化均有大量发现。

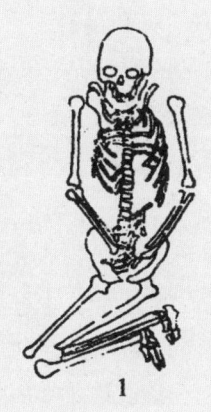  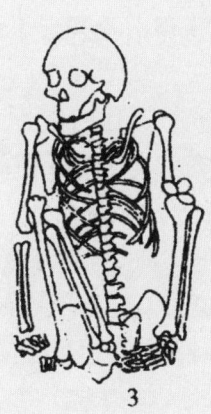 

大溪文化屈肢葬式（西川巫山大溪出土）

这种葬式在我国民族地区也多有发现，云南独龙族男女均仰身侧身屈肢，面向东方，有三种解释：一种认为死为长眠，所以要仿活着时环火而眠的睡式；一种认为独龙河弯弯曲曲，人死也要屈肢，这样人才能兴旺，否则会死更多的人；三是面向东方，因为他们从东方来，还回东方去。珞巴族也实行屈肢，葬式仿胎儿的形式。白马藏人也流行屈肢，以绳捆住，说是仿胎儿降生形式。西藏僜人埋葬也实行屈肢，并且在腰上拴一根绳子，坟外有一个绳头，过若干天后，拉绳子，以断为吉，不断为凶，必挖出再行二次葬。彝族火葬前，也侧卧屈肢，据说是在火塘边烤火睡觉。怒族只有妇女屈肢，男子仰卧直肢，该族认为妇女地位低贱，死后必须屈肢于男子身旁。由此看出，屈肢的性质是不相同的，有些与信仰有关，有些与父权制兴起有关。

四、割肢葬

在我国史前葬俗中，有一种特殊的葬法，即割体葬，这是耐人寻味的课题。

在西安半坡博物馆发现，当地第31、59号墓的死者，都缺少指骨；第8、27号墓死者也缺乏指骨，但在填土或陶器中却有指骨发现；第67、153号墓死者的趾骨不全；第66、88号墓死者缺下肢或肢骨不全。

临潼姜寨仰韶文化4号墓死者缺四个趾骨，但随葬的陶罐内有四个趾骨，第18号墓死者股骨放在陶罐内。

永昌鸳鸯池第42号墓死者缺指骨，陶罐内却有两个指骨、两颗牙齿，第92号墓死者也缺指、趾骨，但在头上有五个指骨，陶罐内有一趾骨。

福建昙石山第9号墓为小孩，缺少指骨、趾骨，第3、7、10、12、14、16、20等墓死者无指骨、足骨，第15号墓死者无趾骨，第30号墓死者缺右手骨和足骨。

怎么解释上述现象呢？众说不一，但多认为与人牺有关。通常的说法是，上述遗址发现的割指以及其他伤残肢体的行为，只能说是原始人类用人作牺牲的一种缓和形式罢了。具体地说，最初人类用婴儿作牺牲，随后当把婴儿奉献给神灵时，只满足于砍断其关节或伤残其部分肌体，最后才以其他动物代替人类作为牺牲。

割体葬是否是人牺的一种变态呢？这种看法是缺乏说服力的。

首先，如果上述观点成立，那么在割体葬之前，应该盛行过人牺，而后才过渡到割体葬。事实上，在中外考古学上并没有这种情况，以中国史前考古为例，在仰韶文化以前，目前还没有发现人牺现象，仅在西安半坡仰韶文化第一号房址下有奠基的人头，但是这在仰韶文化中纯属个例，属初发性质，不过，割体葬却相当多，在其他遗址也是如此。因此两者并不存在因果关系。考古发掘说明，我国人牺是在四五千年前才发展起来，如大汶口文化晚期、龙山文化、良渚文化和齐家文化，商周时期达到极盛时期，而当时的割体葬倒淡薄了。可知割体葬发生于前，人牺兴起于后，把前者解释为人牺的缓和形式是行不通的。

其次，所谓人牺，是人们在祭神时以人作供品。但是前面所谈的割体葬，均是在公共墓地发现的，而且是若干死者的割体现象，是一种特殊葬式，并不是以其为牺牲。更为甚者，许多割体者是取其身的指、趾，又葬于同一墓穴内，所以它们不具有人牺的特点。这进一步否定了割体葬为人牺的性质。

割体葬到底出于什么原因呢？仅靠考古资料是说不明白的，必须借助于民族、民俗学资料的印证，才能看出其中的奥妙。从民俗学资料看，割体葬有不同的动机：

第一种是生下异性同胞胎，必处置一方。广西壮族妇女生一男一女双胞胎，认为子女前世为夫妻，才投胎于此，成活后必然旧情复活，发生兄妹通奸，因此不能全活，必弃之一方，甚至割体葬之，不让其再次投胎。《搜神记》卷一四："昔高阳氏有同产而为夫妇，帝放之于崆峒之野，相抱而死。神鸟以不死草覆之，七年男女同体而生，二头四足，是为蒙双氏。"双体、双胎，皆由对偶而生，在父权制下是凶兆，从而导致杀婴。除壮族外，哈尼族也有这种情况，构成一种割体而葬形式。

第二种是畸形胎儿，往往割体溺婴，云南哈尼族遇到妇女生育畸形儿，如岔嘴、六指、六趾、双头、有尾者，认为是恶鬼投生，不能养活，必极刑处置，还要把产妇赶走，抄其家，分其财。这种风俗，在广西壮族地区也有过。其核心是对畸形胎儿实行割体杀婴。

第三种是婴儿夭折，往往实行割体葬。广西上思县瑶族婴儿死，常常埋于床下，表示母亲对婴儿的关切，但必把刚割下的脐带放在婴儿身边，使其完尸，还可投生。贵州苗族有的妇女连生数子，均夭折，又系同病，认为是"冤鬼捣乱"，"哄爸哄娘"，必砍其头、足而葬之，以后就不投胎了。云南景颇族婴儿夭折，必砍其一足，或戮尸弃骨，放在十字路口，让行人踩踏，永世不再投生。傈僳族小儿夭折，认为是来捣乱的恶鬼，埋葬时必须来点利害，挖其心，砍其手足，埋于荒原。河南新郑大巴山地区汉族，头胎婴儿夭折，由父母用锅底灰涂死婴，接着让孤寡之人把尸体抬上山，以斧、刀劈尸，让野兽食之，称"换胎"，这样他就不会来投胎了。

此外，还有一种是成年人死后，埋葬时不令其完尸，也流行某种形式的割体葬。云南勐海布朗族实行土葬，掩埋尸体时，由巫师主持烧掉死者一撮头发，然后封土为坟，据说死者已变成鬼，烧去一撮头发，象征死者已非原来之人，鬼就不会回家了。海南苗族年迈而多子的老人死后，一定剪下一指甲，拔掉一牙，还有一个趾甲，都置于竹筒内，埋于坟外，称"埋金坟"。西藏错那县门巴族实行水葬，背尸者必出门往西走，象征归西方故里，抵河边后，把尸体剁成碎块，丢入河中冲走，认为这样鬼就没有回家的可能了。

通过以上事实看出，割体葬是比较流行的，形式繁多，动机不一，但是有一点是共同的，都出于灵魂信仰，即利用一定的割体形式，不以完尸入葬，这样鬼魂，尤其是凶鬼就失去了自己的载体——肉体，鬼魂就无法复归了。

最后应该指出，史前时代是不乏残废人的，这些人亡故后，也会产生"割体"现象，这一点应该排除在外的。还有猎头、战争等因素，如大汶口文化中的无头葬，未必属于割体葬。有些墓内无遗骨，却有随葬品，形成"缺席葬"。这些亡人可能死于异乡，或为敌对部落所杀害、毁尸，但是本氏族却为他举行了葬礼，这些与割体葬也是不同的。

五、其他葬式

除了上述葬式外，还有一些奇异的葬法，主要有：

（一）蹲踞葬

这种葬法也可说成屈肢葬的一种，但有自己的特点，埋葬时，头必向上，垂首弯腰作蹲踞状。在广西南宁贝丘和洞穴等遗址中多有发现，在甑皮岩、西津和大溪等地也有发现，都局限于南方和西南地区。后来僚人也兴此葬式，《北史·僚传》："……死者竖棺而埋之。"川滇地区的普米族、纳西族在实行火葬前，也是让死者蹲踞，以麻布带捆好，放入立棺中再行火葬。

（二）交手葬

贵州侗族人死后，皆仰卧直肢，但双手要交叉于腹下，问其用意，认为是一种羞耻观念的驱使，目的是不让人们看见男根和女阴。这类葬式在大溪文化和大汶口文化中多有发现。这可能是晚起的，与父权制的羞耻观念有关。

（三）侧身葬

在考古中也发现过侧身葬。

民族学中的例子，应首推傈僳族。居住在碧江的傈僳族，埋葬时必头向东方，迎着太阳，而且侧身直肢。"墓排列顺序，男在左，女在右，按辈分由右向左排列，后死者或辈小依次向后稍错开埋葬。"

（四）扭首葬

在《黔记》卷三中称"郎慈苗在威宁州属……父母将死，俟气初绝时，将首扭向背后，谓曰好看后人"。所谓好看后人，就是祈求死者保护子孙后代。

第四节 墓 地

在人类的童年时代，曾有过一个没有墓地的时期，人死后或丢之野外，或弃住地而他去，后者还在某些民族中残存着。

大约从旧石器晚期才开始有比较固定的墓地，如山顶洞遗址就有氏族公共墓地。最初的氏族墓地是以母系血缘连结起来的。"氏族有着共同的墓地……在墓地上，每个氏族都独成一排。"[1]这种例证在中国也有，如海南岛五指山中心地区的黎族，过去每个氏族均有一个公共墓地，排列成行，从上而下，每辈一排，女儿外嫁也要归来埋葬，同一辈分的男女也分为两边，不能混杂。永宁摩梭人虽然实行火葬，但在安葬骨灰罐时，也按辈分、性别分开，没有血缘关系的人，哪怕是阿注，也不能葬入母系氏族的墓地。这是母系氏族的埋葬原则。

在半坡、北首岭和姜寨等遗址附近都有一块公共墓地，内部男女分开埋葬，横陈村墓地还流行多人合葬，不少人合葬一个土坑墓内，若干这样墓坑又组成长方形大墓坑，再由若干长墓坑组成公共墓地。在吴县草鞋山遗址崧泽文化有89座墓葬，分南北两区，相距8至12米。上述各墓地都与母系氏族墓地相符，至于为什么公共墓地内又分若干区域，过去众说纷纭，从摩梭人的情况分析，可能是在氏族公社内部，又分成若干母系家族墓地。当然，有些墓地可能是两个氏族墓地组成的，如元君庙共清理57座墓，分南北两个区，各个区又分南北排列的三排，这可能是由一个胞族墓地分裂两个氏族墓地的反映。关于其中的同性合葬风俗，在仰韶文化和马家滨文化中有多处发现，其中分两种类型：一种是同一墓内的男女分葬，如北首岭、圩墩二期均有发现；一种是一个墓坑内的同性合葬，有一次葬和二次葬之别，如半坡、元君庙、北首岭、史家村、大汶口等处均有所见。为什么有这种现象呢？有不同的解释，有人说是血缘关系更加亲密的反映，有人说是母系大家庭的葬法，还有人主张是对偶婚的葬法。我

---

[1] 《马克思恩格斯选集》卷四第84页，人民出版社1972年版。

第七章 丧葬

辽宁牛河梁第五地点一号冢中心大墓（M1）

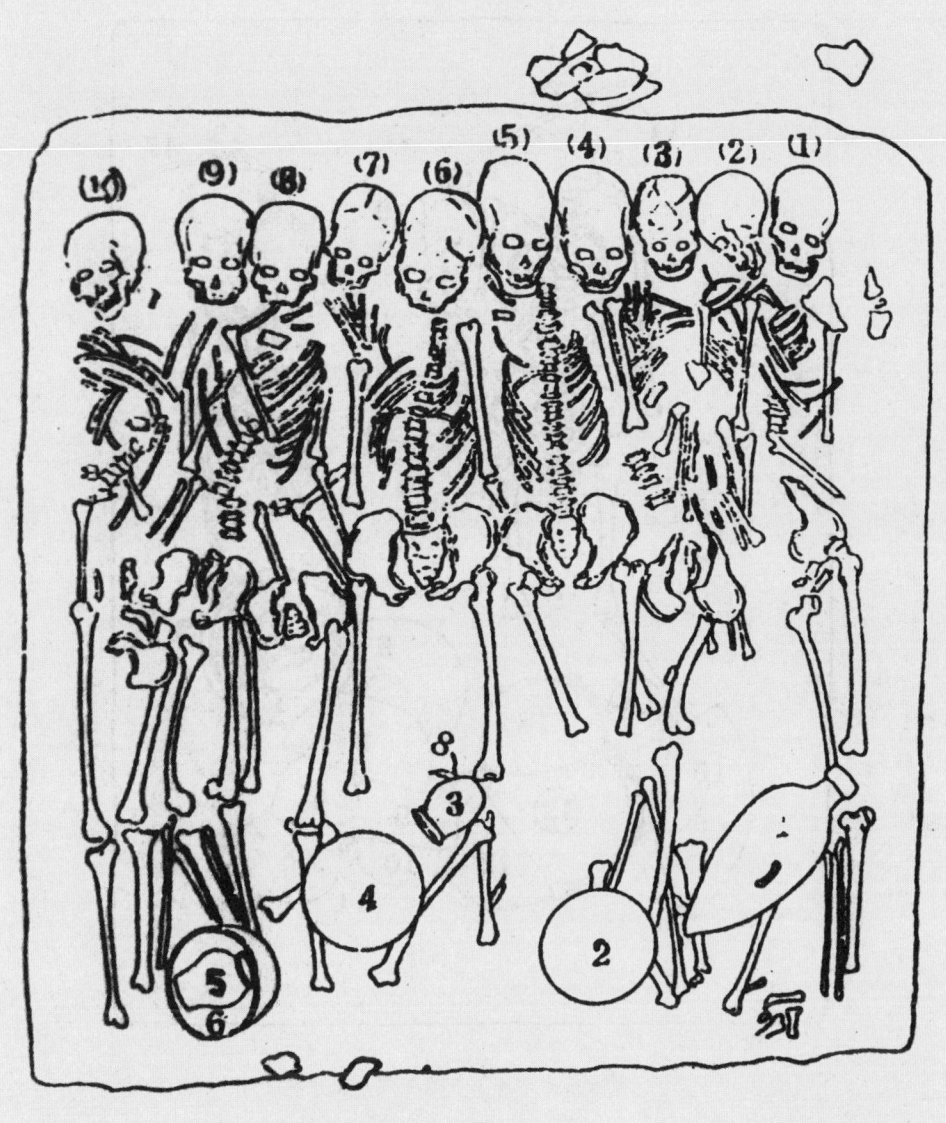

仰韶文化的同性合葬墓

们认为肯定其母系血缘联系是对的,同时也强调当时氏族内男女有别,因此才流行同性合葬、异性分葬。但也不完全如此,还要具体分析。

一夫一妻制和父权制兴起以后,新型的公共墓地也出现了,在这里已经不见同性合葬了,而大量出现了个人葬墓,还出现了男女即夫妻合葬,甚至以女奴殉葬的现象。这种现象在大汶口文化、柳湾马厂文化、龙山文化中都有大量发现。陶寺遗址东南有一块公共墓地,墓葬分布密集,互相打破关系较多,贫富分化严重,出现夫妻合葬墓,这是比较典型的父系氏族社会的公共墓地。父系氏族的公共墓地是比较松弛的,其内

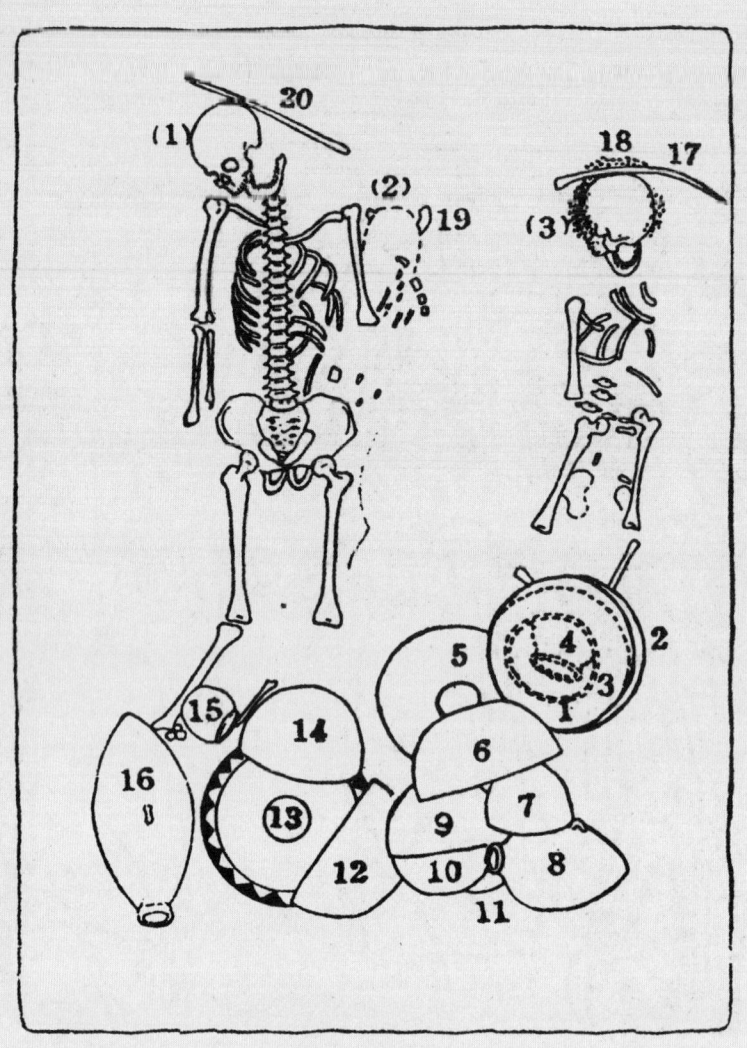

青海乐都柳湾出土的齐家文化墓葬

从这座齐家文化的男女合葬墓中可以看出，棺中的男子仰身直肢，棺外的两位女子侧身屈肢，显系殉葬，这生动地反映了父权制下男女社会地位的差异。

部又分若干个父系大家庭或父系家庭的墓地。它就起源于以父系血缘为纽带的家族墓地。锡伯族有氏族墓地，后来内部又分父系家族公社墓地，夫妻必同葬，如果同穴而葬，要求男左女右，分棺并列，但妻子略低于丈夫，丈夫仰卧直肢，妻妾必侧卧，面向丈夫。在夫妻两棺壁上皆留一孔，供夫妻灵魂相通，仍可过婚姻生活。[①]类似夫妻合

---

① 夏之乾《锡伯族的丧葬习俗》，载《民族研究》1982年第3期。

葬在大汶口、柳湾、齐家文化中都有发现。

所谓横死者，是指某些特殊死亡，如溺死、突然病死、跌死、吊死等等，葬法也较特殊。以苗族为例，一般实行土葬，对杀、吊、打、淹、跌死者均列为横死。他们认为横死是野鬼作祟，必须举行驱野鬼仪式，先由鬼师领一条黄狗在屋内转三圈，念道："是野鬼杀人了，我用黄狗把野鬼赶走了。我杀狗给你吃，你快走吧！"然后把黄狗拴在村外，起初用木棒击，再以竹刀刺杀，并且把石头拴在狗身上，一同投入河或水塘里。三年以后为横死者迁葬。《中华全国风俗志》上篇卷一〇云南"土人或遭横死，如雷击虎伤之类，则不殓不埋，将尸坐于椅上，送往高山，以伞笠覆之，听其风化，人不敢近"。作者在海南岛黎族村寨调查时也发现，该族对凶死者极为畏惧，担心亡灵会骚扰活人。因此，出殡时必走弯路出去，这样亡灵归来就找不到家门。挖好墓穴后，实行俯身葬，并以木锥从背上钉下，使其永不翻身，接着压以巨石，越多越好，最后才填土。这些举动只有一个目的，就是让凶死者永远离开，即使亡灵出游，也找不到村落，回家无门。

父权制确立后，墓地是以父系血缘为纽带，有夫妻合葬，如大汶口文化、马家窑文化、马厂类型的公共墓地就是如此，姻缘关系已经成为父系氏族墓地的一个特征。进入农村公社以后，又出现了农村公社公共墓地，但是内部仍然以户为单位，只是各户之间不一定有血缘关系而已。云南西双版纳傣族地区就有不少农村公社性质的墓地。我国古代也有，《礼记·王制》："田里不粥，墓地不请。"贾疏："田地里邑，既受之于公，民不得粥卖，冢墓之地，公家所给，族葬有常，不得辄请求余处。"

第五节 随葬品

原始人在改造自然界的同时，也造就自己的精神世界。在丧葬风俗中，人们也按着自己的经验和体会，创造了一系列随葬制度，活人要住房，死人则住坟墓；活人要饮食，死人也要随葬食物；活人以衣服护身，死人也要随葬衣服、装饰品等等。所有这些风俗，都是为了亡灵在另外一个世界生活。有趣的是，广西隆林偏苗必为死去的祖先随葬一头母猪，以草绳牵着，一端放在死者手中，另一端由巫师牵着，号称"作种"，即让死者养一头母猪，繁殖不断，永远有肉吃。

为了供死者使用，就出现各式各样的随葬品，大体有以下几类：

一是生产工具。

供死者谋生用的，有石器、骨器、角器、蚌器、陶器，其中的石器有石斧、石锛、石镰、石凿、石刀、石矛、石镞、石锉、石匕首、石纺轮、石磨棒、石磨盘等农业、手工业和渔猎工具。曲江石峡下层有44座墓，有38座随葬生产工具，占86.4%。在这种随葬中，还有男女性别的分工，如磁山裴李岗文化的男子多随葬石斧、石铲、石镰，女子则多随葬有石磨盘，石磨棒等工具。

随葬工具是让亡灵有生存斗争的利器，我们也可从随葬的工具中，认识当时的生产斗争的具体情形。

二是食物、器皿。

人活着就要干活，死后也要干活，而干活是为提供生活用品，即提供饮食用度。这在随葬品中能看得一清二楚，其中随葬有粮食、鱼、犬、肉、猴等。在大溪文化有一座墓的死者口咬两条大鱼尾巴，鱼头置于腹部，象征死者有吃不完的鱼。为了加工食物，也随葬大量陶器，仰韶文化多随葬钵、盆、罐、壶和尖底瓶，龙山文化多随葬鼎、豆、鬲等，马家窑文化随葬大量彩陶，柳湾墓654（马厂类型），随葬陶壶91件之多。临沂大范庄26座墓中，出土陶器725件，其中酒器达644件，占88.8%。

浙江余杭良渚文化遗址反山第23墓随葬玉器的景象

三是装饰品。

这种装饰品随葬出现较早,数量大,有时代特点,也有性别、地区的差别。北京东胡林除随葬石英片外,还有穿孔螺壳、骨镯和有孔蚌壳,仰韶文化多随葬石珠、骨珠、穿孔蚌、牙饰、角饰、指环、发笄、石坠。有些妇女随葬数以千计的骨珠,这是一组项链的遗物。长江流域各文化的装饰品比较精良,有管、玦、环、璜等,而且多玉斧、玉铲。在大汶口文化、良渚文化、龙山文化和石峡文化中,多随葬玉琮、玉璧、玉瑗,还有象牙梳、象牙雕筒、骨雕刻品。齐家文化的随葬品也相当讲究,如墓48号出土玉璧83件。

当时已经出现玉琀,即在死者口内置玉,这一风俗最早见于大汶口文化,在三里河龙山文化墓葬中也有发现。

四是随葬武器。

有刀、匕首、弓箭、矛等。这种随葬品比较流行，尤其在男性墓内，因为男子不仅是猎人、农人，还是战士。随葬武器就是装备战士，使其在另一个世界中也常备不懈，具有战胜敌人的力量。

此外，也有随葬房子的现象，如江苏邳县大墩子遗址，有两座成年人墓内就随葬两座小房子，这是供死者住的，也是最早的冥器之一。

在随葬制度中，有不少特殊的风俗，在这里值得一提。一种是损物葬，即将随葬品有意识地打破或局部损坏，如有些墓地对陶器就是如此。这是出自什么原因呢？我们可借助民族学资料加以说明：

作者在海南岛黎族地区调查时发现，黎族在墓地为死者随葬许多用品，如农具、纺织工具、衣服、骨簪等装饰品，还有牛头、牛角，但是多毁坏。经过调查得知，黎族认为完好的用品为活人所用，毁坏的用具才能为亡灵带走，因此随葬时必先破坏，后送往墓地。北方满族有摔盆之习，也是专门为死者随葬之举。贵州

江苏邳县新石器时代
大汶口文化墓葬出土的陶屋

苗族也有摔盆风俗，称"白彭"。通常送到墓地后，先休息片刻，取一陶盆，内盛水，加几片大叶蛇泡树叶，送葬者一一洗手，去其不洁。最后归村时，也洗手。《三江县志》卷二："苗话曰'白彭'（摔盆），即取破盆取吉利之意。"认为把盆摔破，发出声响，可以吓退诸鬼，鬼就不进村了。不难看出，所谓摔盆，各民族的起因也不一样。

一种是随葬有厚薄之分。随葬品的多少，因社会性质、性别分工和占有财产情况而定。仰韶文化时期，个人随葬品很少，彼此差别不大，但少数妇女多些，这是母系氏族制度在葬俗上的反映。父系氏族兴起以后，出现了私有财产和贫富不均现象，随葬品也发生了变化。一方面是种类增加了，有生产工具、陶器、装饰品、牲畜和奴隶；另一方面出现了随葬品多少不均的现象，有些贫者一无所有，或者有也极少，有些富者随葬大量生活用具、奢侈品、牲畜，甚至以奴隶殉葬，这是私有制和阶级产生的标志。

值得注意的是，龙山文化的随葬品发现很少，似乎有日益贫困的趋势，这是与龙山文化的生产水平相矛盾的，我们认为它可能与社会对财产观念的变化有关。最初较

丰富的随葬品可能取自父系氏族或家庭公社的公共积累，其规模大得多，当个体家庭兴起之后，情况就不同了，"随着技术和社会财富的发展，死者的物品的消灭对于他的亲属就成为严重的损失，于是这种做法逐渐地受到限制，甚至完全停止了，让位于简单的象征性的消灭"[①]。当然，例外是有的，富有者仍然实行厚葬，如陶寺墓地有14座墓随葬猪下颌骨，最多的一座有30副以上。这说明随葬猪下颌骨的风俗相当流行，在同一墓地内也出现了差别。

所谓象征性的随葬品，远不至于到龙山文化才出现。在仰韶文化的迁墓葬和屈家岭文化早期就出土了冥器，有小陶罐、小陶壶等，后来又有了新的发展。就是作为财产随葬的牲畜也不是原物，而是以猪头、猪下颌骨随葬，这在大汶口文化、龙山文化、马家浜文化、良渚文化中都有发现，只有邳县大墩子墓128号、墓284号用全猪随葬。马家窑文化和齐家文化除用猪头、猪下颌骨随葬外，还以羊头、羊角随葬。如玉门火烧沟齐家文化墓地就有成对的羊角随葬，这说明当地牧羊业比较发达，即使如此，也以象征性的羊角、羊头随葬。新疆罗布淖尔孔雀河发现一座老年妇女墓，随葬26个牛、羊角，尸体上有毛毯、皮鞋、毡巾。上述象征性随葬品的出现和发展，表明人们对财产已经相当珍惜了，而且关系到每个人特别是关系到活人的生活了，所以才把原物留给活人——肉大家吃，头、下颌骨和牛羊角送给死者。《晏子春秋·外篇》："厚葬破民贫国，久丧道哀费日。"这种反对厚葬之风，在远古社会就有了。

为死人随葬生产工具、生活用品，不仅反映了原始人相信死后灵魂还继续存在，依然过人间式的生活，也体现了死者的子女对老人的关心和赡养。海南岛临高人男子死后，由他已出嫁的长女汲水洗身，入棺时，所有子女，孙子孙女和其他亲友，都把手指刺破，让鲜血滴在棺材上，以示活人与死者的血肉联系。广西仡佬族父母死后，要杀牛送葬，亲友也送牛羊，为死者送行。其中儿子还要打掉一枚牙齿，为父亲送葬，这些都是表示死者与送葬者之间的血肉之情。

---

① 普列汉诺夫《论艺术》第84页，三联书店1973年版。

【第六节 迁 葬】

1982年10月,甘肃省文物工作队在该省秦安县王营乡大地湾遗址的一座房址上发现一组绘画,因用炭黑绘在地面,发掘者称其为地画。① 这一发现,无论在考古史或者绘画史上,都是一项重大的发现,而且笔者认为它也与巫术活动和迁葬有密切的关系。

大地湾地画是在房屋内发现的,因此必须从房屋的结构谈起。

F411房址位于大地湾遗址东南部的第五发掘区,上层为耕土层,第二层为扰乱层,其下压着F410,F410又打破了第三层,第三层叠压F411。F411为东偏北42度,背山面河,是在平地建筑的。房址平面为长方形,东北壁正中有一向外延伸的门道。门口是一小长方形门斗,与房屋的主室构成吕字型,该房的墙壁和东北部居住面已经破坏,其他居住面保存完整。房址长5.80—5.90米,宽4.65—4.74米。门道宽0.39米,长0.55米。地面均经过修整,下层先将原地平铺夯实,然后抹一层草拌泥,表面再抹一层厚0.2至0.3厘米的料礓石灰面,并往四周墙壁上抹一层厚2至3厘米的白灰面。上层居住面则在上述地面的基础上,垫一层厚9至10厘米的干净夯土和草拌泥土,表面也抹一层厚0.3至0.4厘米的白灰面。在居房正中对门处有一个圆形火塘,直径1.16米,残高0.05米,周壁也涂有白灰面,但是火塘已被烧成红色,说明火塘是经过使用后废弃的。在火塘与后壁之间有一对柱洞,四周墙基内也有许多柱洞。总观房屋结构和火塘情况,此房是仰韶文化常用的居住房屋,而且是经过长期使用后废弃的,所不同的是,在室内地基上发现了一幅画。

画面即分布在靠近后壁附近的中间居住面上,绘画面积1.2×1.1平方米。画以黑色颜料绘制,据有关专家鉴定黑色颜料为炭黑。题材由人物组成。这是一幅较大的绘画。

根据发掘者的描述,画面分上下两个部分:

第一部分,上部正中有一人,高32.5厘米,宽14厘米,头部较模糊,宛如长发飘

---

① 《大地湾遗址仰韶晚期地画的发现》,载《文物》1986年第2期。

散,肩部宽平,上身近长方形,下身两腿交叉直立,似行走状。左臂向上弯曲至头部,右臂下垂内曲,仅存黑色颜料的残迹,但可识为人的形象。在上述人物的左侧,也有一个人物形象,两人相距18厘米。后一个人像高34厘米,宽13厘米,头近圆形,颈部细长,肩部左低右高,胸部突出,两腿相交而立,也似行走状,左臂弯曲上举至头部,右臂下垂也作手握器物之状。

第二部分是在上述两个人像的下面,还有一组内容。据发掘者报道,认为是:"绘一略向右上方斜的黑线长方框,长55、宽14—15厘米。框内画着两个头向左的动物。左边的一个长21厘米,头近圆形,头上方有一只向后弯曲的触角,身躯呈椭圆形,有弧线斑纹,身上侧绘有两条向后弯曲的腿,身下侧有四条向前弯曲的腿,身后还有一条向下弯曲的长尾巴。右边的一个长26厘米,头为椭圆形,头上有三条触角,弧形呈扇形分散,长条形身躯上有弧形斑纹,身上绘有不同方向弯曲的四条腿,身下侧有四条向前弯曲的腿。"①

此外,在人物左下方,还绘有倒丁字形图案,但线条已相当模糊。

发掘者对大地湾地画的报道是准确的,具体解释基本上也是正确的,如认为上面两个人物为跳舞形象,但是对长方形框内具体形象的解释却是不能令人信服的,笔者认为它不是两个动物,而是两个安葬在墓穴内的死者。

在上述墓葬形象和丧舞形象中看出,大地湾地画题材主要是对祖先或已故亲长的一种悼念,人们表演的正是丧舞。

大地湾地画是画在室内地面上的,显然它不是人们在居住期间绘上的,否则不便于房屋的使用。从地画所用的颜料看,用的是炭黑,可能是锅底灰。这种颜料不易耐久,容易脱落,可知是临时绘制的。因此,大地湾地画是在特殊的情况下绘制的,即人们即将废弃这种住宅,并要迁居他方时绘画上去的,然后房屋的主人就与房屋告别了。

人们为什么要废弃自己的住宅呢?原因是多种多样的,从民族学资料分析,主要有以下几种情形。

居住习惯是受经济条件支配的,迁居是早期人类的重要生活规律。在采集和狩猎时代,人类为了寻找猎捕对象,过着一种不断迁居的生活。进入农耕以后,特别是在火耕条件下,仍然过着定期迁徙的生活。如云南苦聪人以火耕农业为生,因火耕地只能种一两年,所以每年都要迁居,一般是在秋后收割完毕,从甲地迁到乙地,在乙地住一年之后,秋后又迁往丙地。迁徙时家长捧着祖先牌位,拿着火种,其他人则携带生产工具、家具,抱着鸡,赶着猪,穿林过山,寻找新的土地。土地选好后,即通过占卜确定住地,方法是挖三个土坑,每个坑内放三粒谷子,然后盖上芭蕉叶,过一段时间揭去芭蕉叶,如果三粒谷子挨着为吉兆,可在此建房,三粒谷子分散则为凶兆,要重新选择住地。上

---

① 《大地湾遗址仰韶晚期地画的发现》,载《文物》1986年第2期。

述火耕和迁徙，是房屋废弃的基本原因，但不是惟一的原因，事实上还有许多偶然因素。

火灾往往导致人们更新房屋或迁徙他乡。有人认为远古大部分遗址的废弃是出于火灾。从民族学资料看，火灾的确是遗址兴废的原因之一，尤其对竹木或土木建筑威胁最大。如壮族、布依族和苗族往往因火灾而放弃原来的住地。正是如此，人们对火灾十分警惕，傣族住竹楼，每村都有防火人员，经常扛一个防火牌游街串巷，提醒人们防火。侗族也有类似风俗。说明火灾是严重的，我国新石器时代某些房址有明显的火烧遗迹，当是火灾流行的佐证。

特殊的葬俗也会引起迁徙。台湾有些高山族把房屋分为两部分，从中柱分开，西部为死人住处——墓地，东部为活人住处——住室。家里死人先在西面埋葬，由此往中柱延伸，直到中柱为止，否则认为会危害活人。因而当房屋西部埋满死者后，就要放弃房屋，举族迁徙新的住地。有些民族则在出现丧事后即废弃原来的住宅。如苦聪人家里死人后，一般要把死者埋在房内，然后把房屋烧掉，全家迁往新的住地。清康熙《楚雄府志》卷一拉祜族"遇有死者，停尸而去，另择居焉"。《云龙记往·云龙记》阿昌、景颇等族"人死，则以所用物斋尸焚野，并焚所居，生者移他处"。

战争所引起的迁徙。四川大小凉山彝族在打冤家时，不仅要凭武力决定胜负，还请巫师进行巫术战，以图克敌制胜。其中败方常取一只山羊角，内贮若干羊毛、烂布偷偷将其丢在对方的饮水处。巫师认为羊角内有"灵哥"鬼，谁喝了附有"灵哥"的水，谁就会生病身亡，使对方不战而亡。对方发现羊角后，要立刻请巫师占卜，驱走"灵哥"，同时举族迁徙。在打冤家时，根据战争的需要也常常迁徙，所以战争也是引起迁徙的原因。

此外，瘟疫也迫使人们迁徙，如凉山彝族、黑龙江赫哲族遇到人畜瘟疫，经治疗无效时，就采取迁徙的办法。他们认为瘟疫是鬼所为，人们迁走就甩掉了鬼，瘟疫就留在原地了。这种巫术实际上具有隔离作用，对于防止瘟疫蔓延是有益的。

不难发现，原始村落和房屋的废弃是由多种原因造成的，其中经常起作用的是社会经济，也与火灾、疾病、葬俗和战争等偶然因素分不开，因此，在探讨村落和房屋废弃的社会原因时，应该具体问题具体分析。大地湾地画所处的时代生产力已经有一定发展，虽然尚保留火耕残余，但耜耕已经有相当发展，所以大地湾房屋的废弃与经济因素关系不大。F411内也没有火灾遗迹，说明也排除了火灾的可能性。但从房屋废弃时又留下了清晰的地画分析，显然与丧葬习俗有关。

大地湾人实行土葬，住地和墓地是分开的。地画说明当时人们除把死者送到墓地安葬外，也相信亡灵依然在住室内徘徊，这对生者当然是一种威胁，因而人们一旦安葬完死者，就废弃了原来的房屋，让亡灵在此安息，而生者迁徙到新的住地。在迁徙前夕，人们还在室内地上画上死者的墓葬和丧舞形象，使死者不要扰乱活人。这就是大地湾地画形成的原因，它是与当时的丧迁习俗密切相关的。

第七章　丧葬

第八章
攫取经济

人类要生存，就要有衣食之源，最早谋取衣食之源的方法，不是生产粮食，而是攫取自然界提供的天然产物，从而形成特有的攫取经济方式——采集、捕鱼和狩猎。

【 第一节　采集风俗 】

采集是一种重要的攫取经济。关于采集经济的固有地位往往被忽略，事实上它有自己的兴盛时代。恩格斯指出："像书籍中所描写的纯粹的打猎民族，即专靠打猎为生的民族，是从未有过的；靠猎物来维持生活，是极其靠不住的。"[①] 动物是可动的，又是有限的，这就使狩猎缺乏稳定性，加上原始猎技的限制，狩猎不可能完全满足人类的生存需要，必须借助于其他攫取手段，获得较多的生活资料。其中以采集最为重要。在北美洲瓦巴士河畔的弗赖遗址出土有碳化橡树子碎片，有大片烤橡子而烧焦的土地，还有几十个磨制橡子的小磨。在肯特基北部有些遗址以采集水生贝壳动物为生，或者以采集贝壳动物与捕鱼为生活的基本来源。说明这些历史遗物的主人，曾把采集作为主要的谋生手段。

在傣族古代歌谣中，有一首采集歌：

> 我们住在山脚，
> 我们睡在山洞，
> 两边都是大森林。
> 大森林里野果多，
> 有甜的，有酸的，
> 有大的，有小的。
> 叫一声人们快上树，
> 只见大人和小孩，
> 只见老人和妇女，
> 你争我赶拥上来。

---

① 《马克思恩格斯选集》卷四第18页，人民出版社1972年版。

爬直树，爬弯树，
摘的摘，吃的吃，
摇的摇，捡的捡，抢的抢，
哭的哭，笑的笑。
像雀鸟嬉闹，
像蜜蜂采花，
像狮子打架，
叽叽，哇哇，
真热闹，真好玩，
啾，啾，啾。①

在这首古歌里，我们不仅看到了远古时期自然界为人类提供了丰盛的采集品，也看到人类通过集体的力量，从自然界攫取生活用品的方式、方法。

在中国的古籍中，有许多关于采集经济的记载。《淮南子》卷一九："古者民茹草饮水，采树木之实，食蠃蜪龙之肉，时多疾病毒伤之害。"说明采集曾是远古时代人类最重要的谋生方式之一。在世界上一些原始民族中仍有以采集为主要生活来源的。我国云南独龙族过去也以采集和渔猎为生，其中的采集占主导地位，主要有野菜、菌类和块根三种。东北松花江下游的赫哲族在铁器输入之前，也以采集和渔猎为生，如果说狩猎是不稳定的经济，那么采集就是一种稳定的经济来源了。现在看看采集的生产方式。

一、简陋的工具

远古时期的工具都是多功能的，所以当时的工具都可以运用到采集上：以石斧砍伐树木，以刀采摘树上的果实，刮削器和石片可以刮下菌类食物和剥取果皮，石块和石球可以进行敲击等等。不过，综合民族学资料看出，有几种工具在采集活动中起着重要作用。

尖木棒：这种带尖的木棒，是由原始木棍演变来的。在欧洲旧石器时代晚期已经有尖木棒出土，可见其由来已久。传说我国的周族祖先稷、柽等名称，就是尖木棒的意思，可能他们以尖木棒播种，进行耕耘。美洲加利福尼亚印第安人男子以木棒打落树上的橡实，妇女再把橡实拾在筐里，这可能是较古老的采集方式。在新疆比较干燥

---

① 岩温扁《傣族古歌谣》第15页，中国民间文艺出版社1981年版。

的地区，过去曾发掘出远古时期的尖木棒。一般是一头为木柄，一头有尖，是当地远古氏族所使用的采掘工具。我国的独龙族、哈尼族、拉祜族都利用尖木棒采集果实，掘出块根。内蒙古鄂伦春族有一种短尖木棒作为挖掘工具，满、汉族称为木橛子，一般长60厘米，直径5厘米，用以挖掘野菜。尖木棒的功用，一是敲打树上的果实。二是挖掘洞内的蚁虫。三是挖块根，如拉祜族（苦聪人）以野薯为采集对象，一般野薯达几十公斤，拉祜族要用尖木棒挖掘一两个小时才能把野薯挖出来。目前云南少数民族的采集工具除使用砍刀、锄外，还使用尖木棒。

在讨论尖木棒时，必须注意到在尖木棒上还安一石盘状器，称为"重石"，以利掘土，挖掘植物。

早在1935年裴文中教授就首次报道了广西武鸣和桂林洞穴中出土了不少打制的砾石工具，其中包括穿孔砾石，即穿孔圆石。裴文中教授称之为"重石"。以后在新石器时代遗址中也发现许多穿孔的盘状器和圆形石器。

考古出土的这些穿孔石器究竟是什么工具？是做什么用的？必须借助于具体、形象的民族学资料加以说明。

从民族学资料看，原始民族曾普遍使用穿孔石器，除了小型的装饰品外，一般穿孔石器有以下几种用途：

（一）狩猎工具

在我国内蒙古、宁夏和新疆地区居住的蒙古族，过去普遍使用过一种打兔棒，木棒长50厘米左右，直径10厘米。在木棒两端各横穿一孔，下端拴一绳套，直径15厘米，套上穿一球状器物，据说原来是石球，其上有孔，近代改为金属有孔球。木棒上端也拴一小绳套，供手握、悬挂之用。使用时，猎人骑马追击野兽，到了逼近之时，将木棒甩出去，可以击毙兔、狐狸等小动物。

（二）安在尖木棒上的掘土工具

南非布须曼人以采集和狩猎为生，过着流动的生活，生产工具相当落后，主要狩猎的工具是弓箭、镖枪和长矛，还采用设置网罗、陷阱和围栏等方法。采集植物主要使用尖木棒或掘土棒，有时还在其上套上一个穿孔石头以增加分量。这种石器的基本特征，是在一个扁圆形的砾石中央穿一个孔，然后套在尖木棒中间偏下的地方。为了防止脱落，还在掘土棒和石器之间加一个木楔。浙江有一种尖木棒，它可能是一种早期的农业工具，用于点穴种豆。另一种称菜麦桩，形制基本同上，但尖端套一个圆锥形石器，目的也是加重尖木棒的分量，用于点穴种菜和麦子。这两种农具通称"撮子"。这种民俗学材料极其重要，不难推知，"撮子"的前身就是安上穿孔石器的尖木棒。

（三）作为武器用的棍棒头

在北美洲易洛魁人的战棒上，一头必装一个木榴或安一石球，目的是增加分量，以利袭击敌人。

日本虾夷人也利用坚硬的木头做战棒，往往缚石以增加重量，并用皮带系在手腕上以携带。

以木棒为兵器，在我国古代也很盛行，古谚称："人马逼近，刀不如棒。"在古代兵器中有一种狼牙棒，柄长一米多，头上安有许多铁钉，形如狼牙，锋利无比，是一种重要的武器，它就是在石头战棒的基础上发展来的。

非洲布须曼人所用的狼牙棒，就安有一个穿孔石器，说明这种石器也是远古的兵器之一。

（四）作为货币用的"石盘币"

在大洋洲雅普岛居住的土人，使用许多原始的货币，如石盘、玻璃片、龟甲、圆形大石块，等等。其中的圆盘状石板，皆有一孔，最大者达四五米高，而且愈大价值愈高。一块石盘币的价值，相当于一个妇女、一只船、一头猪和若干果实。

以上活生生的民族资料，是很珍贵的，给我们许多启发，对解释我国发现的穿孔石器的用途有重要的借鉴。

应该指出，最早的穿孔砾石，与其他原始工具一样，也是多效用的"万能工具"，既可以用于狩猎、采集、农耕，也可以安在木柄上捶击食物，因此称其为"穿孔石锤"也是有道理的。有些器物则是网坠，或者作为战棒上的棍棒头。但是就大多数穿孔石器来说，还是安在尖木棒上的工具。

尖木棒有悠久的历史，最初是采集性工具。我国的鄂温克族和鄂伦春族解放前以渔猎和采集为生，他们就使用尖木棒掘土，称"乌勒文"，汉意为掘土棒的意思。该具由一根木棒砍制而成，长1米许，下端有尖，并且经过烤制，使之结实、锐利。原始农业产生之后，尖木棒也被沿用下来，被作为重要的播种工具。如过去云南独龙族就流行火耕，其农具亦无犁锄，所种之地，惟以刀伐木，纵火焚烧，用竹锥地成眼，点种包谷。若种荞、稗、黍等类则只撒种于地，用竹帚扫匀，听其自生自实，其中的"竹锥"即是尖竹棒，直到不久前该族还在使用这类农具。中国历史博物馆收藏一件独龙族的尖木棒，长120厘米、直径5厘米。使用时，用一只手以尖木棒点坑，另一只手下种。佤族的尖木棒则长达2米左右，是由男子站着操作的，后面由妇女往坑内播种，并且以脚盖土。

尖木棒虽然在采集和火耕农业中起过比较活跃的历史作用，但是它有不少缺点，一是器物较轻，用其掘土轻飘飘的，刺土较浅；二是只能以双手操作，不能用足力协助，这些都在一定程度上限制了尖木棒的作用。因此，人类从很早的时代起就注意对尖木棒进行改进，人们为了提高尖木棒的掘土效能，一方面延长尖木棒，另一方面在尖木棒中央偏下的地方套一重物，增加分量，圆形或扁圆形穿孔石器，就是适应这种

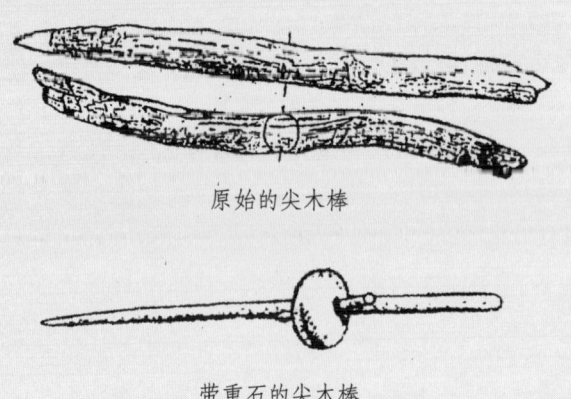

原始的尖木棒

带重石的尖木棒

需要而产生的。这种装有穿孔石器的尖木棒，是人类一大发明，在远古农具史上占有重要地位，它不仅提高了掘土效率，促进了采集和农业的发展，也改变了操作方法。操作尖木棒刺土时，人们不仅能用双手合力推刺，还能以脚踏穿孔石器，手足配合，把尖木棒推刺土中，然后用杠杆原理把土翻上来。特别是扁圆状穿孔石器的流行，尤其适于脚踏。后来随着耜耕或锄耕农业的崛起，耒、耜等农具大量推广，这种农具正是在尖木棒和带有穿孔石器尖木棒的基础上发展起来的。不过，由于耒、耜等农具木柄甚粗，体重也成倍增加，一般都不安装穿孔石器了，代之而起的是一根脚踏横木。

总之，穿孔重石又称棍棒头，它的出现和发展，是原始社会工具发展史上的一件重要事件，不仅标志石器制造工艺的新发展，也反映了木制工具达到了一个新的水平。尤其是穿孔重石尖木棒的大量应用，展示了我国原始经济由采集活动走向农业耕作的重大进步。①

鹤嘴锄：所谓鹤嘴锄，是一种类似鹤嘴式的锄头，它来源于树杈或鹿角叉，一头为刃，一头为柄。它的最初形态应该是木制的，在河姆渡文化中有不少木制鹤嘴柄就是见证，在大汶口文化、龙山文化则发现不少鹿角鹤嘴锄。我国拉祜族、独龙族、佤族、哈尼族、纳西族都使用木制鹤嘴锄。有些民族则使用竹制鹤嘴锄。云南西双版纳傣族有一种木或竹制的鹤嘴锄，一头为鹤头，一头为尖头，这种采集工具既可用尖头挖掘块根，又能用鹤嘴头刨土，挖掘块根，还可以钩取树枝上的嫩叶、果实。

钩棍：在采集活动中还用一种带钩的木棍，除傣族的采茶钩棍外，广西少数民族也有钩棍，它适用于采集树上的果实、枝叶。

竹签：以竹子削成的尖刃工具，这种工具主要用于采集菌类植物，如木耳、蘑菇、猴头菇等。我国傣族、佤族、彝族、黎族都用这类工具。此外，利用兽角、兽牙、蚌壳也可以达到同样目的。由此观之，新石器时代出土的蚌器，人工磨损兽牙和兽角，以及各种人工打制和使用的蚌片、骨片都是采集工具。

刮果器：在辽宁、内蒙古发现的原始工具中有一种斜口陶器，口部多有使用痕迹，至今对它的功能没有科学解释，但在东北鄂伦春族、赫哲族和鄂温克族地区都有一种

---

① 宋兆麟、周国兴《原始掘土棒上的穿孔重石》，载《农史研究》1985年第5辑。

桦皮制作的刮果器，呈筒状，口部敞开，一边口沿内凹，并有一孔作为把手。使用时，用左手扶着树枝，以右手握住刮果器，由树枝底处往上刮，以左手相配合，果实即可落入刮果器内。内蒙古奥鲁古雅鄂温克族已不用桦皮刮果器，而改成铁制的，形如簸箕，头上有齿，采集品放在桦皮篓内。

网筢：捞取水域小动物或植物果实，必须用网、筢等工具，有的还利用独木舟、筏子，如山东沿海用葫芦为浮具，捞取海参。四川纳西族在秋季要划着独木舟捞取菱角，方法是在一根修长的木杆头上拴一块绵羊皮，伸入湖底，将菱角沾上来。

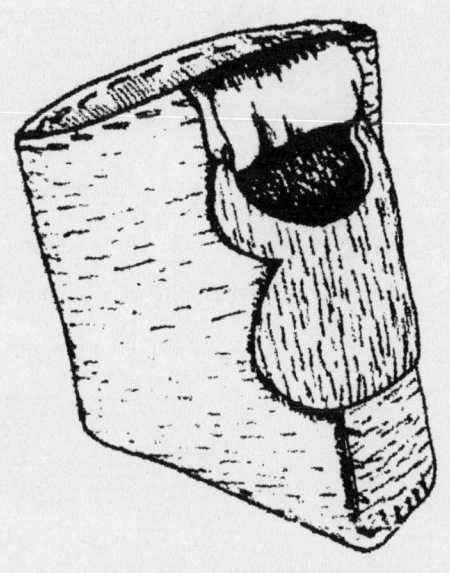

鄂伦春族刮果器

敲砸器：这是一种种类较多的采集加工工具，起初是利用一块石头或石核敲击坚果，后发展为两块石头，但下边一个必有凹坑。比较讲究的是利用木质鹤嘴柄，在头上拴一长方形石块。

过去独龙族以"阿雷"为主食，"阿雷"汉意为董棕树粉。董棕树粉可以做饼烤吃，也可以与其他粮食混着煮吃。张家宾《滇南北段未定界境内之现状》中称董棕树为"阿秀"，"阿秀，树名，高丈余，大如小柱，直径约五六寸。吃法将树砍倒，去其皮，舂如粉，和以水，俟十日糟烂后，以之为粥，或为饵而食之，滋养料亦富"。加工董棕树粉的工具主要是敲砸器。在浙江河姆渡文化中出土不少鹿角鹤嘴锄柄，其上应该安装石质器头，它很可能是敲击工具。另外在仰韶文化出土很多盘状器、圆形敲砸器、石棒，有些可能是揉皮工具，有些可能是采集品的加工工具。

筐、袋：采集品从摘取下来开始就需要贮存工具，晒干或加工之后，也离不开容器，通常为筐、篮、篓，多以竹、树枝、草编成，也用各种网袋，鄂温克族则用桦皮篓盛都柿果，迁移时该篓也是驮在驯鹿身上的运输工具。

采人参除携带木棒外，还带各种生产和生活用具。杨宾《柳边纪略》："凡走山刨参者，率五人为伍，而推一人为长，号曰'山头'，陆行乘马，水行驾威弧——独木船，沿松花江至诺泥江口登岸，覆舟山谷间，乃入山相土。'山头'坐而指挥，四人者剥树皮为窝棚，又择一人炊，三人樵苏，夜则燎火自卫。晓食已，人携小刀一，火石包一，四尺长棍一，皮袋一，随'山头'至岭。'山头'站于山头指挥，其他人寻找，跪而刨之，毕归窝棚。"

从上述工具看出，采集工具不少，但不富于变化，可是从挖掘、摘取、砍伐、剥扒等方法看，采集也有各种各样的方法。

二、采集对象

采集对象十分广泛，基本分两大类：植物和小动物，自然界是天然的动植物园，一年四季都有采不完的食物。珞巴族有首民谣：

山里有什么，
我们就吃什么，
地里长多少，
我们就吃多少。

（一）植物类

一切可食的植物都是人类自古以来的采集品，也包括一些不可食但可用的植物，如作为家具、纺织、毒物等原料的植物。主要包括：

叶茎：叶茎又俗称野菜，分布广，采集季节长，主要有蕨菜、黄花菜、灰菜、苋菜、山白菜、米叶菜、柳蒿菜、枪头菜、兰花菜、杜鹃花、一杏条、野葱、野蒜、芹菜、草乌等等。这些采集对象，有些是取其枝叶，有些是取其根茎。如高山族就善长采集芋类，后来改为种芋。

竹笋是重要的采集品，据统计仅云南就有200多种竹子，当地民谣说："吃竹，用竹，穿竹。"从罗钰所列表格看出，挖笋仅是头一步，加工才是第二步。其实野菜种类甚多，以基诺族为例，有几十种[①]。

果实：果实也不少，如稠李子、山丁子、山里红、山樱桃、野葡萄、野梨、都柿、野柿子、牙格达、榛子、草莓、橡子、松子、核桃、菱角、柑子、野香蕉、地瓜、猪油果、青刺果、木江果等等。在台湾、海南和云南居住的一些民族还爬到树上采槟榔，如黎族、哈尼族等。采椰子也是爬上树采摘。

菌：菌类植物有木耳、榛蘑、花脸蘑、香菇、猴头菇等等。

水生植物：水生植物也是人们经常采集的对象，如水芹菜就是各民族都喜欢的食物。傣族、壮族则喜欢捞河里的青苔，洗净后烙青苔饼吃。

面木：面木是以树木加工的淀粉。这种植物在古代已多有记载，是少数民族的重要食品。《后汉书·西南夷传》："句町县有桄榔木，可以为面，百姓资之。"《广志》："桃

---

① 罗钰《云南物质文化·采集渔猎卷》第56页，云南教育出版社1997年版。

原始人的采集活动

椰树，大四五围，长五围，长五六丈，洪直，旁无枝条，其颠生叶不过数十，似棕叶，破其木，肌坚艰伤，入数寸，得面赤黄，密致可食也。"刘恂《岭表录异》："桃榔树皮中有屑如面，可为饼食之。"在独龙族、珞巴族地区仍然采食桃榔木，称阿秀，或董棕，属棕榈科，大乔木，高20多米，皮厚1厘米多，呈黑色，坚硬，叶聚生于树顶，生于云南南部、西南部，树皮髓心可提制淀粉。果实不能吃，树皮可作房顶瓦。独龙族、珞巴族砍采一种"达谢树"，又称董棕树、阿秀。张家宾《滇南北段未定界境内之现状》："阿秀，树名，高丈余，大如小柱，直径约五六寸。吃法将树砍倒，去其皮，舂如粉，和以水，俟十日糟烂后，以之为粥，或为饵而食之。"所用工具有砍刀、斧子和敲砸器。后来，由于达谢树大量减少，供不应求，珞巴族开始有意识地看护达谢树，甚至人工栽培。

纤维：人类最初不会纺织，而是把含有纤维的植物加工为纤维进行使用。前者如鬃毛、筋等，后者是草木竹藤，如南方以褚树皮加工为树皮布，用野麻、麻搓绳子、织网，榆皮、棕皮也是主要的纤维原料。普米族、藏族、纳西族采集一种"其巴"，汉意为火草，每当一年盛夏来临，男女结伴上山，采火草叶，把其放在竹帘或簸箕上，然后把捣烂的野酸梅汁撒在上面，一小时后，表皮破损，可抽出纤维，再经漂洗，可搓成火草绳，作为织布原料。

许多民族砍取竹、藤、树枝为编织原料，也有些民族采集野麻进行纺织，作者在海南地区发现，黎族可利用六种野麻织布。

（二）动物类

采集动物，主要是指陆上的小动物、禽蛋和水生贝壳类。在新石器时代文化遗址中，到处都能碰到蚌壳、螺蛳，如在福建、台湾、广东和云南滇池等地发现很多贝丘遗址，其中堆积着大量螺蛳、蚌壳等软体动物残骸的遗存，有的面积大到几千平方米，厚度几米甚至几十米，几乎形成小的山丘，故称贝丘遗址。这些遗址的居民，以采集和捕鱼为生。靠近水居的民族，如傣、壮、侗、水等民族都按季节采集水中的螺蛳、蚌、虾等。

蜂和蚕也是远古时期的采集品。东非有些土人采集的蜂蜜占全部食品的五分之一左右。人类吃蜂蛹和蜂蜜是同时发生的，珞巴族采集一种"达义"即崖蜂，蜂大且黑色，在崖上筑巢，产蜜多，一窝有50公斤。采蜜时要搭天梯，以箭射取。还有一种"达兜"蜂，较小，较驯服，可以饲养，取蜜方法很原始，先把巢切成块，然后以石板压蜜汁，以细筛过滤，拌以糌粑，切成块。怒族居住在山区，采蜜必搓许多竹索，绑成梯子，搭在有蜂窝的山崖上，然后点燃树叶、烟子把崖蜂熏跑，再爬上去采蜂蜜。

捕蜂用火攻由来已久。《岭表录异》："……大蜂结房于山林间，其大如巨钟，其中数百层。土人采时，须以草覆蔽体，以捍毒螫。复以烟火熏散蜂母，乃敢攀援崖木，断其蒂,一房中蜂子或五六斗至一石,择其翅足者,以盐酪炒之,暴干,以小纸囊贮之,寄入京,以为方物。"

凉山彝族认为蜂与其他动物不同:一是会飞,不易捕捉;二是有蜂毒,对人类有一定危害。但是蜂毒只是成蜂才具有,在它们不能飞翔之前还是无毒的。因此,彝族对蜂的利用,首先是吃蜂的幼虫和蛹,彝语称"吉支",即吃蜂儿的意思。

在凉山地区有多种蜂类,它们的幼蜂都是可食的,但是受到成蜂的保护,为了取得前者,必须排除后者。由于蜂群种类、生活规律不同,捕灭成蜂和采集蜂儿的方式也各有差别,然而有一个共同的前提,即必须寻找蜂巢。

寻找蜂巢的方法,基本有两种:一种是根据各种蜂的生活规律,判断蜂巢。如蜂群飞行时,一般出巢时都是从蜂巢向上垂直飞翔;归巢时,则由远处即开始慢慢向低飞行,最后沿着地面入巢,捕捉者据此可判断蜂巢的方位。一种是先捕捉一只活蜂,在蜂的颈部拴一根彩线,然后放掉,蜂拼命往蜂巢飞去,人们跟踪其后,这样也能迅速地找到蜂巢。陈鼎《滇游记》:"彝人扒得火蜂,以长线系其腰,度越山岭,蜂入穴中,从而掘之,其穴之中,大如城廓,辄得数百斛。"彝族常捉的蜂有三种:

1. 牛角蜂,彝族称"布布拉姆"。此蜂较大,头尾绯红,腰部漆黑,有剧毒。它们在松杉的树梢上筑巢,呈圆盘状,内分五六层。该蜂从天亮到午夜都在外活动。彝族采集蜂儿多在秋季,人们趁夜深蜂睡之时,靠近蜂巢,将长竹竿顶上的火把点燃,用火将蜂巢围住,烧死成蜂,然后把蜂房取下来剥取蜂子,每窝蜂的幼虫七八百只。这种采食蜂蛹的遗俗,在我国南方少数民族中一直延续未衰。

2. 黄蜂,彝语称"麻吉吃毛",因呈黄色而得名。比牛角蜂略小。在大树上筑巢,有蜂毒,喜吃家蜂,一般在晚上十点入巢。取蜂儿的方法与上相同。

3. 黄土蜂,彝语称"吉斯"。此蜂与黄蜂

鲁康布札番人捉虫

差不多大小，但呈紫黄色，微毒，在树根或岩洞里筑巢，洞口筑有泥巴，泥巴越多，蜂群越大。取黄土蜂儿的方法，有两个步骤：首先在洞口烧一堆火，往洞内吹烟，把成蜂熏死；第二步是挖开洞穴，取出蜂儿①。

蚕蛹也是采集对象之一，这是指野蚕说的，如辽东半岛满族、四川耳苏人都采集野蚕蛹吃。广西壮族采集一种"木鸡"，该地有一种砂糖椰子树，棕榈科常绿，高大乔木，壮族将其砍倒，内部能发酵，有酒味，生长一种白色小虫，壮族称"木鸡"，采集后以油煎之。

当时也捕捉昆虫或其他小动物充饥。苗族采集的虫类甚多，如有蚌、螺蛳、螃蟹、蜗牛、蝌蚪、黑壳虫、天牛、蟑螂、蚂蚱、蜂蛹、蜻蜓，此外还有青蛇等其他蛇类。西藏有的民族就以捉昆虫充饥。清人赵学敏在《本草纲目拾遗》中引《滇南各甸土司记》："棕虫（天牛幼虫）产腾越州外各土司中，穴居棕木中，食其根脂汁，状如海参，粗如臂，色黑，土人以为珍馐。土司饷客必向各峒丁索取此虫作供。连棕皮数尺解送，剖木取之。作羹味绝鲜美，肉亦坚韧而腴，绝似东海海参云。"又如在泸沽湖沼泽地区，有许多野鸭蛋，到时候妇女都到草丛中找，有时能采集一筐，几十个或上百个蛋。西双版纳傣族捕食飞蚂蚁（白蚁），该蚁穴居，雨后从穴内爬出，数以万计，人们根据白蚁搬运食物的路线，挖土找巢，然后把蚁巢捣碎，放入水中，白蚁就浮出来了。夜间则利用白蚁的趋光性，在水盆内置一灯，白蚁飞来寻火，被烧落在水盆内。

云南还有一种竹虫，属甲科甲虫的幼虫，在竹内生存、产卵，幼虫可食。采集人根据竹笋生长好坏，寻找竹虫生长之处，然后以刀砍竹，轻轻敲击，即可把竹虫倒出来②。

在南方还有采集香料的，这是比较进步的采集经济。《广东新语·香语》："黎人生长香中，饮食是资，计畲田所收火粳、灰豆，不足以饱妇子，有番而朝夕所需多赖之。""买香者，先祭山神，次赂黎长，乃开山以藤圈其地。"实际上，采香也依赖黎人。《黎岐纪闻》："能采香者谓之香仔，外客以银米安其家，雇入山中。"北方的采珠也是相当进步的采集活动。如东北黑龙江、嫩江、松花江产淡水珠，称东珠。其蚌内外有一层套膜，外侧有分泌珍珠质的机能。当外界小沙或小虫侵入贝体后，贝体作出保护反映，外套膜分泌珍珠质把异物包起来，经两三年时间，形成颗粒状的圆润、色彩艳丽的天然珍珠。有关采法，《永吉县志》卷二〇："采珠者以木插中流，腰缠长绳顺木入水，挨次拾之入兜袋中。毕则振绳，挈之起，或挽绳而升之。加以热水炙其壳，其肉即自脱，其珠即在壳间和肉际，剥而取之。"

---

① 宋兆麟《从彝族对野蜂的利用看人类由食蜂到养蜂的发展》，载《中国农史》1982年第1期。
② 罗钰《云南物质文化·采集渔猎卷》第92页，云南教育出版社1997年版。

三、采集风俗的特点

首先，在不同季节里有不同的采集活动。植物是采集的主要对象，而植物是有生长规律的，春天发芽，夏天长枝叶，秋天结果实，冬天枯萎，因而采集有强烈的季节性，这一点与后来的农业一样，也不可误了采集时间。动物也有一定的繁殖规律，生活有明显的季节性，因而捕捉动物也有一定的时间性，这些必然要求人们掌握天文历法和动植物知识。

广义上说，采集没有时间性，在一年四季中均有采集对象，但是就一定对象而言，采集是有时间性的。以前述的独龙族为例，其采集旺季在每年三月至八月，即跨有春、夏、秋三季，占一年的二分之一时间。九至十一月为秋后，有粮食吃，采集活动较少。十二月至来年二月为狩猎期，但采集期也长。

与独龙族相近的拉祜族，地处红河地区，在前半年也有频繁的采集活动，其中一月采"皆马欧"、"互费简欧"等植物的叶子，用开水煮吃；又采"那古必"的根、"拉西米"的果实吃。二三月份采"尼披爽"叶吃，剥"瓦爽西"的核头，又采"阿皆"（块根）烧吃。四月采"厚欧爽"、"阿普古路"叶子吃。五月份挖竹笋，采"马皆西"、"金卡欧西"的果实。从中看出，不同的季节有不同的采集对象，而什么时间采集什么野生植物，是由季节和植物的成熟程度决定的。拉祜族地区块根植物极多，有野薯、马蹄（塔巴）、山羊头、阿夹、董棕等，其中的野薯达几十公斤，一个野薯可供一个人吃一个月。但这种野薯在二月最甜，且好挖掘，雨季泥泞，薯内水分大，不适于采集。

每个季节都有特定的采集对象，所以一年内什么时候采集什么，也有强烈的季节性。珞巴族苏龙部落一二月采集竹笋，三至十月采集野芭蕉，六月采集野樱桃，六七月采集野果，八九月采集野广柑，九月采集"希如"（油果），十月采集野桃，十一月采集核桃，十一二月采集达谢树，仅达谢树加工的树面，就占苏龙部落口粮的80%，可见采集在他们经济生活中的地位[①]。

贵州苗族的采集也较多，从一月开始每月都有一定的采集活动：一月采香菇、野芹菜，二月采蕨菜、芹菜、马兰丹、荞菜、灰菜、竹笋、香菇，三月除采集以上植物外可采集野桃、三月苞、樱桃、青果（橄榄），四月采牛苞果、小米苞、水竹笋、斑竹笋、木耳，五月采集柏梅、野李子、野桃，六月采集六月苞、蔫秧苞，七月采七月苞，八月采八月瓜，九月采集梨猴、板栗、野柿子，十月采老鸭果、柿子、洋桃，十一月采集野柿子、岩菜、猪耳菜、桃叶，十二月还有一些采集活动。

---

① 西藏社会历史调查组《珞巴族社会历史调查》（二）第428页，西藏人民出版社1989年版。

采集野果图

其次，采集有难易之分。采集方式主要是把自然界存在的动植物攫取过来，为人类所食用，一般来说，采集是最简单的谋食方式，主要是以人力，利用简陋的工具，从事采集活动，如摘取植物叶子和果实，挖掘块根等，捡飞禽的蛋，捕捉幼小动物。相对来说，采集植物是比较容易的，但水域要困难一些，它涉及征服水域问题。

作者在泸沽湖曾看见当地摩梭人采捞菱角的活动，这是妇女的副业，她们划着独木舟，沿水深的湖岸，寻找菱角。初冬菱角都掉在湖底，水又清澈，妇女们每人都砍一长木杆或竹竿，头上拴一堆羊皮，毛朝外，当发现菱角后，即把木杆插到湖底，用羊毛将菱角沾上来，提出水面后，把菱角放在竹篓内，又用木杆继续沾菱角。

采集动物性食物，也是不容易的，如捕捉昆虫必须使用扣网，以找野鸡蛋来说，必须掌握野鸡的习性，何时产蛋，在哪产蛋。据作者在四川凉山的调查，野鸡在清明前后处于交尾期，也是产蛋期，然后在地面树丛中筑窝、产蛋、孵蛋，采集者要根据地形，翻草折枝，寻找野鸡蛋。居住在泸沽湖畔的摩梭人则在野鸭产卵期，到草海即草甸里找鸭窝，一天能找几十个野鸭蛋。

采集蚁卵也是较麻烦的事。有一次作者在海南乐东县山荣乡看见一位成年男子从灌木上把西瓜大的蚁巢砍下来，带有树枝，他所用的工具一是砍刀，二是竹筐。他左手握着附有蚁巢的树枝，右手用刀把蚁巢砍为两半，这样白花花的蚁卵就出现了，也有一些黑色的幼蚁，到处乱爬。他以砍刀轻轻敲击树枝，卵就一层层落入筐内。接着再去砍第二个蚁巢。当天他仅用两个小时共砍七八个蚁巢，共收集大半筐蚁卵。

第三，采集是集体活动。在谈到采集方式的时候，必然谈到集体的采集形式。众所周知，采集是一种比较稳定的经济形式，在绝大部分地区都有采集对象，采集对象众多，一年四季均有所取，而且可以现采现吃。加上采集本身比较简单，用不着复杂的技巧和强壮的劳动力，所以它用不着倾族而动，不用很多人去从事采集。但是采集效率低，也不是个人所能完成的，因此流行一种简单的协作形式，一般由老人或妇女率领，带着一些孩子去采集自然物品。贵州榕江苗族有一个传说，远古之时，有一个老年妇女，天天往蕨菜上浇米汤，并且说："现在我为你浇米汤，将来遇到荒年请你帮忙。"后来果然闹了饥荒，苗人即以蕨菜度日。苗人对蕨菜很重视，往往由"活路头"先挖掘，然后其他人才进行挖蕨菜。

采集人参是集体的，或一个家族，或临时组成一个集体，选一个头人，有几十人，头人在前边引路，其余人在中间列为一行，进行观察、搜索，后为边棍，他的任务是看护采参人，怕在密林中丢失。当发现人参时，先不挖，而是插一个特别的树棍，待回来时精心地挖出。《景泰云南图经》卷四傈僳族"居山林，无室屋，不事农业，常常药箭弓弩，猎取禽兽。其妇人则掘取草木之根以给日食"。从行文中看出，傈僳族的妇女是采集的主要承担者，而且正是采集品"以给日食"。作者在大兴安岭考察期间也发现，当地鄂伦春族、驯鹿鄂温克人的采集主要由妇女承担，她们带着孩子，成群结伙地进入草甸子，进山林，采集黄花、水芹、菌类，老人也在住地附近采集野菜①。男子一般忙于渔猎，不大从事采集，但是有些艰难的采集活动，如捕蜂取巢、爬树摘菌则非由男子执行不可，至于找野鸡蛋、采野麻，也多由有经验的老年男子承担，西藏鲁康布扎番人就由男子捕捉各种昆虫。

采集植物需要集体，捕捉野蜂也要较多的人力。西藏僜人每家都有一两个专门从事采集、包括加工采集品的人，不同性别有一定分工，如男子采蜂，妇女采集野菜。男人采蜂时必须有几个人，先用火熏蜂房，使成蜂飞走，然后一人爬上崖或树上，又烧一下蜂房，待成蜂飞尽，才把蜂房摘下来，把蜜汁倒出来，或把整个蜂房带回来，切成块，取出蜜汁。彝族也是如此。《滇游记》："彝人捕得大蜂，以长线系其腰，织以色纸，迎风放之，乃集众荷畚锸随行，度越山岭，蜂入土中，从而掘之。"作者在纳西族地区考察时看到采蜂的具体情形，通常在晴天的清早，阳光刚刚出来，人站在山上观察，蜂群刚刚出洞时向上飞，进洞时往下飞，依此寻找蜂洞。蜂洞有树洞、土洞和岩洞三种。如果是树洞，可先火攻，趁蜂飞逃时人爬上去取蜜。在地内筑蜂洞，则要火攻之后挖掘，这项采集绝非一两人所能为。独龙族随着私有制的出现，谁发现蜂归谁，并留下私人占有的标志，如在蜂洞口留一石块，或插一树枝，别人看见就知道已有人占有，不可再动，但是采集时，蜂蜡归发现者，蜂蜜则由村民平均分配。在其他民族中，采蜂蜜则见者有份，不干没份。

① 赵复兴《鄂伦春族狩猎文化》第90页，内蒙古人民出版社1991年版。

四、采集品加工

采集品五花八门，各有不同属性，有些可以直接食用，有些经过炊煮才能食用，有些要经过复杂的加工才能食用，因此采集经济有自己的加工工艺和贮藏方式。

一般可食性植物茎叶、果实，都现采现吃，但是为了贮藏，多晒干备用，也可腌制收藏，南方民族多腌成干酸菜，东北民族则泡制酸菜，一缸酸菜往往够一冬之需。薯类中有些直接煮熟食用，有些必须加工才能食用。

独龙族、怒族挖掘葛根为食，但直接吃苦，必用刀把葛根砍成小块，然后用石磨或石臼捣碎，以水洗涤，留水去渣，淀粉即沉于底部，捞出后可烙饼或煎吃。苗族把蕨根挖出来之后，经过水洗去泥，然后放在木臼或木槽内，舂烂如泥，接着进行浸泡，过滤去渣，再放在陶器内沉淀，捞出后晒干，就成为可食性淀粉了。苗族采集的百合根也要经过种种加工，包括洗刷、切碎、压粉、沉淀、过滤、取粉等工序。珞巴族地区有一种长在高崖上的"太衣"，类似白菜，六月开花，有剧毒，人吃会死，其果实能毒死野兽。珞巴族猎人多取其根汁，或从叶中提取汁液，放在密林深处的巨石上，以小石块捣成碎末，作为毒药用。僜人挖到野芋头之后，生吃发麻，有微毒，放在锅中煮一天一夜才能吃。当地的野芭蕉根也含苦味，采集后先埋在土里，经过七八天才能加工为食物。

董棕树粉的加工更是复杂。独龙族砍伐董棕树后，扒掉皮，晒干后制为粉末，经过洗泡、加工、沉淀，提炼淀粉。珞巴族称其为"达珞"，除采集野生者外，已进行一定的人工栽培，定期锄草；收割时，取其茎，剥其皮，制成粉末，用水去筋骨，其粉可食，还能制酒。拉祜族把董棕皮采回来后，砍掉表皮，将树干切成片，烤干或晒干，舂成粉末，以水浸泡，进行沉淀，从而提取董棕粉吃，吃时和水，以芭蕉叶包上，用火烧着吃。

人参加工十分讲究，据说熟制可长期保存。但须先洗净，煮熟，后晒干。煮咸味，后又改蒸法。《柳边纪略》："刨夫所得之参，洗刷干净，晒成干参。"《永吉县志》："凡采参以木剧，忌见铁器，采得即蒸，次晨晒干，红白皆可。贵参须、参叶、参籽与蒸参之水同煎收膏。"在制人参时，还有一定要求和形状。《桦甸县志》："制参法：将参置盘水中，用竹、线为小弓，以线刷去纹中之垢，并以柳木为签，刿去节上之泥，洁净后，浸入冰糖沸液，使糖水内浸，再以火蒸熟，晾干即成参。若不以糖制，但蒸晒，即为生蒸山参。"从这些记载看出，当时已会制作晒参、生蒸参、红参、蒸参等等。

在采集品加工中，除用砍刀、斧子、敲砸器外，还有一种杵臼类工具，其中最原始者为石磨盘，像独龙族的石磨盘，其次是木或石制杵臼，还有一种是陶擂钵。

在我国南方、西南民族地区，广泛流行一研磨食物的工具，因其大小不同，也有不同的名称：

一种是陶擂钵，以陶制成，器形较小，与一般饭碗一样大，其内有刻槽，是研磨辣椒、姜、蒜、干鱼的工具。在广东瑶族、海南黎族、广西壮族、侗族、贵州侗族、苗族、布依族和云南傣族、彝族地区广泛使用。它有点类似杵臼，但很小。

一种是研磨盆，也应用于上述民族地区，在湖南某些民族地区也相当流行。其形状如陶盆，内有很密集的阴纹槽，当妇女粉碎南瓜、芋头和薯类食物时，往往手持上述食物，在盆内研磨，形成瓜泥、芋泥，然后经过水洗、过滤，加工成一定食物，其间不仅在陶盆内研磨，还使淀粉类食物从流口处倒出来。

另一种是研磨缸，这种缸较大，以陶瓷烧制，内也有沟槽，壮族、布依族、苗族、瑶族、侗族在秋收后，把新鲜的芋头、白薯洗干净，在缸内研成芋浆、薯浆，澄清后，把浮水倒掉再以细布过滤，下沉的淀粉可蒸成粉皮，或者以漏扎制成粉条。

在福建、广东还有一种擂茶，所用的工具是茶钵，由擂钵和擂棒组成，均以陶制成，擂钵如盆状，厚重，内壁有沟槽。饮茶时，将茶叶、生米、姜、盐、芝麻放在擂钵内，以擂棒舂碎，煮沸，过滤后即可饮用。在这里加工方法不是磨而是舂①。

上述擂钵、研磨盆和研磨缸说明，这些工具首先是研磨食物的工具，其次又有沉淀作用，说明是一器两用，具有多种功能。其内的沟槽，既有耐磨作用，又可充当锉菜板。可是，其中有两种方法：一是研磨法，手握食物在沟槽上反复搓擦，另一是以擂棒在擂钵内舂击。

这些资料对印证考古发现的擂钵有重要借鉴。

那么，远古时期用研磨器加工什么食物呢？主要是芋薯类。我国广大地区都生长芋薯植物，它们是远古人类最重要的食物之一。起初是采集野生芋薯，如云南拉祜族采集的野薯重达几十公斤。《诸罗县志·民俗》台湾高山族以芋薯为口粮，"饿则食生姜嚼水，佐以草木之食，云可支一月，或以煨芋为粮"。后来开始人工种植。不难看出，芋薯是远古和古代的重要食物，除"煨芋为粮"外，也经过研磨、沉淀、过滤而加工为粉状食物，这样会更适合食用，有助于消化。所以，考古所发现的钵状研磨器、盆状研磨器，应称为研磨缸、研磨盆，是一种加工芋薯类食物的加工工具，至于小巧的擂钵，可能是研磨盐巴、辣椒等调料的工具，因为太小，不会是粮食加工工具。

从人类历史的长河中考察，采集是一种采集天然产品的谋生手段，而且是最容易的谋生手段，采集对象多，分布广泛，工具简单，方法相当容易，其最大的缺陷是依赖自然界，因采集对象的分散而使人口分散，限制了人口的集中，同时，由于产品有

---

① 四川省编辑组《四川省纳西族社会历史调查》第215页，四川社科院出版社1987年版。

限，也不能完全满足于人类的需要，更难对人类文明的诞生起什么推动作用。不过，采集也起过它积极的作用。"总的看来，在各个不同地方的采集社会所取得了几乎所有我们通常认为只有农业民族才可能创造的成果：永久住所、大型建筑工艺、杰出的手工制作技术和精美的艺术，以及相当的闲暇时期。"[1]

这种论断，当然指远古时期以采集为主要生活来源的原始人说的，大概由于天然条件的优越，他们把采集经济推到历史的高峰，然而它并不具有普遍意义，这是应该明确的。同时，人类在采集实践中，除了得到产品的实惠而外，又初步熟悉了季节的变化，野生植物的生长规律，以及从事采集、加工、贮藏的方法，从而获得了较多生产知识。正是如此，在北美东部的阿登纳、荷波威利安、西伯利亚的贝加尔湖附近地区，出现了坚固的建筑、土石工程、坟墓、制陶和编织手工业。更重要的是，在旧大陆的伽尔莫、得洛兰等遗址还发现了野生和驯化的植物的遗迹，地中海的原始人在未从事生产之前，也饲养了绵羊、山羊，开始制作陶器，说明远古人已在采集实践中开始驯化某些动植物，这就告诉我们，采集是孕育农业、饲养业的土壤，仅此一点，就可说明它的历史作用了。

不过，这是史前时期采集的黄金时代，自从农业、畜牧业产生和发展起来之后，采集已退居次要、更次要的地位，变成经济生活的补充了。我国建国前后各民族的采集经济就是如此。

采集品的功能，一般都想到只有两条：一是食用，二是用于纺织，这是无庸置疑的，但是采集还有许多用途，有些采集品是祭神的祭品，这是因为人要以其为食物，神也要效仿之。由于采集是男女谈情说爱的机遇，有些采集品也就成为传达爱心、缔结婚姻的手段，景颇族的"树叶信"就是典型的例证。这些事实都证实，采集在史前社会曾占有重要地位，并开创了农耕经济的先河。

---

[1] 考德威尔《文化进化与农业的起源与传播》，载《古今农业》1990年第1期。

【 第二节 捕捞风俗 】

捕鱼是人类最早的谋生手段之一,除采集、狩猎外,就数得上捕鱼最为古老了。在北京山顶洞旧石器时代遗址,出土不少青鱼鱼骨,新石器时代鱼骨发现更多,并且有很多鱼形象,标志捕鱼活动有很大发展。《周易·系辞》:"古者庖牺氏之王天下也,作结绳为网罟,以佃以渔。"《尸子》:"燧人之世,天下多水,故教民以鱼。"但是捕鱼是狩猎和采集的扩大,即对水域动物的捕捞,难度大些,因为鱼类生活在水中,从水中捕捞鱼类又要识水性,善舟楫。捕鱼的核心是尽力使鱼类摆脱水面,断其生路,因此,捕鱼方法千变万化,成为人类最有创造性的攫取经济。恩格斯认为:"而自从有了这种新的食物以后,人们便不受气候和地域的限制了;他们沿着河流和海岸,甚至在蒙昧状态中也可以散布在大部分地面上了。"①

渔业的产品是丰富的,在远古生活中有重要意义,一是提供鱼肉食品;二是提供鱼皮等衣着原料;三是在南方有些民族中还将鱼作为祭祀品,如水、苗、侗、壮等民族。说明捕鱼在人类生活中占有重要地位。

由于捕鱼受地理环境、气候、鱼产资源的限制,各地发展很不平衡,有些民族不善食鱼,有些则喜鱼如狂,如江南水乡,有的民族如赫哲族、京族则以捕鱼为主要生活来源。

为了捕鱼,必须了解各种鱼的生活习性,从而采取不同的捕鱼方法。其次,要探知鱼的所在。这些知识是平时积累的,古代还听其声而寻找之。明人田汝成《西湖游览志·余志》卷二四"杭州最重江鱼,鱼首有白石二枚,又名石首鱼。每岁孟夏,来自海洋,绵亘数里,其声如雷,若有神物驱押者,渔人行以竹筒探深水底,闻其声,乃下网截流取之"。这是比较进步的侦察方法。

捕鱼是有季节性的,因为鱼也是动物,也有一定的生活规律,而且在不同季节有

---

① 《马克思恩格斯选集》卷四第157页,人民出版社1972年版。

不同的活动规律，所以在不同的时间里，有不同的渔具和捕鱼方法。以赫哲族为例，基本分四个时期。

春季鱼汛期：

在谷雨到小满的一个月里，正是江河开冻之时，有些鱼随冰排而下，但多停留在滔水涡子里，吃活食。可用网、钩捕鱼。五月前后，不少大鱼游到岸边吃小鱼，或在江边草甸子里吃草，此时鱼也笨拙，除网、钓外，也可叉鱼。

夏季鱼闲期：

在这个季节里，天热，河水大，渔网也多破坏，多不捕鱼，但也不是绝对的，挡亮子就是在这个季节里使用，而且也是修理渔具的时间。

秋季鱼汛期：

这是仅次于春汛期的捕鱼季节，主要捕鲑鱼（大马哈）、鳇鱼、鲦鱼。这时除网、叉外，也有挡亮子。以鲑鱼为例，本生于东海，但却每年秋季白露前夕流向黑龙江各支流的清水沙滩处产卵，卵如小米粒大。一般分三批来，第一批为大鱼，第二批为半大鱼，第三批为小鱼。它们逆流而上，次年冰雪融化时才顺流而下，死于江中，故有"生在河，活在海，死在江"的谚语。渔民根据上述规律，在白露时集中捕鱼，故称"捕鲑鱼期"。

冬季捕鱼期：

此时捕鱼多凿冰窟窿，在其上搭草棚，以拉钩（三齿钩）、叉、拉大网捕之。在我国古代文献中有此记载，《北史·室书》："凿冰没水中而网取鱼鳖。"《隋书》也有类似记录。据在鄂伦春地区调查，冬季也捕鱼，但并不"没水中"，而是有一系列冰上捕鱼方法，初冬刚结冰，人们提着鱼叉，在薄冰上看鱼群，奔跑追赶，伺机叉鱼，这种方法很冒险，多为青年人所为。而且带一根木杆，一旦冰塌落水，捕鱼者可拉着木杆上来。严冬之后，则挖冰穴，先以木棒搅水，使水升温、旋转，再点火把，鱼群驱光而来，陷入漩涡中，即可叉鱼、网鱼，也可钩鱼。

其实冬季捕鱼以北方最为发达，像赫哲族、鄂伦春族的冬季捕鱼非常活跃，有钓、网、叉等多种形式。

以上一年四季的捕鱼规律，是指东北黑龙江、乌苏里江说的，在南方又是另一种情形，如在浔江地区的壮族，每年有两次鱼花节，一次在三月二十日，一次在七月二十日。当地鱼汛来临，即开始过鱼花节，从事捕鱼活动。同时以鱼肉为主，举行鱼花宴，招待亲友。这是捕鱼动员会，又是庆祝渔业丰收的欢宴。

人类的捕鱼方法，最初是以手摸鱼、抓鱼。在小河或水池中则竭泽而渔，傣族还利用水㞡把水淘干，然后捉鱼。云南芒人抓鱼时，先以石击水，令鱼入洞，然后往洞里抓鱼。乾隆《景东直隶厅志》卷三，古代彝族"男善伏水取鱼"。用器皿捞鱼也是有

第八章 攫取经济

的，尤其古代水域多的地方，《黑龙江外记》的"棒打獐子，瓢捞鱼"的记载即为一例。东北农村儿童多在小溪中以柳条抽鱼，贵州苗族则以竹条打鱼。各地捉鳝鱼则是先找洞穴，然后用手或木棒把鳝鱼捅出来捉住。

以木刀砍鱼也是流行的。川滇泸沽湖地区，每年三月为桃花盛开季节，游鱼纷纷到岸边浅滩寻食，并在沙滩产卵，这时鱼群众多，不畏人，专啃人的脚趾。当地妇女以木刀砍鱼，号称砍桃花鱼。东北也有砍鱼方法，方拱乾《宁古塔志》："川有鱼，不网而刀，月明燎火，掉小舟，见鱼而椹之。"后来铁丝出现后，又以铁丝抽鱼。

一、叉鱼和射鱼

这种捕捞的主要方式是向水域进攻，如同狩猎一样，也利用镖枪和弓箭，形成叉鱼、射鱼等方法。

（一）叉鱼

叉鱼是最古老、也是最流行的捕鱼方法，它是利用叉鱼之具刺杀鱼类，然后把鱼扎出水面的方法。起初，人类只能用带尖的木矛将鱼叉住，还没有专门的鱼镖、鱼叉等工具，如我国怒族就用木矛叉鱼，傣族以竹矛叉鱼，这些工具都没有倒须，后来先后出现了鱼镖和鱼叉。

1. 鱼镖

将矛应用在水域捕鱼，就发展为捕鱼镖枪，起初是木、竹制的，在一根修长的木杆或竹竿上，削成尖刃即可使用。黎族临时性叉鱼即削竹为镖枪，进而在木竹竿上安装镖头，变成复合工具。

鱼镖指在木杆上安一个镖头，该具呈尖状，分为有倒钩和无倒钩两种。但是从木柄来

原始人叉鱼

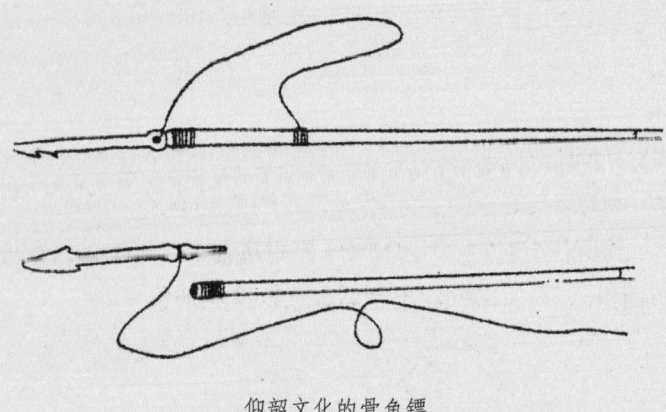

仰韶文化的骨鱼镖

说，又分两种：

（1）带柄镖

这种鱼镖是在木柄上安一个镖头，两者固定在一起，将镖头和木杆一起投掷出去，然后再下水取鱼镖和鱼。这种鱼镖由两部分组成：一是木或竹竿，二是镖头。从我国新石器时代以来有许多发现，如半坡和河姆渡都出土不少，是鱼镖的基本形式，云南少数民族的鱼镖，即基本属于这种形式。

（2）脱柄镖

这种脱柄镖又称带索镖，即镖头和镖杆是活动的，可以脱落。但在镖头尾端系有绳索，或者连在镖杆上，或者握在渔者手中，刺中鱼后，由于鱼的挣扎和水的阻力，使镖头与镖杆分离，渔者可不入水即可牵引绳索取鱼，这种工具对深水

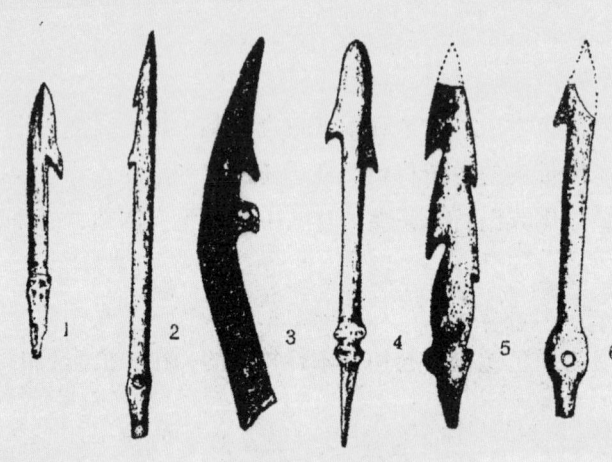

昂昂溪出土的骨鱼镖

捕捉大鱼是很有用的。

脱柄镖头在考古中有许多发现，种类也不少，主要有：

①有孔骨鱼镖，这指在镖尾有孔，供系绳索用，如邳县刘林县大墩子、山东梁山青堌堆、黑龙江昂昂溪都有骨镖发现。

②有突起结节的鱼骨镖，这种工具柄部无孔，但有突起的结节，供拴绳索之用，如江西万年仙人洞、西安半坡、江苏吴县梅堰、泰安大汶口、山东临沭援驾墩等地都有发现。

③带凹槽鱼骨镖，这种镖头柄部有一或两个结，便于拴系镖索。

2. 鱼叉

鱼叉的结构与鱼镖大同小异，比较大的差异是叉头取代镖头，即前者为两股、三

股或四股叉，而镖头仅一齿而已，这是金属大量使用以后的产物。其中也有两种安柄方法：

（1）带柄叉

这种叉是在木柄上安有一个铁叉头，有双齿、三齿、四齿等，皆有倒钩，是我国各民族普遍使用的鱼叉。康熙《台湾县志·风土志》："捕鱼，于水清处见鱼发，用三叉射之。"这就是带柄叉。

（2）脱柄叉

铁叉活插在木柄前端，后系绳索，这种脱柄叉与脱柄镖一样，只是以叉代镖。其中以叉头划分，又有两种：

①直叉

直叉指叉头与柄处于垂直状，在叉柄部有尖，可插入木柄的前端，我国的鄂伦春族、汉族、赫哲族、独龙族、纳西族、西番人都使用这种叉。其中赫哲族的脱柄叉最讲究，由叉头、叉杆和绳索组成。起初，在叉柄上还拴一个漂子绳，绳上系一块槐头鱼泡子，作为漂子。渔人叉到鱼后，叉头和叉杆分开，鱼带叉头和漂子绳漫游，渔人追踪漂子，溜到岸边再以带柄叉补叉到岸上来。后来不用漂子了，而是在叉头部拴一长绳，渔者不用下水就能把鱼拉上来。

②钩形叉

这种脱柄叉，是以两个或四个鱼钩式叉头，将叉柄插入柄前端的穴内，在每个钩状叉头上，皆有孔，供拴绳使用。这种工具在鄂伦春族、鄂温克族、达斡尔族、纳西族、高山族地区均有。鄂伦春族称钩形叉为"升"，木杆长330厘米，直径2.5厘米。在木杆前端削成四棱状，外缠十几道麻线，形成四个孔，这样将四只钩状叉、柄插入一起，又在这个绳套上拴一根几十米长的绳索。普米族叉鱼多在白天或月明之夜，而且是河水清澈之时，当鱼浮出水面或者能看到水里游鱼时，将此叉投去，一般都百发百中。鱼被刺中后，猛烈挣脱，结果将木柄摆脱，这时捕鱼者握住绳索，顺着水势和鱼的游向，时松时拉，直到把鱼弄得疲惫不堪，才把鱼拉到岸边，并以抄网将鱼捞上来①。

（二）射鱼

在以弓箭射猎的启发下，人类很早以来就把弓箭引用到水域，即以弓箭射鱼。《陔余丛考》卷二"以矢取鱼，本是古法"。《周礼》有"矢其鱼龟而食之"。秦始皇以连弩射鱼，汉武帝令人出海射蛟龙，等等，都是类似传说。

---

① 宋兆麟《带索标——锋利的渔猎工具》，载《中国考古学会第一次年会论文集》，文物出版社1979年版。

射鱼在民族学中屡见不鲜。

在《琼崖黎族风俗图·说渔》中有这么一段文字:"黎人每于春夏则就溪而渔……亦有伺于岸而浮水者辄以箭射之,著则入水取出,矢不虚发。"该画绘有两个男子弯弓射鱼的形象。黎族射鱼是在白天或月明之夜,当发现鱼浮出水面时射出。据作者在海南调查,黎族射鱼由男子承担,弓箭与狩猎的弓箭一样,但必须选择河水清澈之时,否则是看不到游鱼的。射中之后,鱼即死,漂于水面,或带箭而游,捕鱼者则下水捞取。居住在陵水县海岸的黎族,有些以捕鱼为生,也利用弓箭射鱼。在《西域图册》中,有一幅洛波海图,其中就描绘了维吾尔族的射鱼。

这种射鱼技术在台湾高山族、傣族、珞巴族、鄂伦春族中都流行过。河姆渡文化有吃鱼风俗,但捕鱼工具发现极少,仅有鱼镖而已,但有大量骨镞出土,当时可能也以弓箭射鱼,正是百越渔捞技术的重要特点之一。

在射鱼工具中,还有一种脱柄箭,如安达曼人射鱼的箭,有四个矢头,似射野猪的箭,箭头是活的,可与箭杆分开。这种工具就是我国古代的弋射,它既可用于射雁,也可以射鱼,其目的也是利用绳索将猎物收回来。至今海南岛黎族还在箭头尾部系长线,当弓发箭射中之后,捕鱼者可拉着线,把鱼挽拉上岸。我国古代捕鲸也用此类工具,屈大均《广东新语》:"系长绳镖掷之"而取鱼。古代版画中也有捕鲸的形象。

二、垂钓

钓鱼是重要的捕鱼方法,但是产量不高。为了钓鱼,必须具备鱼竿、钓线、沉子(坠子)和鱼钩。

鱼钩的产生有一个过程,最初钓鱼是不用鱼钩的,仅仅以绳头、树枝加诱饵而已。如云南金平芒人妇女钓鱼,不用钩,而是把蚯蚓用野麻穿成串,缠在竹竿头,放入石洞里,鱼一吃蚯蚓,竹竿即动,妇女即拉竿,把鱼掉在竹篓里。西藏珞巴族苏龙人钓鱼也不用钩,他们在竹竿上拴一带活套的鱼线,先沉入河底,待发现鱼钻入套内,马上提竿拉线,活套就把鱼鳃挂住了。在云南永宁普米族地区,则用一根蒿枝,取草秆为钓竿,以其一根须根结为活套,以此套套鱼。最早的鱼钩是利用天然钩状物,如树杈、鸟爪、鸟骨等为鱼钩。进而才用木或竹制鱼钩,如鄂伦春族用硬树枝磨制鱼钩,云南怒族以竹叉制鱼钩,弯制时以火烘烤,然后冷却为钩,不久前该族小孩还使用这种原始鱼钩,后来才人工磨制骨质鱼钩。

从我国考古资料看,旧石器时代晚期已有鱼钩、鱼卡。远在六千年前的西安半坡遗址已出土骨制鱼钩,湖北宜昌清水滩新石器时代遗址也出土过骨鱼钩。姚官庄出土一件骨鱼钩,钩尖锐利,一端刻有凹槽,长2.3厘米①。这些鱼钩都比较小巧,惟有在山东长岛出土的龙山文化骨鱼钩甚大,说明与当地捕海鱼业发达有关。

在民族学中的钓鱼技术,基本分两类:

卡钓法

卡钓,又称麦弓钓,因以麦粒为卡子诱饵而得名。其钓具是有弹

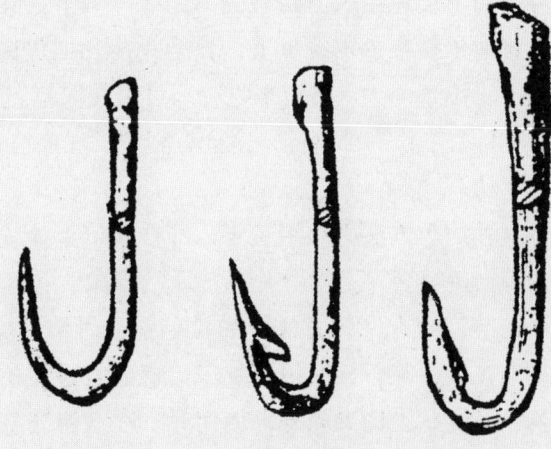

仰韶文化的骨鱼钩

性的小竹签。使用时,将两端并拢,插入苇、草箍中,或插在熟麦粒、蚯蚓上。在卡子中间拴有钓线,当鱼来吃食时,竹签张开,卡住鱼嘴。这种方法在史前时代就发明了,如大连大潘村新石器时代遗址就出土不少骨制鱼卡。它在我国赫哲族、鄂伦春族、汉族、珞巴族、苗族、黎族、傣族和纳西族中都流行。鄂伦春族过去以木或犴骨制鱼卡,在岸两边的树上横拴一绳,沉入水中,在绳上按一定距离,下拴许多鱼卡,鱼卡上拴诱饵。捕鱼者定时察看,一旦有鱼卡住,就以抄网捞取。后来传入铁鱼钩,才不用鱼卡。贵州台江苗族在清水河上钓鱼,也用鱼卡,以细竹削制,长5厘米,中间拴鱼线。钓鱼时,取一根长绳,一端上拴一葫芦作浮标,其下拴一大石头,任长绳顺水漂浮,每隔三五米拴一下垂的鱼线,其下拴鱼卡,钓鱼者来回游泳,不断提鱼卡取鱼。有一次我们在泸沽湖调查时,就看见当地有两种卡钓方法:一种是把卡子拴在鱼竿上,每次能钓一条鱼;另一种是在一根很长的绳子上,在一定间距拴一个小绳,小绳头处各拴一个卡子,然后把它们用独木舟放在湖水中,加以漂子,人划着独木舟来往观看,有鱼就收在船中。大连不少遗址都发现骨卡。珞巴族钓具颇有特点:一种是削成二三厘米长的竹签,中央拴在钓绳上,用时在竹签上套上钓饵,鱼吃食时即卡住。另一种是马尾钓绳,其上拴有活套,鱼经过时即被套住。

钩钓法

钩钓法,一般都要有钩、竿、钩线和沉子(坠),其中又可细分若干种,比较流行的钓鱼方法如下:

手钓,又称抛钩(拉砣)

---

① 《山东姚官庄遗址发掘报告》,载《文物资料丛刊》1981年第5期。

手钓不用鱼竿，但要有钩、钓线、沉子，有时还要有绕线的木棒、瓶子等。钓鱼时，将绳子绕在一木绕轴上，在线头拴几把鱼钩，加上沉子，穿上诱饵，然后甩入水域，把线拉直，一旦有鱼来吃，即可引线取鱼。为了控制鱼线，一般在岸边插一木棍，或者在竹棍上拴一个铃铛，这会有利于发现鱼情。

竿钓

这种钓鱼方法必须用鱼竿，即在鱼竿上拴线，线上拴钩、沉子和漂子，然后由渔者控制钓鱼竿。《百苗图》中就有垂钓形象。

在竿钓中有许多方法，如拉毛钩、甩竿、拉钩等等。其中的拉钩，在各地都有，汉族叫拉钩，赫哲族叫甩钩、三齿挠，它是在鱼竿上拴有鱼线，线头有几把比较大的鱼钩，呈锚状，钩尖朝外。使用时，在水流湍急的地方来回拉动，由于有些大鱼顺流而下，对鱼钩没有防备，往往被钩挂住。这种拉钩能钓大鱼。

滚钩钓（不上饵）

这也是比较流行的钓鱼方法，一般不用竿，而是在一根修长的（钩纲）绳上，每一定间距就拴若干爪绳，其上系钩，皆有倒钩。在钩纲上拴不少漂子，相应地在一边也拴若干沉子。由于鱼钩极为密集，游鱼遇钩后，即挣扎不已，又为其他钩所刺中，结果被擒。这种鱼钩在我国极多，从东北的赫哲族，到南方的瑶族、苗族，以至西南的西番、纳西族皆被使用。

台湾雅美人在鲯鳅五六月洄游时，就实行上述钓鱼方法：鱼钩是铁丝弯制的，另外以木块制成锐角三角形木块，其上扎若干针，这也是比较特殊的"鱼钩"，其上挂有诱饵，以钓飞鱼，由于飞鱼1米长，相当大，鱼线都是粗壮的绳索。

沉底钓

又称延绳钓，类似上面的滚钩钓，但每个鱼钩之间距离较大，鱼钩也较小，放有饵食，一般横置或顺水置河水中，其上也有沉子和漂子。渔者定时去察看情况，及时取鱼。赫哲族的"搏特鸟未肯尼"，即鲤鱼钓，就是这种方法，但它有些特殊，一般用100多米长的铁丝，两头拴石沉在河底，在铁丝上拴许多鱼钩，套上蚯蚓，从而钓鱼。湘西苗族认为鱼多在水底潜伏，即在钓钩上每尺许系一小铅块，使钩下沉水底，叫做钓闷潭鱼[①]，这种方法必拴沉子。

曳绳钓

这是在船尾拖一长绳，系有钩、沉子和漂子，装有诱饵，使鱼上钩。

垂钓法不限于钓鱼类，也可钓其他水族，如龟、蛙等。

悬钓法

---

① 《湘西苗族调查报告》第69页，商务印书馆1950年版。

景颇族还有一种悬钓法，岸边插一弯曲竹竿，入水鱼钩是有机关的，一旦鱼咬住饵食，竹竿即伸直，把鱼钓起。①

三、筌笱和鱼沪

从民族学资料看，除叉、钓和网鱼等大规模捕鱼外，还有一种更为广泛的捕鱼方法，即利用竹编的工具或设备，使鱼就范，从而达到捕鱼的目的。这种捕鱼方法包括筌鱼（扣或罩鱼）、笱鱼（类似陷阱）、窝鱼和沪鱼。除其中的筌鱼外，都是固定于一地，而且是集体的、多产的捕鱼方法，所以在各民族中都很盛行。这种捕鱼方法可能仿自狩猎的套索或陷阱法，但是它是在水域，所以有许多特点。

（一）鱼笱

鱼笱是以竹编的渔具进行捕鱼的方法，远在良渚文化已有出土，在西周时期已相当流行。《诗经·邶风·谷风》："毋发我笱"，说的就是这种工具。

梁、笱皆为人工捕鱼设施，《朱熹集传》："梁，堰石障水，而空其中，以岔鱼之径来者也，以竹为器，而承梁之空以取鱼者也。"也就是说，梁为堤堰，笱为竹编的鱼笼。其形制特点为圆锥形，口较大，颈又缩小，腹大且长，无底，在口径处装有细竹编的倒须式编斗，鱼能进不能出。使其捕鱼时，往往在一个小河岔，两侧筑为坝、墙，留一口，将竹笱放在流水处，依季节不同而置笱，以石或泥土卡住，尾部以绳拴住。鱼入而不能出，渔者从尾部取鱼。

鱼笱在我国各地大量使用（除东北较少外），各地也有自己的特点。

在湖南有一种悬笱，即编一个透水的竹筐，无底，口底各置倒须式漏斗，内部放骨头等诱饵，在笱腰处拴一绳，悬于水中，鱼从两面开口进而不能出。

四川西昌邛海地区有一种虾篓，也以竹编制，口部放倒须式漏斗，其内放诱饵，夜里沉入水中，虾可进不可出，第二天划船取篓。这种虾篓也是笱的一种形式。

云南省独龙族所用的笱，为敞口，筒状腹，没有凹颈，其形制与古代浙江水田畈良渚文化出土的竹笱相同。

西双版纳各民族和黎族的竹笱也是无颈的，形状与出土的竹笱相近。同时他们还有一种泥鳅鱼笱，形制较特殊，即以一节竹子削成，一头为竹膈膜，另一头开口，安有漏斗式倒须。傍晚将其放在水田沟内，每次下几十、上百个，次日天明即可取回来，每个竹笱内都有几条泥鳅。

---

① 罗钰《云南物质文化·采集渔猎卷》第141页，云南教育出版社1997年版。

作者在贵州三都水族地区看见一种竹筒，形状较为特殊，口部极大，筒身细小，头部扎起，是在小河沟或水田小渠里捕捉小鱼的工具。

筒鱼是仿自狩猎的陷阱法来的，而且是一种固定性渔具，这种工具也是在河流或水沟处捕小鱼用的。但是有些民族也用大竹筒，作者在海南看到，黎族的竹筒小者半尺长，大者2米多。

（二）筌鱼

筌鱼又称扣鱼，它是用一种无底的筐篮扣鱼，然后以手取出来。所谓"扣鱼笼内，以手取之"。

这种捕鱼方法由来已久。《诗经·小雅·南有嘉鱼》："南有嘉鱼，烝然罩罩。"其中的罩即为鱼罩，后来又称筌。《庄子·外物篇》："筌者以在鱼，得鱼而忘筌，蹄者所以在兔，得兔而忘蹄。"郭璞《江赋》："夹潆罗筌。"陆归蒙《渔具诗序》："缗而竿者总谓之筌，筌之流，曰筒，曰车。"由此看来，陆归蒙对筌的概念已经模糊了。但民族学资料却保留了相当丰富的扣鱼工具和方法。试举二三例证：

台湾省高山族就使用这种鱼筌，《台湾使槎录》卷五称生番"番妇或十余，或数十，于溪中用竹笼套于右胯，众番持竹竿从上流殴鱼，番妇齐起齐落，扣鱼笼内，以手取之"。

在《番俗图》中有一幅网鱼图，其中就有四个高山族妇女利用鱼筌进行扣鱼，岸边还有四个男子利用弓箭射鱼。

作者在云南西双版纳傣族地区调查时也发现这种办法，即妇女用鱼筌在小河、水池中捕鱼，一般是先搅混水，然后扣之，鱼被扣住即乱跳动，妇女取鱼装入鱼篓内。傣族鱼筌也用竹编，高70—80厘米，口径60厘米，底径100厘米左右。后来在布依族、壮族、苗族、侗族地区也看到这种工具。鄂伦春族在夏天水涨之际，趁有些鱼游到沼泽或水泡子内时，他们也把鱼围起来，搅混水，用柳条为经，以犴线为纬，编为鱼筌，高75厘米，口径70厘米，底径150厘米。用其在水中扣鱼。在《尔雅音图》上也有罩鱼形象。

扣鱼具有一定特点，如在沼泽、水池或小河中，水域较窄，水也浅，先搅混水，然后由妇女用鱼筌、鱼罩扣鱼，所捕鱼类较小。

（三）窝鱼

窝鱼，是利用一定的设备或鱼窝进行捕鱼的方法。古代早已有之。《诗经·周颂·潜》："猗与漆沮，潜有多鱼。"潜，据《朱熹集传》："椮也；盖积柴养鱼，使得隐藏避寒，因以薄围取之也。"

上述捕鱼方法，近代还有，汉族叫窝鱼，冬天鱼多入深水处过冬、防寒，而夏天则到浅滩寻食。利用这一原理，在水中搭一定的鱼窝，借此捕鱼。如太湖、鄱阳湖、西湖和洞庭湖地区都用此法。

在少数民族地区也有，如湘西苗族的捉火塘鱼即是，当地苗族在浅潭处，选一地点，取去石头，挖一深潭，名曰塘口。潭直径约1米，四周围以竹，留一入口，内以岩板砌一鱼室，鱼喜入内，晚上捕鱼人燃火把前往，鱼见火乱跑，可捉到鱼。贵州侗族有一种捕鱼法，即在河湾处，用芭芒草围成6米见方的鱼围子，朝河开洞，安一活门，每天往里丢诱饵，鱼多入其中，伺机关门而取鱼。

在浙江、河北地区还有一种迷魂阵捕鱼法，又称韩信兵法，其实它也是一种窝鱼方法，渔者以竹或苇秸编制成箔帘，高5—6尺，长丈余，由若干张箔帘连接在一起，选在鱼群活动场所，插成1—5道倒八字形墙箔，道道相套，层层递进，若能引入水流，则捕捞效果更佳。鱼儿多有沿边、顶流游动的习性，这样便可诱入圈套，最后陷入早已设置好的陷阱网中，聚而捕之①。

（四）沪鱼

沪鱼，又称堤堰法、鱼床、扎箱、鱼壳子等等。陆归蒙《渔具诗》："列竹于海澨曰沪。"他还有首诗曰："万植御洪波，森然例林薄，千颅咽云上，过半随潮落。其间风信背，更值雷声恶。天道亦衰多，我将移海若。"不过，各民族、各地区有不同的名称和形制。一般汉族称为栈箔，又扎箔，方法以木为柱，扎上横楞，贴以箔。《官圩修防汇述·拦河箔》："法用三尺许围栗树，长数丈，一二百枝，由河道两岸挨次马牙排钉，中间留口门丈许，用大网袋兜于中间，沉于半水，鱼经箔过，顺流入袋不能转身。"

东北多称亮子、闷杠。《中华全国风俗志》下篇卷一赫哲族"则于江边水深数尺处。多置木桩，长二三丈，或四五丈，亦作方罟形，独虚江一面者，名曰'闷杠'，于水线下，又系以袋网，须日乘小舟取之，每一闷杠可得鱼数千斤"。

鄂伦春族称档亮子，他们在河口处以柳条编一堤坝，留口，使水顺亮子口流动，在开口处安一个柳条编的大筐篮。鱼是"春天往上游，秋天往下游"，根据不同季节，将筐口对准鱼来的方向，由于筐口大底小，鱼好进不好出。

高山族称鱼扈。《诸罗县志·风土志》："砌溪石沉海，名曰鱼扈，高3尺许，绵亘数千里，潮涨鱼入汐则男妇群取之，功倍网罟。"

金平县傣族称鱼床，一般在每年六七月河水高涨时，在河边顺水的地方，以竹为床，头宽而低，尾高而窄，形如桥，鱼入而不能出，由人看守，经常取鱼。

德昂族也有这种方法，但与笱结合在一起。捕鱼时，选择一小河支流，横筑一坝，在中央或一侧留一孔，安一竹笼，鱼能入不能出。人们可活捉之。

四川凉山彝族的鱼床，以细竹编成，形如簸箕，开口较大，往后收敛，并以二木棍加固，将其放在水沟处，鱼逆流向上，正冲入鱼床内，看床者伺机捉鱼。

此外在福建有一种竹沪，它是用竹竿插在潮间带上，围成方形，人者七八丈见方，

---

① 郑澄佛《古今渔话》，载《农业考古》1982年第2期。

小者三四丈见方。沪内逆流设一水门，赖潮水流向自行启开，水门宽3米多，门外插竹两列，长四五丈。沪中开水道数行，以便鱼群集中，潮水退后，鱼纷纷困住。捕鱼者则入沪拾鱼，据说每沪可得数百斤鱼虾。这种方法是海边渔民使用的，说明鱼沪已扩大到海域，是一种极其广泛的捕鱼方法。

四、鸬鹚捕鱼

鱼鹰，学名为鸬鹚，水鸟之一。我国有普通鸬鹚、红脸鸬鹚、黑颈鸬鹚和海鸬鹚等。捕鱼鸬鹚是由野生的普通鸬鹚驯育而成。在浙江河姆渡、黑龙江新开流等新石器时代遗址均出土过骨雕鸬鹚，在安阳妇好墓、山东刘家台西周墓也出土过玉雕鸬鹚，广西罗伯湾、四川百花潭出土的铜器上也有以鸬鹚捕鱼的形象。汉代画像石和后期壁画中也有类似形象，在晋宁石寨山出土的铜器上也有鱼鹰形象，说明我国驯育鸬鹚由来已久，长期以鸬鹚捕鱼，同时可知，驯育鸬鹚是从江南水乡开始的，因为鸬鹚喜温湿，以鱼为食，后来才传播到其他地区。

鸬鹚又名乌鬼，《梦溪笔谈》引刘克的话说：世之说者，皆谓夔、峡间至今有鬼户，乃夷人也，其主谓之"鬼户"，然不闻有乌鬼之说。又鬼户者，夷人所称，又非人家所养。士人克按《夔州图经》，称峡中人谓鸬鹚为乌鬼，蜀人临水居者，皆养鸬鹚，绳系其脚，使之捕鱼，得鱼则倒提出，至今如此。我在蜀中见人家养鸬鹚使捕鱼，信然，但不知谓之乌鬼耳。这说明西南少数民族也养鸬鹚。

鸬鹚是从野生鸬鹚驯化来的。必须以捕活鸬鹚为前提，方法是诱捕。汪森《粤西丛载》在"村落有水草处，多以草结为鸬鹚之状，用灰涂之，百十为群，俯仰饮啄，顾盼张翼，无不绝肖。俟有回翔飞下者，弋取之。亦有立墙头屋脊者，骤视之，未有不以为真也"。捉到之后，以长绳系其足，人工喂养。然后把长绳拴在河边树上，令其带绳下河捕鱼。捕住鱼后，主人发出特殊呼声，且捉回鸬鹚，给小鱼吃，之后再放入水中，反复训练。一两个月后，再划船到河湖中继续驯育，又过多时方可解去长绳，让鸬鹚在船上自由休息，定时捕鱼，为了防止它吃大鱼，往往在其颈部套一环。徐芳在《鹚说》中对捕鱼方法介绍甚详："鹚，水鸟也，状类凫而健啄者也，善捕鱼，河上人多畜之，载以小桴，至水湾洑鱼所聚处，则驱之入，鹚见鱼深没疾捕，小者衔之以出，大者力不胜，则碎其翅，呼类共搏，必噎之乃已。"在壮、侗、苗、水、白等民族地区都有以鸬鹚捕鱼的风俗，据调查大理白族以鸬鹚捕的鱼，占总捕鱼产量的30%左右，有些苗族挑鱼上市时，还挑着鱼鹰进城，以示对鱼鹰的重视。在《西域图册》中有一幅"洛波海"就是描绘维吾尔族捕鱼的情形，其中有钓鱼的，有叉鱼的，有以鱼鹰抓鱼的，有的还用锄头砍鱼。

五、网鱼

网鱼是利用各种各样的鱼网捕鱼。《周易·系辞》伏羲氏"作结绳而为网罟，以佃以鱼"。不过，从民族学资料看，人类最早运用绳索的捕鱼的方法是套鱼，而不是网鱼。前面所述的普米族以蒿枝根套鱼就是一例，当然，这是在浅水处套小鱼，不过在深水套大鱼也是有的。如西藏珞巴族就用白马尾搓成绳子，另外用二股马尾搓的小绳拴在主绳（纲）上，反搓后使其一面贴依在主绳上，留有活套，当鱼群游过来时，轻轻一碰，活套即反弹回来，套住鱼的腰部，而且越挣扎越紧。这种套鱼方法与狩猎的活套法是同样原理。在套鱼的基础上，才发明了网鱼方法。

网鱼实际是利用网状纤维扣鱼，起初是简单的，甚至是利用筐篮捞鱼，后来才出现形形色色的鱼网。在我国民族地区的网具数不胜数，现在把几种比较普遍的网具叙述如下：

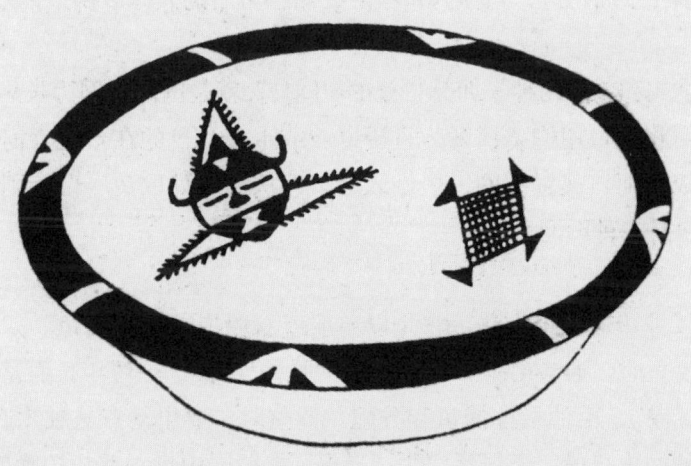

陕西西安半坡村出土的人面鱼网纹彩陶盆

抄网

抄网又称手网，是一种古老的网具。包括网片和网圈两部分，有的还有柄，不用沉子和漂子。网状如囊状，或半锥形，口部为圆形，或三角形木框，在一侧安一木柄。

我国各地所用抄网，一般为圆口木柄网，如汉族、苗族、独龙族、壮族等，其中独龙族的抄网柄最长，达2米许。另一种是三角形抄网，如傣族、基诺族、哈尼族、彝族就用这种网，网口以三角形竹框为之，无柄，这种网是在小河或水池中捞鱼用的，钓鱼、网鱼时也用其取鱼。

撒网

撒网又称甩网、掩网，形状如抄网，但有两点不同：一是甚大，且在网口拴有网坠，二是没有木竹网口，使用时在囊端拴一长绳，用双手将其甩出去。这种网包括网片、网索、沉子（坠）等部分，在我国各地普遍使用。《尔雅音图》上就有满族撒网的形象。

挂网（沾网）

这是比较古老的鱼网。挂网有大中小之分，必备网片、沉子、浮子和网索。但网孔大小不一，它是根据捕捞对象而定的。这种网是固定在河湖中，呈垂直状，当鱼游过时，鱼头能进身子不能进，往后退又因鳃卡住了，也退不出来，故称挂网。《东鞑纪行》中的"纲渔"图，就是一人在岸上牵网，另一人站在船上牵网捕鱼的情形。

抬网

抬网是长方形网片，两侧由木杆支撑，下边有沉子，上部提出水面，捕鱼时，由两人持木杆在水中行，把鱼逼至一定角落后，再抬网，这样就能捕到鱼了。

还有一种用竹、高粱秸编成长方形帘子，两侧也有木杆。捕鱼时，由两人分别握着木杆，使帘子在水面行进，鱼撞入帘子后，站在帘后的人即以柳条抽杀，不断取鱼。

围网

围网有长袋式和囊式两种。如赫哲族的"闷杠"就是围网，网为长袋式，后拖一长筒状兜。使用时将网口用柳条撑开，且压以石或木杆，目的在于沉入河底，网两边以柳条箔围起，仅留河口放置围网，鱼钻入后，即从筒兜处取鱼。白族则以竹为架，以网围成网笼，也是一种围网。

拖网

拖网是比较进步的网鱼方法，它是以单船或双船拖着鱼网捞鱼。如川滇泸沽湖畔的摩梭人集体捞鱼时，通常由十户组成一个"尼意"，推选一位年长而富于经验的男子当首领——"日保"，由他指挥捕鱼和分配。捕鱼时，要出动三条独木舟，两条在前，分牵网片两边的网索，另一条居后，由"日保"掌握网中央，并指挥渔船进退及施网。他们的网上有浮子，多以树皮削制，其下有石沉子，在网后有一个袋形网兜。每网能捕数百斤，然后大家平均分配。

赫哲族的"吉哈拉库"，也为圆锥式网，口部呈喇叭状，长4米，口径2米，以木板船拖着，一般顺流向下，鱼逆水而入网中，渔人则及时提网尾取鱼。

吊网

吊网是正方形，四角由绳索拴在一个木架上，将网沉入水中，放有诱饵，定时将网吊起,如此反复捕鱼。这种网也不用坠和浮子。傈僳族有一种罾,即属此类。

以上是几种比较流行的网具。在考古中发现许多网坠,有陶、石多种,据赫哲族的资料分析,他们是以木作外模,将黄泥搀白浆土为坯,经过火烧,制成陶网坠。说明我国用网捕鱼由来已久。商代甲骨文中有各种网坠,也说明网捞之盛。但是并不是所有的鱼网都是用网坠和浮子的,如抄网、吊网、抬网(兜网、袋网)等就不用。所以,我们不能仅依网坠来确定鱼网的年代,而抄网、吊网又是网的最早的形态,说明人类最初不仅以绳套鱼,还先用无坠网,进而才使用有坠网。此外,有些钓鱼活动也用坠石,这也是应该估计进去的。各族捕鱼皆以鱼篓盛鱼。

六、诱惑法

捕鱼与狩猎一样,为了更好地捕捞,也根据鱼类的习性,发明了各种各样的诱惑方法,使鱼类靠近捕鱼工具和设备,以便提高捕捞效率。

食味法

由于鱼类贪食,嗅味而至,人们发明了以食味诱惑的方法。据说过去赫哲族就有用鹿胎、狍肝诱惑鱼群的风俗。古代也以燕肉作为引饵。明郎英《七修类稿》卷四〇:"燕肉,水族皆嗜之,钓者多以此。"目前在民族地区使用的诱饵,主要有两种:一种是真的食物,如蚯蚓、蚕沙、虾、小鱼、肉、肝、麦粒、草根、面团、芦苇等;另一种是拟饵,如羽毛、棉球、兽皮、金属等,其中不仅为拟饵,也有一定味道,可以诱鱼上钩。过去鄂伦春族、满族有一种毛钩,就是在钩上系几根狐狸毛。古代也以猢猴毛诱之。宋人庞元英《文昌杂录》:"猢猴毛置鱼网四角,取鱼必得,盖鱼见之,如人见锦绣也。"

声响法

声响法又名声纳法,古已有之。唐代多有记载。段成式《酉阳杂俎续集》卷二:"兴州(陕西略阳)有一处曰雷穴,水常半穴。每雷声,水塞穴流,鱼随流而出。百姓每闻雷声,绕树布网,获鱼无限。非雷声,渔子聚鼓于穴,鱼亦辄出,所获半于雷声。"说明雷声、鼓声均可驱鱼出穴。在羌族、藏族和彝族地区于山溪取鱼时,也以木棒击石,或往水中丢石,待鱼伏而不动时又之,收获甚丰。

鱼诱法

张衡《论衡·乱龙篇》:"钓者以木为鱼,丹漆其身,近水流而击之,起水动作。鱼以为真,并来聚会。"这种方法在赫哲族地区还有残迹。一种称毛毛钩,赫哲语称"撮拉奉",钩为铁制,柄部有铅坠,并拴一撮兔毛或狍毛,钓鱼时,以木杆反复在水面上拉动,有些鱼以为有小鱼在游动,都来争先寻吃。赫哲族还有一种"刻由",即蹶达钩,亦以铁制,洁白发亮,也在水中拉动,大鱼以为小鱼在动,也来争吃。

以小鱼诱大鱼,利用母海豚保护豚子的习性捕鱼,也是有的。李时珍《本草纲目》卷四四:"海豚生海中,候风潮出没。形如豚,鼻在脑上,作声喷水直上。百数为群,其子如蠡鱼子,数万随母而行,人取子系水中,其母自来,就而取之。"

在我国东南沿海地区捕鱼时,渔民多在潮水来临之前,划船入海,以长绳拴几十个竹篓,每个篓内放一个牝墨鱼,潮水来后,牝墨鱼鸣叫求偶,随海水而来的牡墨鱼则钻入竹篓内,与牝墨鱼相聚。这种方法是利用交尾期鱼类异性相吸而发明的。

光诱法

鱼类有趋光性,捕鱼也利用火光、灯光引诱鱼群。

台湾雅美人在三月至七月间,晚上划船出海,船头由一人挥巨大火把,飞鱼迎光而来,其他人用长柄勺状舀网,在空中罩鱼,这是少见的水外捕鱼方法。

此外,毒鱼也属于诱惑捕捞方法,如同以毒矢狩猎一样。《山海经·中山经》:"熊耳之山……有草,其状如苏而灰华,名曰葶苎,可以毒鱼,朝歌之山……"近代各民族都有毒鱼方法,侗族称"闷鱼",即在一段河上游撒下毒物茶油饼,然后鱼昏迷,漂上水面,人们下河而取之,见者有份。在《湘西苗族调查报告》中,介绍苗族毒鱼:"先断上下溪水,再下药于水中,使鱼昏迷,然后捞取,所用毒鱼的药料有茶枯、石灰、洋薯种子、柳木叶及途燎花五种,茶枯、石灰、洋薯种子根须碾成细末,散布水中,柳木叶及途燎草则用杵捣烂,放在筲箕里,渗入水中,用手摩擦使成浓汁,在近岩孔或岩坎斥入,鱼闻药味即昏迷,而上浮水面,捕捉甚易。"

第八章　攫取经济

最早的捕鱼单位是集体的,渔场是氏族或部落的财产,由氏族或家族的成员集体进行,实行集体劳动,共同消费。不过有一定分工,男子从事比较重的捕鱼活动,妇女起配合作用,进行小规模的捕鱼和产品加工。但是随着私有制的产生,捕鱼也打上了私有制的烙印,如渔场已归家庭所有,不能随便捕鱼。生产形式有两种:一种是个体捕鱼,产品归家庭所有,另一种是集体协作,即由若干户组成一临时捕鱼集体,选一个捕鱼主持者,大家分工捕鱼,然后实行平均分配,但是占有较多船、渔具的人,则得到优厚的待遇。如赫哲族在合伙用拉网捕鱼时,如收入100,则要给鱼把头5%,给网的主人3%,其他产品才归大家平均分配。至于一般民族则实行个体捕鱼,产品归己,只有少数地区才保留"见者有份"的平均分配遗风。

捕鱼也有一系列宗教活动,这里不妨以台湾雅美人为例,他们有集体招鱼祭、集体初鱼祭、个人招鱼祭、个人初鱼祭等,而最大的祭祀是鱼船下海仪式,当大渔船竣工后,准备下水仪式,家人和亲友都兴高采烈,戴着银盔和各种首饰,新船用木板隔成若干间,与船员数目相同,每个船员都把水芋堆在船内外,以多为宜,否则受到讥笑,目的是祝船长寿。在船外围有甘蔗、香蕉,附近的房顶上放两只木雕羊。晚饭后,青年男子牵手而舞，唱着歌，彻夜庆祝，船员则手持刀枪，守护新船，防止鬼妖靠近。第二天，各家杀猪羊，把肉和水芋赠给亲友，中午船员上船就位，不久下船，把刀插在瓮中，并用刀在船舷上拭擦，接着青年男女从四面八方围向新船，顿首顿足，瞪目呼叫，佯作格斗，作驱鬼状。最后，人们把船托在肩上，又用双手高高托起，不断抬到海边，前面必有众人开路驱鬼，当船下海后，众人还向船戽水，仍作驱鬼状，从而正式下水捕鱼。

【 第三节　狩猎风俗 】

人类已经有二三百万年的历史，农业的出现不过一万年，也就是说，人类在绝大部分的历史时间内，都是依靠攫取经济为生的，包括采集、狩猎和捕鱼活动。其中的狩猎是当时的主要谋生手段，就是在农牧业产生以后，由于它们方兴未艾，尚处于原始阶段，生产品还不能满足于社会的需要，因此在相当长时间内，狩猎还占有重要地位，只是在先进民族中间，狩猎才失去生产性质，变成消遣活动。

狩猎之所以作为人类的主要谋生手段，是因为它为人类提供了主要的食物来源，鄂伦春族以狩猎为生，食肉衣皮，据作者在东北大兴安岭的调查，他们每人每年要吃400公斤兽肉，吃的粮食是微乎其微的。猎物也提供了衣服原料，鄂伦春族的帽子、上衣、下裤、长袍、鞋、袜、被子、住所，皆用兽皮制作。此外，猎物也提供不少制作生产工具、生活用品的原料，如骨角可制工具、筷子，皮子可做水桶、口袋，毛可搓绳、编网套等等。由此看出，狩猎民族在很大程度上仰仗着猎物而生存。为了复原人类早期的历史，必须重视对狩猎经济的研究。然而狩猎经济的学术价值还不限于此，它在理论上也有重要的价值，如在马列主义经典中把游牧部落从狩猎部落中分离出来视为第一次社会大分工，这是否是普遍的存在，大有探讨的必要。又如经济史对史前研究分期的划分，是以工具划分好呢，还是以攫取经济与生产经济来划分好呢？另外，关于畜牧业的起源还是一个谜，它的源头也与狩猎有密切的关系。由此看来，狩猎经济是考古学和史前史的重要课题，也是经济史和历史唯物主义研究的重要内容。

一、标枪和石球

在谈到狩猎方法时，必须首先谈到攻击性武器，刺杀和投掷在其中占有重要地位，而且相当古老。

北京人狩猎图

（一）标枪

敲击类猎具，最早是石块、砍砸器和木棒，后来才使用手斧等工具。天然木棒是人类最早使用的猎具，后来才改为人工制作的木棒。《黑龙江外记》："棒打獐子瓢捞鱼，野鸡飞到饭锅里。"这是形容古代黑龙江禽兽之多，也说明用木棒可以狩猎。《中华全国风俗志》下篇卷九西北少数民族"弓矢非所长也，以大头短棒抛掷击兔，一发而毙之，亦同人绝技"。凉山彝族以一种短木棒敲击，刺激冬眠中的熊出来，然后群起而攻之，乱棒置熊于死地。其他民族虽然不用木棒，但在宗教等风俗中，必以木棒打死祭祀用的牲畜，如苦聪人送葬杀牲必以木棒把猪、鸡打死，苗族以木棒打死牛。这就是古代"椎牛"之风，在铜鼓文化和汉画像石上均有椎牛形象。

刺杀野兽有两种方式：

一种是主动性的，如矛、镖。最简单的木矛、竹矛，就是把长木竹棍削尖而成，塔斯马尼亚人、美拉尼西亚人均用这种矛[①]。我国常州圩墩新石器时代遗址也出土过木矛、竹矛残件。少数民族用矛也较多，傣族是竹矛，以竹削制，尖部要油炸过，坚硬、结实。作者有一次在西双版纳调查，观看了傣族剽牛的全过程，他们所用的矛就是竹制的。

永宁摩梭人成年仪式上，少年必备一木矛。在宁夏的岩画上，已有不少持矛狩猎的形象，多步行者。清代彝族出猎时也骑马持矛。台湾高山族则步猎，所持猎具有两种：一种是弓箭，一种是长矛。这种长矛种类较多，有些还安有倒刺，刺入后能够钩挂，伺机而擒。东北有

持镖枪追击野猪

————————————
① 《经济通史》第31—49页，商务印书馆1936年版。

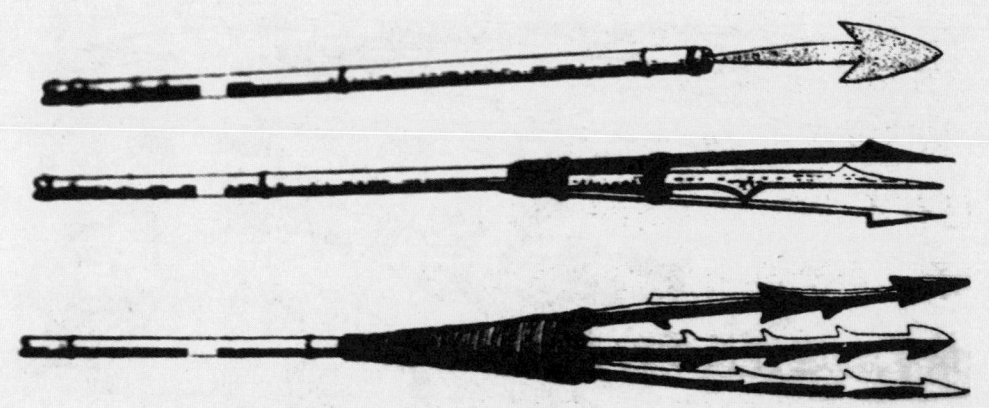

台湾土著民的鱼镖

些猎民也使用长矛,如费雅喀就用长矛猎松鼠、貂。鄂伦春族称长矛为扎枪,进而演变为枪架子,既可当矛,又可架枪。后来,矛又发展为叉,满族出猎就用三股叉,可以刺叉野猪、黄羊、虎。

一种是被动性的,如竹刀。苦聪人、芒人、傣族、佤族皆在草丛中斜插竹刀,轰赶野兽,也能刺杀而死。赫哲族有一种累刀,即在树干上安一把刀,刃向上,放在野猪常走的路上,野猪肚子接触上即被割破而亡。

在刺杀类中还有一种带索矛,又称带索镖,即在矛上系有绳索。《宋史·琉球传》:"在泉州之东,有海曰澎湖,旁有毗舍那国……临敌用标枪,系绳十余丈。"康熙《诸罗县志》卷八:"标枪杆长五尺许,疏可及三四十步,锋舌利,或舌为钩距,如''形,活入杆中,用长绳并杆系之,中物倒挂而不能出,獐鹿负痛奔逸,杆落与绳俱挂草木间,番从后尾之,无得脱者。"这种工具在史前时代就有,一直沿用下来,如独龙族、藏族、黎族、纳西族还在使用着。

作者在海南省黎族地区考察时看到不少带索标枪,实为矛。最初以牛角、牛骨制为矛头,近代改为铁矛头,呈尖锋、有倒刺、圆銎。銎内安木柄,但在矛与木柄之间连一长绳,当猎人刺中猎物后,猎物要闯几道关:一道是刺伤疼痛;二道是拖镖枪而逃;三道是镖挡于树木间;四道是矛头与木杆脱离后,依然有绳索相连,这些为猎人捕捉野兽提供了多次机会,所以带索镖枪相当优越。

(二)石球和飞石锤

投石类猎具早就被人类发明了,最引起人们注意的是石球,如陕西蓝田,河南三门峡,山西芮城,北京周口店,山西丁村,高阳许家窑,内蒙古呼和浩特东郊,山西霸县,甘肃庆阳姜家湾,甘肃泽川合志沟等旧石器遗址都出土过石球。新石器时代发现的石球就更多了。其中许家窑的石球有三种类型:大号石球重 1500—2000

丁村人投掷石球

克,中号石球重500—1500克,小号石球重90—500克。这些石球以石灰岩、火山岩和石莫岩为原料。制法分三步,一是把砾石打成粗略的球状,二再反转打击去掉边棱突角,制成荒坯,三是左右手各持一荒坯对击,把原来打击时出现的坑疤磕掉,即成球形。新石器时代的石球则经磨制加工。这些石球是狩猎用的,这一点确切无疑。从民族学和民俗学资料分析,投掷石球有不少工具,基本分三大类:投石器、流星锤和猎槌。

1. 投石器

投石器指人们用棍棒或绳兜投掷石块或石球的设备。工具比较简单,投掷后石块脱具而出,可连续投掷,但石器多弃而不用。具体方法有:

(1) 棍棒投石器

它以木棒、竹竿、高粱秸为工具,将上端劈为裂缝,夹以石块,然后甩臂投掷,可投50余米。

(2) 飘石投石器

它是在一短杆上拴

摩梭人投石方法

一绳兜,绳兜另一端为活扣。它有一定特点,许乃济《武备辑要续编》卷七称"以圈挂竿头,贮石打去,石发圈落","每用一握竹,长5尺,以长绳2股,一头系竹上,一头用一环,绳中分用一皮兜,径5寸。摇竿为势,一掷而发。守城宜用,且飘而易得,但手发不远,用此法发之,可远可重"。

(3)绳兜投石器

即取一米多长绳,一头有套,套手指上,另一头折回握在手中,中央有一兜,可贮石球。用时,先甩动,到一定时候松其一头,石球飞出,射击目标。这种工具在中外极为流行,如纳西族的飞石索,藏族的"写斗",普米族的"果穷",彝族的"别尔",汉族的甩石兜等。

2. 流星锤

流星锤是系有绳索的石球,狩猎时将石球和绳索一块抛出,或击或捆,进而获得野兽。然后收回流星锤,继续使用,这种工具在亚、欧、美和大洋洲均有之,其中又分几种形式:

(1)一球流星锤

这种工具是在一个石球上拴一根绳索,其中又有两种形式:

①投掷一球流星锤。

该具是在石球上包一皮套或一网兜,另拴一根绳,我国纳西族、藏族和西番人都用,在故宫博物院所藏的唐代银杯上,就有梳辫子的猎人,骑马追狐狸、兔,手持一球飞石索的形象[①],这可能是古代藏族。过去满族也有此具,但是安一柄。

②脚索

它是在一木杆上拴一长绳,绳端又套一石球,狩猎时把石球甩出去,以求绊住兽腿。如乾隆《广舆胜览》:"云南等府乾罗罗"图中就有一男子左手臂上绕许多绳,右手提一金属圆球,当为一球投石索遗迹。在山东嘉祥英山1号隋墓壁画中,有一侍女正在舞一球,这就是杂技中的舞流星[②]。民间玩流星者就更多了,所谓"流星、流星,专打鼻子不打眼睛"。

(2)二球流星锤

在南美洲阿根廷的阿劳千人、特惠尔日切人、巴塔哥尼亚人都以狩猎为生,均有二球流星锤。目的是绊住兽头或脚,借以猎取之。达尔文对此有生动的描述[③]。在我国考古中也有发现,如战国水陆攻战图上就有。鸦片战争时有一个抗英女英雄飞凤,就

[①]《唐代图案集》第19页,人民美术出版社1982年版。
[②]《山东嘉祥英山一号隋墓清理简报》,载《文物》1981年第4期。
[③]《达尔文日记》第56—66页,商务印书馆1961年版。

使用二铁球流星。

(3) 三球流星锤

印第安人、爱斯基摩人用此工具。达尔文说："另一种有球三个，亦用薄皮带系在绳索上。高倬人拿住这三只球中最小的一个，将其余两球在头顶上甩圈，让他们继续旋转，有如链锁弹似的，然后看定目标，掷将出去。"可猎野马、野牛。我国成都百花潭中学10号墓出土的铜壶上，就有三球流星锤形象。① 我国民间杂技中的三球流星，则是上述狩猎工具的残迹。

在以上三种流星锤中，都有共同性：一要有石球，二要有皮兜，借以兜住石球，三是绳索，一根至三根不等。其猎取对象有鸵鸟，野牛，野马，美洲狮，胡狼，鼠狗等。

从上述分析看出：

第一，我国发现的石球是一种狩猎工具，并不是某些足球爱好者所谓的足球，它适于在平原上狩猎用。这是弓箭发明前人类最重要的狩猎工具。

第二，流星锤的使用是远古狩猎技术的重大革命，尤其从旧石器时代中期以后，这就使某些居民成为猎马人，对氏族形成有重要意义。②

史前文化遗址出土的狩猎石雕

此外，我国是发明流星锤最早的地区。在世界上许多地区都使用流星锤，但是都以中国为早，即在五十万年前蓝田人就已经使用流星锤狩猎了。历史同样告诉我们，任何一种工具和技术都是顺应社会发展的需要而产生的，只要上述需要还存在，流星锤也会继续保持其生命力，因此它还以这种或那种形式保留在我国民族地区，只是形制已大大简化了。

3. 猎槌

在内蒙古、新疆和宁夏蒙古族地区有一种打兔棒，又名"布鲁"。

"布鲁"有三种类型：一种称"海雅木拉布鲁"，即木棒，长约三四十厘米，扁平形，是平时小孩练习投掷和打飞鸟的木棒；一种称"吐故力嘎布鲁"，即铅头木棒，木棒边长三四十厘米，在木棒头上刻有花纹，把铅铸入花纹内，既美观漂亮，又增加了

---

① 《成都百花潭中学十号墓发掘记》，载《文物》1976年第3期。
② 宋兆麟《投石器与流星索》，载《史前研究》1983年第2期。

木棒的分量，可以用以狩猎和打仗；三称"吉若根布鲁"，即铁头木棒，木棒长三四十厘米，一头安有铁或铜头，比较沉重，约150至450克，在狩猎和战争中均可使用，可以打较大的野兽。

"布鲁"的投掷，基本有两种形式：

一种是投准，这是少年们练习和比较臂力的重要方式，事先在距投掷线30米的地方，放置三个圆木柱，高50厘米，直径4至7厘米，上细下粗，木柱相距10厘米。比赛时，投掷者站在投掷线上，用右手或左手握住"海雅木拉布鲁"，用力将木棒投出去，把自己前方的圆木柱击倒。每人投掷三次，其中击中一次记三分，击中两次记六分，击中三次记十分，最后根据每人所击中的次数和分数，裁决胜负。这种比赛与击木运动相近。

另一种是投远，参加的人可多可少，人们站在同一条投掷线上，尽力把木棒投向远方，可投一至三次，最后以最远者为第一名，次之为第二名，依此类推，排出优胜劣败。这项运动，对锻炼臂力和技巧都有一定益处。

二、射猎

这类猎具主要以一定的工具，利用弹力将弹丸或箭头射出去，击中禽兽。主要有弹弓、吹枪、弓、弩、弋射等。

（一）弹射

弹弓是利用带兜的弓弦把弹丸射出去。《说苑》"弹之状如弓，而以竹为弦"。其起源很早，在新石器时代出土不少陶弹丸，其中有不少是由弹弓发射的。《吴越春秋》："陈音对越王曰：弩生于弓，弓生于弹，弹生于古之孝子。古人死投之中野，孝子不忍父母为禽兽所食，则作弹以守之，故古人歌之曰：断竹续竹，飞土逐宍。"这种猎具在甲骨文中屡见不鲜，近代傣族、布朗族、哈尼族、克木人和黎族等仍然在用，是猎鸟、护禾工具。

吹筒

这是利用竹、木筒置弹丸，将弹丸吹射出去以击飞鸟。

弹弩

不久前北京还有这种猎具，是弩的一种，臂上有槽，可射弹丸。徐中舒说："弹弩或连珠弩，直臂，臂上置一匣以盛弹或矢（如匣增加则发弹或矢之数小可增多），匣近臂处留一弦道，弦道之后端向下，微凹以为衔弦之用，机牙一长方形小骨片，即置于此凹处，可自上下移动，匣与臂相连之关键，一端茇弦通过弦道之力，一端别有一柄，俗称为拐子（古当称曰枢），夹于匣与臂之两旁，两键贯之，一键在匣，一键在臂，因此弩射是置弹或矢于匣中，然后将拐子向前转动，当转动时，匣之后端与臂并不紧挨，待匣与臂紧接时，则牙为臂所阻而上升，因而将弦挤出凹处以发弹或矢，如此往复转动，则弹与矢即连续发射不已。"①

（二）箭射

弓箭产生较早，在山西峙峪已有石镞出土，距今两万多年，传统认为弓箭为中石器时代的发明，看来这种说法是保守的了。我国新石器时代发现箭头更多，有石、骨、角、牙等质地。在新疆、内蒙古等地的岩画上，有不少以弓箭射猎的形象，这是当地民族的基本狩猎方法。民族学资料中也多有保留。

《契丹国志》："弓以皮为弦，箭削桦为干。"满族男孩生下来，必在门上悬一弓箭，自幼习之。《建州见闻录》卷六九："妇孺皆娴于骑射，女人执鞭驰马，不异于男子，十几岁小孩即骑马射箭。"过去满族"七姓"曾脚踏滑雪板，以弓箭狩猎。入关以后，该族还保留不少狩猎传统。直至清末民初，东北的赫哲族、鄂伦春族还以弓箭狩猎，当地的桦木

原始人的弓箭

弓十分有名，箭也是桦木制的，但箭头多涂毒药。南方民族也普遍使用弓箭，《琼州海黎图》称黎族"其弓则以硬木为胎，柔竹为弦，矢则贯以铁镞，无羽，每猎必夹以从，发则十有九中焉"。台湾高山族也使用弓箭，由于多用毒矢，对箭保护极为精心，都置于箭箙之中。

弓必用箭，箭头有木、竹、骨、角、牙等。还用搬子，在邳县大墩子44号墓出土一件骨搬子，在商代妇好墓出土一件玉搬子，说明此具由来已久。满族、鄂伦春族则利用骨搬子、玉搬子，其用法是把搬子套在右手大拇指上，以利保护手指。

（三）弋射

---

① 《历史语言研究所集刊》第16分册。

弋射一般也是以弓发矢，但在矢上系一根长丝线。弋射，又称缴射，是发射一带线索箭矢的射术。这种工具已经不大使用，在我国古代的战国时期最为流行，如湖北随县曾侯乙墓棺上，故宫藏的战国宴乐纹铜壶，辉县琉璃阁出土战国狩猎纹铜壶，成都出土的汉画像砖上，也有弋射的形象。

弋射所用的发射工具有两种：一是弓，二是弩。但弋射所用的弓较短小。弋射所用的矢有一定特点。《淮南子·说山训》："好弋者，先具缴与矰。"矰为系缴之矢，缴者矢上之绳。弓所发的矢杆长，弩则用短箭。在这些箭头上皆有倒钩，箭铤有孔，前者便于钩住猎物，后者便于系缴。

在发射前，缴很长，必须绕在轴上，称为缴轴，为凹腰式，且重，必以石为之，后来改为木轴，汉代画像石上就有这种形象，再进一步则利用滑车。

弋射主要射禽类，《诗经·郑风·女曰鸡鸣》："将翱将翱，弋凫与雁。"由于雁是候鸟，猎取必在初春。我们在川滇也看到弋射猎取野鸭、鹿、獐。

作者在泸沽湖调查期间，曾看到弋射工具，由弩发射，箭头为铁制的，但箭铤上系绳，这是在湖边使用的，主要是猎野鸭，或者进入沼泽地草丛中猎獐、鹿，一旦射中，猎人即可提拉绳索，把水中或沼泽地里的猎物拉上来。

（四）弩射

弩起源较早，《古史考》"黄帝作弩"。后来一直占有重要地位。《武备志·军资乘》卷一〇三："中国之利器，曰弓与弩……惟弩之用为最。"但弩起初是猎具，据民族调查有三种弩：

1. 地弓

在我国鄂伦春族有一种"阿兰阿"，即为地上的弓箭。它由弓和木臂组成，木弓称"伯勒"，木臂称"那勒"，汉意为手臂。《楚辞·哀时命》所说的"机臂"就是这种机件。使用时，先以木楔把木臂固定在地上，弓弦卡在臂头处再往后，以"阿鲁棍"尾端卡住弓弦，然后将阿鲁棍竖起，并套引一根很长的伏绳，该绳头为豹撞动，地箭即刺中豹胸，行不几步即毙。这种地弓在苗、傣、壮、水、拉祜、藏、西番人地区广泛使用。我们在四川木里调查时，每家都有十多把地弩。吉林地区也应用地弩。《中华全国风俗志》下篇卷一："猎民每于冬间，伺雪中迹以为掩捕，因虎前行，必寻旧路归，猎者辄于路机，其法横系一铜钱，一端一引与之机关弓架入统机，虎触之，弹发恰中其前胸，即负伤，辄奔越，乃按血迹追寻，恒倒毙在数里外。"

2. 手持弩

又称泊箕竹弓。《蛮书校注》古代朴子蛮（德昂族）："善用泊箕竹弓，深林间射飞鼠，发无不中。"苦聪人在林中，守于树下，以手持弩射松鼠，一天可射几十只，然后取出内脏，晒干，以备后用。

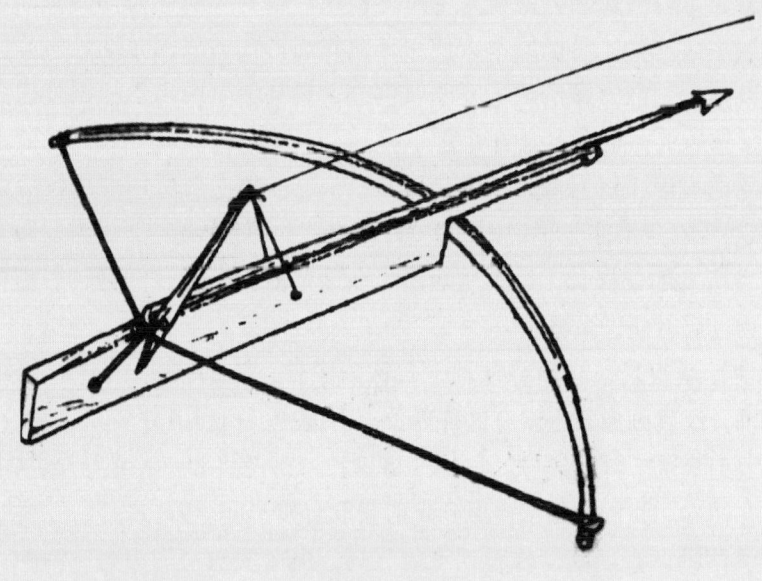

鄂伦春族的地箭

这种弩比较轻便，在黎族、壮族、哈尼族、独龙族、苦聪人、景颇族、傣族、佤族、阿昌族、布朗族、基诺族、德昂族、怒族、拉祜族、彝族、苗族、纳西族等均流行。以哈尼族木弩为例，为竹制，长90厘米，弦用麻绳。但中间以藤包缠。弩臂为木制，长70厘米，在臂后上方挖有弦槽，槽内挖空，装一骨悬刀（独龙族则在弦槽一侧安悬刀，较原始）。张弦时，将弦卡在弦槽内，悬刀位于弦下，发矢时，即可扳动悬刀，弦从槽出，引起弦收。各种弩所用的矢，都有二大特点，一是矢较一般弓上所用矢为短，二多涂有毒药，否则仅能射鸟而已。过去有一种说法，认为南方、西南流行弩，不流行弓，东北流行弓而不流行弩，但是从我国各民族所保留的弓弩看出，南方既用弓也用弩，由于出没于丛林之中，工具又较为落后，用弩多于用弓，北方地面开阔，用弓多于用弩，即使如此，东北也习于地弩，满族妇女还用手弩行猎。

通过以上分析看出：

首先，弩来源于弓，人类在长期用弓之时，不断扩大弓箭的作用，一支向弋射发展，一支向弩发展，从鄂伦春族的地弓看出，它就有较多弓的特点，只是把弓固定在地上而已。《吴越春秋》："弩生于弓，弓生于弹。"是有道理的。但弩又比弓箭进步，如射程远，杀伤力大，张弓时间长，以机械代手臂，一人可用几弩等等。

其次，弩有一个演变过程，起初为竹、木弩。《墨子·备城门篇》"二步一木弩"，可见战国还用木弩。但铜弩机已大量发现，弩机是弩最重要的机关，也富于变化，起初仅以绳棍卡弦，进而用弦刀，再进步为加骨廓，设悬刀，最后才发展为青铜机件。

第三，弩有一定结构，包括弩身、弩担、弩弦、弩弦扣、箭槽、扳机等①。

3. 地弩

地弩是一种大型弩，因架设于地上而得名，但这种弩都前引一伏绳，野兽经过时一旦绊动伏绳，则绳动机发，箭可刺中猎物。凡是用弩的民族都有地弩。古代苗族以地弩猎虎，近代西番人、基诺族还以地弩射豹。不过在民族地区对手弩、地弩有自己的区分，这是根据猎取不同对象发明的。手弩猎取禽类、小兽，地弩是猎取猛兽用的，如独龙族就用两种弩狩猎，其手弩长90厘米，拉力90磅，射程50米。地弩长1.10米，拉力120磅，射程150米。不过，这种区别也不是绝对的，如果利用毒箭，手弩也可猎猛兽，但箭必保存在箭筒内，严防中毒。射到猎物后也要马上处理，把毒汁取出来。

三、套夹和陷阱

在谈过进攻性猎技之后，我们看看套索和陷阱狩猎设备，这是一种较为被动的狩猎方法，但是起源较早，它是从网兽开始的。《周易·系辞》："疱牺氏作结绳而为网罟，以佃以猎。"《盐铁论·通有篇》："设机陷，求犀象，张网罗，求翡翠。"不难看出，陷阱是捕大兽的，网套则捕小兽和禽类，如《尔雅音图》上的网就是捕鸟类和野兔的，以下看看有关的猎具。

（一）套索

1. 绊脚索

除了前面所述的一球流星锤绊脚索外，还有其他若干方法。

东北有些民族，取一长竿为鞭竿，竿头上拴一根长的小铁链，捕兔时，围攻于山巅，然后用铁鞭扫兔腿，这样铁链遇兔腿后，即把腿缠住，能捉到活兔子。汉族也用这种办法。《札朴》卷五《览古》："莱州猎者，以绳兽足，初纵之，既复牵制之，待其疲而后获之。"

2. 套兽

套禽兽的方法也不少，最流行的办法是在地上布置若干活套，动物足踏入活套，越挣扎越紧，最后被擒。如云南永宁摩梭人一般在飞禽常落的地方钉一根木桩，木桩上拴一根几十米的绳子，在绳上每隔一米左右拴一根小绳，结为活套，布置在地面上，撒上粮食。当飞禽来吃时，即被套住足。这种工具在西双版纳几个民族中也比较流行。此外，在高山族地区也普遍使用，其中有两种较为流行：一种是在树林中置活套，野

---

① 宋兆麟、何其耀《从少数民族资料看弩的起源》，载《考古》1979年第1期。

兽头入而捕之，一种是人为设置木桩，其上挂活套。前者与鄂伦春族套树鸡的网相似，后者在普米族地区也广为使用。

我国牧民的套马技术，就是由上述套兽法演变来的。一种是蒙古族的套杆，如一把鞭子，活套套在木杆上，套住后牧马人握住木杆牵马。另一种是哈萨克族的飞绳套，即不用木杆，而是手握长绳，有一个活套，牧人骑马追击，逼近马匹时将马套住，牧人紧紧拉住绳索即可。

3. 挂网

挂网仿自捕鱼用的挂网。云南沧源岩画上已有挂网捕猴的形象，但多用于捕飞鸟。如贵州黔东南榕江、从江、黎平等地的侗族、苗族和瑶族，在候鸟来临季节，即在鸟类所飞的路上空，挂若干张长方形的网，网孔大小正好能钻进鸟头，由于鸟头钻进后，羽毛卡住网套，鸟欲进不能，欲退不得。一个猎手一次能捕几十只，上百只的鸟。在《东鞑纪行》中有一幅捕鸟图，就是利用挂网狩猎，满族则在地上撒上粮食，其上布网，鸟落而坠网。

在云南丽江地区集体进行围猎时，在最后包抄时也多以网扣之。

赫哲族的捕貂网，以麻织成，网口15厘米，长180厘米，用4个圆木圈把网撑起来，然后将网置于洞口，猎人从通烟口轰貂出洞，一入网，埋伏在一旁的猎人即可用木棍把貂打死。

4. 杆套法

这是在一个有弹性的木杆或竹竿上，拴有绳套，如广西瑶族的伐竿套就是一例。他们在兽类常走的路上，先埋一个平头钉，再埋一钩头钉，在钩头钉上搭一个竹竿扣，稍盖些土，野兽一踩踏，竹竿顿时竖起，把兽足套住。这种方法在

沙源岩画中的捕猴图

云贵川各族中普遍使用。任乃强在《西康札记》中称："掘地为坑，小碗口大，中伏一活套绳，他端系树桩上，坑上屈竹为弓形，停于地，横一圆木枝，称'滚筒子'，靠弓侧，两端旁弓处，又横靠木枝各一，上下以线会之，屈系绳之木桩，结绳此线之他端，于是滚筒。紧靠弓，不得下坠，再以二寸宽杉木板一，一端倚坑沿地，一端靠滚筒，以土及草掩之，使不见坑。獐来脚压杉板，则滚筒向下，獐脚随杉板入坑，被屈木桩倏弹复直，绳之活结遂系獐脚，悬之空中矣。"

（二）夹子

夹子是以石、竹、木或金属制作的猎具，如果说套索是软质而变形的猎具，夹子则是固定的猎具，也多设有饵食。从我国民族学资料看，最简单的夹子是以木棍把石板支起，木棍上拴饵食，一旦野兽咬动饵食，石板就落下来压住野兽。在此基础上又发明了各种各样的夹子。

以狩猎为生的鄂伦春族已使用独木制成的夹鼠器，三角形木夹。基诺族的压木夹子以捕捉较大的野兽。黎族捕鼠用弓形夹，其中又分为若干类型。普米族的夹子是网兜式，别具特点。

（三）陷阱

陷阱是比较大型的捕兽设施，不可移动，有地下、地上两种：

一种是陷阱。佤族的陷阱，是地上挖坑，插许多竹签，上蒙土，伪装或置粮食，野兽来吃即坠入坑内竹签上。瑶族虎穴也是如此，但坑内置虎夹，力大。

与陷阱有关的狩猎方法，还有一种粘鸟方法。粘鸟也是狩猎的一种方法，但往往与饵食结合。瑶族有一种鸟盆，鸟盆以木雕制，高一尺多，在山腰小路旁，每七八尺放一盆，盆下垫石，盆上架一小竹棍，其上涂有"鸟楼"，是一种胶状黏性树汁，在盆之间设水枧，水滴于盆内，当鸟来盆吃水或洗澡，必落竹棍上被粘住。苗族的粘膏有两种：一是桐油炼制，一种是把兜衣树皮捣烂而成。狩猎时，将其涂在树枝或人工树枝上，一般都要挂有鸟媒，以引诱群鸟飞来。榕江苗族捕鸟时，是在秋收后，候鸟来临，先做鸟堂，即在山顶辟一块地方，中央埋一竹或树，其上有枝，放有粘膏、鸟套，又放有鸟媒，堂内烧火，猎人在附近的草棚内等候，鸟被套上即取之。云南元江傣族有一种"支火雀"，即粘火雀之意，粘胶以松、杉上的寄生黏性物制成。当秋天火雀群来临时，傣族人把粘剂涂在芒果树或酸菱树枝上，自己却在树权上或绳床上，并以鸟媒引诱，火雀落上即粘住，猎人将其一一装入布袋里。

一种是栅栏。北美印第安人"把野牛群底一部分赶到坚固的栅栏里去，或四面鼓噪，通过两行石堆，把野牛赶向险峻的斜坡，逼着它们往下跳"[①]。《维西见闻录》：

[①]《经济通史》卷一第241页，商务印书馆1936年版。

"猿栅，于麓掘凳，深五六寸，宽尺许，置果，外插木楞为栅，空容猿手，猿至窥果，遂手探凳握果，而拳不能出，辄狂啸，人闻声从之，猿益惊惶，不忍舍果，而为人所获。"又说："熊夹，熊力大，而男十目见，有木桩，辄拔之必出乃喜，儇儇因多伐巨木，劈其半，撞木桩播于开处，群熊游而见之，争骑巨木力拔，桩脱牡则夹肾囊，牝亦夹臀肉，鲜克免者。"高山族的陷阱为木制，地面设钉。该族的木城则可捕捉野牛。

四、动物捕猎

（一）猎鹰

利用动物捕捉动物，也是人类的最早发明之一。在汉代画像石和魏晋画像砖上已有以猎鹰捕猎的形象。唐宋壁画中也屡见不鲜，而且多为民族猎手形象。契丹、满族皆以海东青为狩猎手段。《黑龙江外记》："海青，一名海东青，身小而健捷异常，见鹰隼以翼搏击，大者力能制鹿。"近代维吾尔族、哈萨克族和侗族还在利用猎鹰狩猎。《中华全国风俗志》下篇卷九："回人喜畜雕，少有之家，即有雕一二架，或至二三十架。雕捷而警，狼、狐、狸、黄羊之属遇之无得脱者。"达斡尔族把山鹰捉来，绑在摇篮上，摇晃数天，然后带其出门，丢肉和沙鸡翅膀，驯化其捕捉，驯好后用以捕兔子、野鸡。如猎鹰过胖，就把麻球放在肉里，令其可刮肠上之油脂。现以侗族养鹰为例加以说明。

第一步是捕鹞。

鹞子又名鹞鹰，眼圈黄色，羽毛为棕色，胸前有白花，嘴尖而有钩，鹞子体小，仅半斤重，但凶猛异常，是捕捉禽类的能手。

侗族捕鹞多在入秋之后，候鸟来聚，每家都到林中开拓一块平地，建一"鸟塘"，中间插一根树桩，其上放有粘膏诱饵、鸟套和鸟媒，以便捕鸟。捉鹞子，是为了狩猎，必须捉活的，方法是在树上安好"排套"，即在一根绳索上，依次系若干活套，当鹞子落在树上寻食时，必然为"排套"套住。这时猎人要精心的解开排套，在鹞子足部缠好垫布，拴上线，再把线缠在木棍或木桩上。

第二，驯鹞。

刚捉来的鹞子，脾气大，毛病多，一是叼嘴，二是叼人，对食物百般挑剔。驯鹞的方法，首先是拴在树棍上，该棍也是将来放鹰的指挥棒。其次，驯鹞者必有耐心，掌握鹞子的习性，由于鹞子贪食，驯鹞往往从喂食开始。据猎人说，再凶悍的鹞子，饿上三天就老实了，所以必先饿它，三天之后，再一点点给它喂食物。喂时须把食物

彝族的鸡媒

丢到一定地方，然后以茶树棒指点，鹞子就飞往食之。经过一次又一次的喂食驯化，鹞子就乖了，哪儿有食物就飞向哪儿。喂的食物是鸟肉、瘦猪肉，这是鹞子最喜欢吃的。当鹞子任人指挥，勇于拼搏之时，至此驯育工作就基本完成了。

第三，放鹞。

放鹰多在清晨出发，猎人提着鹞子，带上饭包，赶到百鸟聚集的鸟塘或坝子。但猎人必须选择一处有利地形，手提木棍，鹞子伏在肩上，猎人观察鸟群飞行方向，一旦鸟群到鸟塘聚集，猎人一举木棍，放开长线，鹞子即向鸟群出击。此时鸟儿像老鼠见猫，不是抱头鼠窜，或是束手待毙，鹞子以它那把齿般的爪，铜锥般的嘴，或抓或叮，使许多鸟致伤，纷纷从空中跌下来，猎人再用"捞绞"（鸟网）在地上一罩，即把鸟儿捉住，装入竹篓或网袋中。

侗族饲养鹞鹰是相当普遍的，据我们在榕江几个村寨的调查，每个村寨少者几户，多者几十户，多由老人饲养，当然，年轻者也喜欢玩鹞鹰。捕获的鸟除个别留下观赏、驯斗鸟外，绝大部分都制成"腌鸟"，即以盐、辣、姜等腌制存藏，这是侗家饮食风味之一①。

（二）猎犬

猎犬是人类最早驯育的动物之一，主要用于追逐野兽，也是猎人的保护者，各民族均应用猎犬。黎族称狩猎头人为"俄巴"，意为率领猎犬的人。怒族猎手有一牛角，用以指挥猎犬。普米族以马易猎犬，猎犬死，必安葬。猎犬要体轻、灵便、耐性、勇敢，这种猎犬才能在狩猎中起较大作用。《桥西杂记》对用犬猎貂有生动的记载："土人张帐篷，居蓄三犬，一犬守，一犬逐兽，一犬打兽。打貂者跟踪足印。其树多孔塞之，留下二洞，上洞网，下洞熏烟。貂畏烟，缘木而上，入网就获。"《中华全国风俗志》下篇卷一吉林"猎者蓄狗，大者能搏虎豹，小者则为逐兽之用。每于黑夜中虎啸，则放小狗出，谓之送客。狗驱虎前行而吠，虎冉奔，再匿，如是数回，虎去已远，其狗乃归，

---

① 宋兆麟《日月之恋》，上海文艺出版社1997年版。

安息无患矣"。由于狗在狩猎中起重大作用,人们对猎犬极为珍惜,精心饲养,贵如良马,彝族的最佳猎犬,是良马都不换的。

(三)媒子

在狩猎技艺中,还有一种引诱方法,这也是一种比较积极的方法,目的是引诱禽兽前来,它本身虽然不能直接猎取野兽,但能提高狩猎效率。

首先,应该提到伪装方法。例如鹿头,这是猎人头戴的伪装面具,《啸亭杂录》卷一所谓"命一侍御举假鹿头",《钦定热河志》卷四"各戴鹿首为导"均是。其用意正如魏源在《圣武记》中所说:"像鹿之首,人戴之,则鹿不疑。"北美印第安人就用它进行伪装。满族在狩猎、契丹人在打鹿时,也有专人举鹿头。

清代人《黑龙江外记》卷六:"索伦达呼尔以狍头为帽,双耳捷然,如人生角;又反披狍服,黄聱蒙茸,少见多怪者,鲜不望然而去之,然亦穷苦者装饰如此。"鄂伦春族的狍角帽也是一种,他们把驯鹿角套上绳,放在山野,令与野鹿斗,从而猎人套之。北方萨满皆戴角帽,并根据其资历长短而增加帽上的鹿角数目,此俗当起源于狩猎时代的伪装。伪装的目的是麻痹禽兽,但更积极的引诱还不止于此。远古猎人必须了解动物习性,掌握其生活规律,才能实现狩猎的目的。所以动物知识是最早为人类所掌握的古老学科之一。其中动物的两性关系,就是人类早已掌握的了。《尚书·尧典》:"日中星鸟,以殷仲春,厥民析,鸟兽孳尾。"在交尾期间,动物多同性相斥,异性相吸,人类根据这一原理,发明了许多以禽兽诱惑禽兽的办法,即引诱法。

在猎鸟时,最初仅用野生的禽类,带到山上引诱之。如新西兰的毛利人在狩猎时,就隐身于树枝间,手持一鹦鹉,其他飞禽落下时,用手抓住。后来才用驯育的家禽。云南省西双版纳傣族抱一公鸡上山引诱野鸡。后驯育火雀,拴在粘鸟的树枝上,它一叫,其他鸟即落在粘膏上。侗族养许多鸟媒,以利捕鸟。

唐代诗人刘禹锡《历阳书事七十韵》:"游鱼将婢从,野雉见媒惊。"司空图《南北史感遇》:"昔日繁华今日恨,雉媒声晚芳草时。"元好问《惠崇芦雁》:"雁奴辛苦待寒更,梦破黄芦雪打声。"这些都是指媒子说的。

(四)鸡媒

鸡媒起源较早,在汉代画像石上已有鸡媒形象。中国历史博物馆收藏一幅《么些图卷》,其中就有一个狩猎场面,一个猎手正提着一个鸡媒,旁边还有一人拿一个长柄抄网,古代称获,当野鸡被引诱来后,猎人伺机用网扣住。这说明纳西族古代也用鸟媒引诱禽类。在清代《尔雅音图》上有一幅"宵田为獠",就绘有一位猎人,正在观察野鸡与篱笆内的鸡媒欲斗的情形,整个景观与彝族使用鸡媒狩猎如出一辙。

彝族利用鸡媒狩猎,往往在黎明前夕出发,提着鸡媒和陪伴着它的小母鸡,到了

第八章 攫取经济

密林深处以后，首先在地上围一个竹篱笆，高70厘米，直径1米左右，并且用木桩将篱笆固定在地上，在篱笆外一侧横拴一绳，其上布满马尾活套，高矮与野鸡头高度相同。

由于平时鸡媒有小母鸡作伴，朝夕相处，平安无事，但是到山上后，因为将两者分开，鸡媒异常孤独，尤其是在鸡的交尾期间，鸡媒频频鸣叫，呼唤着离别的伴侣。如果鸡媒不主动叫，猎人也要在一旁学母鸡叫，或者把小鸡挂在附近的树上，让它与鸡媒彼此唱和。当鸡媒鸣叫以后，山上的雄性野鸡以为有公鸡来抢自己的"妻子"——母鸡，立刻怒发冲冠，准备挺身而战，这就是"野雉见媒惊"的道理。

山上的野鸡很多，并不是群起而攻之，而是由该山上的野鸡王前来迎战，它在篱笆外跃跃欲试，转来转去，鸡媒在篱笆里也摩拳擦掌，互相对峙。对峙到一定程度，就要展开肉搏战，野鸡不断用锋利的嘴进攻鸡媒，后者也伺机反攻，野鸡为了咬住鸡媒，往往在篱笆外转圈，从而被活套套住。隐藏在附近的猎人顺手把野鸡捉住。有些猎人并不用套索，而是手持一个长柄抄网，当两只鸡斗得不可开交时，他翻网猛扣，也能把凶悍的鸡王捉住。

猎人捉到野鸡后，无疑暴露了目标，其他野鸡不会来自投罗网，猎人要立刻转移，在附近其他山顶上安营扎寨，设篱诱鸡，依然用上述方法捕捉野鸡。这样一天能捉不少野鸡，其中最好的鸡媒在一天内能引诱十几只野鸡，誉称"英雄鸡"。

鸡媒必须经过严格驯育，彝族获得鸡媒的办法有两种：一是在五六月间到山上找几个野鸡蛋，拿回家里让家鸡孵出小鸡，并将公鸡留下来，先放在家养的小鸡群里饲养，清明前夕，将野公鸡分出来，单独进行饲养，并放一只小母鸡为伴；二是在山上捉小野公鸡养。

野鸡一般在地上筑巢，附近有小树林，巢是以草筑的，直径40厘米左右，野鸡蛋经21天孵化即能生出小鸡，其间，母鸡自寻水食，先由母鸡捉蚂蚁、小虫喂，经过几天小鸡便可以下地寻食。通常在八九月的阴天，母鸡把小鸡领出来，自己开始认路、飞翔。每巢少者七八只，多者十几只。猎人多在此时捕捉小鸡，驯育为鸡媒。

捉小鸡时，必须先追撵母鸡，因母鸡筑巢日久，饮食不周，体质虚弱，很易撵上，然后以母鸡引出小鸡。据说捉住小鸡以后，必须将母鸡打死，用母鸡毛为小鸡筑巢，既暖和，又断了小鸡思母之情，否则鸡媒思母心切，不专心招引野鸡。即或如此，小鸡被关进鸡笼后，也不想吃食，只能喂蚂蚁卵。而饲养鸡媒的人一般都是牧羊人，每天都要提着竹鸡笼，将鸡媒带上山，挖黄蚂蚁卵喂鸡，不仅现挖现喂，还要带回一些以充夜食。每巢黄蚂蚁可以取卵一公斤。

在一般情况下，要将小鸡媒的尾巴剪掉，一年之后，拔去翅膀上的最粗壮的一根羽毛，据说它是野鸡飞行的重要器官，拔掉就飞不动了。平时将鸡媒倒扣在竹筐内，驯育好的可以放在室内任意走动、寻食，出门上山才关在竹笼里。

在饲养过程中，还必须给鸡媒喂野鸡脑子，尤其是头一次上阵而取胜者，猎人要就地把野鸡头打开，把脑汁给鸡媒吃，它不吃就硬往嘴里灌，经过二三次硬性喂食后，鸡媒就习惯了，也以吃鸡脑汁为荣，能吃上瘾。所以，一个成熟老练的鸡媒捕到野鸡之后，跃跃欲试，争着要吃野鸡脑汁，猎人可手握野鸡脖子，鸡媒主动将对方的头骨咬开，吸尽脑汁。这种鸡媒凶悍，求战心切，在捕猎时不用竹笼，可以在竹篱笆内自由活动，有些甚至不用套索，更利于它去战胜野鸡[①]。以禽诱禽，不限于野鸡一种，元好问《惠崇芦雁》："雁奴辛苦候寒更，梦破黄芦雪打声。"其中的"雁奴"也是一种人工驯育的"雁媒"。周达观《真腊风土记》："翡翠自林中飞出求鱼，番人以树叶蔽身，而坐水滨，笼一雌以诱之，手持小网，伺其来则罩之。"这里说的是翡翠媒，云南大理、保山、丽江等地还驯育一种鹏媒，方法与彝族驯育鸡媒相近。每年冬天，都从青海飞来许多鹏，在该地避寒，猎人在鹏飞往路线的地上设有网，在网上放些食物，并先放鹏媒吃食，飞行中的鹏发现鹏媒后，都争先恐后地降落下来，与鹏媒争食、斗架，猎人乘机捕捉之。

鸡媒的驯育是人类认识和运用野鸡生活规律的产物，任何动物都有一定的生活规律，不同季节有不同季节的习俗特点。以野鸡为例，在农历十一月到来年四月初，野鸡不分雄雌，都群居在树上。从清明节到六月份，是野鸡的交尾、孵蛋期，此时鸡群解散，盛行一雄一雌的结合，也就是说，这时间同性相斥，异性相吸。交尾期间雄鸡的叫声，无疑是对雌鸡的诱惑。但是这也引起了雄鸡之间的争斗不休。当时每座山上都有不少公鸡，它们之间要经过一番挑战、争斗，最后出现一只公鸡王。鸡王虽然也有一只母鸡为伴，但是其他公鸡不能叫，只能忍气吞生地活着，否则鸡王就前往制裁。所以，鸡媒一叫，鸡王必然前往，猎人正是利用野鸡的上述习性发明了鸡媒。

五、鸡哨与鹿笛

（一）鸡哨

彝族猎手过去以口技仿禽类鸣叫，以便射杀之，后来发明一种鸡哨，称"许加杜"，该具是以嫩竹皮为原料，取一段，围成圆圈。直径1.5厘米，竹皮宽0.5厘米，以马尾拴系。吹奏时，将鸡哨横置于两唇之间，轻轻吹奏，时断时续，发出小鸡惨叫之声，母鸡听到后，以为有其他动物捕食小鸡，它不顾安危奔来搭救，猎人可相机行

[①] 宋兆麟《鸡媒与鹿笛》，载《中国历史博物馆馆刊》1996年总27期。

事。其实,模仿小鸡叫,不但能招引母鸡,还能引诱公鸡。因为公鸡喜欢吃小鸡,当它听到小鸡叫以后,也垂涎三尺,前来找小鸡吃,有时还与母鸡遭遇,互相厮斗,母鸡保小鸡,公鸡吃小鸡,猎人可一箭双雕,把两只野鸡射中。彝族的鸡哨,也有取山草叶一片,含在嘴里吹,同样能发出小鸡鸣叫之声。傣族还有一种鸡哨,用一节毛竹制成,从一端劈为开口,内置一个薄竹片为簧,起振荡作用。使用时,将其横置于两唇之间,轻轻吹奏,能发出母野鸡的叫声,并且随着用力的轻重缓急,抑扬顿挫,发出带有节奏的鸡鸣之声。母鸡一唱,公鸡纷纷而来,猎人举弩而取之。上述拟声工具,大多是根据动物在交尾期间的生活规律制作的。另外,鄂伦春族也以口技学野鸡鸣叫,野鸡来后再射杀之。

(二)鹿笛

鹿笛也有较古老的历史。《契丹国志》卷二三《渔猎时候》:"七月上旬复入山射鹿,夜半令猎人吹角,仿鹿鸣,即集而射之。""每秋则衣毡裘,呼鹿射之。"

《新五代史》卷七三契丹"常作鹿鸣,呼鹿而射之,食其生肉"。

《辽史》卷三二:"每岁东驾至,皇族而下分布涞水侧,伺夜将半。鹿饮盐水,令猎人吹角效鹿鸣,既集而射之。谓舐咸鹿,又名呼鹿。"同书卷一三统和九年八月:"戊寅,女真进唤呼鹿。"

朗世宁所绘弘历《鹿哨图》中,描写乾隆皇帝用火药枪欲射,旁边一官员则在吹鹿哨,其中保留了清代鹿哨的具体形象。河北围场县有一个木兰围场,木兰为满语"哨鹿"之意,该地即为皇帝猎鹿之所,是秋季皇帝出猎的地方。《钦定热河志》卷四:"哨鹿以秋分前后为期。鹿性于秋前牝牡各为群,中秋后,则牝分群而求牡也,哨鹿择林薮深出,兽群总草之所,至期,上于味爽前出营旗行外,燎火以俟,随从侍卫以次而留。从者不过数十骑,皆屏息单行,不闻声响,既至其所,各戴鹿首为导,其哨以木为之,随机达变,低昂应声,鹿即随之。"

据民族学家提供,上述"鹿笛"并未消失,它迄今还在大小兴安岭居住的鄂伦春族、赫哲族、鄂温克族、达斡尔族地区保存着。1961年冬作者趁赴内蒙古自治区呼伦贝尔盟阿里河搜集鄂伦春族文物之机,跟随鄂伦春族猎人,穿过茫茫林海雪原,爬冰卧雪,参加了当地的狩猎活动,世居大兴安岭森林地区的鄂伦春人,世代以狩猎为生,食肉衣皮,住在简陋的"撮罗子"(帐篷)里,过着居无定所的生活,在不同的季节里,有不同的狩猎方法。如以捕鹿为例,鹿是比较灵敏的,警惕性很高,善于奔跑。在春暖花开的季节,鹿喜欢在山的阳坡晒太阳,啃吃嫩草,这时要运用迂回战术,迎头袭击,或者用火围攻。此时是鹿的怀胎期,肚子大,跑不动,可长途追捕。夏季蚊子多,铺天盖地,对鹿威胁很大,它们白天躲在林中休息,深夜才出来寻食,常在河边饮水,舐石头上的咸味。猎人利用这一特点,一般在河畔池边挖一块三四米平方的浅坑,深

30厘米，以尖木棒钻些孔，撒些盐，盖上土，有时还泼些水，不久地面碱化，形成人工碱场。鹿都喜欢来此舔食，猎人乘机捕杀，故称"舔碱鹿"。

秋季是鹿的交尾期，此时鹿十分活跃，到处乱跑，一般是母鹿追逐公鹿，公鹿之间相遇则彼此决斗。因此，当某处有公鹿嘶叫时，母鹿则闻声而来，其他公鹿也以为有公鹿必有母鹿跟随，前来争夺母鹿。鄂伦春族利用鹿的这一生活习惯，发明一种鹿笛，称为"乌力安"。《东荒民俗闻见录》："其冬季第一月，树叶即落此月之初，每在清晨，牡鹿辄呦呦而鸣，牝鹿和之，土人削木为角，效牝鹿声以引牡鹿，俟其走进乃刺杀之。此术鄂伦春人及索伦人均能之。""乌力安"是一种用桦木制成的乐器，形如扁牛角，长40厘米，口部较细。当猎人在密林中吸"乌力安"时，发出公鹿般的叫声，母鹿为了寻找配偶，都闻声而至，公鹿也乘机而来，但是公鹿疑心较大，经常是走走停停，边走边叫，猎人也要时吸时断，与公鹿一唱一和，一旦公鹿观望不前，猎人要随机应变，用富于变化的声调引诱公鹿，使其以假为真，步步逼近。

这时公鹿也要发出和蔼的呼声，与"乌力安"相合。其他有母鹿为伴的公鹿，也会停步静听，惟恐其他公鹿来袭击，不过，它并不主动靠近猎人。一个熟练的猎手，此时要当机立断，伪装向公鹿逼近，边走边吸"乌力安"，公鹿误认有公鹿袭来，也会勃然大怒，逞强欲斗，冲向猎人，母鹿也鱼贯而入。猎人可根据具体情况，首先射杀带头的母鹿，其次猎取其余母鹿，公鹿多为呆傻状态，可以最后射击，从而获得全歼。西双版纳傣族有一种水鹿笛，仅由一节竹制成，一端为封闭的竹隔膜，一端劈为裂口，使用时把开口含在嘴里，能吹出公鹿叫声，借以引诱母鹿。

（三）狍笛

鄂温克族有一种"巳可木嘎温"，汉意为狍笛，形如鹿笛，但它不是吸，而是吹，方法和作用与猎鹿相同。鄂伦春族也有狍哨，含在嘴里吹奏，能发出幼狍叫声，狍听到后即前来护崽，猎人伺机捕杀之[①]。

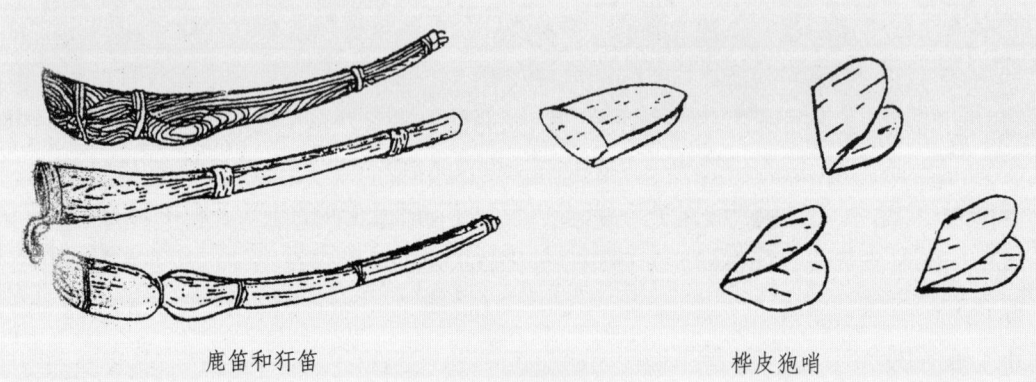

鹿笛和狍笛　　　　　　　　桦皮狍哨

---

① 宋兆麟《日月之恋》，上海文艺出版社1998年版。

六、狩猎的集体性

狩猎是一种艰苦、复杂的劳动，在古代是依靠集体的力量进行的，并有一定的组织形式，除首领外，还有一定分工。

人们为了狩猎，必须有一系列准备工作，包括技术准备、物质准备和组织准备。

所谓技术准备，指制作各种狩猎工具和设备，具有一定的狩猎技术知识。

首先，是动物知识。

动物是狩猎对象，要想猎取它，必须了解它，包括各种动物的公母、大小、习性，从中找出规律，以便猎取之。布依族称狩猎为"理脚印"，追踪之意。鄂伦春族根据动物足迹，可知是什么动物，是公是母，是大是小，去的方向以及离开多久。至于对各种动物的体内结构也是了如指掌的。该族还把一年四季称为鹿胎期（春）、鹿茸期（夏）、交尾期（秋）和细毛期（冬）。

其次，是历法知识。

动物是有生活规律的，不同季节，动物出没也不一样。蒙古族根据草木变化定季节，春为冰雪融化，夏为草木复生，秋为草木枯黄，冬为大地冰冻。蒙古族还以北斗星在正东为春，在西北为夏，在北为秋，正南为冬，他们根据季节，猎取不同的动物。

第三，是掌握地理知识。

鄂伦春族对大兴安岭的山川走向十分熟悉，一出猎十天半月，不会迷路，主要是认识山河，也有一个记事方法，如在树上砍一缺口，或插一树枝，同时，不同的自然环境有不同的动物生存，鹿在草地，熊在河边等。

第四，是熟悉工具和猎技。

远古的工具是由老人制作的，猎手们也多会制作工具。但年龄小的猎手除外，即或是位年长的猎手，也有一定的对工具熟悉的过程，技术越熟练者，其狩猎效率也越高，所以要求出猎前必须熟悉工具，掌握方法。鄂伦春族猎手出发前，要由老猎手在地上画地形图，讲解出猎目的地和狩猎方法。独龙族在出猎前，则在树干下堆塑若干动物，认为谁射中了何种禽兽，谁就能获得什么猎物，这虽说是一种祈求巫术，但是也有一个练兵的作用，在心理上也鼓舞了士气，有助于出猎成功。

人类在狩猎活动中，主要靠两个因素：一是依靠工具和技巧，二是依靠集体的力量，两者是相辅相成的，互相影响的。生产力越低下，集体性越强，反之，集体性越差。但是，各民族的狩猎工具是不尽相同的。"人是从周围的自然环境中取得材料来制造用来与自然斗争的人工器官，周围的自然环境的性质，决定着人的生产活动、生产资料的性质"①。由于自然资料和生产水平不同，其猎具也不一样。

关于出猎的物质准备，除携带好工具外，也带好服装、取火工具和生活用具。东北少数民族冬猎时，必携带狍皮被子，这是寒夜所不可缺的。有些南方民族的猎手则带上绳床，供晚上使用，而且在下边烧一堆烟火，防止蚊虫和野兽来袭。

原始狩猎仅凭个人是不够的，必须依靠群体的力量才能战胜野兽，如石寨山文化已经进入青铜时代，其猎虎依然是由八人共搏一虎，此形象见之于一件铜扣饰上。民族学资料例子更多，试举几例说明：

凉山彝族在猎熊时，多选在冬眠季节，这时熊藏在树洞中，猎手有些埋伏在树周围，有些往树洞里烧火、吹烟，不时敲打树洞，刺激熊出来，当熊一露头即射杀之。

土家族猎野猪是一项严密的集体活动，其中有几个专门人员：一个"理脚迹"，由老猎手担任，熟悉野猪习惯，能侦察判断，作出猎取方案；一个是"堵卡子"，即由射手担任，进行埋伏；一个是"守网壕"，是在山口守网者，野猪一入就网住杀死，其他人则带猎犬猎枪，进包围圈又喊又叫，发现杀死后，就喊"啊喂"，意为打中了，同时清点人数，排队归村，鸣枪呐喊。分肉时，射中者得头肉，其他人各一份，用两个簸箕扣住，怕绝对平均有意见。

布依族在集体撵山时，各人都去找脚印，有些人驱狗找兽，有些人守卡子，当新发现野兽后，以竹角或苇叶吹"吱吱"声，声音又长又响，守卡子的人就装好火药，准备射击，然后还鉴别谁打的。

集体狩猎必须有一个指挥者，过去一般以氏族长、家长，或者由有经验的老猎手担任，也有选举的。如黎族狩猎指挥叫"俄巴"，意为率领猎犬的人，选举有一定手续，先招齐猎手，由头人点两炷香，一炷插在头人家门楣上的兽颔骨上，一炷插在会议地点，然后搭一木架，在竹竿上挂一石，放一糯米团，由头人念每个猎手的名字，到谁处如石头动了，他就当"俄巴"，领导大家狩猎。《中华全国风俗志》下篇卷九称蒙古人善于狩猎，其组织形式有五：一种是个人狩猎多以射狼、兔为目标；一种是部落狩猎，每年举行几次，以村为单位，由左领台吉率领；一种是旗内狩猎，由扎萨克率领旗内青年举行，每年一次；还有一种是盟内狩猎，由盟长率众狩猎，一年一次；此外，皇帝还组织蒙古人狩猎。这些狩猎已不限于获取野味，也有习武之目的。

集体狩猎，集体占有，共同消费，这是氏族的原则。近代的"见者有份"，就是原始共产制的遗风。后来私有制出现了，分配也不平等了，其中特别重视个人作用，如独龙族每个猎手用的箭头都有一定特征，或尖或圆，或在箭上刻记号，猎后决定归属。多者则悬兽头于门，以此作为勇敢标志。珞巴族猎手得头、脖子，其他均分，承认不

---

① 《普列汉诺夫哲学著作选集》卷一第168页，三联书店1961年版。

同人的劳动差别。个人在部落区域内击毙的野兽属于个人,如果只打伤野兽,而恰巧由另一个人帮助打死,那么野兽就属于两个人,而兽皮归于致命一击的人。因此每一支箭都由所有主做出一定的记号①。北美印第安人就以此法记录射野牛之人,与独龙族人一样。清代满族称打猎为"打围",实行的就是人海战术。贵州苗族实行集体狩猎,平均分配。

火是一种狩猎手段。《帝京景物略》记载,金章宗在昌平"下观野燎而猎"。

佤族火攻,是在种地时,先将周围清理一个圈,从四面放火,外边有射手埋伏,火起以后,山羊、麂子无藏身之地,冲向火圈,伏击者纷纷射击。

鄂伦春族的火攻法,是先把猎手分散在一座山的周围,把野兽轰到山顶,人们不断往山上围攻,并点起篝火,火光冲天,浓烟四起,伴以喊杀声,野兽腹背受敌,惊恐万状,然后射手好杀之。该族还有一种"火猎法",他们常常在秋后烧几块草地,事先埋伏在周围的猎手们则伺机攻击,往往能够获得全胜。

内蒙古乌拉特新石器时代岩画猎野马图

---

① 《普列汉诺夫哲学著作选集》卷二第 757 页。

传统认为狩猎是男子的事，其实不然，最初的狩猎是全体的事，男女都要参加，珞巴族打松鼠时由男子下套夹，最后则妇女去收取，其他围猎活动更少不了妇女的帮助。

马克思说："纯粹的渔猎民族还处于真正发展的起点之外。"[①] 因为自然的恩赐是极有限的，又受自然条件和季节的限制，从而决定狩猎禽兽是靠不住的，不论什么时候都不是维持人类生活的惟一手段，必以采集、捕鱼来补充。不仅如此，民间还认为狩猎不全由自己，还取决于神的赐予，因此必须在狩猎前后祭祀猎神、山神，进行占卜，实行祈求巫术。哈尼族遇到鼠疫、流感、天花时，认为是"彩他阿牟"神来吃人和牲畜的结果，这时要由村寨头人出面，组织全寨的成年人集体出猎，认为猎获物越多越好，不论遇到什么禽兽都可猎取。因为猎物的肉和血可以代替人和畜的肉和血，所以猎物必抬回村寨，沿途吹牛角号，打竹筒，鸣枪，绕寨一周，这既是向村人报告，也是给"彩他阿牟"神献祭。这种祭祀、巫术活动，几乎渗透到狩猎的各种过程，如剥取兽皮也带有驱鬼活动。哈尼族打中马鹿后，必在地上插一尖木棒，并从马鹿的颈部、肚子和腿拔三撮毛，用此毛扫马鹿三次，认为这样才能把马鹿的灵魂扫走，并先割一条马鹿肉放在地上，作为献给马鹿灵魂的供品，把它打发走，才能正式剥取兽皮。马鹿肉要按户分份，留一份送给猎神，最后各户才能领走自己的一份。有些民族把猎物头骨挂在室内和门楣上，既是狩猎标记，又是英雄猎手的象征。

总而言之，狩猎是一种古老的攫取经济。这种经济在旧石器时代一直是人类衣食的主要来源，而且多猎小兽。旧石器时代中晚期狩猎有突出的发展，如石球、飞石索、镖、弓箭的应用，出现了专门化的猎人，如猎马人。当时以肉食为主，有了季节性定居，讲究葬俗，人口也增加了，居住地带扩大了，更新世结束前，气候开始转暖，海水面上升，植物茂盛，动物滋生，这时狩猎也有重要变化，如重视猎禽类和小动物，有了雪橇、小船、掘土棒，同时重视捕鱼、采贝壳，采集经济比较活跃，专门化狩猎远不如过去发展。当时细石器的出现，可能标志有更新式的猎技出现，如弓箭与毒药相结合，在狩猎史上有不可估量的地位，这样用小小的箭头也可猎大兽了；而且猎物增多，切割熟皮加工的频繁，也促进了细石器的发生和发展。狩猎经济促进人类驯育猎犬、猎鹰、鸡媒，这些无疑启示了一个真理：动物是可以驯养的，而且首先是从猎人开始的，这对生产经济的出现，第一次社会大分工的产生有重大的社会意义。

[①] 《马克思恩格斯全集》卷一二第 757 页，人民出版社 1974 年版。

第九章
农牧生产

如果说攫取经济是依靠天然提供的产品为谋生手段的话，生产经济则大为进步，它是人们以一定的生产工具，通过对土地的加工或对动物的饲养和种植以增加产品的方法，故称生产经济。这是人类征服自然的重大突破。

【 第一节 农业生产 】

一、神农教稼

关于农业的起源,必须提到神农。

《史记·补三皇本纪》称神农"斫木为耜,揉木为耒。耒耜之用,以教万民,始耕稼,故号神农氏"。

《淮南子·修务》:"古者民茹草饮水,采树木之实,食蠃蚌龙之肉,时多疾病毒伤之害。于是神农乃始教民播五谷,相土地宜燥湿肥垆尧高下,尝百草之滋味,水泉之甘苦,令民知所辟就。当此之时,一日而遇七十毒。"

《白虎通·号》:"古之人民,皆食禽兽肉,至于神农,人民众多,禽兽不足,于是神农因天之时,分地之利,制耒耜,教民农耕。"

《新语·道基》:"至于神农,以为行虫走兽不难以养民,乃求可食之物,尝百草之实,察酸苦之味,教民食五谷。"

这些传说,有些是神话,有些是后世的附会,但也保留了人类发明农业的影子。

在旧石器时代向新石器时代过渡之时,也就是中石器时代,当时人类分布更广了,

神农持双齿耒

人口也明显增加，人口增加迫切需要更多的生活资料来源，这是传统的采集和渔猎所不能保证的，传说中的"人民众多，禽兽不足"、"行虫走兽，难以养民"正反映了当时的社会状况，这就要求人类"求可食之物"，开辟新的生活资料来源，这是发明农业的动力。当时气候转暖，雨水充足，植物茂盛，也为发明农业提供了客观条件。

妇女在采集实践中，不仅积累了丰富的采集经验，也经过反复观察，逐渐积累了某些植物的生长规律，发现在土壤、水分、阳光适宜的条件下，有些种子可以发芽、开花、结实，有些还可以移植，同时，人类在采集、渔猎高度发展的条件下，可以在一定的季节，一定地区定居下来，过着相对稳定的生活，为培育农作物提供可能，而农业的出现又必然导致定居生活的巩固和发展。

农业的发明不是神农一人之功，而是集体智慧的产物，是经过多少代人的摸索才实现的，妇女在农业发明中有突出的贡献。云南芒人在收割时，必须由妇女首先开镰，然后其他人才动手收割。佤族收割后要尝新，必须请老年妇女而不是老年男子吃，然后其他人才能吃新谷。台湾高山族传说甘蔗是由少女发现的等等，这是妇女发明农业的遗存。

最初的农业活动规模较小，种植方法简单，多在重要采集地点和住所附近进行，这方面有不少民族学的例证。

独龙族妇女先从照顾野生稻开始，她们在采摘野生稻时，发现过去的稻种又长出庄稼，所以在摘取稻穗时，有意撒掉一些稻粒，而且利用拔稻秧带起来的土把稻种埋下。第二年能长出野生稻，如果杂草挡住阳光，则把杂草拔掉，野生稻会长得更好。据说，该族就是从栽培野生稻开始种植的。

西藏珞巴族以砍野生的达谢树提取淀粉为生，是该族的主食，后来树快砍光了，就开始精心看护，甚至有意识地移苗，砍掉周围杂草，修整达谢树枝，经过一二十年才能长成，收获周期甚长，因此每户都有许多块达谢林。对上述做法，珞巴族称"摸朗摔"，"摸朗"为达谢树名，"摔"为管理之意。

这种不耕不种，以"管理"植物为特点的原

将军岩农业岩画

始栽培技术，可能是高级采集经济的常见现象，也是从采集向农耕的过渡形式。

我国何时出现农业，还要从考古资料加以说明，远在旧石器时代晚期，已经出现一些后世使用的农具，如下川遗址不仅出土有斧形器、锛状器、铲，还出土有穿孔重石和研磨盘，这些工具完全能够从事农耕活动，其中的穿孔重石，既可系绳狩猎，也可套在尖木棒挖掘、耕作，而石磨盘显然是磨制食物的工具，由此推知，当时采集水平很高，可能开始管理植物，孕育了农业。

到了新石器时代早期，在我国大地上已经出土了农耕文化的物证，如万年仙人洞遗址，出土了农具、炊具，距今一万年前后。桂林甑皮岩遗址也出土有农具、陶器，还饲养了猪，距今九千年前后。湖南澧溪八十垱遗址出土一批稻谷，共373粒，其中稻子133粒，大米200粒，是一种兼有籼、粳、野生稻特征，具有小粒形原始栽培稻的特征，距今八千至九千年之间。

二、耕作方式的改进

从考古学和民族学提供的资料看，原始耕作经历了由低级向高级的演变过程，大而分之，有几个阶段：

（一）园地栽培

这种耕作，指在住地附近栽培少数作物，没有专门的农具，依然使用采集用的尖木棒、鹤嘴锄，在垃圾堆上或另辟小块肥沃的地上，以尖木棒、鹤嘴锄刨穴，撒下野生种子，包括粮食、菜蔬，把在野外对植物的管理移入住区，迈出向农业发展的关键一步。当然，当时生活资料依然以采集、渔猎为生，农业收成仅仅是一个补充，但是原始园艺耕作是"农田耕作的先驱"。① 为农业的发展开了先河，在此基础上，人类又经过漫长的岁月，不断摸索经验，才把作物栽培扩大到田野上去，使农业成为主要的谋食手段。

（二）火耕

火耕又称斧耕，砍倒烧光，刀耕火种。它包括砍伐树木，焚烧树木，播种、看护和收割等主要过程。

砍伐前必选择林地，树林不可稀少，砍伐工具是石斧、砍砸器，必集体砍伐，男女都参加。小树从根部砍，大树则爬上去砍。"石斧最初是没有柄的，史前考古学很确

---

① 恩格斯《家庭私有制和国家起源》，《马克思恩格斯选集》卷四第175页，人民出版社1972年版。

新石器时代农耕想像图

凿地证明，斧柄对原始人来说是一个相当复杂而又困难的发明。"①

我国石斧多安柄，但方式不一。

树木晒干之后，即点火焚烧，不少民族还坚持用钻木取火方法焚烧土地。火烧过的土地松软、肥沃，不耕不翻乃是火耕的又一特点。

播种用尖木棒、鹤嘴锄刨坑、下种，或者漫播，用扫帚扫一下就掩埋了。夏湖《云南北界勘察记》称独龙族所种之地，惟以刀伐木，纵火焚烧，用竹锥地成眼，点种包谷、荞麦、稗黍等类，则只撒种于地，用竹帚扫匀，听其自生自实。

火种虽然没有后世的中耕，但是却有一种更大威胁——禽兽的侵害。当时耕地为森林所包围，禽兽时常出没，必须把耕地围起来，或者派人看守。云南有些民族开春种地以后，举族住在耕地附近，秋收后才回村落居住。看护的办法是狩猎，弓箭、弹弓都是重要的护禾工具。

火耕地虽然肥沃，但灰肥皆浮在地表，在雨水冲击下极易流失，因而火耕地只能种二三年就丢荒了，另砍新地。陶云逵《俅江纪程》："其所居之地力竭，乃迁居他处，再辟若干，另筑新屋。"这是生荒轮作制。

---

① 普列汉诺夫《论艺术》第103页，三联书店1973年版。

从我国新石器时代早、中期遗址看，石斧多于石铲，有些遗址缺乏掘土农具，说明当时处于火耕阶段。

（三）耜耕

继火耕而起的是耜耕，特点是普遍利用耒耜翻地，对土地翻耕，改变了土壤结构，加上利用草木灰肥和定期休耕，延长了土地使用年限，进入熟荒轮作制。

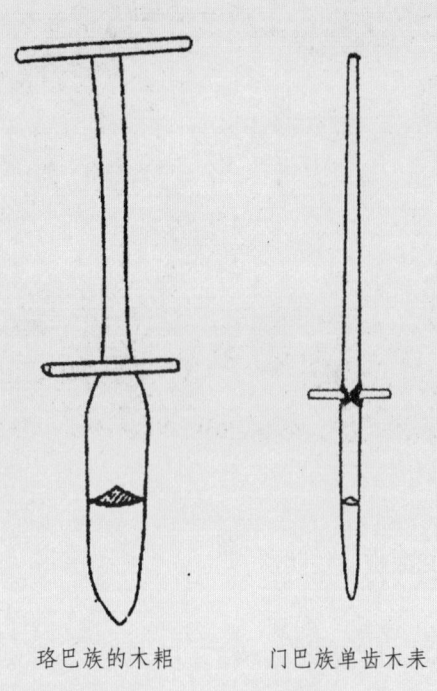

珞巴族的木耜　　　门巴族单齿木耒

最早的翻地工具是耒，即在尖木棒偏下方安一横木，如果下边为双齿，则为双齿耒。由于木耒是全木质的，很难保存下来。在西安半坡遗址发现有尖耒痕迹，庙底沟遗址、三里桥遗址发现有双齿木耒。民族学保留的耒具较完整，如门巴族就使用单齿木耒翻地。汉代画像石上神农所持的农具为双齿耒，至今朝鲜族还保留着双齿木耒农具①。后来把尖部加宽，呈板状，这就变成耜了。最初的耜也是全木质的，如珞巴族木耜一样。在河姆渡文化四期出土一件木铲，长16厘米，宽6.3厘米，应该是木耜②。在陶寺龙山文化墙壁上也留有木耜烙记。进而在木柄上安石制、骨制和蚌制耜冠，如各地发现的石铲、骨耜和沿海地区出土的蚌耜，都是耜冠。同时应该指出，在有些地区，特别是山区，人们不习惯耜耕，而实行锄耕，即利用石锄、骨锄和蚌锄翻地，这些锄的前身为全木制的鹤嘴锄，后来在锄头上安石锄，有些石锄就是安在鹤嘴木柄上的，当然也使用鹿角锄。在广东石峡等地还流行一种石镢，是比较进步的锄耕农具。

从考古资料分析，到了新石器时代晚期，耜耕已普遍流行。其耕作过程是，先把头年的荒地上的杂草、禾秸烧为灰肥，然后以耒耜或锄翻地，如果是水田则要灌水，然后撒种，中耕除管理外已经除草或耘田，秋天用石刀、石镰收割。就土地使用时间来说，已不是二三年，而是七八年，因此被称为熟荒轮作制。③

不难看出，耜耕有三个特点：一是以耜耕代替火耕，二是开始人工施肥，三是土

---

① 金光彦《韩国农具考》第470页，锦英文化社1986年版。
② 浙江省文管会《河姆渡遗址第一期发掘报告》，载《考古学报》1978年第1期。
③ 宋兆麟《河姆渡遗址出土骨耜研究》，载《考古》1979年第2期。

地使用年限长。当时南北出现分野,南方从事稻作生产,北方从事粟作生产。

(四)犁耕

过去研究中国犁耕起源,都认为起源于战国时期,可是史前考古表明,远在四五千年前的良渚文化已有了石犁,出土数量相当多,其特点是扁平,平面呈

石犁复原图

等腰三角形,尖锋锐利,两侧为刃,其夹角在40至50度之间,前面平直,保留岩石的自然破裂面,未见磨光痕迹,刃部有明显使用痕迹,正面也粗糙,但平坦,保留自然破裂面,中心有一至三个孔。这种农具不是单独使用的,而是嵌在木犁犁床上的,即下为犁床,中安石犁,上再加一木制铧盖,并以木楔钉楔住,这样仅外露石犁刃部,是一种典型的石犁[①]。

犁耕的出现使农业获得一种新式农具,大大改进了耕作技术,最初的水田,是浸水而耕,很少加工。周去非《岭外代答》卷三:"深广旷土弥望,田家所耕百之一尔。必水泉冬夏常注之地,然后为田。苟肤寸高仰,共弃而不顾。其耕也,仅取破块,不复深易,乃就田点种,更不移秧。既种之后,旱不求水,涝不疏决,既无粪壤,又不籽耘,一任于天。"这是原始的水田耕作,进而发明耜耕,从事翻耕,但是耒耜是一耜一耜挖掘的,由点向面,翻地速度慢。犁则是在土中划沟,改点翻为沟翻,而且破土较深,从而使耕作技术进入一个新的历史阶段。从耜耕过渡到犁耕,是一个漫长的过程,不会很快普及,它是在局部地区产生的,也就是在长江下游良渚文化出现的。

当时的犁可能已用于翻地,是由人力挽拉的,用牛的可能性还不大。在古代传说中有鹿耕、象耕、鸟耕、犬耕,都是指在动物践踏过的水田上耕作,并不是用鹿、象犁田。象耕和犬耕是有的,年代要晚得多。其实,人类养牛最初不是为了耕田,而是为了祭祀和肉食,后来才使用牛耕田。原始的牛耕田不是拉犁,而是牛踩田,这在海南黎族地区是很明显的。张庆长《黎岐纪闻》:"生黎不识耕种法,亦无外间农具,春种时用群牛践地中,践成泥,撒种其上,即可有收。"俗称牛踩田。在苗族、壮族地区以

---

① 牟永抗等《浙江的石犁和破土器——试论我国犁耕的起源》,载《农业考古》1981年第2期。

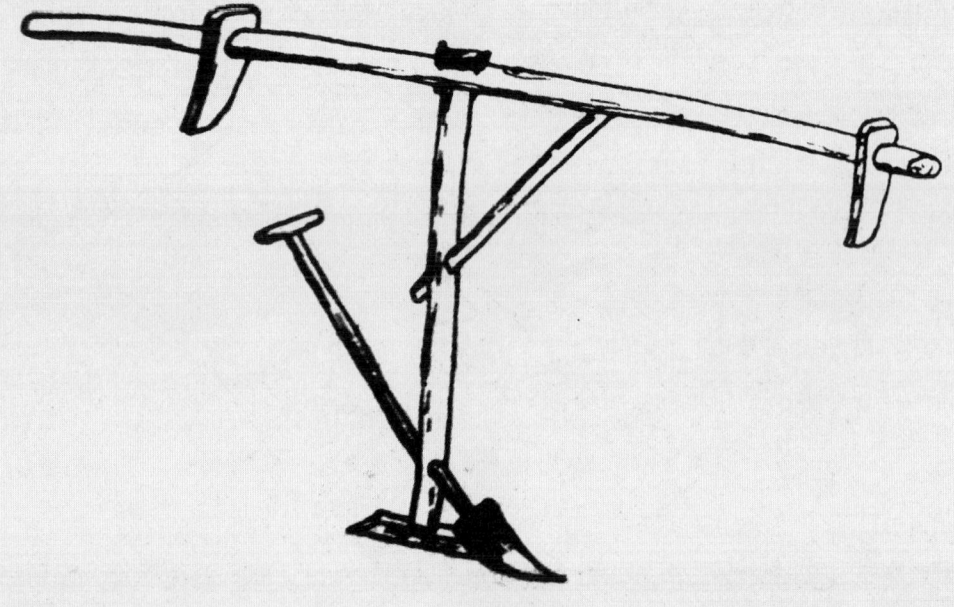

苗族的人挽犁

及日本、朝鲜、越南诸国都流行牛踩田。所以，最早的犁是由人挽拉的，这在汉族、苗族地区广泛存在，苗族还用一种木牛挽拉[①]。汉族的人挽犁多有挽拉的木杠。

三、作物和收藏

我国是世界上最著名的农作物栽培中心，[②]远在几千年前已经培育了不少农作物，这些作物又是当时的重要食物。

在北方广大地区，主要是粟，其次是黍、麦、大豆和高粱。

粟又称稷，去壳后为小米。原种为禾本科狗尾草，古籍中称莠，我国有野生种。在距今八千年前已培育成农作物，如河北武安磁山、许昌丁庄等裴李岗文化，已经种植粟。后起的仰韶文化、龙山文化、齐家文化以及东北、西南、西北、台湾等许多史前遗址都出土过粟。据古书记载，北魏时已有粟86种，清代有251种，现代已达1500多种。《山海经·海内经》："后稷是播百谷。稷之孙曰叔均，是始作牛耕。"《淮南子·氾论训》："后稷作稼穑，死而为稷。"说明稷是粟的发明者。粟是旱地农业的主要粮食

---

① 宋兆麟《木牛挽犁考》，载《农业考古》1984年第1期。
② 梁家勉主编《中国农业科学技术史稿》第15—20页，农业出版社1989年版。

作物,古代以社稷称国家,说明粟在社会经济生活中的地位。

黍又名糜,去壳后为小黄米。在秦安大地湾、临潼姜寨、东乡林家、兰州青岗岔、长岛北庄、北票丰下夏家店下层文化都有出土,距今八千年左右已人工栽培。

麦分大小麦。我国西南有大麦野生种,藏族以野大麦为口粮、酿酒,并很早就人工培植大麦,又分稃大黍麦和裸大麦,青稞、稗子就是由后者培育出来的。在云南剑川海门口、哈尔滨顾乡屯、山西保德西家湾等遗址都出土过稗子。说明大麦最早起源于西南地区,小麦栽培略晚。在剑川海门口、新疆巴里坤石人乡,亳县钓鱼台等史前遗址都出土过小麦。

高粱也有出土,如郑州大河村、山西万荣荆村和甘肃东灰山等史前遗址也有出土。

在长江及其以南地区,主要种植水稻、大豆等。

稻分亚、非洲两种形态。籼稻为基本型,糯稻为变型。在湖南澧溪八十垱出土了距今三万八千年至九千年间的水稻和大米。

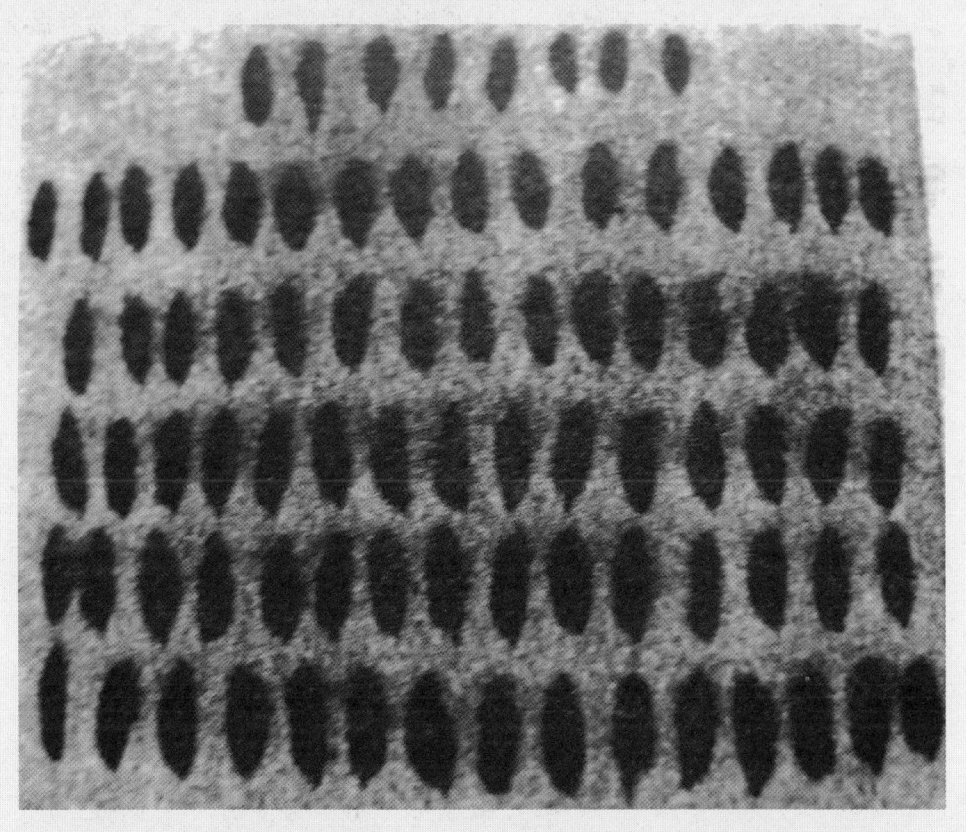

八十垱出土的水稻(《文物》)

湖北枝城城背溪出土的陶片上夹杂有水稻,距今八千五百年左右。在浙江河姆渡、吴兴钱山漾及福建、安徽、湖北、湖南、四川、广东、云南、台湾、河南等不少史前遗址都出土过水稻。在草鞋山的发掘中，还出土有水沟、水口、蓄水池和水稻遗址。

大豆又称黑豆，在浙江河姆渡、清江营盘里、北京肖家河、三河中门庄、唐山张家塔坨都出土过大豆。古代称大豆为菽，先秦时代北方以粟菽为主食。

薏苡又称薏珠子，籽粒大，营养价值高，《论衡·奇怪》："禹母吞薏苡而生禹。"夏族以薏苡为感生植物，又以苡为姓，说明薏苡的重要。在浙江河姆渡遗址已出土过薏苡，看来史前时代南北都种植薏苡。

葫芦在浙江河姆渡文化遗址也有出土，包括葫芦籽、葫芦皮，据专家鉴定，为人工栽培作物。

原始的收割方法，重穗而不重秸，因为当时并不缺少燃料，四处都有树木可以砍伐，而且远比禾秸耐烧，火燃更大，所以当时不收禾秸。这是当时流行穗收的原因之一，另一条原因是烧掉往年的禾秸，为下年农作物生长增加地力。

当时收穗的方法，起初用手摘穗，具体是用大拇指、二拇指对拧，但这样做会磨伤手指，难以持续收割。进而改用一定工具配合，藏族用两根连有一头的木棍夹取，仿佛像用筷子夹住穗再拧下来。黎族用一长方形骨刀，握在手中，把穗放在骨刀刃部，然后二拇指、中指稍一勾拢，就把穗切下来了。我国史前文化所出土的陶刀、石刀，基本都是这一收割方法。最简单的为陶片、石片皆为长方形，两侧各有缺口，在缺口间拴一绳套，以便套在拇指上使用。后来又出现半月形石刀，其上有一孔或二孔，仍然是为了拴绳套。现在许多民族所用的捏刀、摘刀即是古石刀的遗制。这种刀古代称镰。《释名·释用器》："镰获禾铁也，铚铚，断禾穗声也。"

石镰是在新石器时代中期兴起的，如裴李岗文化已使用很精美的镰刀，后来的龙山文化出土石镰更多。该工具的特点要有木柄，其形制与今天农村所用的镰基本相同。古代称镰为艾，《诗经·臣工》陆德明释文："艾，音刈。"《国语·齐语》："挟其枪、刈、耨、镈。"韦昭注："刈，镰也。"镰与石刀的区别有二：一是安有木柄，延长了手臂，是比石刀更富有收割效率的工具；

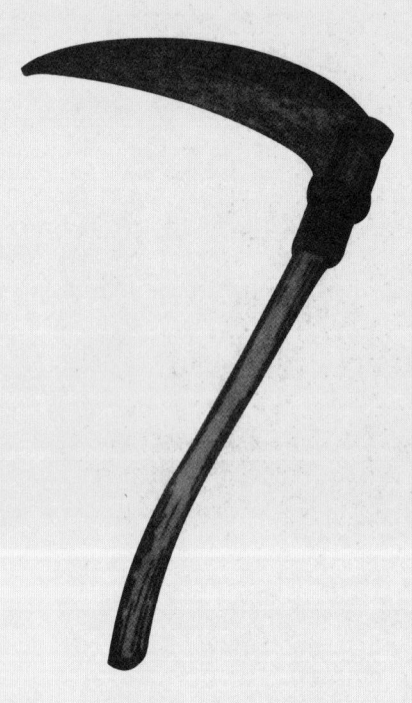

龙山文化的石镰刀

二是它不仅可以收割穗，更便于收获禾，说明当时已知禾，有更重要的用途是牲畜饲料、手工编织原料等等，这是农副产品应用的扩大化①。

史前收获的粮食，是怎么贮藏的呢？从考古上看，首先是罐藏，其次是窖藏。

罐藏是相当流行的，如浙江河姆渡遗址出土一件平底陶罐，内存水稻、橡子、芡实。在西安半坡，新郑沙嵩李、东乡林家均有以陶罐贮藏粟子的现象，说明当时以陶器贮藏粟、稻是肯定的。但是罐藏未必普遍，原因很简单，陶器容积较小，不会是主要的贮藏形式；陶器不通气，吸水性强，粮食易潮湿，陶质易碎，远不如其他器皿为好。作者在黎、壮、侗、苗、傣、彝、藏等民族地区得知，他们不大喜欢用陶器贮粮，除非放在通风、干燥的地方，而且只有在一定的季节里。这些民族小型贮粮容器，除陶瓮外，多为葫芦、棕树桶、竹篓、草篓。在新疆罗布泊有一古墓出土一件草编小篓，内装有小麦，说明编织器皿盛粮食更合适些。凉山彝族的粮食存放在竹篓内，由于竹篓不够密结，容易漏掉粮食，往往用泥巴在内外涂一遍。比较大一点的贮藏工具是囤子，是以竹篾或席箔围成的贮粮器具。

专门的贮藏设备，分地上地下两种，地下为窖，地上为仓。在民族学资料中，比较流行仓房，如鄂伦春族在野外的若干树干上搭一小房，作为贮藏之所。与其说防人偷，不如说防野兽吃更确切些，因此才把仓房架高，野兽对此可望而不可及。主人只有要放东西或取东西才光顾其地，平时是没人看守的，也没有人偷，在他们看来，偷拿人家的猎物是可耻的。黎族、苗族的仓房也为杆栏式的，有些还建于水池中，防止鼠害。在流行杆栏建筑的地方，杆栏本身就是仓库，上层住人，下养牲畜，在上层的房梁上、走廊、席子上都可以堆放或悬挂禾穗，事实上，浙江河姆渡遗址的住所就是杆栏建筑，其中自然有贮存粮食的场所，也可能利用囤贮。

地下窖藏在史前比较流行。② 在磁山遗址仅1976年就发掘345座窖穴，其中有80座有粟，有的地方粟厚2米多。西安半坡有一座房子东北角有一窖穴，粟灰烬厚18厘米，有数斗之多。胶县三里河大汶口文化层有一窖穴，东西长1.85米，南北14.7米，深1.4米，残存1.2立方米的粟子。姜寨也发现不少窖穴。东乡林家遗址，不仅在窖内贮存粟子，还有粟穗，这是当时穗收法的实证。侯马乔山底龙山文化遗址有两个窖，口小底大，内部容量分别为25和40立方米，底部有炭化粟子。

当时所以流行窖藏，可能是受穴居影响而来，同时随着原始掠夺的流行，实行窖藏更便于保护、伪装，周去非《岭外代答》卷二："家具藏土窖，以备寇掠。"

---

① 宋兆麟《我国原始农具》，载《农业考古》1986年第1期。
② 余扶危、叶万松《我国古代地下储粮之研究》（上），载《农业考古》1982年第2期。

四、耦耕

在原始农业中流行一种耦耕风俗。学术界对耦耕的解释很多,主要有以下几种意见:第一种认为耦耕是"一人以右脚踏耜上横木的右端,一人用左脚踏耜上横木的左端,使耜平衡入土",两人并排共踏一耜翻地。持这种看法的学者还说,根本不存在用一只脚踏横木而耕的现象①。我认为这种解释是最缺乏说服力的。首先,各种史料表明,原始耒耜一般都是比较简单、轻便地翻地,当然可以胜任耒耜耕作。甲骨文和汉画像石所描绘的耒耜,都是由一个人操作的,这是很难驳倒的佐证。其次,两人并肩共踏一耜也行不通,因为耒耜上的脚踏横木甚短,两人分踏两端,伸足尚可,踏刺时则互相靠拢、彼此干扰,难以平衡,不如一人操作方便。

第二种解释认为,"耦耕是两人合耦,面对面共用一耜。耕作时,一人踏耒入土,一人拽绳拉耒使耜发土"。并且断定这是惟一的耦耕形式。②这种观点有一定道理,确有"一人踏耒入土,一人拽绳拉耒使耜发土"的现象。苗族、布依族均有。过去河南挖土坯用的大铁锹也是一个例证,该锹是用一人推锹入土,并把土坯掘起来,为了将土坯扔到较远的地方,另外用二人以绳系锹,协助持锹者往远甩土坯。③它包括刺土、发土和扔坯三个步

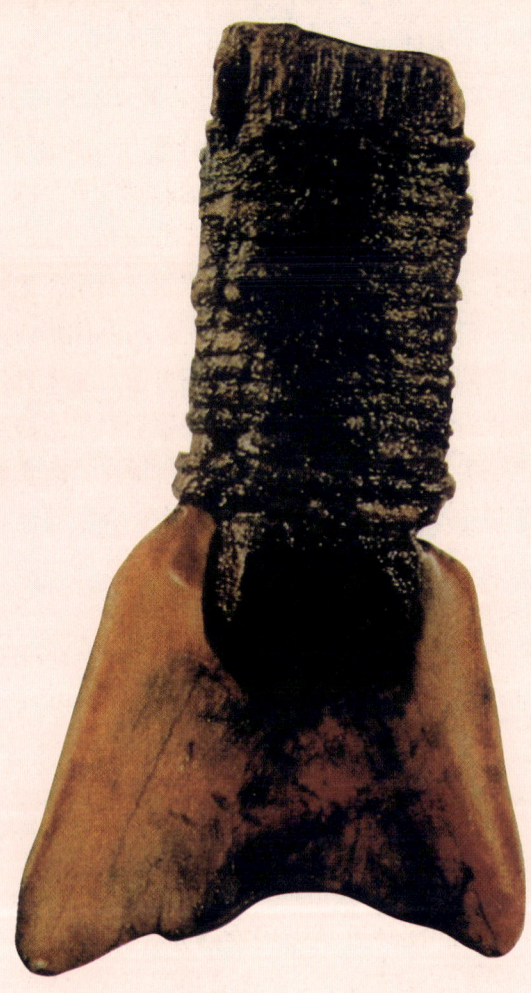

浙江余姚河姆渡新石器文化遗址出土的骨耜

---

① 何兹全《耦犁考》,载《中华文史论丛》第3辑。
② 孙常叙《耒耜的起源及其发展》第78页,上海人民出版社1959年版。
③ 王镜如《论中国古代耕犁与井田制的发展》,载《史学集刊》,卷七第1、第2期。

骤，前两步与耒耜用法相同，由一人完成。第三步却与使用耒耜不同，甩土坯的两个人并不参加翻土。东北朝鲜族的拉锹也是由三人操作的，方法与河南甩土坯相同，但朝鲜族用于挖水渠。事实上，两人对面共用一耜而耕，并不限于"一人拽绳拉耒使耜发土"的一种形式，还有通过木辕来协助发土的。所以，认为这是耦耕惟一的形式，这种看法未免是绝对化了。

第三种解释认为，耦耕是前面由一个或两个人拖着，后面一人扶着木柄（耒）向前进，和土壤接触的木板（耜）就可以耕翻泥土。① 这种看法漏洞更大，耒耜是人工翻土农具，采取间断性的挖法，即是一块块翻土，而犁是破土划沟，将前者的点变成一条线。所以，使用犁的方法挽拉耒耜破土划沟，是违反力学原理的，因为耜冠入土近似垂直状态，耜刃向下，耜冠又呈板状，向前拉耜阻力很大，这是一个人或一条牛都无法挽拉的。② 后来牛耕所用的犁铧虽然较大，却是三角形或舌形刃，因为只有这样才能减少阻力，利于破土划沟。因此，耜耕和犁耕是有严格区别的。不仅在工具、动力上有所不同，就是在耕作方向上也恰恰相反。所谓"古耕而不犁，后世变为犁法。耦用人，犁用牛"③。

第四种解释认为，耦耕是"两人各执一耜，左右并发，前面用牛牵引"。④ 这种说法有两个问题：一是用一头牛挽拉两个耜在地上耕作，是否拉得动？二是两个人各控制一个耜，又让一牛挽拉，能否配合得好？这都是无法解释的。在民族学和考古学中均缺乏这种例证。

第五种解释认为，耦耕就是两人运用两耜相并而耕，理由是："一人之力任一耜，而有能胜一耜之耕。何也？无佐助之者，力不得出也。故二人并二耜耦耕之。合力共奋，刺土得势，土乃并发。"这种看法有一定的合理因素。《说文》："耒广五寸为伐，二伐为耦。"民族学也不乏其例，如西藏门巴族在利用木耒翻地时，往往两人并耕，认为它有两个好处：一可提高劳动兴趣，二能翻较大块的土壤，从而提高了翻耕效率。

第六种解释认为，耦耕就是合伙耕作，是通过换工方式进行的。⑤ 作者强调耦耕具有集体生产的性质，这是很新颖的观点，我是同意的。不过，换工是私有制和商品交换产生以后才出现的生产组织形式。最初的耦耕并没有换工的含义，而是一种集体生产的形式，后来才派生出换工、互助的形式。所以，如果将这种耕作形式的上限追溯

---

① 《论语译注》第202页，古籍出版社1958年版。
② 万国鼎《耦耕考》，载《农史研究集刊》第1册。
③ 《汉书校刊记》引《齐召南》引语。
④ 程瑶田《沟洫疆理小记》，《耦耕义述》。
⑤ 汪宁生《耦耕新解》，载《文物》1997年第4期。

到原始社会的氏族集体耕作就更确切了。

以上六种说法,有一定的合理性,但值得进一步推敲,现在从民族学角度出发,结合考古资料看看耦耕的情形。

耜耕操作示意图

我国古代的耦字,最早见于甲骨文,其中甲骨文写成"犭犭"字,金文写成"节朋"(曶鼎),均像二耒并耕之状,当为最初的耦字。后来的解释,也将耦说成是一对、一双的意思。《广雅·释诂》:"耦,两、二也。"《四书集注直解》本《论语·微子》注解:"耦,并耕也。"耦同偶,《尔雅·释诂》:"偶,合也。"后来引申为配偶、伙伴和合伙之意,有时又作为一伙、一群等多数人的代名词。因此耦耕是人们运用耒耜等原始农具集体进行耕作的劳动形式。这是耦耕的原意。

前述布依族两人共用一耜耕翻地,就是耦耕的形式之一,但不是耦耕的惟一形式。解放前在浙江桐乡县有一种拖刀。它是在一根木柄下方,安一铁刃,刃呈月牙状,下端尖,上端有一孔,拴以套环,在环上系一挽绳。使用时,一人在后边扶木柄,将拖刀插入土中,前面两人拽绳、牵引而耕。他们先用拖刀来回拖拽划两道沟,沟距25厘米,然后以铁锹挖掉中间的泥土,修成沟壁陡直的排水沟。[①]三人共操一件拖刀,也是一种耦耕形式。事实上,耦耕可以是两或三人共一耜,也可以是众人各操一耜实行

---

① 牟永抗、宋兆麟《石犁与破土器——论我国犁耕的起源》,载《农业考古》1980年第1期。

耦耕。所以，不能把耦耕与耒耜操作方法划等号。在这里不仅要注意耒耜的操作方法，还要看到从事集体耕作者们的互相关系。

集体以耒耜翻地，与单独个人耕作不同，有不少特点。他们是怎么进行的呢？为了补充和印证考古、文献史料，可参考若干少数民族地区的情况加以说明。

西藏门巴族以木耒开荒时，都是集体进行的，由于土质坚硬，盘根错节，一个人是无能为力的。所以多由二三人结为一伙。各持其耜，并排挖一较大的地块。广西壮族以踏犁翻地也采取这种形式：当地还流行由一人喊劳动号子，其他人随声附和，几个人协调一致地进行开荒。

当很多人在一块翻地时，也有种种形式：

一种是并排却耕。这是人们各用其耜，翻一次，向后移一下，再挖第二次，实行却耕。这种方法有一定局限性。从我们在大苗山地区的观察，耕者发土仅仅向下扳压耜柄是不够的，当其抽出耜冠以后，土块又复归原处，达不到翻地的目的。所以，耕者不仅要将土块掘出地表，还要用力高抬耜柄，把土块翻向前方。这是相当吃力的，也不能持久。因此翻耕熟地时，一般不采用这种多人并耕的形式。

另一种是斜排而耕。门巴族、耳苏人和壮族的耕作方法说明，耕者在发土时是向左或右方扭转耜柄，这样土块不仅能脱离原地，还能落在耜冠的一侧，既有深耕的作用，又有翻土的效果，而且省去了抬耜和丢土的过程。不仅如此，翻土之后，耕者再下压耜柄，利用杠杆原理，将耜冠跳在右侧或左侧，继续进行翻地，从而加快了移步的过程。在这种情况下，许多人并肩而耕就不方便了，它会彼此干扰，无法耕作。通常的办法是第一人先挖，然后第二人才开始挖，每个人都依先后秩序进行耕作。这样，人们站立的位置不是并排的，而是有先后的，从近处看，正是斜排并耕的队形。这种集体翻地的方法，既可从一侧向另一侧移步，实行侧行而耕，也可以自前而后移步，实行却行而耕。

由此可见，耦耕既包括像布依族、苗族那样的两人共用一耜而耕，也包括许多人并排或斜排各用其耜而耕的形式。而后者最为流行，是耦耕的主要形式。应该指出，耦耕原来用于耕地，但是大量事实说明，它既指开荒耕地，也包括其他农活，甚至泛指整个农业生产。所以，耦耕不单反映在开荒耕地上，还反映在水利、平地和播种等方面，对此有许多文献记载可证：

1. 开荒。《国语·吴语》："譬如农夫作耦，以刈四方之蓬蒿。"《左传·昭公十六年》："庸次比耦，以刈杀其地。"这些都指开荒时实行耦耕。

2. 耕地和播种。《诗经·周颂·噫嘻》："噫嘻成王！既昭假尔！率时农夫，播厥百谷。骏发尔私，终三十里，亦服尔耕，十千维耦。"

3. 开沟挖渠。《考工记·匠人》："匠人为沟洫，耜广五寸，二耜为耦。一耦之伐，广尺深尺……"这是指开沟挖渠时，以耜挖土的情形。

4. 平整土地。《论语·微子》："长沮桀溺耦而耕……耰而不辍。"

5. 中耕中的耦耕。《诗经·周颂·载芟》"千耦其耘，徂隰徂畛"。《逸周书·大聚》："兴弹相庸，耦耕俱耘。"

可见，耦耕是原始农业中的一种简单协作。其内涵是相当丰富的。从操作上看，可以人手一耜集体而耕，也可以是二人共用一耜而耕，从农活上看，既包括开荒、耕地，也包括开渠、平地、下种，以至中耕等农业生产活动。可知耦耕形式不一，人数不等，所用工具亦有别，所以，对耦耕不宜做简单的或单一的解释。至于每种耦耕的具体形式，则因劳动对象、生产工具以及所需人数的多少而有所不同。

在我国古代，耦耕一度十分盛行。这是有一定历史原因的。

耒耜是原始社会比较落后的翻地农具，这是社会生产力极为低下的产物。当时为了进行有季节性的农业生产，不误农时，仅凭一个人踏耜而耕是不适应的。人类"为了进行生产，人们便发生一定的联系和关系，只有在这些社会联系和社会关系的范围内，才会有他们对自然界的关系，才会有生产"。① 无论是考古发掘还是民族调查均证明，"最初耕种田地常常由氏族的共同力量进行的"。② 起初是以母系氏族为生产单位，后来以父系氏族或父系大家庭为生产单位。

农业生产季节性强，劳动强度大，内部分工较细，因此更需要集体性的简单协作，它反映在农业领域则出现种种形式的耦耕。

最初，耦耕是建立在原始公有制基础上的又是与个体生产轻弱无力分不开的。马克思对此作过极为精辟的分析，他指出："在人类文化初期，在狩猎民族中，或者例如在印度公社的农业中，我们所看到的那种在劳动过程中占统治地位的协作，一方面以生产条件的公有制为基础，另一方面，就像单个蜜蜂离不开蜂房一样，以个人尚未脱离氏族或公社的脐带这一事实为基础。"③ 耦耕是氏族生产关系在农业生产中的反映，它是在同一生产过程中，或者在不同的但互相联系的生产过程中，许多人在一起从事某种或多种农业生产的劳动组织形式。

一旦简陋的耒耜与人们的集体劳动相结合，就能变成一种物质力量，以适应农业生产的需要。简单协作有许多优越性，它可以缩短劳动时间，对适时耕作不误农时有重要意义，耦耕能进行个人或少数人做不到的事业，如砍伐树林、兴修水利等，也能扩大劳动的空间范围，开垦水田，不断扩大耕种面积，还能提高人们的劳动积极性和

---

① 《马克思恩格斯选集》卷一第362页，人民出版社1972年版。
② 普列汉诺夫《论艺术》第69页，三联书店1974年版。
③ 《马克思恩格斯选集》卷一第23页，人民出版社1972年版。

生产兴趣。"且不说由于许多力量融合为一个总的力量而产生的新力量。在大多数生产劳动中,单是社会接触就会引起竞争心和特有的精神振奋,从而提高每个人的个人工作效率。"[①]因此,在生产力低下的条件下,耦耕是进行农业生产最有效的劳动形式,在古代生产斗争中有重大的历史意义。

由于耦耕具有以上优越性,所以,它不仅盛行于原始社会,在阶级社会也具有一定的生命力。《周礼·地官》"合耦于锄",《吕氏春秋·季冬纪》"计耦耕事",《隋书·东夷传》"相与耦耕,土多粟、麦"等等。

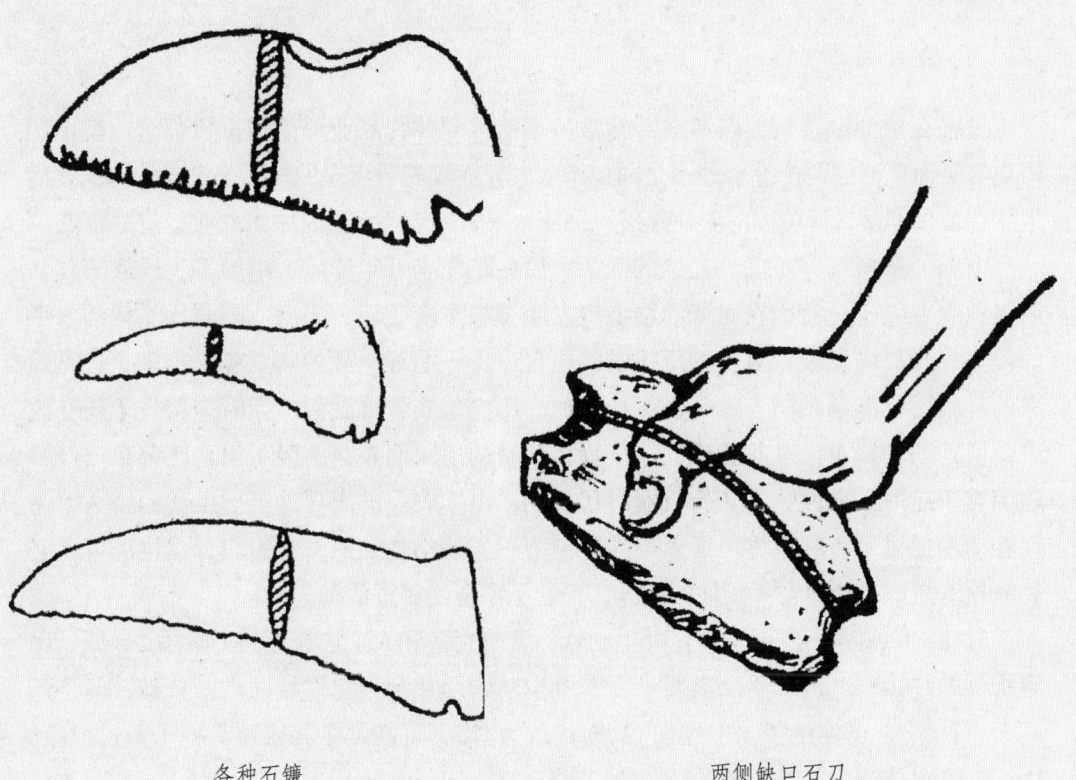

各种石镰　　　　　　　两侧缺口石刀

---

① 《马克思恩格斯选集》卷一第23页,人民出版社1972年版。

【第二节 家畜饲养】

过去在谈到家畜饲养起源时，常常从理论上划分为农业部落与畜牧部落，就中国历史事实而言，这两个部落并不是同步产生的，而是先后出现的，即先有农业部落，后来才有畜牧部落，而中国的农业部落，也兼营家畜饲养业，这是中国农业经济的特点。

中国的家畜饲养是怎么发生的呢？大约在距今一万年前后，中国不少氏族不仅从采集向农业经济过渡，在对待动物上也发生了根本变化。一方面，随着人类生活水平的提高，人口的发展，对动物所提供的肉食、皮、毛等产品的需要越来越多，这是原来的狩猎所不能满足的，也是很不稳定的。历史事实告诉我们，当时狩猎技术还在改进，但是动物资源已今非昔比，除了森林茂密的地区而外，一般平川地区狩猎已经日趋困难了；另一方面，到了新石器时代初期，由于农业的出现，定居生活的持久，为饲养动物提供了有利条件，而人类在狩猎中积累的动物知识，也为驯育动物准备了必要的技术知识，从而在有条件的地区，兴起了家畜的驯育活动。

对动物的驯养，经历了驯养野生动物、繁殖家畜和人工选择等三个阶段。[①]原始民族驯育的鸡媒、鹧鹰、猎鹰就属于驯养野生动物，并利用它们帮助主人狩猎，但是还不会让其繁殖。《淮南子·本经训》："拘兽以为畜"，可能是令其繁殖，处于第二阶段。猪、羊等则是经过人工选择加以饲养的家畜动物。

一、狗

狗是由狼驯育的，因为狼具有易驯养、灵活、快速等特点，首先为人类所驯养。狗的品种较多，狗的起源也是多源的。我国是狗的起源地之一，在浙江河姆渡遗址、

[①] 李根潘《原始畜牧业起源和发展若干问题》，载《农史研究》1985年第5辑。

仰韶文化二犬相斗彩陶

西安半坡遗址都出土过人工驯育的家犬。其起源还要久远些,可追溯到新石器时代早期。狗可能是从饲养幼狼开始的,久而久之变成家犬。狗是猎人的助手,从民族学资料看,各民族都饲养狗,作为寻找、追捕野兽的助手。黎族称狩猎首领为"俄巴",意为领犬者,说明猎犬的重要。猎犬也是猎人的卫士、住所的守护者。人们生前需要猎犬,死后也喜欢以爱犬随葬,如邳县刘林、下王岗等遗址都发现过以猎犬随葬的现象。有些民族还崇拜狗,认为狗是感应自己的女祖先才生育自己,如傣族、苗族、瑶族、畲族地区就有这种信仰。

二、猪

猪是农业部落最早驯育的家畜之一,在我国新石器时代早期已有饲养。在裴李岗文化、河姆渡文化不仅养猪,还有陶塑猪出土,红山文化出土有骨雕猪。猪为五畜之首,据专家研究,当时已有华南猪、华北猪之分。这些猪的特征介于野猪与现代猪之间,是一种人工驯化的结果。在山东大汶口文化时期养猪甚盛,有些富人死后多以猪头随葬,个

河姆渡遗址出土的方陶钵上的猪纹

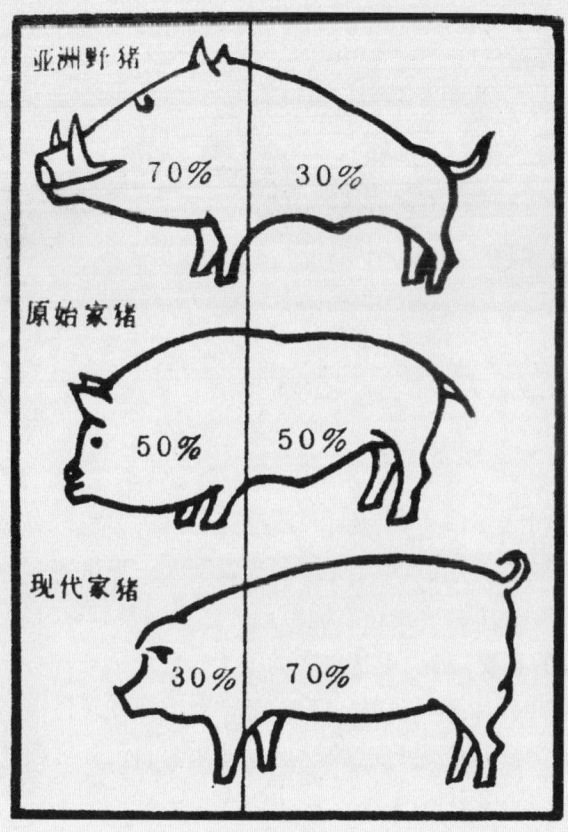

野猪与家猪

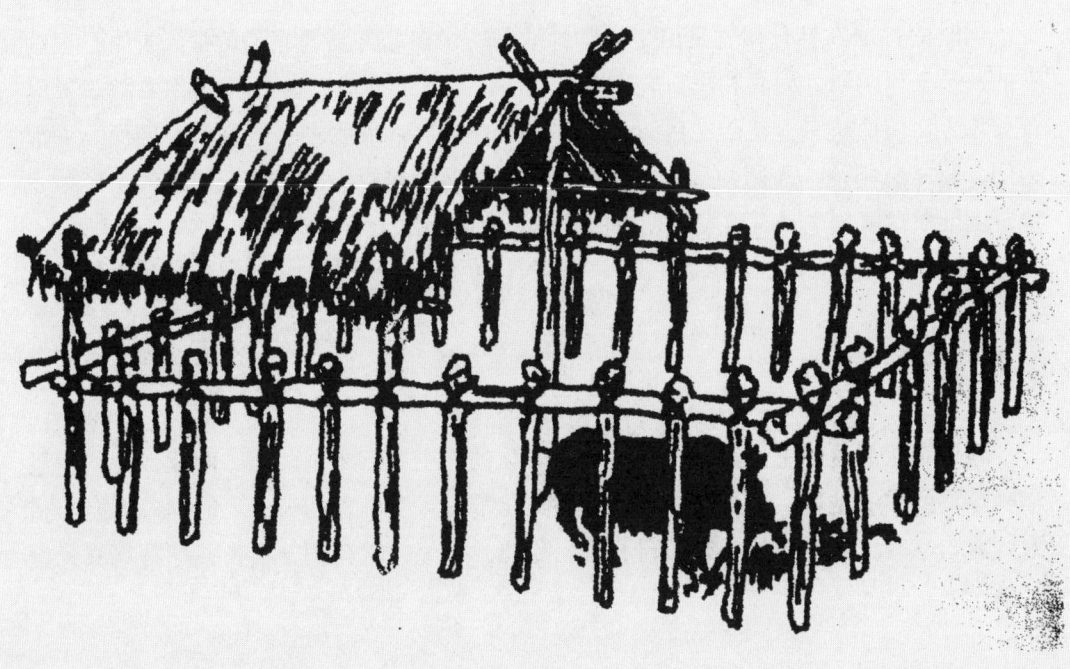

半坡的猪栏

别人还以整猪随葬,一是供死者享受,二是借此炫耀富有。野猪驯化为家猪,是一个长期的过程。有些黎族曾把活捉的野猪饲养起来,关在猪栏内,但是,一有机会就跑,必须拴养或关养。有些野猪夜里窜入村内,与家猪交配,家猪所生的猪崽依然带有明显的野性,一旦看管松懈就会跑到山林成为野猪。所以驯育野猪非几代人努力不可。在辽宁后洼遗址出土过滑石猪,胶县三里河遗址出土的猪鬲规都是当时养猪业有相当发展的产物。

三、羊

羊也是很温顺的动物,饲养简单,能提供肉、乳、皮、毛等生活资料,所以羊也是人类最早饲养的家畜之一。我国的山羊可能是由捻角羊驯育的。在裴李岗文化、河姆渡文化、仰韶文化都出土过不少人工饲养的羊骨,北方岩画上有不少羊群形象。

四、牛

牛有水牛和黄牛之分。在浙江河姆渡、常州圩墩等遗址出土不少人工驯养的水牛骨，当时的掘地农具骨耜就是由牛肩胛骨砍制的，在北方则饲养了黄牛。野牛是很凶悍的，过去以陷阱、绳套和飞石索猎取之，活牛则难以捕捉，过去高山族以木城诱捕。黄叔璥《台湾使槎录》卷四："台湾多野牛，千百为群，欲取之，先置木城四面，一面为门，驱之急则入，入则为扃，闭而饥饿之，然后徐施羁靮以刍豆，与家牛无异矣。"这一例证对理解驯牛是有启发的，在内蒙赤峰地区还出土了牛头埧。

五、鸡

鸡是农业部落的主要家禽，是由原鸡驯化的，主要产于东南亚、南亚，我国是最早驯育鸡的中心地区。裴李岗文化、仰韶文化都有人工驯育的鸡。鸡的饲养可能与猎人饲养鸡媒有关，一旦让鸡媒公母相配，生蛋、孵崽，就会饲养下去，把野鸡驯育为家鸡。

六、驯鹿

驯鹿又名四不像，是我国东北某些民族饲养的。方式济《龙沙纪略》："鄂伦春无马多鹿，乘载与马无异，庐帐所在皆有之，用罝往去，招之即来，有杀食之斯不复至。"由于驯鹿吃青苔，限制了驯鹿的发展，仅在黑龙江流域有些饲养。

七、马

马是由五趾马进化来的，现代的马是由三趾马直接发展来的。在龙山文化、齐家文化都已饲养了马。

当时的家畜、家禽怎么饲养呢？狗可能是放养的，随主人之左右，狩猎则出没森林，平时则守护住地。猪是在住地饲养，晚上关起来。在浙江河姆渡遗址有一处圈栏，呈圆形，直径1米，周边以60根木桩围起。半坡也有猪栏。① 在胶县三里河遗址有一个猪栏，内还有五个小猪遗骨。当时是否放猪不得而知，作者在四川西番地区看到，当地就实行野放，但有人看护，猪群少者几十，多者上百，由于不实行去势，猪群内

---

① 西安半坡博物馆《西安半坡》第54页，文物出版社1982年版。

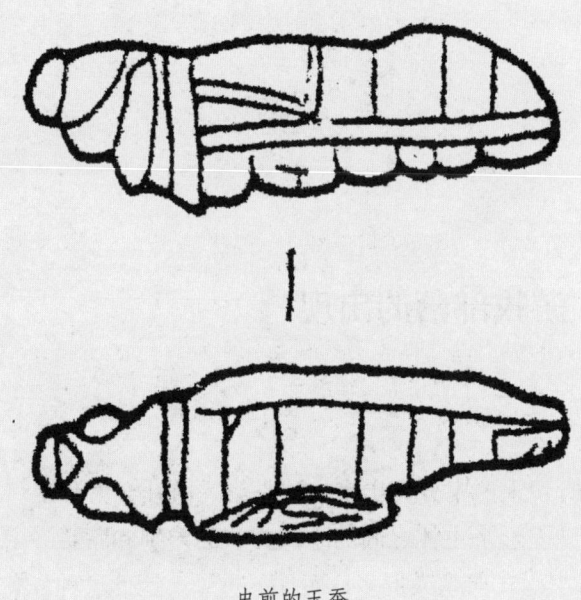
史前的玉蚕

杂交，近亲繁殖，又早交早孕，猪既瘦又小，这可能是原始养猪的特点。鸡的饲养分窝养和架养，平时放在住地饲养，晚上则关入鸡窝，这是窝养法。架养是把鸡窝高悬起来，像黎族那样，在船形屋房檐下吊许多鸡筐，还架一个小木架，供鸡上下。羊、牛、马则白天由人牧放，晚上关入畜栏。凉山彝族在房内不仅有鸡栏、羊圈、猪圈，有些房子较大的人家连牛都关在室内。这种情况在史前时代也是存在的。

此外，我国史前时代已经开始饲养有益的昆虫，为自己提供生活资料。一是养蚕。过去在山西夏县西阴村仰韶文化出土半个蚕壳，经人工切割，说明当时还不会抽丝，而是把蚕壳切碎，拍打后脱胶，再用纺轮纺为纱线。不久前四川耳苏人养蚕就不会脱胶，而是先剪碎蚕壳，用竹子抽打出纤维，然后用纺轮纺纱、织布。在河北正定南杨庄仰韶文化遗址出土一件陶蚕，长2厘米。这也是当时养蚕的佐证。另一种是养蜂，当然起初是吃蜂儿，后来引野蜂饲养，从而取蜜，蜂蜜是人类最早的食糖。

以上是我国史前的家畜饲养业概况。裴李岗文化已有猪狗鸡，仰韶文化又多了羊，龙山文化增加了牛、马，而江南饲养了水牛，六畜齐全，以猪为首，这是农业部落所特有的饲养业的特点。至于说到单纯的游牧经济，在中国出现是较晚的，即从新石器时代晚期开始，在我国北方、西北和西南草原地区，有些猎人、农人改而从事游牧生产。饲养牲畜肉皮加工不需要复杂的生产工具，所以当地流行细石器文化，以弓箭保护牲畜，以石刀、骨柄石刀、刮削器剥取畜皮，并对皮革进行加工，当时渔猎还是牧人的辅助性谋生手段。

第三节　游牧部落的出现

恩格斯指出："游牧部落从其余的野蛮人群中分离出来，这是第一次社会大分工。"所谓社会大分工，首先是表示不同的独立经济主体之间的生产方式的差别和联系。由于"游牧部落生产的生活资料，不仅比其余的野蛮人群多，而且不同"，[①]因此这种分离具有社会分工的意义。有人把这种分离表述为"农业与畜牧业分离"，或畜牧业从农业中分离出来，这是不妥当的。因为恩格斯这里讲的"其余的野蛮人群"是"没有畜群的"和"不知道""园圃种植业"的"落后部落"，[②]显然是指生产经济出现以前以采集和渔猎为生的原始部落。

综观恩格斯的有关论述，"第一次社会大分工"这个概念应包括以下历史内容：人类社会原来依靠采集和渔猎等攫取经济为生，后来由于人口增加，分布地域扩大，人类对食物的种类和数量的需要也日益扩大，加上当时气候由干燥走向湿润，人类逐渐从森林走向草原，有些部落发明了生产性的游牧经济，从其余的野蛮人中分化出来，随着谋取生活资料的不同方式的出现，不同部落间经济联系加强，开始产生了商品交换，为私有制发生准备了一定的条件。这是恩格斯根据当时所掌握的东半球的雅利安人和闪米特人的材料而总结出来的人类原始社会发展规律之一。

近百年来，在马克思主义的指导下，历史科学有很大发展，考古学和民族学有了层出不穷的新发现。这些事实说明，在西半球，畜牧业的确未能得到充分的发展，那里首先出现的是农业部落。如远在公元前七千至公元前五千年，在坦毛利斯文化的因弗尼洛期已开始种植南瓜和胡椒，在公元前五千至公元前一千五百年，种植不断发展，最后出现了玉米栽培。[③]

---

① 《马克思恩格斯选集》卷四第 56 页，人民出版社 1972 年版。
② 《马克思恩格斯选集》卷四第 155—157 页，人民出版社 1972 年版。
③ 孔令平译《原始畜牧业和农业的起源》第 92—95 页。

在东半球各个地区也不相同,绝大部分地区虽然很早就有了家畜饲养,但未经过一个畜牧业经济发展阶段,农业占主要地位,如北伊拉克的耶莫遗址,C14测定为公元前六千七百五十年,工具有砍砸器、磨光手斧、锛、凿、石磨、石叶镰刀、骨片等等,发现了21座长方形的永久性房子,内有炉灶和地窖,当时种植大小麦、扁豆和豌豆,但近似野生种。也开始驯养山羊、狗和猪。在该遗址前期没有陶器,后期才出现陶器,说明先有农业后有制陶业。

约旦的耶利哥遗址,年代为公元前七千至公元前六千年,前期为猎人村,后来发展为农业村落,工具有石斧、穿孔器、燧石镰刀、石磨、石杵,在属于这一时期的白得哈遗址出土了家种小麦、野生大麦、豌豆、饲养山羊。①

在西亚地区,上述遗址发展很多,此不多述。这些雄辩地说明,远在公元前七千至公元前六千年,西亚已经出现了农业部落,其中有家畜饲养业。

各种远古史料表明,农业的产生大大早于畜牧业。实际上,东半球有许多国家,特别是四大文明古国——古代埃及、印度、两河流域和中国,以及东南亚的越南,巴勒斯坦和泰国等许多地区都是从农业开始的,是人类农业的发祥地。

我国长江、黄河广大地区的原始文化就是建立在农业生产基础上的,只有东北、北方和西北等细石器文化才走上了牧游经济的道路。我国长江下游的河姆渡遗址,已有了相当发展的水田农业,广泛栽培稻中的晚籼稻;在河南发现的裴李岗文化遗址,也有相当进步的农具,如石斧、石铲、石磨和石杵等。这些遗址虽都距今七八千年,但已种植人工栽培的粟子,生产工具也较精致,都比上述西亚的原始农业进步,说明我国的农业起源还要早得多,也就是说我国的农业起源也与西亚差不多。但是,在新石器时代晚期,在广大的草原地区,就先后出现了游牧部落,包括西北、北方和内蒙古呼伦贝尔草原,有不少游牧部落出现。这些地区的某些彩陶,就是游牧部落生活的写照。

在世界各民族中,第一次社会大分工是经过不同的途径完成的,一些民族通过游牧生产方式,从其余的野蛮人群中分离出来,出现了第一次社会大分工,另一些民族未经过游牧业阶段,直接从采集和渔猎发展到农业经济阶段,较早地产生了经常性的交换,出现了私有财产和阶级,这种情况相当普遍,因此,关于雅利安人第一次社会大分工的表述就表现出了它的局限性。

那么,为什么目前在一些关于原始社会的论述中仍然把游牧部落从其余的野蛮人群中分离出来作为第一次社会大分工的一般性表述来使用呢?原因是多方面的、复杂的,必须回顾其历史过程。

---

① 孔令平《西亚农耕的起源问题》第93页,载《历史研究》1979年第6期。

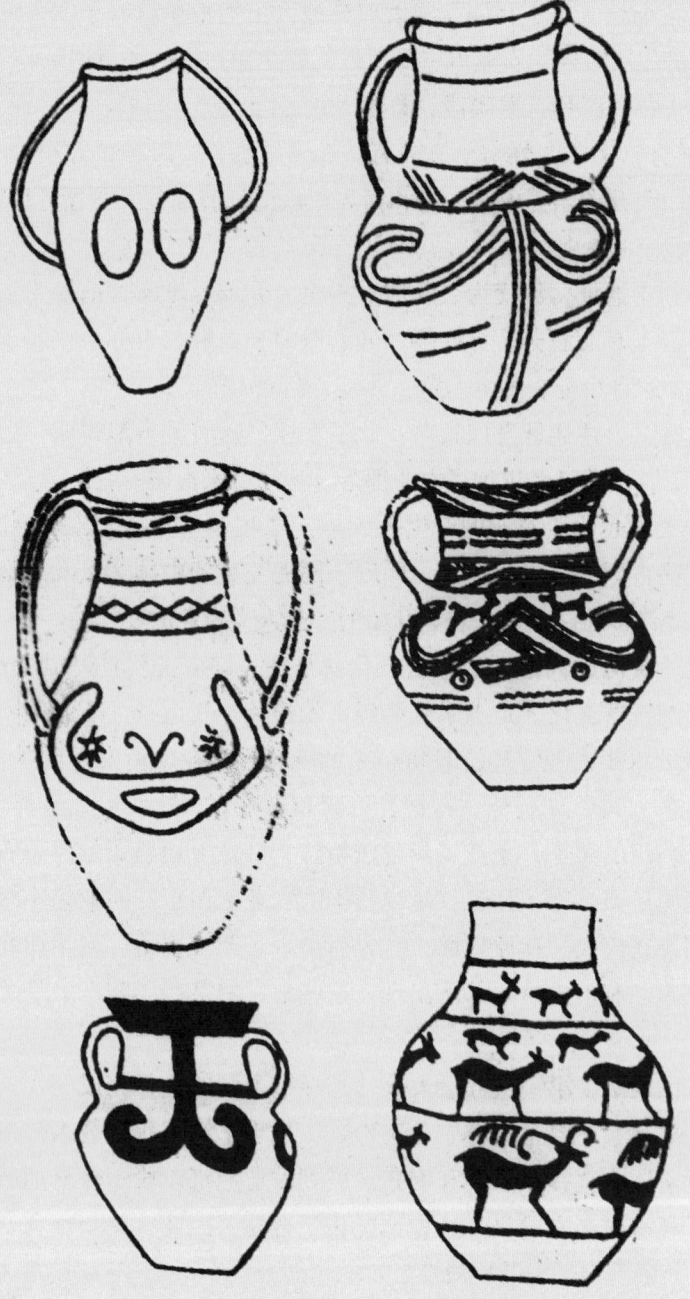

西北彩陶上的羊

19世纪中后期,由于历史资料和研究工作的局限性,尤其是考古学正方兴未艾,必然影响着摩尔根的研究视野,他在谈到野蛮时期的低级阶段时指出:"在西半球只有那些脱离了蒙昧阶段的部落才知道种植谷类等作物,而在东半球,似乎要到亚洲和欧洲部落渡过了低级野蛮社会而临近中级野蛮社会快结束时才知道种植谷物。"又说:"闪族和雅利安族之从大群野蛮人当中分化出来,似乎就是由饲养家畜开始的。""当他们一旦习惯于畜牧生活以后,势必要先学会种植谷物,以便在远离草原的地方维持其大群牛羊的饲料……"[①] 恩格斯基本上接受了摩尔根关于东大陆野蛮时代中级阶段社会生产方式基本类型的理解,认为东大陆的植物种植晚于牲畜的驯养,游牧部落早于农业部落,"谷物的种植首先由于牲畜饲料的需要所引起的"。

应该说明,如果畜牧业与农业之间存在着因果关系,那么肯定是原因在前,结果在后,即畜牧业是原因,农业是结果,前者早于后者。但是一百多年来对世界史、尤其是对东半球的考古和历史研究表明,上述情况是个别的现象。有些民族虽然经过了畜牧业阶段,但是在先进农业和不断迁移的情况下,多数民族改牧为农,他们并不是为了饲料才从事农业生产,如我国西南地区的彝族、纳西族、普米族和羌族,原来在西北地区从事游牧,到西南地区后,牧场日益缺乏,从而接受了农业生产方式。因为当地是以农业生产为主的,也适合放牧,这一点在沧源岩画中也有反映。

我们说在东大陆,谷物的种植并非是由牲畜饲料的需要引起的,这是因为:第一,在野蛮中期的生产力发展水平上,人类不可能使畜群食用人工的饲料,也没有这个必要。事实上,自然界提供的天然牧草是古代畜牧业存在的前提。在原始的生产力水平下,想依靠人工牧场维持大规模的畜群,是不可想象的。如果那时野生的饲料都无法满足畜群需要的话,畜群本身就根本无法存在下去。因为人类首先会采集,而后才学会种植的,如果依靠储存天然牧草都不能解决冬季饲养料草的需要,那就很难设想人工植草会有多少效果。第二,迄今为止,日益发展的民族学也没有提供有助于上述论点成立的佐证。相反层出不穷的考古发现都更多地证明了,在东大陆的许多地区最早出现的是农业部落,其中也包括家畜驯养业,这是一种综合性的农业经济。因此由畜牧业的需要而引起谷物种植,导致产生农业是不可能的。

畜牧业的需要与谷物种植之间在当时既然不存在因果关系,那么它们发生的先后顺序就不由它们之间的相互关系所决定了。

新的科研成果证明,现在有两种情况:一方面,如雅利安人的游牧部落不是产生于农业部落;另一方面,其他民族的谷物的种植,也来源于采集和渔猎经济,这些农业部落甚至出现在游牧部落之前。那么,在以采集和渔猎为生的部落中,也就存在着两种发展倾向,不是农业部落,就是游牧部落。因此,即使在东大陆也有这两种发展途径,都进入了生产性经济。哪些地区采取哪种谋生的方式和方法,"天然条件上的差

---

① 摩尔根《古代社会》上册第20—24页,商务印书馆1977年版。

异已具有意义了"。① 在这种自然条件的差异的情况下，处于不同自然环境中的民族便各自遵循着自己独特的道路发展。

恩格斯在谈到游牧部落产生后的社会状况时指出："我们看到游牧民族已有畜群作为财产，这种财产，到了成为相当数量的畜群的时候，就可以经常提供超出自身消费的若干剩余；同时，我们也看到了游牧民族和没有畜群的落后部落之间的分工，从而看到了两个并列的不同的生产阶段，也就是看到了进行经常交换的条件。"② 如果我们把这里的畜牧部落变为农业部落，把作为部落所有的生产资料——畜群变为农业部落集体所有的生产资料——土地，我们就会看到恩格斯对于游牧部落所作的分析，完全适用于农业部落。

这里不是简单的照搬，因为在现实的历史过程中，游牧部落与农业部落的产生对社会发生了基本相同的影响，共同构成了新石器时代的经济革命。③

例如农业部落与游牧部落一样能够提供比其余的野蛮人更多的，而且不同的生活资料。马克思在谈到农田耕作对于人类饮食的影响时曾指出："由于谷物和种植的植物，人类第一次感觉到有可能获得丰富的食物，随着淀粉性食物的出现，食人的现象便消失了。"④ 大面积的农耕第一次保证了数量无限的食物。一方面，农业能生产粮食，另一方面能兼养家畜，提供肉类、乳类和皮毛，而且收入比较稳定，具有综合性经济的特点，所以农业经济又优越于游牧经济，地理的适应性又较大。农业部落的土地和各种农副产品同游牧部落的产品一样，起初对氏族部落来说也是公共财产，"最初是交给氏族使用，后来由氏族交给家庭公社使用，最后交给个人使用"⑤。起初他们的家庭对耕地或许只有一定的占有权，后来才成为家庭的私有财产，且用于交换。

不过，上述私有化过程在农业和游牧部落中略有不同，畜牧经济有一种突发性，而且男子在游牧中起着主导地位，一旦畜群由部落和氏族共同占有成为各个家庭家长的财产之后，即比较迅速地瓦解了母系氏族制度，确立了父权制的坚强统治。农业的发生、发展有一个漫长的过程，耕地最终变为家庭的私有财产的过程也远比畜群转变为家庭私有财产的过程漫长。因此，农业部落的出现标志母系制进入了它的全盛时期。这种差别不仅取决于生产类型，也与两性在劳动中的分工有关，因为游牧部落妇女的家务劳动同男子谋求生活资料的劳动相比，已经退居到无足轻重的地位，畜群自然成为男子的私有财产。而在农业部落里，妇女仍然是劳动的主力，她们不仅比男子多从

---

① 马克思《摩尔根〈古代社会〉一书摘要》第 2 页，人民出版社 1965 年版。
② 《马克思恩格斯选集》卷四第 161 页。
③ 柴尔德《远古文化史》第 60 页，文联出版社 1954 年版。
④ 马克思《摩尔根〈古代社会〉一书摘要》第 7 页，人民出版社 1965 年版。
⑤ 《马克思恩格斯选集》卷四第 157 页，人民出版社 1972 年版。

日中为市

事经常性的农业生产，饲养家畜、家禽，而且妇女还比男子多担负家务劳动，他们也善于管理氏族事务，同时由于当时实行氏族群婚，子女知其母不知其父，世系必然按母系维持，财产也归母系氏族公社所有，从而延长了母系制。

最后，如果说游牧部落的分离能够为经常性的交换提供可能性的话，那么农业部落也能提供同样的可能性，因为恩格斯在分析这种可能性存在的条件时，完全是从属于不同所有者的不同产品的角度出发的。再者，农业部落一旦从火耕（刀耕火种）发展到耜耕（锄耕）阶段之后，同样能具备上述的条件。如我国大汶口文化，农业已处于耜耕阶段，出现了以猪为代表的私有制财产，有了人奴役人的现象。[①] 当然，经常性的商品交换有一个发生、发展过程，这是因为属于不同所有者的不同产品，都不是其他所有者的产品所能取代的，而且具有不同谋生手段的野蛮人，有着各自不同的消费结构和习惯，如有些野蛮人不生产谷物，或者不生产乳类，他们也不喜欢食用它们。他们不会纺织，也不用人工织物遮体，而是以皮毛防寒。这种社会经济类型的局限性，对彼此的交换有相当影响。当然，尽管不同部落之间的联系比较少，但是由于某些部落在地域上的接近，发生联系还是经常存在的，尤其在相邻的地带。因为即使是农业部

---

① 《大汶口文化讨论文集》第 13—69 页，齐鲁书社 1979 年版。

落,他们的定居起初仍然是相当不稳定的。为了更换火耕地经常迁徙,其间必然较多地接触其他部落,加强经济文化交流。

这样,我们通过对农业部落从其余的野蛮人中分离出来这一历史事件的分析证明,它也包含了第一次社会大分工的一般性特点,具有同样的历史作用。由此可见,恩格斯对于游牧部落的分离所作的论断,在基本原则上还是适用的。

我们从历史的进程上已经看到,世界各民族都经历了第一次社会大分工,但是表现为两种不同的类型。因此,仅把游牧部落从其余的野蛮人中分离出来视为第一次社会大分工,概括为各民族所必经的道路显然是错误的,具有片面性。

恩格斯在概括摩尔根区分野蛮时代与蒙昧时代的差别时曾作过这样的结论:"蒙昧时代是以采集现成的天然产物为主的时期","野蛮时代是学会靠人类的活动来增加天然产物生产的方法的时期"。① 而处于野蛮时代低级阶段的部落并未产生人工生产食物的方法,因而,我们可以把这些部落统称为以采集现成的天然食物为主的部落,而把游牧部落和农业部落称作学会靠人类的活动来增加天然食料生产的部落。

总而言之,对于第一次社会大分工的理解,一般地说,是学会靠人类的活动来增加天然食料生产的部落从以采集现成的天然食料为主的部落中分离出来,这就是第一次社会大分工,它既可以是农业部落从其余的野蛮人群中分离出来,也可以是畜牧部落从其余的野蛮人群中分离出来,这就是我们的结论。但是,这一社会大分工的出现,是人类从攫取经济走向生产经济的重大变革,是人类远古史上的里程碑。

① 《马克思恩格斯选集》卷四第 23 页,人民出版社 1972 年版。

第十章
产品加工业

无论是远古时期的攫取经济,还是后来兴起的生产经济,都给人类提供了各种各样的产品:兽肉、兽皮、粮食、麻匹等等,这些产品是人类衣食所需,又是再生产的原料。

不过，上述产品并不一定是直接来使用，必须经过一定的产品加工阶段，才能变成可以应用的加工品，如加工石头、木料、玉石，形成石作、木作、玉作等手工业。揉皮、纺纱织布，成为人类谋取衣着的手段，把泥土加工成一定器皿则形成制陶术，等等。因此，产品加工是原始社会的重要再生产活动，也是物质生活的重要内容，占去了很多时间和人力，但是男女有一定的分工，妇女从事食品加工、纺织和制陶活动，男子则制作生产工具、冶铜以及制陶。特别是手工业专门化之后，男子成为这些部门的主力，又是原始技术革新的能手。

第一节 石　器

人类曾使用过天然的木棒、石块，后来才会制作工具。石器是人类最早发明的工具之一，而且是主要的工具。这一发明不仅使人类从动物中分离出来，也开始了人类的新时代。

石器分两大阶段：打制石器和磨制石器。

一、打制石器

打制石器是指以打制的方法制作的石器，主要流行于旧石器时代，其制作技术也有一个发展过程。

采集石料

人们在长期打制石器的实践中，获得了不少有关石料特性的知识，知道并不是一切石料都能制作工具，只有那些既容易打制、也比较耐用的石料才适合制作石器。因而在打制石器之前，必须采集适用的石料。选择石料一般须具备以下条件：

因地制宜，就地取材。我国旧石器时代的先民一般都从住地附近的河滩上捡拾砾石制作石器。

选择的岩石和矿物要有一定硬度，并具有容易打制、能产生合乎需要刃口的石片。因而除硬度外，还必须具有韧性和脆性的特点。

岩石和矿物的材料多为燧石、火石、石英、石英岩等。我国旧石器时代人们使用的石料则以砂岩、角页岩、玛瑙为主。

此外，人们也选用各种适合的骨、贝、木质等材料制作工具。

原始人为了从"砾石"等石料上打下石片，这就要选择有一个平面的石料才好打。可以利用自然平面，也可以先打出一个平面。从考古学术语上说，该平面称为"台面"。然后再从"台面"的周边打下薄而长的石块，称为"石片"产生石片的石块称为"石核"。打制石片的工具叫石锤。打击石片时，石锤的着力点叫打击点，在石核上遗留有凹陷的面，叫"阴面"，石片上劈裂的一侧为"阳面"。石片上同劈裂面向背的一面叫"背面"。在石片上台面与劈裂面构成的角叫"石片角"。

利用打击后的石核做工具或在石核上再打制成的工具成为"石核石器"。利用打下来的石片做工具或用石片加工成的工具成为"石片石器"。我国旧石器时代的工具就是以"石片石器"为主要特征的。

打击石片的方法，基本有两种：一为直接打击法。二为间接打击法。

直接打击法是两块石头直接接触的打制方法。一般又分为石锤直接打击法，碰砧法、石锤摔击法等。这是比较原始的打击法，由此可知，人类社会初期生产石器工具的方法，是很保守的，发展极为缓慢。

间接打击石片的方法有两种：

一种是将坚硬的木棍或骨棒的一端修制成尖，将尖端放在石核台面的边缘上，然后再用石锤敲击木棍或骨棒的另一端，即可打下长而薄的石片来。在大的石核上打下大石片，有时需要两人合力承担；在小的石核上打下小的石片，一人就可以进行了。

一种为近代美洲印第安人仍然在用的胸压法。这种方法是将石核插在地上，压石片的人用两脚稳着石核，将一个"T"形的木架的横木顶在胸上，直木的顶端装上角质或硬木的尖头，放在修理好的石核台面的边缘上，压者用胸推动横木，即可推压下长而薄的石片来。

旧石器时代晚期出现的薄而长的石片，根据实践和民族学资料分析，是用间接法制作的。

在云南独龙地区，过去有一种利用火生产石片的方法。制作石器时，先把较大的石块放在火上烧烤，等加热到一定温度的时候，再往石块上泼水，于是石料破碎，从中选择石料为工具。

修整石片或石核

打下的石片、石核，绝大多数没有一定的器形，是不能马上使用的。为了得到自己所需要的各种各样的工具，必须进一步加工，即进行必要的修整。这在石器制造工艺上称为第二步加工。

石片、石核的修整，一般是用石锤在石核和石片的边缘上敲击而成的。用这种方

原始人打制石器

法修整的石片，疤痕较短而深。也有用木、骨棒之类的工具进行修整的，用此种工具修整的石片，疤痕浅而长。这类方法在旧石器时代应用的时间比较长。

还有一种直接修整法，即打下石片、石核后，修整成粗糙的砍伐器。又可分为两种：一种是由一面向另一面打击，叫一面打击法；一种是在石核的边缘上左右交替打击，成为交互打击法。前者修整的石器边刃比较平直，后者修整出来的石器边刃弯曲似锯齿形。

距今约十至二三万年，相当于地质史上的晚更新世，也就是考古学的旧石器时代中、晚期，台湾、日本等岛屿与大陆还有陆桥连接，在东北部的白令海峡也有陆地通往北美洲。那时我国的气候比较干燥寒冷，强劲的西北风把内蒙古高原上的沙土刮向东南，在我国华北等地

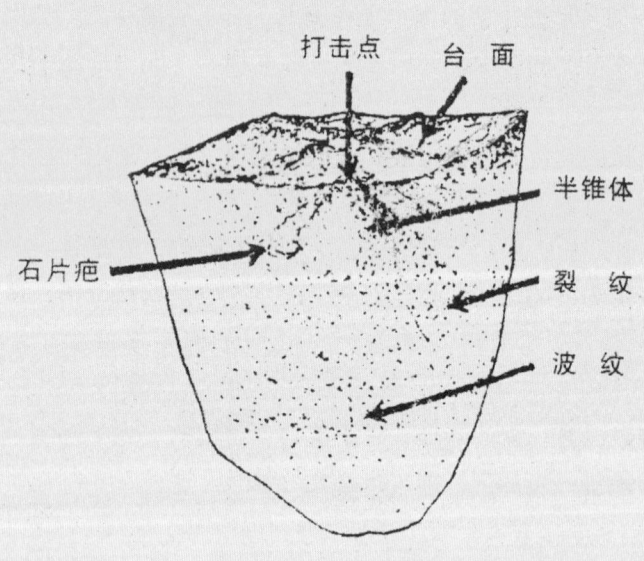

人工打制石片的方法

堆积了厚厚的黄土，最厚者达一百米以上。由此，地质学把更新世晚期称为黄土时期。

黄土时期处于间冰期。植物界是森林草原或半干旱的草原环境。人类在这种比较恶劣的自然条件下，得到了锻炼和发展，最后脱离了动物界，逐步转变为现代人。人类学家把这一时期称为智人阶段。此时人们在生产实践中改进了工具，发明了摩擦取火，促进了生产力的发展，社会处于氏族公社生产的阶段。由此，晚更新世是人类发展史上剧烈变化的一个时期。

旧石器时代中、晚期，由于人类征服自然的能力增强，活动的范围更加广泛，从我国华北平原到长江流域，从黑龙江畔到青藏高原，从东海之滨到河西走廊，均有古人留下的足迹。

旧石器时代中、晚期，在生产不断发展的基础上，改进了打制石器的技术，石器类型有了增加，用途也有了进一步分工。而且工具的质料也多样化了，除石器外，骨、角器的广泛应用，成为这时期生产发展的特点之一。从当时的生产需要和生产力发展水平分析，木制生产工具也能得到广泛使用。

二、磨制石器

磨制石器又称新石器，是新石器时代最典型的工具，但它的起源却追溯到旧石器时代晚期。

在石器的加工史上，由直接打击到间接打击法，工具的不断改进，在琢削法，压制法的基础上又生产了磨制和钻孔的新技术。民族学的资料告诉我们，磨制一般是在砂石上加水进行的。钻孔除了用尖状器挖出孔外，还可以利用竹管加砂、水的方法钻出需要的孔来。

穿孔有三种方法，一种是用坚硬的木棍穿孔，这木棍用双手掌来回转动，在穿孔的地方加上潮湿的沙子。

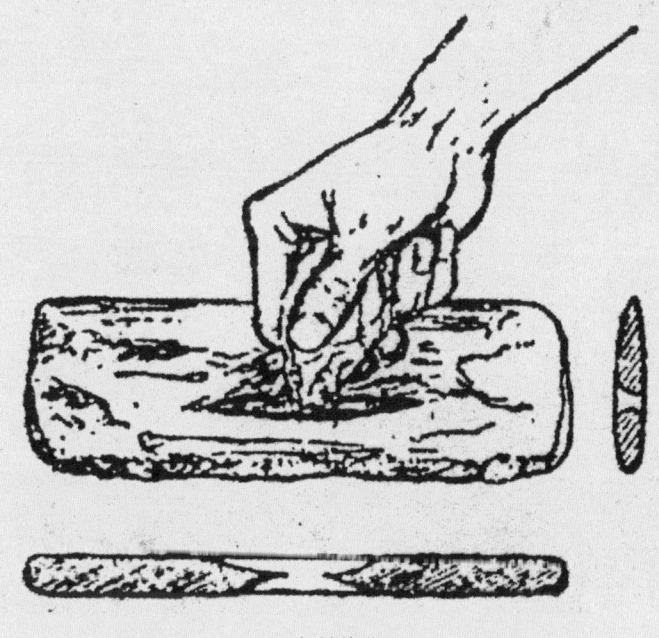

磨制钻孔

有时在棍钻的顶端装上一个石制的钻头。后来又采用了弓弦法,即用弓的弦来带动木棍旋转。不久前鄂伦春人还用兽肋骨做弓,皮条做弦,附以钻棍,不过钻头已是铁制的了。另一种方法是使用被削尖了边缘的细竹竿。采用这种穿孔法,结果会得出圆柱形石心。此外,人们还采用暴晒浸水穿孔方法:把一块石头平放在阳光下晒热,不时在选定的地方滴上一些冷水。这样,在被选定的地方,石头的小裂片就会一片一片地剥离开来,形成小孔。

这三种技术的出现是原始工艺史上划时代的事件,为新石器时代的制作工艺奠定了基础。新石器时代的石器加工技术,除少量使用打制法外,普遍进行磨制加工,还利用钻孔等技术,制作形形色色的石器,并且流行复合性工具,如斧、钺、矛、箭等等,这是新石器时代文化的特征之一。

第十章 产品加工业

【第二节 木 作】

对木料加工，制成各种工具、用具，在原始时代是最常见的。但是当时怎么加工木料，制作何种用具，却是很复杂的加工工艺。

一、木器加工

木料遍地都有，质地又不太坚硬，由此很早以来人类就取木料制作工具、生活用品、独木舟和住所。在我国原始社会晚期，还出土了精制的木俎、木案，其工艺已有相当高的发展水平。

原始木器加工，一般有几个步骤：第一步是伐木。这是木作的头一道工序，即把树木砍断，作为木作的材料。所用工具是石器，起初是手斧、砍砸器，这一点在旧石器时代就流行了，不过这些石器是打制的，并不锋利，由此砍断树木相当吃力，只能砍伐比较细小的树木，到了新石器时代，由于有了有柄磨制石斧，砍伐技术大有改进，也可砍倒较粗的树木了。据民族学家报道，一个人以石斧砍断一个30厘米粗的树干，不过用两天时间。伐木的具体方法是先往下斜砍一斧，出现鱼鳞片，再

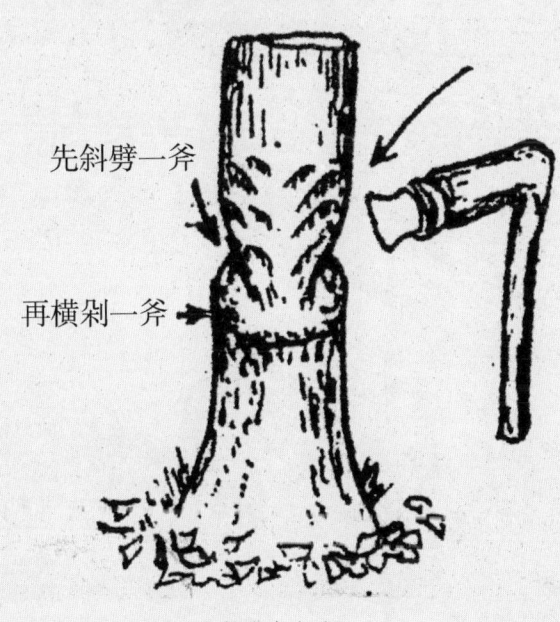

原始伐木方法

横砍一斧，将鱼鳞片砍下来。从四周砍起，最后剩树心相连，再以人力把树拉倒。

作者在海南调查期间，看到有些黎族男子在伐木时，通常是砍一半停下来，然后用火烧，待烧焦后再继续砍，从而加快砍伐过程。

第二步是劈板。黎族的劈板方法也相当古老。他们有两种方法：一种是以斧子从圆木两侧砍起，也是采用上述砍鱼鳞的方法，一层一层地砍伐，直到最后形成木板为止，这种砍法浪费木料严重，表面有许多斜、直的斧刃痕迹，并不平整；另一种方法是楔劈法，即把以根树干放在地上，两侧卡住，防止滑动。然后从树干一端砍一裂口，加木楔，又以斧砍第二下，扩大裂口，再加一木楔，如此不断，在树干的一条裂缝上，安有许多木楔，然后再以斧子敲击每个木楔，最后把树干劈为两半。如果想劈木板，则按上述方法继续进行楔劈法。

第三步是刨平。木板破开以后，无论是斧砍法还是楔劈法，多留有参差不齐的斧

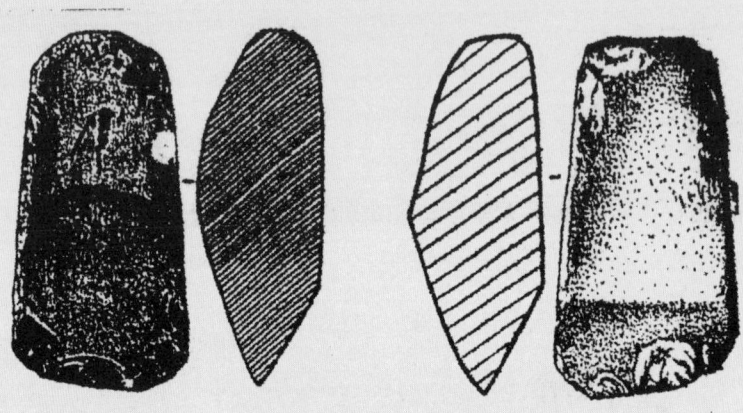

河姆渡文化石楔

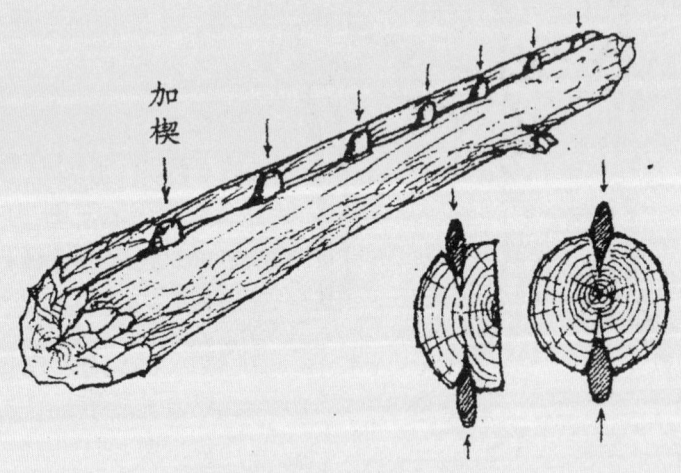

河姆渡文化石楔使用方法

印,或者留有破裂面,还不能直接制作器物,必须进行刨平加工。所用工具主要是石锛。从大量考古资料看,石锛皆安有木柄,但在使用时,石锛与木柄极易损坏,于是人们利用鹤嘴式木柄安装石锛,就比较结实了。刨平的方法,与现代农村木匠的刨法别无二致。但是需要指出的是,原始人去刨平时,往往利用磨石进行磨制,刨与磨相结合,最后把木板修平。

第四步榫卯。为了使木料与木料相接,这在浙江河姆渡文化已发明了榫卯技术,且建筑了庞大的杆栏式长屋。河姆渡文化的榫卯技术相当发达,有以下几种:

柱头柱脚榫:这种工艺多位于柱子上下,即在柱两头各有一突出的圆突,以便与其他木料的穴眼扣合,使两木料不致脱离。

双凸榫:它用在枋木顶端,有两层突出的方形榫,与其他木枋的方形穴眼扣合,更加牢固、结实。

柱头刀形榫:它也应用在立柱上,上端有台阶式突起,俗称刀形榫。

柱头透卯:在柱头上横穿一方孔,便于其他木料上的方形榫头插入,多用于安装横梁。

燕尾榫:在长方形木板一端,制成燕尾状,便于安入另一件木料的透卯内。

平身柱卯:在一横置的枋木两端,削为扁平状,且横穿一孔,说明榫卯结合后,还加一木榫加固。

双叉榫:应用于横置的方木两端,榫呈叉状。

转角立柱:在立柱上,呈十字状刻有卯口,以便横安方木。

有方卯的方木:在一长方形方木上,等距离地挖有卯孔,其上安栏杆。

企口板:一方木两侧。各藏内凸的企口,分别可插入榫形木板。

二、桦皮制作

用桦皮制作生活器皿,在我国北方和北半球相当流行,而且屡见文献记载。

《龙沙纪略.物产》:"鄂伦春地宜桦,冠覆器具庐帐舟渡,皆以桦皮为之。"

《黑龙江外记》卷8:"山谷多桦木,土人为车盖,为穹庐、为扎哈,缝之如栲栳,大担水,小盛米面,谓之桦皮斗。"

从这些记录看出,桦皮工艺是当时的重要手工业。经过作者几次赴现场调查,理解了该族桦皮文化的内涵。

制作桦皮器皿,有几个步骤:

第一步是剥取树皮。大兴安岭春来迟,夏季短,每逢农历五、六月,桦树才茁壮生长,雨水也多起来,这时桦树含水量多,柔软、湿润,是剥取桦树皮的好季节。这是妇女的工作。她们拿着猎刀，三五成群地走进山里，选择光滑平整的桦树，稍微粗大者较适宜。剥时，以猎刀在树上下个横切一刀，然后自上而下再切一刀，形成四方形，这时用手掀，块正方形或者长方形的桦树皮就揭下来了。为了造船，有时还要扒大的、剥完将其卷起来、保存好，现用现取，但都背回住地。这种剥取方法，也存在于鄂温克族地区。

第二步是备料。事先准备好的桦树皮，都是干燥的，或成卷保存，或者放在地上，以石压平，因此，备料时，必须事先把桦树皮浸在水中，以温水为宜，当树皮发软后，先把粗糙的外表皮刮掉，力求薄，内外平整、光滑，有些还要把桦皮放在吊锅里煮一下，这样桦皮更柔软，拿出来加工就方便了。

第三步缝制。缝制前，要根据制作对象大小、结构，用剪刀进行剪裁，无论是巨大的桦皮船，比

鄂温克族扒桦树皮

较复杂的摇篮，还是一个小小的桦皮碗，每件器皿怎么剪裁、需要几块、大小尺寸等，都有一定规定，然后利用筋线、马尾等纤维进行缝合，这些工作当然也是妇女操持的，她们是制作桦皮器皿的能手。

第四步装饰。该族为了使用桦皮器皿美观，还饰以各种花纹，最通常的方法是用"托格托文"在带有自然纹理、呈浅咖啡色的桦皮器皿上进行雕刻，这是鄂伦春族人特有的艺术。"托格托文"是用鹿、犴腿或狍子、野猪下腿骨制成的雕刻工具，它有二齿、三齿、四齿的尖，然后以左手握住"托格托文"，右手持木棒敲打"托格托文"顶部，这样就在桦皮器上出现了各种各样的花纹，有动物图案，也有圆花、角隅泉纹、几何纹等图案，图案的内容绝大部分是鄂伦春人根据自然界的花鸟、树木、云朵、波浪加以变化而创造的。图案有的象征吉祥、喜庆，有的在"阿达玛拉"箱上雕刻有南绰

罗花,象征坚贞的爱情。这些图案和实物结合起来,使人产生一种高尚、淳朴、强健的美感。雕刻手法简练、粗犷,装饰性很强。

桦皮器皿种类繁多。有盛东西的方形或圆形、底大口小的桶和篓;有用于装旱烟的扁形烟盒,它是姑娘们结婚时从娘家带来的嫁妆;还有专门盛放神像的盒子。这些不同用途的器皿,不仅有很高的实用价值,而且造型美观,装饰着独特的民族图案。

上述的民族学资料,对印证我国考古发现的桦皮器物有一定借鉴意义。

首先,在北半球桦树林生长地带,自旧石器时代晚期开始,当地的原始居民就因地制宜,充分利用桦树皮资源,制作各种各样的桦树皮制品,以满足自己的生产、生活需要。由于它制作容易、携带方便、使用广泛,使桦皮文化适用于当地的狩猎、游居生活,具有较顽强的生命力,有着源远流长的历史。

其次,桦皮文化是一种地方性、民族性较强的文化类型,与比邻的农耕民族的陶器文化并行发展,形成一种极富特色的地方文化。如果说,陶器主要应用在生活器皿和少数工具上,桦皮制作却较陶器应用广泛,已涉及住所、交通工具等领域。因此,桦皮文化包含有更丰富的文化内涵。

第三桦皮文化对陶器有一定影响。无论在北美洲易洛魁人的古墓中,还是在中国东北汉书文化、白金宝文化中,都发现了一些仿桦皮器皿的陶器,如各种形态的陶桶,其形制与桦皮桶相似,而且纹饰也仿自桦皮器纹饰,如雕刻纹、针眼纹等。说明桦皮文化对附近陶器文化有不可忽视的影响。

三、树皮布

在木作加工中,还有一种树皮布,即利用楮树皮的纤维加工成布,作为人类的衣料来源。

过去对树皮布的制法,有二种看法:一种认为是织成的,另一种认为是拍打而成的。我们在云南西双版纳傣族、哈尼族和海南省黎族地区看到的情况是,树皮布并不是织成的,而是利用工具拍打而成的。

原料:黎族地区有许多高大的楮树,据当地植物研究所专家分析,还可细分若干类十多种。该树笔直参天,高几十米,表面为灰白色,这种树皮就是制作树皮布的原料。

工具:传说过去用石器拍打,现在已不见有关石器,但在海南省保亭县毛道乡和三亚市郊却发现一种石球,可能与制作树皮布有关。据曾制作过树皮布的当地老人讲,他们所用的工具有几种:一种是钩刀,即砍刀,是用于剥树皮的工具;另一种是木槌,是拍打树皮用的工具。

制作：

第一步：剥取树皮，这是男子的工作。每逢雨季他们就到村外或山林中，选择高大而笔直的楮树，从中取一段树干，一般是高1米至1.5米，先在上下横切一圈，然后在上边任取一点，从上线向底线再划一刀，最后用钩刀翘皮，这样整块树皮就可扒下来了。

第二步：把剥下来的树皮平放在宽敞干燥的地上，用巨石或木棒压平，通风晾干。

第三步：把晾干的树皮放在平坦的石板上，用木棒或木槌敲打，表皮破裂，起许多毛，这时撕去表皮，先横拍打，树胶脱落后，就出现柔软的纤维。

第四步：浸泡。把拍打好的树皮纤维折叠成方形或长方形，沉入水中，用石压之，一小时后取出，用脚踩，目的是洗掉树胶，留下纤维，再

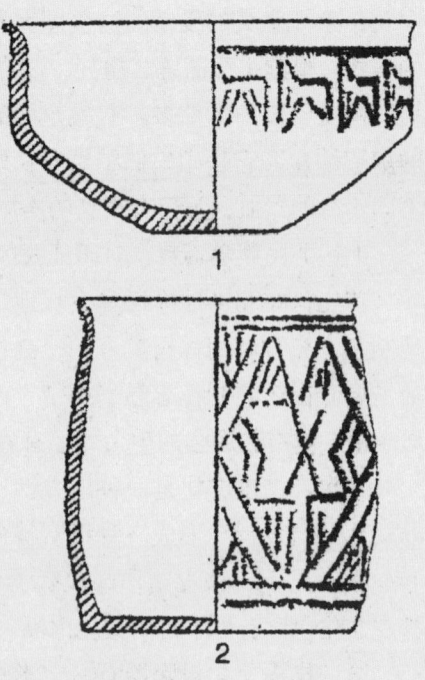

白金宝文化的仿桦陶器

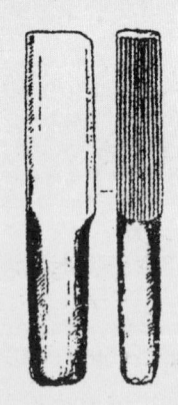  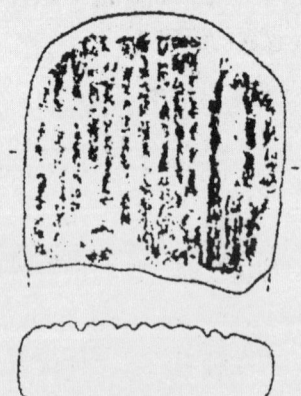 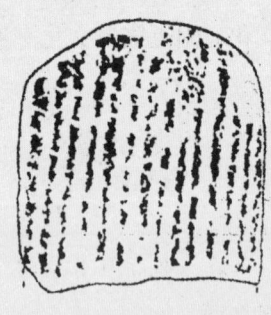

台湾出土的石拍　　　　　　　　香港出土的石拍

沉入水中，反复多次，以洗净为好。

第五步：脱水晒干，形成洁白的树皮布。

第六步：在制作，搓洗过程中，有些纤维裂开，不能成片，于是用竹针缝合，所用纤维有野麻，芭蕉纤维等。

从上述生产加工过程看出，树皮布并不是织机织成的，而是"绩树皮为布"（《皇清职

贡图》卷三），绩为接，既把这楮树皮纤维拍打，仅留纤维，连接起来而形成的树皮布。

黎族树皮布的成品，过去种类较多，有头巾、上衣、裙子、包卵布、被子、垫单，还有织机上的腰带。

第三节 皮 作

无论是狩猎所提供的毛皮，还是畜牧业所提供的皮张，都是人类的衣着原料来源之一，对这些产品的加工，成为特有的原始手工艺。

自人类诞生以来，狩猎就是人类的主要谋生手段，兽肉是食物，可以设想，最初对兽皮的应用，也是当食物吃掉了，后来才发现兽皮结实耐用，留下兽毛还有护身取暖作用，从而发现兽皮的第二个功能，可以当衣着使用。但是兽皮只有经过一定加工才能应用，从而出现揉皮工艺。

皮革加工前要准备好工具、皮张和其他原料。一年四季随时都可进行，但是以秋天最为繁忙，以便赶制皮衣，准备过冬。

揉皮分若干步骤：

第一步是晒皮子。打死野兽后，一般要趁热剥皮，否则僵硬后就不好剥了，容易把皮子弄坏。对于熊、野猪、鹿等较大的动物，实行片形剥皮方法，由腹线前后切开，由肛门到下颌，接着挑开四肢，因而兽皮呈片状。对于狐狸、猞猁、鼠等小动物则采用桶形剥皮方法，即从嘴部挑开，然后往下翻转而剥取，留四肢和尾部。

相传过去以木刀、石片剥取兽皮，近代改用猎刀。

兽皮剥掉后，在"仙人柱"附近晾干。为了使皮板平整，有时用若干木柱子将皮子绷起来，但要与地表有一定距离，这样容易通风、晾干。

第二步是敲打平整。晾干的兽皮都干硬不平，为了便于加工，必须使皮子平整，有一定的揉软性，先以木锤敲打，下面垫一根木砧。接着用木铡床加工，铡床形制如铡刀，但是刀、床均有木齿，经过铡床反复压制后，皮子趋向平整、软化。

第三步是发酵。发酵的原料是狍子肝，捣碎后涂在兽皮的里面，力求均匀，然后把两张兽皮对合在一起，存放两天即可。另一种方法是在天热的时候往皮子上喷上温水，或者把木屑加水涂在皮板上，由于朽木易烂，多菌类，又有水的腐蚀作用，经过一两天就能使皮板上的肉丝发酵。如果是脱毛皮革，则放在温水中浸泡一两天，使其两面发酵。

第四步是刮皮子。兽皮发酵后必须将上面的肉丝、脂肪刮下来,皮革才柔软,不易腐烂。刮皮子的工具有不少:过去曾用石或骨刀,如火地人用有齿骨刀,西藏卡若文化的有齿陶刀等,均是刮脂肪的工具,鄂伦春族的刮具已相当进步,一种是铁皮带齿锤,形如木锤,但是头部由带齿铁皮包着,以其刮掉残肉,此具也可锤木头,从而获得锯末。另一种称皮梳子,有两种:一种是全木质的,刃部有木齿;另一种是镶有铁齿,使用时,双手握两端木柄,用其刃部刮皮子,在呼玛地区还有一种"乌",即皮铲,在木柄上安有一圆柄或圆圈形以其铲掉皮板上的残肉,通常把兽皮置于腿上刮剃,也有的在树干上置皮刮剃。我国青海地区则利用一种镰式刀在树干上刮皮子。

在刮制过程中,为了增加摩擦力,保护皮板,还在皮上撒一些草木灰、锯末,有时在火塘上熏烤,据说火熏有两个目的:一是加速发酵;二是煮好后见水不僵硬。

第五步是揉制。刮完的皮子,还有相当的湿度,事后要晾干,这是生皮子。晾干以后,开始揉制。所用工具称"贺德勒",平刃无齿,原来纯为木刀,后来改为铁刀。这时,妇女将皮子铺在自己的腿上,坐着揉制,反反复复,直到皮子揉软、洁白为止。其间要适当加些锯末、木渣,并且要烧火熏烟,时时进行烘烤,这就是所谓"熟皮子"。

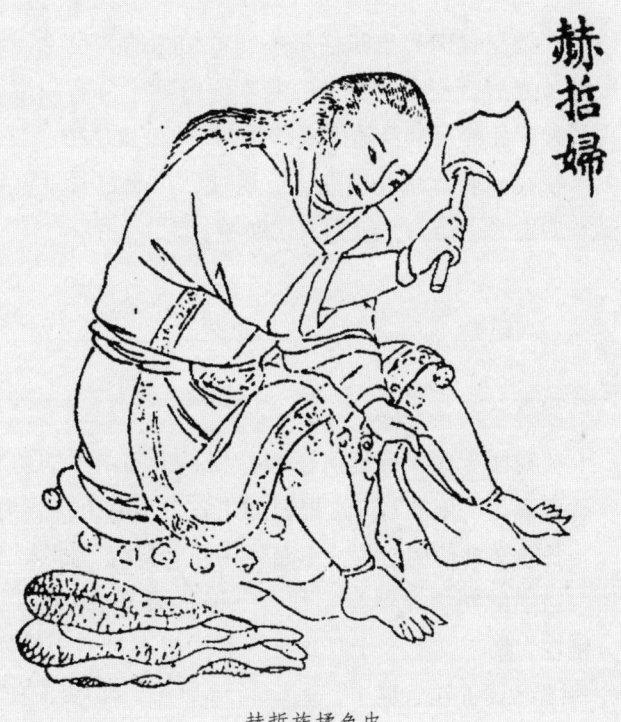

赫哲族揉鱼皮

熟好的皮子,可制作被子、衣服、帽子、口袋,也可切割成各种皮条,制作各种生产、生活工具。

第四节 纺 织

人类在食肉衣皮时代是不知道纺织的，也无需纺织工艺，但是，当狩猎上升为重要地位之后，皮毛所提供的衣着原料就十分有限了，人类必须开拓新的衣着原料，出现了种麻和养蚕，伴随而来的是纺织工艺的发生。

在我国旧石器晚期山顶洞遗址已出土过骨针，标志当时已知缝纫术，新石器时代则普遍发明了纺轮，进行人工纺纱。

一、纺纱

在我国少数民族地区还能看到不少实用中的纺轮，它们不仅结构完整无损，还能实地观察其使用方法。这里以四川省大小凉山彝族为例，进行一些具体介绍和分析。

彝族纺纱使用纺轮，织布使用原始腰机，即踞织机。

当地的纺织原料有二种：一种是绵羊毛，另一种是野麻。每年先后剪三次羊毛，分别在农历三、七、十月进行，其中以七月毛为最佳，可织软披毡。羊毛加工较简单，先将羊毛放置在竹席上，利用竹弓弹开。弹毕将羊毛存在竹篓里，防止杂质混入。纺纱前，先从竹篓里取出少量羊毛，用手拆开，这是纺纱的准备工作。

彝族运用一种小纺轮，称"沙乌"。它包括"沙乌"和"沙乌加玛"两部分；"沙乌"为纺杆，"沙乌加玛"为纺轮。前者是木制的杆，上端有一倒钩或缺口，供定捻挂纱之用，后者是木或角制的圆盘，其中有一孔，是安插纺杆的部位。

纺纱有几个分解动作：第一步是左手提着纺轮，用右手的拇指和食指将撕开的羊毛捻成粗纱，并且不断地延长毛纱；第二步由右手握住粗纱，左手捻动纺轮下端的纺杆，使纺轮沿逆时针方向急速旋转，使粗纱加捻，形成麻花状；第三步再加捻之后，由于所加的外力已经耗尽，纺轮开始向相反的方向回转，这时要立刻收住纺轮，防止

图52

河南新郑具茨山人文初祖庙中的先蚕嫘祖像

倒转；最后把纺好的纱，绕在纺轮上方的纺杆上，上端卡在倒钩或缺口处，起着定捻作用，然后再取羊毛，经过放纱、加捻、绕纱等过程，不断反复，使纺纱连续下去。

纺好的纱，有两种用途：一种是供纺线之用，为缝纫提供原料；一种是为织布提供纬纱。

纺线是将两股纱合并加捻在一起，制成双股而结实的纤维。彝族纺线的工具也是纺轮，称"步乌加玛"，意为合纱的纺轮，简称为线轮。其形制与纺纱用的纺轮大同小异，也由纺轮和纺杆组成。纺轮称"布乌加玛"，直径6厘米，厚1.2厘米，纺杆称"布乌"，上有一倒钩，长30厘米。由于纺轮较大，不使用手直接捻动，而是借助两块木板捻动来旋转的。两块木板长短不一。长者称"色木"，长60厘米，宽6厘米，厚2厘米，短者称"色目"长15厘米，宽6厘米，厚2厘米。彝族称线为"希"。纺线前先将两股纱合绕在一起，称"希迟"，绕成一个线团，为了保证毛纱干净，不掺杂质，要将线团放在漆碗或其他容器里。

以线轮纺线，也分几个动作：第一步先将"希迟"的头拴在纺杆的中间，并且进行纺纱；第二步是左手握住毛纱，并把纺杆放在身体右侧的长木板上，然后右手持短木板，在长木板上往前擦动纺杆，线杆随之转动；第三步，左手往高处引拉毛纱，利用两块木板擦动的惯性，纺轮在空中急速旋转，从而进行合纱加捻；第四步，加捻之后，立刻收住纺轮，把纺好的毛线绕在线杆上。这就是纺线的过程。

二、织布

远在我国旧石器时代晚期就出现了骨针、骨锥，到了新石器时代，不仅出现了大量骨针、骨锥，还出土了形形色色的纺轮等纺纱工具，说明当时的纺织技术有相当发展，它与经常的织布活动是分不开的，而且在半坡仰韶等文化遗址里，也出土不少纺织品的遗迹，表明当时已经掌握织布技术了，这点在学术界是没有争论的。侗族的织带机极为小巧、简单，包括三个机件：一是"冬"。即经杆，以竹枝制成，长15厘米，直径0.5厘米，用其固定经纱。二是"高"。即综杆，它是在一根20厘米长的小竹枝上拴有几十根绳套，即综眼。三是"喜"。意为机刀，木制、长方形，右宽左尖，长25厘米，宽3.2厘米。

比织带略为进步的踞织机，又称原始腰机。现在以四川凉山彝族的踞机为例。该机没有机台或机架。通常在地上埋根拴经木桩，高40厘米，供拴经纱使用。经纱的另一端系在织者腹前的卷步轴上。织者席地而坐，两腿分置于机旁，故曰锯织机。织机由八个机件组成。自前而后有拴经柱、经轴、定经杆、分经木、综杆、卷布轴、梭子和机刀。当地有些彝族并不用梭，而是直接以纬团引纬。彝族的梭子仅是根竹棍，彝族称"牙布"意为纱团之意,说明梭子来源于纱团。其中也有不用经轴的,只是用一根绳套把经纱挽在一起,然后用定经杆加以固定。织布前,要牵经上机,把单、双数经纱分开。具体织法与上述侗族的织腰带机一样,只是彝族的织机大有改进,它是经纱固定在拴经柱和卷布轴之间,这样便于操作,布幅加宽了,达到33厘米左右。

所谓织布就是织纬,为了达到此目的,必须具备两种工具:一种是引纬工具,即利用它将纬纱从面经与底经,或者从底经与面经之间穿过,从而实现了织纬的重要一步。但是,仅仅依靠这一点是不够的,因为引过来的纬纱并不互相联结,经纬结构是松散的,这就需要打纬。

人类在没有发明筘之前,是普遍使用机刀打纬的。这一点得到了民族学佐证,在此不加赘述。从考古学资料看,我国发明的机刀也不少,而且种类和质地不一,现在分别举例说明。

木纬刀:在浙江余姚河姆渡文化第四层出土两件所谓木匕都是打纬刀。一小一大,各有功用。

江西贵溪春秋战国时期的崖墓中,曾出土36件木质纺织工具,有纺轮、综杆、梭、经轴、绕线架、分经木、布轴、打纬刀等。其中的打纬刀较长,有69.8厘米。

骨纬刀:浙江余姚河姆渡文化第四层中,据原报告记录有两种骨机刀。

西安半坡遗址也出土两件骨机刀:一件原称骨匕,长16.7厘米、宽2.8厘米、厚1.1厘米,一端窄而尖,一端宽而平,通体磨光,刃部有使用痕迹。另一件原称骨刀,也呈长方形,在一端做成斜直的锋刃,柄部有一小孔,长19.5厘米、宽2.5厘米、厚0.5厘米。

江苏吴江梅堰出土一件骨匕,长24.5厘米、宽2.1厘米,在其表面还有精致的鱼纹。这种工具显然不是盛饭工具,而是骨机刀。

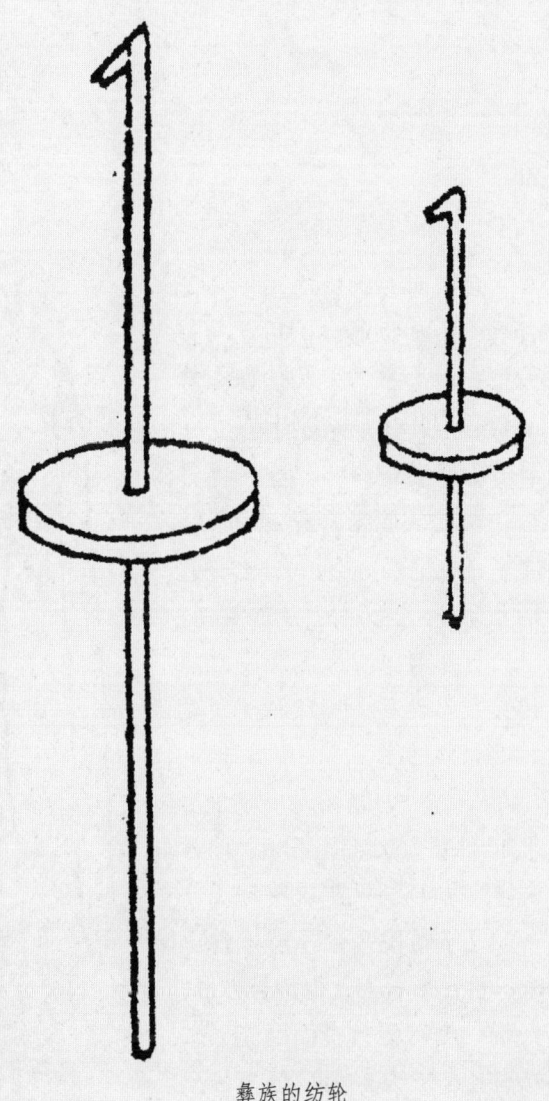

彝族的纺轮

 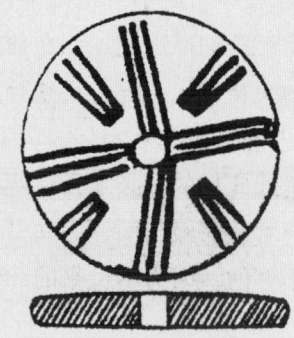 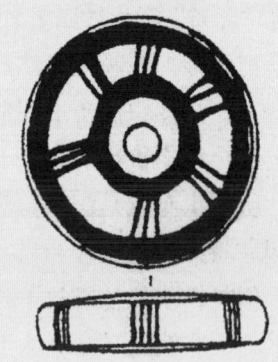

长江流域的彩色纺轮

陕西西安客省庄出土一件骨匕,由动物肢骨制成,呈长方形,右为柄,左为尖锋,背面微凸,刃直,有磨损痕迹。

山西襄汾陶寺出土一件骨匕,长22.3厘米,宽2.2至3.4厘米,也呈长方形,右侧为柄,柄上穿一孔,刃有使用的痕迹。

石纬刀:陶寺出土一件双孔长方形石刀,长25厘米、宽4.4至6.4厘米。

安徽桐城县老梅永久遗址出土10件长方形有孔石刀,该县文化馆也收藏一些有孔石刀。

辽宁新民高台子遗址曾出土一件铲形石刀,也为长方形,一端一侧有刃,表面磨光,末端有孔,长约30厘米、宽5至

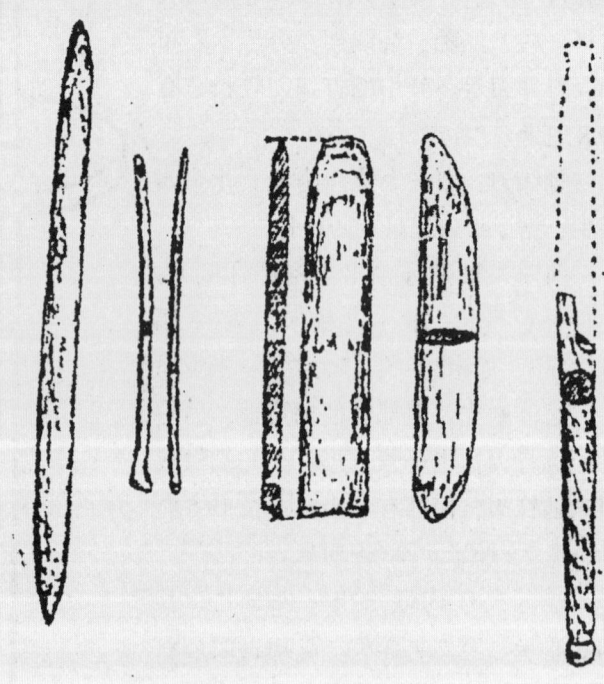

河姆渡织机残件

8厘米,厚1厘米左右。

在上述机刀中,所用质料不同,形制也有一定差异。从历史角度分析,最初的机刀应该以木制为主,这一点已为河姆渡文化所证实,只是木质易朽,没有大量地保存下来。当时,由于狩猎经济相当发达,兽骨资源丰富,也大量使用骨机刀。由于有石器制作的流行,在某些地区也普遍使用石机刀,薛家岗文化就是个典型例证。

【第五节 陶 作】

陶器是原始社会的重要生活用品,但关于制陶技术还是一个谜,从考古学和民族学资料看,主要流行以下方法:

一、手工制陶

手制阶段,指轮制陶器出现以前的以手制为主的制陶方法,相当于陶器出现的早期阶段。但是在手制阶段也包括了若干类型,其中也有高低之分。

那么陶器是怎么具体发明的,最初是怎么制陶的呢?人类最初制作的陶器,无疑是从最简单、最容易开始的,即用手捏制一些小器皿。1980年作者在四川越西、甘洛等县调查,耳苏人有一个传说,说过去他们以竹篮盛水,但竹篮干了再盛水,水就漏出去了,必须用水把竹篮泡湿了才能盛水。后来他们发现在脚底下踩过的泥巴坑里也能存水,于是他们把泥巴挖出来,修成泥盆盛水,后来发现泥盆不结实,看到火塘边的烧土很坚硬,又把泥盆烧一下,就变成陶器了。这个传说对发明陶器的起源颇有帮助,而且人类是从手制陶器开始的。

最早的制陶方法是以手直接捏制的,一般仅依靠陶拍、陶垫、刮刀等简单工具,像佤族为了制坯方便,多把陶器放在两腿间加工,而黎族则把陶坯放在筐底上,均没有专门的工作台。在云南元谋红告村汉族地区有一种泥片合拼法,制陶的妇女先和好泥,且做一个圆饼形作为器底,然后以四片泥片拼成器壁,经过拍打后,制成陶釜、陶罐等器物,外部留有蓝纹。

二、模制法

手捏陶器虽然容易,但器形较小,又不定形,远远不能适应人们对陶器大量要求,人们在手制过程中，特别是制作某些较大陶器时，已经利用某些自然物为模子，外边涂泥，同样也能达到制陶的目的，而且能制作大型的、规正的陶器。所谓模制，不外乎有两种方法：一种以模子为内芯，在其外涂泥成型；一种是以模为外壳，内部涂泥成型，这两种形式在国内都有例证可寻。

在云南文山马关、砚山等县居住的彝族，制陶时往往利用葫芦为内模，制陶时，选择若干葫芦，截成不同的形状，如碗、盆、缸等等，然后把和好的陶泥涂在上面，要求均匀、严密，且经过拍打，事后阴干，再放在野外用草、树枝烧一遍，烧后内模多焚毁，但外壳涂泥巴则成了陶器，不过，有些内模是可以取出来的，自然能保存下来，不会付之一炬。这是古老的制陶方法。

模制方法在西藏珞巴族崩尼人地区也相当流行，该地区由妇女制陶，挖来陶土后晒干，以木棒打碎，加水和泥，搓成泥条，或拍成泥片。制陶前以竹篾编成"冲光"，即内模。制作时在底部放一泥片，然后由下而上盘泥条，直至肩部，取出内模，再整修器口，最后以左手在内托着，以右手持木刀拍打。风干后，放在火塘内烧，器内也加许多热灰，内外烧烤，直到发红为止，取出后趁热抹一层灶灰。器型有陶釜、陶盆等。类似模制方法在藏族、维吾尔族地区也流行。

在实行模制阶段，有些先民以葫芦为模子，这一点在仰韶文化中尤为明显。有些以竹编器皿为模子，而维吾尔族以陶坯为内模，高山族则以木胎为内模。当然最早的陶器也以其他器物为模子，或者以其他器物为造型的模特。

模制法可能是人类最初制陶的主要方法。我国考古发现的最早陶器，是蛤蟆洞和仙人洞等遗址出土的，距今一万多年。蛤蟆洞的陶胎是分层的，内外表皮粗糙，显然是以一定器物为内模，又利用贴筑法成型的。

三、泥片贴筑法

这种方法在海南岛黎族地区还有保存，作者在白沙县本地黎族村内看到过。制陶的妇女从稻田底下挖一些黑胶泥，去掉杂质，不加羼和料，没有专门的制陶工具，但必须在地上放一张槟榔叶或其他叶片，将胶泥分为三部分；一部分先搓成泥团，然后放在槟榔叶上，拍成圆形泥饼，但边缘要修理整齐；接着将另外两个泥团分别拍成长方形，然后立在器底上，并合拢为圆圈状，作为陶坯器身。在这步加工中，主要是把底与邦，邦与邦拍合在一起，也就是贴筑为器，有时还安一口沿。

贴筑法又称泥片合拼法，是在手捏法的基础上发展起来的，又从模制法中吸取了营养，才形成了一种特殊的制陶方法。

从考古学资料看，泥片贴筑法远在距今八九千年前业已产生，有的专家作了研究，但认为缺乏民族学例证，事实上民族学例证也是不少的，在我国高山族、黎族、佤族和珞巴族地区均有保留。这些民族尚不用慢轮，为了加工方便，在陶坯下多垫一块木板，以便陶坯加工，制作时先以泥饼制一底；然后以泥条盘起，螺旋上升，接着以河光石支撑内壁，从外面用陶拍拍打成型。由于陶拍上有绳、线或刻有条纹，在陶器外表也留有绳纹、线纹、条纹等痕迹，形成美丽的纹饰。据我们调查，这些纹饰起初是实用的，即用木拍及其上的绳、线等拍打，主要是为了使陶坯密度严紧，后来才有装饰意义。

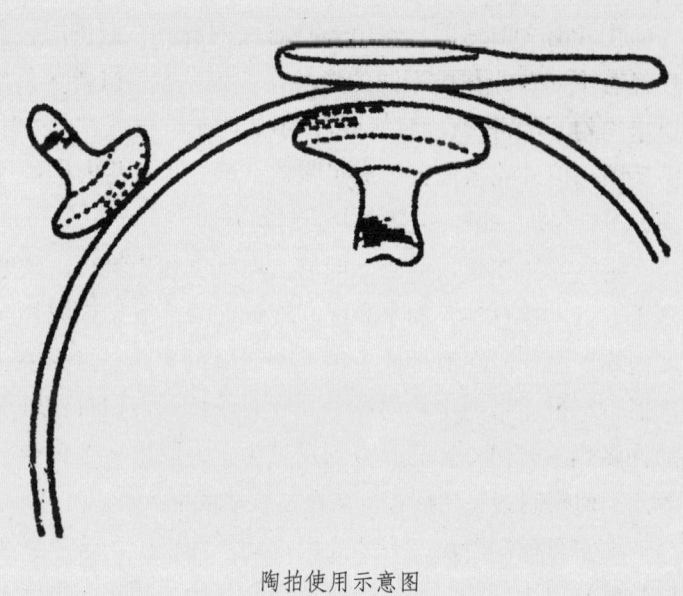

陶拍使用示意图

四、慢轮制陶

慢轮指制陶时有一个可以缓慢旋转的工作台，与陶车相似，但是形体甚小，主要作用是便于制坯，利于调整陶坯方向。西双版纳傣族就保留了这种制陶技术。他们的慢轮呈倒立的去尖圆锥体，底下有一凹穴，并安一竹筒，可套在地上的木桩上，以手或脚可以动，但速度慢，故名。此外还有木刀，刮片，河光石和各种陶拍。其制作过程包括选择陶土，加工、和泥、制坯、成型、烧陶等过程。这时制陶依然由妇女操作，她们先坐在制陶轮旁的木凳上，在慢轮上放一块泥坯，先做一件器底，然后从底上盘筑泥条，进而一手握河光石为内垫，一手持陶拍拍打成型，这时要充分利用慢轮的旋转运动，加工口沿等部位。傣族的烧陶方法是在露天进行的，没有专门的陶窑。这种慢轮制陶，在云南元谋苴林村汉族中间还有保留，工序包括选土、和泥、搓条、成型、拍打，修口沿等步骤，最后用洞穴窑烧制而成。由此看来，慢轮制陶有独特的特点，与手制和快轮制法不同，可单独作为一个发展阶段。

五、快轮制陶

快轮制陶指运用高速旋转的快轮或陶车来制作陶器的方法。这种制陶方法在我国汉族、壮族、藏族、朝鲜族、苗族、侗族、水族、布依族、彝族等地区均有大量保留。此阶段更讲究选择和加工陶土，利用陶车加上熟练的手工技巧，能大批生产规整的陶器。以苗族的陶车为例，其形制与慢轮相似，但转盘较大，如蘑菇状，其下有旋转的轴。转盘直径80厘米，厚18厘米。在转盘上面有一孔，直径6厘米，深5厘米。这个孔眼是支撑木棒的地方。使用陶车时，如果是慢速旋转，就用手或脚搓动即可，如果需要快速旋转，则利用一修长的木棒，插在上述的孔眼里，加力推动，陶车就会快速旋转起来。此种制陶的特点，已放弃了泥条盘筑方法，完全是依靠陶车和陶工的双手，互相配合来进行的。因此从根本上放弃了捏制、搓条、盘筑等方法，具体工序包括取陶泥、制型、拍打、装饰等过程。在成型前，必须加速陶车的旋转，陶工利用陶车的惯性，双手沾水取泥，先把泥块旋成筒状，并不断拉坯，根据需要制成盆、罐、缸、瓮等形状，然后以手、刮刀、陶拍进一步加工，最后烧制而成。快轮制陶是由男人承担的，它不仅要求一定的体力，也要有比较专业的技术，所以不是任何人都能承担的。由于快轮制陶技术性强，效率高，陶器定型化，必须有专门的陶工来实现，出现了专门的制陶手工业者，但是他们不一定脱离农业，而是农忙务农，农闲制陶。

泥条盘筑

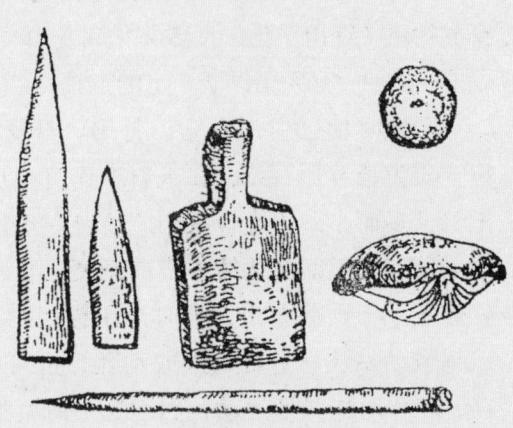

黎族的制陶工具

【第六节 玉 作】

我国史前已经有发达的琢玉技术，在河姆渡文化已有出土玉器，红山文化、良渚文化、龙山文化已有较发达的玉作生产，玉作为一种礼器已经形成。但是当时是怎么琢玉的呢？所知不多。在故宫博物院有一幅《琢玉图》，保存了传统的琢玉技术，对印证史前玉作生产有一定的帮助。

开料

任何一块玉料，都有玉璞外皮，这是要去掉的，接着把玉料断开，弄成雏形。这道工序，最初是借鉴石器加工方法，以石器进行敲击，把玉料外表打掉。在磨制雏形时，则借助于水和解玉沙。作者在西南泸沽湖地区调查时，当地一些人以花石琢制烟锅时，先把花石浸泡数天，认为这样花石就软了，可以锯开，再用解玉沙石英粉和水，磨成初坯。红山文化、良渚文化和龙山文化的玉器已相当进步，绝不是一般摩擦方法就能完成的，必须借助于一定的工具。

原始时期已应用石锯、骨锯、蚌锯，当时用石锯开料完全是可能的，该锯无齿，实为长方形石刀，在玉料上作直线运动，可把玉料破开。石家河瓮棺内有不少玉料，多而小，边缘皆有切割痕迹。瑶山出土一件柱形器，矮柱形，中有孔，柱体中段留有五道断断续续的横向割痕，它是在抛光后，再锯为两个半成品，但锯一半就停止了。由此看出，当时运用锯切割玉料。同时应用弓钻，其形如弓，但弦长，以锯带动钻头，进行切割或钻孔，也可掏膛。这种弓为软质物质，如竹、藤、皮、筋，工作时作弧形运动，因而搜弓所留下的痕迹也不相同，常常留下弧形台面，器面高低起伏。弓形具是开小件、镂空常用的工具。不过，锯和搜弓子切割玉器时必须加解玉沙。

琢制

琢制玉器，正如前面所述，必须有三种工具：挟持工具，磨轮和解玉沙。挟持工具就是琢玉机，又可旋转。原始社会是否有了琢玉机？在商代已有圆砣、青铜管钻，说明琢玉机已被应用，在其前应有一个孕育、产生的过程。良渚文化中，有些玉琮、玉璧、玉管上有不少平凸、阴刻、突起花纹，又有石英、水晶、玛瑙等质料的解玉沙，当时用砣的可能性很大。神木石峁龙山文化有一种玉璋，从刃口到柄部都有一条纵贯器身的棱线，线两旁高低有差，形成两个台面，棱线且呈弧形弯曲，在有的玉刀上也有类似台面，说明是转盘磨制的结果，标志当时已出现了琢玉机。

那么，原始的琢玉机是什么样的呢？有人把它与织布机、陶车联系起来，是有一定道理的。不过，民族学保留的最原始的织布机是踞织机，它是由经轴、定经杆、分经棒、综杆、机刀、梭子和卷布轴组成的，织者坐于地上，两脚蹬经轴，用腰带把布轴系于腰前，利用交替提拉综杆进行变交，可投梭、击纬，不断织布。河姆渡文化已出土有踞织机零件，新石器时代中晚期都普遍使用踞织机是不成问题的。但是，这种织机没有旋转机械，与琢玉应该没有联系。但是制陶机具就不同了。原始制陶是手制的，包括手摇，泥片贴筑和泥条盘筑等方法，到了新石器时代晚期发明了陶车，使制陶术发生了飞跃性的发展。陶车是一个大圆盘，下面有一凹槽，将其扣在地上的木轴上，利用脚蹬、手推即可旋转，陶工在圆盘上拉坯，制作各种陶器。这种旋转式陶车对琢玉机有重要影响。

如果把陶车与琢玉机比较一下，就会发现两者都是利用旋转原理加工产品的，所不同的是，陶车的轴是立式的，轮盘处于水平位置，以手足推动旋转；琢玉机的轴是水平的，轮盘是竖置的，利用踏板、轮带牵动机具旋转，可知比较进步。在它之前应该有一个发生、发展的过程，也就是陶车要落后得多，比较简单，如果在陶车轮盘上方固定一木轴，安上磨轮，照样可带动磨轮旋转，加工玉器。一旦上述陶车横过来，加上踏板、轮带，就变成后来的琢玉机了。

最早的磨具是什么样的？应该是石制的。《诗经·小雅·鹤鸣》："它山之石，可以为错。"考古学家在大连于家村、丹东老石山和后洼洞，吉林图们和长蛇山，黑龙江莺歌岭等新石

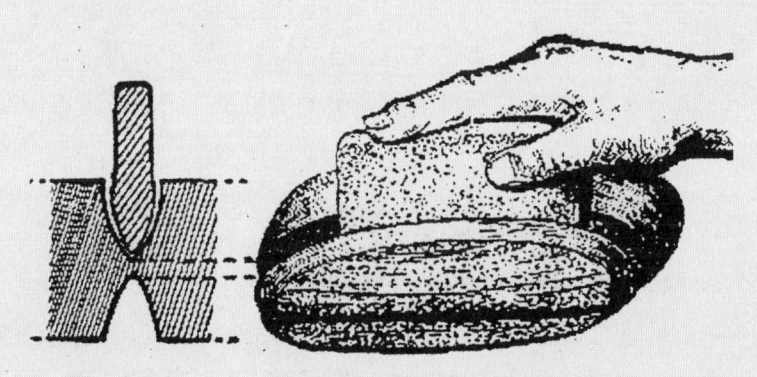

原始锯料方法之一

器时代遗址都发现了一种有刃环形器。其特点是：一器形规整，比较定型；二刃部锋利，有平刃、齿刃两种，利于磨切，有使用痕迹；三中央有孔，孔壁垂直，边缘厚重，有些孔边有突棱，安轴后比较牢固。因此这种石轮应是磨具，再看良渚文化玉器玉琮边缘角度整齐划一，寺墩遗址的玉璧直径长有11厘米、16厘米、26厘米等不等的弧形琢痕，说明当时的磨轮已有一定规格。

无论是切割还是加工，以及钻孔，都是利用摩擦方法进行的，但是必须以沙为中介，也就是间接摩擦方法，所用的沙为解玉沙。现代最好的解玉沙是金刚砂，但是金刚砂非中国所产，汉代才开始传入。由于玉的硬度在4至6度之间，凡是超过6度的石玉类均可当作解玉沙，如水晶、玛瑙、石英等，在反山良渚文化第12号墓内出土的玉钺上，有不少米粒状石玉粉末分布，寺墩第1号墓内出土的玉璧也有石英粒，其硬度在7度左右，也大于透闪石，后者硬度为5.5到6度之间，可知良渚文化已运用中介石解玉沙琢磨玉器。

雕花

纹饰加工是很重要的一环，工在文饰。像良渚文化的玉器，有许多阴刻纹饰，一种是宽阴线条，条底平滑，这是石工具沿尺类工具往返摩擦所致；一种是细线条，极细、是手工雕刻的，直线、折线多，且短，少弧线，边缘不整齐。

这些纹饰是怎么刻出来的呢？有三种方法：

一种是直接用手工刻出来的，所用工具是硬度较强的石玉类工具，以石攻石，如水晶、玛瑙等，其尖端即可加工玉器花纹。良渚玉器上的祖先，兽面花纹，细如发丝，放大观察，是一段一段的线，不是连续刻出来的，说明不是用旋转式工具加工，而是用刻玉尖状器刻出来的。这种工具就是琢玉刀的原始形态。本溪马城子新石器时代遗址出土一件玉斧，还出土一件玉质较硬的小刻刀，长方形，直刃极利，应该是玉器加工的工具。浙江河姆渡文化出土一种鲨鱼牙齿，尖端锋利，硬度很高，也可刻制玉器花纹。卡诺文化出土75件石钻，形式多样，也与琢玉工具有关。寺墩遗址玉器上的纹饰极细，纹宽0.1毫米至0.2毫米，可能是极细石器或青铜工具加工的。

一种是利用旋转的砣加工花纹。正如前面所述，史前时代已有原始的琢玉机，既然可以开料、切割，当然也可以雕刻花纹。良渚文化的宽直阴刻纹，红山文化玉祖上的米字纹，都是这样加工的。这种花纹深浅一致，有弧线，是一段一段的纹饰。

此外是管钻法，管钻法加工纹饰，基本是圆圈纹，如良渚文化玉器上的不少兽面，其上刻有双眼，这就是钻法加工的，钻而不透，形成兽眼。钻孔是玉器加工常用的技术。远在旧石器时代晚期山顶洞遗址就出土过穿孔的兽牙，说明钻孔技术由来已久。新石器时代的钻孔技术就相当普遍了，并且能在玉器上钻孔。

管钻法有以下几种方法：

一种是尖状器，以手握钻头对薄片玉钻孔，先从一面钻，形成一面孔径大，另一面孔径小的玉孔。江苏丹徒磨盘墩出土有用燧石打制的石钻，尖锋利，可以钻孔，红山文化的三连璧也是对钻成孔。

一种是利用桯钻，其中又分了两种：一种实心钻头，类似木头钻子，即利用石、骨、角、牙等制成圆棍式钻头，丹徒磨盘墩出土了不少细石钻头，为黑燧石，莫氏7度，可钻软玉。使用时沾解玉沙浆，在玉器上转动，出现口大下小的孔，这是因为钻头越钻越细，最后的孔径自然变小。有的孔快钻透时，停止钻

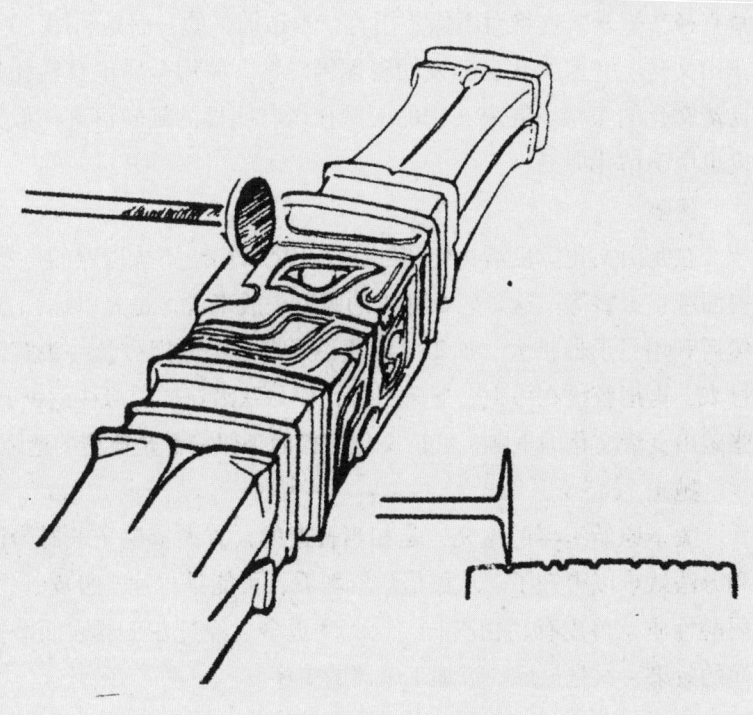

雕花方法

孔，从对面敲破，这样的孔一面光滑，一面不规整，如神木石峁龙山文化的玉璜就是这样加工的，有些孔是两面钻，其中有的对钻准确，孔壁垂直，有些则对钻不准，形成台阶孔壁，如神木石峁龙山文化有一件玉钺，由于从两面对钻不准，出现刻角梯形孔。武进寺墩良渚文化留有钻槽，可能是细钻加工，随钻随扩大口孔，一节一节进行的。

另一种是空心钻，又称管钻，边有缺口，专适合钻大孔，钻头必须耐磨且有韧性，因而容易磨损，使孔一面大一面小，变成喇叭口或偏斗形孔。

江苏丹徒磨盘墩出土一件玉钻蕊，据观察为玉琮蕊，以竹筒钻制，类似弓钻法，玉蕊上有明显的管钻痕迹，说明良渚文化已熟练地利用管钻法加工玉器。

上述钻头是怎样旋转的呢？从民俗学资料看，有三种方法：一种是搓钻，即钻头安柄后以两手掌搓动而旋转，像钻木取火那样；一种是绳钻或牵钻，即将一条绳索绕在钻杆上，一人扶持钻杆，一人返拉动绳索，进行钻孔，云南佤族就利用类似方法取

火；还有一种是弓钻，即利用弓弦缠绕钻杆，来回拉动弓即可带动钻头旋转。原始人已利用弓钻取火、钻孔，自然也会应用弓钻加工玉器。

我国原始社会晚期的钻孔工具已有较大改进，一是可能利用青铜钻，因为良渚文化有些玉璧、玉琮的孔上，有台阶痕的钻槽，刃宽0.5毫米至1毫米，玉琮兽面的眼睛直径2毫米，这绝对不像是用竹、木钻加工的，而是利用青铜管钻的结果。事实上，龙山文化、齐家文化已经发明青铜锥、钻，使用金属工具钻孔是不成问题的。二是在良渚文化的玉璧、齐家文化的玉璧孔内有明显的旋转痕迹，似为琢轮所致，说明琢玉机也用于钻孔加工。

透雕

在龙山文化、良渚文化和红山文化中，出土不少透雕的玉器，如玉牌饰、玉冠饰、兽面牌、玉簪等。这是怎么加工的呢？一般来说，是先以钻孔方法，把透雕部位钻通，然后利用弓形器扩大、加工。使用弓形器时，先把弓弦一头解开，将弦从玉器孔中透过来，再把弦拴在弓上，蘸解玉沙，使弓弦沿花样边缘往返锯磨，最后制成镂空图案。张陵山良渚文化的玉雕，红山文化的兽面玉佩等都是典型的透雕玉器。

抛光

关于原始玉器的抛光，是相当普遍的，有大量抛光玉器为证，但是关于抛光工具和方法就难以得知了。从民俗学资料看，可能是竹片、兽皮，竹茎含有"竹沥"，属于弱酸性质，兽皮有动物脂肪，含弱酸更多，经过在玉器表面磨擦，必然产生光亮、湿润的效果，这是最后一道加工玉器的工序。

第十一章
信 仰

信仰是史前风俗的重要领域。这里从信仰对象、巫觋、祭祀和巫术等角度,加以具体介绍。

第一节　神秘的鬼神世界

原始社会有多少鬼神？是说不清的，因为当时信仰万物有灵，鬼神多而庞杂。据作者在云南佤族、内蒙古鄂伦春族和四川凉山彝族地区调查，这些居民恐惧心理特别严重，认为人为鬼神所包围，到处有鬼，进行各种生产活动都要占卜、敬神、驱鬼，弄得人们束手束脚，为鬼神所左右。总的说来，原始鬼神有自然神、图腾、灵魂、祖先和生育神几类。

一、自然神

自然神，指自然界被原始人所崇拜的对象，归自然崇拜范畴，包括天体、气象、火、土地、水和动植物神。

天神　首先是天体类，天上的日月星辰与人类生存有密切的关系，如冷暖、明暗、阴晴、风雨无不与天体运行有关，而且影响人们的生存，因此天体被人类所崇拜。但是这种崇拜不是抽象的，而是一个个具体的天体——日、月、星辰等。在我国的仰韶文化、大汶口文化和良渚文化的陶器、玉器上，常绘或刻有太阳纹，日月等形象，当是原始社会居民崇拜日神、月神的产物。当时把日月视为有着密切联系的天体神，这一点在民族学资料中最能说明问题。如普米族、藏族、彝族、纳西族都崇拜日月，并把二神绘于门上、器物上或经书里。永宁摩梭人传说日月是两个人，一男一女，都住在天上，彼此相爱，经常过"阿注"生活，而"阿注"是性朋友的意思，正是摩梭人的走婚形式。他们所创造的日月神话，正是从自己的婚姻实践中产生的，神的生活乃是人的生活的翻版。在云南沧源、内蒙古岩画中有不少日、月神形象，说明日月崇拜相当普遍。星星也是被崇拜的对象，流传不少星神神话。其中北斗七星是最突出的，如西北马家窑文化的陶器上就有星座花纹。在各种天体神中，以日神为最高。《礼记·祭

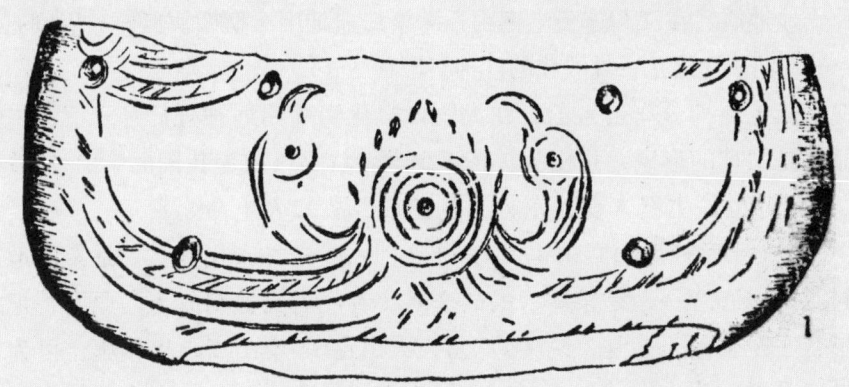

浙江余姚河姆渡遗址出土新石器时代双鸟朝阳纹象牙雕刻

义》注:"天无形体,悬象昭明,不过日月,故以日为百神之主,配之以月。"因此,日神是天神的象征。

其次是气象神灵。自然界中的风、雷、雨以及伴随而来的旱灾、火灾都给人类造成巨大伤亡,经常危及人类的生存。恐惧产生信仰。其中有风神,又称风伯、箕伯,箕伯即箕星,主风,南方则把风神视为鸟——飞廉。《三教源流搜神大全》:"风伯神,飞廉是也。应劭曰:'飞廉神禽,能致风气……'"雷神又名雷公、雷师,起初视雷为神,后来加以人兽化。《山海经·海内东经》:"雷泽中有雷神,龙身人头,鼓其腹",而雷声鸣。有的传说把黄帝也视为雷神之一。水对人类至关重要,雨神是人类最信仰的自然神之一。《山海经·海外东经》:"雨师妾在其北。"郭璞注:"雨师谓屏翳。"天旱求雨,也祭旱神。《山海经·中次十经》注引《礼仪志》引《文选·张衡〈东京赋〉》注云:"耕父,旱鬼也。"

自然界的火被人类应用之后,带来了熟食、取暖、照明,改善了人类的生活,然而一旦发生火灾,也威胁人类的生存,因此人类把火视为有神性的现象——火神。最初的火神指客观存在的火,后来拟人化,鄂伦春族的火神是一位失明的老妇,天天守护在火塘边。土家族的火神也是一位女性。汉族则把祝融、回禄两兄弟看做火神。

地神 土地是人类生存的舞台,也是万物的载体,被人类视为地母神。各民族都信仰地母,后来又发展为土地神、社神,以石、土或树为神偶。《周礼·春官宗伯》郑玄注:"社之主盖用石为之。"《孝经·讳》:"社者,土地之神也,土地阔不可尽祭,故封土地为社,以报也。"这一点在民族地区还能看到活生生的土地神形象,如海南黎族的土地神是在村边大榕树下立一石头,贵州布依族、广西壮族则在村边搭一小石屋,内置一石,象征土地神。在我国考古工作中也发现了类似遗物,如在四川大溪文化出土一种大形石铲,枕在死者头下,广西出土的大石铲更多,这些器物并不是生产工具,而是一种土地神偶。在江苏连云港铜山丘湾祭坛遗址中，摆四块巨石，周围有人、畜等牺牲，学者们认为这是一处殷代的社神祭坛。

山神是从土地神分离出来的，在大汶口文化陶尊刻划符号日月之下，一般有一座山，显然是山神的形象，指山为神。不少学者认为该山为我国的泰山。《授神契》："太山，天帝孙也，主召人魂，东方万物始成，故知人生命之长短。"《后汉书·乌桓传》："中国人死后神魂归泰山也。"为什么把亡灵送往泰山呢？一是泰山地区是中国文明起源的中心之一，是某些人的故土，按着死后灵魂归故土的原则，把亡灵送往泰山是合乎逻辑的；二是《说文》："岱，大山也。"泰山高与天接壤，可为登天之梯，所以魂系泰山为人们的理想归宿。民族学资料表明，凡是有山的地方，各氏族部落都信奉自己的山神，先为具体的山，后来把山人格化，称女山、男山，有些民族把山想象为人的形象，绘一老翁或雕一人头。在山神信仰的基础上，又派生出岩神、洞神等等。

水是人类主要的生活来源，又是捕鱼、交通的重要条件，因此对水神信仰由来已久。民间的水母崇拜起源于原始社会，后来又出现河神、江神、海神、冰神等等。

动植物神　在大汶口文化的祭器陶尊上，刻有一棵树，并加以供奉，这显然是树神信仰的产物。苗族认为枫树是他们的祖先源头，在服饰图案中的枫树形象，其中包括不少人类起源神话。鄂温克族上山狩猎或家有病人时，往往到林中把一棵树剥掉一块皮，以木炭绘一老者，作为树神偶像，进行祭祀。葫芦用途广泛，籽粒丰满，备受原始人崇拜。在仰韶文化中有许多彩陶葫芦瓶，说明该器来自葫芦，又表明人们对葫芦有一种特殊的迷信。红山文化出土一件兽首葫芦玉佩，这是以葫芦当避邪物的反映。云南彝族认为人类自葫芦出，人死后亡灵也应该返祖归葫芦，把葫芦当作祖先灵魂加以崇拜。在浙江河姆渡文化出土的陶钵上，刻有稻穗纹饰，看来当时已崇拜谷神。动物与人类有密切关系，可提供肉、皮、毛等生活资料，毒蛇猛兽也给人类带来威胁，因此对动物崇拜是原始宗教的一部分。在内蒙古兴隆洼文化中已有蚌雕鱼纹，仰韶文化彩陶上的鱼、龟、鸟、鹿的形象更多，可能是动物崇拜的印记。河南濮阳西水坡仰韶文化一座墓葬内，中间为男性死者，两侧分别为蚌虎、蚌龙，说明龙虎信仰已经出现。红山文化以玉器闻名，其中以玉龟、玉鸟、玉蝉为多，良渚文化中也有不少动物形象，这些都与动物崇拜有关。民族学资料中的动物神相当丰富，鄂伦春族称熊为"爷爷"，猎熊后说："不是我打死你的，而是山神打的。"事后为其送葬。黎族崇拜蛇，并把蛇文在皮肤上，认为蛇能保护自己。壮族崇拜青蛙，有青蛙节，认为青蛙关系人类繁衍和风调雨顺。佤族不久前还进行刀耕火种，野兽对庄稼危害极大，一旦防范不严，一夜工夫庄稼就会被野猪吃光，造成巨大的兽灾。因此村内多埋若干石头，称为老母猪石，实为野猪神偶，定期祭祀，它可以保护庄稼和家畜平安。

二、图腾与感生信仰

图腾是原始宗教信仰的对象之一。它是北美印第安人鄂吉布瓦人方言，意思是"他的亲族"。图腾信仰认为人与某种动植物或无生物有一种特殊的关系，每个氏族都起源于某种图腾，这种图腾是该氏族的源头、保护神，也是该氏族的象征和徽号，并且以心理、服饰、图

洪山庙出土陶缸上的"金乌负日"

原始人围绕图腾柱欢舞

案形式表露出来。这种信仰与氏族是同步出现的,如此才能解释母系氏族成员"只知其母不知其父"的生命来源,而图腾标志是实行氏族外婚制的依托。由此看出,图腾与生育信仰、祖先崇拜和氏族制有密切的关系。

图腾是否是人类社会的普遍存在?目前尚无定说。从我国实际情况看,也是有图腾信仰的。如文献中有许多始祖传说有母无父,受某种动植物或无生物感应才生育后代,而这个后代正是某些氏族的男性始祖,这是与图腾信仰相吻合的。如华胥踏巨人迹而生伏羲,附宝感北斗而生黄帝,修己"吞神珠如薏苡"而生大禹,简狄吞玄鸟卵而生契,姜嫄履神人迹而生后稷,等等。这些传说有两个特点:一是女性祖先,无男性祖先,标志是母系氏族时代,二是女始祖与某种动植物或无生物感应生子,产生父权制始祖,这些动植物或无生物,可能就是图腾。从民族学资料看,我国许多民族都有过图腾信仰,但是也有少数民族缺乏图腾遗迹。从考古资料看,也能看到图腾形象,且有一定的地域性。

鸟图腾

在我国东南沿海地区新石器时代文化中,有大量鸟图腾形象,如河姆渡文化的骨匕、象牙匕上有阴刻鸟纹,该文化还流行一种石或象牙雕刻的鸟形饰,与后起的良渚文化的玉冠饰有一定联系,类似鸟纹饰在玉琮、玉璧、玉镯上也屡见不鲜。自古以来,东南沿海地区就流行鸟图腾,《山海经·东海经注》:"南方有人,人面鸟喙,而有翼,手足扶翼而行,食海中鱼。"《博物志》卷九:"越地深山有鸟,如鸠,青色,名曰冶鸟……此鸟白日见其形,鸟也;夜听其鸣,人也……越人谓此鸟为越祝之祖。"冶鸟既为"越祝之祖",自然与越人有一定亲缘关系。《论衡·书虚篇》:"舜葬于苍梧,象为之耕,禹葬会稽,鸟为之田,盖以德法所致,天使鸟兽佑助也。"由此看出,我国东南沿海的原始居民曾信仰过鸟图腾,把鸟作为自己的来源和保护神,并且在头冠、工具、礼器上雕刻有鸟的形象,作为氏族的象征。

蛙图腾

在中原和西北地区仰韶文化的彩陶上多绘有蛙的形象,如蛙纹盆、蛙纹壶,尤其在甘青地区最为突出。壮族认为蛙为雷神之子,能通天地,主雨水,因此在该族的岩画、铜鼓上多有青蛙形象,每年还过青蛙节,祈求五谷丰登。纳西族也奉青蛙为神,说蛙身上有三

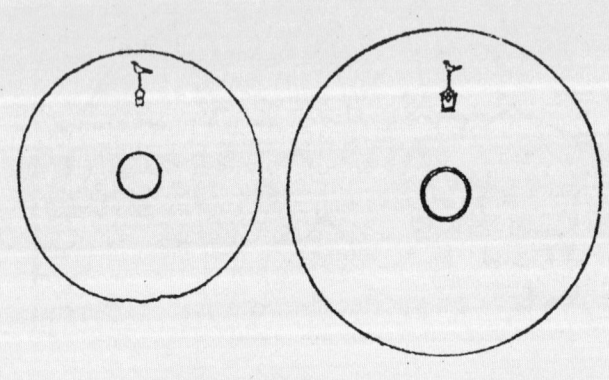

良渚文化玉璧上的鸟图像

苗族犬父人母剪纸

条金色花纹，能决定八方位、五行和十天干、十二地支，头、尾、腹、背象征四方，四肢代表四隅，形成"巴格图"，进行八卦演算，占卜吉凶。这些信仰均与蛙图腾有关。

狗图腾

在台湾和东南地区流行狗图腾，如台湾新石器时代文化出土一种玉佩，上为犬形动物，下为并立的人形象，该兽即是狗形象。在贵州凯里地区居住的苗族，传说颛顼时代有一个老妇，生一个瘤子，有一天瘤子变成盘瓠，盘瓠因取吴国将领的首级而有功，封为护国将军，娶帝女为妻，住在武石山洞内，生六男六女，繁衍成苗族。当地民间还保留一种龙犬与六男六女的剪纸，就是讲述苗族狗图腾的故事。在浙江丽水地区居住的畲族，也有类似的传说，并供奉"祖图"，其上绘有盘瓠与帝女结婚繁衍畲族的历史过程。

三、灵魂信仰

原始人对自身的构造是不了解的，尤其在入梦中，往往出现人体与灵魂分离假象，于是误信人是由肉体和灵魂组成的。《太平御览》五九九引《礼记外记》："人之精气曰魂，形体谓之魄。"灵魂为魂，肉体为魄。人死后，肉体腐烂，灵魂不死，变成亡灵或鬼。《正字通·鬼部》："人死魂魄为鬼。"《玉篇·鬼部》："天曰神，地曰祇，人曰鬼，鬼之言归也。"在甲骨文和少数民族文字中，对鬼和人有不同的写法，说明鬼魂信仰相当流行。

人鬼异处

既然相信灵魂不死，一旦死人就要小心翼翼地安葬死者，所以自旧石器时代晚期起已经出现了墓地，新石器时代的墓地更加规范，如西安半坡、临潼姜寨等仰韶文化遗址皆由村落和墓地组成，这是活人世界与死人世界的反映。但是，原始墓地有一个演变过程：母系氏族有自己的公共墓地，流行二次葬和同性合葬墓。以仰韶文化为例，一般先实行一次葬，经过了土埋、风化后，再把几处的遗骨集中葬在一处，形成二次合葬。在大溪文化、大汶口文化、马家窑文化也有类似葬俗。当地墓地以母系血缘为纽带，没有夫妻合葬，但流行二次葬，这可能同他们经常迁徙，人死各地，出于母系血缘纽带的作用，到一定时期又合葬于母系氏族公共墓地内。单人二次葬可能还有其他原因，如苗族、壮族遇家人久病不愈则挖祖坟，取骨洗之，意为把遗骨上的鬼洗掉，重新安葬，祖先就安稳了，家人也会康复。父权制崛起以后，氏族墓地以父系血缘为纽带，以单葬为主，出现了夫妻合葬、父子合葬、男主人和奴婢合葬，这是前所没有的，是父系家庭形式和人际关系在墓地上的反映。此时出现了大墓和厚葬，在墓地出现了贫富差别。

灵魂不死

在丧葬仪式中，最核心的问题是灵魂不死观念。在西安半坡、洛阳王湾、郑州大何村等仰韶文化都发现了用瓮棺安葬夭折的儿童，但在瓮棺盖上皆钻一孔，在河南龙山文化、湖北屈家岭文化、云南元谋大墩子等新石器时代遗址也出土了有孔瓮棺。这可能是供儿童亡灵出入的通道。因为在纳西族、普米族举行二次葬时，也把骨灰放在陶罐或布袋内，但必须钻一孔，否则亡灵会干扰家人的生活。锡伯族实行夫妻两棺并葬，但在两棺相接触的地方，也都钻一孔，供夫妻亡灵来往。由此可以推知，原始社会的有孔瓮棺是说明灵魂不死信仰的有力物证。

人活着要吃穿，死后灵魂也像人一样，应该应有尽有，随葬工具、陶器、服饰、礼器。最初随葬品比较少，仅限于生活用品，贵重的牲畜还留给氏族其他成员使用，各个墓之间也基本相近。从新石器时代晚期开始，基于私有制的发生，死者也攀比财产多少，有些人不仅随葬工具、陶器、装饰品，还以猪头随葬。有些人则一贫如洗。在半坡、横阵、庙底沟等仰韶文化遗址，有的以废弃的窖穴、灰坑埋葬死者，多屈肢葬，或俯身，没有随葬品，有的几个死者叠压在一起，他们可能是地位卑下的奴婢。

当时人相信灵魂不死，亡灵就在墓地，在故里，在火塘边，而尸骨是亡灵的依托。在半坡、北首岭、王湾、元君庙等仰韶文化的人头骨和肢骨上，或者在尸骨周围，多撒有氧化铁粉末。陶寺龙山文化的尸骨上撒有朱砂。其目的有二：一是为了防腐，而尸体不腐是生命的延续；二是红色为血色，象征生命，撒赤铁矿粉末和朱砂，是生者对亡灵不死的最美好的祝愿。

凶死信仰

对于夭折、凶死者，进行特殊埋葬，如一般不入公共墓地，实行割肢葬等。半坡遗址第8号、31号墓均将死者手指割断，66号、67号墓将下肢砍断，姜寨19号墓则割断趾骨，18号墓割断股骨。有人解释说，原来是以婴儿为死者殉葬，后改为割指葬。这种说法未必可信。因人殉乃是人类社会产生阶级关系的产物，出现较晚，而割肢葬是割取死者自身，两者是不相干的。壮族妇女生怪胎，必把婴儿割肢野葬，怕亡灵复归。河南大巴山妇女头胎婴儿死去，不给其穿衣服，父母以锅底灰抹死婴屁股，让孤寡老人抬上山，用斧、刀割尸，然后埋葬。认为不能让头胎婴儿完尸，否则他会再回

第十一章 信仰

来，生也难以成活。由此可知，仰韶文化的割肢葬是一种换胎巫术。在山东邹县野店大汶口文化还流行一种风俗，小孩夭折后，在埋葬时以陶片盖面。有些仰韶文化的瓮棺只套住头部，身躯露在外边。考古学家称之为"非装入葬"，即利用瓮罐等把死者头套住，埋入地下，如陕西岐山王家嘴、郑州大何村均有发现。从民族学的角度分析，这是灵魂不死观念的产物，因为他们是夭折而死，怕他重新投胎，悲剧重演，所以盖目、套头，令其不识归途。

对于凶死的成年人，有的实行俯身葬，也实行割肢葬，各地墓地均有出土。海南省黎族遇到凶死后，要简单包扎起来，抬到野外山上，但要拐弯抹角走路，下葬姿势为俯身，在尸体上钉几根木楔子，并压几块石头，然后以土掩埋。齐家文化有些墓内尸体上压有石块，可能与黎族信仰相似。据黎族解释，凶死者来得突然，死者还没活够，依然迷恋人生，死后也极不甘心，总要寻机报复，给活人找麻烦。因此凶死鬼是最可怕的，必须想尽办法对付，这样凶死鬼才不得翻身，找不到回到人间的道路。

四、祖先崇拜

祖先崇拜是人类对已故祖先的敬仰。包括始祖、氏族祖先和家庭的祖先。这种信仰源远流长。

汉画石上的伏羲女娲

女始祖

女始祖是人类最早的祖先神,传说女娲就是中国最早的女性始祖,她是炼石补天的英雄,又是捏土造人的祖先。这种女神不限一种,各氏族部落都有自己的女祖先。

考古的发掘证实,远在七八千年前的内蒙古赤峰地区兴隆洼文化,已经出土若干座石雕女神像,一般安插在房内火塘边,说明女神日夜守护在火塘旁边,保护主人的安全,主人也经常进行祭祀。兴隆洼文化的石雕女神有两种:一种是柱状神偶,仅面部略刻几刀,胸部可看出屈臂状,粗看如石柱,细看是一个站立人形,这种像年代略早;另一种是雕成女性像,

辽宁牛河梁红山文化泥塑女神头像。从其高耸的颧骨来看,具有蒙古人种的特征

尖头、大乳、鼓腹、屈臂,下呈尖状,便于插在地上。在距今五千年前后的红山文化已建有女神庙,供奉大小不等的陶塑女祖先像,有一定的祭坛、祭器,可知当时的祖先崇拜已经有长足的发展。从民族学资料看,各民族都有自己的女神信仰,如保留母系制较多的摩梭人,就供奉女神,起初以当地的"干木"山为女神,后来出现了绘制的骑马女神像。女

 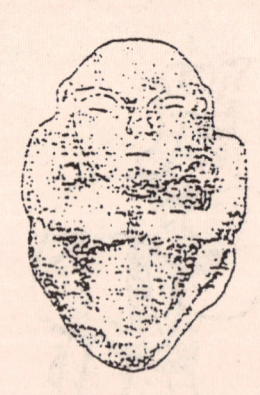 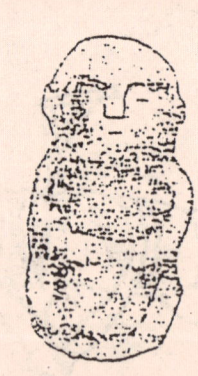

兴隆洼文化女神

神信仰如此普遍、重要,说明远古妇女占有突出的社会地位,而女神是母系制在宗教领域的反映。

男性祖先

随着父权制的崛起,男子不仅在社会生活中起着举足轻重的作用,而且取代了妇女在宗教中的主导地位,男性祖先出现了。传说的伏羲、盘古就是我国最早的男性祖先,同时把伏羲、女娲联系起来,流传不少伏羲女娲战胜洪水、兄妹为

婚的神话。考古资料中也有不少男性祖先的形象,如良渚文化玉琮、玉钺上常常雕刻一个"神人"形象,似人似神,地位崇高,其实他是良渚文化的男性祖先,只是形象略为神化而已。在民族学中也能看到不少男性祖先神,如鄂伦春族以木雕成男女祖先,侗族以天然石块雕成祖先像,苗族以木雕成祖先像。有趣的是,在男性祖先像中,一般都有一位女神相配,也就是出现夫妻形象,这是不奇怪的,因父权制下的男神都有妻子、家庭,与母系制下的孤单单的女神形成明显对照。

良渚文化的始祖像

良渚文化玉器上的人神图

五、生育神

人类社会所以能够存在、发展,基本上依靠两大支柱:一是物质生产,如捕鱼、狩猎、采集、农耕、畜牧等,为人类生存提供衣食等资源;二是人类自身的繁衍,即通过婚姻、生育等方式,繁衍人类自身,为人类延续提供可能,两者相辅相成,互为补充,缺一不可,否则人类是不可能存在下去的。但是人类为什么能繁衍?这对原始人是不能作出科学解释的,他们对人的生、老、病、死都归咎于鬼神所为。

女阴

在男女祖先信仰的基础上,原始人以局部代替全局,以人体最富于性别特征的性具作为崇拜对象,其中有两种:一种是女性生殖器,简称女阴,另一种是男性生殖器,简称男根。在宁夏贺兰山岩画上有一幅女阴图,内蒙古阴山岩画上也有类似形象。这是较古老的女阴崇拜物。云南剑川石宝山石刻上有一个"阿央白",也是一幅巨大的女阴石。这种崇拜物在江西龙虎山也有分布。袁枚《子不语》卷二四:"广

内蒙古女阴岩画

西柳州有牛阜山，形如女阴，粤人呼阴为阜，因号牛阜山。每除夕，必粤中妇女无不淫奔。有邑令禁之，命里倮土块填塞。是年其邑妇女小便梗塞，不能前后溲，致有伤命者。"说明女阴崇拜在民间流传很久。

男根

男性生殖器崇拜在考古中多有发现，但它是与父权制同步产生的，在红山文化、屈家岭文化、龙山文化、齐家文化中都出土过陶祖或石祖。这些男性性具是什么意思呢？学术界有两种看法：一种认为是祖先象征，另一种认为是性具崇拜物。作者在四川木里县俄亚乡摩梭人村落调查时，曾亲自目睹过他们的石祖崇拜过程。该村叫卡瓦村，村外有一个较大的地下熔洞，内部供有远古祖先、男性生殖器，均以天然钟乳石为之，还有潺潺流水的暗河。当地妇女婚后不育时，要请巫师达巴率领，几对夫妻随行，抵达洞穴后，先在祖先像前搭灶烧香，杀鸡敬祖，然后让求育的妇女提起裙子，在石祖上坐一下，象征男女交合，并交给该女一根小竹管，让她吸食石祖上方坑内的水，共吸三次，认为这是一种受精动作。接着妇女要脱下衣裙，在暗河中沐浴，洗掉身上的秽物或凶鬼，这样她的身体才清洁，运转正常，没有堵塞。但这还不够，同时相信怀孕必须有男子配合，因此祭毕石祖后，当天晚上要在洞穴外野合，在神明的保护下才能怀孕得子。应该指出，男根信仰绝不仅仅是为了生育，还具有避邪、促进农作物生长的功能。西藏门巴族在房檐下吊着木雕男根，作为房屋建筑的避邪物。当地的珞巴族在春季锄草时，必举行锄草祭，以户为单位，在旱稻地里设祭坛，中央立一根一米高的木杆，杆端安一平台，其上吊一个木制的男根，然后杀鸡祭祀，富裕者杀猪祭祀，要将鸡、猪血洒在男根上，巫师模拟交合姿势跳舞，认为这样可取悦于神，通过人的交合，意欲加速作物授粉，从而促进旱稻的生长，祈求丰收。

最后应该指出，先有鬼神后有偶像。最早的偶像是草木制作的，多没有保存下来，仅仅把石制神偶保留下来了，如兴隆洼文化的女神像，已达到很高的艺术水平。小河沿文化的神偶已简化，削一条状石条，上有五官，下有一尖，可插在地上供奉，其形制与鄂伦春族的木神偶相似，类似神偶在新疆罗布淖尔史前遗址也有发现。它可能与不稳定的居住方式有一定关系。红山文化的女神偶像，既高大，又逼真，使神偶制作达到一个更高水平的阶段。

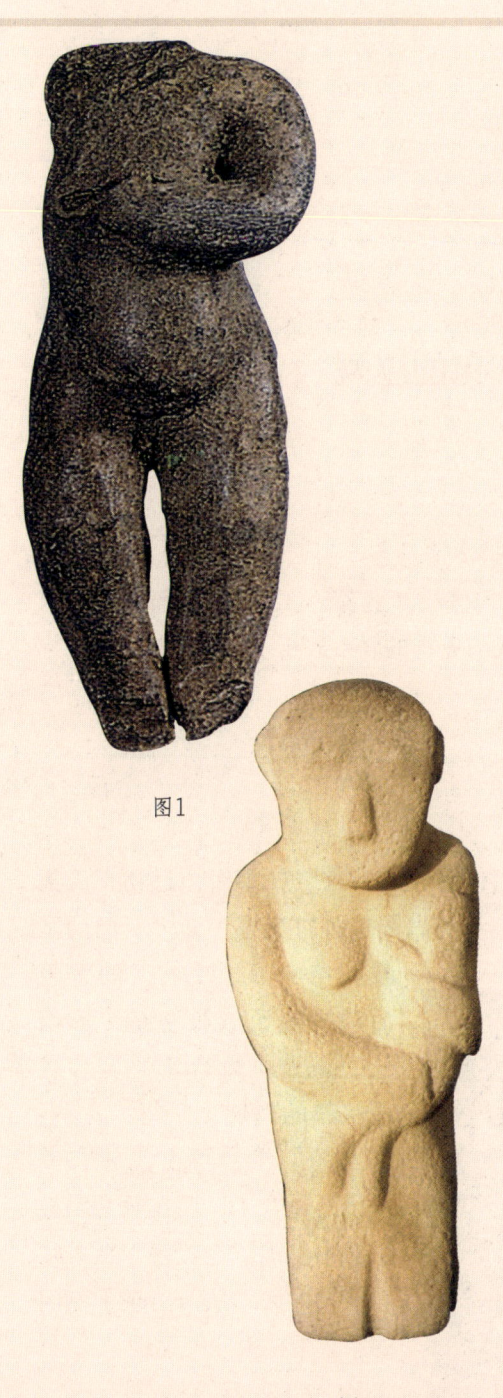

图1

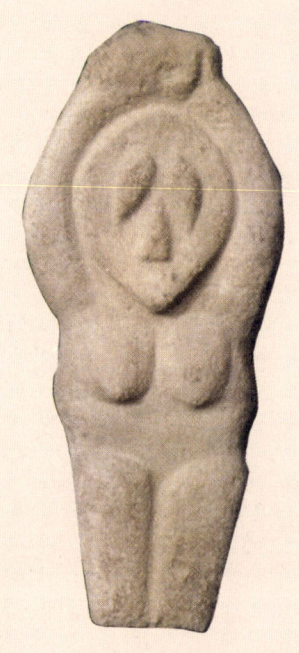

图2

图3

图4

图1　红山文化陶裸体女像，具有明显的孕妇体形特征，当是我国原始社会崇拜地母神或女性崇拜的产物
图2　红山文化用头载物的陶女
图3　史前文化遗址出土的妇女育儿石雕
图4　史前文化遗址出土和性爱石雕

【第二节 沟通人鬼的巫觋】

原始的鬼神由谁供奉？占卜、祭祀由谁主持？这是有专门人员进行的，他们就是巫觋。《春秋公羊传·隐公四年》"钟巫之祭"，何休注："巫者，事鬼神，禳解以治病求福者也。"所谓"事鬼神"，就是通鬼神，沟通人与鬼神的联系，祈求诸神保护。

一、巫觋

自从原始社会中晚期宗教产生以来，有信仰者，就有宗教执事者。最初，人人都信仰神鬼，个个都是宗教活动的执行人，谁都可以同鬼神打交道，尚无专门的宗教人员。不过，重大的宗教活动则由氏族长主持，氏族长、宗教主持合于一身。随着宗教的发展，祭祀、占卜、巫术的复杂，再由氏族长兼任已不适合了，而在日常宗教活动中出现了一些善于从事宗教活动的人，从而出现了专门的宗教主持人——巫觋。

（一）巫觋

最早的巫为女性，《说文》："巫，祝也。女能事无形，以舞降神者也。"女巫的产生可能起源于母系氏族时代，与

阴山岩画的巫

女氏族长有密切关系。我国有不少民族都有女巫，其历史是很悠久的。父权制崛起之后，才出现了男性主持人觋。《说文》："觋，能斋肃，事神命者也。在男曰觋，在女曰巫。"徐锴注："巫觋能见鬼神。"所谓"事无形"，指看不见、摸不着的鬼神，"事无形"与"事鬼神"是同义而语。原始宗教信仰认为，鬼神也同人一样，也有七情六欲，也就是说鬼神也要吃穿，而且喜欢吃好的，穿漂亮的。所以祭神通鬼时，务必供奉牺牲，还要以歌舞取悦于神。《书·伊训》："敢于恒舞于宫，酣歌于室，时谓巫风。"疏曰："以歌舞事神，故歌舞为巫觋之风俗也。"巫觋既为神职人员，又是歌舞能手，掌握较多的历史、文化、科学知识。

巫觋具有两重性：一方面是人，是社会的一员，从事生产劳动，与家庭成员共消费；另一方面，专事鬼神，平时为人，神附体后为神，亦人亦神，一身二任。民间有"又做师娘又做鬼"之谚，就是指此说的。所以，巫觋具有上达民意，下传神旨的社会功能。

在我国考古资料中，保留不少有关巫觋的形象，如有些学者认为西安半坡仰韶文化彩陶盆上的人面鱼纹就是巫觋的形象。在内蒙古、宁夏、广西、新疆等地的岩画上，也有不少巫觋以舞悦神的场面。这种巫觋在民族学资料中也屡见不鲜，如南方的巫觋，北方的萨满。他们通鬼神的方式有两种：一种是请神下凡、附体，一旦神灵附体，巫或萨满就是神鬼的象征了，可代神言，与求神者对话、交流；另一种是灵魂出走，即巫或萨满的灵魂可以离开躯体，进入鬼神世界，也可同求神者交谈。锡伯族、满族、鄂温克族的萨满，都具有上述两种通神的功能，汉族的女巫也是如此，他们通神后，往往昏昏沉沉，如痴如醉，处于"无我"状态。

（二）祭司

原始社会晚期在巫觋中分离出来一批大巫——祭司，如江苏武进寺墩三号墓是一位20岁的男子，随葬品100多件，除少数石器陶器外，绝大部分为玉器，其中玉璧24件，玉琮33件，玉钺多件。玉璧、玉琮、玉钺为神职人员的礼器，说明他是一位年轻的祭司。祭司地位较高，仅次于王，有的本身就由王兼任。《元史·地理志》西南夷"其酋世为巫"，指的就是这种情形。王利用神权，也控制神权。传说吐蕃时代的第一位王聂赤赞普自称为"自天神而为人主"，认为王族为神的后代，也是神的代表，王权神授，王与神的联系，必由天梯上下，后来天梯被第八代止贡王的大臣罗阿割断，止贡尸体就留在人间了。祭司是宗教的主持，也具有丰富的科学文化知识。

巫觋有什么社会职能呢？从民族学资料看，主要有以下几方面：

第一是占卜。

原始人相信万物有灵，到处都有鬼神，经常威胁人类的生活。人们为了免遭不测，减轻恐惧感，往往试探鬼神的态度，从而决定自己的行止，于是产生了占卜方式。

最早的占卜工具是随占随取，没有专门的占卜工具，如木棍、草叶、石头等。后

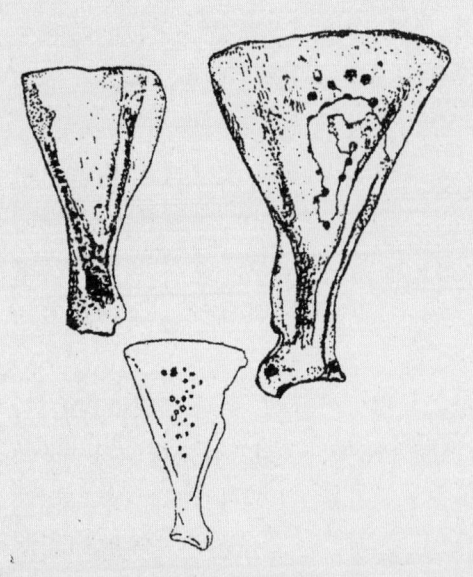

龙山文化的骨卜

来才有专门的占卜工具。如凉山彝族的木卜、鸡卜，黎族的石卜和鸡骨卜，土家族的竹卜，苗族的螺蛳卜等。正如《史记·龟策列传》所说："蛮夷氏羌，虽无君臣之序，亦有决疑之卜，或以金石，或以草木，国不同俗。"在内蒙古富河沟门文化、龙山文化和齐家文化都出土过骨卜，它们是在羊、猪、鹿肩胛骨上灼烧，然后根据上边的裂纹多少、方向判断吉凶。西南的彝族、纳西族至今还保留以羊、牛肩胛骨占卜的习惯，包括选料、沾艾草、灼烧和释兆四个步骤。在山东泰安大汶口文化第47号墓出土有龟甲，内贮很多石子，大如樱桃，小如豆粒，当为占卜工具。

传说伏羲氏发明了八卦。《周易·系辞》："古者庖牺氏之王天下也，仰则观象于天，俯则观法于地，观鸟兽之文与地之宜，近取诸身，远取诸物，于是始作八卦。"伏羲为神话传说人物，作为甚多，八卦是否是他发明的，已经不得而知，但是古书上却保留下来了伏羲八卦图。所谓八卦，指四正、四隅，四正为东、南、西、北四个方向，四隅为东南、西北、东北、西南四个方向，两者合一，形成八方，即原始的八卦。这种原始八卦在原始社会的图案中屡见不鲜。西安半坡仰韶文化遗址出土的不少彩陶盆上，内壁无论是画鱼、鹿、龟，都是四个，代表四正，在口沿上则刻有八个等距离的符号，正好代表四正、四隅八方。青海乐都柳湾马厂文化的彩陶上也有不少米字形图案，也是四正四隅，与半坡彩陶上的八卦形象相若，只是更抽象化而已。在红山文化的玉祖上也有一个米字形图案。山东龙山文化出土一件扁平琮形器，四角代表四隅，每个侧面正中有一缺口，象征四方。很明显这是一个原始八卦板。

在安徽含山凌水滩新石器时代遗址出土一件方心玉板，中央的方心代表四方，外边的圭形箭头代表四正、四隅，这是比较复杂的八卦图。在方心玉板出土时，正好放置在玉龟内，说明当时已把八卦与龟灵联系起来，可以推知，八卦起源于龟卜。

第二是驱鬼治病。

在原始社会，疾病极其流行，对人类威胁最大。一旦有病，就求助于巫觋驱鬼。凉山彝族巫师毕摩在为病人打鬼时，让病人坐在门口，头顶一个竹簸箕，毕摩大声疾呼："把害人的鬼抓住！快抓住他！"同时命令助手拿起铁锹，把火塘里的草木灰撒向病人头上，利用灰把鬼赶走。彝族的另一种巫师苏尼驱鬼时，在火塘边摆不少树枝供品，

第十一章 信仰

他围绕火塘而行,一边敲羊皮鼓,一边请各位山神来临,随之突然把一个陶罐口部打开,说:"把鬼捉住了,快放在陶罐内。"说罢立即把陶罐口封住,并大声叫道:"害人的鬼,我要烧死你!"语毕,苏尼把陶罐中的鬼倒进火塘里,并且说:"鬼啊,你等着吧!到了竹筐能盛水时你再出来。"西双版纳傣族认为有许多鬼是造成灾疫的祸根,巫师要经常举行送瘟神仪式:一种是送家庭瘟神;一种是送村寨瘟神;一种是送勐(地方)瘟神。其中的村寨瘟神以泥人为偶像,并且用泥捏鸡、鸭、猪、狗、马、牛、象等各一百只,草一百担,柴一百挑,男女衣服、装饰品、米饭、菜等,献给瘟神,然后把瘟神送走。傣族为病人驱鬼是在病人身边放一竹席。其上置一芭蕉盒,内盛一个泥人,象征害人生病的鬼,然后把芭蕉盒送走,认为如此病人就会康复。仫佬族村寨发生灾害后,几个鬼师即在村前布置驱鬼场所,青年人都来参加,其中前面两个青年人的脸和手上都绘有令人恐惧的花纹,头扎布巾,一手持利剑,一手拿铁链。接着有两个人抬一口铁锅,点燃火炬,再后又有两人抬一只收灾船,鬼师手持桃枝,众人尾随而行,挨门逐户进行赶鬼,或者以石砍,或者以矛刺,同时从每户院内拾一把垃圾象征灾异,放进收灾船里,由村内将鬼赶到村外,最后在村外把收灾船烧掉。驱鬼巫师还常戴面具①。

第三是为死者送葬。

生老病死是经常发生的,其中的送葬仪式,既关系死者与生者的分离,也包括对亡灵的安慰,有一系列活动和仪式,这些活动都是由巫觋主持的。我们在考古发掘中能看到各种葬式,不同的墓地、五花八门的随葬品,其实这些都是在巫觋的导演下进行的。

第四是神判。

在氏族之间经常发生纠纷,私有制产生后,在个人之间、家庭之间也常有财产、婚姻纠纷,解决这些问题的重担也落在巫觋身上,其办法是以神灵的名义,主持神判,最后判明是非曲直。

这是巫觋的主要职能,此外还有求育、命名、婚礼、战事等活动,也与巫觋分不开的。

二、法器与乐器

从民族学资料看,任何民族的巫觋,都有自己的神像、卜具、法器、神杖和乐器,

---

① 宋兆麟《巫与巫术》第228页,四川民族出版社1989年版。

祭司还有经书。我国原始社会的巫觋、祭司也有自己的法器，大体分为几类：

（一）法器

巫觋对神是恭维的，对鬼则是驱赶，因此巫觋必须装备武器。从民族学资料看，巫觋最简单的武器是棍棒、刀、斧、矛，其实多为实用工具、武器，后来逐渐有了专门的巫觋武器，如鄂伦春族用"档士"（神杖），摩梭人用神杖，土家族祭司用环首刀，黎族巫觋用树枝和匕首，凉山彝族巫觋用法扇。由此推知，我国原始社会的石、玉制的斧、刀、矛、钺、匕首，就有充当巫觋武器的作用。大汶口文化的獐牙器，良渚文化的玉钺、陶钺，既不是实用工具，又数量很少，为少数人所有，当为巫觋武器。

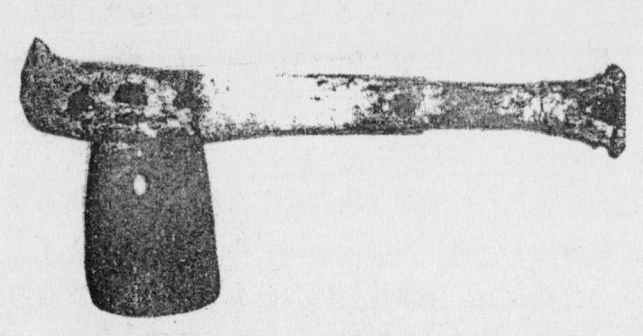

良渚文化的陶钺

巫觋通天，是借助许多事物的，如山、树、石、动物。《山海经·大荒西经》："有灵山，巫咸、巫罗十巫，以此升降。"良渚文化的祭坛如山似墩，也应该是通天之梯，所以才在此祭祀，大巫死后埋葬于此，也是与他们通天分不开的。

（二）乐器

原始乐器很多，目前发现有陶埙、骨哨、鼓、铃、响球、骨笛等等，其中有些就是巫觋的用具。因为巫觋为了取悦于鬼神，必须能歌善舞，歌舞是有节奏的艺术形式，必须有一定的乐器伴奏，所以巫觋是离不开乐器的。最简单的乐器是摇铃而舞，如壮族女巫、彝族男巫请神时就摇手铃，或诵经，或跳舞。我国原始社会留下不少陶铃、陶球，有些陶球内有沙粒，摇之鸣响。山东大汶口文化出土一种陶角号，来自牛角号，我国黎族、土家族的巫觋均以牛角号为乐器，用以请神送神，可知牛角号也可能是巫觋的乐器。当时最大的乐器是鼓，基本有三种形制：一种是陶腰鼓，流行于甘青地区，可悬挂在腰际，巫觋边击边舞，我国壮族、海南苗族至今还使用陶制的腰鼓。一种是独木鼓，包以鳄鱼皮，故称鳄鱼皮鼓，流行于中原龙山文化，这种大鼓是悬挂或架起来使用的。此外还有一种筒状陶鼓，仿独木鼓制作，形体略小。这些乐器是巫觋伴奏歌舞的乐器，也是通神的工具。如佤族把独木鼓视为神的化身。苗族认为一旦敲起木鼓，神灵就苏醒了，会闻鼓声而来到亲人跟前，与族人同乐，接受子孙的奉献。

一种是面具，巫觋为了增加自己的神秘感，强调人与鬼神的界限，往往佩戴一定的面具，如黎族巫用树皮为面具，西番人以羊皮为面具，原始社会的巫觋也有面具，但没有保存下来。

三、祭司阶层的出现

正如前面所说,到了原始社会晚期,社会上出现了贫富、等级、王权,反映在宗教领域也出现高贵低贱的差别:神是高贵的,住在天上;鬼是底下的,住在阴间;人类处于神鬼之间,住在广阔的大地上。过去巫觋都可以通鬼神,通天地,现在也发生了变化,在巫觋中出现一种地位显赫的大巫——祭司,他是氏族显贵或王族之巫,有些祭司直接由氏族部落首领或王族成员担任,主持重大的宗教活动,成为群巫之首。

祭司阶层的出现,是一件大事,引起群巫的抵制,在传说时代有一个帝王颛顼氏,受命于天,进行宗教改革。《周语·楚语下》:"颛顼受之,乃命南正重,司天以属神;命火正黎,司地以属民,使复旧常,无相侵渎,是谓绝地天通。"过去人人通天的旧规已经成为巩固王权的障碍,颛顼"依鬼神而制义",禁止一般巫觋通天,而由祭司通天。这些祭司是王权的一部分,由王权控制,变成王权的附庸。

在我国发现不少祭司的形象和遗迹,如在山东龙山文化、浙江良渚文化的玉器上就有一些祭司的形象,玉钺、祭器、刻划文字、占卜工具则是祭司的用具。民族学的资料也说明,在比较原始落后的民族中,只有巫觋,没有祭司,但是在开始跨入文明时代的民族才出现了祭司,如景颇族巫觋为"迷椎"、"西早",祭司为"斋瓦",他懂历史、诗歌,能通天,每一万个人中才有一个"斋瓦",社会地位高,为贵族统治百姓的支柱。凉山彝族巫觋为"苏尼",男性充任,不识彝文,不明历史,会跳神,招魂送鬼,女巫为"么尼",也是灵魂附体。该族祭司为"毕摩",懂彝文,有丰富的文化知识,有经典,主持重大占卜、祭祀和神判活动,地位在部落首领之下、百姓之上,有一定特权。纳西族的巫为"沙尼",不识东巴文,主持占卜、巫术。祭司为东巴,集吹、唱、画、舞于一身,是能工巧匠,掌握东巴

龙山文化玉器上的祭司

义字，有经典，主持重大的宗教仪式。

无论从考古学还是从民族学资料分析，由于当时社会已经出现了一定剩余产品，使祭司可以脱离社会生产劳动，他们除了从事重大的宗教活动外，也从事与宗教活动有关的天文历法、讲述历史经典、解释习惯法、发明文字、从事歌舞，制作玉、石、木质的神偶和礼器，他们具有丰富的文化科学知识，是知识分子的雏形。《史记·日者列传》引贾谊的话说："吾闻古之圣人，不居朝廷，必在卜医之中。"肯定地说，在社会生活中，祭司是大巫，是宗教首领，又是继承、传播文化的智者；在政治上，祭司是部落首领或王者的助手，参与决策，起军师作用，有的大巫就是贵族成员担任的，或者王与祭司于一身。但是在我国远古时代，王权高于神权，王为主，祭司为臣，祭司是王权的附庸，原始宗教的这种蜕变，既是宗教发展史上的转折点，又是中国古代宗教的特点之一。

祭司生前有崇高的社会地位，占有较多的财产，死后也受到厚葬。如不少祭司都随葬大量的玉器、陶器，在浙江余杭反山良渚文化遗址祭坛上，还有一处祭司墓地，这是祭司阶层出现的物证。

在文明起源的过程中，祭司积累了私人财产，提高了自己的社会地位，成为统治阶级的重要成员，还对文明时代的早日来临起了催生作用，从这种角度说，祭司是文明起源的催生婆。

1. 战争的吹鼓手

在漫长的原始社会里，战争是在边界偶然发生的，带有氏族自卫和复仇的性质，到了原始社会晚期，战争频繁了，斗争形式残酷了，其目的主要是掠夺财产，扩大奴隶来源，因此当时的战争是司空见惯的，是男子的职业，是人们光荣的追求，又是王权的支柱之一。《左传·成公十三年》："国之大事在祀与戎。"祭祀、征战都是国家的大事，在这些战争中，起着决策作用的是三种人：王、军事首领和祭司。祭司在战前，是占卜师，从神权决定征战与否，也是决定战争进程的军师，谋士；战争开始时，祭司要利用宗教形式，讲历史，述冤仇，鼓舞士气，煽动血族复仇；在征战中，与军事首领、王合作，研究对策；祭司还以巫术的形式，置敌方于死地；战后，祭司要主祭战神。最古老的战神是刑天、蚩尤，各个少数民族都有自己的战神，如纳西族、蒙古族、壮族、藏族都供奉本民族的战神。当一个部落征服另一个部落时，不仅要掠夺财产，还要从宗教上毁灭其宗庙。《国语·周语》："夷其宗庙，而火焚其彝器，子孙为隶。"这既是巩固政权加强对异部落的统治，也是打击异部落的宗教信仰，统一神权。

2. 法律的执行人

过去氏族间的矛盾、冲突，是依靠习俗调节和战争解决的，后来由于私有制和贫富分化的出现，社会矛盾空前增加，既有各氏族部落间的矛盾，也把冲突延伸到氏族内部，这时仅仅依靠氏族部落首领调节已经不够了，当时有两种势力对处理社会冲突起重大的作用：一是王权、暴力，二是神的威慑力。因为神权是至高无上的，王权也借助神权为自己服务，出现了神判，如占卜、诅咒、沸水捞石斧等等。传说远古有一种叫獬豸的神兽，能够判断曲直是非。梁任昉《述异记》："獬豸者，一角之羊也。性知人有罪。有罪则触，无罪不触。"随着文明的起源，逐渐出现了专门的执法人员，也沿用獬豸办案。《论衡·是应篇》："皋陶治狱，其罪疑者，令羊触之，有罪则触，无罪则不触。"该兽又称法兽獬豸，在汉代画像石上常有表现。后世执法官吏的冠上，戴一种獬豸冠，即渊源于此。在我国民族地区还存在不少神判方法，如苗族的打鸡神判，壮族的打狗神判，汉族的蒸猫神判，纳西族的捞油锅神判，傣族的嚼生米神判等。在战争中也有过调节讲和的，这是常见的战争结局，此事多由祭司主持，如彝族的钻牛皮、喝血酒，汉族的解冤盟神纸马，都是神判的遗风。

3. 促进礼制的形成

在氏族时代，是以风俗维持社会秩序，随着文明时代的来临，在原来宗教风俗的基础上又滋生一种礼制。《说文》："履也，所以事神致福也。"徐灏笺："礼之言履，谓履而行之也。礼是名起于事神，引申为凡礼仪之称。"

概括地说，礼制是以名分、地位、礼仪、礼器、葬俗等形式，规定或限制社会各阶层的地位、行为规范，协调各阶层的冲突和关系。《礼记·礼书》："礼由人起。人生有欲，欲而不得则不能无忿。忿而无度量则争。争则乱，先王恶其乱，故制礼仪以养人之欲。"乍看起来，礼制与法律一样，对所有的社会成员都是公允的。其实不然，它正是因社会出现不平等而产生，又为调节不平等而发展，其核心是对贵族阶级整体利益的保障，保障以王权为轴心的正常运转，维护社会秩序。因而礼制是文明起源的标志，又是文明社会的特点之一。

从考古学发掘的实证看，原来是没有礼制遗物的，仅有陶器和装饰品，而这只是作为一种财产为人们所占有。但是距今五千年以来，出现了礼制遗物，如大量玉制礼器的出现，各种乐器的产生，不同葬制的兴起，都是新生事物，说明礼器是礼制的物化形式，是政治地位的标志。山西定襄陶寺龙山文化墓地，共发掘700座，其中有三类墓：第一种是大墓，以朱砂铺地，木棺，随葬品丰富，有工具、武器、木器、陶器、还出土有土鼓、特磬、无鼍鼓、玉器等礼器，每座大墓出土随葬品少者100多件，多者200多件。这种墓占当地墓葬总数的10%。中型墓占12%，随葬品多件，包括象征家畜的猪下颌骨。小型墓占78%，墓坑仅能容尸体，没有或仅有极少的随葬品。社会成员在葬制上的分野，恰巧说明礼制业已产生，并且渗透到宗教领域。至于良渚文化出土的大量礼制的玉器，如琮、璧、璜、环、冠形饰、钺等等，也是当时礼制趋向成形的标志。

4. 发明了文字

文字是文明起源的标志之一，而文字的发明同祭司有着密切的关系。人类起初以结绳、刻木记事，在青海乐都柳湾遗址曾出土一些带刻口的骨片，与少数民族的刻木记事如出一辙，当是记事的产物。在陕西、甘肃和青海出土的彩陶壶上，也刻有各种符号。从民族学调查得知，这些符号肯定是记事用的，但比较简单。如记方向、大小、数量，标志山、水、树、太阳等。可见刻符号是比较进步的记事方法。民族学资料还说明，耳苏人、西番人（藏族支系）、纳西族都有象形文字，这是文字的雏形，对印证考古资料有一定借鉴。如五千年前后的大汶口文化，已经出现了方块式文字，规划整齐，有的绘彩，分布在千里之内，说明它是在一定范围内通行的文字，作为传递社会信息或宗教意念的符号。这些文字都刻在祭器陶尊上，说明文字与祭司有关。事实上，祭司为了记述历史、族谱，进行宗教活动，不仅精于雕刻、绘画，还发明了自己的文字，我国少数民族的原始文字，皆出自祭司之手，而商代甲骨文也是祭司文字，说明祭司是文字的发明、应用者，到了龙山文化时期已出现了与甲骨文相近的陶文，它与传说的苍颉发明文字相去不远。

【 第三节　祭祀风俗 】

最简单的通神方式是占卜、神灵附体，比较复杂的方式是祭祀。祭祀是人们对神灵的祈求、奉献，具有三个特点：一是神灵以物化的偶像形式，就设在祭坛上，人们可以同神灵对话；二祭祀时必须为神灵供奉牺牲；三是祭祀必尽力满足神灵的需要，除供奉牺牲外，还有餐饮、娱乐。《郑氏诗谱》："古代之巫，实以歌舞为职，以乐神人者也。"因此，祭祀是以宗教仪式为主要内容的社会活动，包括调剂物质生活、文化娱乐、教育后代等内容。

原始人起初在住地、墓地祭祀鬼神，还没有专门的祭坛。距今五千年前后，原始祭祀日益复杂，一方面以家庭为单位的祭祀活动如雨后春笋地发展起来，各家都有自己的神偶，如兴隆洼文化的女神像，就是祖先神的象征；另一方面，出现了较大的祭坛和神庙，标志祭祀活动已达到较高的水平。

一、祭坛

从目前看，中国史前时代晚期，已经出现了祭坛，分布范围广泛，主要流行于长江流域、黄河流域和辽河流域，现在分别介绍如下：

（一）龙山文化的祭坛

在河南杞县裴村店乡鹿台岗中岗地上发现若干祭坛遗迹，属于龙山文化。其中有两处：

1号遗址位于遗址中部偏西南处，比当时地面高1米左右，平面布局内呈圆形，外为方形。内圈直径4.7米，墙宽0.2米，在南、西南各开一门，其内有十字形通道。外墙呈圆角方形，墙宽0.2米，残存东、西、南三面墙。南墙长6.5米，东墙残长4.1米，西墙残长3.7米。内外墙都经过精心修整，外有涂料。西门外台阶下有半米厚的灰烬。

这是建于高台上的祭坛。

2号遗址位于1号遗址东北,在该遗址的最高处,中央为一大圆土墩,直径4.48米,深0.4米。其周围分布10个小土墩,直径0.6—0.65米。这些小土墩,形成一个大圆圈,直径4.40—4.50米。在东南部圆墩外有一处灰烬堆积[1]。

(二)齐家文化的祭坛

甘肃永靖大河庄齐家文化村落遗址,地势较高,当地人称为"大台子"、"大灰台"。遗址有五个石圆圈,以砾石铺成,附近有许多墓葬,圈外有卜骨和牛、羊骨架。第1号石圆圈直径4.1米,西北方面有一缺口,宽1.5米。在其东有一断头母牛,腹内还有小牛。第5号石圆圈西侧有一羊骨架。第3号石圆圈南侧有2件卜骨[2]。

齐家文化的墓祭坛址

(三)红山文化祭坛

辽宁喀左东山咀红山文化遗址坐落在一山梁正中缓平突起的台地上,长60米、宽40米。中央为方形基址,东西两翼有对称的石墙基,墙基外有大面积石面,南面前端为圆形基址。方基东西11.8米,南北9.5米,中间有大片红烧土面。圆形基址直径2.5米,外以石片围圈,圈内铺以砾石地面。出土有大型人坐像,小型孕妇像,以及玉器[3]。

在凌源、建平两县交界的牛河梁也发现同时代的祭坛,称女神庙和积石冢群。女神庙在牛河梁北山丘顶,由一多室和单室组成,多室在北,为主体建筑,单室在南,为辅助建筑。形成有一个中心、多单元的对称古代殿堂。出土彩塑人像。围绕女神庙又发现积石冢群二十多处,以石垒墙,以石筑墓,以石封顶。其中的金字塔建筑,中

---

[1] 匡瑜、张国硕《鹿台岗遗址自然崇拜遗迹的初步研究》,载《华夏考古》1994年第3期。
[2] 中科院考古所甘肃队《甘肃永靖大河庄遗址发掘报告》,载《考古学报》1974年第2期。
[3] 郭大顺等《辽宁喀左县东山咀红山文化建筑群址发掘简报》,载《文物》1984年第11期。

东山嘴祭坛

心为人工堆积的土丘,高 25 米,直径 40 米,附近也无居址①。

(四)内蒙古史前文化祭坛

在内蒙古大青山西段也发现了史前祭坛:

莎木佳祭坛由三座圆形土丘组成,由北向南逐渐缩小,彼此相距 1 米左右。北侧土丘高 1.2 米,绕土丘腰、基部各砌一方形石圈。中间的土丘高 0.8 米,其基部砌一长方形石圈,南北 3 米,东西 3.8 米。南边土丘外也有石圆圈,直径 1.5 米。

黑麻板祭坛坐落在大青山南坡二级台地上,距莎木佳遗址 7 公里。遗址东半部石围墙基址北

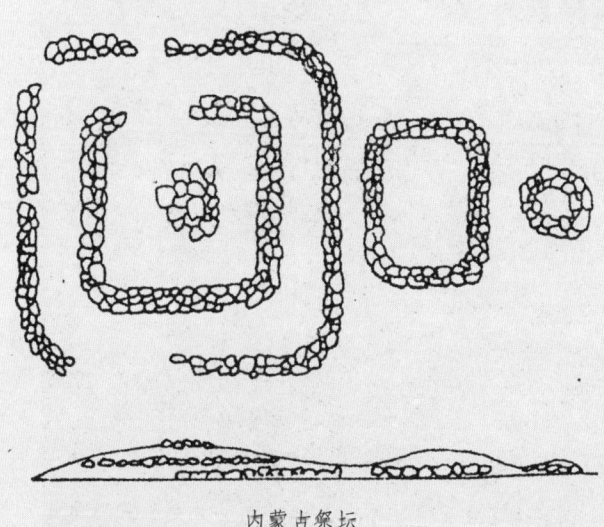

内蒙古祭坛

---

① 辽宁文物研究所《辽宁牛河梁红山文化女神庙与积石冢发掘简报》,载《文物》1986 年第 8 期。

辽宁凌源牛河梁红山文化遗址发现的祭坛，上为女神庙全景；下为积石冢群（南—北）

侧，有一大型建筑台基，不规则形，东西52米，南北25米，残高2.2米。台基中心有两个套筑在一起的石圆圈。石圆圈中间铺一些石头。台基西侧有一正方形石圈。

阿拉善祭坛较大，南北长80米，东西30米，位于高岗上，从南至北，有18个石块砌的圆锥形石堆，全长51米[①]。

（五）良渚文化的祭坛

在太湖东半部，即湖东南、东和东北部分布有许多良渚文化遗址，由于地势较高，称为山或墩：

以山为名者有反山、瑶山、福泉山、草鞋山、张陵山、少卿山；

以墩为名者有绰墩、寺墩、罗墩、赵陵墩等。

浙江余杭瑶山良渚文化祭坛遗址是在1987年发掘的。该遗址是人工堆筑的小土山，顶部有一祭坛，方形，长宽各20米。从平面上看，有三个层次：中央为红土台，边长5.9至7.7米；其四周为灰土沟，深0.65至0.85米，宽1.7至2.1米；灰沟的西、南、北三面为黄褐土台，宽3.1至5.7米，东面为自然山土。据发掘者认定，外重石面原来铺有砾石，在祭坛中南部有两排，共12座大墓，打破祭坛局部，随葬品丰富[②]。

1991年在余杭汇观山又发现一处祭坛，与瑶山相似，顶部有一方形祭坛，面积1600平方米，在中部偏西南挖沟填有灰色土，在祭台东、西两侧有四条南北方向水沟。在祭坛西南部有四座墓，棺椁齐备，随

西藏日土祭坛

[①] 包头市文管所《内蒙古大青山西段新石器时代遗址》，载《考古》1986年第6期。
[②] 浙江文物考古所《余杭瑶山良渚文化祭坛遗址发掘简报》，载《文物》1988年第1期。

葬品丰厚①。

江苏武进寺墩遗址面积90万平方米，中心为人工土墩，直径100米，高20米，周围有一圈河道环抱，河道外围是一周人工堆筑的贵族墓地，墓地外围为低洼的平地，即居住区。居住区外有一条河道环绕。在祭坛东、西、南、北分别有一条河道，连通内外两周河道。四条河道把居住区、墓地分开，形成四个部分。这种以河道分开的布局，是有特色的，是江南水乡的自然环境决定的②。

这些高土台，有些建筑在生土层上，如反山、瑶山、罗墩，有些在前遗址上，如少卿山、张陵山、福泉山、草鞋山等，土是从附近一处或多处地方挖来的，工程浩大。如反山、罗墩运土量在1万立方米以上。据统计，一处土墩要2万个人力才能完成。

良渚文化的祭坛仅剩下地基和残垣，关于它的本来风貌已不得而知，但是在玉器纹饰上还有端倪可寻。如在余杭安溪山出土的玉璧上就有一个祭坛式图案，北京首都博物馆和巴黎吉美博物馆收藏的玉琮，台北故宫博物院收藏的玉璧、玉琮，美国弗利尔美术馆收藏的玉璧上均有祭坛图案。这些图案有一定共性，基本由三部分构成：下部为一个有三层台阶的高台，如祭坛状；坛顶树一立柱，上部如杵状，下部呈圆圈连结成柱，柱顶立一鸟；在祭台侧面也有鸟形，似飞翔状，背有阳光，有人称其为"阳鸟负日"、"太阳神徽"。由此看出，上述玉器上的图案，应该是良渚文化的祭坛。其实，这种祭坛形象在大汶口文化中也有发现，如山东莒县陵阳河25号墓出土的陶尊上就有一个祭坛符号，下为祭台，上栽一树，以树代神；在17号墓出土的符号上，也是祭坛形象③。如果把上述考古发现与民族学祭坛比较一下就会认定，良渚文化的祭坛应该是三层台地，顶上立有象征神偶的神树，树上可能有立鸟。

此外，其他地区也有祭坛出土，在湖北石家河古城周围也有祭坛，如西北城外有袁家山、黄家山、扁担山、乌龟山、鲁台寺等土丘，高出地面5米，该是祭坛遗迹。

以上所列，是中国目前所发现的最早的祭坛，这些珍贵的考古资料具有重要的学术价值：

首先，祭坛是一种历史的产物。

在中国旧石器时代晚期，刚刚出现宗教信仰，像山顶洞遗址，死者还埋葬在居址附近，人世与鬼界紧紧相连，当时还无祭坛可言。新石器时代才出现祭坛。目前，中国新石器时代划分三个时期：

早期距今七千五百至一万年，以南庄头、甑皮岩和仙人洞遗址为代表。

---

① 费国平《浙江余杭良渚文化遗址群考察报告》，载《东南文化》1995年第2期。
② 南京博物院《1982年江苏常州武进寺墩遗址的发掘》，载《考古》1984年第2期。
③ 杜金鹏《良渚神祇与祭坛》，载《考古》1997年第2期。

中期距今七千五百至五千年，以后李文化、兴隆洼文化、河姆渡文化为代表。

晚期距今五千至四千年，以仰韶文化、大汶口文化、红山文化、龙山文化和良渚文化为代表。

从旧石器晚期至新石器时代中期，尽管发现不少史前宗教遗物，但没有发现祭坛，但是到了新石器时代晚期却发现了不少固定的、大型的祭坛。说明祭坛是在一定的历史条件下出现的。

其次，大型祭坛是文明起源的重要标志。

关于中国文明的起源，是近些年中外学者的热门话题，其中把青铜器、城堡、文字、礼器视为文明出现的标志，这是有道理的。其实大型祭坛的出现也是同文明起源有密切关系的。

众所周知，在氏族制度下，宗教尚处于自然宗教状态，各个氏族信仰自己的神灵，流行多神信仰，各神之间互无统辖，彼此是平等的，还无主神或统一之神，当然形成不了大型祭坛或庙宇。这是新石器时代中期以前未发现祭坛的主要原因。新石器时代晚期，中国农耕有长足进步，出现了专门手工业，生产品除供最基本的社会需要以外，已经有了一定剩余，于是出现了贫富分化，出现了氏族显贵，主要是氏族部落首领、军事领袖和祭司，他们不仅化公为私，也发动频繁的掠夺战争，扩大私有财富，最后出现了权力极大的部落领袖，这是王权的先河。

神是人创造的，又是按自身的体验塑造的。现在，人世的不平等关系，也改变了神界的平等关系，出现了凌驾于众神之上的主神，如天神、贵族祖先、部落始祖等等。氏族显贵们正是利用这种神权巩固自己的社会地位，于是发动民众，修筑大型神坛。正如前面所述，红山文化、良渚文化的神坛规模很大，绝不是一般氏族的力量所能修建的，而是社会上的权势人物，利用行政命令和神的威力，发动千万人才能完成的。而主持神坛祭祀的正是王权的助手——祭司们。因此，大型祭坛是与文明起源同时发生的，应该是文明时代的标志之一，这对探讨中国文明的起源有重要帮助。

第三，各地祭坛的发现，是中国文明起源多元论的见证。

中国史前神坛遗址发现不少，分布地域广泛，这是值得深思的。

传统看法认为中国文明起源于黄河流域，持这种观点的学者还大有人在，但是近一二十年的考古发现突破了上述看法，除黄河流域大汶口文化、龙山文化具有若干文明起源因素外，在长江下游良渚文化、中游屈家岭和石家河文化，以及辽河流域的红山文化也出现了类似情况，城堡、文字、礼器都出现了，相应地也出现了大型神庙和祭坛。这些考古事实雄辩地说明，中国文明的起源不是在一地发生的，而是在几个地区出现的，包括长江中、下游，黄河中、下游及辽河流域等五个地区。

有的学者说,中国文明起源如"满天星",尽管有些夸大,但起源于多数地区是肯定的。

二、重要的祭祀

上述祭坛,供奉的是什么神祇?从民族学看,大致有以下几种:

(一)祭天

天神是原始信仰的重要对象,祭天是经常性的活动,但是各地祭天内容略有不同,寒冷的北方侧重于祭日,祈求获得较多的阳光和温暖,内蒙古地区岩画上,有不少日、月图像,并且有拜日图,这是远古祭天的生动写照。当地还发现一些祭坛遗址,如阿拉善台西地、包头莎木佳祭祀遗址,都与祭天有关。在山东大汶口文化中出土若干个大口尊,形体较大,圆底,上多有刻划的象形文字,而且与獐牙器、猪下颌骨葬在一起,说明是少数人——祭司的祭器。有趣的是,在不少陶尊上都刻有日月、日月山等象形字,进一步证实大汶口文化的陶尊是祭天礼器。

在清人绘制的《么些图卷》上,有一处就是祭天场面。纳西族一直保留着祭天的风俗,祭坛必须选择在山上或土台上,这样与天更近些,祭坛上有神偶、杀牲场、围栏。《说文》:"柴,烧柴焚燎以祭天。"祭天的目的是祈求天神下凡,保佑风调雨顺,人畜兴旺。由此推知,红山文化、良渚文化某些祭坛也设在山顶或土墩上,也可能是祭天的产物。

原始人相信人与鬼神都共处于世界上,但两者的空间位置有一个变化过程:起初人与鬼神是分开的,人居住在人的世界,鬼神在鬼神的世界居住,即活人世界和死人世界,当时的巫觋是沟通两个世界的媒介。随着财产占有不均、阶级的出现,有了富人和贫人,有权者和无权者,在宗教信仰领域也出现了天堂、人间和地狱,分别供神灵、人类和鬼居住,出现了三界之分。过去通鬼神是巫觋的一般

内蒙古拜日岩画

职能，自从出现了三界信仰，通天就是一种严肃的事情了，必须由有权势的大巫——祭司执行，所以祭天是祭司的重要职能。

（二）祭地

祭地又名祭社，是对土地神的祭拜活动。中国原始文化是建立在农耕基础上的，春种秋收，都要祭祀土地神。在广西出土的一些大石铲，类似遗物在长江、黄河流域

纳西族祭天场面

也有出土，它们类似石铲，但十分庞大，没有使用痕迹，显然不是生产工具，而是各地供奉的土地牌位，如同民族学资料中所述的土地神偶一样。

祭社神，包括内容较多，如春播要祭祀，建房动土地也要祭祀。《周礼·春官宗伯》："以血祭之社稷。"血祭也就是用牺牲，通常以猪、羊、鸡、牛为之，也用人祭。在陕西西安半坡仰韶文化第一号房基底下，就埋一个儿童人头，很明显是建房时奠基的产物。类似现象在安阳后岗、永城王油房、汤阴白营、登封王城岗等新石器时代遗址都有发现。湖北房县七里河遗址有一个房基下，用三个人头奠基。在寿光边线王城、邹平丁公城遗址也有奠基坑，埋有人牲遗骸。河北邯郸涧沟龙山文化灰坑内，还有四个被剥过头皮的人头骨。奠基的动机是要动用、占有土地，必须祈求土地神恩准，所以才杀人敬神，以便居住平安。

奠基的人头是哪里来的呢？可能与远古猎头之风有关。云南江川李家山出土一件剽牛铜饰件，其上侧立一柱，柱上拴一牛，牛角上挂幼童，这可能是猎头的场面。李家山还出土一件青铜斧，其上有三个男子，二人步行，一人骑马，后者提着一个人头。在同时出土的青铜剑上，刻一巫师，他一手持刀，一手提着人头。晋宁石寨山出土一件铜扣饰，其上铸两个战士，每人都提一个人头，脚踏一个无头尸体。这些都是古代猎头的形象。

（三）祭祖

祭祖是原始社会最经常、最隆重的祭祀活动。兴隆洼文化出土的女神像多安插在房内火塘附近，当时人们吃住在火塘附近，也在此敬神，但是这种祭祀可能是在就餐、议事前进行的，规模较小。红山文化的女神庙、祭坛十分壮观，供奉大小不等的陶塑神像，有的神像如真人般大，说明当时的祖先信仰已很发达，祭祀也很隆重。红山文化的祭器是一种筒形彩陶管，数量很多，然而都被打碎，这可能与某种巫术信仰有关。大汶口文化的祭器是大口陶尊。长江中游的屈家岭文化则以筒形陶器为祭器。

在民族学资料中，还保留不少栩栩如生的祭祖活化石。鄂伦春族不设祭坛，由于该族以游猎为生，居无定处，神像都放在皮口袋或桦皮盒内，平时挂在"仙人柱"（帐篷）后面的神树上，祭祀时移入室内。人们吃饭时，先向神像献兽肉，往地上洒一点酒，这就是他们的祭祖仪式。傈僳族、普米族在火塘边立一石柱，作为祖先的象征，吃饭时，家长首先向石柱上放一块肉，洒一点酒，然后家人才能进餐。这些都是比较简易的祭祖形式。贵州台江苗族祭祖很特殊，每十二年举行一次，每次断断续续达四年之久。苗族把木雕祖先像——央公、央母供在山洞内，神前陈列木鼓、芦笙。祭祀时，把木雕神像迎请进村内，安放在祭坛上，然后进行椎牛、杀牲、歌舞、分肉、聚餐、送神。在送神时，要把神像送回山洞，抢食糯米饭塑的生殖器，当夜举行狂欢，打破传统约束，发生野合，其目的是祈求生育，认为繁衍后代是对祖先的最大敬重。海南岛黎族在年底丰收后祭祖，答谢祖先的恩赐。其中包括椎牛、打狗、驱鬼、聚餐等活动。云南彝族在户外立神树，挂彩布、灯笼，该树是祖先的象征，也是祭司通天之梯。祭司坐在祭坛中央，摇铃诵经，杀鸡敬神，边歌边舞，分食聚餐。这些祭祖活动对印证远古的祖先信仰有一定借鉴。

（四）祭龙

龙是在动物崇拜的基础上产生的，它是具有若干动物特征而形成的一种特殊神灵。有人说龙来源于蛇，有人说来源于蜥蜴，有人说来源于鳄鱼，等等。从我国考古资料看出，我国龙的起源是多源的，不限于一种动物，河南濮阳西水坡仰韶文化的蚌龙，昂首曲背，有爪、牙等器官，距今六千年前后，是我国发现较早的龙，可能起源于蜥蜴；内蒙古、辽宁地区红山文化的玉龙，为蜷曲状，像蛇盘曲一样，距今五千年前后，可能起源于蛇；山西定襄陶寺龙山文化的龙盘，该龙也为蜷曲状，嘴衔一棵谷穗，距

陶寺彩绘龙纹

今四千年前后，也来源于蛇。由此看出，龙发源于不同地区，来自不同的动物，后来经过各民族的不断充实、加工，文化互相交流，形成后来的龙。

龙保留了较多动物的信仰，有些特征与图腾有关，但又不同于图腾，具有较多的虚构和想象成分。龙的出现和发展，同中国农业文化密不可分，并且与祈雨、求育有关，甲骨文有"其作龙于凡田，又雨。"《左传·昭公二十九年》："龙，水物也。"既然龙是水中之神，必然能兴风作雨。贵州苗族有一种"拉龙节"，实际是一场祭龙仪式。该族为了风调雨顺，农业丰收，每年春旱季节都举行拉龙仪式，在祭坛上做二木龙或扎一草龙，但要先敬白虎，因为白虎干扰龙兴风作雨，把白虎安抚好了，才上山请龙，直引到祭坛，进而杀猪、鸡，向龙献牺牲，广大妇女则从龙身上取草叶、棉球，佩戴在身，认为这样她们才能生育。最后分肉、聚餐，青年男女在此期间谈情说爱。由此看出，祭龙是一个重要的宗教活动。

三、牺牲与祭器

祭祀必须用食品、牺牲，这是原始宗教的通例。在当时信仰者看来，神鬼与人一样,也有各种欲望,鬼神也要吃东西,而且要吃最好的东西,因此在请神、敬神和送神时必供献食物、酒、甚至人牲。

在我国史前时代,普遍以猪、鸡、犬作为牺牲。其中以犬为最早,当起源于渔猎民族,后来为农耕民族所继承。例如:

江苏邳县刘林第18、25号墓均随葬有犬。

河南淅川下王岗第112号墓随葬一犬。

商代甲骨文中多次提到犬祭,墓葬中也多有发现,在奠基、置础、安门过程中也用犬。但犬主要用于墓葬,置于腰坑内、墓道、墓室或填土内①。

不过,以犬祭主要分布于黄河中下游,在北方民族地区也较盛行。西清《黑龙江外记》卷六:"库雅喇满洲以犬祭天,间用牛,近则讳犬而诡言用豕,不知犬曰羹献,古礼以之荐宗庙,何讳为。"说明古代满族也以犬、牛作祭品,后来才以猪为主,放弃了犬祭。

犬祭有两种意义:一种为死者随葬,犬是作为死者的爱犬牺牲的,生前犬是死者的狩猎助手和护卫,死后猎犬也跟随主人到另一个世界去,为死者服务;另一种犬祭多半是将犬作为肉食,宰杀后献给神灵的。

在谈到祭品时,还应该提及人祭。这一风俗在中国中原地区的出现是比较早的,如在西安半坡遗址已有以人头作房屋奠基的现象。大汶口文化出现了杀人殉葬,但多以妻妾身份出现的。昆山赵陵山遗址祭坛西北部有19个无墓穴小墓,死者多为身首异处或砍掉下肢。这些可能与血祭有关。还有人指出,罗墩墓内多红土颗粒,龙南遗址发现不少红烧土层,也可能与人血祭有关。

1991年河南渑池县班村庙底沟二期(龙山文化早期)遗址西部有一大土坑,土坑周围有7个小土坑,内有4具人骨,有的被击伤,有的被肢解,为非正常死亡,在人骨架侧还有殉葬兽骨。此人骨应是祭祀时的牺牲②。

在江苏新沂花厅、内蒙朱开沟和一些齐家文化男女合葬中,也有人殉现象③。

从这些人殉看出,它是在原始社会晚期出现的,与文明起源同步,到了商周时期达到了人殉、人牲的高峰。中国北方萨满教流行地区,一般比较落后,但在某些处于原始社会晚期的民族中仍然有人殉、人牲现象。《大金国志》卷三十九金人"贵者先焚所宠奴婢,所乘鞍马以殉之"。方拱乾《宁古塔志》满族进关前"男子死,必有一妾殉,

---

① 高广仁、邵望平《中国史前时代的龟灵与犬牲》,载《中国考古学研究》,文物出版社1986年版。

② 《班村遗址发掘重大收获》,载《中国文物报》1993年2月21日。

③ 黄展岳《中国古代的人牲人殉新资料概述》,载《考古》1996年第12期。

当殉者必于主前定之，不容辞，不容僭也。当殉不哭，艳妆而坐炕上，主妇率皆下拜而享之。及时以弓弦扣环而殒之；倘不肯殉，则群起而扼之死"。这些传说与上述记载不谋而合。

在谈到牺牲、人殉之后，应该涉及血祭。《后汉书·邓骘传》："血祭谓祭庙杀牲取血以告神也。"血是红色的，象征生命，一旦某种动物失去了鲜血，生命也就完结了。因此人们把血与牺牲等同起来，在祭祀时以血祭献，标志为神灵供献牺牲。萨满在各种杀牲祭祀中，往往取牲血祭神，这种风俗一直流传下来。

云南佤族半个世纪前还流行人头祭，祭前必猎头。过去有人认为这是祭鼓，其实这是一种误解。

首先，应该肯定木鼓是一种乐器，又是通神之器。不过，木鼓有一个产生过程，原来佤族没有木鼓，仅用一个竹筒作为发声器，在一段树干上敲打，以其声响向木一吉神报告。当时供的是蛇头等祭品，后来将树干挖空，制成木鼓，才淘汰了竹筒，改用鼓槌击鼓，祭品也增加人头一项。由此看出，木鼓虽然是通神之器，具有一定的神秘性，但它与祭品一样，都是献给神的，对神来说是从属的地位，木鼓不能与神处于同等地位。后来，由于鼓有形而神无形，有些人才误认为猎头是祭木鼓，而忽略了祭神这一根本事实。木鼓的作用也不限于乐器和通神，它也是军事行动的信号，用以动员村民、发布命令。据调查，佤族原来每个氏族都有一个木鼓和木鼓房，它是氏族的标志之一，木鼓房也是集会场所。随着氏族的解体，木鼓才成为村寨的象征。

其次，无论在传说还是在宗教仪式中，猎头都是为了祭祀木一吉神。该神是佤族最大的神，有四个儿子，即雷神、地震神、开天神和辟地神。这些神主宰人的生老病死，庄稼的丰歉、刮风下雨，等等，从而要经常祭祀，形成有一定的仪式。除了前面叙述的猎头、祭人头和送人头仪式外，还有一些"簿由"仪式，即以一只白鸡、三串鱼（每串九条），拴在竹竿顶上，然后插在林中。据说神林为木一吉神所居，这些供品是献给木一吉神的，原来送的人头，也是献给木一吉神的祭品。据原调查报告证实，就砍牛尾巴的意义而论，所砍的牛系供奉木一吉神，人头也是供木一吉神的牺牲，在撒谷种前后所祈求于木一吉神者也是保佑生产。我们认为这种结论是正确的。

在承认人头是祭品的同时，还应该看到，人头本身也具有一定的灵性，也要加以膜拜。正如前面所述，猎来人头送到神林中的时候，还要剽牛祭祀。更重要的是佤族在九月还举行一种"偶普"仪式，即送一头猪到人头桩，供人头享用。这样，人头也是一种崇拜物了。

令人深思的是，为什么把异氏族或异民族的人头当作崇拜物呢？昨天还是仇敌，今天怎么一下子变成了膜拜的对象，并且祈求他们保护自己呢？这是有一定历史根源的。

在漫长的原始社会时期，人类曾经历过一个万物有灵的信仰阶段。当时，日月星辰、风雨雷电、动物植物、山川异石，以至人类本身，都是有灵魂的，并且影响着人们的生活。就人类自身而论，人是由灵魂和躯体所组成的，死亡是灵魂永远离开躯体，但灵魂依然存在，成为祖先而受后人崇敬，祖先也保护子孙，但凶死者例外，一旦某人死于异族的刀下，他就成为本氏族的恶鬼，氏族成员都畏而远之；但是他却为别氏族所降服和控制，如同打猎一样，猎人披上自己所获得的虎皮，就能增加自己的力量，"他们感兴趣的首先是和主要是使这些人在一定条件下拥有同时为老虎和人所'共享'（哲学家与勒布郎士语）的那种神秘能力，这样一来，他们就比那些只是人的人或者只是老虎的老虎更可怕"①。《魏书·僚传》："其俗畏鬼神，尤尚淫祀，所杀之人，美鬓髯者，必剥其面皮，笼之于竹，及燥，号之曰鬼，鼓舞祀之，以求拜福利。"佤族与僚人一样，也喜欢一脸的大胡子，猎头后"笼之于竹"，作为人头鬼进行崇拜。他们认为除了自己和祖先的力量而外，再加上人头鬼的力量，合二而一，能更有效地去战胜敌人和自然灾害。《礼记·郊特牲》讲腊八祭百神，也属于这种性质。"古之君子，使之必报之。猫为其食田鼠也；迎虎为共食田豕也。迎而祭之也。"这显然是借助猫、虎的力量来帮助人防止农害。佤族的土地多为山坡地，实行火耕，土地周围有许多森林，禽兽经常出没其间，对农作物危害极大。他们除了利用各种狩猎工具捕杀危害庄稼的野兽外，也借助神和人头的力量，保护庄稼，驱赶禽兽。所以当佤族把人头送到神林后，都让人头面向土地，以便祈求人头鬼守护庄稼。

这种异族的人头是否会帮助敌人而危害自己呢？不会的。与其他民族的信仰一样，佤族也相信被猎头是凶死性质，这对本氏族或本村寨的人是极其畏惧的，死后不能鸣枪，只能将无头尸体就地掩埋，绝不能葬入公共墓地，坟上也不能留标记。其他民族也是这样。彝族一般死者行火葬，凶死者要就地掩埋；黎族对凶死者更加残酷，送葬时要走许多弯曲的路，使鬼不能认识回家的道路。下葬时要以石板压住躯体，或者以木桩钉住尸体，不让其翻身，这样死者就无法回家扰乱活人了。如果家里有人久病不愈，则认为是凶死鬼作祟，必须把尸骨挖出，照上述方式再葬。在其他民族中也有类似葬俗。

基于上述观念，佤族认为被猎去人头，是一种凶死，对本氏族本村寨来说是最可怕的，认为是一种异己的危害力量，所以佤族对此不进行正常安葬，即使有机会打到仇寨去，看见了自己亲人的头桩，也是畏而远之，不会抢夺回来。相反，这种人头对战胜者或者征服者来说，却是一种可以控制和支配的力量，奉为人头鬼。我们在孟连、澜沧佤族村寨调查中人们解释说，仇人既然被杀死，其人头也听从猎头者支配，而且认为平时以竹笼装鸡、盛猪是防止家禽家畜跑掉，以竹笼装人头，或者以人头桩盛人

---

① 《原始思维》第93页，商务印书馆1981年版。

头并且压一块石板，也是把人头关住，象征人头鬼为佤族所支配，替佤族看守庄稼。在这里，人头是敬献木—吉神的祭品，也是佤族农作物和村寨的保护神。

还有一点也应该注意，佤族"他们用人头血滴在谷种或土上，把土撒在地里，认为这样会使谷子长得好。他们喜欢胡须多的人头，认为胡须多象征谷子长得好"①。无独有偶。在其他民族中也有以人血祭农业的现象。《太平御览》引《南州异物志》中的乌浒人猎头"祭田神"，与佤族以人血撒谷种具有异曲同工之奥妙，都是植根于对土地生育能力的信仰。非洲肯尼亚的吉库尤人认为"大地是母亲，它哺育了民族的子孙"。土地不仅能长庄稼，也与人的生育能力有密切的关系。吉库尤人的"接生婆把胞衣拿到他家的荒地上，同种子和草一起埋在地里，以祝福土地的生机长存"②。佤族也相信土地有神灵，且有生育能力，能生长树木、草和庄稼，但是要进行砍倒烧光土地才肥沃，也相信人头血和灰烬拌种子也能使庄稼茂盛，获得丰收。不难发现，猎头不仅是向木—吉献供品，祈求人头鬼保护庄稼，也想利用人头血促进作物的生长。

祭神既然向神供献食品，而且是加工过的，经过炊事而熟化的食品，称为熟祭。为了熟祭，在祭坛必设一火塘，通常以三块石头围成灶，其上架锅。满族称神石，祭天时在院内架三块神石，其上置锅煮肉。事后神石不能乱丢，必送往清净的山林中，认为神用之物，不能为人们所触犯。

当时所用的炊具，也是比较注意的。这一点在史前时代就出现了。如在红山文化中，有一种无底筒形器，如在阜新胡头沟、凌源三官甸子、喀左东山咀、牛河梁都有出土，具体划分，可以分出若干类型，但共性是明确的，基本为直筒状，无底，器形较大，外多有彩陶，是红山文化的典型陶器。它可能起源于生活器皿，与查海文化的陶器有关，后来成为祭坛或墓地的祭器，它都分布在地表，或成组，或围成一圈③。不难看出，该器是在神前或亡灵前摆设的祭器，其上架置陶钵之类的食具④。

在山东大汶口文化，出现一种陶尊，体形庞大，厚重，其上多有象形文字。到目前为止，仅发现十余个，而且多随少数富有的大墓随葬，有人推断该墓主人即是祭司，陶尊则是祭器，专供为神灵供奉牺牲的炊具。

在胶县三里河遗址出土一件龟形提梁器，还出土同类形的狗、猪形器，制作精美，造型仿动物，应该是盛酒器，可能是祭神用器，属祭器无疑。

在湖北石家河古城内西南部，1955年发掘100平方米，共出土红陶杯数万件，说

---

① 田继周、罗之基《西盟佤族社会形态》第132页，云南人民出版社1980年版。
② 《肯雅塔》第2页，上海人民出版社1976年版。
③ 郑红《红山文化筒形器研究》，载《辽海文物学刊》1997年第1期。
④ 付宗德《筒形器用途初探》，载《辽海文物学刊》1997年第1期。

明它有特殊用途，应与祭器有关。

在长江流域中上游的大溪文化有一种高大的镂孔花纹鼓形器座，几何纹大型支座，不像一般民用家具，而是敬神用的器座，石家河文化的筒形器还与陶缸套合。

由此看出，史前时代对敬神器具是相当讲究的，有些是专门的祭器。到了商周时期，有些青铜器则成为专门的礼器，这是举世闻名的珍贵文物。但是，随着原始宗教走向没落，敬神器皿已经不太讲究。

祭祀必须烧香，为此必须有烧香设备或器具。为什么烧香？我在凉山参观时发现，苏尼在跳神时，必让助手从火塘点燃一把树枝或干草，火速送往户外，在地上升起一股浓烟。据说这是敬神的香火，也是向神报告，巫师要请神灵下凡了。当地西番人祭祀天神、土地神则在祭坛架三块石头，其上烧香树枝，这也是一种烧香形式。中国北方萨满在敬神时，已经有固定的香炉，多以木制，内贮灰烬，其上插达子香，又称年期香。该香是一种灌木，春天冒雪而开，每年五六月人们多多采集，晒干，以碾子研成粉，筛出绿色粉末，晾干后放在神匣内，置于神堂。香味浓，能驱蚊虫，可洁身防潮。

上述烧香，实际是古代的烧柴风俗。起源于一定信仰。《礼记·郊特牲》孔颖达疏："天神在上，非燔，不足以达之。地示在下，非瘗埋不足以达之。""以天之高，放燔柴于坛；以地之深，故瘗埋于坎。"由此看来，烧柴以告天，是祭天祭神的重要形式。其实，火与太阳、天是分不开的，《淮南子·天文训》"火气之精者为日"。《论衡·术》："日，火也。在天为日，在地为火。""火，日气也。"当地上祭祀，先烧火，火烟升起，是向神禀告；而地上之火与天上之日，互为感应，达到通天的目的。

烧祭在良渚文化中有突出反映，以福泉山遗址为例，在黄土层山顶平台墓群东西两侧，各有一片火烧面，其上有一层薄灰，并有介壳屑。在西片中间也有数块红烧土。在灰黄土层发现火烧痕迹更多。

在山顶平台中心部位，有人牲的基上方，有一处大型烧祭祭坛，祭坛南北长 7.3 米，东西宽 5.2 米，作梯形，自北向南，自下而上，共三级，最高一层台面上都被大火烧过，撒有介壳屑，可能举行过烧祭。

山北侧第一台阶上有一灰坑，未经烧焚，但坑内堆许多草木灰。

山东坡有一堆介壳屑，是从十多公里外的海边运来的，用于祭祀。

在墓上或墓前，也多有燔祭[①]。

由此推知，福泉山的大墓，有一定祭祀仪式，先堆积土块，然后堆草焚烧，在祭祀时撒介壳屑，仪式毕，把灰烬扫掉，倒在附近的灰坑内，这显然是一种燔祭，介壳屑是驱邪的用品。

---

① 黄宣佩《福泉山遗址发现的文明迹象》，载《考古》1993年第2期。

【第四节　形形色色的巫术】

巫术是一种重要的宗教形式，起源很早。巫术是人们以幻想的方式、一定的手法，企图去左右客观事物。巫术的产生，基于万物有灵信仰，又相信各种事物是互相感应、彼此联系的，一旦被原始人联想起来，往往形成一定的巫术形式。通常的巫术，有两种形式：一种是模仿巫术，另一种是接触巫术。在两种巫术之下又有不少具体的巫术形式。

一、巫术的种类

从民族学和考古资料看，常用的原始巫术有几种：

（一）驱赶巫术

人类对神灵是恭维的，对鬼魂则驱赶，界限分明，一爱一憎。因此把驱鬼作为最流行的巫术形式。由于鬼危害人们的生存，人们常模仿打猎的手法，对鬼进行殴打、驱赶。传说黄帝元妃嫘祖死于道，令次妃嫫母为方相氏，前去打鬼开路，后世的开路神即来源于此。其实，任何巫觋、祭司都有驱鬼之术，在战国楚墓的漆棺上，还绘有女巫用弓箭射鬼的形象。作者在四川木里县纳西村调查期间，正赶上新房落成，当地居民认为新房内有

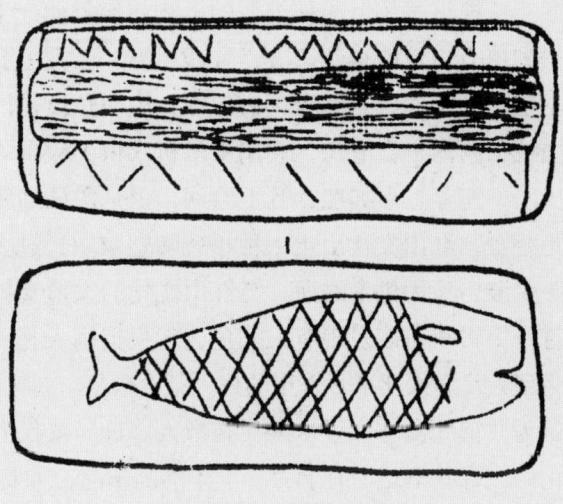

后洼文化的网纹石网坠

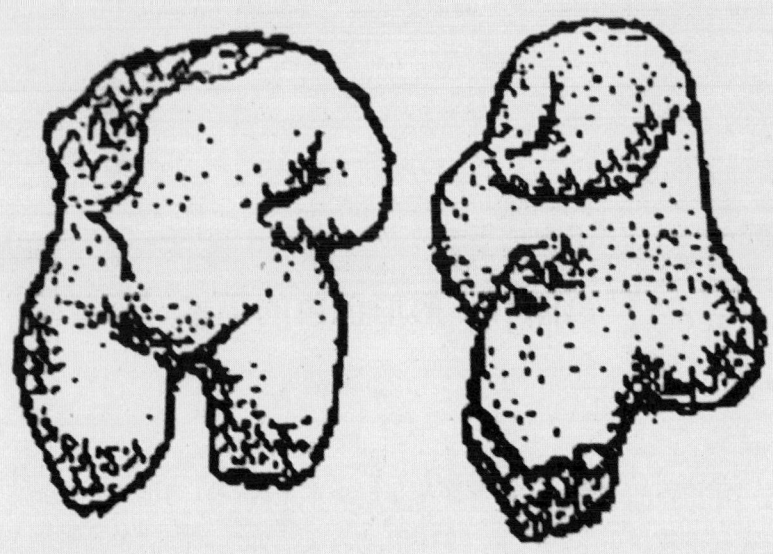

红山文化无头孕妇陶塑像

牛角鬼藏身,此鬼不除,居住不宁,于是在一天夜里,由一位老年女巫打着火把,手提铁斧,并率领五六个青年男子,有的拿刀,有的拿棒,他们冲进新房后,以刀砍门坎,敲打墙壁,或者掘土找鬼,并用砂粒轰打,从室内打到房外,最后把鬼赶到猪圈,挖一个坑,把从室内挖的土块埋下,认为鬼就赶走了。永宁摩梭遇到人生病,就请巫师达巴在野外诵经,以炒面塑鬼身,最后把鬼打坏、赶走。广西壮族家人身体欠安时,由巫婆剪一个纸制的驱鬼婆,贴在门上,据说可以驱鬼。

(二)模拟巫术

这种巫术相信两种类似的事物相接触能产生一种交感作用,产生一种力量,一旦得到甲方,也能得到乙方,致残甲方,乙方也受残害。辽宁东沟后洼新石器时代遗址出土一件陶网坠,其上刻有鱼纹,说明鱼纹是网坠的装饰,但包含巫术意义:网坠有鱼纹,网内也会有鱼,利用巫术祈求得到较多的鱼。陕西宝鸡北首岭仰韶文化遗址出土一件陶壶,形如船,其上绘网,也是象征划船捕鱼入网中。模拟巫术最流行的方式是替身,红山文化出土一种小残陶塑孕妇,过去认为是女神像,但该像制作粗俗,缺头少肢,又无供奉之所,与红山文化的大形女神像不能相提并论,它应该是一种孕妇替身。贵州苗族发现有人病危,就模拟病人扎一草人,穿上病人衣服,丢于野外,认为草人代病人死了,真正的病人就会康复。过去汉族民间有一种"埋木人"巫术,相传是为了诅咒敌方,以木人代替敌人。这与汉代的蛊惑巫术如出一辙。在湖北石家河文化中,有些祭坛上有上百、上千的陶塑品,如鸡、猪、羊等,这是为神灵供奉的牺牲,也是一种模拟巫术。在内蒙古、四川等地岩画中,往往有一种手掌纹,悬棺上也有类似形象。民族学资料告诉我们，普米族、纳西族、藏族喜欢在房外门上、室内墙上印不少手印，象征张开的手掌，鬼魂看见了害怕，不敢混入家门，起一种避邪作用，认为手掌纹越多家里越安全，这是模拟用手打鬼的巫术。

（三）交合巫术

这种巫术以男女交合、人羊交合、雄雌动物交合的形象，祈求人、畜的繁衍，以达到满足人类生存需要的巫术形式，属于接触巫术性质。在内蒙古、广西、宁夏的岩画中，有不少男女交合图。在汉代画像砖上，也有男女交合内容，有的砖上还有桑林、采桑、交合、动物等形象，说明这是早春三月，在野外发生的群婚交合，可能是古代上巳节（三月三日）时施行的求育巫术，但是刻于墓砖上，其中的交合是人们对新生命的渴望。在原始艺术品中，经常能看到男女合体的形象，又称阴阳人、两性合体，如辽宁东沟后洼遗址出土的两性人头、青海乐都柳湾马厂文化出土的阴阳人陶壶、内蒙古大口文化阴阳人陶缸，新疆呼图壁岩画上的男女连体人像。《授神记》卷一四："昔高阳氏有同产而为夫妇，帝放之于崆峒之野，相抱而死。神鸟以不死草履之，七年男女同体而生，二头四足，是为蒙双氏。"可知阴阳人乃是男女交合性质。鄂温克族供一种保护牲畜的神像就是两个人，即是两合体，这样才能有繁衍力。在浙江余姚河姆渡文化出土的器物上，有一种双鸟朝阳或对鸟形象，与土家族、苗族的对鸟形象如出一辙，也是雄雌二鸟交合体，象征生育力、繁殖力。傣族有一种灵物"阿索"，或者两只孔雀交合，或者两人交合，认为交合的动物或男女有一种魔力，可以抵制百恶，也可吸引异性，所以一般人都佩戴它，有护身作用，又能使失去的情人归来。

（四）避邪巫术

该巫术是在人体、建筑物饰挂一定特定的物件，可以达到避邪求吉的巫术方法。这种巫术与装饰有密切关系，如以蚌、石、玉制作的各种项链、手镯、人面、蝉等，都是避邪式装饰品。其中的玉器又称灵石，有护身作用。《礼记·玉藻》："君子无故，玉不去身。"生前佩玉，死后葬玉，是中国传统文化的一个特色。蝉为不死之虫，认为生时佩蝉能延年益寿，死后葬蝉，可以不朽。傣族有一种取天然男女性具模型为灵物，密藏于室，出行携带在身，可以防御不测，能避枪林弹雨，该族认为这是世界上最灵的避邪物。

（五）丧葬巫术

这是指在丧葬过程中运用的巫术。人死是身体的死亡，灵魂是永存的，但人们对灵魂十分恐惧，除了举行送葬仪式外，有的地方还举族迁徙，远离死者的亡灵，把旧住地视为死人的住地，把新住地视为活人的世界。在甘肃天水大地湾仰韶文化遗址一座旧房址地面上，曾保留一幅炭绘的地画，可能是迁居时绘制的惜别绘画，它是对已故者的怀念。基于灵魂信仰，远古葬仪复杂，巫术形式众多，如前述的割肢葬、套头葬、有孔瓮棺葬，都是丧葬中的巫术。云南景颇族人死后，第一次是送葬，把灵魂和肉体分开；第二次是送魂，专门把亡魂送回遥远的故乡。送魂时，必有两个绘身的舞人在前引导，手持武器，呼叫开路。灵柩下葬后，还埋两根招魂桩，上绘死者生平及送给死者的随葬品，供其享受。当时为了防腐，有一种口含巫术，如上海崧泽文化死者口中置玉，山东胶县三里河大汶口文化死者口中放玉，良渚文化死者口中放玉蝉，齐家文化死者口中放绿松石，等等。《礼记·传弓下》："饭用米、贝，弗忍虚也。"口中放饭是不让死者饿着肚子走，放玉是防腐朽。后来出现了玉敛葬。如良渚文化先挖穴，坑内置玉，架尸前以火焚之，然后放尸体，再盖玉，最后掩埋。这种葬法是以火驱鬼，让死者长眠。汉代的金缕玉衣也源于此。

二、考古发现的巫术遗迹

通过以上三节论述看出，巫术是原始宗教的重要活动方式，为了实行巫术，制作了形形色色的巫术替身、巫术道具，其质地之多，形象之众，是相当突出的。

关于巫术替身的性质，是比较复杂的，有的可能具有灵性，属于神偶的性质，尤其人体装饰中的人头、人面佩件，多属于这种性质[①]。但是更多的替身不是神偶，而是一种巫术手段，这在考古中出土甚多。现在以辽宁东沟后洼新石器时代遗址出土的遗物为例加以说明。

1983至1984年，辽宁省博物馆先后两次对东沟县后洼新石器时代遗址进行了发掘，出土雕塑品甚多，下层石雕刻品25件，有人像、猪、虎头饰、鸟形饰、鹰形坠饰、鱼形坠饰、蝉形坠饰、虫形坠饰、竹节坠饰等。陶塑品8件，有人头、猪头和其他动物塑像。上层石雕刻3件，有人头、鸟头、鱼形坠饰，陶塑品8件，有陶人像、猪头等等[②]。这些雕塑品年代较早，内容丰富，并具有浓厚的原始宗教和巫术特色。因此，不仅在中国美术史研究方面，而且在中国原始宗教研究方面，均具有重要的学术价值。

自从后洼遗址的雕塑品问世以来，引起了学术界的热烈反响，有人把它与远古时期的图腾文化联系起来，但是学术界目前对图腾研究相当混乱，众说纷起，一种意见认为中国没有图腾文化，另一种意见把考古发现的动物形象都视为图腾文化。后一种倾向在后洼遗址的雕塑品研究上也有一定反映。为了深入探讨后洼遗址出土的雕塑品的性质，首先须弄清什么是图腾。

图腾一词是北美印第安阿尔琴部落奥吉布瓦方言，意为"他的亲族"或"他的族"。

---

① 宋兆麟《中国史前的女神信仰》，载《中国历史博物馆馆刊》1995年总24期。
② 《辽宁东沟县后洼遗址发掘概要》，载《文物》1989年第12期。

具体指一种动物、植物、无生物或自然现象。图腾是一种普遍存在的世界性的文化现象，也是人类最古老的宗教信仰之一，象征一种社会制度及有关意识形态、社会风俗。在远古文化中残存于后世最多、与现代文化联系最多的就是图腾，但是，图腾有自己的特点。"就是相信人们的某一血缘联合体和动物的某一种类之间存在着血缘关系。"①具体表现为（1）每个氏族都有一个图腾，这个图腾的名称就是氏族的名称，后来发展为姓。图腾形象就是氏族的标志和族徽。（2）每个氏族都来源于此氏族的图腾，两者有一定的血缘关系，图腾可转化为本氏族成员，氏族成员也可转化为本氏族的图腾。（3）每个氏族都有自己的图腾感生神话，流行"人兽母体"，即人与图腾崇拜物的交合形象。（4）每个氏族对自己的图腾都有一定的祭祀活动和禁忌。（5）图腾是氏族的血亲、祖先，也是氏族的保护神。（6）当一个氏族分裂为若干女儿氏族时，原来的图腾也分为若干图腾。这些特点对我们识别图腾有重要意义。

既然图腾是氏族时代社会组织、意识形态和宗教信仰的象征，必然在经济活动、物质生活和文化艺术方面均有明显的反映。氏族成员为了崇拜图腾、祈求保护，经常利用雕塑的手段去表现自己的图腾，雕塑其神像以供礼拜，或者雕塑一定形状的图腾装饰品以护身，或者把图腾作为建筑装饰以卫家，等等。"图腾崇拜激发原始的艺术，尤其是塑造图腾崇拜物、植物和动物的形象"②。这种情况在考古学中屡见不鲜。

后洼遗址出土的动物形象，有图腾遗迹，但多数与图腾无关。远古时期住地是以血缘为单位的，一般地说，一个住地居住一个氏族，而一个氏族只有一个图腾。后洼遗址先后两期的房址都不多，显然只是一个氏族的聚居地。后洼的先民所信仰的也只能有一种图腾，而不可能更多。

后洼遗址出土的雕塑品中，以动物居多，可辨明形象的17件，其中又以鸟类形象的最多，达7件，超过1/3。在我国沿海地区，自远古以来就对鸟类有一种特殊的感情，多信仰鸟图腾。无论是河姆渡文化、新乐文化、大汶口文化，还是东夷、商族、越族，以至满族，都有对鸟图腾的信仰。

更为重要的是后洼遗址还出土一件人鸟同体石雕像，正面为人头，额顶和颧骨突出，额上有一条横弧线，上面有两条斜线，以示缠头或斜向披发。眼睛呈柳叶形，张口露齿。背面雕一回首鸟形，头凸起，回首附于身体之上，钻孔为眼。尾部上翘，刻网格纹，象征尾羽。两侧有鸟足。

这件人鸟同体雕像，象征人鸟交合的形象，最富于图腾特征。它如同伏羲女娲人

---

① 《普列汉诺夫哲学著作选集》卷三，三联书店1962年版。
② 亚·泰纳谢《文化与宗教》，台湾1984年版。

首蛇身、炎帝牛首人身、盘瓠狗首人身一样，都是图腾感生神话的反映。因此，确认人鸟同体雕像为图腾是有根据的。但是此图腾很小，又有坠孔，显然不是固定供在某处的图腾偶像，而是佩戴在身上的图腾灵物。由此推断后洼遗址的先民是以鸟为图腾标志的，也是以鸟为氏族成员保护神的。在鸟形坠饰中，有的也应属此类灵物，与其说是装饰品，不如说是图腾护身符更恰当些。

至于其他动物雕塑品的属性，目前还难以确定为图腾，但是不排除其宗教性质，如坠饰中的虎、鹰、野猪等，均为猛兽、猛禽，也是原始人普遍信仰的动物神，佩戴这些动物雕塑饰物，如同原始人佩戴兽牙、兽角一样，也是作为勇敢、有力的象征，具有避邪的功能。"这些东西最初只是作为勇敢、灵巧和有力的标记而佩戴的，只是到了后来，也正是由于它们是勇敢、灵巧和有力的标记，所以开始引起审美的感觉，归入装饰品的范围。"①

后洼遗址雕塑的宗教性质，并没有静止地停留在一个水平上，据发掘报告称，"下层的以动物雕像为大宗，多雕刻细致，注意写实；而上层的主要是陶塑人头像，雕刻简单，以图案化的形式表现内容，有的人头像只是一种脸谱"。后洼遗址分上下两层或两种类型，下层类型距今六千年左右，上层类型距今五千年左右。两个类型有一定共性，如陶器以夹砂红褐、黑褐陶为主，搀滑石粉，流行刻划纹，多筒形罐、壶、碗等器物，捕捞业比较突出，这些共性是一个文化的反映。但是无论是经济类型、房屋建筑形式，还是艺术品和宗教信仰等方面都有明显的区别。以宗教信仰来说，在六千年前后，后洼遗址的居民的雕塑艺术体现了以图腾和动物神作为自己信仰的宗教主题，这与当时的母系氏族相一致。到了五千年前后，后洼遗址居民的宗教信仰发生了重要变化，图腾信仰退居次要地位，代之而起的是祖先崇拜的崛起，这就是后洼上层人格化的雕塑品大量出现的根本原因。

后洼遗址出土人形雕塑品，下层6件，石质和陶质各占一半。上层8件，其中陶人像占7件。这些人形雕塑品的性质是耐人寻味的。从民族学资料分析，原始的人形偶像，基本有两种，一种是祖先神，一种是巫术手段。后洼遗址出土雕塑人像本身的特点，决定了它们的性质。

首先，远古神像，无论是地母、女神还是祖先神，均个体较大，形象庄重，有固定供奉的地方，如辽西喀左东山嘴、建平牛河梁的各种女神像，出土在神坛遗址，个体较大，制作精致。后洼遗址的雕塑人像形体极小，一般为二三厘米，最大者不过6厘米，小的仅1厘米，有些还有坠孔，而且都是在房址内发现的，说明后洼遗址出土的雕塑人像不是固定供在神坛上的祖先偶像。

---

① 普列汉诺夫《论艺术》，三联书店1973年版。

其次，从制作技术上看，无论是半坡仰韶文化的人面鱼纹，还是红山文化的女神像，其作者雕塑、绘画水平较高，应该是巫觋精心之作。后洼遗址出土的雕塑品，都以滑石、陶土为原料，没有固定形态，随意性强，技法多一面雕或两面雕，比较讲究整体布局，加工粗糙，尤其善于利用钻孔、划刻等手法，如钻孔为眼，划线为五官、为羽毛、为牙齿。但是作者能在很小的原料上表达主题，这些雕塑人像可能是妇女或巫觋在制陶或宗教活动中制作的。它们虽然不是固定供奉的祖先神像，但可能是挂在身上避邪的祖先灵物，另外则是巫术手段。

巫术是幻想以特定的言行去影响或控制客观对象，以达到某种目的。最基本的巫术形式是交感巫术，即相信由神秘的交感作用可使本无关系的两件事物发生作用。具体有两种形式：一种是模拟巫术，是根据相似律产生的，即相同的事物影响相同的事物，如利用泥偶等行巫。另一种是接触巫术，它是根据接触律产生的，当两种事物发生接触时，彼此会给对方一种持久的影响力，如人的头发、指甲是身体的组成部分，衣服则是与身体接触过的东西，当施巫于头发、指甲和衣服时，同样等于施巫于该人。根据以上现象具体分析后洼的人像雕塑，也有两种情况。

一种是为避邪巫术制作的人形坠饰，均有坠孔，无疑是一种佩戴在人身上的避邪灵物，可能是祖先、氏族英雄的象征，对本氏族成员起保护作用。

另一种是其他巫术活动的媒介，如人头像，下部均有座，是临时固定摆在某处的。也有人像在头像上，上下钻孔，原来插有木杆，也是固定在某个地方的。很可能是象征一种或多种人格化的鬼神。上述的有座和有插杆的人像，应该是当时巫觋送鬼驱邪，或者是求育巫术的产物。

类似的人形雕塑，在我国境内新石器时代遗址多有发现，如浙江余姚河姆渡遗址出土的小形人头和人体雕像，陕西何家湾出土的1件骨雕人头像，宝鸡北首岭出土1件陶人像，辽宁赤峰西水泉出土1件陶塑人像，河北滦平金沟屯出土各种姿态的石雕人像，陕西神木石峁出土1件玉雕人头像。此外，还发现了不少人面形雕塑。值得注意的是，上述人头和人体像，除个别保留完好外，绝大部分都残缺不全，或有首无身，或无首残躯，显然是人为所致，而且除个别为随葬品外，基本都是在遗址地层中发现的。是与当时的其他废弃物一块丢掉的。这一现象说明，上述残断的人头、人体雕像，并不像祖先神像那样珍贵，而是巫觋进行巫术活动，把它们作为巫术手段砍烂、丢掉的。

在后洼遗址还出土一种两面人陶塑像，在当时宗教信仰中占有重要地位。如标本VT22②：32正面是一人头像，额部突起，面部较平，有一条斜直向上的眉毛，眼睛一上一下，嘴部为一凹坑。背面也是一个人头像，但是比较简单，只刻有一上一下的眼睛，划一横线为嘴。标本VT3②：58也是一件两面人塑像，而不是人兽头像。怎么理解上述两面人头像呢？有必要引证一些考古学和民族学的资料。

四川巫山大溪文化第64号墓出土1件双面石雕人像，以黑色火山灰岩制成，呈椭圆形，高6厘米、宽3.6厘米、中厚1厘米。阴刻雕人面，但两面各有一头像，一侧脸额丰腴，一侧面部瘦削。两者鼻梁挺直，双目睁开，嘴微张，顶部左右各穿一坠孔。

安徽望江汪洋庙新石器时代遗址出土一件泥塑两面人像，呈圆柱状，顶部平，内空。直径6.5厘米、高13.4厘米[①]。

进入阶级社会后，河南安阳殷墟妇好墓出土一件两面分别为裸体男女的玉雕像[②]。内蒙古昭乌达盟宁城南山根夏家店上层文化出土一件曲刃青铜短剑剑柄，两面分铸男女裸体立像，性器官突出[③]。

以上考古发现的人雕像，实际是一种男女两性同体形象，即指男女两性结合在一起的艺术形象，有些学者称其为两性同体崇拜，其实这是一种男女交合巫术。

后洼遗址的原始居民，以简陋的生产工具，氏族的集体力量，从事着艰苦的农业、渔捞和狩猎等生产劳动，以获取衣食之需。同时，为了物质生产的正常进行，还要进行另外一种生产——人类自身的繁衍。这也是一个氏族能否生存、发展的基本保证。但是，由于当时生产力低下，从事上述两种生产都是很困难的，后果也是无把握的和不可理解的，认为有许多鬼神在支配着自己的命运，所以他们普遍而虔诚地信仰巫教，从事祭祀、巫术、占卜、巫医等活动，以排除两种生产活动的灾异，祈求生产丰收，氏族人丁兴旺。因而在后洼遗址的雕塑艺术品上留下了深深的巫术印迹[④]。

后洼遗址只是一个个例，但是具有代表性，这在考古中是很明显的：

在我国北方，西起新疆、宁夏，东至内蒙古、黑龙江，各地都发现很多岩画，这些岩画的创作者，基本都是胡巫所为，而且在岩画上还有胡巫、祭祀和巫术等形象[⑤]。

在红山文化中，出土不少陶人像，基本有两种：一种较大，制作精美、庄重，称其为神像或女神是可以的；另一种小形，残破，粗糙，为人为打碎，或缺头，或缺四肢，当为巫术替身。在其他遗址也有类似现象[⑥]。

在湖北石家河、京山屈家岭、西陵峡中堡岛等地，出土不少小陶人、陶动物，个别遗址出土数以万计的品种单调的陶器堆，很明显，这些陶塑也是巫术的产物。

这只是史前考古的例证，如同商周青铜器、战国随葬木俑、秦代兵马俑、汉代画

[①] 安徽省文物考古研究所《望江汪洋庙新石器时代遗址》，载《考古学报》1986年第1期。
[②] 中国社会科学院考古研究所《殷墟妇好墓》，文物出版社1980年版。
[③] 宁城县文化馆《宁城县新发现的夏家店上层文化墓葬及其相关文物的研究》，载《文物资料丛刊》第9集。
[④] 宋兆麟《后洼遗址雕塑品中的巫术寓意》，载《文物》1989年第12期。
[⑤] 盖山林《阴山岩画》164—167页，内蒙古人民出版社1985年版。
[⑥] 宋兆麟《中国史前的女神信仰》，载《中国历史博物馆馆刊》1995年总24期。

像石、魏晋画像砖等联系起来，巫术内容就更加丰富多彩了。因此巫术替身、道具，对研究考古有关资料有重要借鉴，尤其是史前的人面、人偶之类造物，神像与巫术替身形似而质不同，不能一概视为神像，必须把神偶与巫术替身区别开来。

在介绍完原始宗教之后，我们可以作如下小结：

第一，原始宗教的阶段性。

原始宗教并不是与人类起源同步产生。从我国考古资料判断，历史的长河中，绝大部分时间内是没有宗教信仰的，当时也不可能有宗教信仰，因为人类还处于极原始、落后的状态。大约从旧石器时代晚期开始才出现了宗教信仰的遗迹，如山顶洞人死后安葬在专有的墓地，为尸体撒赤铁矿粉末，随葬装饰品，这是灵魂不死信仰产生的实证。进入新石器时代以后，原始宗教有很大发展，不仅出土了鬼神偶像、神庙，还出土了占卜工具、祭坛、房子奠基坑、巫术、厚葬等宗教遗物，为探讨原始宗教的发生、发展提供了科学证据。同时，说明宗教是在一定的历史条件下产生的，揭穿了宗教是人类本性的神话。

原始宗教基本上分为两个阶段：

第一阶段以自然神为主的时代。当时流行自然神、图腾和灵魂，祖先崇拜尚不突出，巫术相当流行。在原始思维的支配下，人是唯心的，又是唯我的，人与鬼神处于一种混沌的状态，你中有我，我中有你。但是鬼神支配着人，而人类还很软弱，如同屈从于自然力一样，人们在很大程度上屈从于鬼神。当时的巫觋是沟通人与鬼神的桥梁，活人与死人是明显分开的——活人世界和死人或鬼神世界，这种两界信仰是当时宗教的特点。

第二阶段以祖先神为主的时代。当时自然神、图腾每况愈下，祖先神上升为突出地位，而统治者的祖先又高于其他人的祖先。这是人类作用不断增强的反映，也是阶级关系在宗教领域的渗透。在现实生活中，有产者支配无产者，在宗教中富人的祖先也高于穷人的祖先。人活着追求财富、地位、名分，死者也是如此，厚葬、人殉的兴起就是最好的说明。当时已出现三界信仰——天上、地上、地下，分别为神、人、鬼所居。祭司是沟通天地的媒介，他们是主宰宗教活动的大巫。

第二，原始宗教的特点。

原始宗教又名自然宗教，与后起的人为宗教——道教、佛教、基督教和伊斯兰教有本质不同，有自己的特点：

1. 原始宗教是各氏族部落的自发信仰，没有创教人，也没有宗教组织；人为宗教则有创教人，有严密的宗教组织。

2. 原始宗教信仰自然神、图腾、祖先，诸神平等；人为宗教一改多神信仰，基本为一神教，有至高无上的神。

3. 巫觋为人神之间的媒介，是不脱离生产的神职人员，没有特权；人为宗教的神职人员是脱产的，创教人是支配宗教的权威。

4. 原始宗教没有教派之分，但有浓厚的血缘性、地域性；人为宗教则突破了血缘和地缘纽带，发展为庞大的宗教集团，内有不同的教派。

5. 原始宗教没有完整的思想体系，没有经典，其信仰与习俗、禁忌交织在一起；人为宗教则有完整的思想体系，制订教规，有自己的宗教经典。

6. 原始宗教没有固定的活动场所，基本在氏族或村落附近举行祭祀活动；人为宗教则有自己固定的宗教活动中心。

我国原始宗教基本处于自然宗教状态，但是到了原始社会晚期，已经出现了庞大的祭坛、庙宇，祖先神地位上升，厚葬之风兴起，统治者的祖先高于自然神和其他神灵，在葬俗中追求名分、地位、财产、享受，这些都是前所未有的现象。这是文明因素在宗教领域的反映，通过这些宗教现象，也可以看到文明曙光的来临。

第三，原始宗教的地位。

原始宗教是一种幻想的、歪曲的世界观，把人类与自然界的关系颠倒了，不是人类征服自然，而是自然征服人类，鬼神支配人类，这样它必然在社会生活中起消极的作用，如在不少情况下迁就自然，消磨了斗志，造成浪费，甚至引起厮杀、征战，导致大量的牺牲。在现代人看来，对原始宗教是应该否定的，然而从历史角度分析，它虽然是一种原始、落后、愚昧的低级信仰，但是它是朴实的、少有人为欺骗的成分。对它必须历史地分析，应该一分为二。原始宗教是自发产生的，是人类信仰史上的必经阶段，后来崛起的各种人为宗教都是在原始宗教的土壤上发展起来的，前者从后者中汲取了大量的营养。

在原始宗教信仰中，巫觋、祭司，既是宗教神职人员，又是歌手、舞师、画匠、医生、历史陈述人，掌握习惯法和天文历法知识，总之，所有的原始科学、文化、艺术知识都为巫觋、祭司所掌握，当然，上述知识未必都是他们的发明，但他们在搜集、保存、整理、传播上做了大量工作，对远古文化的发展做出了重大贡献。贝尔纳在《历史上的科学》一书中指出祭司"须有意识地保存传统知识，因而也要顾全到这种知识在社会发展中所需要的修正工作，所以他们的古代先驱者就是神圣的君王、僧侣、哲学家和科学家们的世传文化的祖先"。祭司阶层的出现，是适应原始社会发展而产生的，又为文明的起源作出了重大的贡献，包括私有制的形成、礼制的产生、法律的出现、文字的发明、天文历法的发展，等等，都是与祭司的实践分不开的。从这种意义上，祭司是文明起源的助产士，是知识分子的先驱，是举着文明火炬的旗手。

第十二章
游 艺

在前几章中,主要叙述了物质生产和消费风俗,现在侧重考察一下当时的精神文化,特别是游艺风俗,这是原始社会生活的重要领域,主要有记事方式、口头文学、雕刻绘画、音乐舞蹈和游戏玩具。

【 第一节　记事方式 】

人是一种社会性的高级动物,在生产、生活中,人与人形成了一定的生产关系,所以人类从童年时代起就有了音节语言。语言是人类在社会生活中的交际工具,是以词和句子组成的,并且通过语音和词意来表达人们的思维活动。但是语言因受时间和空间的限制,话讲过后就消失了。随着人类社会的进步,仅仅依靠语言已满足不了人类的生活需要,开始出现了各种记事方式。

从民族学资料看,人类最早的记事方式是结绳、刻木和符号,这些记事内容并不是记录财产,也不是记录自己的行程,而是巫师在祭祀、巫术活动中的一种记事方式。如鄂伦春族对数字观念较差,一般不实行记事,但该族的萨满有一个巫棒——"档士",呈四棱形,每个棱上都有缺口,每个缺口代表一个神,有多少缺口就有多少神。赫哲族、鄂温克族则以萨满帽子上的鹿角叉的数量标志其巫术水平。在上述民族的摇篮上,吊有不少犴骨片,骨片愈多,神灵愈多。大小凉山彝族巫师以木条占卜,左手持木条,右手拿砍刀,任意向木条砍去,最后看缺口数目,双数为吉,单数为凶。作者在泸沽湖东岸奢垮村发现,该村共20户,巫师刻一木棒,其上有20个缺口,象征20户,由各户保存木刻,木刻到谁家就由该家去祭山神,然后传给第二家。

以上是宗教性记事。在生产、生活中记事活动也不少。鄂温克族经常在原始森林中狩猎,为了防止迷失方向,归途识路,往往在树上砍一缺口,夹一树棍,树棍指的方向,就是猎人归途的方向。黎族在血族复仇中,经常把箭射在房梁上,人们看见箭头就不忘其仇,或者留一刻着箭头的骨片,伺机进行血族复仇。

原始记事方式是什么样的?大体有几种方式:

一、以手足记事

人类最早的记事方式,是利用自己的手足,如两手为2,两脚也为2,这是最简单的数字了。数字再多则利用手指、脚趾,西藏珞巴族有的部落只记住20个数,具体方法是数手指,由1至10,为10个手指,超过11则开始数脚趾头,直到20个数。数字再多就数不清了,当事人必用手乱抓头发,以表示像头发一样多。由此说明,世界上许多民族以10为进位,当起源于用手指、脚趾记事。

二、刻木结绳记事

在中国古籍中,有许多关于结绳记事、刻木记事的内容。例如:

《周易·系辞》:"上古结绳而治,后世圣人易之以书契。"

《周易集解》引虞郑《九家易》:"古者无文字,其有誓约之事,事大,大结其绳;事小,小结其绳。结之多少,随物众寡,各执以相考。"

《庄子·胠箧》:"民结绳而用之。"

孔安国《尚书序》:"古者伏羲氏之王天下也,始画八卦,以代结绳之政。"

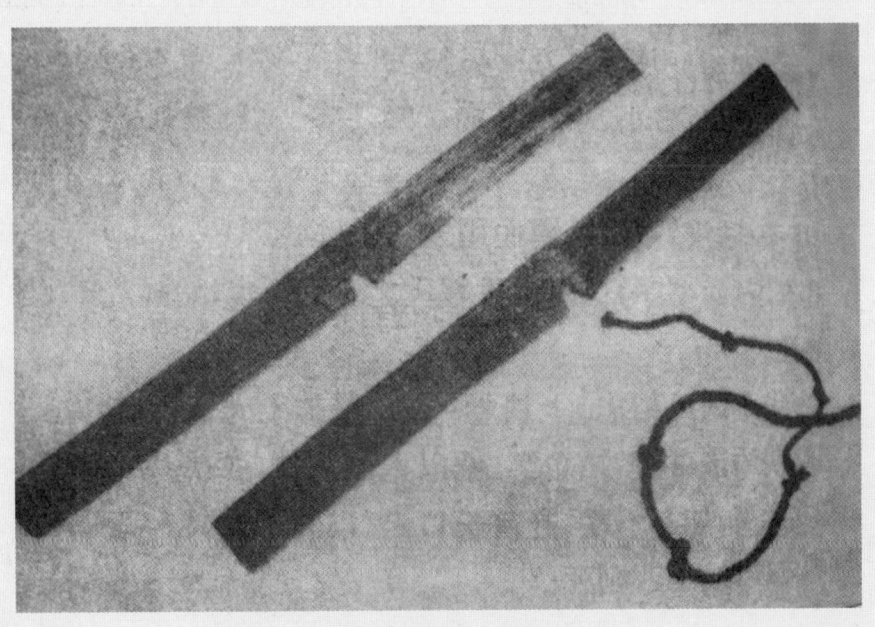

佤族的刻木记事

《中华全国风俗志》上篇卷一〇"腾越土人":"一切借贷赊佣、通财期约诸事,不知文字,惟以木刻为符,各执其半,如约酬偿,毫发无爽,如有不平,赴酋长口讼,以石子计其人之过,酋长因而训之使改,不改则死。"

《北史》卷九九"刻木为数,并一金镞箭蜡封印之,以为信契"。

《南史》卷七九"滑国":"无文字,以木为契。"

《新唐书》卷二一六上"(吐蕃)其吏治无文字,结绳凿木为约"。

张庆长《黎岐纪闻》:"生黎地不属官,亦各有主,间有典卖授受者以竹片为券,盖黎内无文字,用竹片为之计坵段价值,划文其上,两家及中人各执,云以为信。"

《峒溪纤志》卷中:"峒苗仇杀之后,汉官为之讲歹,两造各积草为筹,每讲一事,举一筹,理诎者弃其筹,筹多者胜,负者以牛马归胜者。"

《台湾府志·番俗通考》:"无岁月,不弁四时,以刺桐花开为一度。"

这些记载表明,原始记事方式甚多,不仅有结绳、刻木,还以其他物件记事。这种风俗至今在少数民族地区还能找到例子:

独龙族以结绳记时间,小结为一天,大结为十天。借粮食则以刻木记之,一缺口为一竹筒粮食。

佤族过去发生村寨猎头纠纷,必由中间人调节,十二天后举行剽牛洗手仪式,当事人为了记准时间,在竹片上刻十二个缺口,每方各取一竹片,到第十二天就会解决纠纷。

珞巴族也运用刻木、结绳记事,同时用石子、粮食计数,有时在岩石上划道记事,也在门外、村口、路口插树枝、示意外人不得入内。

摩梭人有若干记事方法,一种是石子,以大中小石块分别代表百十个位;一种以玉米粒记事。

由此看出,刻木、结绳以及其他物号记事,是相当普遍的现象,在远古时期更加流行,只是考古不易发现而已。在青海柳湾马家窑文化的墓葬内曾出土40件骨片,大小相若,形制一样,但其上有不同的缺口。过去在西宁朱家寨遗址也发现过类似骨片,当为以骨片记事的产物。

三、刻划记事

刻划符号是人们在一定物体上刻划或书写一定符号,用于记事。它是在结绳刻木记事的基础上产生的。

在关中仰韶文化遗址发现7处仰韶文化的彩陶盆上有刻划符号,其中半坡遗址有

仰韶文化的刻划符号

100多件，32种之多。在临潼姜寨遗址也发现100多件，40多种①。关中地区东西长300公里，南北宽100公里，面积3万平方公里，在这么大的范围内流行刻划符号，有些符号还趋向规范化，说明当地居民在文化上有密切的关系。这些符号是什么意思，是否是文字呢？让我们看看民族地区还使用的刻划符号。

在泸沽湖岸边居住的摩梭人、普米族没有文字，在建筑上使用一种刻划符号，从内容上看有三种形式：

一种是数字符号。该族以斧子在木料上砍一竖道为一，砍二道为二，依此类推，有多少数字就砍多少道。当然有时也砍横道记数。

一种是方位符号。当地以木料搭房子，四面皆用木料，因此每个方向都有木料，于是有一种方向符号。摩梭人以太阳出没方向定东西，东方称"尼迷突泽给"，意为太阳初升的地方，西方为"尼迷经给"，意为太阳降落的地方。人死头朝西摆放，如日落一样，人的生命也结束了。在明确了东西方向之后，才知南北方向。

一种为占有符号。该族早已出现了私有制，房屋、木料皆归各户占有，为了防止别人拿错，往往在自家的木料上刻上自己的记号，种类较多，据我搜集不下20多种。

---

① 王志俊《关中地区仰韶文化刻划符号综述》，载《考古与文物》1980年第3期。

这些符号是以斧子砍的，后来也用锅底灰书写，形式与砍刻一样。摩梭人为什么使用刻划符号呢？这是与他们的特有建筑分不开的。

该族世居深山之中。《云南志》："用圆木纵横相架，层高至10尺许，即加橡桁，覆之以板，石压其上。"建房时有几个步骤：第一步是砍伐、晾晒、搬运木料，运回村内还要放置很久，其间容易丢失，所以必须刻有占有符号，其他人不便搬动。第二步是砍码口和搭预备房子，以圆木搭房子，各个圆木之间要砍上码口，实行井字交叉，圆木才能犬牙交错，不能移位。为此必在每根圆木上砍码口，垒一圈圆木后，再垒第二、第三圈，直到18层之多。第三步是平好地基，要把预备房子拆开，再像预备房子一样，搭在地基上。这样就要一一移过去，每根圆木都不能混乱。因此要在预备房子的所有圆木上砍上数字、方向符号，一是标出东西南北方向，二是标出自上而下的秩序号。不难看出，摩梭人是根据建筑的需要才发明了刻划符号。

摩梭人的刻划符号有一定特点：第一，刻划符号没有统一的规范，随意性较大，除数字符号较为一致外，其他符号各自为政，以自己认可为准。第二，刻划符号虽然有一定形状，但是不发音，具有示意作用，便于当事人和后人使用。第三，在三种符号中，以数字符号使用较多，范围较广，涉及三个县那么大，有一定的区域性，凡是使用木垒房子的地方，都流行上述刻划符号。应该说，摩梭人的刻划符号较刻木、结绳记事进步，但是还不具有文字特征，因此考古所发现的刻划符号，仍然是一种比较进步的记事方式。

四、图画文字

提起原始记事方式，除刻划符号外，再往前发展就是图画文字了，后来才出现了象形文字，如纳西族的东巴文等。那么图画文字是什么样的呢？我们在四川凉山地区看到一种图画文字。

在凉山甘洛县居住一支耳苏人，现归入藏族。该族为当地土著居民，有过丰富的历史文化，彝族迁入凉山后，他们才退居山区。相传耳苏人早有文字，写在巫师"沙巴"经上，后来在迁移时损失很多，仅留下几种：一种是"母虎历书"，一种是占卜书，还有一种是识图认字书。都是用一种图画文字书写的，共有二三百个文字。

耳苏人图画文字并不是孤立的现象。后来，作者又进行了十多年的跟踪调查，又先后在木里、冕宁、越西、石棉等县发现一些当地西番人（藏族）巫师所使用的经书，分别称《图语书》（识字课本）、《路票》（开路经）、《历书》等。这些文字基本为图画，

耳苏人的图画历书

西番人的送魂图

巫师视图诵经，从事宗教活动。由于不是一图一音，尚未有文字的性质，较纳西族东巴文原始。

五、象形文字

文字是人类的一种交际工具，是记录语言的符号和书写形式。它是以自己的形体，通过读音来表达语言内容的。文字是文明时代的重要标志之一，但文字的产生和形成经历了漫长的过程。上述所述的记事方式为文字的创立准备了条件。

在山东大汶口文化出土数以十计的大型陶尊，数量不多，体型大，出于大墓中。说明这些陶尊不是一般人的用具，而是巫师的祭器[1]。

在陶尊上多刻有象形文字，涂有红色，具有祭器特征。其上的文字有两类：一类是山、日、月、树木等；一类为生产工具，如斧、锄等。这些象形文字有一定宗教意义。《史记》："……分命羲仲，居郁夷，曰旸谷。敬道日出，便程东作。"旸谷为日出之地，从上述记载看出，尧时已有专门的祭日之官，这些祭日之官就是大巫，羲仲就是一位，考古所发现的大口陶尊即属祭器，其上的象形文字即为巫师的文字。

原始巫师不仅从事宗教活动，也与医药、天文、历史知识的保存、传承有密切关系。民族学资料说明，所有巫师都或多或少地通晓医药知识，同时，出于祭祀和送魂的需要，巫师也要掌握本氏族、部落的历史。为了记事和传播知识，巫师掌握较多的记事方法，后来又首创文字。商代就发明了甲骨文，彝族毕摩发明了彝文，纳西族东巴发明了东巴文。西番巫师汉规发明了图画文字，等等。这些文字起初都是巫师的文字，少数人使用，后来才在社会上推广。

通过以上分析，可知大汶口文化的文字应该是当时巫师的文字，所用的陶尊应是祭日的祭器。可以说，大汶口文化的象形字是商代甲骨文字来源之一，据专家研究，甲骨文的结构是由图画文字发展来的，是一种表意字。但是从大汶口象形文字到甲骨文应该有一个过渡环节。近年发现的丁公陶文则是中国古文字的形成坏节，已具有汉字的基本特征。传说苍颉发明了文字，教人识字，可能就是此时出现的神话传说。

世界上有三种类型的文字：一种是音素文字，如拉丁语系和斯拉夫语系的拼音文字；一种是音节文字，如日本的假名；一种是表意文字，如汉字、巴比伦楔形文字、埃及文字。其中的甲骨文是由原始图画发展来的，进而是象形文字。象形文字先是按事物的实体绘出想象的图形，用物的本来名称，进而确定象形字的读音。这是汉字最初阶段的字体结构。为了表达某些动作和活动，仅用象形字就不够了，而是利用会意字，即利用几个符号组成一定文字。在此基础上，又创造了一种形声文字，即利用标音的方法，或用两种符号形式，一种符号表示词的类属和意义，另一种符号表示读

---

[1] 邵望平《远古文明的火花——陶尊上的文字》，载《文物》1974年第1期。

伏羲发明八卦

音，两种符号既能注音，又可反映字意。由此看出，甲骨文字结构的演变说明汉字是由图画文字发展来的，其中凝聚了历代人民的智慧，经过长期摸索才形成的，而巫师在其中也起过重要作用。

第二节 口头文学

口头文学是原始游艺的重要形式，也是人们、尤其是男女交游的重要手段。这是最原始的文学形式，它是流传在人类口头中的、反映人类生产劳动、两性关系、社会生活和思想感情的口头创作。包括歌谣、传说故事，其特点是具有一定艺术水平的口头创作。

歌谣是以歌唱或吟诵的形式表达的有韵调的文学形式、特点是短小、简练、抒情性强，有生产歌谣、情歌、巫歌、儿歌、生活歌等，在此基础上，又发展为史诗和叙事歌。史诗又包括创世记和英雄诗。

传说故事又称民间故事，主要包括神话、传说、故事、童话、寓言、笑话等。这些传说故事是在一定历史背景下产生的，又经过漫长岁月保存下来的，与一定的历史、文物和事件相关联的。它反映了历史，又不是信史，其中有浓厚的艺术加工和人们的幻想。

关于文学的起源，历来有不同的看法。有人说文学起源于劳动，有人说文学起源于宗教信仰，祭坛就是文坛，也有人说文学与性爱有密切关系，等等。其实文学起源是一个很复杂的问题，仅仅把它归于一种原因是不够的。

首先应该承认文学起源与生产劳动有密切关系。

人类所以成为人，就在于人会劳动，人类所以能生存，也在于劳动。在人类所有的社会活动中，生产劳动是人类最主要的社会实践，对人类社会的发展起着决定性的作用。而作为观念形态的文学则必然反映社会生产劳动，这一点在古代文献中不乏其例。《淮南子·道应训》："今夫举大木者，前呼'邪许'，后亦应之，此举重劝力之歌也。"这是说人们集体抬木头时，为了协力省劲，由一人领唱，众人应和，调节劳动步骤，从而提高了生产效率。集体劳动项目很多，如盖房打夯，就有一首打夯歌；集体舂米，就有舂米歌、杵舞，这在黎族、高山族地区都存在过。鲁迅有一段描述："我们祖先的原始人，原是连话也不会说的，为了共同劳动，必须发表意见，才渐渐地练出复杂的声音来。假如那时大家抬木头，都觉得吃力了，却想不到发表。其中有一个叫道'杭育杭育'，那么这就是创作……倘若用什么记号留存了下来，这就是文学；他当然就是作家，也就是文学家，是'杭育杭育'派。"①所谓举重劝力歌，就是文学起源于劳动的最好的说明。古代的猎歌也是如此。赵晔《吴越春秋·勾践阴谋外传》记录一首弹歌：

    断竹，续竹；
    飞土，逐宍。

  歌词大意是说，把竹子砍下来，做成弹弓，将弹丸射出去，逐杀飞禽。相传这是黄帝时期的猎歌。事实上，在我国仰韶文化时期已普遍使用弹弓。但是弹歌肯定是一支最古老的狩猎歌谣。至于民族学资料中的生产歌谣就更多了，这是文学起源于生产活动的佐证。

  其次文学的起源与两性交往也有一定联系。

  人类有求偶的本能，但是最初两性的互相吸引，只出于生理的需要，后来才增添了交流感情、繁衍后代、维护血缘关系等意义。两性在交往中，既利用无声的手势语言，也利用有音节的语言，但是并不是彼此所发出的呼叫都是歌谣，因为它还不能表达思想感情。

  在氏族外婚制的情况下，尤其是氏族群婚——走婚阶段，婚姻并不是明媒正娶，也不是凭武力抢婚，而是氏族成员向外氏族求偶。当时求偶的成败是不以经济条件为转移的，个人也没有可能支配公共财产，惟一是当事人本身所具备的条件，因此求偶的成功要依靠自己的外貌、言谈，其中最讲究的手段是对歌，所以唱歌是求偶的基本形式。

  在当时人的观念看来，一个人能否唱歌，能否唱好歌，是衡量他或她具有才能的重要标志，也是他或她有无感情趣味的反映。所以，能歌善舞者求偶容易，异性喜欢；反之，则求偶艰难，缺乏求偶的竞争力。正因为如此，情歌是最早出现的诗歌形式，也是最流行的诗歌形式。藏族有一首民歌唱道：

    蜜蜂和野花相爱，
    春风就是媒人；
    小伙子与姑娘相爱，
    山歌就是媒人。

---

① 鲁迅《且介亭杂文·门外文谈》。

由于情歌在求偶中占有突出地位，人们从小就学习唱歌，成年人也热衷于教歌。把情歌作为子女成长和将来介入社会的必备条件，因此，"春机发陈的年龄来到之后，青年人对于音乐及其他艺术总会表示一些特殊的爱好"。①

最初的情歌是相当粗野的，心里怎么想，口上就怎么唱，突出性感，公开追求异性。我在四川盐源县一个彝族地区曾住过多日，有一天晚上我同一位毕摩聊天，问他："你们这里有情歌吗？"他不假思索地回答："没有，我们彝族不唱情歌。"经过几天相处，主客都混熟了，成了好朋友。有一天晚饭后，毕摩不好意思地说："前几天说假话了，很对不起，我们彝族也有情歌，只是有一个规矩：不能在村内唱，也不能被同家支人听见，必须在野外，一个男子遇上外家支的女子就可以唱情歌。"

这些情歌十分露骨、粗放，随着社会的进步，羞耻观念的增强，情歌才从性感向抒发感情过渡，多比喻，内容含蓄。

此外，原始宗教对文学的产生和发展也有重要影响。

原始信仰是原始人的精神支柱，是当时人的世界观，鬼神支配一切，也支配人，人又依赖鬼神。这种意识必须对文学产生重要影响。以神话来说，这是比较古老的文学形式。因为当时人们天天都同鬼神打交道，当然是通过巫师来完成，巫师也编造许多鬼神的故事，并且一传十，十传百，一代传一代，经过长期幻想、编造，出现许多神话故事。我国古代的"盘古开天地"，是讲究创世神话；"女娲补天"，是讲述人类起源的神话；"精卫填海"，是讲述人类同海水搏斗的神话；"后羿射日"，是描述征服炎热的太阳的神话等等。这是对远古时期英雄人物的歌颂，又是以巨大的想象力去征服自然力，正如马克思所说："任何神话都是用想象或借助想象以征服自然力、支配自然力，把自然力加以形象化；因而，随着这些自然力之实际上被支配神话也就消失了。"②

人类创造了神，也创造了神的故事。这些内容并不是凭空想象的，而是取自于自然和人类本身。人要吃饭、喝酒，神也要吃饭、喝酒，在祭祀时必须给神供奉各种食品，甚至牺牲；人喜欢歌舞，神也喜欢歌舞，祭祀时也要唱歌跳舞，即所谓以歌悦神。《周礼·女巫》："凡大帮之大灾，歌哭而请。"注曰："有歌者，有哭者，冀以悲哀感神灵也。"贾疏："此云歌者，忧愁之歌。"由此看出，为神歌舞乃是巫师的本职，这是作为巫师的起码条件。当然，在驱鬼过程中，巫师也跳各种舞，唱各种驱鬼歌。

在民族学资料中保留许多巫与文学的联系，而且是一种更原始的关系。苗族有一个习俗，如果在夜间第一次听到雷鸣，就马上起床，祈求说："送饭送财来了，保佑我们清洁无灾。"同时在地上乱摸，抓住一件物件后，又说："捉住鱼了，捉住几条大鱼。"

---

① 霭理士《性心理学》第64页，三联书店1988年版。
② 《马克思恩格斯选集》卷二113页，人民出版社1972年版。

独龙族有一种祭山神仪式，这是猎人出猎前在山上举行的，给山神供一坛酒，以荞麦面制一些虎、豹、熊、野牛、野猪、麂子等模型，置于大树下，另外也把猎人的衣服、毯子、猎具放在地上，向神诵念祷词：

司野兽之神呵，
请听我们的祷告吧！
我们把酒和诸兽献上，
请收下吧，
我们是来打猎的，
我们用这些供物换野兽，
熊换熊，
虎换虎，
野牛换野牛，
一点也不亏你呀，
请你快放出野兽吧，
若天神降罪于你，
就以面兽来充抵，
就用衣、毯充抵兽皮吧！

当祷告完毕，即在树上砍掉树皮，绘成各种野兽，然后由猎手用弩射击，射中什么野兽，猎手就能打到什么野兽。①

独龙族认为山神为大，山林中的禽兽由山神管理，出猎必须祭山神，献供品，以便从山神那里换取野兽。其间必诵经唱歌，这种巫歌也是口头文学的重要内容。

彝族对火格外崇拜，每当发现流星，就认为火神出现，并且要降落到地上来，三天内必然引发火灾。这时人们必须杀牛羊祭火神，供有米饭、酒、衣物等。毕摩还诵念祭词：

夜里出门，
抬头看天空，
天空一团亮，
看见了星神。

---

① 《独龙族社会历史调查报告》第87页，内刊，1981年。

> 流星走向次拉山，
> 我送你到次拉山，
> 流星走向松树林，
> 我送你到松树林。①

这首祷火神词，也是一首幽美的巫歌。

通过以上分析看出，祷词、咒语、神话和某些宗教人物的长诗，都来自原始宗教活动。当然，这些文学作品最初都是比较简单的，内容不多，后来才在原始宗教活动中不断充实、丰富起来，其中巫师对这些作品进行了许多加工，逐渐才形成有韵调的祷词、神歌。上述宗教作品，在民间传播甚广，有些演变为后来的民歌、民谣、史诗，成为口头文学的有机组成部分。因此，原始宗教活动与生产劳动、男女两性交往一样，都是文学起源的重要因素。

我们的结论是：文学的起源不是一元的，而是多元的，其中的生产劳动是文学产生的根本动力，生产劳动性的文学是在劳动号子或劳动号子的基础上产生的。其次，两性交往也是文学产生的一个动力，其中的情歌是原始口头文学最活跃、最富于感情的文学形式。由于人的繁衍也是人类社会的一大支柱，有关两性方面的文学地位也不可低估。此外，原始宗教也是口头文学的一个源头。鲁迅说："情歌起源于劳动和宗教……原始氏族，对于神明，渐因畏惧而生敬仰，于是歌颂其威灵，赞叹其功力，也就成了诗歌的起源。"②

---

① 唐楚臣《彝族火神话与中华火文化》，载《彝族文化》1985年。
② 鲁迅《中国小说的历史变迁》。

第三节　音乐舞蹈

音乐和舞蹈是原始游艺的基本形式。

一、音乐

音乐是由声乐和器乐组成的，它以热情奔放、生动活泼的语言，富于韵律的曲调表达人的思想感情。

（一）音乐的起源

生产劳动是艺术的基本源泉，音乐舞蹈也是人类在生产实践中发明的。音乐中的声乐和器乐两者密不可分，但就起源而言，是先有声乐，后有器乐，这是原始音乐发展的规律。如火地人、维达人只有声乐，会唱歌，但没有乐器。我国鄂伦春族、鄂温克族原来也没有乐器，后来才传入口琴，但他们的唱歌水平相当高。从考古资料看，直到新石器时代才出现了一些乐器，说明乐器出现较晚。

声乐是通过人的口腔发出的音响，来表达思想感情的艺术形式。人类在劳动、交际和娱乐过程中发出的有节奏的呼喊，就是声乐的最基本来源和因素，因此声乐在很大程度上产生于生产劳动。不过，原始声乐极其简单，一般由节奏与最简单的歌词所组成。《盐铁论》："乐而不转"，说明最原始的声乐的旋律不强。而且最原始的歌词字句短，往往重复。

人们在采集、狩猎、捕鱼、农耕归来时，往往歌声不止，欢庆劳动的丰收，借以解除一天的疲劳。

人们在血族复仇或其他征战凯旋时，也要欢歌跳舞。《周易》："得敌，或鼓或罢，或泣或歌。"胜则歌，败则泣，乃是战后自然感情的流露。佤族猎头、高山族馘首活动也有许多歌舞表演。

人们在婚礼过程中,也要通宵达旦地歌舞,其目的一是庆祝新人大婚之礼,二是青年人借助歌舞求偶、娱乐。

人们在氏族添人进口——生育子女,或者举行成年仪式时,也是氏族成员的聚会,必然以歌舞表达自己的喜悦。

人们在老人病故,举行丧葬仪式时,也要以歌唱的形式,讴歌老人的功德,抒发自己的悲哀。

总之,无论是欢乐还是悲愤之时,人们都会因为感情的冲动而用音乐的形式表述自己的思想感情。鄂伦春族妇女在哺乳婴儿时,多把其放在摇篮内,为婴儿低吟催眠曲,她们还在摇篮上挂若干骨片,摇之有声,作为催眠曲的伴奏。由此可知音乐是在日常生活中产生的。

器乐虽然比声乐历史较短,但产生的历史也相当古老,器乐的基本特点也是有节奏感,"他们的简单的音乐作品是怎么从劳动工具与其对象接触时所发出的声音中产生出来的"①,无论是以木头制作工具,以石块打制石器,还是火耕过程中进行艰苦的砍伐树木,都能发出各种各样的声音。彝族在冬季猎熊时,就是敲击树洞,声音有轻有重,或缓或急,目的是刺激冬眠中的熊醒过来,让它怒气冲冲地跑出来,猎人好伺机射杀。黎族妇女利用杵臼舂米,木杵与木臼相击能发出有节奏的声响,并跳一种舂米舞。这正是生产工具与劳动对象相接触而发出的声音,尤其是许多妇女各持其杵,在木臼内所发出的有节奏的音响,启发了人们不断制造好听的音响,从而发明了乐器。高山族杵臼舞所用的乐器,就是实用的杵臼,与黎族一样。《畲民考》:"人死刳木纳尸,少年群集而歌,劈木相击为节。"在这种原始打击乐器的基础上,才发明了较进步的鼓等打击乐器。

吹奏乐器有另外的起源。最早的吹奏乐并不用乐器,而是利用嘴的变形、吐气发出各种音响。如人们在狩猎时学禽兽叫,放牧时喊牲口,播种时轰禽类,以及追求异性时所吹的口哨。在此基础上出现了口哨,古代称口哨为啸,《说文》"啸,吹声也"。西晋成公绥有一首《啸赋》:"发妙声于丹唇,激哀音于皓齿……是故声不假器,用不诸物,近取诸身,役心御气,动唇有曲,发口成音,触类感物,因歌随吟。"这是文人对哨的颂扬。可见口哨是表达感情的形式之一,也可以伴奏,在此基础上发明了口技。

苗族传说笛子发明经过四个阶段:(一)口技阶段。最初苗族学昆虫叫,学鸟啼,把禽兽引出来,方法是利用口技模仿。(二)草管阶段。取一草管,于一端削一簧片,插入嘴内吹奏,音调较口技丰富,为了扩大音量,还以两手掌围成喇叭状,声音更加响亮。(三)草笛阶段,取草管为笛,其上钻孔,每孔都发一定声响,形成草笛。(四)

 普列汉诺夫《论艺术》第36至37页,人民出版社1979年版。

竹笛阶段，草笛不结实，改用竹笛。①不难看出，竹笛来自拟声乐器，后者又源于口技。

拟声工具是引诱禽兽的猎具，在原始社会广为应用。至今在内蒙古某些少数民族中还在使用，云南傣族、彝族也有不少拟声工具。基本分两大类：一类为管状器，其中又分两种：一种无簧片，如鄂伦春族的鹿笛、鄂温克族的犴笛、傣族的水鹿笛等，它们是利用气体振动笛体而发出声响的，音色简单、短促、粗犷，与鹿、犴鸣叫相近；一种是有簧片的拟声工具，簧片为发声的振动体，能发出清脆、多变的声音，如傣族的鸡哨。另一类是片状拟声工具，构造简单，声音单调，如鄂伦春族的狍哨、壮族的鸟哨等。这类工具实际就是一个簧片，将其置入两唇之间，也可起振动体作用。

拟声工具所发出的声音，虽然不是工具与劳动对象机械接触所发出的声音，而是由人用嘴吹奏拟声工具产生的禽兽之声，但它们还不是乐器。但是如果将拟声工具略加改进，也能把人们的喜怒哀乐等感情表达出来，变成有节奏的音乐。上述苗族笛子产生的过程就是一例，纳西族东巴经也说笛子来源于狩猎用的拟声工具。如果使拟声工具表达出人的思想感情，必须在改进工具的同时，也要加强节奏感，富于变化，使其更适合抒发人的情感。"但是要做到这一点，必须首先改变劳动工具，而这样一来，它们就变成乐器了"②。

声乐是一种时间性很强的艺术，稍纵即逝，尤其在无文字时代，很难把声乐保存下来，现在，人们无法聆听远古的声乐，只是保存了一些史前乐器。

（二）乐器

一般乐器都由两部分组成：一是发声体，如琴弦、簧片、鼓面等，通过槌击、摩擦使空气流动而发生振动，但是这种声音较微弱，为了加强这种音响，往往还要第二部分——共鸣体，如琴体、鼓身、笛筒等等。由于前者体积小，声音弱，而共鸣体较大，能弥补前者的不足。所以共鸣体一定要面积大，具有弹性，且薄，四周比较固定，这些特点才利于产生共鸣。当发声体的振动通过传导物使共鸣体引起振动后，大量的空气就随着振动而获得了适当的音量，出现优美的声音。随着共鸣体的质料、形状和体积不同，所得到的音色也不一样。于是，人类利用各种共鸣体和发音方法的配合，制作了形形色色的乐器。

原始乐器甚多，从目前考古资料分析，大体有三种：

1. 打击乐器

打击乐器又称敲打乐器，质地有木、竹、石、皮、陶等。最早出现的打击乐器是石器，传说中的"击石拊石"就是其遗制。不久前新疆维吾尔族还流行一种打石片舞，

---

① 东丹丹《芦笙史探索》，载《贵州民族研究》1980年第1期。
② 普列汉诺夫《论艺术》第36页，人民出版社1979年版。

击石打击乐器后来发展为石磬。在山西陶寺龙山文化和东下冯龙山文化遗址都出土过石磬。该乐器如石犁，似石刀，可能由石器演变来的。

木竹类打击乐器也不少。广西侗族在防火时，也敲竹筒，以告诫大家，注意防火。云南芒人、海南黎族为了防止飞禽走兽吃庄稼，敲击各种竹筒，有些竹筒状乐器当起源于此。不过竹筒声响有限，为了有较大的声响，多用打木槽的方法。陆次云《峒溪纤志》："首祭盘瓠，揉鱼肉于木槽，扣槽群号以为礼。"可见木槽是较原始的打击乐器，当为木鼓前身。

最初的鼓有两个来源：一是敲打树干、木槽，从而发展为木鼓；一是敲打树皮、兽皮，进而将兽皮绷在木筒上即形成皮鼓。澳大利亚人在跳舞时，妇女将袋鼠皮绷在两膝之间敲击，塔斯马尼亚人则把皮子卷成筒状敲打，后来才把树干挖空，包以兽皮，发展为木皮合制的独木鼓。

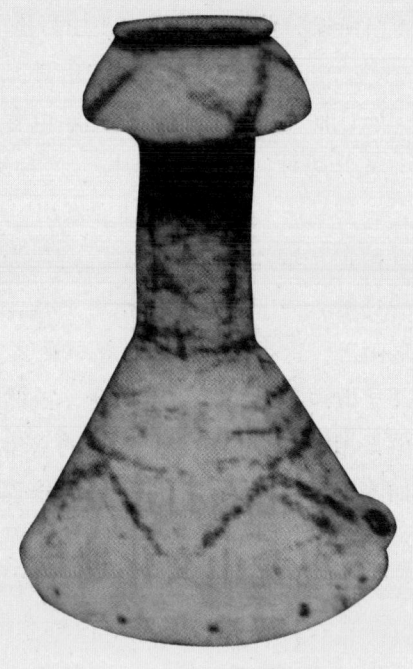

永登彩陶鼓

从中国的史料看，有多种多样的鼓：

一种是土鼓，又称陶鼓。《诗经·陈风》"坎其击缶"，郭璞注："缶，乐器，可以节乐，若今之击瓯。"相传鼓是尧舜时代的伊耆氏发明的。我国考古学家发掘出不少陶鼓，其中又分若干类型：一种是青海民和县新民乡出土的马家窑文化的陶腰鼓，可系绳，挎在肩上敲击。类似陶鼓在广西壮族、海南苗族地区还有残存，是巫师用的乐器。另一种是筒形陶鼓，在龙山文化已有出土，红山文化的筒形器也与鼓有关。

一种是木鼓，最初的木鼓是独木鼓，由一段树干挖空，一侧留孔，独木筒为共鸣器，开孔为发声器。佤族的木鼓就是这样的，有公鼓、母鼓之分，平时放在木鼓房内，梁上吊着人头袋。佤族传说起初没有木鼓，后来有达戈思、大垒两兄弟，取两根竹竿，中间挖空，以竹筒敲击，但竹筒发音微弱，两兄弟改用树干挖空，

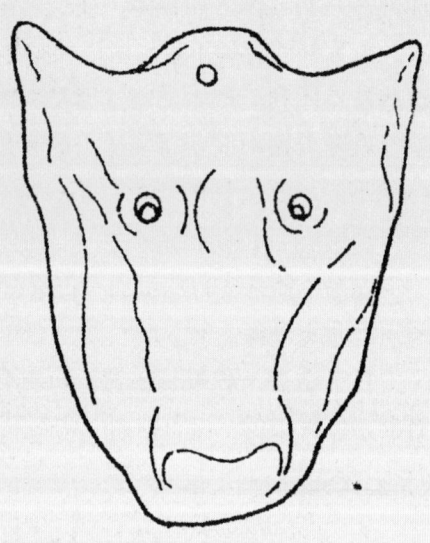

夏家店文化的牛头埙

佤族的木鼓

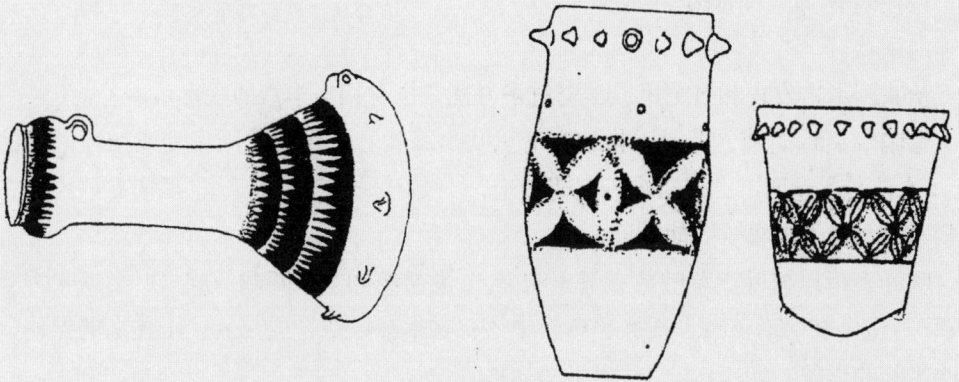

再敲击之,从木鼓中发出的声音十分洪亮,从而发明了木鼓。后来又发明了一绷有兽皮的独木鼓,如黎族的木鼓就是如此。在山西陶寺龙山文化墓地出土不少乐器,其中就有独木制成的鼓,呈桶状,外绘彩,蒙以鳄鱼皮,古代称夔鼓。《黄帝内经》:"黄帝与蚩尤战,玄女制夔牛鼓。"

一种是地鼓,如苗族在祭祀龙时,有的地区要踩鼓,即跳舞。最初用的鼓是在地下挖一圆坑,上盖一木圆板,另外在穴沿两侧各立一木桩,两桩以竹篾相连,又在竹篾与木板之间立一木棍。演奏时,先在地鼓旁边放置一大木杆,由主祭人手持两根木棒,先敲一下木杆,再敲两下地鼓,从而发出有节奏的洪亮声音,加上竹篾的微弱颤动,使洪亮的鼓声中又包含有纤细的韵味。据苗族老人说,使用地鼓是古规,更易请祖先和龙神降临,享受祭品。

此外，在考古发掘中还出土有陶钟、陶铃和陶响器，基本也是打击乐的范围。

2. 吹奏乐器

吹奏乐器可能起源于引诱禽兽的拟声工具，或者是男女交往中的口哨，也可能与儿童玩具有关，摩梭人儿童吹的竹筒就是一种最简单的吹奏乐器。"最原始的管乐器，有如天籁一般，只是一节管子，日后随着人类的进步和音乐的发展，乃逐渐增加音数。这时又向两个方向发展：一方面是纵的发展，演变为如箫、管之类的乐器；另一方面是横的发展，或使管体加大而演变为如埙之类的乐器。"①

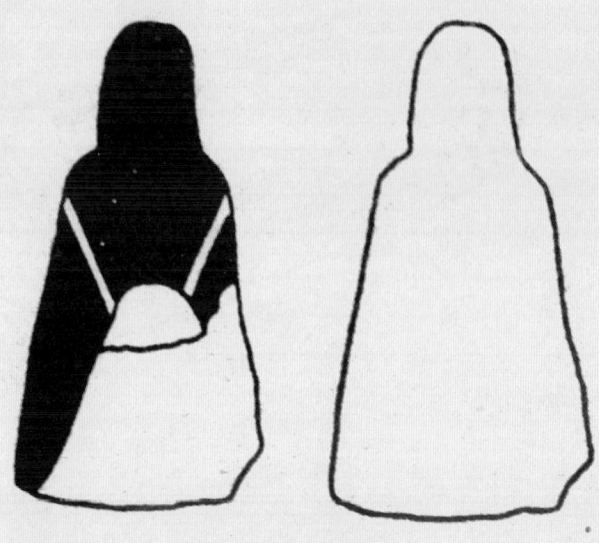

庙底沟仰韶文化的陶铃

从我国考古发现和有关民族学资料来考察，也有相当丰富的吹奏乐器。

唿哨　又称胡哨，即以手指放在嘴里吹出高尖音，作为共同行动或招呼同伙的信号。《水浒传》卷四二："众猎户打起胡哨来，一霎时聚起三五十人。"西南有些民族在男女相邀时，男子也喜欢吹胡哨、口哨。

吹叶　指以树叶、草叶放在嘴里吹奏。《炎徼纪闻》卷四载苗族"男女以吹木叶而索锅"。至今在西南苗族、瑶族、彝族中还有吹木叶风俗，成都五代王建墓的浮雕上还有吹木叶的形象。

牛角　指以牛角为号。《北史·僚传》："僚王各有鼓角一双，使其子弟自吹击之……用竹为簧，群聚鼓之，以为音节。"在史前考古中也发现过牛角号。陕西华县井家堡仰韶文化遗址出土一件陶角号，高42厘米，下口径7.5厘米，这是我国目前所见的最早的角

山东莒县新石器时代大汶口文化墓葬出土的褐陶号角

---

① 李抚一《中国古代音乐史稿》第一册第13页，音乐出版社1958年版。

号①。山东莒县大米村大汶口文化遗址也出土一件陶角号②，这些陶角号是由牛角号演变来的，可以推想当时角号比较流行。

骨哨　在河姆渡遗址发掘出43件骨哨，它们是截取鸟类肢骨的一段为材料，在同一侧的两端各刻一圆孔，少者一至二孔，多者达四孔。其中有一件哨腔内插一骨棒，上下移动可发出不同声音。景颇族有一种"特任"，以两个竹管制成，互相接在一起，无音孔，吹奏时似鸟叫，清脆悦耳，原理与河姆渡骨哨相同。

在西安半坡、临潼姜寨仰韶文化遗址还出土有陶哨，可能是儿童玩具。

埙　埙以黏土烧制，《乐典》埙"烧土为之，大者如鹅子，小者如鸡子，锐上平底，形如钟"。原始的埙可能来自一节竹管、一段骨管，后来才钻孔，最后发展为埙。在我国新石器时代出土不少陶埙，商周依然沿用。

骨笛　在河南贾湖遗址出土不少骨笛，距今八千年左右，有一件陈列在中国历史博物馆。它是以猛禽的腿骨制成的，截去两端关节，再钻六至七孔，形制固定，表面磨光。为了使孔相距相若，诸孔有别，事先多刻有等分符号，然后才钻孔，其形制与竹笛相似。在民族学资料中，还保留类似乐器，如藏族取一段鹰骨制笛，有一吹孔，六音孔，演奏时横吹，声音清脆、悠扬。塔吉克族有两种鹰笛，一种为三孔，一种为七孔，这些说明贾湖出土的骨笛是一种乐器。据专家研究，该笛是竖吹的管乐器，已具有音阶结构，有六七个音阶，音质良好，能吹出一定的旋律。

最初的笛可能是无孔的，是竖着吹奏的。《吕氏春秋·古乐篇》："断两节间而吹之。"马融《长笛赋》："截竹吹之。"进而才在竹管上凿孔。台湾阿美人有一种膜笛，是利用一段嫩竹，两头有节，用刀削去上端的一段皮肉，保留竹膜，然后在两端竹节处各凿一孔，将嘴唇置孔边吹奏。

3. 弦乐器

弦乐器也是比较古老的发明。原始人在拉弓射箭、纺纱织布或其他利用弦索的生活实践中已经认识了弦索的弹性，当拉紧弦索时进行磨擦也能发出悦耳之声。所以有些民族就利用弓箭弹拨的声音，来为舞蹈伴奏，如印第安人就有这种乐器。《隋书·地理志》记

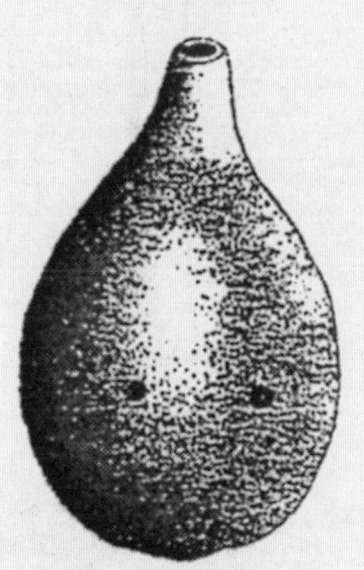

彝族的土洞箫

---

① 戴彤心《记华县井家堡仰韶文化角状陶号》，载《考古与文物》1988年第4期。
② 《全国出土文物珍品选》，文物出版社1987年版。

载古代筝人老者"始死，置尸馆舍，邻里少年，各持弓箭，绕尸而歌，以箭扣弓为节，其歌词说平生乐事，以至终卒，大抵亦犹今之挽歌"。高山族有一种弓琴，以竹为弓，弦以月桃草为之。演奏时弹者以牙咬住琴的上半部，左手握住琴的下半部，拇指压弯琴身，右手食指和拇指拨弄琴弦，可弹出幽美的琴声。类似弦乐器还可举出若干，可惜考古没有出土弦乐器。

从以上原始乐器看出，当时人类已经发明不少乐器，从事演奏，或者为唱歌伴奏，或者为舞蹈伴奏，这是当时极流行的游艺形式。

河南舞阳贾湖八千年前遗址出土的七孔骨笛

图1

图2

图1 青海大通县上孙家寨新石器时代遗址出土的舞蹈纹彩陶盆
图2 青海宗日新石器时代遗址出土的舞蹈纹彩陶盆

二、舞蹈

舞蹈是表达人类思想感情的表演艺术形式，特点是通过手足的动作表现感情。《诗经·大序》："言之不足，故嗟叹之；嗟叹之不足，故咏歌之；咏歌之不足，不知手之舞之，足之蹈之也。"《礼记·乐记》："诗，言其志也；歌，咏其声也；舞，动其容也。"这些描述，生动地揭示了舞蹈的起源、性质和特点。

（一）舞蹈的起源

《山海经》："帝俊有子八人，是始为歌舞。"认为舞蹈始于父权制时代，这显然是过于保守了。考古资料说明，在旧石器时代晚期已有舞蹈形象，到了新石器时代，舞蹈资料层出不穷。

舞蹈是怎么产生的？学术界也有种种说法，有劳动说、模拟说、巫术说、游戏说。从各种史料分析，舞蹈的起因决不是单一的，而是有多种原因，而且随着社会的发展，也有不少变化。

首先，劳动生产是舞蹈的重要来源，人们在生产劳动中，无论是出猎告捷，还是庆祝农业丰收，都会有许多激动人心的感受，当把这种感受以身体动作，即模仿把它表现出来时，就产生了舞蹈。如果说劳动、劳动对象是原始舞蹈的重要内容，劳动的动作则为舞蹈语言提供了基础，劳动中的节奏和呼号则为音乐、诗歌提供了音调和韵律。因此，舞蹈、音乐和诗歌是三位一体的艺术形式。

其次，原始宗教活动对舞蹈的

北京人环火而舞

产生和发展也有重要影响。《尚书·伊训》:"歌有恒舞于宫,酣歌于室,时谓巫风。"疏:"巫以歌舞事神,故歌舞为巫觋之风俗也。"郑玄《诗谱》:"古代之巫,实以歌舞为职。"这些记载明确地指明了巫与歌舞的关系。

巫觋为什么必须能歌善舞呢?有两方面的原因:

一方面是取悦于神。因为人与神一样,也有七情六欲,具有吃穿的欲望,也有喜怒哀乐,因此每逢请神必须上供以满足鬼神的食欲,跳舞唱歌则使鬼神开心。王逸《楚辞章句·九歌序》:"昔楚南郢之邑,沅湘之间,其俗信鬼而好祀。其祀必作歌乐鼓舞以乐诸神。"具体地说,跳舞必有手足的动作,其作用有三:一是取悦于神;二是表达感情的手段,其中请神前是表达巫觋的感情,神灵附体后则是表达神的旨意;三是神力的象征。巫觋的语言、手势、步法都是他通神的媒介。所以巫舞是巫觋活动的重要内容。

另一方面,巫舞本身是神的化身,是神灵感情的表露形态。满族萨满请鹰神前,必戴神帽、着长裙、系腰铃,帽子上垂有飘带,遮住面部。跳神时,先在大门外,双手持飘带,如展翅欲飞之状,接着双腿向前跳跃,此时萨满助手——"甲立"站在屋内,不断召唤鹰神,并以生猪肝、生鸡肉引逗之。萨满也在门外张望等食,在原地跳三圈。转圈时,双手丢开飘带,使其与裙子飘起来,宛如飞翔。进屋后,萨满学鹰吞食鸡肉、猪肝。"甲立"以矛刺神鹰,双方格斗,争夺矛头。神鹰翻跟斗,最后夺矛占室。然后,击鼓摇铃,先向西墙施礼,又向灶神跪拜,接着唱神曲,众人应和。神曲内容是赞美祖先的功绩,祈求保佑子孙。最后,求神者发问,萨满代神回答。从鹰神舞看出,该舞不仅仅是取悦于神、沟通人神关系,有些舞蹈本身就是神灵的再现。这类舞蹈甚多,如壮族的蛙舞、苗族的盘瓠舞、彝族的虎舞等均是。

内蒙古阴山新石器时代岩画娱神舞图

此外,婚恋、求育、战争等对

舞蹈起源也有一定影响①。

原始舞蹈内容相当丰富，大休有几类：

生产舞

最初的舞蹈，有些与生产劳动有密切关系，是生产活动的再现。鄂伦春族有一个红果舞，就是采集红果的劳动过程。彝族传说，他们的祖先住在山洞内，没有弓箭，只能用木棒、石块打猎；为了与禽兽短兵相接，必须披兽皮，模仿动物动作，学禽兽叫，逼近禽兽后才捕杀之。后来彝族模仿上述狩猎过程，创作了"三步弦舞"。贵州侗族的耕地舞、浙江民间的镰刀舞，都是农耕活动的再现。《黔记》卷三苗族"秋收时即合众于野，100人歌舞，吹笙随之，历三昼夜，屠牛以赛丰年"。粮食加工的舞蹈也不少，如高山族的杵舞、黎族的舂米舞。布依族的织布舞，对从种麻到织布的全过程都进行了表演。这些舞蹈是人们的生产活动在艺术中的再现，生产舞是生产活动的真实形象。

恋爱舞

人类自身的繁衍也是一种生产，是社会发展的支柱之一，而繁衍又是通过男女恋爱、婚配开始的，所以恋爱舞是原始舞蹈的重要内容，数量之大，种类之多，是其他舞蹈内容所不能及的。"原始民族的恋爱舞，在我们看来好像是极其猥亵的……他们的表情是基本生理需要的毫不掩饰的表现"②。这种舞蹈是生理需要的反映，也是性爱的产物。

在民族学资料中有关舞蹈更多。陈鼎《滇黔土司婚礼记》苗族"元夕立标于野，大会男女，男吹芦笙于前，女振金铎于后，盘旋跳舞，各有行列。讴歌互答，有洽于其心，即奔之"。

巫舞

反映原始宗教信仰的舞蹈也不少。《尚书·尧典》："予击石拊石，百兽率舞。"《竹书纪年》："击石拊石，以歌九韶，百兽率舞。"以上拟兽化的舞蹈，有些与狩猎有关，有些可能是宗教性舞蹈。我国北方各民族的萨满舞也属于这种性质，南方巫舞也不少。景泰《云南图经》卷五纳西族"惟每岁正月五日，且猪羊酒饭，极其严洁，登山祭天，以祈丰灾。祭毕，男女百数，执手圆旋，歌舞为乐"。独龙族"祝告完毕，诸男人持竹矛环猪而立，由巫师领导，起舞……以脚并矛踏地为拍，舞至一周，并由巫师以矛向猪身刺去，猪叫，群更以高呼呵应之，似在畏吓猪者。然后每人各以矛刺猪。主妇此时偕他妇数人，以竹杯盛酒送给舞者，且欢且舞，至三四周，猪毙"③。这是一场极其原始的祭祀舞。

战争舞

---

① 宋兆麟《巫与巫术》第220页，四川民族出版社1989年版。
② 《论艺术》第103页，人民出版社1979年版。
③ 陶云逵《俅江纪程》，载《西南边疆》1941年第12—15期。

自从私有制和阶级产生之后，人们为了掠夺财产和自卫，经常发生氏族、部落间的战争。神话中的刑天，就是一个无人头者在跳舞，古代奉刑天为战神。在汉代画像上，有许多远古战争场面，如黄帝战蚩尤、炎黄之战等。"战争舞不过是狩猎的另一种形式。在战争中，人成为人的猎物；它也有自己的舞蹈，这种舞蹈再现了战争的场面"①。随着战争的频繁，军事民主制的发展，王权的萌芽，出现了一个英雄时代，与此相适应，也出现了一些歌颂英雄的舞蹈，如神农的"扶犁"、黄帝的"弹歌"、周初的"云门大卷"等，都是讴歌黄帝功业的著名舞蹈。

（二）原始舞的集体性

1973年在青海大通县上孙家寨发现一座马家窑文化墓葬，其中出土一件舞蹈盆。

大通舞蹈盆上绘有一组集体舞形象。

在彩陶盆上绘有3组人物，每组5人，共15人，皆为女性。她们并肩携手，连臂踏歌。在3组舞蹈之间还以内向弧线纹、斜形纹、柳叶纹为衬托，巧妙地烘托出美丽的自然环境：在丰收的季节里，夜幕刚刚降临，皎月悬空，微风吹拂，四处飘香。氏族成员共进晚餐后，纷纷来到平坦的广场，在乐器的伴奏下，翩翩起舞，飘然如仙。这是多么欢快的场面！这是一场集体舞蹈的盛会。

这是一种环形集体舞。

在一个浑圆的盆内绘有15个人的欢舞场面，布局合理，前后呼应，并排环绕，面向中央，这不单是一种艺术加工，也反映了集体舞蹈的特殊形式。氏族生活是集体的，狩猎时，人们分散在山脚下，举着火把，手持矛和弓箭，围歼野兽于山巅。所以当时称狩猎为围猎。无论是游牧民族的帐篷，还是农耕民族的住房，都喜欢围成一圈，中央为广场。上述生活实践，经过艺术升华，发展为形形色色的圆圈舞。如鄂伦春族的转圈舞、佤族的圆圈舞、景颇族的金再再舞、藏族的跳锅庄等，都是环舞的形式。大通舞蹈盆上的画面，正是一种集体环舞，舞者以左脚为中心，向左移动右脚，然后再移动左脚，按顺时针方向移步，但头却向后回顾，时而向右移步，头转向左边，反复舞蹈。

从上述舞蹈形式上看已经有了一定韵律。

舞蹈与音乐有密切关系，是一对孪生姊妹，它们都注重节奏。舞蹈者形体上顿挫往复的变化，情绪上波澜起伏的转折，都是以音乐感为基础的，随着音乐的变化而变化。所以音乐感是舞蹈艺术的特点，是舞蹈的灵魂。尤其是集体舞蹈更需要音乐配合，才能步伐一致，互相配合。必须有一定的节拍和曲调进行伴奏，最简单的方式是以踏步、击掌或装饰品的磨擦而发出的声响。如拉祜族、纳西族和藏族都以踏步声伴舞，并随着踏脚发山呼喊。进而发明了乐器伴奏，《畲民考》："少年群集而歌，劈木相击为

---

① 《青海大通县上孙家寨出土的舞蹈纹彩陶盆》，载《文物》1978年3期。

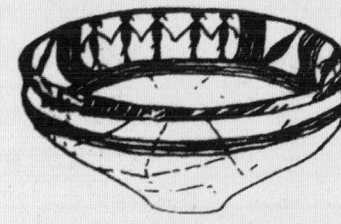
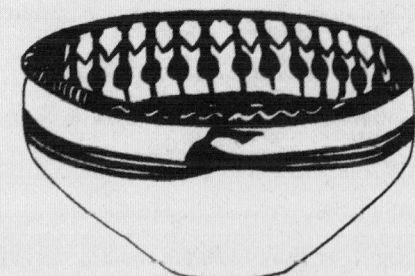

甘肃地区出土的舞蹈纹彩陶

左江崖壁画上的舞人

节。"用笛子、鼓伴奏也是很流行的。在马家窑文化已经出土不少陶腰鼓,可以挎在肩上,作为伴舞的乐器。舞蹈盆上没有乐器形象,手足的表演是舞蹈的基本动作。大通舞蹈盆上的舞者,面向一致,上身柔美,步伐整齐,两足交错移动,手脚配合默契。这些都是以音乐节拍为前提的,当时应该有一定的乐器伴奏。

大通舞蹈盆并不是孤立的现象,后来又发现不少舞蹈盆。

1991年在甘肃武威新华乡磨嘴子出土一件舞蹈盆,有2组舞蹈人,每组9人。①

1995年青海同德县宗日遗址第157号墓也出土一件舞蹈彩陶盆,内有2组人,每组11人,另一组13人,头、腹皆为球状,手拉手,下肢以线条代之②。

在日本也收藏一件绘有舞蹈的彩陶盆,共有3组,每组5人,也是手拉手跳舞形象③。

在四坝文化中,也出现过彩绘舞蹈形象,但是人物已经简化,变成抽象的瓜子形。

以上为西北地区史前文化的舞蹈资料,在其他地方也有所发现。如广东石峡文化出土一件陶片,其上就有四个人物,仰首垂髫,挽手而舞。

应该看到,原始舞蹈有其自身的发展过程,最初的舞蹈既有实践性,又有精神内容,前者直接反映生产,服务于生产,后者则是超越于生产,从实践中升华出来的精神产物。随着时间的推移,生产内容日趋淡化。舞蹈活动富于装饰性,如讲究头饰和道具。最初的道具多为日常生活用具,没有专门的道具,如使用生产工具,身后装牛尾,头上插鸟羽。《周易·渐卦爻辞》:"鸿渐于陆,其羽可用为仪。"甲骨文中的舞字,就是一个人挥动牦牛尾巴的形象。《吕氏春秋·古乐》:"昔葛天之乐,三人操牛尾,投足以歌八阕。"从民族学资料看,道具种类甚多,如朝鲜族顶陶罐而舞;壮族的㽏水舞则以㽏为道具;哈尼族以扇子为道具,跳扇子舞;彝族在丧葬仪中身披牦牛尾巴跳舞,称为牦牛尾巴舞,等等。

最后,应该看到,原始舞蹈是氏族生活的反映,所以流行多人舞,上述舞蹈盆就是实证,在岩画中也发现许多舞蹈,如广西花山崖壁画上的舞蹈、北方草原地区岩画上的舞蹈,都是集体舞,这是史前舞蹈的特点。

---

① 孙寿岭《舞蹈纹彩陶盆》,载《中国文物报》1993年5月30日。
② 《青海考古学会会刊》(七)1985年12月。
③ 水域《人物舞蹈纹盆锅庄舞及其他》,载《文物天地》1998年第1期。

第四节 雕 刻

雕刻在原始游艺和文化中占有重要地位。关于雕刻的起源，有种种说法，其中最流行的是起源于巫术。首先由英国人类学家爱德华·泰勒和弗雷泽提出来，随后沙落蒙·顿纳逊、吉德逊又把巫术运用到欧洲旧石器时代晚期的岩画研究上。不可否认，巫术是雕刻艺术的一个源头，但不是惟一的源头。人类在制作工具时已经讲究造型，应用雕刻艺术；我们从原始游戏用具看出，游戏也是雕刻艺术的源头，决不限于巫术。雕刻艺术的起源是多元的，雕刻艺术与装饰有更古老的关系。"形象艺术最原始的形式，恐怕不是独立的雕刻而是装饰，而装饰的最初应用，却是在人体上……然而就是最野蛮的部落，也并不以装饰身体为满足，他们还装饰他们的用具和武器"[1]。

我国从旧石器时代晚期已有装饰性雕刻，到了新石器时代雕刻品就更多了。从质地上划分，有以下几种：

一、木雕

由于木质易朽，很难保存下来。在辽宁新乐文化中出土一件木雕，为一根木棒，雕出一只鸟，尖嘴、有翅膀，鸟身上刻有菱形花纹，距今七千年左右。在浙江河姆渡文化遗址出土不少木雕件，一类是建筑构件，一类为装饰品，如木雕蝶形器，为冠饰，还有木雕鱼。山西陶寺龙山文化还出土了木鼓、木案、木盘等，其上有一定雕刻。

从民族学资料看，原始民族的木雕是很丰富的，种类多，比较流行的是在生产工具上多雕刻图案，木雕神像就更多了，如鄂伦春族的神偶就是木雕的，苗族的始祖神也是木雕的。门巴族的男根也为木雕成的。乐器上也流行木雕，如佤族木鼓。佤族在房顶上

---

[1] 格罗塞《艺术的起源》第40页，商务印书馆1984年版。

还雕有木神像，景颇族在墓地上也雕有动物形象，东北有些民族以桦树皮雕制生活器皿。

二、陶雕

陶雕实际包括陶雕和陶塑。

（一）陶雕

陶雕指在陶坯上运用阴刻的手法，在陶器上雕刻一定图案。河姆渡文化的陶器上，刻有猪纹、鸟纹、稻纹、草纹、鱼纹等。在赵宝沟文化的一件陶尊上刻有一组动物，有鹿、猪、鸟以及几何图案。有人认为这是神灵形象，有人说是图腾，有人说是部落战争场面，还有人认为是狩猎图，众说纷纭，莫衷一是①。我认为其寓意未必那么复杂，应该与狩猎生活有关。在红山文化的陶制女神像上，有些刻有文身图案，其中有草叶纹、蜘蛛纹、牛角纹。大汶口文化陶器上，早期多动、植物形象，如狗、谷粒等，晚期出现了象形文字，如石斧、石锛、祭坛、日月等。在良渚文化的陶尊、陶鼎和陶壶上常有弦纹、禽兽和蟠螭纹形象。这些图案都是在制陶过程中，在成形陶坯上刻的，与彩陶纹饰有异曲同工之效。

仰韶文化陶塑人头像

---

① 吴诗池《中国原始艺术》第 75 页，紫禁城出版社 1996 年版。

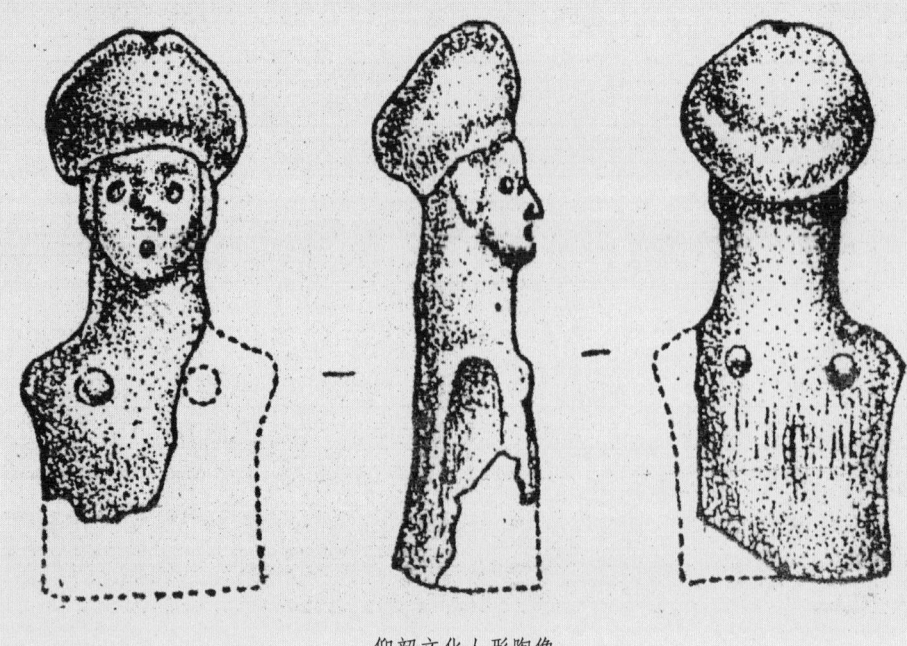

仰韶文化人形陶像

（二）陶塑

陶塑指在制陶过程中，以手捏塑的各种陶制艺术作品，从内容上看，有几种：

人物

人物类陶塑，发现不少：一种是陶人面，如在西安半坡、浙江河姆渡、山东姚官庄和内蒙古赵宝沟等遗址均有出土；一种是陶人像、在黑龙江新开流、宝鸡北首岭、浙江河姆渡、赤峰西水泉等遗址都有发现，分半身、全身两种。这些人面、人像，有些可能是玩具，有些可能是巫术替身或神偶。此外也有宗教性塑像，如红山文化出土不少陶制神偶，有女有男，还有两性神偶，有的神偶还背有婴儿。在大地湾等遗址还出土有陶祖。某些陶器，还塑造成人像、动物造型，国外有的学者认为上述陶器人像，是"当作世界第一人的原型，世界就是在他的想像中创造出来的"[①]。

动物

陶塑动物有两种：一种是单独塑造的动物，如半坡出土的陶狗，河姆渡出土的陶龟、羊和猪，汪洋出土的陶水牛头，红山文化出土的猪、鸡、狗、海豹等。这些陶塑基本为玩具，也有一定数量的宗教用品。另一种是装饰在陶器上的动物形象，如姜寨出土的蟾蜍、太平庄出土的鸟形钮、南殿村出土的蛇，等等。这些动物皆为陶器上的装饰物。还有些是动物造型陶器，如大汶口文化的猪鬶规、三里河出土的狗鬶规和龟

[①] 埃利希·诺伊曼《大母神——原型分析》第49页，东方出版社1998年版。

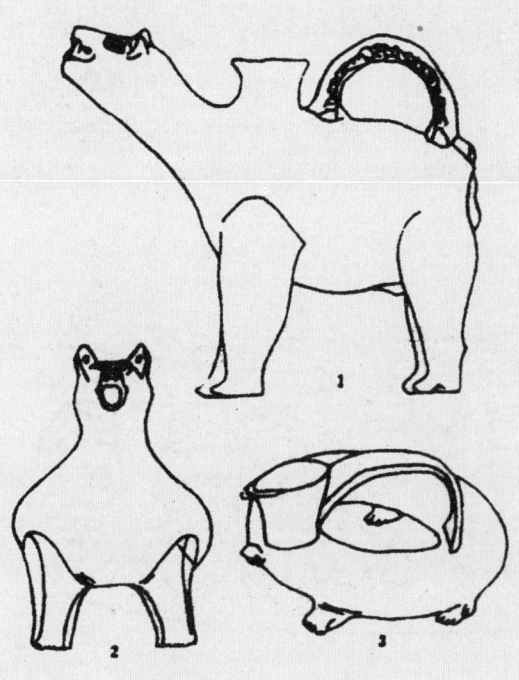

均为大汶口文化兽形陶器

鬶规,梅堰出土的鸟形壶等。

此外还出土有陶钺、陶船、陶房子、陶靴等等。

在上述陶塑品中,一般是以捏、贴、堆、筑等方式制成的,并配合以线刻、剔划、雕刻、镂孔、镶嵌等方法完成的。种类有圆塑、浮雕、线刻、雕镂等。陶雕艺术品有一定特点:第一,许多造型出于仿生,这同当时的狩猎生活有密切关系;第二,写实性强,也有夸张和写意,尤其是神偶,如女神突出乳房、臀部和腹部,男神则夸大性具。"野蛮艺术"的特点是:"庞大的体积、某些细节的突出、花样复杂。仅仅这些特点就足以产生一个神秘的奇迹,人们也世世代代为此所吸引。野蛮艺术一半是巫术魔法。"① 第三,制作时,除有些神偶和工艺品外,一般都比较粗犷,随意性强,这可能是临时为儿童制作的玩具。作者在广西靖西参观壮族制陶时,发现制陶妇女为了哄孩子玩,常常随意捏塑一些鸡、狗等小动物,并加以烧制。但是像石家河遗址出土有数以万计的小陶动物,可能是一种专门的玩具作坊,也许与巫术活动有关。在内蒙古西喇木伦河各个支流附近的台地上,分布有许多红山文化遗址,若干遗址都有一个巨石祭坛,其下多出神像、玉龙,同时在灰土中出土各种陶塑小动物,如蛇、鸟、鸡、狗、猪、羊、狐狸、刺猬、海豹等等,数量多,种类杂,应该是祭祀女神时的象征性供物。

三、骨雕

在原始骨器上多有装饰性雕刻,多为浮雕,有几何纹、动物纹,同时出现了圆雕艺术作品,如生活用品、人像、神偶等。

(一)浮雕

---

① 桑塔耶那《审美趣味的衡量标准》,载《美学译文》1980年第1集。

骨器上多有浮雕，在陕西西乡何家湾仰韶文化墓内出土一件骨管，其上浮雕三个相连的人面，分别表现哭泣、愤怒和嬉笑等形象，既写实，又夸张，为当时浮雕佳作。在红山文化的骨针上也常有几何纹图案。在内蒙古翁牛特旗的一座红山文化墓内，出土30多件骨片，其上刻有射箭、骑鹿等形象。这些浮雕，可能是一种巫画，供记事和诵经之用。

仰韶文化骨管上的哭、怒、笑表情人面

（二）圆雕

圆雕指利用一定骨料，在其上雕成一定的人物、动物或器物。泰安大汶口遗址出土骨雕筒有16件之多，外有剔地弦纹，个别器物还涂朱。莒县陵阳河遗址出土一件双孔骨雕筒，两孔系绳，利于携带。山东野店大汶口文化出土一件骨匕，柄部为蛇头。青海柳湾遗址出土不少仿海贝骨雕。在内蒙古西喇木伦河两岸红山文化中，出土不少骨雕女神像，乳房突出，腹部隆起，双手抚摸腹下，或站或坐，形象古朴。该文化还出土有骨雕猪、蝉等形象。

（三）镶嵌

当时在骨器上也镶嵌一定饰物，如大汶口文化出土一件骨雕筒，上细下粗，除了剔雕若干弦纹外，还镶有两排绿松石。在泰安大汶口墓地还出土一件镶嵌骨环，也以绿松石为饰。甘肃永昌鸳鸯池马家窑文化墓地也出土过镶嵌骨笄。这些都是我国目前所发现的较早的镶嵌艺术品。

四、石雕

石雕起源于石器制作，在最古老的旧石器中已讲究对称，器型划一。"美的主要形式，就是（空间的）秩序、对称和明确"①。有人认为艺术起源于造型，是有道理的，这一点在生产工具上尤为明显，历史也最古老。到了新石器时代，石器加工技术大有改进，也出现了优美的石雕艺术品。距今七千年前的内蒙古兴隆洼文化已经出土不少石雕女神像，女性特征突出。后来的红山文化也有石雕女神像，而且形象多变，有女神抱子者，有女神背鹿者，有女神男神并立者，还出现了男神石雕像，形体较大，形象逼真，为我国史前石雕艺术的杰作。在河北滦平县金沟屯遗址出土不少石雕像，有站有坐，小者高6厘米，大者34厘米，均为神偶性质。辽宁东沟县后洼遗址出土很多滑石雕刻品，如人面、动物，体形较小，多有系孔，应该是佩戴用的避邪物。

五、玉雕

利用玉料雕刻各种艺术品，起源于石器制作。因为在制作石器过程中，已经采集和加工玉料，但是把玉器加工从石器制作分离出来，当在距今七千年前后，如兴隆洼文化、查海文化已经有了玉玦等，河姆渡文化也有精美的玉器。专门玉器作坊要出现得晚，应该在五千年前后，如红山文化、良渚文化、龙山文化都有大量玉器出土。玉制艺术品，有以下几种：

动物

在红山文化中出土的玉雕动物最为丰富，有玉虎、玉猴、玉龟、玉蛙、玉鱼、玉蝉、玉鸟、玉鹰、玉鸮、玉蝗等等。这些玉雕动物生动活泼，栩栩如生，写实性强。良渚文化、石家河文化也出土不少玉制动物。

人物

在红山文化中已经有玉人出土，其中有一件为黑色坐像，乳房较大，双手置于腹下，与红山文化的陶制女神相仿，说明也是一种神偶。安徽含山县长岗乡陵家滩墓葬出土一件玉人，由玉片雕成，线条流畅，体躯魁伟，玉人衣着华丽。在山东滕县岗上村大汶口文化遗址还发现一件玉雕人面，当为人体装饰。

玉龙

在红山文化中出土了不少玉龙，基本有两种形制：一种是大型卷龙，其中又有不同类型；另一种为猪龙，也有若干类型。其中的卷龙是目前所见的最大的史前玉龙，多由青玉雕制，龙体蜷曲，背有一孔，呈"C"形，吻部前伸，闭嘴，双目突出，尾巴内卷。平时可能是系绳悬挂之物。据发现的群众反映，大玉龙皆出土于祭坛内。

---

① 亚里士多德《形而上学》第265页，商务印书馆1959年版。

第十二章 游艺

图1

图2

图3

图4

图1　浙江余姚河姆渡新石器文化遗址出土的双鸟朝阳纹骨雕，它具有对吉祥和幸福光明追求的含义
图2　良渚文化玉钺，这一人、兽、鸟三者组合为一的玉钺形象，具有宗教信仰的意义
图3　良渚文化玉琮上的神人兽面纹，以显示其神圣和威严
图4　良渚文化玉三叉器

礼器

礼是氏族贵族等级制的社会规范和道德规范，反映在物质文化上出现了礼器。原始社会晚期的礼器主要反映在祭祀、丧葬、成年和征战方面。如红山文化的玉制权杖就是一种重要礼器。南方良渚文化的玉制礼器更为丰富，有玉琮、玉璧、玉璜等，都是祭器。玉钺则是良渚文化的权杖。在该文化中还有一种玉端饰，与玉钺同出，当为玉钺的组成部分。当时的玉冠饰，也是一种礼器。

应该指出，如同我国古代文明起源为多中心一样，玉器的起源也为多中心，如辽西和内蒙古的红山文化、浙北苏南的良渚文化、鲁东南的大汶口文化和山东龙山文化、陕北神木龙山文化，都是重要的玉器出产中心。但起源还要早得多，最初的玉器制作粗糙、器型小，雕琢简单，后来玉作技术提高，数量多，器型大、种类多，玉器制作达到了很高的水平，不过由于礼制的出现，良渚文化的玉器已经程式化，显然不及北方红山文化古朴逼真，生动活泼。

六、蚌雕

蚌雕是以蚌壳雕成的艺术品。最简单的是在蚌片或螺蛳上穿一孔，作为人体装饰品。宝鸡北首岭仰韶文化出土有孔蚌饰近20件，有方形、圆形、牛角形、人形等。西安半坡出土有蚌制的手镯、环饰和几何纹形状。四川巫山大溪文化遗址出土一件蚌玦，其上刻有几何纹图案。山东诸城呈子大汶口文化墓葬出土一件蚌制手链，共40件，大小不一，以绳系起。在赤峰小河沿文化还出土有长形蚌壳雕成的蚌人，上为圆头，下为身躯，足部削尖，便于插在地上，应该是一种神偶形象。

七、牙雕

利用象牙雕制艺术品，在我国史前已经出现，如河姆渡文化出土有牙雕小盅，外圆内方，在表面饰以三角形和蚕纹。同时出土有象牙雕刻蝶形器，呈蝶状，但不是蝶，可能是一种冠饰[①]。还出土一件两鸟朝阳佩饰，长方形，也为象牙雕成。该文化出土的鸟纹匕也是牙雕的。在山东大汶口文化也出土了一些象牙艺术品。一种是象牙梳子，在邹县野店出土，长16.7厘米，有16根梳齿，顶部有三孔；一件是泰安大汶口墓地出

---

① 宋兆麟《河姆渡遗址出土蝶形器研究》，载《纪念尹达同志论文集》。

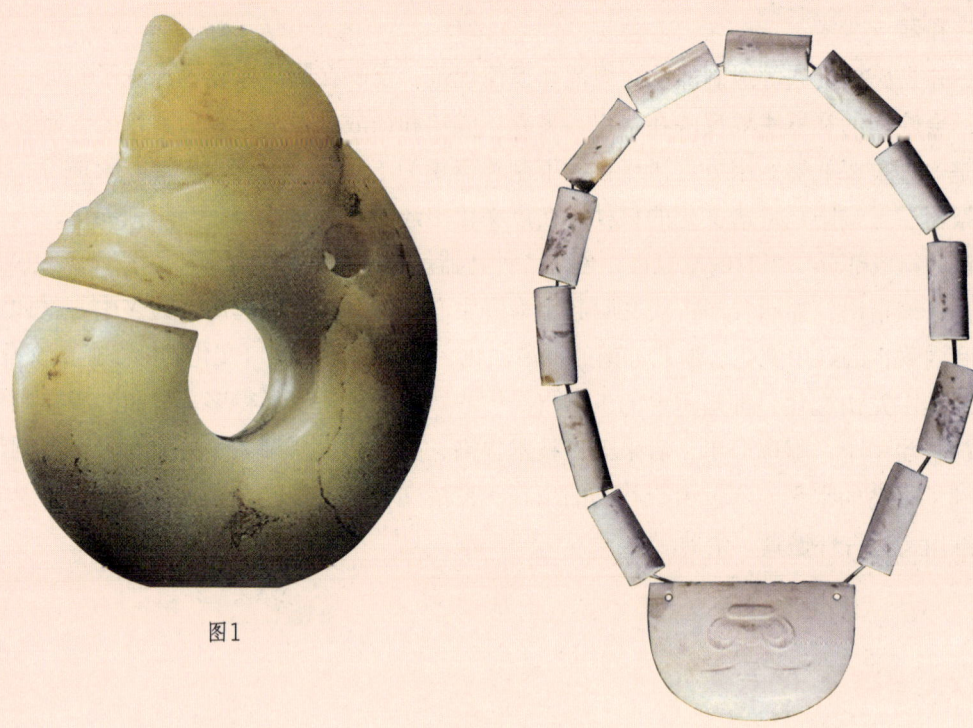

图1 红山文化玉雕龙,反映了原始人对龙的信仰
图2 良渚文化玉串饰
图3 良渚文化透雕神人纹冠状玉饰

土的象牙筒，周身透雕。在邹县也出土一件象牙筒，外刻花纹，镶有绿松石。此外在泰安大汶口墓地还出土一对象牙琮。在广东也出土过象牙装饰物。

在上述地区，远古时期是比较暖和的，经常有大象出没，象牙成为雕刻的重要原料。但比较坚硬，不易雕琢，说明象牙艺术品的出现，是雕刻技术有相当发展的产物。

八、煤精雕

煤精是在煤中形成的精体，又称煤根、炭精、煤玉，其特点是质地细密，韧性强，有一定可塑性，润圆光亮。沈阳郊区新乐文化遗址出土不少煤精制品：一种是圆泡形饰物，有25件；一种是耳珰，共6件；还有15件圆珠。此外还有些半成品。这些煤精制品，基本上是人体装饰物，有的可能是玩具。说明这是雕刻艺术的新品种。

第五节 面 具

在我国新石器时代考古中，发现了不少面具，有大有小，有陶有石。试举下例：

浙江余姚河姆渡文化遗址出土一件陶人面，呈长方形，高4厘米，前额外突，眼嘴以阴刻表示，鼻子隆起。

西安半坡仰韶文化遗址出土一件陶塑人面，呈方形，较小，有耳、目、口，鼻梁突出，两耳皆钻孔。

华县泉护村仰韶文化出土一陶人面，较小，双眼镂空，小口微张，生动形象。

四川巫山大溪文化出土一件双面人雕像，高6厘米，宽3.6厘米。头顶钻2孔，以阴刻显示五官，作恐惧状。

天水柴家坪仰韶文化也出土一件陶人面，高22.5厘米，宽16厘米，额头扁平，眉毛细，颧骨突出，两耳镂空，耳垂上有孔。

永昌鸳鸯池马家窑文化马厂类型遗址出土一件石雕人面，高3.2厘米，宽2.5厘米。眼、鼻、嘴以骨珠镶嵌，头顶有1孔。

辽宁东沟后洼遗址出土多件滑石人面，也有陶人面。其中还有一件双面人面，一侧为男，另一侧为女，但人面皆小巧，其上有悬孔[①]。

内蒙古赤峰市翁牛特旗红山文化，出土一种陶人面，高34厘米，宽28厘米，较真人面部还大。以加沙陶制成，有男有女，前者较大，尖下颏，有安装胡须的孔眼，后者圆脸，无装胡须的孔眼。眼、鼻、口、耳皆钻孔。在头顶上有1孔，可悬挂在一定地方，说明它是神像面具或避邪神面，但眼多镂空，也可作为巫师跳神时的法具。这是我国目前所发现的史前最大面具。

安徽汪洋庙史前遗址也出土一件陶塑人面，呈柱状，平顶，内空，两侧为人面，下缘有7孔，高13.4厘米，直径6.5厘米。

---

① 宋兆麟《原始面具考》，载《中国历史博物馆馆刊》1991年第16—17期。

红山文化陶人面具

潍坊姚官庄龙山文化遗址出土一件陶人面,长6.5厘米,宽5.4厘米。秃顶无发,眼球下垂,鼻子扁平,为男人之相。

陕县七里铺龙山文化遗址出土一件陶人面,已残,上有镂空双目,鼻子隆起,口部微张,但形体较小。

神木石峁龙山文化遗址出土一件玉雕人面,高4.5厘米,宽4厘米。表现为侧面人脸,头顶束发,口稍张,鹰钩鼻子,上头有1孔,也是为了便穿系。

上述人面,无论是出土地点、所属文化,还是质地、大小都不一样,但是也有不少共同点:第一,质地以陶为主,石玉次之;第二人面多呈椭圆形,为人面或人头形,个别为两面人;第三,除少数为大型人面外,基本为小人面,上有孔,便于佩戴。

关于史前面具的性质,有许多解释,比较通行的说法是一种巫术的产物,为巫师面具,但是并不尽然,应该具体面具具体分析。我认为其中有几种情形:

第一,有些面具是神偶性质。鄂伦春族供奉山神,神偶是在树干上扒下一块树皮,修成人面,以木炭绘成五官,在嘴上涂以兽血,这就是主宰禽兽之神"白那查",汉意为山神。1961年作者曾赴内蒙古阿里河征集该族文物,其中有一件山神面具,呈圆形,眼、口挖空,鼻子为浮雕,两耳以缺口代之,高13厘米,宽10厘米。云南傣族的雷神由椰子壳制成,也为人面状。贵州苗族土地神也呈人面形,《八寨县志稿》卷二一苗族"至深夜,大巫两手挥袂,小巫戴假面具,扮土地引导,受令而出,曰'放五猖'。大巫则踏阈吹角,倾而听之,谓其时必有应者,不应则再吹"。

第二,面具也可作为祖先神像。台湾土著民族多雕木人为祖先像,有时也雕人面为祖先神偶。广西有些瑶族的祖先也绘成人面形。鄂温克族有一种"德力格丁"神,为老人形,以桦皮剪成人头,绘有五官,下安胡须。

第三,有些英雄人物也雕成人面状。国外有些原始民族"在人造的祖先像外,死人的头骨或骨骼被作为含有(灵魂力量)之物而受到崇拜;并且这两种类型的偶像,偶然还结合在一起出现"[①]。其中既有本氏族、部落英雄的人头、面具,也有猎取来的外部落的人头或面具,如佤族猎头后,把异部落的人头供在人头桩上,在人头桩上还雕刻有人头、人面形象。[②] 令人费解的是,敌人的人头、面具怎么能为自己服务呢?原来原始信仰认为被敌人砍杀的人,是凶恶之鬼,对人有一种报复,故人人畏惧,尤其对死者的氏族更加恐惧。因此不能正式埋葬,不能入氏族墓地,但是这些人头的敌方则是胜者,可以占有、支配人头,所以他们可以利用上述人头、面具,保卫自己,抵御来犯之敌。由此看出,面具有各种不同的属性,都具有一定神性、灵性。在这种信仰的支配下,面具也有各种宗教功能。

以上为民族学资料,现在再看看考古出土的面具的性质。

神偶性面具在面具中占有一定地位,其中有大小两种。一种是大型面具,可悬挂在一定的建筑上,作为神偶加以崇拜,如红山文化的大型陶面具,就有悬挂的孔眼。中国历史博物馆还收藏一件石人面,高17厘米,宽13厘米,刻有五官,背部上方有一凹槽,正好可挂在木桩上,说明它是一种固定的神像。有趣的是,红山文化的陶面具与红山文化的女神陶塑像面孔相若,说明陶面具可能就是女祖先或女神偶像的一种形式。另一种是小型面具,它把较大的神像浓缩到最小程度,以便佩戴在身上,作为神灵护身,又是人体一种装饰物。这类小型面具上部或背后均有孔,显然是拎系的部位。

面具也是巫师的法具和道具。在原始宗教中,从事宗教活动者为巫或萨满,他们都有一套法具,其中包括面具。因为面具为神灵的表征,巫师戴上面具,也就是神降于巫身,使巫师代表神灵,谚语说"戴上脸壳就为神,放下脸壳就是人"。无论是萨满,还是巫师,起初都佩戴面具请神。至今,内蒙古鄂温克族老萨满还戴铜面具跳神,凉山西番巫师戴羊皮面具跳神。史前有些大型面具,也可能是巫师所佩戴的面具。

面具有避邪作用。由于原始信仰赐予面具以一定神性,当然面具就有无穷的威力,

[①] 《事物的起源》第347页,四川民族出版社1982年版。
[②] 宋兆麟《巫与巫术》第202页,四川民族出版社1989年版。

可以充当人们的保护神，有避邪作用。史前所发现的小型面具，多半是人体装饰品，有避邪功能。"在早期，手工业操作好像和魔术仪式联系在一起。操作过程的成功与否被认为和魔术仪式分不开的。制陶工人把面具放在烧窑上，用以吓退魔鬼，因为魔鬼被认为能使陶器破坏。"① 避邪面具不仅放在陶窑上，也可挂在住房上，佩戴在身体上。

总之，面具具有多种功能，有着巨大的神秘性。"面具是我们遥远祖先音乐巫术忠实的附属物，它几乎在非洲和澳洲所有原始部落中起着同样的作用。首先是动物的面具，而后是神的面具，再后就是传说中英雄的面具（这种品种的转移的实际迹象说明了音乐是种必需的附属物）。"② 其实，在亚洲、欧洲和拉丁美洲的原始居民中，照样流行面具信仰。

---

① 斯劳芬·F·梅森《自然科学史》第153页，商务印书馆1981年版。
② 柴勒《音乐的四万年》第61页，伦敦1964年版。

第六节 绘 画

绘画是重要的艺术形式。近百年来对绘画的起源讨论十分热烈，有祭祀说、巫术说、模仿说、游戏说、教材说、劳动说、记事说等等。其中最有影响的是劳动说，认为生产劳动是绘画的主要来源，因为人类的主要实践是生产劳动，必然在绘画上反映出来。这种看法值得推敲。

从目前所见的考古资料看，最早的绘画是欧洲旧石器时代晚期洞穴遗址发现的，不过，这是岩画，具有较高的发展水平，绝不是最原始的绘画。在此之前，绘画应该有一个孕育、发生的过程，可想而知，当时的绘画极简单，也不容易保留下来，所以这是考古的难点。

根据多数学者的研究，旧石器时代晚期的岩画是巫术的产物，而不是出于审美目的。我国新石器时代也有许多岩画，在全国各地都有发现。在甘肃大地湾新石器时代遗址还发现了地画，这是在迁葬后留下来的，一般很难保存下来①。由此看来，史前绘画与原始信仰关系密切。不过，当时的绘画数量多，种类杂，有岩画、地画、装饰画，如果把它们都说成巫术绘画，未必准确。原始绘画

仰韶文化遗址出土的赤铁矿颜料和石磨盘

---

① 宋兆麟《大地湾地画与丧迁之习》，载《仰韶文化论文集》，中国法学会印刷厂1986年版。

的起因应该是多元的，不可能是一种原因。

原始绘画有装饰画、岩画和其他绘画。

一、装饰画

装饰画指在生产工具、武器和生活器皿上的绘画，是上述器物的装饰。这种绘画极为流行，尤其在陶器上被广为应用。"……在陶器的装饰中，我们最初只遇见直线和折线，正方形、十字形、锯齿形等。这种装饰形式，是原始的艺术从更原始的手工艺的编织和编条中借来的。"[1]作者在黎族、壮族、傣族、佤族、苗族地区观察许多制陶方法，其中的纹饰，起初只是为了实用，即为了加固陶坯的密度，防止陶胎干裂和漏孔，所以最初的陶器多素面，或有简单的纹饰，后来才兴起装饰纹样。先在陶器上刻划各种花纹，利用陶拍拍打在陶器上。

我国新石器时代早期遗址出土的陶器，多素纹，或者有少数绳纹，如仙人洞、甑皮岩等遗址，以及裴李岗文化、新乐文化、查海文化、河姆渡文化，都是这种情况。但到了仰韶文化陶器上的装饰画就空前丰富，多绘在陶器的口沿、肩部、腹部，有些特殊的器物则绘在内壁，如舞蹈盆、人面鱼纹盆、鹿纹盆等，这些器物当有特殊用处。

洪山庙出土的金乌负日和鸟瓮棺

彩陶上的装饰画，以红衣或白衣为衬底，用黑、白单色绘图，内容有编织纹、植物纹、动物纹、几何纹，人物、工具、日月等天文形象。

---

[1]《普列汉诺夫哲学著作选集》卷二第276页，三联书店1961年版。

第十二章 游艺

广西花山新石器时代岩画祭神舞蹈图

这些装饰画黑白分明、色彩鲜艳、线条流畅、技术纯熟，比例适当，具有严谨、规整、自然和实用的特点。

有些装饰画如人面鱼纹、蛙纹、鹿纹、龟纹、人物，以及龙山文化漆盘上的龙图案，都具有一定的宗教意义，有些可能是神灵，有些可能是巫师，有些可能是祭祀和施巫的产物。这一点颇类似商周时代青铜器上纹样，具有神秘的内容。正如张光直先生说："商周艺术上的动物纹样，或甚至说商周艺术，一般而言，虽是巫觋通天的一种工具，却不是巫觋通天的惟一的工具。①"

装饰画不仅有绘制的，也有阴刻的，如河姆渡文化陶器上的猪纹、稻纹就是阴刻上去的。小河沿文化陶尊上的鹿纹也是如此。

二、岩画

岩画指在石岩上的绘画，其中又有两种：一种是岩壁画，即绘上去的画，另一种是岩画，是刻上去的画。过去外国发现许多岩画，不仅数量多，年代也早，当时认为中国是一个无岩画的国家，近二十多年的考古工作，在全国各地发现了很多岩画，彻底打破了上述谬说。

崖壁画指在崖石上用红、黑、白等颜料绘制的画。过去在广西、贵州、云南、四川、黑龙江等省都有发现。以广西为例，在当地7个县共发现了183处崖壁画，其中宁明花山有一处高40米，宽211.5米，面积达8千多平方米，共绘人物1000多个，还有船、刀、剑、鼓、狗等形象。这幅崖壁画之大，人物之众，堪称世界崖壁画之首。这些画题材基本相同，形象大同小异，每幅画都以一个或几个巨人为中心，他们双手曲肘向上，下肢屈蹲，宛如青蛙状，附近有铜鼓、狗，还有跳舞的人群，有男有女，皆双手向上，千篇一律，具有公式化特点。有趣的是，这些画多位于左江两岸的崖石上，高数十米，背山面水，迎面为水流，下为险滩，这些崖壁画很可能是祭祀水神的产物。云南沧源岩画，有大量的神祇祈雨场面、模拟巫术、神话故事，说明也是原始宗教性质。1975年在内蒙古额尔古纳左旗敖鲁古雅乡的一块岩石上，发现用赭石粉绘制的画面，其上有鹿、犴、驯鹿、人、猎犬，其中有一组猎人正在围攻一只凶悍的犴。据说这是17世纪鄂温克族留下来的狩猎绘画②。

岩刻画是利用一定的雕刻工具，在岩画上雕刻的绘画。其中有阴刻和阳刻两种。

---

① 《考古学专题六讲》第98页，文物出版社1986年版。
② 赵复兴《鄂温克族岩画》，载《文物》1984年第2期。

第十二章 游艺

云南沧源新石器时代岩画舞蹈牧放战争图

原始岩刻画以阴刻为主，阳刻是较晚出现的。岩刻画在边疆各省都有发现，如新疆、西藏、四川、内蒙古、宁夏都有广泛分布，在内地也有，如青海、四川、山东、贵州等省。题材比较丰富，有狩猎、农耕、战争、祭神、神偶、巫术、舞蹈。不过，这些岩画跨度时间较长，以内蒙古阴山岩画为例，最早可追溯到旧石器时代，因为在40多种动物中，有些动物已在新石器时代晚期灭绝。但是更多的岩画绘制较晚。

无论是崖壁画还是岩画，都有一些共同点，有人认为"野蛮艺术的特点就是：庞大的体积，某些细节的突出，花样复杂。仅仅这些特点就足以产生一种神秘的奇迹，人们世世代代为此所吸引。野蛮艺术一半是巫术的魔法"。① 这些特点在我国的岩画中也是明显的：第一，体积或面积庞大，像左江崖壁画、沧源岩画、呼图壁岩画，都是史前艺术品中的巨画；第二，某些细节的突出、夸大，如突出的人头、发饰，妇女的乳房、男人的男根，它是利用夸张的手法，祈求达到某种巫术目的。第三，浓厚的神秘性，岩画上的神偶、手印、祭祀等形象，既是生活的反映，又是巫术的魔法。

还有一种是地画。在甘肃大地湾仰韶文化房址上，有一幅用木炭绘的画，有墓穴、尸骨和送葬者的舞姿。

仰韶文化鹳鱼石斧陶缸

关于绘画的题材，是多种多样的，内容并不单一，有生产劳动，有宗教信仰，也有婚恋等，这就告诉我们，绘画起源是多元的。就是同样一种题材，其含义也未必如一，如在岩画中有不少手掌纹，中外都有其例，有人说是一种手势语言或象征；有人说在动物旁边印有手纹是表示自己猎取了该兽；有人说这是以敌人的血印上了自己的手印；还有人认为这是一种占有符号。这些说法都有成立的可能性。作者在泸沽湖地区调查时就看到许多手印，如普米族、摩梭人以手沾石灰或墨汁，在大门外、屋墙上打上许多手印，有时密密麻麻，数以十计，我曾问房屋主人："这些手印是干什么的呢？"他们异口同声地说："这是人的手印，吓唬鬼的。"也有人回答："这是神的手掌，专门吓唬鬼"，有避邪作用。在云南西双版纳又看见另一种情形，当傣族领主把土地卖给农奴使用时，往往要用傣文写一张文书，其上印有领主的脚印或手印。哈尼族出让房子时，也喜欢在布质的文约卜印一个手印。说明手印作为私人占有符号也是有的，

---

① 桑塔耶那《审美趣味的衡量标准》，载《美学译文》1980年第1集。

但出现年代较晚。

在原始绘画题材中，草木、几何图案、动物和人物都不少。其中有许多图案是对称的，不是左右对称，就是上下对称，这是美的一种重要形式。亚里士多德说："美的主要形式，就是（空间的）秩序、对称和明确。"① 因为上述"对称是来自对动物形体和人的形体的模拟，这种形体本身就是对称的，证明——动物大部分共有的横的对称"。② 像彩陶图案、对鸟骨匕、鹿纹陶尊等都是如此。其中动物题材是较多的，因为当然狩猎活动还相当活跃，各种动物自然是绘画的重要题材，如鹳鱼石斧图、岩画的牧群，后者显然是游牧经济的反映。农耕出现后，农业题材也出现了，江苏将军崖画上就有农作物形象，其上还有人头，禾与人结合，应该与繁衍巫术有关。

西北出土的两格调色碟

绘具的发明，应该有悠久的历史。西安半坡仰韶文化出土有石质研磨盘，这是砚台的始祖。甘肃兰州白道沟坪遗址出土一件陶制调色碟，中间还有一个隔梁，说明同时能调两种颜料。在云南文山岩画遗址地层下也发现过石质调色盆。当时也可能利用竹筒、葫芦、人头壳、蚌壳调颜料。笔应该是天然的，如鸡毛、兽毛、竹签等，因此难以保留至今。

---

① 亚里士多德《形而上学》第265页，商务印书馆1959年版。
② 《论艺术》第144页，人民出版社1979年。

各地原始居民对颜料有不同的取舍，这里有两个因素：一是自然的颜料资源状况；二是居民的喜好。凉山彝族以黑色为贵，广西白裤瑶以白色为贵，黑色为贱。藏族生活于雪域，极崇尚白色，纳西族也是这样，"其俗以白为善，以黑为恶"。这种不同的颜色观，必然带进社会生活中来。红色则为许多居民所崇拜，因为红色波长居诸色之首，透射能力强，红色又是火焰、血缘、生命的象征。匈奴、突厥人以血悼念自己的亲人。巴布亚人为老人送葬时必咬伤一手指，让血滴于尸体上。因此，红色为史前的流行色。同时，赤铁矿分布广泛，也提供了当时尚红的条件。过去在仰韶文化曾发现过赤铁矿颜料和石磨盘，当是加工颜料的工具。

从考古上看，远在旧石器时代晚期已流行红色，如欧洲巴谓兰洞穴的一具少女尸骨上就撒有红色颜料。我国山顶洞遗址在尸骨附近也撒赤铁矿粉末。在洛阳王湾、青海柳湾、山东西夏侯墓地以及齐家文化墓地，都发现在死者头骨上有赤铁矿粉末。这些红色象征什么呢？有的考古学家认为是文身所致，或者"表示鲜血，即生命复活的象征。他们认为它是生命的来源和灵魂的寄生地"[①]。我们认为把红色视为文身所致是不对的，文身多以黑、褐色，与皮肤反差大，同时，文身是颜色长入皮肤伤痕中，并不是浮撒在身上。上述红色赤铁矿粉末，应该是送葬时撒上的，象征生者与死者的血缘关系，生者不忘记死者，死者又能庇护生者。

各种颜料的来源，黑色多取自锅底灰，红色则取自赤铁矿，但要加入调和剂，一般为油脂、树胶、动物血液。也利用植物颜料。

当时的绘画是谁绘的呢？普列汉诺夫有句名言："狩猎民族是优秀的画家。"[②]这是有一定道理的，因为猎人对禽兽了解至深，这是通过支解动物获得的，其实在出猎前夕，猎人们往往策划狩猎的方案，这时要指手画脚，甚至绘些野兽图，讲授猎取方法，因此说猎人精于绘画是有根据的。"那些遥远难达的洞穴中的绘画必是经过训练的画师所作。画师也必是常常参加打猎，才能觉察并模拟典范的动作"[③]。当然，除了猎手精于绘画外，还有两种人也常常是画家：一是当时的巫师，他们往往是多才多艺的智者，为了宗教活动，必须熟练地掌握绘画技巧，可以大胆地说，史前的宗教性绘画基本出自巫师之手。一是能工巧匠，如木工、陶工、玉工，都常常利用绘画技术，从事自己的生产活动。

---

① 谢端琚《略论齐家文化墓地》，载《考古》1986年第2期。
② 《普列汉诺夫哲学著作选集》卷二第756页，三联书店1961年版。
③ 贝尔纳《历史上的科学》第47页，科学出版社1983年版。

第七节　游戏玩具

自有人类以来，就有游戏存在了，特别是在儿童时代，都有一种好玩的天性，但是游戏充满了社会生活内容。"简言之，动物有着自己的游戏。人也有自己的游戏，而游戏就是艺术活动的萌芽"[①]。

儿童时代是人类智力发展的关键时期，据专家研究，人的智力大约有50%是在4岁以前获得的；30%是在4岁至8岁期间获得的；20%是在8岁至17岁期间获得的。而在6岁之前玩的时间占15万小时左右。因此，怎样通过游戏对儿童进行教育，使他们长知识，陶冶情操，扩大视野，是人类成长的重要问题。

在游戏中，玩具又占有特殊地位。玩具是儿童的朋友，是儿童的良师，是引导儿童认识世界、走向世界、提高自我能力的手段。在这里，玩具是"无字教科书"，是对成年世界的缩写。

游戏的内容极其丰富，几乎涉及社会生活的方方面面。"游戏是真正动作的模拟，艺术也是一样"[②]。

儿童游戏最富于劳动色彩，说明很多游戏来源于劳动。人类先有劳动，后有游戏。生产劳动是成年人最主要的社会活动，因此各种劳动也影响着游戏的形式。如各民族的儿童都有采野菜的游戏，这是对人类童年采集生活的记忆。狩猎民族的儿童则从小玩弓箭、投标枪、进行老鹰捉小鸡游戏，这是儿童对其长辈生产活动的模仿。农业民族的儿童则喜欢玩木犁、耍镰刀、栽作物，也是对成年人从事农业生产的效仿。说明生产劳动是游戏的重要来源，但不是惟一的来源。如儿童玩的过家家、摆菜碟、串亲家等，都说明物质生活、社会交往也是游戏的重要源头。

那么，我国原始社会的游戏是什么情形呢？近几十年也发现不少考古资料，再加

---

① 《普列汉诺夫哲学著作选》卷二第753页，商务印书馆1961年版。
② 《列·尼·托尔斯泰全集》卷三〇第54页，俄国国家文学出版社1951年版。

上民族学的旁证资料，有以下几种游戏活动：

一、投掷

在史前考古中发现许多投掷玩具，它是通过手臂并借助一定的工具，把某种玩具投掷出去。最初是投掷石块、木棒，进而才有标枪出现。凉山过去打冤家，彝族就以石块、短木棒当武器，可攻可守。儿童在游戏中也以石块为玩具，进行打石仗，或者打木棒仗。在我国旧石器时代遗址中出土不少石球，利用飞石索投掷，以猎取野马。这些石球应该是猎具，也可当玩具。在内蒙古红山文化和其他原始文化遗址出土一种有孔石球，有的像棍棒，这类工具相当契丹人用的打兔棒，可能是一种系绳或拴木棒的猎具，也是投掷玩具。西安半坡仰韶文化遗址出土不少石球、陶球，其中有些就是儿童的玩具。

二、射击

射击游戏相当普遍，方式有几种：一种是弹弓，该弓以竹木为弓，以竹或藤条为弦，但弦中央有一个兜，是放弹丸的地方，利用这种弹弓可以打鸟，也可作为儿童的玩具。黎族、傣族、基诺族都有这种玩具。在我国新石器时代各遗址都出土了大量陶弹丸，其中有些就是儿童玩具，至于弓箭玩具就更多了。耳苏人（藏族一支）有一个射箭节，人们都在节日中比赛射箭，其中也包括儿童。藏族利用杂木制成响箭，供儿童拉弓射箭游戏。骑术是在游牧民族兴起的，儿童从小必须练习骑马。农业民族儿童的骑木马、骑竹马也是类似游戏。张华《博物志》："小儿五岁曰鸠车之戏，七岁曰竹马之戏。"这些游戏在民俗中还保存着，充满着活力。

三、球戏

球戏除前面所谈的弹丸、飞石索外，还有一种陶响球，如在长江流域的大溪文化、屈家岭文化、石家河文化都出土一种陶制的球，该球以陶烧制，中空，贮有砂粒或弹丸，摇之有声，外表有圆点纹、镂孔装饰。这种陶响球东至江苏，西抵四川，南到湖南，北至河南，都发现不少。这种陶响球是做什么用的呢？从民族学和民俗学资料分

石球和陶响球　　　　　　　　河姆渡文化的陀螺

析，应该与玩具有关。如河南骡河民间有一种响当，它以胶泥制成两个半球，内部挖空，外部有镂孔和三角形纹饰，然后把两个半球粘在一起，其内放三四枚小弹丸，烧干后摇之有声，供小孩玩耍。这种响当，无论是制作，还是使用方法，都与长江流域的陶响球一模一样，可证陶响球是一种玩具，而不是生产工具。

四、陀螺

陀螺也是比较原始的玩具。在七千年前的浙江河姆渡文化遗址就出土一件木制的陀螺，在圩墩和水田畈等遗址也出土过陀螺玩具。说明陀螺是在长江下游出现的，后来才传播到其他地区。从民族学资料看，瑶族有大人和小孩两种陀螺，小孩玩的是小陀螺，大人玩的陀螺相对大，要由一人或几个人才能旋转起来。贵州台江有一种陀螺，由三个机件组成：一是木陀螺，大者直径50厘米，其上有柄，柄上有一孔，旋转时能发出声响；二是绳索；三是一根弯曲的木柄，柄部也有一孔。玩时，把绳子绕在陀螺的木柄上，绳的末端插入木棍的孔内，并且用一别棍卡住绳头。然后一人握住陀螺，拉紧绳索上的别棍，一人使劲拉木棍，当拉开之后，陀螺下地，开始斜向旋转，进而垂直旋转，由于陀螺的木柄上有孔，能发出"嗡嗡"的叫声。

五、攀登

攀登是原始人从事生产和征战所不可缺少的技能，如爬山越岭以追捕野兽，爬树以摘取果实，穿越山林以包抄敌人等等。因此在游戏中常玩攀登游戏。海南黎族小儿五六岁就能攀爬高大的椰子树,能熟练地摘下椰子。儿童爬高大的树木时,还事先往树梢挂一个木杆,然后沿杆爬到树梢。过去凉山彝族经常打冤家,社会风气崇尚勇武,因此黑彝奴隶主不在意子女读书,而是从小舞枪弄棒,让少年赤足爬山,脚掌磨破也无所谓,这样才能使少年吃大苦,耐大劳,将来适应战争需要。

六、泥塑

在史前各个文化遗址中,都或多或少地发现一些陶塑玩具,有些是烧制的,如半坡出土的陶狗,河姆渡出土的陶猪、陶羊,红山文化出土的陶猪、骨雕猪、石雕羊等,真切生动,惟妙惟肖。在石家河文化遗址有的地段出土了大批陶塑动物,多达上万件,有陶鸟、陶鳖、陶羊、陶象。这些艺术品,有些可能与原始信仰有关,但其中也有不少玩具,很有可能石家河文化已经出现了专门制作陶玩具的作坊。

七、响器

在浙江河姆渡遗址出土一些带锯齿的骨片,长条形。在近代民俗玩具中,有一种刮响器,即在一根竹或木条上,或者在骨片上刻若干缺口,口距相等,然后取另一根竹、木或骨片,在前者缺口上反复刮动,即发出类似蝈蝈的叫声。东北满族捉蝈蝈就利用上述工具,称"蝈蝈引子",实为捉鸣虫的拟声工具。事实上,拟声工具既是猎

陕西铜川仰韶文化遗址出土的陶响器

第十二章 游艺

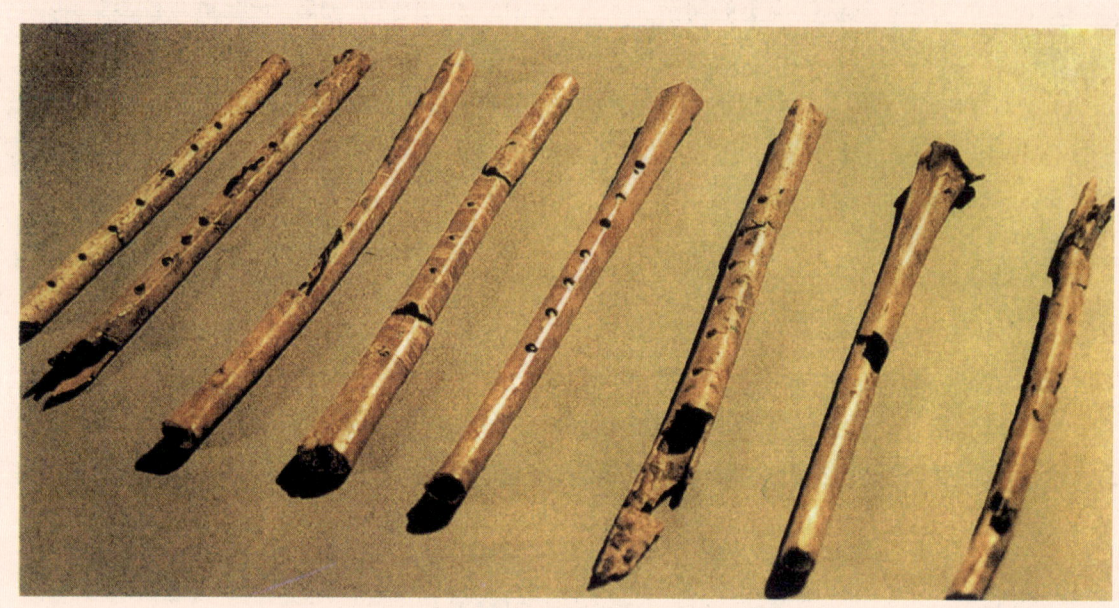

河南舞阳贾湖新石器时代早期遗址出土的七孔骨笛

具，也是吹奏玩具。在此启发下，又派生出各种吹响玩具，如河姆渡文化的骨哨、仰韶文化的陶埙、红山文化的牛头埙、苗族的吹草管、摩梭人的吹竹筒、彝族的吹树叶等等。

八、拔河

进行力量较量的游戏也是较多的，如举石头、摔跤、拔河等，可惜史前这种游戏不易保存下来，但民族学中不乏其例。以拔河来说，是一种集体游戏，古代称牵钩。玩时，双方人数相等，中间放一绳或一木杆，互相牵拉，谁把对方拉过中界线，谁就力量大，属于胜方。哈萨克族还有一种躺着拔河，这不仅是力的较量，也是智力和谐一致的比赛。藏族有一种大象拔，由两人玩，绳子两头为套，套在两人脖子上，然后将绳子从胯下通过，两人背向趴在地上，四肢着地，学大象挽拉，看谁的力量大。达斡尔族拔河中置木杆，称拔杆子。这些例证说明，拔河是力量的训练，无论是运输木料，搬运猎物，都需要巨大的挽力。

九、水戏

原始人都依江河而居，无论是渔猎，还是汲水、出行，都要与水打交道，所以要求人们都要习于水性，能够渡江过河，战胜洪水。远古的洪水传说，其中有不少人类战胜洪水而求生存的事实。

水戏是从游泳开始的，有各种各样的游泳方法。儿童则喜欢打水漂，即取一陶片或石片，沿着水面抛出去，看谁的石片抛得远，谁就是投掷技术高超者。儿童在水中捉鱼、捞虾、钓鱼也是一种游戏。少年则喜欢游泳，最初多借助一定的漂浮工具，哀牢山彝族少年游泳时，常常抱一个巨大的蜂房，黎族则抱一个大葫芦过河。山东长岛青少年在岛际之间游渡时，也带几个葫芦。有时他们也借助葫芦船捞海参。牧区的漂浮工具的木头、羊皮口袋，后来发展为羊皮筏子和牛皮船。

在北国之冬，冰天雪地，出现各种雪上或冰上游戏，如滑雪板、打滑达就是著名的雪域游戏。冰上有滑冰、坐冰车、拉狗橇、打冰陀螺等等，也是有地方特色的游戏。

以上是一些主要的游戏，此外还有跳绳、踢打、抓石子、抓拐、玩小动物、打秋千等等，由于缺乏考古证据，已难以具体描述。通过以上所述，原始游戏有一定的特点：

第一，原始游戏与现实生活密切结合。

最初的玩具都是实用工具，还没有专门的玩具。如石球既是飞石索投掷的工具，又是儿童的玩具。弹丸是猎鸟工具，也是儿童的弹射玩具。在这里实用工具与玩具是合一的。随着游戏的发展，仅仅使用实用工具就不够了，而且有些工具甚大，不适合儿童玩耍，于是成年人为儿童制作小巧的玩具：小弓箭、小标枪、陶塑娃娃，这些都标志玩具的出现。尽管如此，这些原始游戏都是以当时的生产活动为基础的，既反映了社会生活，又模仿社会生活，因此游戏具有浓厚的教育性质，为儿童走向成年准备条件。

第二，游戏多用玩具又可不用玩具。

一般来说，原始游戏多借助一定的玩具和道具，但是又不尽然。有不少游戏并不使用玩具，如达斡尔族在春节时玩一种"阿布嘎拉代"游戏，由一人装哑巴，戴纸或树皮面具；一人反穿羊皮，伪装为羊；一人装白鹤。玩时，哑巴牵着羊，另一手拉着鹤，后边跟随二人。当哑巴到了人多的地方，欲骑羊，羊跌倒在地，哑巴也应声倒下，逗得众人哈哈大笑。还有两人为其唱歌、助兴。观众则纷纷向表演者赠送食品。这种游戏来自游牧生活。此外，还有许多儿童游戏，都是不用玩具的。

第三，原始游戏多集体性。

原始游戏有男女分工，这种状况沿习甚久。《诗经·小雅·斯干》："乃生女子，载寝之地，载衣之裼，载弄之瓦。"瓦为纺轮，是妇女纺织劳动的象征，所以小女孩从小就玩纺轮，模仿妇女纺线，故曰生女为弄瓦。《诗经·小雅·斯干》又称："乃生男子，载寝之床，载衣之裳，载弄之璋。"璋是一种玉器，象征男子有璋一样的品德。小男孩从小玩耍玉璋，故曰生男为弄璋。

从民族学资料看，游戏也有明显的性别分工，如鄂伦春族男孩玩弓箭、标枪、从事骑马和养犬玩；女孩则玩摇篮、抱布娃娃，或者以桦皮缝制桦皮碗，盛上野菜，招待小朋友。孩子的母亲则利用猎刀，将白色的桦树包子（菌）雕成狗、马、鹿、人、衣箱等玩具，按着性别，分发给孩子们。这些玩具不是别的，正是他们的父母所使用的工具、马匹和猎来的野兽。当然，这些游戏常常是三五个孩子在一起，或若干成年人集体玩耍，这也是原始游戏的特点之一。

第十三章
社会组织

人类与动物的不同处，一是人类会劳动，二是人类组成一定的社会组织。后者在原始社会也不例外。

当时的社会组织，先后经历了原始群、血缘公社、氏族公社，在氏族公社又分母系氏族与父系氏族两个阶段。在氏族之上有部落，后来又出现了部落联盟。至于家庭的出现，发端于母系氏族末期，兴于父权制时代。

第一节 氏 族

这里所谓的氏族包括三个发展阶段：前氏族社会组织——原始群和血缘公社、母系氏族和父系氏族公社，每个阶段又细分为若干社会组织形态。

一、前氏族组织

前氏族组织，指母系氏族产生之前的社会组织形式，通常包括两种形式：一是原始群，二是血缘公社。

（一）原始群

原始群是人类最早的社会组织形式。恩格斯在给彼·拉·拉甫罗夫的信中说："最初的人们大概是过着原始群的生活和在我们视线所能深入去的遥远世纪，我们便发现事实的确是这样。"[1] 当时正是从猿向人过渡阶段，处于人类的童年。由于生产手段极少，个人是无法生存的，必须结合为一定的群体才能生活。《吕氏春秋·恃后览》："凡人之性，爪牙不足以自卫守卫，肌肤不足以悍寒暑，筋骨不足以从利辟害，勇敢不足以却猛禁悍。然且尤裁万物，制禽兽，服狡虫，寒暑燥湿不能害，不惟先有其备而以群聚耶？群之可聚也相与利之也，利之出于群也。"其中所谓的"群"，即原始群。

该组织是一种松散的集体，人数不多，只有母系血缘起一定作用。他们住在一定的地域，从事采集和狩猎，共劳共食，相依为命，有一定的分节语言。

原始群的早期阶段，两性关系是杂乱的性交关系。人们可以"无限制地性交"，还没有婚姻和家庭。但是，它同动物的性交关系是有严格区别的。"所谓杂乱，是说后来

---

[1]《民族译丛》1955年第1期。

图1　身穿套头衣的史前石雕人像
图2　红山文化女神像腰部的牛角形文身图案。从这座陶塑女神像的特点来看，它可能是人们祭祀供奉的氏族祖先神或部落、家族的守护神
图3　戴帽的仰韶文化陶塑人像

由习俗所规定的那些限制那时还不存在"，"现在或较早时期通行的禁例在那时是没有效力的"。① 有兄弟与姊妹的婚配，没有上下辈婚配的限制。我国古代文献中记载的"昔太古尝无君矣，其民聚生群处，知母不知父，无亲戚兄弟夫妻男女之别，无上下长幼之道"，②"男女杂游，不媒不娉"③，都是对当时人类社会状态的生动描述和追忆。这是人类脱离动物状态之后的必然发展阶段。

（二）血缘公社

起初，原始群是不固定的，有分有合，随着采集、狩猎经济的发展，劳动中按年龄分工的出现，促使原始人群不断分化。由于不同年龄的男女之间生理条件的悬殊所

---

①　恩格斯《家庭私有制和国家的起源》，《马克思恩格斯选集》卷四第30—31页，人民出版社1972年版。
②　《吕氏春秋·恃君览》。
③　《列子·汤问》。

引起的反应，人们思维的进步，父母与子女也不愿发生通婚关系，终于逐步排斥了杂乱的性交关系，发展为比较固定的血缘群团。又称血缘家庭或血缘公社。它既是一个生产生活单位，又是一个内部互婚的集团。其内部排斥了祖辈和少辈之间，双亲和子女之间互为夫妻的权利和义务，而在同一辈分之间既是兄妹，也是夫妻，即兄弟姐妹，从兄弟姐妹之间互相通婚。马克思也说："在原始时代，姊妹曾经是妻子，而这是合乎道德的。"① 兄妹结婚，这是血缘婚的晚期形式。恩格斯说：他们"把这种关系看做自然而然的事"②。这种血缘群婚在历史上曾经存在很长时期，两性关系由杂乱性交进入血缘群婚也经历了一个漫长的过程，而且是婚姻史上的一大进步，它促进了人类社会的发展和人类身体结构的显著变化。我国的云南元谋人、陕西蓝田人、湖北郧县、郧西人、河南南召人、安徽和县人均属于分类学上的直立人阶段，大致处于血缘公社时期，他们的典型代表是北京人和他们创造的文化。

人类的生产，正如恩格斯所说："一方面是生活资料即食物、衣服、住房以及为此所必需的工具的生产，另一方面是人类自身的生产，即种的繁衍。"③ 北京人正是肩负着这两种生产。一方面，他们从事采集和狩猎，男女之间也有了简单的分工和不同年龄的分工。北京人洞穴中的文化堆积甚厚，经过研究证明，他们一个时期居住洞中，另一个时期洞穴又被鬣狗占据，再一个时期北京人又回来成了洞穴的主人。他们可能处于季节性的定居阶段。另一方面，他们又通过血缘婚的形式，生育后代，当时业已排除了杂乱的两性关系，开始实行同辈婚配。社会进入了血缘群婚的阶段。

在我国神话中，流传伏羲女娲兄妹通婚的故事。《独异志》卷下记载最详："昔宇宙初开之时，只有娲兄妹二人在昆仑山，咒曰：'天若遣我兄妹二人为夫妻，而烟悉合，若不，使烟散。'于烟即合。其妹即来就兄。"在河南唐河出土的汉画石上，有一幅伏羲女娲图，其前均有两朵烟，象征夫妻可以结合。

在我国各民族中，如高山族、黎族、壮族、侗族、苗族、傣族、怒族、纳西族、彝族等，都有洪水传说和兄妹通婚的神话，这些都与汉族有关记录大同小异。此外，在一些民族地区，还或多或少地保留着血缘婚的残余。④

血缘婚是从杂乱的性关系发展而来的，沿袭时间甚久。"血缘家庭"是一个母系血缘集团，它又是一个生产、生活单位。"血缘家庭"（或血缘婚）的突出特点是内部通婚，即年龄相若的或同辈之间的男女互相婚配，这种婚姻之形成，乃是同年龄中的劳

---

① 恩格斯《家庭私有制和国家的起源》，《马克思恩格斯选集》卷四第32页，人民出版社1972年版。
② 同上，第32页。
③ 同上书，第2页。
④ 《共妻制与共夫制》第16页，三联书店1990年版。

伏羲女娲通婚画像石

动分工和不同年龄之生理状态而引起的。因此它是第一个"社会组织形式"。血缘婚是从杂婚向氏族外婚制过渡的中间环节。

---

① 马克思《摩尔根〈古代社会〉一书摘要》第19—20页,人民出版社1965年版。

二、母系氏族

恩格斯指出："确定原始的母权制氏族是一切文明民族的父权制氏族以前的阶段的这个重新发现,对于原始历史所具有的意义,正如达尔文的进化论对于生物学和马克思的剩余价值理论对于政治经济学的意义一样。"[1]

母系氏族经历了一个漫长的发展过程,正如前面所述,自旧石器时代中期开始,人类已经进入了母系氏族社会。距今六七千年前,我国黄河、长江流域的母系氏族已经发展到了全盛时期,从考古资料看,仰韶文化早期、大汶口文化早期,河姆渡文化和马家浜文化早期都处于这一历史阶段。在经济方面,当时以火耕和耜耕为主,饲养家畜和家禽,在某些地方又是建立在捕鱼和狩猎基础上的。

在我国最古老的神话传说中,有女娲、羲和、简狄、姜嫄、女歧和西王母等妇女形象。她们不仅是人类的祖先,还是当时社会的核心成员。传说还记载女登感神龙而生炎帝,附宝感北斗而生黄帝、女节梦接大星而生帝挚,庆都与赤龙合婚而生伊常(尧)、握登感大虹而生重华(舜)、简狄吞玄鸟之卵而生契等等,这些传说都说明人类最早知道的祖先是女性。人们"知其母,不知其父",他们的母亲是与某种图腾(动物、植物或无生物)的偶合而生人类的传说,是母系氏族存在的重要证据。

如果说反映母系氏族早期的历史资料比较缺少的话,那么到了新石器时代就不同了,这时有关母系氏族的资料相当丰富,有从地下发掘的考古资料,有从民族地区调查的"社会活化石",另外还有一些文字记载的古代传说。这些为探索母系氏族制度的来龙去脉提供了重要线索,也有助于考察母系氏族社会的特点:

第一,世系按母系血缘计算。

母系氏族是一个人类的群体,是以母系血缘维系的。马克思认为:"氏族是由有亲属关系的人组成的大家族(可以把大家族称为氏族家族)有共同的宗教仪式、共同的墓地,而且一般实行共同的土地占有,氏族成员之间禁止通婚。"[2] 这种"亲属关系"就是母系血缘联系,并且是由母系关系传递的,即由祖母传给母亲,由母亲传给女儿,由女儿传给孙女,依此类推,永不间断。永宁纳西族实行母系制,有女儿不会断根,无女则为绝后。作者在四川昭觉彝族得知,该族在洪水后觉木斯斯与天女为婚,生三子——汉族、藏族和彝族。其中彝族始祖为马格沙拉,其谱系前四代无父,从第四代起才有父亲,说明彝族也经历过母系社会。在中原仰韶文化曾发现一些子女随母亲埋

---

[1] 《马克思恩格斯选集》卷四第 14 页,人民出版社 1972 年版。
[2] 《摩尔根〈古代社会〉一书摘要》第 232 页,人民出版社 1965 年版。

葬的现象，我们知道在母系氏族制度下，子女是属于母亲的，父亲无子女，因此，子女随母亲埋葬，是母系氏族母子关系无比亲密的反映。

每一个氏族成员，不管其性别如何，她或他都属于母亲所在的氏族，而不属于她或他父亲的氏族。父亲是氏族以外的人。换言之，母系氏族内部没有，也不可能有父子关系，惟有母系关系才是氏族存在的保证。正是如此，每个氏族对自己的子女极为重视，尤其是对女子的重视更甚。陕西华县元君庙29号墓埋葬两个女孩，以红烧土块铺垫墓底，以成年人的形式安葬，随葬6件陶器，785件骨珠。在其他遗址也有类似现象，说明少女受到尊敬。

由于当时信仰氏族与某种动物、植物或无生物有一定血缘关系，人们就把该物视为自己的祖先，这就是图腾制度，图腾是氏族的名号、标志。《汉书·律历志》："……昔者，黄帝氏以云纪、故为云师，而云名，炎帝氏以火纪，故为火师而火名，共工氏以水纪，故为水师，而水名，太皞氏以龙纪，故为龙师，而龙名。"其中的云、火、水和龙等物均为图腾。不过，图腾仅仅是人类的祖先之一，除图腾外人们还崇拜老一代的女祖先，"氏族是由一个假定的女性祖先和她的子女及根据女系永远传递下去的女性子孙的子女所组成"[①]。直到夏商周三代的祖先还都是女性，说明他们的历史可以追溯到母系氏族社会。云南芒人各氏族以红、黑、灰为标记，异色男女可互婚，同色男女不能通婚。

史前时期陶人

---

① 《摩尔根〈古代社会〉一书摘要》第76页，人民出版社1965年版。

第二，妇女在生产中起主要作用。

在原始的生产分工中，男子长期从事渔猎活动，由于攫取经济本身的局限性，动物的善于游动，男子为了寻找和追捕动物必须四处奔走，在整个原始生活中不起决定的作用。但是，妇女从事的采集活动却比渔猎生产的收获稳定得多，每天都能有一定的收获，供氏族成员糊口度日。

自从发生了新石器时代的经济革命以后，出现了农业和畜牧业、制陶、纺织等手工业。其中，"妇女发明了编织细工，陶器艺术，纺织，农业"。① 但是，男子在很大程度上停留在渔猎生产领域，他们参加农业和家畜饲养的活动不多，主要的农活（包括家畜饲养）是由妇女承担的，再加上古老的采集活动，就使妇女成为生活资料的主要寻找者和加工者了。同时，妇女仍然是管理住所、保护火种、抚育子女、从事制陶、纺织和缝纫的承担者，这些活动比起男子的生产活动来说，既稳定又重要，领域也十分宽广，从而决定了妇女在整个社会经济活动中起着主导的作用。

妇女在原始经济中的重要地位，包括以下几点：一是在男女分工中，无论是采集、农业和主要的手工业中，妇女都起着主要的、经常性的作用，她们肩负着繁重的社会劳动；二是在生产管理过程中，妇女不仅参加管理，还是主要的管理者，她们主持制定生产计划、安排劳动分工，参加具体劳动；三是在分配方面，也是由妇女负责的，如仓库的管理，食物的加工和分配，都是由女性氏族长主持的。

在考古发掘中，普遍发现妇女随葬各种各样的炊食用具，这是妇女参加社会生产的物证。更有意义的是，从临潼姜寨墓地看来，男子每人平均随葬4件器物，女子每人平均随葬6件器物，女多于男，个别女子还有很多的随葬品，如7号墓随葬石器、陶锉各1件，石球12件，陶器4件，骨管1件，玉坠饰2件和由8577枚骨珠组成的项链。

这种现象怎样解释呢？说明"妇女不仅居于自由的地位，而且居于受到高度尊敬的地位"。② 此种葬俗是否与氏族的公有制相矛盾呢？并不矛盾。因为上述随葬品都是一些最简单的工具、陶器和装饰品，这些物品多半是个人所占有的，也不是重要的生产资料，更不能成为剥削他人劳动的手段。所以，母系氏族社会妇女有较多的随葬品是正常的现象，是氏族成员对她们的敬意。妇女的作用不限于此。当两个氏族征战不止时，妇女有权制止，《云南志》卷一—纳西族"凡仇杀，两家妇女和解乃罢"。《安顺府续志·风俗》："同类相杀，必妇人劝方解。"这是妇女具有崇高权利的反映。

---

① 普列汉诺夫《论艺术》第161页，三联书店1964年版。
② 《马克思恩格斯选集》卷四第43页，人民出版社1972年版。

姜寨氏族村落复原图

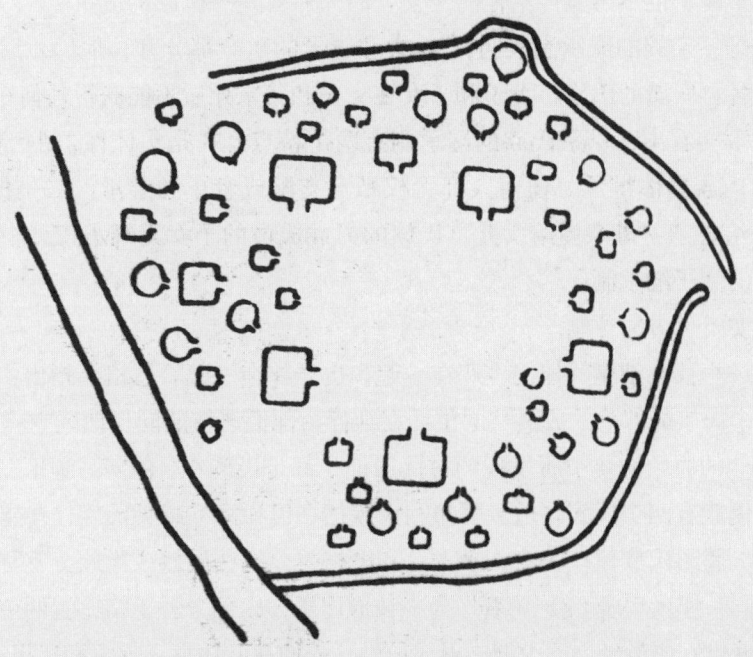

姜寨氏族村落平面图

第三，财产由氏族集体继承。

在母系氏族社会，生产资料归公社集体所有，实行集体劳动，共同享受劳动产品。如姜寨、半坡等遗址都有专门的制陶区，陶窑密集，这说明当时制陶是氏族的集体活动，由妇女主持，收获的粮食也归公仓，统一由氏族长分配，这是氏族公有制的反映。氏族成员死后也随葬少量物品，但是数量有限，彼此差别不大，仅限于生活用品，如浙江嘉兴马家浜下层发掘的 30 座墓,绝大部分没有随葬品,有 6 座墓共有 11 件,其中每座墓多 1 至 2 件,个别墓 3 件,其他一些原始文化的墓葬也是如此。

马克思指出:"共同占有土地和集体耕种土地,必然导致共同的住宅和共产生活方式。"① 正像前面所说的,西安半坡、临潼姜寨等氏族村落的建筑是与氏族的共居制相吻合的,并且利用公共火塘进行食物加工,实行共食。

氏族的财产是如何继承的呢?是由氏族集体继承的。在当时的条件下,财产归氏族所有,没有"你的我的"的区别,个人的存亡不影响财产关系。"根据母权制,就是说,当世系还是只按女系计算的时候,并根据氏族内最初的继承制度,氏族成员死亡以后,是由他的同氏族亲属继承的。财产必须留在氏族以内。"② 以我国保留母系制较多的永宁摩梭人为例,在母系亲族里,祖母死后,家庭的财产如故,仍然是母系亲族的财产,实际由其子女集体继承,至于她个人的衣物和装饰品,有些用于随葬,有些归其女儿使用,舅舅的衣饰由甥男继承。男女在财产上是平等的,都有继承权。但是,男子的财产不能、也不可能传给他的子女,因为后者是外氏族的成员。

摩梭人母系亲族的继承制表明,"丈夫和妻子的财产都分开,他们死后,财产仍属丈夫和妻子各自所属的氏族。妻子和子女在丈夫和父亲死后不能获得任何东西"。③

从上述事实看出,母系氏族的继承制有两个特点:一是集体性,由于财产为氏族所有,也由氏族集体继承,任何人都无权私自支配或者单独继承。二是按母系传递,即由祖母传给母亲,母亲传给女儿,氏族的男性成员的子女无继承权。在这里,不承认后来兴起的父子继承制。

第四,实行母方居住制。

氏族是一个社会细胞,他们生产在一起,也居住在一起。恩格斯指出:"氏族制度的前提,是一个氏族或部落的成员共同生活在纯粹由他们居住的同一地区中。"④ 在仰韶文化和其他同期的原始文化中所发现的村落遗址,都是氏族"居住同一地区"的见证。云南孟连海东佤族有四个氏族,过去腾布利氏族住在巴孤海,腾吴氏族住在永利、腾浪氏族住在莫孔,腾绍氏族住在芒哈、永木兰和巴格拉。这些氏族或氏族分支称"尼阿赛",意思是属于同一座大房子。"尼阿赛"为一长形房子,内部分若干格,置两个火塘,一上一下,上火塘供女成员坐,下火塘供男成员坐。人们在此休息,炊事和祭祀。⑤

适应母居制的房屋建筑,因与经济类型、定居程度、生活习惯和宗教信仰有关,所

---

① 《摩尔根〈古代社会〉一书摘要》人民出版社 1965 年版。
② 《马克思恩格斯选集》卷 4 第 50 页,人民出版社 1972 年版。
③ 《摩尔根〈古代社会〉一书摘要》第 53 页,人民出版社 1965 年版。
④ 《马克思恩格斯选集》卷 4 第 164 页,人民出版社 1972 年版。
⑤ 宋恩常《云南少数民族社会与家庭制度研究》(1),第 367 页,云南新华印刷厂,1978 年。

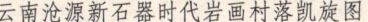

云南沧源新石器时代岩画村落凯旋图

以，形式也是多种多样的。就是在农业部落中也不完全一样，如古代云南阿细人每个氏族有两幢房子，分别供男女成员居住，中间为广场和通道。独龙族的"母房"是一座长屋建筑，中间为走廊，两侧为居室，并且分若干单间，摩梭人是一个四合院式建筑，分公共住处和客房两大部分。但是，不管其形式如何，都必须适应氏族的共居需要，而且要有足够数量的房间供已婚妇女接待外氏族的男配偶使用。这种定居形式一直延续到对偶婚阶段。

西安半坡遗址曾发掘许多房屋遗址，有较大的房子，也有些小房子，其中圆形房子直径五六米，半地穴式方形房子，长宽各四五米，每座房子可住五六人，或更多些，可能是供母系亲族部分成员或已婚妇女使用的。宝鸡北首岭有南北两大排大房子，每座面积达三四十平方米，两边房子相向而开门，中间有通道。这可能是同氏族的人按性别分开居住。

在生产力极其低下的情况下，氏族是人类生存的命脉，一个氏族的人，生前住在一起，死后也不分离，必须实行合葬，所以当时普遍流行氏族公共墓地，而且多合葬墓，实行同性合葬，这是共居制在葬俗上的反映。

第五，妇女是氏族的管理者。

由于妇女在社会生产中居于主导地位，以及世系按母系血缘计算，就决定了母系氏族以年长的妇女为氏族长，她是由全体氏族成员选举的，如果不称职，全体成员有权罢免这个族长。氏族长负责领导生产，管理生活和对外联络。当氏族分裂为母系家族时，又出现了家族长。华县泉护村南发现一座成年妇女墓，墓主人头西脚东，直肢仰身，随葬有石斧1件、石铲1件，骨器74种，陶器4件，其中有一件黑泥质陶鹗鼎，体形较大，美观别致，是古代陶器的杰出代表[①]。该墓附近再无其他墓葬，说明死者在氏族中有特殊地位，可能是氏族首领或母系家族长。

氏族首领虽然管理一切，但没有特权，也不包办代替，她永远尊重其他氏族成员的意见，遇到重大事件时，如吸收养子，进行血族复仇，决定生产计划，就要召开有关会议决定。氏族有一个议事会，是成年人的会议，未成年者不能参加。在西安半坡等遗址里，发现很多小孩不葬到公共墓地上，葬式也比较特殊，说明未成年的人不是氏族的正式社员，还不能享有成年人的社会权利。在氏族制度下，男女青年跨入成年阶段必须经历一种成年仪式，通常在庄严的气氛中，对要成年的人进行毅力和智力的考验，以检查青年是否具备充当氏族、部落正式成员的条件。因此，只有成年男女才有权参加氏族会议。

以上为母系氏族的主要特征。从中看出，母系氏族是以母系血缘为纽带所组成的较大的血缘团体，实行族外婚。这是由于当时社会条件的限制，其规模不可能很大，当人口增加到一定数量时，氏族就分化为若干女儿氏族或新生母系氏族。到了后来，

---

① 苏秉琦《关于仰韶文化的若干问题》，载《考古学报》1965年第1期。

在母系氏族内部又出现更小的母系亲族。

三、母系亲族

新石器时代的经济革命，标志社会生产力有了飞速的发展，能够生产较多的粮食、畜牧产品和手工业品，大大提高了生活水平。生产率的提高，势必引起生产关系的变化，原来只能以母系氏族为生产单位进行生产活动，现在，由于耜耕农业和畜牧业的发展，人们以比较小的集体为单位，也能进行生产活动了，这是导致母系氏族分裂的重要原因。与此同时，母系氏族在不断发展的过程中，人口显著增加，氏族内部按血缘亲疏关系，产生了一些支系，这些支系和氏族人口的增殖，为上述较小的集团从事单独的生产活动提供了有利条件。

在社会发展过程中，任何一个社会的组织都为它的生产力状况所决定。当这种状况有所改变时，社会组织迟早也一定要发生变化的。从母系氏族晚期开始，母系氏族除不断分化为若干女儿氏族而外，在氏族内部普遍地、大量地出现了更多更小的母系亲族集团，过去称为母系大家庭，我们简称其为母系亲族。

在永宁中心区母系亲族占主要地位，如温泉乡81户，母系亲族50户，占61.7%；母系父系家庭29户，占35.8%；父系家庭2户，占2.5%。① 其他各乡也保留一定数量的母系亲族。上述事实说明母系亲族是普遍存在的，而母系父系并存家庭，是处于母系向父系过渡之中，母系仍然占有优势地位。

类似亲族的例子是处处可见的，它们的共同特点可包括：

第一，世系按母系计算。

在母系亲族内部，只有母亲与子女，兄弟姊妹，舅甥、祖母与孙子孙女，舅祖与甥孙和甥孙女等亲属关系，没有父子、祖父与孙子等亲属关系。也就是说母系亲族纯粹是一个母系血缘集团，世系按母系计算，祖母传给母亲，母亲传给女儿。摩梭人称"无男不愁儿，无女水不流"，"生女重于生男，女儿是根根"，表明妇女是母系亲族存亡兴衰的根本条件，否则是不能维持母系血缘纽带的。

当母系亲族缺少女继承人时，要通过亲族会议同意，向其他亲族请求，可以过继一名或若干名女继承人，并且举行祭祖追认仪式，该继承人就可以任家长。

第二，实行亲族外婚制。

---

① 《云南省宁蒗彝族自治县永宁纳西族社会及其母权制的调查报告》（宁蒗县纳西族调查材料之三），1964年12月。

最初，是实行氏族外婚制，后来由于氏族不断分化，通婚范围不断扩大，但是还保留了母系亲族外婚制。方式是少年举行成年仪式之后，开始社交活动，同时母亲为女儿准备一间客房，她即可在客房里接待男朋友，第二天清晨男子再离去。配偶双方建立关系没有仪式，也没有共同的经济生活，仅仅是夜间的两性偶合。夜合昼离，变化无常。

第三，子女知母不知父。

由于婚姻关系很不稳定，经常发生离异，子女又归母方亲族抚养，生父对子女无抚养的义务，来往也很少，因为父子是其他母系亲族的人，关系淡然，没有父爱，子女不知其父。因而在当地摩梭人的词汇里，也无父亲一词。但是，母亲对某个子女的生父是谁，还是一清二楚的。换言之，在母系亲族内部，妇女有子女，男子无子女。

第四，母系亲族是一个生产、生活单位。

除土地归领主所有外，其他如房屋、牲畜、家畜、工具和粮食归全体亲族成员所有，平时由家长管理，个人无权支配。生产活动按年龄和性别分工，实行集体劳动，产品放入亲族的公共仓库，归亲族公有。

产品消费也是平均主义的，由家长主持炊事，按人口分配食物。"在这些房子里，

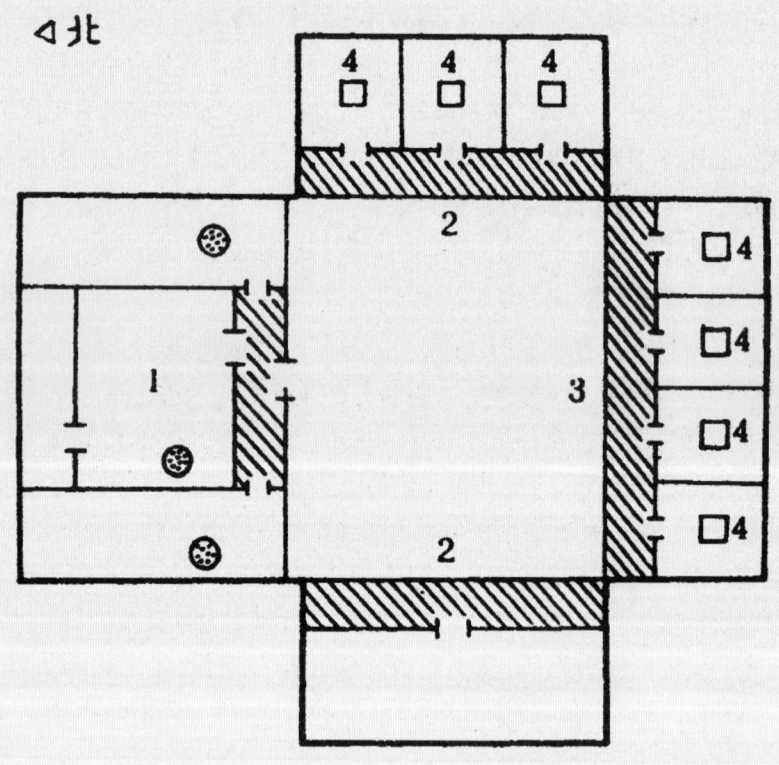

1.公共住宅 2.厢房 3.门房 4.客房

食物是公有的，烹调和膳用也是共同的，按照共产主义原则行事。"[1]因此，母系亲族是一个单独的生产和消费单位。

第五，每个亲族有一个族长。

每个母系亲族都有一个族长，称"达布"，一般由长辈妇女担任，要求有较高的威信及健壮、能干等条件，负责生产计划、劳动分工、财产管理、生活安排、对外事务和宗教祭祀。亲族的名称，多以家长的名字而定，但是她无特权。

第六，实行共居制。

母系亲族不仅实行共食，还共同居住在一起。每个亲族有一个庞大的院落，内部有一定布局，除供全体成员集会、消费和老人、少年们居住用的公共住宅外，已婚妇女都各有自己的单独房间，供她与配偶居住。一旦丧失婚姻生活条件，她自然把房间交出，自动地迁入公共住宅内部，与年迈的姊妹们安度晚年。人们生前住在一起，死

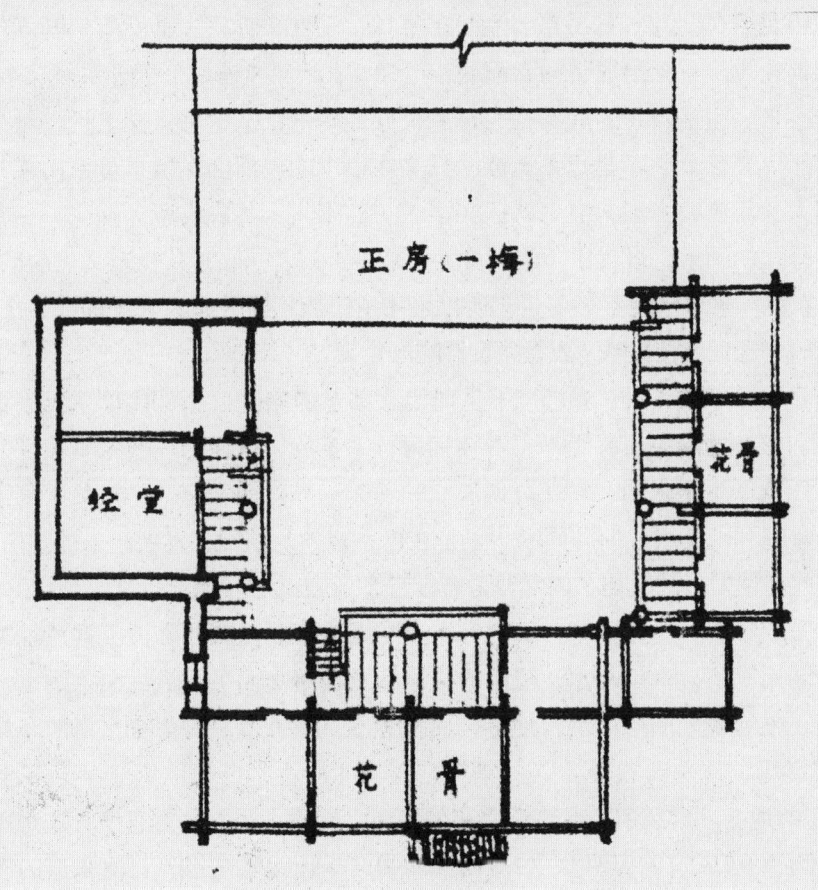

摩梭人母系院落平面图

---

① 拉法格《财产及其起源》第48页，三联书店1962年版。

后也埋葬在一起，每个亲族都有一个亲族的公共墓地。

此外，母系亲族还有祭祀祖先的仪式。

以上特征说明，母系亲族不仅是一个母系血缘单位，也是一个经济细胞，他们生前住在一起，实行共居制，死后也埋葬在一起，实行母系亲族公共墓地，但是夫妻、父子是不同母系亲族的人。

摩梭人的母系亲族是什么性质的社会组织呢？它的来龙去脉如何呢？分为若干"斯日"，即女儿氏族，也称"尔"，甚至对母系亲族——"衣杜"也称"尔"。"尔"又是"一个根根"的意思，泛指大大小小的母系血缘集团。其中，"衣杜"最小，是指住在一幢房子里的母系亲族。很明显，"衣杜"具有母系氏族的基本特征，但是规模小，人口少，若干"衣杜"才组成氏族。"衣杜"是母系氏族内部的分支。

摩梭人的"衣杜"是由一个母祖繁衍下来的三四代人所组成的母系血缘集团，主要成员有祖母及其兄弟姊妹、己身和兄弟姊妹、子女、孙子、孙女等。既不包括女成员的男配偶，也不包括男成员的女配偶，可知"衣杜"纯粹是一个母系血缘亲族集团，又是一个生产、生活单位，其特征与母系氏族相吻合，从这种意义上说，母系亲族是氏族的缩影。当然，它不是母系氏族，只是在很小的规模上保留了母系氏族的基本特点。它的人数不多，一般只有七八人，多者三四十人，其成员所以稀少，一者是由于母系氏族分化的结果，自然比氏族成员大为减少；二者是在近代生产力发展的条件下，庞大的"衣杜"组织已经不必要了。所以，才由氏族不断分裂为较小的"衣杜"。加上封建制度的侵蚀，就使母系"衣杜"日益畸形化了。

不难看出，摩梭人的"衣杜"不是现代意义上的家庭，而是比母系氏族更小，血缘关系更加密切的母系血缘组织，习惯称为母系亲族，以便与一般家庭相区别。母系亲族是由氏族派生出来的，它比任何家庭——无论是对偶家庭，还是父系家庭都要原始。对偶家庭和由其组成的共同家族正是在母系亲族的基础上发展起来的。由此推想，在母系氏族高度发展的时期，内部分为若干母系亲族。

上述民族学资料对印证考古资料有重要参考价值。以陕西临潼姜寨遗址为例。该村落位于骊山脚下，背山临水，清澈的临河从骊山蜿蜒而下，最后流入渭水。姜寨遗址就坐落在临河东岸的第二层台地上，面积达5万平方米。村落有严格的布局，中央为宽阔的广场，这是氏族全体成员集会、娱乐的场所，也是他们从事某些生产活动（如打谷）的地方。广场四周有许许多多的房屋，大大小小，井然有序，这是氏族的居住区。周围被三条围沟所环抱。村落西部靠临河岸边为制陶区，村落东边的沟外，为氏族的公共墓地。

这些围沟在西安半坡遗址也有发现，说明当时相当流行，它们如同村落的栅栏，具有防御的作用。东面和南面的围沟没有衔接起来，各留有通道，这是氏族村落的门户。白天，氏族成员纷纷离开村落，越过沟渠，从事农业生产，烧制陶器，捕兽捉鱼，采集野菜；傍晚，他们携带工具和果实，又回到村落休息。

哈尼族的子母房

姜寨村落的居住区内，基本可划分为几个部分，每一部分有一座大房子和若干小房子，几乎所有的房子都朝向广场，每个大房子与其附近的小房子，不仅靠得很近，门向也是一致的，这说明它们有极密切的关系。如果说整个村落是氏族住地的话，那么，每一部分则是母系亲族的居住区，其中大房子是母系亲族老人，孩子的住处，也是共同消费的场所，附近的小房了是供配偶双方居住的。双方是过着群婚生活，还是过着对偶婚生活，就不得而知了。

在墓葬中也有母系亲族遗址保存下来。如陕西华县元君庙墓地，合葬墓占三分之二左右，每座合葬墓少则2人，多者25人，一般均在4人以上。其中大多数为二次葬者的合葬墓，其次是并含一次葬和二次葬，全为一次葬者极为个别。说明同时而死的不多。

无论是同时死亡，或者是先后死亡的，在氏族墓地内又进行小规模地合葬，这是母系氏族内部有更小的亲属集团的反映，合葬墓只是亲族在一定时期内死亡成员的墓葬，表明其血缘关系更为亲近。①

---

① 宋兆麟《永宁纳西族的葬俗——兼谈仰韶文化葬俗的几个问题》，载《考古》1964年第4期。

【第二节　家　庭】

家庭是指以夫妻为核心所组成的社会单位。它的出现，导致夫妻、父子关系的公开化，产生了特有的亲属制度。但是家庭有一个形成过程。

最初的家庭，是对偶家庭，即男子上门于女方氏族，在当时母系氏族或亲族内出现若干对偶家庭，而此时的氏族、亲族也有了外氏族的人，于是变成母系大家庭，不过，这时的夫妻所组成的家庭，仅仅是母系大家庭的一部分，经济尚未独立。

只有父权制确立以后，即以男子为核心，娶妻生子，组成了以男子为中心的氏族——父系氏族。应该指出，父系氏族并不是家庭的开端，在它之前已经出现了比较微弱的家庭形态——对偶家庭，因此在谈及家庭起源时，我们必须追溯到母系氏族末期。

一、母系大家庭

母系大家庭，一是较大，二是除以母系血缘为纽带外，已经出现了姻缘关系，即对偶家庭。

在永宁摩梭人地区已经看到，当该族的母系亲族出现女娶男嫁以后，母系亲族的单一的血缘关系就被突出了，在亲族内部出现了不同血缘的人，即女成员的男配偶，附带发生的是父子关系及其有关亲属。我们认为这种组织就是母系家庭，它与母系亲族有三点区别：第一，母系家庭已经改变了母系亲族的血缘单一性，同时出现了姻缘和父子关系。第二，配偶之间由过去的单纯性生活发展为有共同经济利益的利害关系，夫妻及其子女共同生产、生活。第三，父子之间有了明确的权利和义务，父亲不再是临时过客，而是家庭的正式成员了。第四，出现了夫妻、父子、岳母与女婿、姨父与姨侄等等新的亲属关系。由此看出，摩梭人的母系家庭是继母系亲族而起的另一种家

第十三章 社会组织

图1 仰韶文化遗址出土的披短发的人头形器口彩陶瓶，它向我们展示了一个梳着整齐短发、身穿花衣、耳系饰物的美丽少女的形象，反映出远古人们对美的向往和追求
图2 新石器时代遗址出土的人身虎斑纹陶片，反映了原始社会的文身风俗
图3 仰韶文化戴发带的陶塑人头

庭结构。

应该说明，永宁摩梭人的母系家庭虽然有它特定的历史地位，但是它并不典型，因为在阶级社会中它已经趋于小型化，人口较少，男子出嫁还不普遍，所以称其为母系家庭。它的原生形态，应该是公社的形式，如北美易洛魁人就有这种母系家庭公社，当地实行男子出嫁，流行妻方居住的对偶家庭，若干个这样的对偶家庭组成一个母系家庭公社，人数有一二百人，他们共居在一个庞大的长屋里。这种母系家庭公社在我国也有发现。

在云南省澜沧县的拉祜族地区，有一个巴卡乃母系家庭公社，人口达130多人，包括25对夫妻及其子女。他们的公共住宅很大，长23米，宽10米左右，面积达230平方米。房屋的一侧为走廊，一侧分25个单间，每个单间都有一个火塘。每个单间住一个"底谷"，即由夫妻及其子女们所组成的小家庭。整个母系家庭公社称为"底页"。"底页"集体占有生产资料，共同劳动，平均消费，每个"底谷"都没有独立的经济生活，它只是"底页"的一分子。人们把两者比喻为蜂房和蜂巢，表明两者是相互依存的整体和局部的关系。

母系家庭公社通常由一个始祖母所生的二三代后裔及女成员从外氏族招来的丈夫们所组成。每个母系家庭公社都有个族长，称"叶协玛"，意为女家长，原来由长女担任。解放前后当地父权制有一定发展，出现由长女的丈夫担任家长的现象，称"叶协帕"，即为男家长。家长有较高的威信，主持生产和分配，召开家庭公社会议，负责祭祀家神、调节内部纠纷和处理对外事物，但是公社成员的婚姻不由家长包办，而是由本人通过自由交往而建立。

由于"底谷"没有独立的经济，所以仍然依附于母系家庭公社。这是因为，第一，当时的生产力还比较低下，个体经济还难以独立，既不能提供剩余产品，也不可能有私有财产，只能维护原始共产制家庭公社的经济。第二，对偶家庭容易离异，它本身还十分软弱，妇女心向本公社，她们的配偶都时时有离开的危险，所以对偶家庭还缺乏建立自己小家庭经济的愿望。但是，母系家庭公社的妇女，都属于同一个氏族，丈夫则来自其他外氏族。因此母系血缘在维持公社方面有决定性的影响，而且，妇女仍然担负着主要的生产活动，抚育子女，管理家务，主持分配，从而决定了妇女在母系家庭公社中有崇高的地位。正如恩格斯所指出："共产制家庭经济意味着妇女在家内的统治"，"这种共产制家庭经济是原始时代到处通行的妇女统治的物质基础"[①]。

---

① 《马克思恩格斯全集》卷四43至44页，人民出版社1972年版。

二、父系大家庭

父系大家庭，又称父系家庭公社，它是父系氏族社会的基本社会细胞。自从父权制产生之后，先为父系氏族或父系氏族公社。

在民族学资料中，还能看到父系氏族的影子，如西藏米林县的珞巴族，还有许多氏族遗迹。珞巴族称为"霍得"，"霍"的意思是"分出来"、"传下去"，"得"是"切断"或"代"的意思，两个字合起来即分支、繁衍之意。父系氏族特征如下：

1. 每个氏族有共同的地域。

居住在米林县庸功地区的珞巴族，共有七个氏族，即萨及、东乌、另腰、海多、达芒、崩英和嘎若，他们各有自己的聚居区。萨及氏族住在从纳玉东拉以南到马尼岗以北的西木村，东乌氏族分布在马尼岗附近的河流两岸，另腰氏族住在马尼岗对岸东乌氏族的西北，达芒氏族分布在另腰氏族以西直到梅楚卡的一条山谷内和梅楚卡到达东的巴加西河谷，海多氏族在马尼岗南边河谷的东岸，再往下就是崩英和嘎若两个氏族的地区。

2. 实行氏族外婚制。

珞巴族认为同氏族的人结婚，是氏族的耻辱，不能容忍。如果发生上述事情，男女双方要被处死并丢到河里。因此，必须实行氏族外婚制，即本氏族的男子必须到其他氏族去寻找妻子，而本氏族的女子也一律嫁往其他氏族。

3. 实行父子联名制。

珞巴族的父子联名制与氏族是密不可分的。每个氏族成员的名字，都是由父名与本人的名字联在一起。各代的名字联起来，就是一个谱系。它反映了氏族内部各个家庭、各个成员之间的辈分关系。虽然女儿也与父亲联名，但因女儿外嫁，在谱系中没有实际意义。这是父系制的特点。

4. 氏族集体占有土地和森林。

氏族共同居住地区的山川、森林、土地，归整个氏族所有，凡是本氏族的成员，都可以在本区域内砍树建屋，开荒种地，采集狩猎。外族迁来的成员，则要告诉该氏族头人"根布"，并每年缴纳一定物品，才准许居住和种地。正如萨及氏族的头人杰萨姆所说的，"住在这里，吃我们的水，烧我们的柴，种我们的地，所以要向我们交东西"。

5. 同氏族的人有继承财产和互相帮助的权利和义务。

珞巴族的财产由子女继承，而且不动产只能由儿子继承。但如死者绝嗣，动产可用于办理丧事和给死者的女儿一部分，不动产则由死者同氏族或同"杭隆"的人继承。这是氏族成员的权利。同样，氏族成员之间也有互相帮助的义务，如抚养孤女，帮助

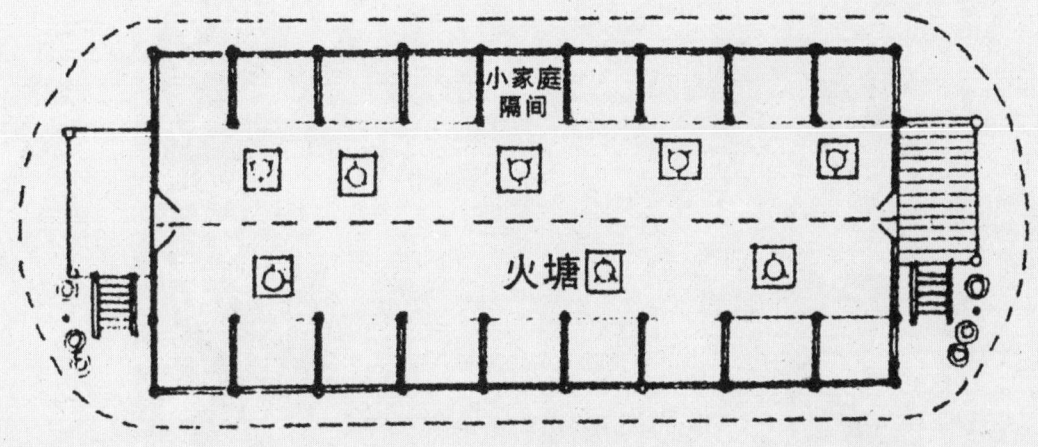

拉祜族的多火塘制

盖房,帮助复仇等。①

在氏族内有若干"杭隆"——父系大家庭,他们住在一个大房子内,共同生产,集体消费。自建国以来田野考查工作取得了很大成就,为研究、恢复这一历史时期的社会面貌,提供了大量的科学资料。从迄今发现的资料分析,我国远古居民进入父系氏族社会的时间虽然有先有后,参差不齐,但在距今五千年前后居住在我国黄河、长江和珠江流域的氏族,基本上都进入了父系氏族社会。属于这一阶段的原始文化,在黄河流域有晚期仰韶文化、中期和晚期的大汶口文化、马家窑文化、部分龙山文化和部分齐家文化,长江流域有屈家岭文化、晚期马家浜文化、良渚文化、山背文化,岭南有石峡文化,等等。这些原始文化,是远古时期住在不同地区的氏族部落所创造的。

从已经发掘的氏族墓地来看,山东泰安大汶口、胶县三里河、江苏南京北阴阳营、广东曲江石峡和青海乐都柳湾等氏族墓地,都是比较典型丰富的父系氏族墓地。这些墓地的布局,一般都排列有序,埋葬方向基本一致,有共同葬俗,属于同一文化的同一时期的墓葬,随葬品的组成,器物质地,器类器型以及纹饰等方面,都基本相同,这是同一地区的各个氏族都有相同习俗、共有墓地的证明。表明父系血缘是维系氏族的纽带,氏族制度还有生命力。

应该指出,父系氏族是一个能动的因素,随着生产力的提高和人口的增加,父系氏族便逐步分裂成许多更小的、血缘关系更亲近的父系家庭公社。同一家庭公社的成员,都是同一个曾祖父或祖父的后裔,他们出于生产和生活的需要,组织成为父系家

---

① 以上珞巴族的材料,见于中国社会科学院民族研究所《西藏米林县珞巴族社会历史调查报告》(珞巴族调查材料之一),1978年5月。

红山文化玉制权杖

庭公社。在有些书中，父系家庭公社又叫家长制家庭或父系大家庭。"这种家庭的主要标志，一是把非自由人包括在家庭以内，一是父权。"①

解放前，云南独龙族还保留着父系家庭公社的组织。它是由数量不等的、若干个尚未独立的个体家庭所组成。他们共同占有耕地，住在一所大房子里，实行集体劳动，共同消费，过着相依为命，祸福与共的生活。它既是一个生产单位，又是一个消费单位。凡已成年的男子，婚后便在房内新置一个"火塘"。②房内有几个"火塘"，就表明有几个个体家庭。独龙族的"房顶概以竹构成，楼离地三五尺不等，上覆茅草，聚族而居，中隔多间，每间即属一家，每屋有多至10余间20余间者"。③

家长由年长的男子担任，其主要职责：对内组织领导生产和负责生产的技术指导，教育家庭成员，维护家庭团结，调解纠纷；对外代表公社参加有关活动。他的妻子（多妻者为大妻）协助他管理家务，如主持分配产品和食品，教育家庭成员，特别是教育家庭中的女成员。④因而，一般来讲形成了家长的统治。

---

① 恩格斯《家庭私有制和国家的起源》，《马克思恩格斯选集》卷四第52页，人民出版社1972年版。
② 中国科学院民族研究所云南民族调查组等《云南省怒江独龙族社会调查》（调查材料之七），第260—263页，1964年12月。
③ 夏瑚《怒俅边隘详情》，见云南民族研究所《云南独龙族历史资料汇编》1964年。
④ 中国科学院民族研究所云南民族调查组等《云南省怒江独龙族社会调查》（调查材料之七）第262页，1964年12月。

河南淅川下王岗遗址，发现一座长达100多米的长形大房基址，共有32个单间，每个单间内有一个"火塘"，①这座长屋可能就是当时父系家庭公社的住宅。类似结构的住宅在云南基诺族中也有，规模庞大，为父系家庭公社住宅。

三、个体家庭

个体家庭又称单偶家庭、父系小家庭。它是以一夫一妻制为核心所组成的父系小家庭。

自大汶口文化晚期以来，生产力有突出的发展，到了龙山文化、良渚文化和齐家文化时期，作为主要生产部门的农业已经普遍实行耜耕，农具有了耜、锄、镰、刀，在江南还出土有石犁、破土器以及木杵、千筜部等新式农具。②新式农具的出现，使犁耕成为可能，水利和施肥技术也有改进，有力地促进了农业的发展。同时随着渔猎经济退居次要地位，许多男子转向农业生产，这些强壮的劳动力一旦与新式农具相结合，就大大提高了农业生产水平，为社会提供了较多的粮食，同时家畜饲养业也扩大了，有猪、马、牛、羊、鸡等，这些家畜除提供畜力外，也是肉食、祭祀和交换所不可缺少的。粮食、家畜的增长，远远超出了生产者的消费，从而出现了剩余，引起了生产关系的一系列的变化。

原始的公有制并不是生产力高度发展的结果，而是生产力极端低下的产物。当时它"不允许个人劳动作为私人劳动，不允许它的生产物作为私人生产物，相反，它让个人劳动直接表现为社会有机体中的一个成员的机能。"③当一个人的生产能提供剩余之后，个人的作用加强了，从前需要许多人共同完成的生产劳动，现在只需要少数人或个人就可完成了，从而给个体劳动和个体经营提供了可能。在这种情况下，继续维持集体生产就没必要了，也会束缚个人劳动的积极性。于是，在氏族内部个体劳动逐渐取代了集体劳动，个体家庭成为独立或为半独立的生产单位，由于个体家庭在经济上摆脱了氏族的束缚，必然从根本上削弱氏族赖以存在的经济基础。

私有制产生和发展的过程，就是氏族解体和个体家庭形成的过程。随着农业的发展，私有财产的出现，男子为了使自己的子女继承自己的财产，取代了妇女在生产和社会上的主导地位，引起了母系制的颠覆和父权制的确立。氏族虽然在公共事务中继续起着作用，但它已为父系家庭公社所取代，后来又分成若干父系小家庭。我国考古

---

① 中国历史博物馆《简明中国历史图册》第一册《原始社会》，天津人民美术出版社，1978年版。
② 牟永抗、宋兆麟《石犁与破土器》，载《农业考古》1981年第2期。
③ 马克思《政治经济学批判》第7页，人民出版社1955年版。

所发现的墓地资料也提供了有关印证。如大汶口墓地内部布局紊乱，已有贫富之差别。在刘林 197 座墓中，又分六个区域，各墓的随葬品差别也很悬殊。陶寺墓地分两大片，其中墓葬有大、中、小三种类型。这些考古材料说明当时氏族组织业已松弛，可能是以父系家庭公社或个体家庭为生产、生活单位。其中富者已占有牲畜和奴隶，穷者则一贫如洗。他们当然不是共处于一个生产和生活单位的氏族成员，而是分别经营着自己的土地和家畜，生产所获也归家庭所支配了，从而才为家庭的死者随葬家畜、奴隶等财产。

这种情况在民族学资料中屡见不鲜，如独龙族有 15 个"尼柔"（氏族），其下共有 54 个"其拉"（父系家庭公社），每个父系家庭公社都住在一个村落里，集体占有山林、猎场和耕地。后来，"其拉"又分裂为两三个父系大家庭，各住在自己的长屋里，集体生产，共同消费，家庭公社内由若干个个体家庭所组成，他们起初只是公社的一分子，后来除参加集体生产和平均消费外，各个家庭也辟有园地，饲养猪鸡。云南省基诺族的土地，归傣族领主"召片领"所有，由氏族、村社占有，再由氏族或村社将土地分配各户使用，其中几户实行伙耕者，秋后按劳动力平均分配产品，各户自己种植的土地和饲养的牲畜，则由各家庭自行消费。这种长屋在其他民族中也存在，如拉祜族的长屋，长 50 米，宽 4 米，高 3 米，分若干房间，每间住一对夫妻。独龙族也是这样形制。台湾浦嫩族的长屋，为半穴式，中央为仓房，左右为寝室，每家有几对夫妻，就隔几个房间，未婚者住在公共火塘附近。这些民族学资料给我们这样的启示，大汶口和马厂等文化，也像独龙族和基诺族一样，一方面氏族内部还有一定的经济联系，如土地共有，保留某些集体生产生活。另一方面个体家庭已经有了自己的生产活动和经济收入。恩格斯指出："这些财富，一旦转归各个家庭私有并且迅速增加起来，就给了以对偶婚和母权制氏族为基础的社会一个有力的打击。"① 在这里，恩格斯指出了个体家庭的私有化过程，认为个体生产的发展是瓦解氏族制度的根本动力。因为个体劳动发展起来以后，所生产的产品也归个体家庭私有了，考古中发现的猪头随葬，正是家庭饲养牲畜的产物。

在考古发掘中，有两类资料表明个体家庭的出现：

一种是小房子大量出现。如原始文化遗址中常常发现一些自成体系的单间或套间房址，有的室内还有贮藏东西的窖穴，居室的面积不大，一般只有十几米。这种住室可能就是当时人口较少的个体家庭的住宅。在庙底沟仰韶文化遗址发掘的小房址，就具有一定代表性。在河南郑州大河村遗址有一组房子，原来较大，后来又在大房子一侧盖两间小房子，显然是个体家庭人口增加后加盖的。

---

① 《马克思恩格斯选集》卷四第 50 页，人民出版社 1972 年版。

龙山文化的房屋

　　另一种是夫妻合葬墓的出现。山东泰安大汶口墓地有8座合葬墓,经鉴定有4座均为成年男女合葬。男子居中,女子旁卧一侧,第35号男女合葬墓还有个小女孩随葬。青海乐都柳湾马厂文化共发现24座合葬墓,每座墓埋葬2至6人,如315、348

号墓均为成年男女合葬。326、327号和505号墓为3人合葬墓，其中326号墓东边为男性主人，西侧屈肢1女人和直卧1男子，327号墓东边为男主人，西边有1屈肢男子和1青年女人，被殉葬者随葬品很少，多有捆缚痕迹。505号墓男主人由1女奴陪葬，女人足下还葬1个人头。93号墓可能是5口之家，由父母及子女组成。① 甘肃永登蒋家坪有个男子的尸体下有个长方形深坑，埋有狗、猪4只，1个不完整的老年妇女的躯体，还有1个少女的头骨。在兰州土谷台也发现一些马厂文化的成年男女合葬墓。

陕西华阴横阵村曾发现有座龙山文化早期的成年男女合葬墓。西安客省庄有6个龙山文化的乱葬坑，人骨与兽骨埋在一起，其中最大的一个坑里埋有5具人骨和3副兽骨。河北邯郸涧沟遗址有座房基内发现4个人头，上面遗留有砍割的条状斑痕。有2个乱葬坑，其中一个有10个人骨架，互相枕压，有些头骨留有被砸伤的痕迹。有一个

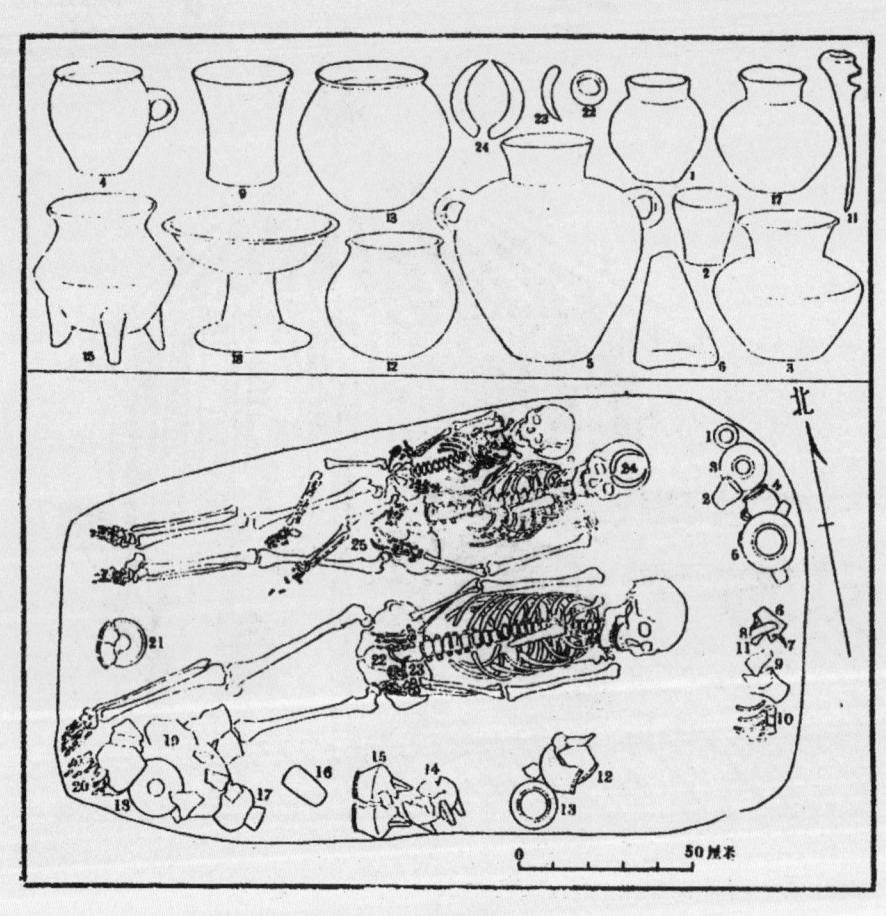

大汶口文化的夫妻合葬墓

---

① 《青海乐都柳湾原始社会墓地反映出的主要问题》，载《考古》1976年第6期。

废弃的枯井内埋了5层人骨架，有男有女，或身首异处，或作挣扎状态。这些都不是正常死亡的，或是砍死和活埋的。

甘肃永靖秦魏家发现138座齐家文化墓葬，其中有一些是成年男女合葬，男子仰卧直肢，女子侧卧屈肢。武威皇娘娘台78号墓，男子显然身首分离，被殉葬的女子双手合拢于前方，似捆绑所致。该地24号墓是一男二女合葬，男子仰卧直肢，两边各有个女子，侧身屈肢，双手屈于胸前，"似有服侍和尊敬的意思"。青海柳湾有一座齐家文化墓葬，男子以棺埋葬，棺外葬了个女子，她的一只脚压在男子的棺下。

在东南的良渚文化中，江苏吴县张陵山有座墓葬，主人随葬40多件随葬品，还以3个人头殉葬。吴县草鞋山有座墓，主人也是个男人，有着大量随葬品，还以2个女人和1只狗殉葬。

此外，在福建昙石山也发现过成年男女合葬墓。

这些考古资料说明两个问题：第一，夫妻合葬开始出现。出现夫妻、父子合葬墓，这是前所未有的现象。自从父权制确立后，普遍实行一夫一妻制，建立了父系家庭。当时不仅父子关系明确，而且儿子还是父系血缘的维持者，父亲财产的继承人。这些特点，正是父权制已经确立和个体家庭已经出现的标志。原始人基于一定的原始宗教观念，认为人们生前住在一起，死后也要葬在一起，因而出现了夫妻合葬和父子合葬。这是他们生前的家庭关系在葬俗上的反映。第二，有些所谓夫妻合葬，可能是主奴合葬，其中的女性应该是可以任意被杀害的妾、女奴。

第三节 部落

在氏族之上，还有两种社会组织，一是胞族，一是部落。

胞族是由几个有血缘关系的氏族所组成，它是氏族与部落之间的中间组织，通常每个部落有两个或更多的胞族，每个胞族内部又有若干氏族。胞族最初也是氏族，即老氏族，但它不是孤立的，而是两个或三个氏族为一组，互相通婚，彼此往来，尤其在血缘复仇上互相支持。久而久之，由于氏族人口的增多，不便在一起生存，这些氏族即发展为若干胞族。上述每个通婚组由两个半边——胞族，其通婚不仅是为了生育，也有一定社会联系，于是上述胞族组成更大的社会组织——部落。

一、部落

部落是由胞族组成的，它是原始社会最大的社会集团，每个部落都有自己的地域、生产活动范围，各部落之间有一定界限。越界是不行的，往往引起流血战争。

在民族学资料中，保留不少部落资料。

解放前，我国云南地区有些少数民族还实行部落酋长制。如西盟佤族称部落为"勐"，每个部落有个大头人，叫"窝朗木伊吉"。"窝朗"意即为头人。"木伊吉"意为最大的鬼，连起来全意为祭大鬼的头人。反映了佤族的部落首领与宗教祭司是合一的。大窝朗由部落成员推选和罢免，部落下又分四级：一是"干及"，即大寨，有一"窝朗永"，意即为寨头。二是"永"，为小寨，它由同一血缘的父系家族"如布"组成。三是各个"如布"由不同数量的"涅"组成。"如布"的名称也就是家庭成员的姓氏。每个家族住在同一大寨内，但有自己的小聚居区，在发生血亲复仇或债务抄家时，同一家族成员共同承担复仇或还债的义务，这说明血缘关系还是起一定作用的。四是"涅"，即个体家庭，是社会的基本生产单位和生活单位。

各村寨有自己的头人，他们负责本村寨的内外事务。头人由选举产生，当选的条件是：有群众威信，有办事才能，主持公道。当选后如果丧失了威信，群众不再找他办事，变成有名无实，无形中被淘汰了。头人是群众的公仆，替群众办事是他的责任和义务，群众对他的信任和爱戴，是对他的最高报酬。

在游牧地区也流行部落组织，如我国哈萨克族有乌拉、鄂尔图玉兹等部落，称部落为"耶利"，是同一始祖的后代。阿巴克·克列部落下有12个氏族，每个氏族内又有若干"阿吾尔"，相当于家族，少者三五户，多者十几户。"阿吾尔"有一个头目，称"阿吾尔巴斯"，本人较富，带领全族人放牧。

在我国新石器时代，发现了数以万计的遗址，其中发现许多区系类型，每种类型又有不少遗址，这些都是部落林立的产物，可惜由于资料零碎，难以复原各部落的具体情况。有的学者已经指出，陕西华县元君庙墓地，共有57座墓，其中有51座年代相近，有45座墓分六排，内部分两区，一、二、三排为一区，共28座墓，四至六排为一区。同一区内的墓自北而南排列。有的学者认为这两个区属于两个氏族，并组成部落墓地①。

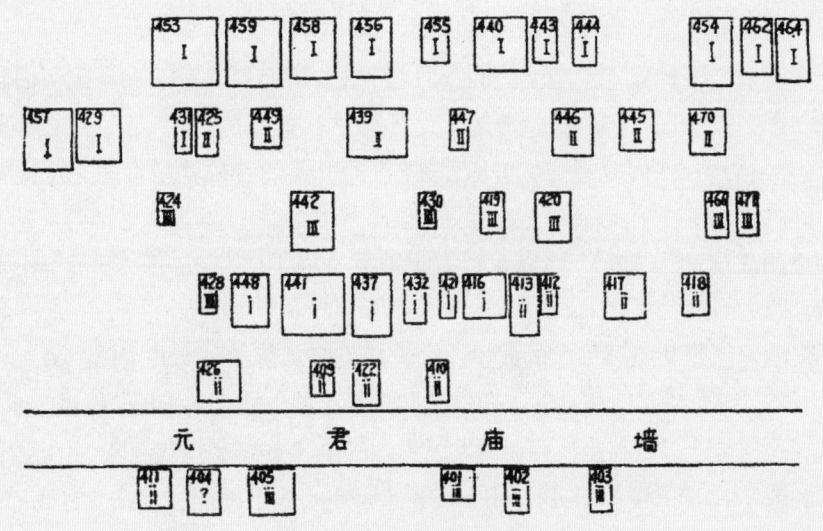

元君庙仰韶墓地的布局

---

① 张忠培《元君庙墓地反映的社会组织初探》，《中国考古学会第一届年会论文集》，文物出版社1979年版。

二、部落联盟

当时，由于战争频繁，为了自卫和对付敌人，相邻的部落往往结合起来，组成部落联盟。但是他们的活动并不多，主要在战时结合起来，以应付不测。

从传说史料分析，原始社会后期，在我国的大地上分布着几个著名的部落联盟。

在黄河流域有炎帝、黄帝集团。

传说最早的是炎帝，号神农氏。据说他生于渭河支流的姜水。炎帝有四支后裔：一是烈山氏部落，二是共工部落。《国语·鲁语》上："共工氏之伯九有也，其子曰后土，能平九土，故祀以社。"其子因治水有功，被奉为社神。三为四岳部落。四岳姜姓，其后又发展为四个分支，即齐、吕、申、许。还有一支在汾水流域，后来残存的有沈、姒、蓐、黄四个部落。

黄帝部落原来在北方，后来南下到黄河流域，有了很大发展。南方有三苗集团，可能有三个部落，其中一个部落首领叫"驩兜"，战败后被放于崇山；一个部落逃到了今天敦煌一带；另一个可能向东南逃跑了。故《史记·孙子吴起列传》有"三苗氏，左洞庭，右彭蠡"之说。

东方淮河流域一带，有少皞—蚩尤集团。

传说少皞以"鸟名官"。《左传》昭公十七年说少皞有凤鸟氏、玄鸟氏、伯赵氏、青鸟氏、丹鸟氏、祝鸠氏、鸤鸠氏、鹘鸠氏，还有"王雎"、"九扈"等，共24个氏族。

《国语·楚语》："少皞之衰也，九黎乱德。"而九黎的首领就是蚩尤，这说明蚩尤是夷人的首领。传说蚩尤有兄弟81人，可能是81个氏族。九黎是9个部落。

这些集团之间，为了掠夺财富，侵占土地，争战不已。《史记·五帝本纪》称："诸侯相侵伐，暴虐百姓。"

第一次战争，是共工和蚩尤的战争。一方是炎帝部落的一支共工氏，另一方是蚩尤部落。起因是"蚩尤从东向西发展，夺取了共工部落的土地，共工氏'振滔洪水'，危害了夷人部落的利益，双方利益冲突，爆发了激烈战争。"[①] 结果以蚩尤集团的胜利告终。

第二次战争，是黄帝和蚩尤之间的战争。双方大战于涿鹿，史称"涿鹿之战"。因黄帝与炎帝联盟，势力强大，最后黄帝集团获胜，蚩尤战败被杀。

第三次战争，是黄帝与炎帝集团之间的战争。《史记·五帝本纪》："炎帝欲侵凌诸侯，诸侯咸归轩辕，轩辕乃修德振兵"，进行了充分准备，同炎帝大战于"阪泉之野"，即史称的"阪泉之战"。最后黄帝集团获胜。

---

① 郭沫若《中国史稿》第一册第122—123页，人民出版社1978年版。

藏族本教经书中的王

从此，黄帝势力日益增强，称霸一时，《史记·五帝本纪》："天下有不顺者，黄帝从而征之，平者去之，披山通道，未尝宁居。"反映了原始掠夺战争极其频繁。

尧、舜、禹在我国传说中是原始社会末期的部落或部落联盟的首领，后者通过选举继承前者职位。据说在尧的时期，洪水为害，祸及民众，尧召集放齐、骧兜及其四岳等首领开会，研究选派治理洪水的人员。丹朱、共工首先被提名，但因是个别人提议和尧的反对，被否定了。最后，大家一致推荐鲧担任这一工作，开始尧不同意，四岳坚持说：再没有合适的人了，让鲧去试一试吧！不行，再撤换。尧服从众议，派遣鲧去治理洪水。

频繁的掠夺战争，加强了各级军事首领、氏族头人和祭司的权力。他们不仅对本部落加强了控制，还扩大了部落联盟，使自己的社会地位日益巩固和上升，其职务也由原来选举产生的临时性职务，逐步变为固定和世袭的职务了。山东日照两城镇出土的丰形玉斧，良渚文化、石峡文化出土的玉琮，晚期大汶口文化出土的带字陶尊，龙山文化出土的卜骨，都是社会上层人物权力增长的见证。他们从公社成员中分离出来，通过公职，化公为私，积累个人财富，变俘虏和负债人为奴隶，由社会公仆变成剥削者和统治者——奴隶主。

在战争中，广大公社成员是牺牲品，有的献出了生命，有的成了残废，有的丧失了财产、自由，沦为奴隶。

因此，原始掠夺战争，加速了贫富分化，促进了私有制和阶级的形成，为王权和国家的出现准备了条件。

最初，氏族社会的公仆是临时选举的，这就是所谓的"禅让"制度，进而强大的部落联盟的首领，为保护既得利益，维护自己对被剥削阶级的压迫和剥削，就必须有一种强力组织——王权、军队、法律等等，来维持自己的统治，并使这种压迫合法化、固定化。《战国策·燕策》："禹授益，而以启为人吏。及老，而以启为不足任天下，传之益也。启与友党攻益而夺之天下。"夏启凭借暴力推翻了益，改传贤为传子，实行王权世袭制，建立了我国历史上第一个奴隶主阶级专政的国家——夏朝。

结 语

通过以上各章的叙述,我们基本熟悉了原始风俗的发生、发展和演变的过程。最后,让我们归纳一下原始风俗的特点、传播、功能和影响。

【第一节　原始风俗的特点】

原始风俗是建立在原始社会经济基础上的上层建筑,当时的思维也别具特点,如主客不分、泛灵论、幻想多于实际,等等。这些对原始风俗的形成和发展都有重要影响。

一、群体性

原始风俗是一种群体性的风俗,仅限于在一个群体内盛行,或流行于原始群、血缘公社、氏族公社内,或流行于部落、部落联盟内。其中的风俗,不是个人行为,而是集体的信念和行为。这种集体性的核心,是以血缘为纽带的。《国语·晋语》:"异姓则异德,异德则异类。"伴随而来的是:(一)原始风俗非常狭隘,以血缘单位的利益为是非的标准,非吾族类,其心必异,惟有亲其亲,做什么事,一般都拒绝外人介入。(二)原始风俗具有排他性,举办各种祭祀、仪式,只允许本集体内成员参加,不许外人加入,否则会带来灾异和鬼怪。摩梭人实行走婚,夜合晨离,子女归母系家庭哺养,因此只亲其母,不知有父。个别男子在汉族影响下去认子,往往遭到白眼,甚至发生儿子打老子事件。凉山彝族家支间打冤家,最后和解时,必喝血汤,认为只要双方同喝了同一碗血,就是亲兄弟,体内流着一样的血液,不会认骨肉为仇敌,否则会像被杀之鸡、羊、牛一样的下场。

二、地域性

由于原始群体聚族而居,在一定空间活动,其风俗也有一定的地域性。《礼记·王制》:"东方曰夷,被发文身,有不火食者矣。南方曰蛮,雕题交趾,有不火食者矣。西

陕西西安半坡仰韶文化建筑遗址

方曰戎，被发衣皮，有不粒食者矣。北方曰狄，衣羽毛穴居，有不粒食者矣。"各地的自然条件不同，加上居民心理和信仰的差异，其风俗也千差万别。"十里不同风，百里不同俗"，大而言之，江南有稻作风俗，北方有粟作之风，西北则流行游牧业。农耕部落重土难迁，把土地视为生命，游牧部落更重视水草，逐水草而居。这是谋食风俗的分野，反映在住所、饮食、游艺、信仰上也各不相同。

随着地域性的产生，在不同地域就形成了不同类型的风俗。这在考古上尤为明显。以山东史前考古为例，先后有北辛文化——大汶口文化——龙山文化——岳石文化。每个阶段又可分若干类型。其中龙山文化有两城、城子崖和西吴寺等类型，每种类型有若干特点，这是不同区域风俗差别的反映。民族学资料也如此，如台湾土著有9种，海南黎族有5种，云南彝族有数十种之多。各个民族支系的划分，主要是根据风俗的不同确认的。

三、传承性

任何一种风俗，一旦约定俗成，人们就像珍惜自己的生命一样，爱护她，保护她。人相袭，代相传，长期保存下来，即文献上所说的"常所行"。传承方式有口头、行为诸方式。如各族流行的神话、创世纪、歌谣都是由老人或巫觋传唱的，代代心记口传。但是风俗又不是一成不变的，也会有新风俗产生。所以原始风俗今俗袭古，古风沿今，旧中有新，新中有旧。因此形成古今搀杂的特点。有些风俗的经济基础已经消失了，但作为上层建筑的风俗依然存在。最初人类以血缘为单位，流行共同劳动，共同消费，后来实行个体狩猎之后，还保留"见者有份"的猎物分配原则。在节日中的共食也是上述风俗的遗存。又如母系社会妇女有较高威望和权利，可以阻止战争，这种风俗一直为某些民族所传承。《黔记》上卷生苗"同类相杀，以妇人劝方解"。这些例证表明风俗具有传承性，比较保守，长期地保留下来，成为社会生活的一个支柱。所以为人们所珍重。"……初民底德操，以忠于传统为最重要"。[①]

四、变异性

原始风俗虽然比较稳定，但是在传承过程中，还是有变化的，反映在两个方面：

---

① 马林诺夫斯基《巫术科学宗教与神话》第23页，中国民间文艺出版社1986年版。

一方面是原有风俗在传承过程中被淘汰、修改、补充，如正文中的野合，原来是一种原始群婚的方式，后来变成节日期间不同氏族男女的狂欢活动，目的还是祈求生育。抢婚发生于父权制萌芽时期，是男子实现单偶婚的来源之一，但在后世的婚仪中，保留各式各样的抢婚残迹。乍看起来，形式大改，主题未变。另一方面，在新的历史条件下，又产生了新的风俗，这是伴随生产力的提高和生活的改善而发生的。如从猎兽到拘兽为畜就是一个大进步。从火耕到耜耕、犁耕的发生，是农耕风俗的飞跃。人们从游居到定居、从生食到熟食，都是新风俗取代旧风俗。风俗变异的动因，主要是社会生产、生活发生明显变化之后，也需要与之相适应的风俗，不是对旧风俗的改造，移风易俗，就是发明、推广一种新的风俗。当然，在各群体、各地区文化接触时，也引起风俗的交流，尽管这种交流十分艰难，阻力重重，但是一些进步的风俗终究会为其他族群所移用的。黄宗宪在《论礼仪》中指出："民俗具有难以更易和可以更易的特点。"其中既肯定了风俗的保守性、稳定性，又指出了风俗的可变性，这一特点在原始社会也不例外。

第二节　风俗的传播

原始风俗还有一个特点，即可以传播。道理很简单：风俗是人群的风俗，人是经常移动的，不同族群又有一定交往，因而风俗在空间上是流动的，不断向外开拓，这种开拓的远近，取决于她自身的价值和优势。

如果我们进入"无字地书"——考古世界，就会发现这样的事实：史前考古的区系类型不仅说明原始风俗的多样性，在各个考古文化的连结处还出现形形色色的文化渗透，互相影响，说明风俗在传播中传承。试举几例：

例一：黄河中游的仰韶文化，曾向四面八方传播，其中从关中西部起，经渭河、黄河、汾河而向内蒙古河曲与西辽河、大凌河传播，当地的红山文化有不少仰韶文化的因素。两种文化的碰撞和结合，使红山文化飞跃发展，亦形成中国古代文明起源的一个中心地区。

例二：中原仰韶文化晚期，文化开始衰落，东方的大汶口文化崛起，并强烈影响中原文化。如在郑州大河村遗址早期已有大汶口文化因素，晚期大汶口文化因素倍增，有陶背壶、宽肩壶、平底尊、陶豆等大量出现。大河村第9号墓就是大汶口文化的墓葬[1]。其实大汶口文化也向南方传播，如拔牙风俗就远及江苏、上海、福建、两广、贵州等地区。

例三：山东半岛与辽东半岛远在六七千年前就有了文化交流。距今五千年前后，山东史前文化发展停滞，两个半岛交流较少。距今四千年前后，山东龙山文化、岳石文化比较发达，当时与辽东半岛的文化交流也空前活跃。当时辽东半岛有些遗址就是岳石文化的翻版，这可能是从海上移民的结果[2]。

---

[1] 栾丰实《试论仰韶文化时代东方与中原的关系》，载《考古》1996年第4期。
[2] 王锡平《试论胶东半岛与辽东半岛史前文化的交流》，载《中国考古学会第六次年会论文集》，文物出版社1987年版。

类似例证，不胜枚举。

应该看到，两地或几地文化相近的现象是很多的，有人一看就认定是文化传播的结果，这种看法未免过于简单。其实有两种可能：一种是两种文化是各自发展的，其所以相似，是因为他们有相同的自然环境，共同的经济类型和相近的心理因素，才创造了相似的文化。另一种是传播的产物，但是传播是有条件的。第一，地域相邻，如果过远则必须具有可以到达彼方的交通条件。第二，两地文化存在的时间相近。第三，有一定的中间环节。在前面所举的几个例子中，都具有文化传播的条件。

在文化传播中，往往有一定的文化中心，如史前的仰韶文化、大汶口文化、龙山文化、良渚文化、等等，都是重要的文化中心。这些文化中心都有较优越的生存环境，地处大河流域，为人类居住中心，并创造了有特色的文化，对周边各文化都有一定的影响。如海岱文化的陶鬶规向周围的传播，良渚文化玉器对石峡文化的影响，就是明显的事实。

文化传播主要有以下方式：

迁徙

远古时期迁徙是经常发生的。在旧石器时代中晚期以前，人类基本生活在热带和温带地区，但自从发明了人工取火，有了弓箭和投石索之后，人类开始向寒冷地区迁徙，这是旧石器时代晚期遗址广为分布的原因之一。亚洲旧石器文化起源于华北，后来经东北、西伯利亚，传到美洲，显然是移民的结果。到了新石器时代迁徙依然存在，在距今五千年前，由于人口的增加，谋生能力的提高，迁徙活动十分活跃。如大汶口文化晚期人们沿着淮河及其支流向西移动，因此在安徽北部、河南东部、中部都有大汶口文化遗迹。同时，地质年代自全新世以来，气温升高，高海平面已经退去，出现不少沼泽地，因而鲁西沼泽地、冀东平原也成为海岱龙山文化、河南龙山文化开发之地。山东大汶口文化发明一种陶爵，后来经过大汶口文化颖水型传至王城岗类型龙山文化，又传至二里头文化，彼此有继承关系。有的学者认为"夏族是在大汶口文化中晚期时由海岱地区迁入中原的史前东夷的一支"①。可见迁徙是时有发生的，移民必然带去了自己的文化。

通婚

自从氏族产生以来，先在氏族间发生走婚，后来突破氏族界限，通婚范围不断扩大，后起的抢婚也是如此。人们在通婚过程中，也带去了外氏族、外部落的文化。这一点在民族学中有许多例证，在考古资料中也不乏其例。如内蒙古敖汉旗大甸子遗址，基本为夏家店下层文化，属于北方草原农耕部落，但其中的乙组陶器则是高台山人在

---

① 吕琪昌《从夏文化的礼器探讨夏族的起源》，载《中原文物》1998年第3期。

大甸子制作的。这些人可能与夏家店下层文化主人有通婚关系,才带去了中原文化。在商周文化中,出土不少媵器,即陪嫁铜器,就是由女方带到男家去的,说明通婚促进了文化交流,加强了文化传播。

战争

在原始社会已经有了战争,先是血族复仇性质的战争,私有制确立后又发生了频繁的掠夺战争,其目的就是掠夺财产,掠俘为奴。过去四川凉山彝族打冤家就是这种性质,因此带去不少汉族文化。远古战争也是如此。在苏北新沂花厅遗址北区有62座墓,其中有8座有人殉。随葬品既有大汶口文化陶器,也有良渚文化的玉器和陶器。可能是良渚文化征服当地的产物。《史记·五帝本纪第一》:"三苗在江淮、荆州数为乱。"从考古上看,作为三苗文化的屈家岭文化曾一度北上,征伐中原,所以在河南南阳、信阳有不少屈家岭文化遗址。后来中原又征服三苗。《吕氏春秋·召类》:"尧战于丹水之浦,以服南蛮。"从而屈家岭文化没落,作为中原文化的石家河文化青龙泉三期又发展起来①。

交易

交易往来起源较早,先是以物易物,如各个文化的玉料来源,有些是本地出产的,有些可能是同外部落交易来的。起初是日中为市,后来才有定期交易。在民族学资料中,有许多原始交易的资料,但考古中难以保存下来。在前面所举的文化传播中,有些文化渗透可能就是通过物物交换实现的。自从私有财产出现和个体家庭兴起之后,尤其是专门手工业的兴起,如玉作、陶作的私有化,进一步促进了商品交换的发展。在石家河文化有的遗址出土数以万计的小泥塑动物,其目的可能与巫术信仰有关,但是制作者则是为了出让。

通过上述分析看出,原始人通过人与人、群与群的接触,有意无意地传播了文化,各地风俗互相渗透。在文化传播中,互相比较,使人们认识到哪些风俗是先进的,哪些风俗是落后的,从中选择,优胜劣败,又有意识地从外部落学到好风俗,充实自己氏族部落的风俗,进一步促进了文化的传播。

---

① 樊力《论屈家岭文化青龙泉二期类型》,载《考古》1998年第8期。

第三节　原始风俗的功能

在今天看来，原始风俗十分幼稚、有些又十分愚昧，但是在当时，这些风俗又是有用的，是人类求生存所不可缺少的。正是功利的目的，才形成了原始风俗。所以，原始风俗不仅关系当时的物质生产、衣食住行，也涉及人类的信仰和文化生活。因此，原始风俗是有社会价值的，具有实用性，所以才能在原始社会起着重要作用，有些还残存到文明时代。

一、原始风俗有助于两种生产的发展

物质生产与人类自身的繁衍是人类社会存在的两大支柱，两者又是相辅相成的①。有些风俗本身就是谋生手段，如采集、渔猎、农牧风俗，有些风俗是对生产品的加工，以便进一步适合人类的衣食之用，如制陶、纺织等风俗。还有些风俗是为生产服务的，如岁时风俗是为了有效地从事农业生产而发明的。祭天、祭地、禳灾巫术等，则是祈求神灵保佑，驱鬼去邪，力求各种谋生手段的顺利进行②。这是指物质生产。人类的自身生产也是人类社会的一个支柱，有些风俗也为此而产生，如生育信仰、求子仪式、产育风俗、医药风俗等，都是为了人类自身繁衍而形成的风俗。

二、维持社会秩序和安定

人类社会是由许许多多个人所组成的，而人的欲望是很强烈的，以人的性欲来说

---

① 宋兆麟《中国生育·性·巫术》，台湾汉忠出版公司1997年版。
② 宋兆麟《巫与巫术》，四川民族出版社1990年版。

就是这样，性欲激发往往不顾一切，当然不能任其行事，这样会造成混乱，甚至争斗，也危及自身的生存，因此必须有一定的节制，出现一些约定俗成的调节机制。如先排除上下辈分间的性交，接着禁止血缘内通婚，从而形成各种婚俗、禁令，使原始婚姻井然有序。再是人类对物质需求也是强烈的，但是在生产力极端低下的情况下，食物相当少，不允许个人贪食、多食，为了一个族群都能生存下去，必须克制食欲，实行平均分食的风俗。当时的风俗是以一定规律性的活动来约束人们的意识和行为，它不依法、不以权力，而是依靠习惯势力、心理信仰来维系的。"曾经有过一个时期，国家并不存在，公共关系、社会本身、纪律以及劳动规则全靠习惯和传统的力量来维持，全靠族长或妇女享有的威信或尊重（当时妇女不仅与男子处于平等地位，而且往往占有更高的地位）来维持，根本没有特殊的人，没有专门从事管理的人。"① 当时的风俗是强有力的维持社会秩序的杠杆，是社会稳定发展的重要支柱。

三、风俗具有生动的教育功能

风俗的教化作用是很明显的，原始人已经利用各种风俗从事教化，如举行一次成年礼仪，对当事人来说，是他步入成年之始，要经过各种考验和训练，实际是一种短期的全身心教育。对于其他氏族成员来说，又是一次风俗的教育。因为在成年仪式上，族长、巫师要讲历史，讲风俗，教导当事人怎样成为一个合格的氏族成员，与会者当然也受到一次风俗的教育。风俗是看得见、摸得着的，感染力特别强，无论是口头叙述的神话、歌谣、故事，还是各种仪式、祭祀、岁时活动和游艺风俗，都是人们喜闻乐见的，教育人们分清真善美，陶冶情操。有些活动则是为了实用的目的，如小孩玩飞石索、竹弹弓、背弓箭，是为了他们成年后善于狩猎和战斗。掌握歌舞和交游风俗，对成年后的恋爱生活有一定帮助。由此可见，风俗是进行社会教育的生动教材，具有教化的功能。由于风俗具有教化功能，又与政治兴衰、社会风气好坏有密切关系，历代统治者都重视风俗，利用风俗。

四、有些风俗具有娱乐性，能活跃精神生活

在原始风俗中，有些风俗本身就是一种文化娱乐，如讲故事、游戏、玩具、歌舞、

---

① 《列宁全集》卷二九第432页，人民出版社1956年版。

体育、竞技等,都是当时的娱乐形式,是人们积极参与的,是社会生活的重要方面。有些风俗虽然不是娱乐活动,但仪式之后也有娱乐配合,同样具有文化娱乐性。如各种节庆活动,往往包括若干内容,有祀神、饮宴、娱乐,各个节日的娱乐形式也不一样。在丧礼中,本为死者送行、安葬,但原始人则丧事喜办,多以歌舞向亡灵告别,甘肃大地湾遗址的古迹,可能就是为亡灵歌舞的写照。凉山彝族在丧礼中,必跳牦牛尾巴舞,当事人各披一条牦牛尾巴,跳各种舞姿,向亡灵告别。据研究彝族为牦牛羌后裔,时至今日,他们还眷恋往昔牧放牦牛的生活。娱乐活动对增强人们的体质、活跃生活、加强人际的联系都有重要作用。

五、礼制在原始风俗中孕育

既然原始风俗有那么重要的社会作用,那么原始社会解体后,其风俗的命运又如何呢?它有两种走向:(一)风俗依然在民间残存着;(二)原始风俗中孕育了礼制的萌芽。

原始风俗是建立在原始经济和原始思维基础上的,进入文明时代之后,虽然若干中心地区社会相当进步,但在民间和边远地区社会并未发生根本变化,原始经济和原始思维依然存在,为原始风俗延续提供了温床,加上原始风俗的惰性,所以,原始风俗在我国古代社会长期残存下来,成为人民大众生活的重要部分之一。

当人类进入文明时代之后,历代统治阶级对风俗都是比较重视的,认为风俗的兴衰,反映了政治的兴衰。因此都比较重视风俗、利用风俗为自己的统治服务。《礼记·乐记》:"移风易俗,天下皆宁。"苏轼《上神宗皇帝书》:"人之寿夭在元气,国之长短在风俗。"事实上,对风俗的重视和利用,源远流长,可以追溯到原始社会晚期,当时贵族阶层既利用风俗,又往风俗中注入自己的意志,充实以阶级、等级观念,把原始风俗发展为礼俗。

关于礼制,《史记·礼书》有很好的说明:"礼由人起。人生有欲,欲而不得则不能无忿。忿而无度量则争,争则乱。先王恶其乱,故制礼仪以养人之欲……"礼的产生,是因为"人生有欲",这个欲不是一般的人生之欲,而是私有观念产生之后的贪欲,"卑劣的贪欲是文明时代自它存在的第一日起直至今日的动力;财富,财富,第三个还是财富——不是社会的财富,而是这个微不足道的单个人的个人财富,这就是文明时代惟一的、具有决定意义的目的"[①]。在这种贪欲的支配下,尔虞我诈,互相征战,社会

---

① 恩格斯《家庭私有制和国家的起源》第174页,人民出版社1972年版。

混乱,"先王恶其乱,故制礼仪以养人之欲"。礼制是仿风俗来的,即因俗制礼,充分利用原来的风俗的合理内核、形式,进行整理、提高,注入新的精神,形成礼,包括道德标准、行为规范和后来的政治制度。但旧俗本质已改,它是保护贵族的利益,并对人的贪欲进行一定限制。在当时,它与新兴的王权、宗教信仰一样,都是统治者施政的支柱之一,以便保证社会正常运转,贵族生活不受侵犯。礼的内容是以王权的名分、地位、礼仪、礼器来限制各阶级、各阶层的地位和行为规范,调节其冲突。其核心是承认高下、贵贱,这是原始社会所没有的现象。礼是对贵族阶级而言的,也是对有文化、有地位的人的要求。上行而下效,一般社会成员也会模仿,所以礼是全社会成员取齐的标准。

礼器是礼制的物化形式,是各阶级各阶层政治地位的标志。应该说,礼制在商周时期已经形成,但是它的源头却在原始社会晚期,相当于龙山文化时代,它是从丧葬礼制开始的。

山西襄汾县陶寺龙山文化墓地,共发现一千多座墓葬,其中有明显的等级差别:

第一等是头等大墓,占墓葬总数的1%左右。有木棺,棺底铺有朱砂,随葬品有龙纹陶盘、彩绘木器、陶器、玉器、工具、武器,多达200多件,其中有象征礼制的特磬、鼓等等。墓主当为王者,或者是军事首领,或者是祭司,是当时实权人物,又是占有财产最多的人。

第二等为中等墓,占总墓数12%左右。有木棺,朱砂铺垫,随葬品较少,有木器、陶器、石器、玉器、装饰品,平均一二十件。其中的男性墓有猪下颌骨随葬,女性墓随葬品少,但比较精制。这些人,有些是王者的侍从、中等头人,或者是贵族的妻妾,地位较前一种低,但是"食肉者"。

第三等为小墓,占墓葬总数的87%左右,墓圹甚小,仅容尸体,缺乏随葬品①。这些人应该是平民百姓,生前贫困,死后也无随葬品。

在其他龙山文化墓地也有类似发现,说明当时礼制萌芽不是孤立的。

在长江下游良渚文化中也有礼制的萌芽。良渚文化有三种墓地:

第一等以反山、瑶山墓地为代表,特点是墓穴较大,随葬全玉,有刻神像的玉琮、豪华的玉钺、大型礼制性建筑。很明显这是贵族或王族的墓地,玉钺是权杖,有神像的玉琮,乃是贵族或王族供奉自己祖先的寄托,该神权是为政治服务的。

第二等以福泉山墓地为代表,有较高的土台,随葬品真玉、假玉参半,远不及上述大墓丰富。

第三等以荷叶池、达泽庙墓地为代表,有高台建筑,但较小,随葬品有玉、陶,

---

① 中国社会科学院考古所《山西襄汾陶寺遗址发掘简报》,载《考古》1980年第1期。

但假玉器甚多。①

从上述考古资料看出,葬俗本来是一种古老风俗,原来每个氏族成员的墓穴、随葬品都是相同的,但是距今四五千年前后,墓葬出现了分野,有了贫富差别,有了贵贱、高下之别,这是礼制萌芽的反映。从俗到礼,是中国古代社会发展的一大飞跃,它奠定了中国古代文明的根基,拉开了文明时代的序幕。

---

① 浙江省文物考古所《浙江省新近十年的考古工作》,载《文物考古工作十年》,文物出版社1990年版。

后 记

1960年我从北京大学历史系考古专业毕业，分配到中国历史博物馆陈列部工作，从而与史前研究结下了不解之缘。从学科出身而言，我应向考古方面发展，但当时单位尚无这种条件。不过，博物馆是文化事业单位，可以容纳多学科的人才。在此从事史前研究，既可以运用考古、文献资料，也可从事民族学田野调查，进行交叉学科研究。我基本是沿这条道路走过来的。

1983年我与同事出版了《中国原始社会史》，这是当时第一部具有中国特色的史前史，发行量较大，但是我并不满意，想另外写一本《中国远古文化史》，以补前者的不足。写了一半又停了下来。主要是有形的物质文化好写，无形的精神文化就较困难了，如原始思维、文化艺术、宗教信仰等。为此想先研究一下原始思维、信仰，一干就是十年，先后出版了《巫与巫术》、《巫与民间信仰》、《中国生育信仰》等。当我要书归正传，重新撰写《中国远古文化史》时，正赶上上海文艺出版社组织多卷本《中国风俗通史》，邀我写原始卷。我是不愿改变初衷的，认为它冲击了原计划，何况已写了一半呢？后来出版社多次来邀，盛情难却，加之同窗陈高华极力撮合，我只好放弃原来计划，着手撰写史前风俗史。

研究原始风俗难度较大，主要是史料缺乏，许多风俗缺乏考古实证，读者对史前风俗也爱追根溯源，打破沙锅问（璺）到底。的确，原始风俗为中国许多风俗的源头，涉及很广，是必须向读者作答的。为了复原史前风俗，我以考古学资料为骨架，又从文献和民族学资料中吸取营养，互相印证，彼此补充，尽力描述史前风俗的来龙去脉。这应该是一种民族考古学的研究方法，更适合于史前风俗研究。在上海文艺出版社出版《插图本中国风俗史丛书》时，又插入大量线图和照片，力求文图结合，相得益彰，这样更便于广大读者理解遥远的风俗世界。

宋兆麟
2016年4月

图书在版编目（CIP）数据

原始社会风俗/ 宋兆麟著.-上海：上海文艺出版社.2017.4
(全彩插图本中国风俗通史丛书/陈高华,徐古军主编)
ISBN 978-7-5321-5578-1
Ⅰ.①原… Ⅱ.①宋… Ⅲ.①风俗习惯史—中国—原始社会
Ⅳ.①K892
中国版本图书馆CIP数据核字(2017)第006928号

出 品 人：陈　征
责任编辑：徐华龙
封面设计：王志伟

书　　名：	原始社会风俗
作　　者：	宋兆麟
出　　版：	上海世纪出版集团　　上海文艺出版社
地　　址：	上海绍兴路7号　200020
发　　行：	上海世纪出版股份有限公司发行中心发行
	上海福建中路193号　200001　www.ewen.co
印　　刷：	山东省临沂新华印刷物流集团有限责任公司
开　　本：	787×1092　1/16
印　　张：	33.75
插　　页：	5
字　　数：	665,000
印　　次：	2017年4月第1版　2017年4月第1次印刷
Ｉ Ｓ Ｂ Ｎ：	978-7-5321-5578-1/K·352
定　　价：	280.00元
告 读 者：	如发现本书有质量问题请与印刷厂质量科联系　T:0539-2925888